U0947852

國家清史編纂委員會·文獻叢刊

張之洞全集 十一

電牘

◎主編／趙德馨◎副主編／吳劍杰　馮天瑜

◎本册點校／吳劍杰　薛國中

武漢出版社

第十一册編輯説明

本册收録光緒二十八年七月至宣統元年六月，即張之洞出任湖廣總督、軍機大臣期間的電牘共一千二百三十件（不含附件），包括底本《張文襄公全集》（北平文華齋一九二八年刊本）第一百八十二至二百零一卷中的全部六百七十六件；另增補五百五十四件，其中除少量外，均録自抄本《張之洞電稿》（中國社會科學院經濟研究的圖書館藏）。凡增補各件，均在目録中相應標題的上方標示圓圈，并隨文分别注明出處。

本册由吴劍杰負責點校整理。薛國中參加了底本電牘部分的標點，張寧、黎浩參加了增補文獻的搜集。

第十一册目録

電牘 光緒二十八年七月至宣統元年六月

光緒二十八年

光緒二十九年

光緒三十年

光緒三十一年

光緒三十三年

光緒三十四年

宣統元年

光緒二十八年

致外務部，上海呂大臣、盛大臣，江甯劉制台光緒二十八年七月初一日未刻發

兩公既欲令鄂省派員會商，遵即就近派在滬之錢守恂隨同會商。該守熟於外洋情形，藉備諮詢。請速飭錢守遵照。董。

致上海錢念劬光緒二十八年七月初四日午刻發

商約内河行輪一欵，廷旨雖責成江、鄂妥議，惟盛已電外部，擬翻廿四年成案，專立華商公司，但准洋人附股，須挂中國龍旗各節，果能辦到，争回權利，豈不甚好。故此時務須儘呂、盛先將所議與馬磋商，閣下只將會議時所見所聞詳細電鄂，萬勿遽出議論。如籌有妥策，亦望先行電鄂細商，會議時斷不可輕發。是爲至要。豪。

致外務部、江甯劉制台，上海呂大臣、盛大臣光緒二十八年七月初五日午刻發

部冬電、滬江電均悉。内港行輪一事，鄙意現議最重者兩條。一、輪拖之船只用民船，以留華船户生計也。查光緒廿四年補續章程第五欵云，凡有民船裝載貨物，被輪船拖帶者云云，是輪拖只有民船，並無他式，似可與之議定，洋商行内港之輪，可由洋商自造，至所拖之船，無論何項式樣，或係洋剥船式，或係土船式，其船户均應歸華民充當，俾向業船户者得略霑租雇利益，免致失業滋事。如馬必不肯允，則或聲明，先儘民船，儻無民船可租雇，或因民船擡價，然後准其自造，以保民船生計。一、内港小輪只准由口岸至内地，以便稽察也。查總署通行内港章程第二欵，華文云華洋貿易輪船，或在口岸内駛行，或往來内港三語，洋文則云各項華洋貿易輪船，或在口内駛行，或由口岸至内地云云，自應以洋文爲憑。是舊案内港輪船只有兩種，一專在口内行駛者，一自口岸入内地者。所謂任便往來者，係指或在口内，或自口岸入内地，或自内地至回口岸均可，即所謂任便往來，並無輪船可由内地至内地之説也。舊案確鑿可據，此時不准由内地駛至内地，僅係照舊案辦理，並非令洋商退縮，望與辯明。此時釐金已裁，又准租用馬頭、行棧，於洋商小輪利益已多，斷不能不爲華船仍留生計，方合公平和衷之理。如能將以上兩條添入章程内，則於民船生計保全不少，而於英商貿易亦並無礙。棧房、馬頭改爲由官轉租極好。其在鄂原議不得稍損管轄之權數語，添入章程，自是必應如此。馬使究竟已允暫緩回國否。至會勘口岸界址一條，查口岸與租界迥然不同。竊思若照鄂省原議立定限制，正所以杜其日後任意侵損，是在各省會勘之員明白盡心耳。惟中國内此口至彼口運米一條，在鄂並未提及，此時何得又添此一條，愈增愈多，藉以要挾。全約若彼索議此，我亦須再索添一條矣。況舊約已有明文，此時不過商議偶然禁運時章程，其事甚細，萬不可於匆忙之際入約，尤不宜牽涉漕米、軍米，總以隨後從容另議爲妥。此條鄙意斷斷以不入此約爲是，即請峴帥暨兩公裁酌速覆，並候外務部核示。歌一。

外務部來電 光緒二十八年七月初八日午刻到

歌一電悉。尊處所擬拖船章程及或准洋商自造各節，流弊太多，均不可行。日前英薩使來署，本部告以內港行輪多係華商假冒，於真正洋商無甚利益，且內地風氣未開，易滋事端，萬不能不立限制。彼亦無詞。城邑二字亦經辯論，有可改為通商口岸之語。希查照堅持妥訂，並轉江督、呂、盛。外務部。陽。

致外務部、江甯劉制台，上海呂大臣、盛大臣 光緒二十八年七月初五日亥刻發

歌一電想達覽。內港行輪一條，如能於章程內添叙一條，提明某某水，如漢、湘、贛、淮等，自某處至某處，准先行輪，餘俟相度情形，徐議增廣，則限制較嚴，洋輪不致遽徧內地，中國可預爲布置，提倡華商公司亦較易爲力。應請峴帥裁酌，鏡翁、杏翁與馬使婉商。歌二。

劉制台來電 并致呂大臣、盛大臣 光緒二十八年七月初七日巳刻到

滬歌，鄂歌一、二電悉。小輪舊章，衹准由口岸入內地，及由內地回口岸，香帥解釋與敝處支電同，洋文較華文尤詳，更為鐵板注脚，斷難任馬異議。漢、湘、贛、淮各內地本有輪行，先列入約，餘俟察看情形徐議增廣，洵為提倡華商公司基礎。至口岸界限，原議甚屬含混，鄙見總須考究明晰，如不作租界解説，則英善後約第六欵〔一〕本有各口界限由海關妥為定界明文，此項界限即閩海關章第一欵商船赴福州者，行至玉金牌，即為進福州口等語，是祇須將未經定界各口勘定，於原約所許利權無所損益。儻馬意欲推廣租界起見，則關繫較鉅，雖經議添外國人民在租界之外居住一條，仍須守定煙臺會議三端二節〔二〕已定有各國租界應無庸議一語，訂入約內，庶免將已定界限另有擴充。均請鏡、杏翁彙核辯商。再，索添此口至彼口運米一條，未見滬電，彼即指我延宕，何以又節外生枝，香帥駁之甚是。漕米、軍米事關內政，不牽涉入約為要。坤。麻。

致江甯劉制台 光緒二十八年七月初五日亥刻發

呂、盛宥電，擬改內港行船新章。原議專歸中國輪船行駛，如各國人民欲行小輪，衹能與華人議立合股公司，歸中國註册，填發關牌，張挂中國旗號一條，誠足挽回權利。頃滬江電所云另加一條，説明英商如願將輪船轉歸華商公司及挂中國旗號，英政府應可允許數語。玩英商如願四字，此條已徒託空文，迴非中國內港輪船公司辦法。適接上海另電，見馬使所擬此條洋文，係謂如英商將輪船轉賣與華人，不得干預兩語，口氣懸殊，與合股公司張挂中國旗號之意全不相涉，深爲駭然。恐係某公因原議爲馬使所駁，不得已作此牽合之文，聊相比附，以飾外觀。然華洋文義不符，事實全非，大屬不妥。似宜切囑呂、盛再與馬使商有切

〔一〕指咸豐八年十月初三日（一八五八年十一月八日）《中英通商章程善後條約》。

〔二〕指光緒二年七月二十六日（一八七六年九月十三日）《中英煙臺條約》第三端第二節云：「新舊各口岸，除已定有各國租界應無庸議，其租界未定各處，應由英國領事官會商各國領事官與地方官商議，將洋人居住處所畫定界址」。

實辦法，將來方可據實會奏，以免蹈欺矇之咎。如馬必不允，似即將此條稍改亦無不可，總以核實爲主。特飛達，候裁示。物。

致上海呂大臣、盛大臣 光緒二十八年七月初五日亥刻發

江電另加一條，說明英商如願將輪船轉歸華商公司及挂中國旗號，英政府應可允許數語。敝處接上海另電，知馬使所擬此條洋文，係英商將輪船轉賣與華人，不得干預兩語，與尊處原議專歸中國輪船行駛，如各國人民欲行小輪，祇能與華人議立合股公司，歸中國註册，填發關牌，張挂旗號一節，全不相涉。自係因馬使堅持不允，譯員故作此牽合之文，聊相比附。然語氣迥別，事實全非。華洋文義不符，大屬不妥，似不便照此會奏。可否再與馬使婉商妥善辦法，總令華洋文符合核實爲妥。請裁酌速示。物。

呂大臣、盛大臣來電并致外務部、劉制台 光緒二十八年七月初四日申刻到

江鄂豔、卅電悉。內地僑居，前所力拒，而內地行輪，彼欲將成案推廣入約。屢拒而仍允者，實因馬凱必欲我允第九、第十、第十一欵，彼方允將第八、第十二、第十三欵一起電英，意甚決絶。現圖補救者有二端。馬凱執定和約內通商行船各條，諸國應行商改之處，中國應允商議妥善數語，必欲列入條欵，不列萬不答應，列則永留後患，此一難也。馬凱又執定總署已頒行華洋輪船駛行內港章程內，聲明嗣後如有應行修改之處，即可隨時改訂，而彼欲修改者在推廣，我欲修改者在限制，如矛刺盾，此二難也。甯儉電仍屬海、宣相機磋磨，鄂豔轉交馬電內云現呂、盛大臣與貴大臣詳議。而馬凱來函擬定初六啟程，聞彼女妻俱病，亟欲遄歸，只得前往會晤。彼云，如欲另議，則全約俱廢。我告以章程須交赫德擬議核定，電知添入。彼云，赫不來滬，必多擔延，我當先回國，將來另議，幾致決裂。商勸再三，度其神情迫於朝命，乃告以遲速兩法，如願速定，第十欵只能留第一節至彼此允願更改為止，又第三節江門通商一段，此外棧房、馬頭各節，均移入修改章程之內，再酌妥字句，另加一條，說明英商如願將輪船轉歸華商公司及挂中國旗號，英政府應可允許。其餘章程，彼此和衷商改。以上如不能允，只得聽貴大臣回國，但未免前功盡棄。且我必與他國先議，英不能怪。馬良久答云，第二、三節移入章程，須電商政府，但字義斷不能改。告以甯電不准自建棧房，辯駁數四，擬在第三節察視生意情形之下，加入儻英商不能向華人妥租棧房或地基，只可與地方官商議租用官備棧房，租價照時公道。小馬頭只可在不阻水道、不礙船隻通行之處，並須由最近海關允准方可，但海關亦不得苛求。加此一層，已將租地自建棧房化去。又將英國商人只能用中國代理人一節內，添入此等代理人仍歸地方官管轄，不得因有此欵稍有減損中國管轄人民之權。此亦收回主權之一道。馬尚未全允，總以奉訓條推廣，斷難轉令退縮，擠至無可如何，訂期再議。望兩帥速發電來，痛切駁阻，或可轉圜。海、宣。江。

劉制台來電 光緒二十八年七月初七日巳刻到

物電悉。滬江電另加一條，不特蛇足，且無異將原議專歸中國註册各節主權，暗中廢去。公慮其牽合，弟亦疑之，已照台指

切電呂、盛。坤。月。

致外務部、江甯劉制台，上海呂大臣、盛大臣

光緒二十八年七月初六日巳刻發

內港行輪一條，現雖與馬使竭力磋商，設法限制，然廿四年成案具在，此時斷不能禁阻洋輪不入內港。除厦電妥議章程，將限制洋輪，保護華船之法儘力籌議外，計惟勸導華商合力創設內河輪船大公司，多造淺水較大輪船，推廣航路，力爭運載。即如兩湖可設一大公司，此外多水各省，或每省一公司，或每省兩三公司均可，由各省自行體察，酌量分設。在我多保持一分之利，在人即少侵占一分之利，此爲商戰上策。查外洋各國於商人新設公司，有保利一法，大率五年之內，官爲保六釐之息，每年核計公司盈餘，不足六釐由官補助之，俟其獲利漸豐，則官徵其進項之税。施助於前，取償於後，上下相維，在官亦終無所損，此爲各國扶助本國商人通例。現在日本擬在中國創設小輪公司，即係如此辦法，確實有據。今擬仿照此法，凡華商能創設內河輪船大公司，資本在百萬兩以上者，官爲保利六釐，以五年爲限，五年後獲利既豐，則徵取進項税以爲償。公司中用欵出入，由官派員稽核，知其盈絀，杜其侵漁，一切皆照外國保利章程行之。有此保護，正經巨商得所倚賴，自然放膽出資，經營遠大，但使足與洋輪相敵，則利權便不致全讓外人，招商局輪船成效可以推見。昨與兩湖商人詢商，聞此辦法極爲踴躍，謂如此則華商小輪必多而速，各省情形想必相同。管見所及，祈峴帥及鏡翁、杏翁細思詳酌，并請外務部核示。語。

致江甯劉制台，上海呂大臣、盛大臣

光緒二十八年七月初六日亥刻發

物電想達覽。內港行輪，華商爲主，洋商附股，挂中國旗號一節，本是上乘妙策。昨因滬江電華、洋文義不符，明係馬使不願，以致本意全失。如果洋商願將輪船賣與華商，自然須挂中國旗號，此何待言，真欺小兒語也。當經電請鏡翁、杏翁再與馬使婉商切實辦法，未知馬意如何。此層既辦不到，或稍變面目，與之再商，以期稍求實在益處。查英商財力富厚，自不須藉華人合股。我現籌保利之法，亦不藉洋商合股，但他國甚有願合華股者，其用意又自有別。似可切商馬使，於章程內另加一條，說明洋商如願與華商合辦內港輪船公司，洋股至多不得過十成之五。凡華洋合股公司，須挂中國旗號等語。此乃本鏡翁、杏翁內港輪船公司之意而引伸之也。如此仍參活筆，英商不願合股，初不相强，而他國商有願合華股者，藉此可資抵制。其關繫補益，甚屬不小。此乃言在此，意在彼之辦法，與英商並無妨礙，而於中國有益，馬使當或可允。峴帥如亦謂然，請速電鏡翁、杏翁與馬熟商。此仍是鏡翁、杏翁原擬辦法大意，然較之現擬英商如願將輪船轉歸華商公司，挂中國旗，英政府應可允許三語，似稍著實，且有取意。是否，均祈鏡翁、杏翁酌示。月一。

致上海呂大臣、盛大臣，江甯劉制台

光緒二十八年七月初六日亥刻發

滬歌電悉。外務部既令日本約仍在滬議，應遵辦。語。

致外務部、江甯劉制台，上海吕大臣、盛大臣 光緒二十八年七月初九日亥刻發

甯陽二電暨庚電均悉。滬議第二欵銀式一條，峴帥慮暗減税銀，敝處前亦慮及之，數月前早經電達。馬使在鄂時，鄙人曾面詢馬曰，銀式係何式。馬曰，係銀元。問曰，貴大臣意以重幾何爲便，重一兩乎，重七錢二分乎。馬曰，照通行銀元之重，則沿海及南洋易於通行。問曰，洋税係關平足銀，銀元係庫平九成，銀平色所差甚多，完税時如何算法。馬曰，將關平足銀折合銀元，補足平色，每關平銀一兩，折成銀元一元幾角等語。惟折合是否議定一定不易之價，抑係按照時價，當時未經詳談。以理揆之，自必議明一定之價，斷無隨時紛紛漲落之理。以上各語，吕、盛兩大臣及各員在坐共聞，據其所言辦法，馬使尚無圖暗減税銀之意。鄙人因此條既於中國關税毫無虧損，而於我之銀幣財政有益，此條只數語，頗簡渾，尚無流弊，既無輕重定式，又無折合價值，且無改用年限，將來種種，隨我斟酌，均甚活便。既係滬已經議定之文，即不再加增改。此時峴帥如慮言之不詳，應否再加數語聲明之處，請與鏡翁、杏翁商酌。佳一。

劉制台來電并致外務部、吕大臣、盛大臣 光緒二十八年七月十一日巳刻到

鄂佳電悉。銀式一欵，敝處所以未能照允者，實因暗減税平，受虧過鉅。馬在鄂時，既經香帥詢明，關税仍照關平照加，然口説無憑，約内必須聲明，免致事後異議受虧，應於原議欵末完納各項税餉及各項之用句下，酌添惟銀式無論如何改定，至完納關税，仍應按照向來關平大於庫平銀數，比較核算，補足平色數語。請兩星使商添電示。坤。蒸。

致外務部、江甯劉制台，上海吕大臣、盛大臣 光緒二十八年七月十三日午刻發

甯麻電論口岸事悉。口岸界址既非租界之界址，亦非海關所定之輪船上下貨物之界限，乃限制洋人任便居住貿易之陸地界址也。查各處口岸，從未議定界址，洋人遂於各口任意侵佔，或混入城邑之内，或竟至附近四鄉之外居住貿易，漫無限制。即以湖北一省而論，漢口洋人竟於廿餘年前已在漢陽購地建造房屋，近又援上海可在浦東建棧之例，欲將武昌亦歸入漢口口内。各省似此者多矣，若不趁早會定界址，則愈侵愈遠，斷斷非計。是第十一欵實於我有益無損，斷不可少者也。原文有外國人民在租界之外居住，須守工部巡捕之章程等語，是所指口岸確非租界之證，豈能相混。洋人既可明索開四口岸，若欲推廣租界，何難明説耶。若常帥恐其藉詞展拓租界，地方官不明白者，或受其損，則請兩星使與馬使訂明，不得藉此條展拓租界，以免誤會，尤爲周妥。至無租界之口岸，自應聲明仍舊不得添設，照第十一欵第二節一切遵我巡捕工部局章程也。元。

致外務部，江甯劉制台，上海吕大臣、盛大臣 光緒二十八年七月十三日酉刻發

甯庚、青、蒸電論前七欵及銀式事，均悉。商約前七欵係吕、盛大臣在滬議定，到鄂時從未談及。各欵將議畢時，始將七條出示，並云此係議定之欵，已電外務部。看其情形，勢難更動。滬

電云過江、鄂時，已面呈清摺，意以爲兩公必與峴帥商妥。忽忽一閲，内有五條前經議有梗概。銀式一條，當日往返電論，鄙意素以爲然，但如何與馬使定議措詞，則未之知。當日敝處電曾有暗減税銀之慮，嗣屢致滬電詢商此事，覆電未甚明晰，故見此條後於飯間急問馬使，銀式係如何定法，已詳佳一電。幸彼所答確無圖減平色之弊，遂未再推敲。今峴帥以口説無憑，須切實聲明添入約内，極是。蓋定銀式事意見，則鄂與滬相同，事則非鄂所敢專定。此舉是極好事，然實係滬議，鄙人不敢掠美也。至第四欵合股一條，因有惠通舊案，事隸江南，鄂未便置議，故於此條從未深論。總之，吕、盛兩星使初到鄂時，兩公係專議商約之大臣，敝處係會商，故一切多有未便。近日廷旨屢有責成江、鄂之語，則不敢避煩瀆之咎矣。峴帥謂會奏必意見相同，自是一定不易之理。又謂請由滬先擬電稿見示，極當，鄙人所深願也。覃。

吕大臣、盛大臣來電 并致劉制台 光緒二十八年七月初八日辰刻到

馬使雖允暫留，催促畫押甚急。除應改之欵目章程趕辦外，其餘各欵，漢、洋文亟須派員校對。全約十三款内，上海先定第一欵至第七欵，早經海、宣電商外務部及尊處酌定，過江、鄂時，業已面呈清摺。惟後六欵係會奏，前七欵自應請列台銜會奏。謹擬會電文曰：英使馬凱原送商約廿四欵，初以和議允其商改，頗多奢望。迭經會籌，堅耐磋議，凡有礙政權利權各欵，嚴詞拒絶，其側重損釐各欵，皆設法推宕，一面自籌加税免釐抵補善法。計在滬議定七欵，均經海、宣隨時電商坤、洞及有關涉各省，並請外務部酌核准駁，僅擇其無大關係之牌號、合股、存票、關棧、珠江川江整頓行船、廣東輪船民船一律徵税六條，及有裨國政之整頓圜法一條，先行議定。除第八欵至十三欵已由鄂會同電奏外，所有第一欵至第七欵，理合釐訂次第，再將全文會電，列欵如下：第一欵，向來存票延擱，推原其故，係由此等存票由監督經理，而監督與海關相隔遥遠。現議定，嗣後所有存票悉歸海關發給，自商人稟請之日起，以三禮拜為限。此等存票可用作海關通行税票，以抵出入口貨税，惟不得用以抵納子口半税。至洋貨入口後，三年之内再運出外洋，其存票可由該貨入口納税之處向海關銀號領取現銀，不得減扣。儻請發存票之人欲圖混騙，一經海關官員查出，須罰銀，照其所圖騙之數不得逾五倍，或將其貨入官。第二欵，中國允願設法立定國家一律通用之銀式，即以此為合例之銀式，將來中英兩國人民應在中國各處用之完納各項税餉及各項之用。第三欵，中國允許凡民船載貨由香港往來廣東省内各通商口岸，所納之税，連釐金合算不得少於洋關徵收輪船所載相同貨物之數。第四欵，曩者曾有因中國人民醵資附入外國人所辦之公司等舉，亦有經中國人民出資鉅數，為衆所共曉，惟是否合例，尚無明定之章。中國今允認定，不論從前、現在、將來，凡中國人民出資附入外國人所辦之公司等舉者，應均視為合例，有利共享，有害共承，始昭公信。中國更允凡中國人民或已附股，或此後附股英之股票公司者，既已為股友，即應為已允依從公司所訂明各章程，遵守英公堂所解説辦法。如有因前項控告公堂之事，中國公堂即應飭附股華人遵所判斷，與英人無異，不能較同附股之英人受累有多有少。英國政府亦允凡英國人民附股中國公司等舉者，亦當一體遵有益共享、有害共承之例，與華人之同附股者無異。凡以上所開各節，應與曾經呈控公堂已經判斷完結者

無涉。第五欵，中國政府允於兩年内，將有礙廣東珠江行船並非天生窒礙者拆除，又允准將廣州口岸泊船處整頓。其如何設法整頓，由中國海關經理，其經費准於華、英兩國商人所卸裝之貨物收捐充用。至應抽若干，仍候海關與華、英商人議定。第二節，中國政府悉知宜昌至重慶一帶水勢宜整頓，以便通行輪船，又深知整頓工費浩大，且關係川楚兩省地方百姓，所以彼此訂定，目下未能整頓以前，應准輪船聽由海關核准後安設拖拉過灘利便之件，經費由輪船自出。該利便之件，不論輪船民船均可任便聽用，仍須遵照海關議定章程辦理。但所設之件不得阻礙河道及民船暢行，如需用號塔、號標，均由海關酌度何時何地相宜備設，將來如有可行條陳利於行船之法，果能無害於地方百姓，而費不由官出，中國可和平商酌。第六欵，中國允願設法在通商口岸多給利便之方，以設關棧及將關棧所存之貨改包。又凡英國官員照會請將民棧給以關棧之利益者，即中國驗明稱意，足以保護稅餉不致走漏，即可將民棧改為關棧。該關棧應按海關所定之章程辦理。該章程並載取收費用，按貨物之貴賤、離洋關之遠近與作工之時刻而定，及海關於保護稅餉之處，須寓方便商人之意。第七欵，英國政府保護中國貿易牌號，以免英國民人違犯假冒名色。中國政府亦應保護英國貿易牌號，以免中國民人違犯假冒名色。中國政府再請南北洋大臣，在各管轄境内設立局所，歸中國海關管理，以便將貿易洋牌號可以註册。應收註册費，公道收取。以上七欵連鄂定六欵，馬使已將洋文刷印送來。除第十欵、第十一欵尚待另奏，又第八欵英廷尚須酌妥字句另電外，其餘各欵，俟核准後，漢、洋文亟應派員預為校對，以免届時匆遽錯誤。請代奏，候旨施行。坤、洞、海、宣同啟。陽。

劉制台來電并致呂大臣、盛大臣 光緒二十八年七月初九日巳刻到

滬陽電悉。滬定七欵，其二、四兩欵，敝處因中多窒礙，一則關繫國課出入，一則關繫商家訟累，迭次詳悉電陳，請將銀式一欵不必入約，合股一事須分別添改，均有電可查。昨今復將前兩欵先後電請兩星使分別商改，想可達覽，此時姑無論定議，前兩欵敝處並不接洽，即照彼此商辦情形而論，如第八欵早經兩國國家允准，現在英廷尚有添改。前兩欵於我既有萬分不妥，又係議而未經公同允定之欵，與之商議删改，亦不患無詞。兩欵相較，其銀式一條，歲須虧銀百萬，受害尤甚，務望兩星使力任其難，將前兩欵再與分别商改商删。大局幸甚。坤。庚。

致江甯劉制台，上海呂大臣、盛大臣 光緒二十八年七月十五日巳刻發

滬覃電悉。英政府請增改第八欵第十節、第十一節，照滬微電删去及管理其所應管七字，及第十一節末句下照現改英國駐華公使至查察三十三字，字句尚屬潔浄，細思尚無妨礙。各欵我正欲與彼商添商改，且有非添改不可者，則彼請添改之第八欵既於我無損，似可照允，以爲我添改他欵之地。即乘機與之言明，我所添改者，亦係我朝廷不允，彼當無詞。請峴帥裁酌速覆。咸。

致軍機處、外務部、户部，江甯劉制台，上海呂大臣、盛大臣 光緒二十八年七月十五日巳刻發

滬元四電諭合股事悉。華合洋股，洋合華股，一律守章，尚

屬公允。內有英人附股中國公司者，亦當一體遵有益共享、有害共承之例云云，語甚分明，似無流弊。但查各國公司所有帳簿、股票等據，皆抽收印花税，今華洋公司在中國貿易製造，既不納中國税項，亦不報明地方官，毫無稽查，一旦涉訟，中國官須爲之審斷追帳，未免略欠平允。擬於此條內載明：無論從前、現在、將來，華附洋股，洋附華股，必須先行將章程報明地方官批准。如中國將來仿照各國章程舉行印花税，所有一切字據、股票須遵照章程粘貼印花，則中國當視爲合例，照該公司章程判斷，如不報明官府有案，一概不得視爲合例等語。如此則於中國大有裨益，而從前惠通等類之案，自不能援引翻異矣。此乃將彼所索之利益，轉爲我所索之利益，機不可失，不僅如滬電所云，雖不能取益，亦無所損也。萬望切商添入，至禱。咸。

吕大臣、盛大臣來電并致外務部、劉制台

光緒二十八年七月十四日申刻到

甯真電悉。華洋合股，中國向不准行，近年民間已為常有之事。自開平鑛局改歸華洋合股，踵行更多，是以馬使堅請入約，謂合股應視為合例。以所擬辦法，華洋人視同一律，尚屬公允。論理既買受該公司股分，自應守該公司定章，亦不為過。有此一欵，將來遇此等交涉案件，彼此皆有依據，民間亦知有遵循，或可稍釋紛爭。應否照准，乞酌核電示。海、宣。元四。

致上海英國馬大臣[一] 光緒二十八年七月十五日亥刻發

貴大臣來電悉。接兩欽差來電，見所擬內港行輪章程較原議並無出入，於英商並不喫虧。素仰貴大臣辦事持平，仍望與兩欽差和衷商辦，務期兩國有益，爲禱。

致外務部，江甯劉制台，上海吕大臣、盛大臣[二] 光緒二十八年七月十五日亥刻發

頃接馬使電，與致峴帥電同。茲覆馬使電曰，貴大臣來電悉云云照録，爲禱等語。特照録呈閲。合。

致外務部、江甯劉制台，上海吕大臣、盛大臣 光緒二十八年七月十六日寅刻發

滬元一電論內港章程事悉。第七條，商人欲於商船未經到之內港設輪行駛，須向最近口岸之税務司報明，轉禀商務大臣迅速批准一節，此條流弊太多，必宜更改。查各省內港水道能否行輪，一察水道，一察民情，與別項商務不同，自應由本省督撫體察情形酌辦，商務大臣相距甚遠，無從遥斷。即如洞蒙恩派辦商務，杏翁會辦商務，如江、浙、西、皖、粤等省皆內河甚多，孰可行孰不可行，鄙人固不能周知，即杏翁除江蘇外，亦豈能周知耶。設商務大臣批准而事有難行，更多窒礙。無論何人爲商務大臣，亦皆不能周妥，況有准無駁，何取乎批，體察亦屬空言。若照此稿，則洋商税司有請必准，有准必速，毫無阻駁，是商務大臣徒爲洋商之役，鄙人斷不敢出此也。此條萬萬不妥，必應於轉禀商

[一] 録自抄本《張之洞電稿·致上海電》。
[二] 録自抄本《張之洞電稿·致北京電》。

務大臣句下，添會同該省督撫六字，體察情形句下，添如果確無妨礙六字，迅速批准句，改爲即行迅速核准。查鄂致江、滬歌二電，曾有先行漢、湘、贛、淮四大水，其餘從緩體察酌商之議。聞馬已允，而爲其參贊哲彌遜所阻，復行翻異，似可再與婉商。又聞彼必欲添江蘇運河，則請删去淮水一處，添蘇河一處，共止先行四水，尚可從容籌勸華輪，以資抵制。此説姑以備采。第九條，無論客船貨船均准輪船拖帶一節，尊議所准拖者，係何船式，未言及，且有無論船東係何人之語，尤深恚慮。查拖洋式剥船，外務部冬電謂華民、洋人所造，均有流弊，不可行。當經即日轉電江、滬，請堅持妥訂。今但言客船貨船，未指明船式，不知尊處已訂明不得拖洋式剥船否，抑或已許其可拖洋式剥船。蓋拖貨必以剥船式爲便利，馬使意專在拖洋商自造之洋式剥船，兩税司在鄂與兩公詳言之，鄙人亦聞之，故鄂月一電擬令用華民所造之洋式剥船，以保華民生計。因江南、漢口民間皆能造洋式剥船，現在甚多也。然部電既駁，自當説明不准行用。此時如稍含胡，設將來洋商拖帶洋式剥船，欲阻之則彼言兩星使並未指駁，如許之則外務部曾經電駁，豈可故違。似宜於無論客船貨船句下，添但係華民所造之船八字，均准拖帶下，添惟不得拖洋式剥船八字。如馬使能允，極所欣願。儻必不肯允，尊處實難與議，亦應據實電達外務部及兩江，請示酌核，此時不宜稍有含胡，以免日後爲難。總之，凡事辦得到則以實告，辦不到亦宜以實告。又，鄂月一電請於章程内另加一條，議明洋商如願與華商合辦内港輪船公司，洋股至多不得過十成之五，凡華洋合股公司須挂中國旗號，歸中國地方官管轄等語，迄未接滬覆電。鄙意實因他國商有願合華股而自佔股十成之八者，若臨時駁阻，勢必爲難，故欲豫定此條，以自保權利。峴帥庚電亦以爲然，故有請尊處將此節切商增入之語。此條管見，關繫緊要，究竟兩公曾議與否，滬電總未答復，聞並未與議。務請切商馬使，如能添入，其益甚大。以上内港批准、拖船式樣、合股行輪三節，有流弊太多必應更改者，有不宜含胡者，有並未議過而於英商絶無妨礙者。鄙人既灼知其大有關繫，又因兩星使籌議折衝，多方補救，欽佩良深，謹遵詳慎妥議之諭旨，堅持妥訂之部電，飛速奉瀆，務請兩星使速賜婉切與商。究竟彼是否可允，均懇速示，萬勿置之不答，以致愈遲愈難，至禱。煩瀆不安之至。銑。

吕大臣、盛大臣來電并致外務部、劉制台

光緒二十八年七月十四日亥刻到

內港行輪，兩旬駁論，不肯輕動，昨與訂三事。一、將武昌所允第十欵抽出第二、三節移入章程，只留第一節茲因光緒二十四年内地水道至彼此允願更改為止，第四節中英兩國議定江門開為通商口岸至六都、封川〔一〕為止。二、將總署原定正續章程照舊遵行，毋庸議改，馬使與裴、賀税司修改之本作廢。三、彼此允再另議續增章程，附於原章之後試辦，並即親自與議續章，共十一節：一、英國輪船東可向中國人民在河道兩岸租棧房及馬頭，不逾二十五年租期，如彼此兩願續租，亦可從新再議章程。儻英商不能向華民妥租棧房及馬頭，與商務局商妥後，須由地方官照

〔一〕據光緒二十八年八月初四日（一九〇二年九月五日）《中英續議通商行船條約》第十欵，議定將廣東省江門開為通商口岸，並將容奇、馬寧、九江、古勞、永安、後瀝、禄步、悦城、陸都、封川等十處作為上下搭客之處。六都，即陸都。

值公道預備棧房馬頭租給，租滿之後亦可接租。如該處尚無商務局，可與商務大臣商辦。二、靠船馬頭不得有阻水道，亦不礙船隻通行，並須由最近海關先行查明允准，但海關亦不得苛求。三、英國商人所租棧房及小馬頭，須納税捐，如同中國人民左近相類之房屋一樣。英國商人只能用中國代理人及辦事等人，在該内河行輪處租房之内居住貿易，惟英商亦可隨時前往察視其生意情形，不得因此於中國管轄之權稍有減損，或有所妨礙。四、凡在中國内港行駛之輪，如有損傷隄岸或各項工程，應責成該輪船將該隄岸工程查係損傷以及他項因傷受虧一切，賠償業主。如有淺水河道恐因行輪致傷隄岸以及相連之田地，中國欲禁小輪行駛者，知會英國官員查明實有妨礙，即行禁止英輪行駛，但華輪亦應一律禁止。至華洋輪船並不得在内河向有壩閘之處行駛，防有損傷該處壩閘，致礙水利。五、英國政府欲將中國内地水道開通行駛輪船，大意實為中外貨物運動迅速起見。如現在或日後有行駛内地水道之英輪，而該船允願將輪船轉歸華人公司及挂中國旗號，英國政府應許不加禁阻。六、民船向不准裝運違禁貨物，凡行駛内港輪船及該輪拖帶之船，亦均一律不准裝運。如有不遵，即照違禁章程辦理，註銷所給關牌，不准行駛内港。七、内港行輪風氣未開，内地居民宜令其少受驚擾，故凡内港向來未經輪船行駛者，須審察商人之便，並輪船東實見生意有利可圖，方可漸次開駛。如有商人欲於商船未經到之内港設輪行駛，須先向最近口岸之税務司報明，以便轉禀商務大臣體察情形，迅速批准。八、此項輪船只准在口岸内行駛，或由通商此口至通商彼口，或由口岸至内地，並由該内地復駛回口岸。並准報明海關在沿途此次所經貿易各客［？］上下客貨，但不得由此不通商口岸之内地至彼不通商口岸之内地專行往來。九、無論客船或貨船，均准輪船拖帶，凡被拖之船隻，其船户、水手人等均應歸華民充當，並不拘船東為何人，均須挂號方准由口岸行駛内港。十、現在所定以上各章程，係補續光緒二十四年西七月、九月前後所訂内港行輪之章程，其未經此次所訂更改者，則仍舊照行。其為此次章程所改者，則以此次所定為准。此次之章程是補續光緒二十四年前後之章程，擬視同舊章一樣，足為現時管理此項輪船之章。嗣後儻有應行修改之處，即可隨時彼此酌情商准。以上十條脱稿後，馬使又請添改，并函來堅請仍照裴、賀税司與彼所改章程為定。如兩制台必欲照商約大臣所議之新章，利益太薄，彼只允請示英廷，無權答允，且恐重加進口税，必為英廷與英商所不允，望兩大臣一併電懇兩制台。當又派員告云，貴大臣與兩税司所擬早已言明作廢，本大臣等現議之新章程斷不能再有更改，方能覆奏。馬復請將原議定租地一節添入，恐將來轉電英政府不允，又有躭延。此次再不定奪，英廷恐要變卦。宜速由我電去請示，實不可再遲等語。管見此事若能悉照所擬定議，似已補救不少。峴帥漾電不能由此内地至彼内地任意行駛，並不准自建棧房，香帥歌電船户應歸華民充當及不得稍損管轄之權數語，均已叙入新章。海、宣實欲立内港華輪公司，准洋商入股，不准扯洋旗。法、德、美領事均許可，馬使私議亦謂只要華官真肯體恤華商，則洋船可由少而無，洋旗可不禁而止，到彼時英商自願售船，英官可不阻止，請其列入章程，强而後可。洋人慣布閒子，將來均我要著。近有美商買英公司船，而英廷阻之。彼國有此政權，將來英商輪或受我餌，願拔幟易幟，如有此條則彼政府不能阻，實為洋旗銷案之先據。如兩制台願删去，馬所願也。是否，即請兩帥酌核奏覆，並電示。海、宣。元一。

致江甯劉制台 光緒二十八年七月十六日寅刻發

滬議内港行輪續訂章程，尚有一二應斟酌處，已詳銑電。惟華洋合辦内港輪船公司，洋股不得過半，並挂中國旗，歸中國管轄一條，滬竟絶未議及，甚不可解。據滬員另電，謂盛告人云，兩江意不以華洋合股爲然，故置不議，此飾詞也。敝處月一電請添此條者，實因日商現正謀設湖南輪船公司，股本一百五十萬元，彼已自佔全股十成之八，僅留三十萬備華人入股。彼全權在握，華股僅以附庸，是華助洋勢，可謂愚矣。小田切屢有電與敝處，催辦此事，急不可待。鄙人以内港商約未定，力阻緩之。不惟兩湖，如江南内港尤多，亦必受此累，故鄙意欲借英約先立限制，俾日約不能越此範圍。若待議日約時再説，恐争論甚難，即尊處争論亦不易也。務望以尊意切電吕、盛，熟商馬使，添入此節。公爲湘紳領袖，利害所關，必廑藎慮，當不以此議爲蛇足。祈速賜裁酌速覆。葉。

致軍機處、外務部、户部，江甯劉制台，上海吕大臣、盛大臣 光緒二十八年七月十六日申刻發

滬元三電論絲税事悉。絲税自不宜過重，然亦必須公平，鄂屢電及面談皆同。出洋之税不過抽五，此議定者也。至内地之絲流通各省，豈有不納絲毫關税之理。浙絲即可銷浙，蘇絲即可銷蘇，至四川、廣東絲銷本省及各省内地者不少。此外如鄂、豫、東、晋等省，亦各有絲，非必出洋，何能概免關税。自應在第一常關先完二五，至出口之關，驗有曾完二五之關單者，亦只抽二五，免其二五，仍是值百共抽五而已。若謂如此恐海關之絲税減少，則舊章絲税只抽二兩，今即減半抽二五，較之現在所抽税數，已加數倍，只有多增，豈有虧減。且各國及馬使只欲我減輕出口土貨税，我自銷内地之土貨税輕重彼皆不問。今既允出洋之絲抽五，何反阻我抽行銷内地之絲税耶，思之不得其解。如必慮海關絲税不能甚加，則驗有常關關單曾抽二五，而出口海關減收二五者，儘可於第一常關照數撥還海關，有上海道撥還韶州關絲税歷年成案可援，照此例仿辦，亦甚不難。如此則出洋者止於抽五，斷斷不至重抽。而不出洋者無論何省所産，皆是抽五，可謂均平。且出洋之絲與銷内地之絲，自然不致相混。至銷場税即落地税，與常關無涉，各種土貨過第一常關者，皆須先完二五之税，過出口洋關又須完抽五之税，復進口又有半税，到落地又有銷場税。絲乃殷富人家所用，何獨反止完銷場税耶。土貨銷場由我自抽，不在與馬商酌矣。華文本是常關免抽蠶繭及蠶種税，鄙人與兩公當面所商約稿所載極爲分明，譯員不應將洋文誤爲免抽蠶繭及絲税。今日自當照原議更正，將洋文常關免絲税改爲免蠶種税，不應遷就譯員之誤，反改原議華文，令各省常關一律免絲税也。此乃内地所用土貨自抽常關之税，但於出洋之絲無妨，馬使必不干預，斷無不允更正之理。務懇速商更正，至禱。諫。

吕大臣、盛大臣來電 并致軍機處、外務部、户部、劉制台 光緒二十八年七月十四日申刻到

鄂勘、月電悉。絲税一節，已遵屬馬使更正，文如下：至於

絲斤一項，無論手繅或機器繅，不得徵抽此項加稅，並不得在絲斤蠶繭所過之常關徵收各項稅銀。惟中國可按貨色，切實估價定稅之法，抽一出口正稅，不得逾值百抽足五之數目。其在中國内銷不出洋之絲斤及蠶繭，仍按第八節須納銷場稅云，似較原文周妥。按從前稅則，絲每百斤只抽稅二兩，現在手繅之絲每百斤價在三百兩以外，機器繅之絲每百斤價在八百兩以外，將來改定出口切實抽足五稅則，自應分別照抽，較舊稅則加抽已重。馬原送條欵，係請減絲稅，後因裁釐始允切實估抽，斷不能於抽五之外再有加增。現又聲明於行銷内地各省可收銷場稅，即按切實值百抽五，似亦不少。若再議抽常關二五之稅，是多於原議抽五，馬固不允，法國亦必不允。乞詳察。海、宣。元三。

致軍機處、外務部、户部，江甯劉制台，上海吕大臣、盛大臣光緒二十八年

七月十七日未刻發

滬咸三電，馬使所覆銀元照會，具悉。内有請貴國政府必於要緊之區設立鑄局，以鑄國家銀幣等語。緊要之區，意何所指，殊不可測。此事應由我定一折合關平足銀之公道價，今乃隨時照市價折合墨西哥銀元，每日有漲落，各省有低昂，各關不勝其繁瑣，且有參差矣。查原議只許其定通用銀式，至於局設何處，如何買銀條，如何計局費，如何定價，何時開辦，此乃中國財政户部主之，與此次商約無涉，似乎干預太過。峴帥意本以定銀式爲干預我内政，鄂極力贊成之。今照此辦法，未免得步進步，鄙人實不敢贊成矣。管見必應駁覆，務請峴帥與兩星使妥商，切禱。

條一。

劉制台來電并致外務部、吕大臣、盛大臣光緒

二十八年七月十五日午刻到

稅課銀兩應納平色，天津條欵本已載明，毋須另定。因銀式訂入條約，又有一律通用納稅字樣，語意含混，恐為藉口減平之端，不得不辯明，自佔地步。蓋外人往往因舊約一二字迹涉疑似，與我爭論，辯正為難。今多此一番推敲，彼雖不允入約，然果照覆備案，別無異詞，自可就此了結，以省煩瀆。坤。鹽。

吕大臣、盛大臣來電并致外務部、劉制台

光緒二十八年七月十六日午刻到

甯鹽電悉。銀元照會，頃馬使已送來。内開：為照覆事。今日本大臣接准貴大臣本日照會，送來兩江總督劉電報抄稿一紙，論新約第二款之事，玆特為照覆。劉宫保所見實與本大臣所見相同，諒貴國政府必於要緊之區設立鑄局，以鑄國家銀幣，其銀色及輕重自行定奪。此項銀幣可由商人以照重照色之銀條易换，惟須加例徵之鑄費。所鑄之銀幣將用為中國國家通行之銀式，并聲明以是合例之銀，若用以完納關平銀之稅項，或以還抵關平銀之債負，只可照其市價之所值折算而已。為此照覆。除録咨外，請兩帥核發彙奏。海、宣。咸三。

致江甯劉制台光緒二十八年七月十七日未刻發

滬咸三電録示馬使所覆銀元照會，内有請中國政府必於要緊之區設立鑄局，以鑄國家銀幣等語，明係有人欲在上海設銀元局，歸通商銀行承辦，以攬利權，暗中嗾馬使叙入照會，爲將來要求

地步。且連買銀條、收鑄費亦併議定，此與商約何涉耶。務請尊處嚴辭駁辯，聲明限制，俾杜覬覦。餘詳篠一電。至銀元完納關税照時價折合關平，亦多流弊。各省各埠銀元市價互有高低，即一埠中市價亦日有漲落，若各省關各照每日銀元市價折算關平，勢必參差淆混，無從考核。似不如將關平銀一兩酌中折定銀元一元幾角，庶各關徵收一律，以免窒礙。管見如此，究以如何折算爲宜，請公妥酌，電滬商辦。祈示覆。洽。

致軍機處、外務部、户部，江甯劉制台，上海呂大臣、盛大臣 光緒二十八年七月十七日未刻發

滬咸二電論監察洋員，增改字句，具悉。馬使續改第八欵第十節一經監察之員禀報，中國政府即行將弊端除去三語，權限不清，必須酌改。查監察常關、銷場税釐、土之洋員，既由各省督撫選派，則該洋員必應受督撫節制，該洋員查有不合例之需索，自應禀報督撫。今乃欲逕報中國政府，將原派之督撫越過，中外均無此種辦法。向來洋關税務司有事僅能禀報總税務司，從無逕禀政府之例。監察洋員所得權限，豈能過於税司本職。應將中國政府四字，改爲本省督撫四字。若慮督撫不肯查禁，下文尚有商人告發一條，洋商受累可控告領事，領事可告知督撫，督撫不理，領事可禀公使，告知外務部，何慮壅蔽耶。此數語與原議不符，應請兩星使將華、洋文一律商改，至要。祈覆。篠二。

呂大臣、盛大臣來電并致劉制台 光緒二十八年七月十六日巳刻到

微電馬使照會，請改第八欵第十節。辯論至再，馬使允將所添管理等字删去。文如下：由每省督撫自行在海關人員中選定一人或數人，商明總税務司，即由各督撫派充，在每省監察常關、銷場税、鹽務、土藥各事宜。該洋員等實力監察，如有不合例之需索留難，一經監察之員禀報中國政府，即行將弊端除去云。在馬使不過引伸其義，情節并無出入，乞統賜核覆。海、宣。咸二。

呂大臣、盛大臣來電并致軍機處、外務部、户部、劉制台 光緒二十八年七月十九日申刻到

鄂篠二電悉。已詳告馬使，彼允將中國政府四字改為該省督撫四字。海、宣。嘯六。

致江甯劉制台，上海呂大臣、盛大臣 光緒二十八年七月十八日亥刻發

滬陽電、甯咸三電均悉。内銀式一節，馬使照會未妥，似宜速覆一照會，大意言准貴大臣照會云云。查鑄通行銀幣乃中國内政，將來何地設局，何時開辦，用何式樣，成色分兩，應如何照關平折定公道市價，或國家專鑄，應否准華、洋商人附鑄，一切詳細章程，應由中國政府隨時酌定，此時本大臣等無權與貴大臣預爲商訂也等語。究以如何措詞爲妥，請峴帥詳酌改定，速與兩星使妥商酌辦。愚見此時必須駁覆一照會，方免將來外人種種干預。此事峴帥當日十分慎重，鄙人極力贊成，如稍有流弊，衆論將歸咎於鄙人，且無以對峴帥，故不得不格外小心也。祈峴帥、兩星使均速示覆。嘯。

劉制台來電并致外務部、呂大臣、盛大臣 光緒二十八年七月二十日子刻到

銀式事，敝處早慮及流弊甚多，祗以兩星使先有成議，不得

不通融允諾。先設法將關平暗耗爭回，再圖補救。前閲滬咸二馬使照覆電文，係諒貴國政府必於要緊之區設立鑄局云云，因諒字尚屬空泛，致未駁覆。如香帥接電係屬請字，文義更加逼緊，一經揭破，我愈無轉身之地，自應趕緊將照會退銷，祇商令將照關平完税一節照覆，其餘毋庸叙入，以免别生枝節。務請兩星使切商更訂電覆，幸甚。坤。效。

吕大臣、盛大臣來電并致劉制台 光緒二十八年七月二十日午刻到

鄂嘯電悉。銀式一欵，約文本渾括以一切辦法，各銀式輕重平色，皆由我自定，為我固有之權，是以約文概不聲叙。嗣後峴帥慮有暗減税平之意，馬乃謂應由我自定，不必入約，是以商允，另備照會聲明此節，索其照覆為據。細繹覆文，並無索我商訂設局開辦及商人附鑄各節之詞義。昨已照鄂篠電删去緊要之區等字，詳嘯五電，乞加察。海、宣。效三。

致外務部，上海吕大臣、盛大臣，江甯劉制台光緒二十八年七月十九日子刻發

滬嘯一電悉。口岸界址一條，峴帥意聲明租界一層，蓋慮本屬周密，但爲期太促，馬使堅不再議，則照原文亦無妨礙。而第二、三節於我治權利權挽回不少，此欵萬不可删。務請峴帥核准。效一。

吕大臣、盛大臣來電并致外務部、劉制台 光緒二十八年七月十九日未刻到

甯巧電悉。口岸一事，頃又與馬使切商，並將前備聲明已定有租界應毋庸議之照會，面交該使，仍不肯收，謂劉宫保既不願意此欵，我可電英政府勸將此欵删去，以免煩論等語。祇得告以俟電甯、鄂商明，如果願删，再請發電。以愚見揣測，馬實以此欵於彼無大益，蓋雖勘定口岸界址，不過得以居住貿易，而須遵中國章程，與華民無異，並許租界内華民不准假英人之名免繳各項税捐。是以彼意欲抽去此欵，俟他國議定，彼仍可利益均霑。應請兩帥、外務部詳加審度，權其得失，如以棄去該欵第二、三節為可惜，將來仍不能始終拒絶各國之請定口岸界址，即乞核准。如以為應删，亦即酌定，均迅電示遵。盼切。海、宣。嘯一。

致上海吕大臣、盛大臣，江甯劉制台 光緒二十八年七月十九日寅刻發

滬六嘯、四巧電均悉。回滬後續議各欵，極費藎籌，鄂全無異議。請即告馬使，俟峴帥覆允後，即請峴帥挈銜會奏，惟奏稿祈先電示。至前七欵電文已見過，即請峴帥電奏，不必再商。全約電陳，應請峴帥主稿，亦祈先行電示。效三。

致外務部，江甯劉制台，上海吕大臣、盛大臣光緒二十八年七月十九日寅刻發

滬嘯三電悉。絲税分徵，甚妥。峴帥既以爲然，請即定議。滬嘯四電論内河行輪事并悉。第七節馬使既允於商務大臣句下添入會同該省督撫六字，已較原文爲勝，其餘彼既堅不添改，只可如此定議。拖洋式船一層，兩星使既謂係照原訂正續章程辦理，不必明言船式，無礙華民生計，管見以爲尚無流弊，如外務部以

爲然，即請定議。另加一條聲明英商附入華股公司，不得以有英股在内，遂以爲該公司輪船准挂英國旗號等語，極好，此（修）［條］足杜藉有洋股冒挂洋旗之弊，甚爲有益，萬不可删。請俟峴帥核覆後，即與定議。拖船一節，請外務部酌核，速電呂、盛兩使，至禱。效四。

吕大臣、盛大臣來電并致外務部、軍機處、户部、劉制台

光緒二十八年七月十九日未刻到

鄂諫電悉。此欵漢文原稿是蠶種二字，繙譯温令亦堅稱洋文是蠶種二字，而馬使所存洋文底檢出，則確是絲字，究因何不符，實無從詰問，亦可不必深論。第鄂論絲税宜與常關分抽，自有公理，在鄂時却未道破。此層當照侵電指示各節，與馬再三辯論，聲明出口税仍是值百抽五，不過分征，並非重徵。至分徵後海關與各省如何撥抵，是中國事，與各國無涉。馬始恍然，將此節重為改定如下：至於絲斤一項，無論手繅或機器繅，所徵出口正税之總數，不得逾估價切實值百抽五之數。此税並可在絲斤所過之第一内地常關徵抽一半，惟須按第三節所載辦法，給以單據，該單據即可抵納出口正税一半之數。若蠶繭經過常關，則須免抽各項之税云，似較照原文更正更為切實，以免再有誤會。乞核示。海、宣。嘯三。

吕大臣、盛大臣來電并致外務部、劉制台

光緒二十八年七月十九日亥刻到

鄂銑電悉。今日同錢守與馬使按欵磋商行輪第七節，馬祇允於轉稟商務大臣句下，添會同該省督撫六字，其如果確無妨礙，及核准等字，均不允再有加改。彼意深慮我藉此節制其行駛之利益，亦曾與之細辯矣。四水一節，仍不肯允，以既有各項限制，不欲我再限以行駛之處。第九條拖帶洋式駁船，在鄂會議，馬擬索專立一條，後因不妥，遂將此條抽去，是以續議此章程時，但言客船貨船，而不言明船式，係照原定正續章程辦理，亦恐馬使再伸前請，刻商馬云，船式但以裝貨多而喫水淺合用為定評，本不必分判華式洋式。現在華船多有改造洋式者，亦取其合用而已。況本條聲明被拖之船，其船户、水手人等均歸華民充當，尚何慮華民生計。此條似無關輕重，殊難再與空争。鄂月電屬加一條，奉電後即與馬言，而不謂然。以華洋合股一條，已訂明華附洋股照英公司章程，洋附華股照華公司章程，至佔股多少，乃公司定章自有之權。如係華公司，自應掛中國旗號，歸中國管轄，乃一定之理，不應入約。頃復再四切商，彼初仍堅前説，强而後允，加添一節，附入第四條章程之後。文曰：如有華人按照中國律例註册，設立内港行輪公司，即有英人附股者，不得因該公司有英股在内，遂以為該公司輪船即准掛英國旗號等語。然馬終以為無謂告鄂，如果無須此節，最好删去。請統核示遵。所言按中國律例，即是歸中國管轄之意，并以聲明。海、宣。嘯四。

致外務部、江甯劉制台，上海吕大臣、盛大臣

光緒二十八年七月二十日丑刻發

滬效二電悉。第十一欵乃在鄂苦心設法力争而得者。一節限定洋人界址，使彼不能侵佔逾越。二節租界外洋人守我巡捕、工部局章程，即受我約束，納我捐項。三節租界内華人仍納各税捐。本在鄂議定，一月以來，鄂電皆謂於我有益無損，并未欲稍有更

改。昨敝處效三電已説明，全約俱無異議，請告馬使。今馬不僅斟酌字句，竟欲全欵俱删，似於交誼有礙，深爲可惜。如馬恐英商藉詞挑剔，則只可格外通融，將各項税捐四字改爲印花税、地契等税七字，或改易他字，使不失此節本意，而英商亦不致藉口，亦覺較好，尚屬有勝於無。即使萬不得已必須删去第三節，其第一、二兩節亦斷不可删。總之，此欵所以杜其暗中推廣口岸之計，萬萬不可全删。現在江、鄂於各條已均無異議，專待奏准，即日畫押。馬使急欲回國，亦不可翻異，致礙全約。萬望兩公切商速覆。哿一。

吕大臣、盛大臣來電并致外務部、劉制台

光緒二十八年七月二十日申刻到

口岸一欵，昨嘯一電已詳陳。頃馬使來言，今日工部局向其理論，謂租界内華民，中國向無權抽收捐項，若如第十一欵第三節辦理，將來租界必致滋事，工部局萬不能允。似此情形，即勉强入約，將來英廷亦決不能批准，彼亦不願以不妥之事入約，貽將來枝節。當詰以此節言各項税捐，初議原專指印花税，到鄂後議改為各項税捐，若仍改明為印花税，仿照郵票辦法，諒工部局不致再阻。馬又密告謂，此係工部局有意指摘，聳惑衆聽，藉端阻止加税之舉，似不可因小失大，不如將此欵全行删去，彼可力勸英廷照允。觀馬之意甚為決絶。近日滬上英商議論頗煩，看此情勢，與其將此節勉令入約，日後仍辦不到，轉累全約，似不合算。查第十一欵首節誠如江帥所慮，日後難免膠葛，所稍資補救者在第二、三節。今馬使決欲廢去，則不如將此欵全删，兩不喫虧。好在此欵第二節租界外口岸内應遵中國章程，於第八欵内第十二節新開口岸約内已載有此節，似於我尚無所失。究應如何辦法，乞迅賜酌核電覆。海、宣。效二。

致外務部、江甯劉制台，上海吕大臣、盛大臣

光緒二十八年七月二十日丑刻發

頃接馬使來電，言決意西八月三十日回國，即中七月二十七日，務請設法於行前畫押，不然將來廢約，不能歸咎於我也等語。兹覆馬電云：貴大臣來電悉。昨本部堂已有電致貴大臣，云江、鄂現已照現商各節定議，只候會奏奉旨，即可畫押，請寬留數日，以竟全功，當已登覽。兹接來電，又已電催會奏。敝處於全約必不再有更改，貴大臣既欲急於回國，亦萬望勿再删改，庶於數日内趕辦一切，早得奉旨畫押。但電奏多起，校對抄録華洋文字，亦須時日，萬一趕辦不及，惟望再寬留數日。務請貴大臣親自畫押，再行離滬，切禱等語。馬使一行，全約必有更變，萬分可惜，即請兩公速送馬使，看其意見有無活動。示覆，切禱。哿二。

致外務部、江甯劉制台，上海吕大臣、盛大臣

光緒二十八年七月二十日寅刻發

滬號一電悉。赫擬添内港郵政章程一條，極關緊要。馬改照現在海河輪船之法辦理云云，似欠周妥。赫章最要者係不取資費、此外一概不准接遞兩層。資費取與不取，出入無幾，接遞非郵局信件，則極有關繫。赫此條之意，係防有事之時各國仍可傳寄密信，必須切勸馬使添入。可告以内地行輪較河海行輪又再深入國内，中國既許各國商人格外利益，商人亦應略答謝中國，方昭平

允。況內地各處，照約各國斷不能設立郵局，添入此層，不過防華民信局分國家利益，與各國無關。現爲時已促，我政府甚重視此條，切勸馬使萬不可拘泥，致累全約爲要。哿三。

吕大臣、盛大臣來電并致劉制台 光緒二十八年七月二十一日子刻到

奉外務部皓電：總税司函稱，上海現議內河行輪章程，應請增添一條，云凡領有執照行駛內河之輪船，應將中國郵政官局之信件、包裹接收代遞，不取資費，此外一概不准代為接遞云云，希查照商添等語。遵商馬使，允添入此節，惟約文不能照赫所擬。再三斟酌，訂款如下：英國船而在中國內地行駛者，應盡力量所及之處，方便中國郵政局運寄郵政信袋，其章程須船東或船主與中國郵政總局彼此妥商，儘照現在海河輪船之法辦理云。所議亦尚允協。除電外務部外，乞核示，電遵。海、宣。號一。

致江甯劉制台，上海吕大臣、盛大臣 光緒二十八年七月二十日午刻發

滬巧四電悉。茲擬致馬使電曰：接吕、盛兩大臣來電，知在滬續議各款，均承貴大臣和商妥協，綜計去年至今所議各款，意在兩國有益，諸多體諒，睦誼周摯，感佩良深。敝處已電吕、盛兩大臣，均照現商各節定議。聞劉制台亦無甚改動。一俟會奏，奉旨允准，便可畫押。惟聞貴大臣行期甚迫，電奏多起，晝夜趕辦，亦須數日，且須聽候政府覆電，務請再寬留數日，候奉旨後，貴大臣親與兩星使公同畫押，以竟全功，此乃貴大臣來華所辦一大事，自必樂觀厥成也。張某等語。請由滬譯送馬使。至全約電奏，已請峴帥主稿見示。號。

致江甯劉制台，上海吕大臣、盛大臣 光緒二十八年七月二十一日巳刻發

甯哿二電悉。第十款、第十一款賴峴帥堅持，兩星使磋商，治權利權保持不少。此兩款係奉旨責成江、鄂再行詳慎籌議，自應由峴帥主稿會銜覆奏。內河行輪一款爲鄂議未定，而回滬商妥者，並無在鄂議定之事，近一月內鄂屢電及致馬使六月廿九日電可據。此次覆奏，應請據實聲明，未便如滬鹽二電指爲鄂議定而滬翻改，以昭核實。其餘米穀等零星各款，及八款中十節、十一節添改之語，均可附奏。至全約各款已分次電奏，現在彙叙入告，請旨畫押，若必將全約詳叙，則譯發需時，必致延緩，似只宜提綱挈領簡括其詞，略言英約原索二十四款，經駁拒不議者若干款，曰某款某款。其前後議定者若干款，曰某款某款，某等往返電商，互相討論，凡所以取益防損者，堅持力辯，幸已就我範圍云云，并言此約中國尚不喫虧。此只是大意，其措詞請峴帥斟酌。蓋此約全仗峴帥裁斷主持，兩星使磋磨辯論，以底於成。此時彙總敷陳，斷不可分別何款爲鄂議，何款爲滬議，庶協體裁，而泯畛域。昨電請峴帥主稿，惟頭緒較繁，兩星使討論已熟，似可由滬先行擬稿，分電江、鄂參酌商定後，由甯拍發，較爲迅速。祈峴帥與兩星使即賜示覆。馬辰。

致江甯劉制台 光緒二十八年七月二十一日午刻發

全約有成，皆賴公主持裁斷之力。現馬使行期已迫，必須趁

彼未回國之先，公同畫押，方免翻悔。務懇公密電榮、王兩相，俟全約奏到，即請旨照准，電飭畫押，至盼至禱。祈電覆。馬。

致外務部、江甯劉制台，上海呂大臣、盛大臣 光緒二十八年七月二十一日未刻發

滬税則文函，七月十五日下午始到鄂。此事從前敝處並未與聞，今馬使數日即行，日期極促，勢難細核，且戴、賀兩税司議之數月，各國又已簽字，此時恐難增改。雖奉電旨著劉坤一、張之洞等會同酌定，此時實無從著手。甯條電峴帥既謂大致必不離譜，似可准令簽字。應否江、鄂會電請外務部代奏，祈峴帥裁示。再，鄂接到税則奏稿，内係寫明進口税則，合併聲明。箇午。

致軍機處、外務部、户部，江甯劉制台，上海呂大臣、盛大臣 光緒二十八年七月二十一日戌刻發

滬號電悉。口岸欵萬不可删，租界華民完納税捐，從此租界内地仍爲中國國家之地，民仍爲中國國家之民，乃通商五十年來權力所不能到者，一旦争得而收回之，豈肯輕輕棄擲。今日上海租界任意展拓，即非租界者亦遍地洋房，早已占至寶山縣境内矣。廣東已展至河南矣。漢口於二十年前已占至漢陽矣。此欵正是限制其任意廣拓。口岸尚有界限，租界自然束縛其中，何滬電反謂其删去此條可免口岸展拓之損，事理正是相反，百思不得其解。在鄂議定一月之欵，鄂省從無一字更改，今無故一言便欲删去，從來議約所無。務懇兩星使力任其難，商留此欵。第三節亦萬不可删，馬使爲英國國家所派大臣，事關兩國全局，豈有聽憑滬上一隅工部局數人之私言，改其使臣所允定之約欵，於馬使體面亦甚有礙。至第三節，或添惟税捐不得過重，並妥籌收税捐善法，中國不得派差役至界内因收捐騷擾等語，以稍慰其意。再不得已，則商留印花、地契等税，亦可稍留國家權力體統，總不可竟删第三節也。此事在外務部裁奪，峴帥、兩星使籌商，鄙人更無可説，惟有頓足痛惜而已。祈速覆。馬申。

呂大臣、盛大臣來電 并致外務部、劉制台

光緒二十八年七月二十二日巳刻到

馬使今日復議第十一欵，已將甯效二、鄂效一各電不允删此欵切告，屬仍照舊。馬云，滬工部局以租界内華官向不能收捐，第三節斷難允行。又租界以外頗多體面洋人居住，如担文即住在界外，豈能遵守華民章程，第二節亦難允行。駁以口岸一事，我政府本不允議，因英國堅請，乃添入兩節，以為抵制，若僅留口岸界址第一節，而去第二、三節，我萬不能允。馬云，似此只有全删此欵一法。當允其一面電商外務部及江、鄂，如允删此欵，必當另加照會，聲明此欵所辦商約不得再議口岸之事。馬允照辦。看來此欵所索兩益處，已為工部局力阻，只得堅持將口岸一節要删全删，仍符不議口岸之初意，尚不喫虧，乞速核示。海、宣。號三。

致外務部、江甯劉制台，上海呂大臣、盛大臣 光緒二十八年七月二十一日亥刻發

前奉貴部冬、陽電，屬於米穀、小輪、口岸三端，詳慎酌擬，

堅持妥訂，當即轉甯、滬遵辦矣。內港行輪條，馬使在鄂堅稱裴、賀兩税司係兩星使所派委員，在滬暨在鄂已議六箇月，其所議章程不能不算，開議止半日，强我與之定議。經敝處堅持力拒，謂兩税司無定此章之權力，兩星使亦力辯，馬始允回滬再加斟酌，因得再與詳議。敝處又摘出廿四年正、續章程內華洋文，以爲阻其內地往來及拖船必須民船之據，均經電達貴部有案。此條固深賴峴帥嚴詞辯駁，兩星使委婉磋商，稍覺就範，然亦正由鄂未與定議之故，滬鹽二電論全約事，謂此條在鄂議定，故回滬後翻改爲難，似非核實之論。一月以來，鄂電惟有一力堅持，多方限制，不肯稍鬆。其可行者，皆係先由峴帥商妥核定。其口岸一條，既限制洋人任意雜居，又使租界內華商完納税捐，此爲通商數十年來權力所不能到者，關繫甚大，不僅爲收捐也。昨滬電云，馬使忽欲將此欵删去，可爲駭歎，頓足痛惜。現敝處仍一意堅持，謂此欵萬不可删，不知兩星使能力争否。請貴部裁奪，飛速核示。米穀事正由甯、滬商定。謹此電覆。馬酉。

致外務部、江甯劉制台，上海吕大臣、盛大臣 光緒二十八年七月二十二日酉刻發

頃接馬使電，請删第十一欵二、三兩節。查第三節固於我治權利權有大益，第二節亦甚關緊要，即第一節限制洋人免其暗中侵占，亦未嘗無小益。此欵第三節恐難争，第二節則萬不可删。兹擬覆馬使電云：貴大臣廿一日來電悉。第十一欵所載各節，皆係公平至正辦法，并無絲毫偏袒，亦無窒礙難行之事，是以貴大臣公正爲懷，在鄂與我訂定，毫無異議，復經貴大臣電致貴國政府，一月以來亦未挑剔，可見按照天下公理，皆當如是，方昭平允。今因滬上洋商數人不顧天下公理，妄議阻撓，貴大臣豈肯爲其所摇惑，竟翻久已議定一月之欵，想貴國政府亦不肯出此也。即使必不肯允留第三節，何至并欲删第二節，未免太過，不合情理。中國界內華官華紳皆甚多體面人也，中國體面人能行之章程，何至外國體面人即有不便耶。且華人無論官紳，居住租界，皆守界內章程，洋人住界外則不能守我章程，事理實非平允，豈非將口岸全境皆變爲租界乎。若無此節，則將來必多滋事争辯，中國更不願洋人住居租界之外矣，與商務實屬有損無益。況守中國地方工部局巡捕章程，非用中國法律，非由中國官審辦，有何不可。所定章程必當準情酌理，令中西人皆能照行，遇外國人仍必以禮相待，斷不致欺侮外國人。若有實不可守之章程，洋人可訴之領事，照會更正，何必預爲猜疑，必欲删去耶。本部堂格外顧念交誼，不肯令貴大臣爲難，只可將第三節删去，其第一、第二兩節則以仍舊爲是，本部堂謂萬萬不當删改也。儻貴大臣於此事能不顧商人是非，毅然速定留第一、第二兩節，則本部堂定當將貴大臣持平公正不肯食言各節，編成華洋文字，刊布海外，以頌大德。即望速允。張某。等語。務祈兩公偕同錢守，將此電面交馬使，切實速商。或於第二節尾添數句，言章程如有於洋人實有窒礙者，洋人可告領事，隨時與地方官商酌妥協，則於外人較活便，而在我大致仍有範圍，總以能將第一、第二兩欵并留爲要。并望兩公及錢守微諷馬使，若第二節亦不允，則是有意失信於鄂，我惟有編刊洋文報布告海外各國，謂英國議約大臣所議之約，無故翻悔矣，請馬使勿怪鄙人也。祈速覆。禡午。

致外務部、江甯劉制台，上海呂大臣、盛大臣 光緒二十八年七月二十二日酉刻發

時日過迫，竊思一簡速之法：英約現已分條電奏，其全約電奏可否只提綱簡叙，歸重在請旨速定，趕辦畫押，聲明詳細情形，另行具摺會奏，則字較少，到較速，庶可於馬使起程前奉旨畫押。是否可行，祈峴帥、兩星使酌辦。養未。

致外務部、江甯劉制台，上海呂大臣、盛大臣 光緒二十八年七月二十三[一]日丑刻發

滬箇、號等電，甯各電，均悉。頃發禡午、養未電，想達覽，當已與馬使商口岸第二節，肯留否。但能争回，兩公斷無不力争之理。堅持至此，已到盡處。如彼必不允留第二節，則口岸一款應否全删，統聽峴帥與兩星使定斷，不必再商，照滬議索取不再議口岸照會亦好。至小輪帶郵政局信，能否照赫議，亦聽尊裁。嗎啡一款已悉。總之，此電發後，全約各款有無斟酌字句，應如何迅速電奏及一切詳細節目，均請兩星使與峴帥商酌速辦，鄂省均當照辦，不再推敲，免誤畫押大局，但請甯、滬電知敝處可也。禡。

呂大臣、盛大臣來電 并致外務部、劉制台

光緒二十八年七月二十一日戌刻到

近有莫啡鴉一物，進口日多，流毒甚重，華民每用針砭以抵煙癮。香帥五月董電云，嗎啡稅似宜加重抽收。除稅則內已定每重一兩定稅三兩外，復查嗎啡即莫啡鴉，係鴉片所煉之精，其引人入勝較鴉片更易，而毒人難解，亦較鴉片尤甚，若不趁早禁止，恐銷售愈廣，外人貪利愈不肯止，海、宣屢懇馬使入約永禁。馬允電英廷，久不得覆。據稱，一因業此者利最厚，故不易允，二因西醫藥料中所必需，恐無法禁絶，以致屢議屢輟。今始會擬條款如下：第一節，兹大英國允願禁止莫啡鴉販運來華，惟中國亦須應允凡有各醫院及英國大小藥房所需用之莫啡鴉，憑領有牌照之英國醫生額外准單，及按稅則完納入口稅，乃許進口發賣。而所發賣者，須係細小數目，又須按領有牌照之西醫給以憑單，始可售賣。第二節，上節所言之額外准單給與販運入口之商人，須在英國領事前立一保單，擔保允照此約所定之法，乃得領給此項額外准單。如販運之人犯有違背保單者，經英領事審訊，查得實有違背保單者，不得再領販運入口准單。第三節，此次須俟各有約之國允准照行乃可，但莫啡鴉於此例未奉行之前，經已落船者，可仍准運到。第四節，中國亦允認立法自行禁止在中國製煉莫啡鴉。以上馬使已照允，電催英廷，一俟允准，即可入約。如口岸准删，即補作第十一款，如口岸英仍願照舊，即列作第十五款，以次下推，共成十八款。乞先行核覆，以便彙奏。海、宣。號。

呂大臣、盛大臣來電 并致外務部、劉制台

光緒二十八年七月二十二日巳刻到

甯、鄂哿電悉。口岸馬使更議，原只欲去第二、三節，留第一節。按第一節現定辦法，較馬使原索城口利權似覺渾含，勘界時尚可商酌，雖不致執此擴充租界，然推廣口岸之意實屬難免。

[一] 依文義，此「禡電」當發於二十三日丑刻，底本繫於二十二日，恐誤。

即如江甯、廣州城外無可推廣，仍恐不能禁其入城，所以非有第二、三節，不足以稍資挽救。今第三節徵收各項税捐，改為專指印花税，昨已屢議不允，蓋彼不任我自抽印花税，而彼不能入約助我抽收，我即無權在租界内徵取，一有抗繳，工部局即出而保護。甯電謂彼不應阻抽於華商，非馬欲删此節本意也，是我允留第一節正合馬之初志，即使再與切商留第二節，能否照允，尚未可必，然必須統籌損益。如只允第一節，或允第一、二節，應留與否，酌定迅示，以便再與馬商。惟管見與其留此一節，仍不免有損，似不如全删之為愈。統候裁奪。海、宣。箇。

致外務部、江甯劉制台，上海吕大臣、盛大臣

光緒二十八年七月二十三日寅刻發

赫德所索内港郵政一條，其意在不取資，不接遞非郵政局信件，而尤防有兵事之時，各國傳通密信，洩漏消息。昨因馬使未允概不接收非郵局之信，故鄂咨三電以内地無外國郵局，只有民間信局，勸其不必拘泥，不過設詞拒之，欲其允我概不接收耳。今接滬養三電，馬擬續稿，仍須取資，並欲載明准帶領事暨本行信箱，則利權政權概不能藉以收回，只有明許接帶領事及本行信件明文，爲從來各約所無，是赫德本意全失，更添流弊。愚見不如將此條全删，留爲他日專議郵政另商地步。蓋無明准之約，將來尚可設法挽救，若此次約内載明許其接帶，將來儻欲收回全國郵政之權，彼必以此約爲證，後人亦必歸咎於立約之人矣。但此條原係赫總税司所索，應請飭赫德迅速核議，或將馬稿酌改，或竟删去此條，暫不添入，以留將來妥籌之地。統候外務部核定，飛速電示。梗。

致江甯劉制台，上海吕大臣、盛大臣

光緒二十八年七月二十三日寅刻發

甯箇六電悉。奏稿首段遵示酌改數語，以明此事原委，於尊指尚不背。其文曰：英使馬凱索議内港行輪、口岸利權兩條，之洞、海寰、宣懷在鄂電奏，奉旨流弊滋多，責成坤一、之洞等再行詳慎籌商，妥議具奏等因。查内港行輪一條，在鄂僅議一次，馬凱欲照裴、賀兩税司所擬章程，催與定議。之洞、海寰、宣懷等以内港雖本許行輪，惟防弊全在章程嚴密。見裴、賀兩税司所擬章程未妥，當經堅持力駁，謂章程須由赫總税司重議，此時斷不能遽定。馬無可如何，始允回滬後再行斟酌。奉旨後，經坤一會商之洞、海寰、宣懷等云云，照原稿接下。其續訂章程十節，應改作十二節，第五節願將輪船轉歸華人公司，轉歸二字照洋文改作轉賣與三字。至第五節後半段乃鄂省所索，另添一條，應將自如有華人按照中國律例至英國旗號止，此一段劃出，列作第六節。以下兩節遞推。原第八節後半段郵政一事，馬所改有損無益，萬不可許，詳敝處梗電，應將此一段劃出，列作第十節，不用馬所改文，但云十、内港郵政事，現甫接外務部電，令商添，尚未議妥，另電具陳。篇尾彼此酌情商准句下，接曰除十一欵口岸一條現尚與馬凱争持，日内即當另電具奏外，請代奏請旨施行。坤一、之洞、海寰、宣懷同叩。漾。等語。請峴帥核定速發。漾一。

劉制台來電 并致吕大臣、盛大臣

光緒二十八年七月二十三日巳刻到

滬號一、三、四電，鄂咨一電均悉。小輪、口岸兩欵磋商，

樞紐全在上海，即奉旨江、鄂再議具奏，亦以香帥籌商補救為多，似非敝處擬稿所能委曲透達。惟馬使催索畫押甚急，恐誤事機，祇合擬稿，請香帥與兩星使核定，挈銜會奏。如有未妥，即祈切實斧正。文曰：之洞、海寰、宣懷前於六月效、箇兩電，詳陳英使馬凱索議四條，內有內港行輪章程及推廣口岸權利兩欵，奉旨流弊滋多，責成坤一、之洞等再行詳慎籌商，妥議具奏。遵經坤一會商之洞，將小輪一欵扼定總署原訂正續章程，祇准由通商口岸入內地，不得由此不通商之內地至彼內地，并不准自建棧房，拖船船户應歸華民充當，及不得稍損中國管轄之權。海寰、宣懷旋滬後，遵照辯論，又擬添一華商設立公司，祇准洋商附股，挂中國旗，歸中國註册管轄一條。與馬使會議十數次，反覆辯論，始允將原議第十欵酌删，且照總署所訂正續章程遵行，將所與裴式楷、賀壁理兩稅司修改之本作廢，另議續章十節，附於原章之後，一體遵守。其間有已照坤一等指駁各節全行争回者，亦有未盡争回而已酌改受我限制者，均隨時電請外務部，分别核覆，實係磋磨再四，無可再商，應請照准。謹將第十欵删併兩條及續訂章程十節開列於下。删併兩條：一、兹因一千八百九十八年內地水道已許凡特註册之中外輪船行駛，以利便各通商口岸之貿易，又因是年七月二十八號所定之章程，及是年九月所續訂之章程間有於行輪未便，兹將章程彼此允願修改，附載此約之後，按照遵行，直至日後彼此允願更改為止。一、中英兩國再彼此議定，將江門開為通商口岸。又議定，除一千八百九十七年二月九號緬甸條約專欵[一]所載各地方外，准英國輪船在下列各地，按照揚子江輪船停泊處所章程起下貨物及搭客，即北山口、羅定口、都成。又議定，英國輪船准在下列廣東西江十處上落搭客，即容奇、馬甯、九江、古勞窪、永安、後瀝、禄步、悦城、六都、封川。又續訂十節：一、英國輪船東可向中國人民在河道兩岸租棧房及馬頭，不逾二十五年租期，如彼此兩願續租，亦可從新再議章程。儻英商不能向華民妥租棧房及馬頭，與商務局商妥後，須由地方官照時值公道預備棧房馬頭租給，租滿之後亦可接租。如該處尚無商務局，可與商務大臣商辦。二、靠船馬頭不得有阻水道，亦不礙船隻通行，并須由最近海關先行查明允准，但海關亦不得苛求。三、英國商人所租棧房及小馬頭，須納稅捐，如同中國人民左近相類之房屋一樣。英國商人只能用中國人代理人及執事等人，在該內河行輪處租房之內居住貿易。惟英商亦可隨時前往察視其生意情形，不得因此於中國管轄人民之權稍有減損或有所妨礙。四、凡中國內港行駛之輪船，如有損傷隄岸，或各項工程，應責成該輪船將該隄岸工程查係損傷以及他項因傷受虧一切，賠償業主。如有淺水河道，恐因行輪致傷隄岸以及相連之田地，中國欲禁小輪行駛者，知會英國官員，查明實有妨礙，即行禁止英輪行駛該河，但華輪亦應一律禁止。至華洋輪船并不得在內河向有壩閘之處行駛，防有損傷該處壩閘，致礙水利。五、英國政府欲將中國內地水道開通行駛輪船大意，實為中國貨物運動迅速起見，如現在或日後有行駛內地水道之英輪，而該船允願將輪船轉歸華人公司及挂中國旗號，英政府應許不加禁阻。如有華人按照中國律例註册設立內港行輪公司，而有英人附股者，不得因該公司有

[一] 指《中英續議緬甸條約》附欵、專條。該專條將梧州、三水、城江根墟開為口岸，并將江門、甘竹灘、肇慶府及德慶州城外開為停泊上下客商貨物之口。

英人在内，遂以為該公司輪船即准挂英國旗號。六、民船向不准裝運違禁貨物，凡行駛内港輪船及該輪拖帶之船，亦均一律不准裝運，如有不遵，即照違禁章程辦理，註銷所給關牌，不准行駛内港。七、内港行輪風氣未開，内地居民宜令其少受驚擾，故凡内港向未經輪船行駛者，須審察商人之便，并輪船東實見生意有利可圖，方可漸次開駛。如有商人欲於商船未經到之内港設輪行駛，須先向最近口岸之税務司報明，以便轉禀商務大臣會商該省督撫，體察情形，迅速批准。八、此項輪船只准在口岸内行駛，或由通商此口至通商彼口，或由口岸至内地，并由該内地處駛回口岸，并准報明海關，在沿途此次所經貿易各埠上下客貨，但不得由此不通商口岸之内地至彼不通商口岸之内地專行往來。英國輪船在中國内地行駛者，應盡力量所能做到之處，方便中國郵政局運寄郵政信袋，所載信件其章程，須船東或船主與中國郵政總局彼此妥商，儘照現在海河輪船之章程辦理。九、無論客船或貨船，均為輪船拖帶，凡被拖之船隻，其船户、水手人等，均應歸華民充當，并不拘船東為何人，均須挂號，方准由口岸行駛内港。十、現在所定以上各章程，係補續光緒二十四年西七月、九月前後所訂内港行輪之章程，其未經此次所訂更改者，則仍舊照行。其為此次章程所改者，則以此次所定為准。此次之章程是補續光緒二十四年前後之章程，擬視同舊章一樣，作為現時管理此項輪船之章，嗣後儻有應行修改之處，即可隨時彼此酌情商准。至第十一款口岸事，馬使現已願電英廷將原訂各節全删，并允辦照會立案，聲明此約不議口岸，仍照外務部及坤一、之洞初意，雖無收税之益，亦免口岸展拓之損。除俟馬使接英廷電覆，删除立案照會送到，再行彙入全約另奏外，請代奏請旨施行云。再，第八節新添郵政一段，如馬已允照江、鄂電意改正，即在稿内更正最好，儻急未得覆，則俟全約會奏時附奏聲明亦可。坤。箇六。

致江甯劉制台，上海吕大臣、盛大臣

光緒二十八年七月二十三日卯刻發

甯養四電悉。撥補事覆奏及聲明校對華洋文一節，請峴帥即照電叙情形主稿，挈銜奏覆，并電覆樞垣，不必再商。漾二。

劉制台來電并致吕大臣、盛大臣

光緒二十八年七月二十三日巳刻到

樞養電，江、鄂四銜效電已進呈。奉旨：飭令寄電駁詰，所陳一節，係我内政，何以任聽馬凱照會，即請明降諭旨。此事與彼何涉，何以要求及此，且商約尚未全定，此時何能先行降旨。上意責成尊處詳慎妥酌，再行電覆云。又樞養電，晢電已進呈，所稱第八款英廷尚須酌妥字句另電，是此款尚未全定，何能即行畫押。務將各款逐一通籌妥酌，并將所送刷印洋文由江、鄂、滬三處各詳細校對，再行核定云。查四銜效電係撥補事，原係内政，第當時因加税遷就，業於第八款第十六節奏明，現在全約已定，似難翻異。細繹電意，似須全約定後降旨，惟第八款已定，似不妨仍請先降諭旨，以便趕辦附約之後。應請香帥主稿挈銜奏覆，仍請先行降旨。條約敝處固無洋文底本，恐鄂亦未必齊全，時促不獨不及録寄江、鄂，且敝處更無洋文好手堪任其事。此事惟有切請兩星使責令譯員詳加核對。惟江、鄂不及再核，情形亦須先行電覆樞垣，并請香帥主稿會電，均不必再商，切禱。坤。養四。

致江甯劉制台，上海呂大臣、盛大臣

光緒二十八年七月二十三日未刻發

昨樞廷兩養電，峴帥想已轉滬。英約磋磨至此，實已不遺餘力。平心而論，此約於中國治權利權極力護持，雖無格外收回，尚無憑空白送，較歷來條約得體多矣。雖口岸一欵洋人遵華章、租界收華稅兩節，硬被馬使翻悔，失此已收之治權利權，不免憤恨，但退一步想，此兩節乃戰勝之約，方可争得者，今以戰敗之約争得之，我輩實無此好運氣。若再遷延，局面忽變，恐須退三步四步想矣。今内意似猶多挑剔，恐樞部見薩使口氣較鬆，誤爲所給。聞洋人密言薩與馬素不協，故馬所議約，薩不爲助。薩意正冀此約外廢，歸彼重議。然使此約由薩主議，恐要挾必甚於馬，更動多端。蓋馬係久居印度，人尚樸質，不惟未來中國，且並未常駐輪墩，故於在華洋人之驕横，中國之軟弱，全然不知，但以公理商訂，故在鄂凡與議增訂稅釐有益之事，及我索而彼允者，皆係一商即允，决於俄頃，多者兩三刻，少者十數語。若頭緒繁多，待次日再詳議者，彼回漢口與衆洋人商量一夜，則昨日已允之成色，今日必減削數分，甚至全然不允。今回滬一月，無數狡滑洋人煽之脅之，各國誘之，豈有多與我便宜之理。然部意總覺議得不好，專在駁拒，專在不忙。鄙人人微言輕，豈敢辯論。遷延一月，變故難知。茲觀樞養電意，三數日内恐難遽定，萬分焦急。爲今之計，惟有請峴帥、杏翁各自密電樞要，瀝陳利害，迅速轉圜，一面請旨飭外部電傳，將馬使量加褒奬，慰留旬日，大意言期於兩國有益等語。再由兩星使代達江、鄂意，婉勸馬使再展兩禮拜行期。如所購船票不能退，可换坐別公司輪船，由江、鄂另備船票奉贈。一面趕將華洋文詳校字義，處處相符，即由江、滬、鄂會電陳明，請旨畫押。鄙見如此，不知是否，請峴帥與鏡翁、杏翁籌酌速辦。示覆。漾。

致江甯劉制台，上海呂大臣、盛大臣

光緒二十八年七月二十四日午刻發

滬漾三電悉。口岸欵第二節，馬使既堅不允留，僅以印花稅一項易第二節治權利權，實不值得，自不如仍將口岸欵全删，索彼此次商約不再議口岸照會，較爲乾净。茲擬覆奏文一段，請峴帥添入昨漾奏稿同莘按：即上文劉制台箇六電。篇尾酌情商准句下，文曰：至十一欵口岸事，原定三節，第一節限制租界之洋人貿易居住，使有範圍，不能任意私占。第二節使凡在口岸之洋商，可遵我地方官約束。第三節并使租界内華民仍納我國家稅捐，縱口岸界址稍寬，亦均須在我範圍之内。三節原是互相爲用，實於向來已失之治權利權挽回不少。無如馬凱回滬後，爲上海租界工部局及各洋商所詬病，以此條於洋人權利太覺有損，萬不允行。馬不得已，堅請將十一欵删去，情願備一照會，聲明此次商約不再議及口岸。查此欵關鍵全在第二、三兩節，現經反復商辨，馬以衆怒難犯，堅不肯允。爲期已迫，恐再遷延致誤全局，坤一等往返電商，只得照馬使所議删除此欵，雖未能收回已失之權利，彼亦無新得之便宜，於我尚無格外受損之處。除俟送到照會再行電達外務部奏明外云云。請峴帥核定添入速發。如昨漾奏已發，則此段請另裝首尾數語，專作一電奏，趕緊補發，不必再商。敬巳。

致外務部，上海呂大臣、盛大臣，江甯劉制台光緒二十八年七月二十四日午刻發

甯漾一、漾二電悉，滬養一電全約會奏稿亦悉。約欵全文尚未全到，各欵商定者，敝處皆已見過，會奏請照滬擬稿同莘按：下文致軍機處有電即係滬稿。速由滬海綫發，約欵全文亦請滬速發。至孰先孰後，統聽滬酌。總之，以速爲妙，萬勿再商致誤。但會奏及約欵文太長，俟全電到齊後再行譯鈔進呈，非一兩日不辦，必致延誤，望兩星使先電外務部，請飭收報學生、譯報委員於接電時星夜隨收隨譯，隨譯隨鈔，方免延緩。惟滬電謂照洋文意義翻足，此則全約華洋文必須處處相符。查內港行輪第五節如有內地水道之英輪願將輪船轉歸華人公司云云，敝處所見洋文係願轉賣與中國云云，務請將轉歸二字照洋文更正爲轉賣與三字，蓋歸與賣意義情事判然不同，如華洋不符，敝處不敢任此咎也。敬午。

呂大臣、盛大臣來電光緒二十八年七月二十五日午刻到

小輪章程內轉歸二字，賀稅司謂若改為轉賣歸與中國公司字樣，即便明白，以轉字即有賣字義包含在內，歸字是歸與中國公司之意，并非歸字為賣字之誤，且洋輪非賣不能歸。應否更正，即乞兩帥核發電奏酌辦，不必再商為幸。海、宣。漾五。

致江甯劉制台，上海呂大臣、盛大臣光緒二十八年七月二十四日未刻發

梗電論內港郵政事，想達。赫德添此條，專爲力保郵政權利，馬使所改，有害無利。赫防帶外國密信，蓋有事時，我郵局接外國之信，例可拆閱。今馬議則明准寄外國信，我郵權失矣。赫意令內港洋輪代郵局寄信，不出費以爲酬報。今馬議仍須索費，我郵利失矣。明訂入約以後，無可救正，悔不可追，是無事自擾也。若再與馬商，必難速允，磋磨則誤全約，率定則害郵政，只有告馬使，必須照赫德原文全載入約，若不允，則不如將此條刪去，暫且不議，以待將來將郵政作爲專案，從容另議。究竟應刪應改，請外務部速詢赫德，飛電示覆。如三公以爲然，將此電酌量改定，挈敝銜會電外務部。迴。

致外務部、户部，江甯劉制台，上海呂大臣、盛大臣光緒二十八年七月二十四日酉刻發

此次滬寄稅則，其奏稿內專指進口洋貨，其鈔本稅則冊亦聲明係進口稅則，前後進口字樣凡八見。乃詳加檢閱，雜有出口土貨數十種，未知何意。查原定土貨出口稅則甚輕，目前物價增至數倍，多者值百僅止抽二三，少者值百抽不足一，現議定出口土貨價照時估定抽七五，將來出口土貨稅則自應由我酌定。今攙入進口稅則中，難保無援作比例，爲將來暗減出口之計。此時迫促難議，然亦不能坐受其愚，似應趁定約之先，速備一照會與馬使，聲明中國土貨應抽七五足稅，貨價貨本必應由各省確查，切實會商户部妥定，不與此次進口稅則相涉，方免後患。此事關繫財政甚鉅，不敢不言，抑或有別項辦法，務請外務部迅賜酌核，飛電

兩星使暨峴帥核辦，示覆。敬未。

劉制台來電并致外務部、户部、呂大臣、盛大臣 光緒二十八年七月二十六日亥刻到

鄂敬未電悉。進口税則内所列貨名，有與土貨名目相同者五十餘種，名目雖同，貨實洋來，税亦較土貨舊則為重。況新約業已載明土貨均實值百抽五，加二五，現雖未定税則，而洋、土貨價既各不同，將來開辦新約似不致援比暗添。為時已迫，事無窒礙，似可毋庸照會，免稽畫押。坤。宥。

呂大臣、盛大臣來電并致外務部、劉制台 光緒二十八年七月二十七日巳刻到

江宥電悉。本日酉刻已遵照會同馬使及德、比、日〔一〕、奥和日本各國領事，將估價税則畫押。其餘各國以後隨到隨畫，並訂明自十月初一開辦。海、宣。宥亥。

致外務部、江甯劉制台，上海呂大臣、盛大臣 光緒二十八年七月二十五日辰刻發

甯敬電悉。約欵全文太長，到京須一日譯鈔，進呈須兩日，必然遲誤。惟有照峴帥敬電所擬，如馬不能留，即請外務部俟電奏一到，迅賜請旨，並請電旨予兩星使畫押之權。有辰。

致京鹿尚書 光緒二十八年七月二十五日辰刻發

英約堅持苦争，已到盡頭處，一切均係江、鄂商妥。戰後之約如此結束，實非易易。祇因遷延過久，致最喫緊之口岸一條，將争回權利復被翻悔。然綜計全約，在我尚不喫虧，再遲尚恐有變卦，悔不勝悔矣。會奏到京，務望切勸政府同事諸公及早請旨照准，迅速電滬，趁馬使未行前將押畫定，千萬叩禱。有。

致軍機處、外務部、户部，江甯劉制台，上海呂大臣、盛大臣 光緒二十八年七月二十五日亥刻發

樞兩養電，一言撥補事，一言核對洋文及通籌妥酌事，均謹悉，當電江督劉，請挈銜會同電覆。茲接甯敬電，因未接到鄂電，已單銜電覆。查甯敬電所陳各節，及請旨慰留馬使一節，與洞意見均屬相同。全約至此，堅持力争，已到盡處，遲恐有變。至華洋文間有不符處，已商明更正。事機萬緊，務懇請旨早定，免誤畫押。謹覆。徑一。

致軍機處、外務部，江甯劉制台，上海呂大臣、盛大臣 光緒二十八年七月二十五日亥刻發

英使馬凱原索商約二十四欵，無非損我權利，動以和議大綱十一欵載明中國已允以商改利益爲要挾。當經坤一等於未開議前往返電商，皆以加税免釐一事爲主腦，復窺破馬凱用意，側重在損釐而不加税，磋磨八閲月之久，聚議六十餘次之多，舌敝唇焦，始克就範。中間復以在滬議不能決及議而未成者，海寰、宣懷邀

〔一〕指日斯巴尼牙，即西班牙。

同馬凱偕赴江、鄂，共籌抵制，堅持力辯，務期取益防損，不致喫虧。綜計先後駁拒不議、未允入約者七欵，曰洋鹽進口，曰內地僑居貿易，曰郵政電報，曰設海上律例，曰整頓上海新衙門，曰口岸免釐界限，曰貨物同在一河免復進口稅。議定後，馬凱因彼工部局不允照第二、三節辦理，或專留第一節，或全删不入約，藉爲抵制者五欵，曰新開口岸，曰減出口稅，曰三聯單，曰子口單，曰常關歸新關管理。商允改妥者十一欵，曰存票，曰國幣，曰廣東民船與輪船納稅一律，曰華洋合股，曰整頓珠江、川江，曰推廣關棧，曰保護牌號，曰加稅免釐，曰礦務章程，[曰]內港行輪，曰穀米禁令。此就馬凱原送欵目而分別准駁删改歸併者也。坤一等復向馬凱索議，彼允入約者三欵，曰治外法權，曰籌議教案，曰禁莫啡鴉，皆我補救國計民生要圖，幸就範圍，實有裨益。馬凱於定議後，復補請入約者兩欵，曰修改稅則年限，曰約文以英爲憑核，係查照舊約辦理，爲約中應有之義，共計十六欵。總之，戰後立約，彼要求多端，萬不能一無所允，然允則於彼有益，即於我有損，不得不權其輕重，設法挽回。綜核全約利益，彼此尚得其平，要皆仰賴聖明訓示周詳，用得勉與圖成，以釋厪念。本擬專摺具奏請旨，因馬凱以事急欲回國，定期本月二十七日起程，坤一等電留不允，并聞英商多以此約於英無多利益，意圖謀阻，非趁其在滬畫押，恐馬凱一行，全約或有更變，則全功盡棄，甚爲可慮。謹將核定約文電呈御覽，惟有仰求迅賜核定，准飭先行畫押，一面將漢洋文約本專摺進呈。再，立約向以洋文爲準，議定後復經派員按照洋文與漢文逐加校對，雖字句較原本間有增易，而意義則較原文仍無出入，合併陳明。請代奏。約文已由滬海綫發。坤一、之洞、海寰、宣懷。敬。再，此電稿會商妥後，昨已電甯、滬，由海綫發。恐甯、滬未發，謹再由鄂發，以免歧誤。如甯已發，亦無嫌重出。并陳。有。

致京鹿尚書[一] 光緒二十八年七月二十五日亥刻發

頃接甯、滬電，馬使云，稅釐撥補，諭旨須畫押時交閱，此係英廷訓條，萬不可少，不見諭旨，不肯畫押等語。細思此事並無流弊，若馬不畫押，各國必不肯加至十二五，悔無及矣。務懇公鼎力主持，力勸榮相及同事諸公照允，請旨速定。諭旨內似可聲明著户部與各省預先籌畫，將來開辦後再行遵照辦理等語，則既合體裁，亦尚活動。祈察酌。徑。

軍機處來電并致劉制台、吕大臣、盛大臣 光緒二十八年七月二十六日辰刻到

奉旨：昨據劉坤一、張之洞等電奏，與英國使臣馬凱議商務全約等語。既據該督等會奏稱屢經妥酌定議，即著吕海寰、盛宣懷就近畫押。仍將各條與劉坤一、張之洞悉心詳核辦理，一切務臻妥善，儻有後患，惟該督等是問。欽此。有。

致上海吕大臣、盛大臣，江甯劉制台 光緒二十八年七月二十六日子刻發

滬徑亥電悉。請即畫押，鄂不候校洋文，亦不再問郵政事。有。

[一] 指鹿傳霖。

致外務部、江甯劉制台，上海吕大臣、盛大臣 光緒二十八年七月二十六日午刻發

滬養二電悉。口岸欵馬使照會，並無不再索議口岸語。查口岸原議三節，本是互相爲用，第二節沿口岸内之洋人使受我管束，第三節沿租界内之華人使完我税捐，加以第一節就地方情形定口岸界限，使洋人不能如前任意侵占。三節并行，即可永杜内地雜居之奢望，於保持治權利權，均有裨益。此一欵實爲全約最喫緊處，今既翻悔全删，自以得彼不再索議口岸一語爲結束。乃馬使照會此語不提，但言仍留回現在條約載有各項通商口岸之利權一語，其意蓋謂不經官定，我仍照舊私占，計亦良便耳。然英雖此時不議口岸，安知日後不借別故要索，且他國必仍索議口岸。似宜趕速再覆馬使一照會，略言口岸欵早經議定，本不容翻悔食言，兹因曲體貴大臣爲難之處，允將此欵全删，但日後如欲再議口岸，必仍照此次所訂三節成議聯爲一氣，凡在口岸内之洋人，須守我巡捕局工部局之各項章程，在租界内之華人，須納我國家及地方之各項税捐，方可將口岸界址派員勘定，請查照備案等語。馬覆與不覆，均可聽之。此外不論何國，但有議及口岸者，均抱定此欵三節聯爲一氣之宗旨，允則議，否則罷，萬不可稍有變通。現雖奉旨畫押，仍責成江、鄂悉心詳核，并防後患。此照會即愼防後患之意，似屬有益無損，務請峴帥暨兩星使裁酌。照文字數無多，頃刻可辦，三公如謂可行，祈速賜繕發示覆，煩瀆尚祈鑒諒。馬改郵政欵，如赫謂當删，此條係我所添索，此時尚可删除，即請外務部於約文内删去，飛速電滬知照馬使，并删洋文。如赫謂不必删則已，總須一詢，以赫言爲定，免致赫歸咎議約諸人之損其郵政也。宥。

致上海吕大臣、盛大臣，江甯劉制台 光緒二十八年七月二十六日亥刻發

滬宥巳、宥午電悉。全約華文，江、鄂皆已見過，自應即行畫押，敝處並無阻兩公畫押之語。撥補釐金諭旨，請峴帥、兩星使設法電樞，籲懇降旨，應否會鄙銜，均請酌辦。旨内如何措詞方爲得體，可否請三公酌擬大意電樞，以免内中爲難。抑別有辦法，均請速酌辦，鄂惟命是聽，不必再商。郵政事似可囑賀税司電詢赫德，較速。宥戌二。

吕大臣、盛大臣來電 并致軍機處、外務部、劉制台 光緒二十八年七月二十六日戌刻到

頃奉電旨畫押，遵告馬凱，已訂期二十七日午刻。惟馬索閲撥補釐金諭旨，必須録送彼，附入約，方能畫押。此案業經江、鄂會同覆奏，務乞迅賜請旨電示。又，部令增入行輪章程内之郵政一節，江、鄂已電部請删，迄未奉覆，亦乞電到即電覆，以定去留。并滬徑電請示，是否准照滬核華文全約畫押，亦盼迅予電覆。皆刻不容緩之事，務求分別照辦示遵。盼禱。海、宣。宥午。

致江甯劉制台，上海吕大臣、盛大臣 光緒二十八年七月二十七日丑刻發

滬沁午電，亥到。撥補諭旨已奉。又挑字義不足，刁難過甚，兩星使擬批六字，較爲潔净，如能照准，即與明發無異。此事本應由兩星使雙銜具奏，如須加奏，即請峴帥斟酌，挈銜會電奏，

但措詞必須得體，最爲要緊。有三層必須叙入，兩星使電囑加奏，一也。雖然批准，不過以慰洋商之心，其實將來酌盈劑虛，其權仍在户部，二也。本不敢再行瀆請，祇因功虧一簣，未免可惜，三也。此外應如何措詞，統請峴帥酌定速發，不必再問。感。

軍機處來電光緒二十八年七月二十七日申刻到

光緒二十八年七月二十六日，内閣奉上諭：抽釐助餉，本軍興時不得已之政。近年以來收數雖多，而委員、司事、巡丁辦理未能盡善，或至留難商賈，弊端百出。朝廷軫念民艱，久擬一概廓清，革除弊政。現與各國新訂商約，加收洋貨進口、土貨出口等税，業經定議，著即將各省局、卡一律裁撤，不再抽收釐金。至各省應解應留經費，將來免釐之後，應將加税進款如何撥補之處，著户部迅即咨行各省，預先籌畫，俟開辦後即行奏請遵照辦理。欽此。宥。

吕大臣、盛大臣來電并致劉制台 光緒二十八年七月二十七日亥刻到

二十六日明降諭旨，頃已奉到，譯交馬凱閲後，以加税撥欵字義不足其意，不肯畫押。詢其何故，彼云，如不准挪作别項之用及將此欵抵押新借洋債，亦不得歸於海關正税各節，均未提及，尚難解釋各國加税洋商之疑慮，堅持不允。海、宣等告以上諭斷不能增減一字，亦不能再請。彼意以奉英廷訓條，非如前奏各節，斷不允加税之條。再四計議，彼始允於七月十九日會奏一件，請批著照所請辦理六字，由議約大臣將奉批日期照會，方允畫押。馬凱停輪以待，祇得由海、宣一面先電請樞部代奏請旨，以未及電商兩帥，故未敢遽列台銜，仍請迅賜加奏，免再躭延，致生枝節。海、宣。沁午。

致軍機處、外務部，上海吕大臣、盛大臣，江甯劉制台光緒二十八年七月二十八日卯刻發

宥電旨奉到。滬沁午、沁戌，甯沁戌電均悉。馬使既欲將各國改爲英國，而下文仍言即將各省局卡裁撤，竊以爲大有不妥。僅與一英定議，豈能裁釐。若各國改爲英國，假如於業經定議下，加一俟與各國定議七字，下接即將各省云云，則無弊矣。抑或請再降一旨，將二十六日旨係爲各國定約後而言，現在僅與英國定議，仍應俟各國議定加税後，方能將免釐事施行之意聲明，則前旨可不改，較爲得體。諭旨豈敢妄爲擬議，因馬使請改英字，語病太大，不敢稍事拘泥。管見備采，請樞部及峴帥、兩星使裁酌。峴帥請照滬電請旨批允，洞意見相同，并請兩星使代江、鄂慰留馬使，勸其换船回國。勘丑。

致外務部光緒二十八年七月二十八日未刻發

宥、皓兩電均悉。前德商在漢口華界緊貼襄河口請設立躉船，當飭税務司轉飭理船官細勘。據覆稱：德人已畫有租界江岸，計長三百丈，德商應在租界内設立躉船，不應再侵占華商有限之江干。且該商所租之地，僅寬六十丈，而請設躉船長二百餘丈，阻礙左右鄰居馬頭，亦不平允。其地在大阪公司之上，緊貼襄河口之下，其上即龍王廟馬頭，爲中國官民渡江孔道，民船小划來往如織，夏漲溜急，江河之水會合湍激，駕駛船隻已甚不易，再設

躉船於此，前後安設錨練，橫梗水面，猝不及防，沉溺必多。大阪躉船尚在其下，已屢次覆舟，近三日内又傷斃六七命，正與日商理論，再不能准德商在日商之上設立躉船，致害華民生命也等語。查日商前因日界未開，請在此處設立躉船，前税司當以距襄河口較遠，姑准其暫時設立，訂明俟日界一開，即行遷往。現屢次出險，正在設法令其速遷，豈可復准德商設立躉船於其上，侵占華商江岸，傷害華人性命乎。無論如何，萬萬不能照准。務祈鼎力主持，明白駁斥，至禱。再，德商在此設立躉船，固於華民確有大害，即英人亦甚不願，謂前四十年設立英界時，我曾許其不准他國立界於其上，今准德人設立躉船，即佔英商利益云云，頗有煩言。漢口沿江水面，華界有限，若各國皆欲均霑，一國設一躉船，雖不顧華民，亦無地以徧應各國，是又萬不能准德人也。並以附陳。儉。

致江甯劉制台，上海吕大臣、盛大臣

光緒二十八年七月二十九日亥刻發

豔電旨，亥刻始奉到，甯想已奉。此事無可推敲，即請峴帥挈銜會同電覆兩星使，請兩星使傳旨，以便畫押。至傳旨後似應即行四銜會電覆奏，不必待畫押也。請三公裁酌。豔亥。

致上海吕大臣、盛大臣，江甯劉制台

光緒二十八年八月初二日巳刻發

滬東電悉。前於定議後接滬宥巳、宥申等電，所云核校華洋文，所改皆於我有損，彼藉口華洋不符，或不明晰，皆是飾詞，其實皆減削我之利益耳。鄙衷憤鬱萬狀，徒以期迫，未便置論。若此時尚欲指摘更改，受損必更多。昨樞電以俄使言，旨令再通籌妥酌，全約文已達樞部進呈，儻屢改致與原文意義不符，權利有損，敝處不能任咎。務懇兩星使勿再通融任改，使馬得步進步，爲要。沃。

吕大臣、盛大臣來電并致劉制台　光緒二十八年（七）〔八〕月初二日丑刻到

甯戌、鄂亥電悉。遵即將奉旨批允日期備送照會前去，馬使於華洋文覆校尚有指摘，容俟畫押後再行電請兩帥會同奏報。海、宣。東。

吕大臣、盛大臣來電并致劉制台　光緒二十八年八月初六日申刻到

初四亥刻畫押蓋印，應即會列台銜電奏。謹擬電稿，請核改後由甯速發，幸勿推讓。文如下：欽奉二十九日電旨，責成坤一、之洞妥酌，如果别無用意，確無流弊，即行傳旨，著照所請等因。遵查馬凱所請加税之欵，意在不得抵原撥釐金五百萬兩以外之洋債賠欵，及挪作别用，恐各省再在貨物收捐，業已先後奏明，此外似别無流弊。會商相同，遵即傳旨。海寰、宣懷於初一奉到，即照知馬凱，本訂初二畫押，詎初一晚馬凱使告以二十六日明降諭旨，英商尚有疑慮，即徑電英政府，并將我奏稿電去。英政府以原奏未能明晰，飭馬凱照會逐一詰問，當即本原奏之意照覆。馬復電英請旨，初三得覆電，仍屬我將電奏更為詳叙。駁以已奉批旨之電奏，斷難增減一字。馬又電英，初四申刻馬持英電，面稱英廷必欲增叙詳明，擬來照會，頗不得體，又與再三磋改。馬

凱以英廷數次電諭，初索明降上諭，現祇奉批旨，續請另改電奏。現祇允照會，格外通融，萬難再減字句。閱張使德彝沁電，英外部謂擬加之税，另須明降諭旨，歸督撫提用，否則不能畫押等語。似英廷注意，總慮税加而釐不能撤。海寰、宣懷等詳細審度，現改之照會，雖請全數撥還各省，而内叙各省向解北京及應還洋債，仍如數照撥。我得照會聲明，應撥各項即留存海關，聽候抵解，將來户部如何指撥劃抵，由我自主，彼亦無從過問。且現議賠欵，易金為銀，正以我財力竭蹶為言，則加税聲明只抵裁釐，不涉賠欵，可見毫無盈餘，藉可杜各國之口。似此辦理，匪獨於我無損，實於我有益。畫押已延多日，洋報訾議甚多，既恐英商再四阻撓，復恐别國另生枝節，以遂其不肯加税陰謀。夜長夢多，設或遲延變卦，海寰、宣懷何敢當此重咎。坤一、之洞會電屬海寰、宣懷，如何設法變通，總以不誤畫押為主。事機所迫，勢難遷延，因即於初四亥刻會同馬凱，互對奉准畫押之旨，漢英約文，畫押蓋印，各執二分。除將照會電達樞部查照，并將約本會摺奏呈外，請代奏。坤一、之洞、海寰、宣懷云。海、宣。歌一。同莘按：此稿旋由江甯電奏，並無更改。

致軍機處光緒二十八年八月初三日午刻發

湖南辰州府教案，斃兩英教士，情形甚重，已由湘撫俞箇電奏請將辰州府知府吴積鋆、沅陵縣知縣陳禧年、城守都司劉良儒、駐防毅字旗管帶參將張耀魁一併革職。此案湘撫俞辦理極爲迅速認真，但將首要正兇緝獲嚴懲，當尚不難議結。惟府縣、營汛各官處分，現尚未奉明發諭旨，恐英領事疑及湘撫袒庇屬員，更起大波，則事愈難了。聞滬英總領接英廷電，意欲重懲巡撫。竊思湘省民情强悍，至今風氣未開，較他省尤爲難辦，湘撫俞在湘察吏恤民，防邊戢匪，廉潔公平，精勤穩練，實爲難得。其調和民教，實已不遺餘力，且已督獲多匪。辰州距省太遠，豈能責巡撫以不能豫防之咎。若動輒譴及疆臣，實於國體内政有礙。想鈞處或須俟查辦詳細情形奏到，再行請旨，極是慎重辦法。第保護不力各員，至今未見處分，於湘撫不無關礙。可否將營、縣先行革職，知府暫行革職，俟查明確實情形，再行斟酌輕重，俾英領事無可藉口，則商辦較易，似於大局有益。謹抒管見備采，祈鈞裁示覆。講。

致上海吕大臣、盛大臣，江甯劉制台

光緒二十八年八月二十日辰刻發

税則畫押奏片稿後半篇，其中包藏甚多，文義亦隱曲難解。究竟向來免税自用各物，此次税則是否全數估足抽五，抑或内有數種仍舊免税，赫税司訓條所許何事，馬使所調停者何事，是否自用免税各物，將來一律按倍半加抽至十二五，抑或止允抽五，或仍有數種免抽者，務祈詳晰示覆，據實陳奏。若不蒙明晰賜示，鄙人實不敢列銜。效。

吕大臣、盛大臣來電并致劉制台　光緒二十八年八月二十三日亥刻到

鄂效電悉。税則善後章程第二欵，各國原開免税項下，為運來之米及各雜色糧麵，並金銀以及金銀各錢、印字書籍、水陸各圖、新聞紙、各種貨樣及民人行李，暨自用之物及民人家内雜用

之物、海、宣等以印字書籍以下，為和議大綱所未許，堅持不允。各國再三辯争，始允將圖籍、新聞紙免税，餘仍飭賀、戴兩税司將洋文照删，已於奏報税則摺内詳晰陳明。迨遵旨畫押時，各國猶以我删去自用各物，為總税司預示各關訓條所許者，請仍舊列入章程内。海、宣再三堅持，馬凱調停，改為另用照會聲明。文曰：為照會事。現即簽字之税則，因附載之善後章程第二欵删除數項事，是以各國聯名照會前來，以資存案。計開所删除字句如左：貨樣若為數不多、係有憑票示明為擺作貨樣之用而非沽售者，又在中國各國領事署所用之國家紙張、筆、墨等件，又搭客之行李實係自己私用者，又傳單告白等件為莊口派送於人不收分文者，又私用物件不包括酒與食物及煙而係洋人自購來華私家所用並非發賣者，但仍要洋關查悉滿意，該項物件實係遵足章程辦理方可。茲各國畫押大臣與中國兩位大臣彼此商明，上列之字句雖於善後章程删去，此事仍應由洋關總税務司，按照其於[一]一千九百零一年九月七號之和議總綱訂定之後所頒示各洋關訓條之意，酌量辦理，為此照會。須至照會者。復飭據戴税司檢呈赫德與各關訓條，一係本年正月外務部准康使函，以漢口領事運送使館應用之紙、筆等件，漢關欲徵税餉，詢問欽差，領事應用物件，將來中國或係仍按從前辦法。經赫議覆欽差，仍應免税。領事向無免税之例，但此次漢口領事運進之紙筆等項，聞係由該國外部包封送來，均應免税，行關遵照。一係赫德四月傳單，内開：一、凡由别船抵埠之實在搭客，其行李可免徵進口税。二、凡商賈行鋪所寄來用以分送之各傳單告白等件，可免徵進口税。三、凡居民所運進之衣裳、書籍、圖畫、器具，若已用過，且並不是運來售賣者，可免徵進口税等語。核與各國照會所載，尚有不同，雖未許其列入章程，既赫德有此通行，是以函覆云：接准各國大臣交來照會，論税則附載之善後章程第二欵所删除之事欵等因。本大臣等復查核字句，於善後章程删去，仍應將此事發交總税務司，按照和議大綱訂定後所發與各洋關遵行之訓條辦理，並由總税務司呈明外務部准行等語，各國方肯畫押。業將照會分咨外部、江、鄂查照。鄂電既以所叙片稿未能明晰，謹再詳電，乞核改寄覆為盼。海、宣。養。

致外務部、江甯劉制台，上海吕大臣、盛大臣 光緒二十八年八月二十一日戌刻發

滬霰電悉。華洋合股一欵，英約原議本有有利同享、有害同承字樣，尚爲明晰公允。畫押前，忽硬被馬使改爲本分當守字樣，甚覺含胡，明係英商有意取巧。中外律法各異，權力不侔，所謂本分甚屬活動，設有受虧之事，控訴公堂，則各守本分四字華洋兩造，立見參差。前以畫押期促未便駁改，正深悒悶，兹訂日約亦沿用分内，當爲不守本分字樣，似乎不宜。務請將不照合同被控者如何罰辦之法，明晰聲叙，未可再踵前誤，以免華商偏枯。祈兩星使妥酌，切懇。號。

吕大臣、盛大臣來電 并致外務部、劉制台

光緒二十八年八月十八日巳刻到

日本商約已將第七欵合股一事議妥，大致比照英約，惟日使意以簡妥為主。欵文如下：中國人民與日本臣民合股經營，或合

[一] 底本為「餘」，似應為「於」。

辦公司，中國人民必須照其自認合同章程辦理，并願按日本公堂解釋該合同章程之辦法。儻不照辦，致被控告，中國公堂應即飭令中國人民將其分内當為之事，照合同章程辦理。日本臣民與中國人民合股經營，或合辦公司，儻有不守本分合同或章程之處，日本公堂亦須一律辦理云。并與聲明，俟鈞處核覆，方能作準。應請迅賜核示。海、宣。霰。

致外務部、江甯劉制台，上海呂大臣、盛大臣 光緒二十八年八月二十二日卯刻發

滬電日送約欵並駁拒向索各節，均悉。查日約所索，如關稅、河輪及一切事，凡爲英約所有者，自應均照英約辦理，不能絲毫有異。其第五欵添索口岸一條，如奉天府、大東溝兩處，鄙意宜急允其開爲口岸，最爲上策，藉各國商務爲牽制他人，保護根本之計，必宜速行，其餘以少開爲妙。應聽峴帥及兩公酌核，必不得已，江西或可許開一處，惟北京斷不能行。第六欵口岸條，彼如欲議，似可即全照英約議妥復刪之三節辦理，缺一即不能與議。第九欵度量權衡修改畫一，最爲好事，利國、利民、利通商，惟不利吏胥市儈耳，乃我内政必應整頓之舉，斷不可硬駁。積弊已久，紛歧萬端，雖難驟改，然論語、尚書，周禮王制、月令，皆剴切言之，以爲治國要政。若此條亦駁，必爲萬國所譏，中國讀書人所笑。但行之必有其漸，或允其將各省有洋關、常關地方先行整頓，華洋交易納稅酌定一畫一之式，或先將京外官民出納定一畫一之式。通國一時未能驟辦者，只可以徐行整頓，善言謝之。第八欵保護版權一條，須商定年限，凡東人新出華文、華語書圖，許專利五年，禁人翻刻，滿限即不復禁。除沿江、沿海外，如雲、貴、廣西、四川、陝、甘、晋、豫、東三省，即限内亦不應禁。若華人就東刻華文之書重加編訂，有增減修改者，即不能禁。其華文中參有東文者，更不在應禁之列。查此條數月以來，中國文人議論紛騰，多欲力駁，視爲極重要之事。鄙意以爲斷不能全駁，且亦不宜全駁，蓋東人將各種有益中國學問之書，譯成華文華語，頗費心力，自應享此銷書之利，方爲公允。即中國著書售賣者，亦向有禀禁翻刻之章，於外國人售書者何獨不然，此可藉以鼓舞東儒多出新書，有益我之學堂。但東人語氣文法即用華文，於中國亦不盡恰合，一經華人將其書重編另刊，日本人即不應阻止矣。若無志編書，專效書坊惡習翻版射利，此等無志氣圖小利之文人，安望其爲自强之人才，豈可曲徇其情而駁外人乎。至我索欵抵制，峴帥元電謂祇須將前次向英索而未允之數欵，向其索議，洵爲扼要之論，請兩星使酌辦。滬電擬備三欵，第一節，華人在日本貿易工作，照相待最優國利益，一律享受，極好。第二節，華商納日本進口税不得多於最優待之國云云，前條即可包括。似可於第一節内貿易工作之下，加納税兩字即可，并請加居住兩字，不必專作一條也。峴帥不欲開送第二節，其意殆不欲虛張條目，多佔索欵抵制之地，以免彼虛送人情，極是。第三節，索交犯條，如僅索尋常罪犯，如命盜欠債之犯，各國亦皆允交，似不必索，望與商明，如有干名犯義，有礙邦交，有妨中外商民身命物業平安之重犯，無論在日本國，或在日本官民住所及船上，一經中國指出實據索交，日本允必交出，方見脣齒格外睦誼，庶不虛立此條耳。再，鄙人亦擬向日本索一條：凡日本人在中國開報館者，及中國人與日本人合夥開報館者，及在日本國刊印之報而流傳散布

入中國者，如該報中有捏造誣衊、悖逆謗訕之談，有礙邦交、惑民助匪者，日本允即行查禁封閉，必不袒庇等語。查外國報律，此等報亦在所禁。日本與我交誼正篤，尤望切商允許，於以後邦交種種有益。此節甚關緊要，正與版權相抵。甯電謂英索而我未允者，仍不能稍予遷就。英索而已訂入約者，亦不能改動分毫，極與鄙見相合。此電係就管見言之，請峴帥與兩星使裁酌示覆。箇。

呂大臣、盛大臣來電并致外務部、劉制台

光緒二十八年八月十三日辰刻到

日本商約，已會議數次，辯論繁多，迄無一次就緒，亟應力籌抵制。除將前向英使索議二十二款照備一分送交日使外，又將英約所定教案、治外法權、禁莫啡鴉三款，請其照辦。茲再擬備三款：一曰因中國國家給予别國優例豁除各項利益，日本一律享受，日本國家允凡中國人民貿易工作來往日本者，亦比相待最優之國各項利益，一律享受。一曰日本國家又允凡中國貨物及中國人民所運一切貨，其進出口税，悉照相待最優之國人民所運相同貨物現時及日後協定税率，一律辦理，不得加多於最優待之國，或另有苛索，致有歧異，以昭公允。一曰中國人在中國犯罪或逃亡負債者，潛往日本内地，或潛匿日本臣民房屋或船上，一經中國官照請，即將該犯交出，應與光緒二十二年所訂中日通商行船條約第二十四款並行無異云。乞速核示，如有不當，並請改妥電覆。海、宣。文。

劉制台來電并致外務部、呂大臣、盛大臣

光緒二十八年八月十四日丑刻到

滬文電悉。日本議款既多要索，自不妨亦索款抵制，惟必須與我大有益，或彼必不能允者，如擬備之第一款方得抵制之力，否則恐彼藉允此款，力索彼款，反難拒絶。鄙意英約已定者，彼有同沾之益，不患其不一律照允，祇須將前次向英索而未允之數款，向其索議，較為簡要。第一、第三兩節，自可照索，其二節中日通商行船條約九款末已經載明，可以毋庸開送。總之，無論彼允不允，但英索而我未允者，仍不能稍予遷就，即英索而已訂入約者，亦不改動分毫。務請兩星使堅持力拒，勿稍動摇，損我利益，是為至要。坤。元。

致外務部，上海呂大臣、盛大臣，江甯劉制台

光緒二十八年八月二十四日子刻發

滬嘯、養，甯皓電論美約傳教事，均悉。華民奉教，毫無阻止兩語，實多不妥。甯電擬添入教必須查明平日安分，並未犯事涉訟，租地必須查明無盜賣侵占，皆係公平緊要之言。美既與我要好，不應全然不聽商量，即令美使堅持入教查明一節不允，而租地查明，正與舊約不許强租硬佔相合。來電未言美使於此節亦不願添，似可商添租地查明一節，以爲調停之法。凡議約事體有施必有報。彼既勒我寫明毫無阻止，及不欺虐，不騷擾，不歧視，種種保護教民字樣，則望兩星使與之切商，於中國律例之下，凡入教者之上，添習教華人，必須按照中國禮法，尊敬官長，不准藉入教而於平民稍有欺侮擾害三十一字，方爲持平。不然彼既自外於平民，自歧於官長，安能禁中國官民之不歧視哉。若止言犯罪方可追究，則教民之範圍太疏太略矣。至可免追究之下，應添懲辦兩字，方爲切實，並請切商。此條自惟入教與未入教華民

起，至不得干預中國官員治理華民之權止，此一段應議定所有各教堂門首，皆必須將此段添改約文，照録刊刻，粘貼曉示，俾華人美人衆目共見，自然入教者安静自愛，不入教者中心悦服，必皆佩服稱贊美教士循理勸善之實心，永無民教齟齬之事矣。抑更有要者，英約議允之第十三欵中國與各國派員會查教事，妥籌辦法一條，甚關緊要，當日索允甚非易易，務望兩星使與美使切商，即照英約原文一字不改添入此欵内，專列爲一條，益處甚大。既有英、美兩國允許，各國自漸易商量。若美約已詳議教事，而不提及英約第十三欵，則英約此條爲落空矣。務請兩星使費神設法與商，大局幸甚。漾。

吕大臣、盛大臣來電并致外務部、劉制台

光緒二十八年八月十九日巳刻到

美使會議三次，除第一欵至第二十七欵係按舊約修改字句，已派賀税司、楊道、温令與西門等先行校正華洋文，再行核議酌定。第二十八欵教會一事，已遵照甯、鄂電及前次向英索議二十二欵内之第十六欵，與之反覆詳細商酌增改。美使尚能平和與我妥議，今始訂定。欵文如下：一、耶穌、天主兩等基督教宗旨，原為勸人行善，凡欲人施於己者亦如是施於人，所有安分傳教習教人等，均不得因奉教致受欺侮凌虐。凡有遵照教規，無論華美人民，安分傳習者，毋得因此稍被騷擾。華民自願奉基督教，毫無阻止，惟入教與未入教華民，均係中國子民，自應一體遵守中國律例。凡入教者，於未入教以前，或入教後，如有犯罪，不得因身已入教，遂可免追究。凡華民應納各項例定捐税，入教者亦不得免，惟徵抽捐税為酬神賽會等舉起見，而與基督教相違背者，不得向入教之民征取。美國教士應不得干預中國官員治理華民之權，中國官員亦不得歧視，入教不入教者須照律秉公辦理，使兩等人民相安度日。美國教士須准在中國各處租賃或永租房屋地基，以為傳教之用，俟地方官在載明該教會堂之公産字樣地契上蓋印後，自行建造需用合宜房屋，以行善事云。并與言明，應俟鈞處核覆，方能作準。乞賜核示。海、宣。嘯。

致外務部

光緒二十八年八月二十五日巳刻發

前因漢口鐵路已通至信陽，楚、豫來往商貨多由火車行走，不經釐局，兩省之釐金皆無從抽收。查陸路之鐵路火車，與水路之江河輪船民船，運貨完税，事同一律。當經設立鐵路釐捐局，以昭平允。法領事亦告税務司，願酌定抽收章程，以便運貨。因飭江漢關道與税務司妥議章程，若洋商領聯單者，則在關完半税，若不領聯單者，則在局完釐。楚豫兩省之釐，皆在此一局統收分撥。惟釐金向章收數較聯單半税稍重，兩省合計尤多，於是格外寬恤，將釐章改輕，無論華洋商人，均只按海關税則納值百抽二五之半税一次，此外楚豫皆不重徵，并令税司於海關人員中選派一人，幫同委員監察，以通商情，而免扞格，可謂體恤已極。英領事照覆，深以爲然。乃比、法兩國商人赴信陽采辦芝麻等貨，大批運至漢口，並不請領聯單，又抗不完釐，飭關道暨税司與之理論。比、法兩領事皆以事已禀報公使，延不會議。查洋商入内地辦貨，按約只有請領聯單，完納半税，若洋商自不願請聯單者，則是不以洋商自居，惟有比照華商一體，沿途納釐，華洋商人不外此兩種辦法。今釐數已減輕，與聯單半税相同，乃既不領聯單，

亦不完釐，實屬顯違條約，無情無理。此端一開，將來内地鐵路所到，不惟釐金盡失，洋常各關税亦不能收，萬國鐵路皆無此辦法。昨經税務司電達赫德税司，赫覆電亦以湖北所辦爲是。現經赫在京與比、法兩使辯駁，特將此事本末詳達，敢請照會各國公使，切飭領事傳諭洋商，務須遵辦，以符約章，并祈電覆。洞、方同啟。徑。

致外務部光緒二十八年八月二十八日未刻發

沁電祗悉。鐵路釐局事，關係將來陸路關税，必須由大部一力堅持，自保權利。赫德屢次來電，皆謂此事萬不可讓，應請特派赫總税司與各國公使妥議辦法，一面據鄂電照會各公使，似不必因法使尚未提及，姑置緩議。目前運貨甚多，必須迅速議定，免失鉅欵。延候示覆。洞、方同覆。勘。

致外務部、江甯劉制台，上海吕大臣、盛大臣光緒二十八年八月二十九日子刻發

滬宥電悉。冒挂洋旗逃捐抗税，流弊無窮，故鄂議於英約第十一欵内第三節，苦心索允，乃被馬使翻悔删去。近來常有日本人專就長江各埠包攬華商貨物，闖卡越關，不服查驗，屢滋事端，有案可查。峴帥議於保護商牌欵内，添入禁止日本人民受華人所雇出名，改華商字號冒充日本洋行一節，實關緊要，鄙意正與相同，未便因日使不允，遂聽從作罷。此條不議明，將來銷場税必有礙。若不照峴帥所議，敝處萬不敢允。夫冒用商牌尚須查禁，豈有冒充洋行轉置不禁之理。英約被删去，此節已屬失計，全賴於日約中聲明添叙，藉資補救，關繫甚爲緊要。若此節不列入，萬望勿與定議，千萬切禱。又，鄙議於保護版權欵内，係言日本用中國語言文字編成之書，華人重加編刻，但有增減修改者，即不能禁，誠以面目既改，詞義有别，即與原書無涉，自當不在禁例。若中國自譯東文書，及採譯東文編輯之書，本無可禁，何待聲明。東電謂不禁編譯東文書，與鄂箇電相符，竊所未喻，此乃係尊處誤解也，鄂電與尊處實不相符，曷勝焦急。新書日出，四五年後視四五年前舊書，已近陳言，故禁限擬以五年。如彼必欲酌加，不妨稍展其限。至遠省不禁翻刻，原以偏僻之地，購致新書不易，故寬其例，以勸知新，此所以表日本善鄰勸學之雅誼，聞日本人現已有持此説者。若彼必不允，亦必須將華人就日本人編成華文之書增修改訂者，不在禁例一節，力辯争回，方可允許。以上兩事，務請兩星使費神磋商，萬勿遽允。至所議商牌、版權註册一事，第三節南北洋大臣之下，似應添商務大臣四字，方免室礙。再，滬函及問答清摺均悉。日約較英約尤爲難議，深勞藎籌。加税欵爲全約主腦，彼即言明不能加至十二五，而專索我他欵。我允已多，而彼税不加，將如之何。可否催商速議，看其實情究竟如何，而以彼所索諸欵爲抵制，或可稍有裨益。日本與我友誼尤敦，利害相關尤切，不應於英約已允之事，日本反不見諒。應如何婉商堅持之處，兩公必有良策。曷勝盼禱。勘。

吕大臣、盛大臣來電并致外務部、劉制台

光緒二十八年八月二十七日未刻到

昨議日本第八欵保護商牌、版權一事，彼言牌號、版權，日本皆有專章，中國亦應定立章程，不應列入約内。當照甯電添入

禁止日本人民受華人所雇出名，改華商字號冒充日本洋行一節，附於牌號之末。彼云，此為英約所無，日本人借華人名，華人借日本人名開行，實辨別不清，但能論其所營事業有無違背約章，若不合例，可以申飭。告以假冒洋行，有礙税捐。彼云，此咎在税捐之員。反覆辯論，堅云不能禁止，亦不易禁止。版權一節，争論再四，東文原書及東文由中國自譯華文及採擇東文另行編輯删訂之書，均不在版權之列。惟日本特為中國備用以中國語文著作書籍，及地圖、海圖在中國註册者，不准翻印，核與鄂箇電相符。年限則彼云鄂擬五年太少，日本三十年，美十四年，請我參酌各國版權年限，定一公道年分，列入章程。鄂電謂如雲、貴等省，限内亦不應禁。彼云各國版權無此辦法。告以遠道運售必貴，寒士無力購致，不如任其翻印，可廣流傳。彼云，此須自向版權之人商允，不能載入約内。茲將欵文商訂如下：第一節，中國國家允定一章程，以防中國人民冒用日本臣民所執掛號商牌，有礙利益。所有章程必須切實照行。第二節，日本臣民特為中國人備用起見，以中國語文著作書籍，以及地圖、海圖，執有印書之權，亦允由中國國家定一章程，一律保護，以免利益受虧。第三節，中國南北洋大臣，應在各管轄境内，設立註册局所，海關管理。凡外國商牌並印書之權，請由中國國家保護者，須遵照將來中國所定之保護商牌及印書之版權各章程，在該局所註册。第四節，中國人民所執商牌及印書之權，一經按照日本國章程註册者，如日本臣民冒用，應得一律保護之。仍與訂明，須俟鈞處核覆，方能作准。乞速賜核示為盼。海、宣。宥。

致江甯劉制台

光緒二十八年八月二十九日子刻發

滬與日議商約，似乎稍鬆稍率。加税要欵未議，而多允雜欵，似爲非計。即如滬宸電，於保護商牌事，未照尊議，將禁止華商雇用日本人出名冒掛洋旗、抗捐漏税一條，與之力争入約。於保護版權事，未照鄙意東人編成華文之書，經華人重加編訂，有增減修改者，即不能禁一條，與之切商入約。但言譯東文之書不禁，有何益處，明與鄂電相佐，乃謂與鄂箇電相符，尤不可解，似乎有意曲爲遷就。務望公主持力駁，切囑兩星使，凡有可自保權利，慎防流弊之處，堅持切商，萬無輕讓率允，遽與訂定，切禱。祈裁示。儉。

致上海吕大臣、盛大臣，江甯劉制台

光緒二十八年八月二十九日子刻發

聞美商約擬索洋文版權，確否。各省文人有志講求西學者，恐以後中國不能譯西書，聞之甚爲惶急，紛紛電求駁阻，此事萬不可允。日本所索版權，乃指東人就東文已譯成中國語文之書，若中國自譯東文書，並無所禁，若我就歐美洋文之書譯成華文之書，版權在我，與彼何干。究竟美所索洋文版權如何立説，無從懸揣。儻果索議及此，務請兩星使堅拒勿允，祈速示覆。儉。

致江甯劉制台，上海吕大臣、盛大臣

光緒二十八年九月初一日丑刻發

頃張尚書來電云，聞現議美國商約，有索取洋文版權一條，各國必將援請利益均霑，如此則各國書籍，中國譯印種種爲難。

現在中國振興教育，研究學問，勢必廣譯東西書，方足以開通民智。各國既深望中國維新變法，相期共進文明。今日中國學堂甫立，纔有萌芽，無端一綫生機又被遏絶，何異勸人培養而先絶資糧。論各國之有版權會，原係公例，但今日施之中國，殊屬無謂。使我國多譯數種西書，將來風氣大開，則中外各種商務自當日進，西書亦日見暢行，不立版權，其益更大。似此甫見開通，遽生阻滯，久之將讀西書者日見其少，各國雖定版權，究有何益。我公提倡學務，嘉惠士林，此事所關匪細，亟望設法維持，速電呂、盛二大臣，萬勿允許，以塞天下之望等語。特轉達。卅。

致鹿尚書 光緒二十八年九月初五日酉刻發

接甯藩司電，劉峴帥今晨薨逝。朝廷如議代者，萬勿擬及鄙人。有必不可者四：才具萬不勝任，一也。鄙人精力日衰，數月來皆係扶病辦事，鄂省輕車熟路，尚可勉强支持，江南政事最緊，人地皆生，賤體萬不能支，數月以後，必爲峴帥之續，二也。鄂省所辦學堂、練兵、製械、礦務、警察、隄工數大端，皆已有規模，或已有七八分，或已五六分，指日收效，若有移動，前功盡棄，實不甘心。江南事事皆須平地創造，必致一事無成，三也。鐵路乃中國第一大政，鄙人創議之第一大事，今蘆漢之路明年底可成，粤漢之路現已開工，自廣東省城造起，兩路中權樞紐，全在湖北，將來議税章，通文報，設護兵，通商貨，收路權利權，皆須鄂省籌辦主持，其間小有出入，即關國家萬年利害。弟係鐵路創議之員，一切正待籌辦，他人來鄂必多隔膜，四也。務懇向略園及同列諸公剴切言明，仰懇聖恩，斷勿調鄙人赴江南。若再在鄂三年，必有數種成效以仰答國家。千萬，叩禱。微。

致鹿尚書 光緒二十八年九月初六日卯刻發

今日微電想達。朝廷若擇人爲難，敢薦兩人。一張治秋冢宰，開爽有爲，不染習俗。一李中丞興鋭，吏治老練，久在南北洋，諳習洋務。若催李由海道來，七日可抵滬。此人實可勝任，敢密陳。再，公性情與今日南洋不甚相宜，如有擬議及公者，似以不出外爲宜。妄言備采。歌。

致江甯沈幼彦觀察 光緒二十八年九月初六日戌刻發

峴帥騎箕[一]，駭愕痛悼。大局粗定，步步艱難，東南誰爲鎮撫。鄙人無所就正，摧惻憂灼，不可爲懷，是否立嗣子抑立嗣孫，祈示，並望代致唁。將來峴帥碑銘、墓表，洞願任其一，以盡鄙忱。麻。

致上海袁道台 光緒二十八年九月初八日酉刻發

昨接德國葛署使來電：本署大臣現奉本國政府飭令知會貴大臣，言明德國國家現亦願將暫駐上海德國兵營與英、法、日本等國同時撤去。現已據他國特言，先應由中國國家明白回覆，不能專與他國一國在揚子江一帶政治之權，或兵政、海政之權利，或他項獨利，至要。在上海上下游地方，不得讓與他國一國據進兵

[一] 本月初五日，兩江總督劉坤一卒，予謚「忠誠」。次日，諭張之洞署理兩江總督。

之要隘。本署大臣請貴大臣按照以上所言，允准速爲定明，不能專與他國一國在揚子江一帶政治及兵政、海政等權利，則本署大臣即轉達本國政府，以定撤兵日期等語。查中國境内無論何國，均斷不容稍侵一切權利，致損自主之權，何用贅言。乃來電再三言政治、兵政、海政等權字樣，語多含渾包括，恐必有所指，或他國意圖侵占，已有端倪。其言據進兵之要隘，以及海政，是否暗指吴淞挖口之事。此外長江上下游有被他國暗奪利權之處否，務望細按來電，確切查明，明晰示覆，以憑核覆酌辦。吴淞挖口事，目下商辦詳細情形並望詳示。即速電覆。庚。

袁道台來電光緒二十八年九月初十日酉刻到

庚電敬悉。西兵來滬駐防，英實先之，而德、法、日本繼其後。此番職道迭與商撤，英、日概允請示政府，並允設法力助，德、法雖不拒，而隱存延宕意，蓋德、法距華遠，而英、日近，萬一有事，德、法調兵難，而英、日易，恐捷足所致。至開浚淞、浦，英意獨切。公約由製造局下流河口起，至揚子江紅浮樁止，實損侵中國權利。職道曾稟前憲台，分三層辦法。一、洋捐觀望，設法延宕，以期滿改約。二、法公使先設，法申明廿八、廿九、卅各欵意，法界受益，乘機商改。三、獨任經費，自行設局，免失主權。前憲台所争鎊價，外部不暇議及，仍飭令設法宕延。此項鉅工，總以籌欵為第一要著。前憲台以各國未照，英廷特頒飭令商民遵約輸捐之諭，未允派員，可宕則宕。此浚淤大概情形也。今葛使言他國在揚子江一帶政治、兵政、海政等權利，蓋慮撤兵後英、日將來復行進兵，侵佔地步。長江上下游亦無他國暗奪利權之事。法、德、美忌英，日獪謀甚深，黄浦開淤亦忌英得權利，葛使預為言之，為將來計也。現英定中十月初二日撤兵，德兵自應同時併撤，以示大公。應如何核覆之處，伏乞裁奪示遵。樹勳。青。

致京德國欽差葛署大臣[一]發後照録葛使來電全文及此電全文致軍機處、外務部 光緒二十八年九月十一日午刻發

初七日接貴大臣來電，具悉貴國駐滬兵隊願與英、法、日本等國同時撤回，具徵睦誼，實深感佩。所詢揚子江一帶政權、兵權、海權、利權及進兵要隘，中國國家不能專與他國一國獨佔以上權利各節，本大臣在任，長江以至上海上下游所有三江兩湖一帶，斷不敢將政權、兵權、海權、利權讓與他人，不拘何國，均一律相待無異，我中國政府宗旨即是如此。特此明白奉覆，請貴署大臣速電貴國政府，飭知駐滬兵隊與英、法、日本同時撤去爲感。真。

外務部來電光緒二十八年九月十四日亥刻到

真電悉。此事德、法兩使均有照會，本部覆以中國自有之權利，斷不能讓與他國，請達政府，早撤滬兵等語，與尊處覆電大致相同。外務部。鹽。

致江甯、上元兩縣電光緒二十八年九月十四日丑刻發

廿五日啟行，廿八日到甯，借鍾山書院作行館。該書院聞現

[一] 指德國駐中國署理公使葛爾士。

在修改作學堂，如有修理未完者，草草修畢，但能將就居住即可，不嫌草率，不嫌樸素。器具只用粗木，不准用紅木。鋪墊簾幔之屬，只用花洋布、羽毛、洋呢，不准用綢緞。初到備飯，上席只准用五簋八碟，不得用燕菜，其餘可以例推。一切陳設勿得華美，如華侈糜費，除發還外，不准開支公欵。本督部堂向不用門丁，禁止餽送收受門包更不待言。元。

致京德國欽差葛署大臣發後照録致軍機處、外務部 光緒二十八年九月十九日午刻發

前接貴大臣初六日來電，當於十一日真電答覆數語，但過於簡略，恐有誤會，茲再聲明，希爲查照。查中國外交宗旨，係一律均待各友好之國，無有歧視，不惟揚子江一帶爲然，即中國十八省、滿洲、内外蒙古，凡係大清一統地方，無不皆然。所有自有權利，無論係何地，皆不願專讓他人。無論何國，無論在何處，亦不應占我各項權利。此乃我政府一定宗旨。貴大臣來電僅專指揚子江一帶，恐有語病，特再聲明，不僅專指長江上下游，所有大清一統全境地方，皆應一律辦法，無稍歧異。再，中國係獨立自主之國，所有應享自主之權，將來萬不得謂因本大臣真電答覆各語，以致稍有減削，或有妨礙限制也。本大臣本任雖止管兩湖，署任雖止管兩江，然歷次奉我政府電示，深知我政府主義，事事皆須統論全局，故不得不再爲聲明，以免誤會。嘯。

致軍機處、外務部 光緒二十八年九月二十日未刻發

辰州教案，湘、鄂疊與領事商議，未能稍減。現由湘撫照英國原單電奏，由敝處函懇領事轉懇英外部暨公使，切勿操之過急，仍由領事與敝處和衷商辦，不知肯聽否。惟昨英領事來言，英政府因辰案囑其赴滬，與水提會商。又英政府聞有某國欲强中國與立密約，訂明不讓長江一帶政治、海政、商務等利權專與他國。此事於中國主權有礙，且德已得專利於山東，法已得專利於廣西，彼欲已足，而來干預長江之事，英實不甘心，斷斷不認此等密約。如必須訂立，則須明立先行通知各國允許，或大清一統地方皆須一律辦理等語。其意即指前數日德國葛署使致敝處之事。昨上海德總領事、德提督來電，言數日内即到鄂，其中包藏甚多。又昨德領事密告湘省委員云，聞英國因辰案有與中國開衅之意等語。查辰案小事，何至開衅，恐英欲借此案徑入長江，以爲捷足先登之計，而杜德國之謀耳。現已好言慰英，告以敝處斷不與他國密立條約，彼意似暫稍釋，然辰案必宜速結，免生枝節。儻公使准領事在外與敝處商議，務求大部將辦法先行示知。聽領事口氣，兩武員僅永革不加辦罪，斷斷不能了結。究竟某員應辦某罪，能許至幾分，亦求先行示知，以便操縱。至京内公使與大部要索商辦一切情形，均未蒙示知，内外消息不通，實深焦悶，并祈大部隨時示悉，至感至禱。即盼電覆。哿。

致軍機處、外務部 光緒二十八年九月二十七日午刻發

盛大臣現丁父憂，所有蘆漢、粵漢鐵路總公司事宜，關繫最爲重大。此事外關交涉，内關政權，甚不易辦，稍有疏漏，權利即暗爲外人侵奪把持，全國受制，悔不可追。洞深知其艱難，又深知其危險。此兩路皆係盛大臣與洋人訂立合同，盛情形已熟，

經理俱有斟酌，且有招商局馬頭作抵，借欵修造萍鄉鐵路等事，膠葛甚多，實未便更易生手。查鐵路既由總公司議立合同，本係商務中事，故盛之銜只稱爲督辦鐵路總公司大臣，與別項督辦大臣不同，丁憂人員似仍可承辦。擬懇由鈞處請旨，將督辦蘆漢鐵路、粵漢鐵路總公司事宜，以及淞滬鐵路，仍責成盛大臣一手經理，勿任諉卸。如慮奏事不便，或改爲署任。盛所督辦者，係鐵路總公司，其鐵路事宜仍由南、北洋大臣暨湖廣、兩廣各總督會同督辦，四督臣係督辦鐵路事務，凡事皆由四督臣暨盛大臣五銜會同陳奏。盛所督辦者，係總公司籌欵購地，買料修工事宜。督臣所督辦者，係鐵路經過地方政治、兵政、税項、利權事宜。須請旨劃清界限，兩者既能相輔，亦不相妨，較爲周妥。以後鐵路雖廣，既有各督臣督辦會奏，亦不慮盛一人事權過重，精神難周。洞係創議開辦蘆漢、粵漢鐵路之人，於此事利害既已確有所知，不敢不十分慎重。數日來焦慮殊深，茲爲要工得人起見，謹據實詳籌奉商，應否奏聞，請鈞酌，并望示覆。感。

致信陽南汝光道朱道台光緒二十八年九月二十九日辰刻發

昨勘鐵路到信，諸承雅誼，叨擾多端，感謝。再，湖北擬在信陽州招商承辦官錢分局，便利商民。昨高守回鄂，據稱已蒙台端許可，現由高守與該處元愷堂錢店商訂合同，酌議開辦，仍懇台端並飭信陽州維持照料，至感。儉。

致上海袁道台光緒二十八年九月二十九日巳刻發

前得青電，言吴淞口浚淤事有三層辦法，均悉。三策以自籌經費，力保主權爲上策。果能辦到，極好。尊意有何籌欵之法，約估需費若干，各國是否肯允，望預爲規畫，酌擬辦法，俟到甯面商。切要。豔。

致上海吕大臣光緒二十八年九月二十九日巳刻發

昨已奉旨派伍星使充商約大臣，並派袁宫保會議商約。頃已會同慰帥奏催伍使回華。惟伍回國總須在一月後，袁亦請假四十日回籍葬親，鄙人亦正在新舊交接之際，萬分忙迫，此數十日内似只可知會各國商約專使，暫行停議，各國當不能責我延緩。並請速飭委員，將美、日兩國索議條欵並疊次問答節略，詳開清摺二分，以一分寄天津督署，轉遞袁宫保查閲，以一分留俟伍大臣抵滬送閲，俾各於此事考知原委，方可接議。此似是一定辦法，想尊意必以爲然，請鑒察，速飭辦，至禱。豔。

致户部光緒二十八年九月二十九日午刻發

佳、箇兩電均悉。鄂局官欵鑄大小銀元，統合大元，計光緒廿五年鑄一百五十四萬二千二百五十五元，廿六年一百六十五萬九千三百九十三元零，廿七年一百二十一萬四千五百八十八元。機力所出，本不止此，因無欵不能多鑄之故。查鑄大元無甚盈餘，鑄數多則尚敷工本局用，鑄數過少則有時虧本，若獲利全在小元，然不能如江、粵暢銷。一由江、粵通行小元，鄂省小元之價與大元迥異，不甚通用，用須補水。向來專恃滬銷，近年盡爲江南銀元所擠，緣江距滬近，官輪自運，銷速費省，故不憚跌價爭售。鄂則自滬以銀條來，以小元往。商輪遠寄，費重利微。且鄂元大批到滬，則江南銀元市價極力跌減，動須賠折，故近數年鄂省官不能鑄小元，商人亦無來附鑄者。自前年北方擾亂，遼東多用俄人銀錢，故牛莊等處銀元不銷，以致江南小銀元在滬亦須賠折，聞江南亦已停鑄矣。洞、方同覆。勘。

致軍機處、外務部 光緒二十八年十月初一日子刻發

本月〔一〕二十三日，上海德國總領事克納貝來見，面交照會一件，並代擬照覆稿一件，請即日照覆，應允長江一帶，所有政治、兵政、海政、工程、商務權利以及他項一切專利，長江上下游進兵要隘，不專給與他國一國，必須各國均霑，須由敝處給予憑據，簽字畫押，彼即可將上海德兵與他國同時撤退等語。查德國果真係好意，中國豈有不願自保長江之理，何必代我擬稿，立索覆文簽押。當答以專指長江一帶，不無語病。言國家權利兼及工商專利，我將來事事受制。且互換照會簽字，即與立約無異，外省無與他國立約之權，必須請示政府。況與德一國訂立此約，徒招他國猜忌，轉致藉端生事，更於中國無益。並問此可告他國否，彼云，此舉係爲保全中國權利起見，即包中國全境而言，亦無妨礙，此事並非秘密，儘可布告。逼促再三，敝處因來照外面雖似保全中國權利，然語意包孕太深，牽涉太多，其中不免有牽制減損中國自主之權之處，及事事要挾均霑之患。且英人最忌此舉，英領事來云，英廷早已聞知，再三詰問攔阻，謂此舉實於中國無益。敝處因辰案未結，恐其藉端要挾生事，與德領事再三辯論推宕。乃德總領事留住漢口，等候回照，日日催促，屢請再見。延至廿八日，敝處照覆，大略云：來文深感德國厚誼，惟專指長江，恐他人謂長江之外利權可棄，且言權利而兼及工商，字句略欠斟酌。蓋承辦工商鑛務等事，無論何國商人，只能擇其於中國主權無損，而於我有利益者，令其承辦，勢不能事事皆令各國商人利益均霑。至我中國係自立自主之國，所有自主權利，無論十八省何處，及內外蒙古、滿洲或新疆等處，斷不願稍有減損，不能讓與各國，更不願給與他國一國。中國政策惟以保自主之權爲主，斷不偏袒他國，此則本部堂所敢應允保其永遠不變宗旨者也。惟是中國固斷不自棄主權，萬一如貴國所慮或有他國奪我主權，占我要隘，應請德國與各國立約，互相禁阻侵奪，尤感睦誼，並請其早日退兵。等語。德總領事已候五日，接敝處覆文後，即於是晚回滬矣。謹此飛達。竊思德國果肯照敝處照覆所云，自是有利無弊，但不知其真心如何耳。近日德使與大部如何議論，英使語氣如何，均望飛速電示，以便外間相機因應。至禱。豔。

致外務部 光緒二十八年十月初一日未刻發

屢接鈞電，垂詢漢口比、法等國租界事。查法國新增租界原索向後直展至鐵路爲止，現經與法領事議定，展界距鐵路工部尺六十丈爲止，以外尺寸不能再讓，法領事已經允願，現已訂立合同。比國原購地段緊靠劉家廟火車棧廠，包過鐵路，於中國管理鐵路主權大有妨礙，萬不可允，已經力駁，萬無更改。現擬就該

〔一〕「本月」，當指九月。

地濱江一邊，劃出一萬六千三百四十八方〔一〕五尺，作爲比國租界，東距車棧工部尺六十丈爲止，北距鐵路工部尺三十丈爲止。雖尚未議妥，斷不容再有展拓。但議給比界，日本便須添界，緣日本初索租界三百丈，止允給一百丈〔二〕，留二百丈備中國公司之用。當時日使言明，日界外地果歸中國自用，則無異議，如別有餘地讓給他國，則日本仍須照原議添索二百丈，玆議給比界，又在日界之下，日界勢不能不量予增展。第現在日界距擬給比界中間，僅餘地約三百丈，現擬添給日本租界一百五十丈，仍劃留約一百五十丈立作華業公司地界，以備中國官商自用。蓋華業公司請留江邊之地，係湖北商民公稟所請，不能不俯順輿情。日領事尚在爭持，然火車站相近處，中國僅祇自留約一百五十丈之地爲官商之用，實屬無可再讓。除札江漢關道堅持現議辦法，與之磋磨，勿稍鬆動外，謹詳細電陳，祈查照備案。儻日、比兩使來議此事，切懇鈞署鼎力主持，務照鄂議辦理，曷勝切禱。豔。

致軍機處、外務部光緒二十八年十月初一日戌刻發

豔電想已達。昨照會克總領事去後，今日接其所留覆函，云九月二十八日上午接到台函，下午復准照會，祇悉壹是，不勝謝謝。細閱兩件，內載交情各語，具見敦重睦誼，尤深感佩。此次慶親王代貴國國家與本國國家所説之言，以及貴督部堂所致本國駐京欽差衙門之電，足服本國國家之心等語，詞氣尚好。此照覆文，昨已將大意函告英領事，英領亦甚欣然。如德使有照會與大部，而大部從前照覆語意或有漏未叙及之處，似宜由大部速照敝處豔電所述照會大意，再行照會德使，以爲根據，總不可專指長江，以免偏重。大略先將專指長江及政治、兵政、海政、工程、商務以及他項專利兩層撇開，只應允無論在十八省、滿洲、內外蒙古、新疆等處，所有中國自立自主權利，不願絲毫減損，亦不讓與他人，中國惟以自保自主之權爲主。言外中國既是自立自主之國，將來無論何事，如何辦理，他人不得干預，德國將來自無可藉口，而英國之疑亦可稍釋，辰案或冀稍有轉圜。管見是否，祈鈞裁。朔。

外務部來電光緒二十八年十月初四日辰刻到

豔、朔電悉。上海撤兵事，本部初次照覆德、法兩使，已電聞，旋照尊處覆德使嘯電之意，又經詳細聲明中國獨立自主之權，均不能讓與他國，事事統論全局，並非專指長江一帶等語。德使覆稱，已據情轉達政府。此次豔電覆德領照會，具見藎慮周詳，本部前此照覆文內大致亦已賅括，似可不再贅叙。英使於此事屢來詰問，當將情形告知，彼已電其政府，得覆再達。外務部。江。

致長沙俞撫台光緒二十八年十月初二日申刻發

日本議設兩湖輪船公司，志在必成。華洋合股，現議英約內已訂專條，日本勢必仿辦。如日商到湘招股，湘中紳富有願附股者，祈飭知洋務局無庸禁阻。東。

〔一〕「方」，即平方丈。

〔二〕據光緒二十四年五月二十八日（一八九八年七月十六日）《漢口日本專管租界條款》第一款：「日本租界定准漢口鎮德國租界北首起，量得東界沿長江一百丈」云云。底本此處原作「一百方丈」及「三百方丈」、下文「二百方丈」，衍一「方」字，恐誤。

致武昌端署制台[一] 光緒二十八年十月初四日巳刻在九江發

江電悉。示改衛田搢稿語，明晰妥愜，均請照辦。昨朱道在舟次談及，意欲渾去税契及清丈經費數目，籠統收錢一百文，細思之仍欠妥協。公事最忌含糊，於取民之財，尤忌稍涉籠統，胥使因緣爲奸，弊不勝詰。且不聲明照奏案契税六分之數，即難免部中提撥。若我有奏案根據，自然專歸賠欵，豈不簡妙。務請即照尊改之稿爲定，不必更易，爲禱。朱議每千僅多收錢二十文，而流弊多端，何如兩項分收八十文之簡要清通，又可專留鄂用乎，想公自能鑒及。豪。

致軍機處光緒二十八年十月初六日戌刻發

初六日到江甯。語。

致上海盛道台[二] 光緒二十八年十月初十日自江甯發

鄭道出示台電，屬代奏懇辭路、廠一節，鄙人前既挽留，未便代請，且奉旨留辦，倚任甚重，不宜固辭。

致上海袁道台光緒二十八年十月十九日未刻發

外務部來電，頃大西洋阿護使函稱，本國現派總領事官博帝業駐滬，管理本國在滬一切交涉通商事宜，將次到任，請電尊處飭滬道照章接待等因。希轉飭該道知照。外務部。諫。等語。一俟到任，希即照章接待。巧。

致外務部光緒二十八年十月二十三日巳刻發

接日本總領事養電稱，頃奉外部大臣電，飭在滬日兵定於明日撤回，英、法、德三國政府向日本言明從速撤兵，飭即電達敝處等語。謹奉聞。漾。

致京鹿尚書光緒二十八年十一月初六日巳刻發

聞漕督裁後，有人議設江北巡撫，此議萬不可行。兩江總督止管甯、淮、揚、徐四府，蘇屬全歸撫轄，不能過問，事事掣肘，即漕督亦不免掣肘。若江北再添巡撫，則江督直無地可管，無事可作。江甯藩司將移江北耶，抑又添一藩司耶，豈有無兩司之督撫耶，是明明將江督裁去矣。付以南洋大臣重任，不能管一官，治一民，而責以長江安危，是國家欲棄此江南矣。或云又有專設總督鹽政之説，亦萬不可行。道光間因鹽政自樹一幟，致多積弊，故裁去鹽政，歸江督兼管，鹽務始有轉機，今奈何又復此弊耶。其實江北有淮徐兩道，淮揚、徐州兩鎮，足可彈壓辦事。且津鎮鐵路、浦口開封鐵路，指日興工，則淮、揚、徐一帶氣脈貫注，聲息靈通，遇有要事，無論調兵派員，朝發夕至，江督亦可常往巡視，何必多此一舉。且江南正患官多，江北有漕督而耋捐重疊，政令紛歧，病官病民。從前揚州有鹽政，無人管束而虧帑千餘萬，商累綱壞。今當變法行新政之際，只宜減冗官，豈可添冗官，況

[一] 指署理湖廣總督端方。

[二] 以下二電録自抄本《張之洞電稿·致上海電》。

添此病民害政之官乎。此事務望公主持裁斷，漕督若撤，萬勿改設他項大員。諸事功過，責成江督，實於治理有益。使一總督而不能治四府，此人豈足爲總督哉。語。

致京户部鹿尚書、倉場劉侍郎 光緒二十八年十一月初六日午刻發

漕米大爲江南之累。今年米價日貴，加以上海奸商漏米出洋，兼之招商局某公屯米居奇，以致蘇屬州縣賠累無策，有服毒救活者，有焦急暴斃者，實屬不了之局。今冬正在爲難，州縣不能辦，必致加重漕價，逼死州縣則害官，加漕價則害民，似惟有折漕一法。竊思倉場、户部所以不願折漕者，因京城米貴，折價較少，一石之折價不敷買一石之米也。若將漕糧正米及耗米運費並一切漕項統解京城，由京城再行酌量看價，平時陸續采買，所省甚多，而耗米運費歸官，爲數甚鉅。發給官兵折價，大可加增。京城有錢，豈憂無米，華商不運，洋商亦運，此有益於户部、倉場，有益於京官京兵，兼有益於蘇省州縣，可謂無量功德，惟不利上海屯米射利害人之奸商耳。何不試辦一年，察其利害再作定章。總之，博翁前函云折價不敷買米，究竟一石米折解銀若干即敷京城買米，祈速核示，並望秘之。兩公意見未必相同，請各以尊意切直賜覆，能速示尤感。麻。

致武昌端署制台〔一〕 光緒二十八年十一月初八日巳刻發

本定初十行，汪伯棠電約留待一談，須遲數日，望告紀、梁、劉諸君。小兒曾延擬隨汪赴東遊學，苦無力，請公作爲官學生咨送，感甚。箕轉兩湖書院，黄、汪初十到甯，當面託。東渡期問明，續電。鮮。虞。

致揚州程運台〔二〕 光緒二十八年十一月初八日酉刻發

魚電悉。皖奏加價二文，即使江、皖各分一文，亦仍於引銷有礙，尊議電奏阻止，自是正辦。惟皖省賠欵所短實多，而分半提用，前經電允，此時争阻亦須爲皖稍留餘地。且皖自用二文，則有礙銷路，分江一文，則不礙銷路，理亦欠圓，似不如徑奏請力阻，分文不加，較爲直截。能否於鹽務中別籌通融辦法，稍助皖欵，或於聶〔三〕所求改章四條内，酌允一條，以免此次加價，抑另有善法。希詳細通籌，妥擬辦法，迅速電覆，以憑核奏。至盼。庚。

致長沙俞撫台 光緒二十八年十一月初十日丑刻發

敝處議覆裁減緑營辦法一摺，事關湘、鄂兩省，本應三銜會奏，因在鄂交替之際，百務紛繁，未及與台端預商，又恐所擬辦法尊意或有不同，未敢相强，故此摺僅會尊處及午帥後銜，大意鎮筸、綏靖兩鎮不裁，惟改緑營爲勇營制度，餘練軍分二十年裁盡，原營未練制兵分十年裁盡。兩省一律辦法，甚爲活便，可聽隨時斟酌。特奉聞。到甯忙冗已極，致稽電達，祈鑒原。青。

〔一〕録自抄本《張之洞電稿·致湖北電》。
〔二〕指漕運總督程儀洛。
〔三〕指安徽巡撫聶緝槼。本年九月初五日，已諭調浙江巡撫。

致上海袁道台光緒二十八年十一月初十日寅刻發

黄浦開河事，法領事既願相助，本大臣亟願晤談，務望轉知，促其來甯爲盼。此事名爲各國共管，實則權歸英國獨操，既損中國主權，亦礙法、德政策。必須將我欲獨任全費，以遏英人狡謀，明白告知法、德兩國領事，囑其迅速電達彼國政府，方知彼國意旨如何。務望分别密爲轉致。速覆。佳。

致揚州程運台光緒二十八年十一月十一日辰刻發

聶中丞昨有函，極懇切，謂賠欵實短三四十萬，所言似尚不虚。又謂新加兩文，皖止得一文，太少無濟，並申言鹽船宜歸鳳陽關，收税事皖係兼轄，其困苦亦不能不問。鄙意擬止允加一文，全歸皖用，並與之議定立案，以三年爲限。務於此三年内將蕪湖、鳳陽兩關整頓有效，及他項籌欵之法籌足，三年後即將此一文仍行減去，或江、皖各半分用，以符舊案，且免江西效尤。尚恐皖省嫌少，因又思得一法。正陽加價二文，向係分皖一文，而西壩所加二文全歸江用，是新加價四文，江得其三，皖得其一，本欠公平。且鹽釐先將賠欵扣出，再作十成計算，分四成與皖，亦覺皖省偏枯。兹擬將正陽所加二文内江省所分之一文，全讓與皖，約歲得錢七萬串。既允皖自加一文，又讓與正陽一文，亦以三年爲限。其入皖境之衛鹽、浙鹽，請其自加兩文，是皖已得全省加價二文矣。如此辦法，江省歲少七萬串，而免再加二文，有益於淮商者不細。如此則可責成皖省實力緝私，商紓銷旺，於正課正釐未必不能加增，此所謂損官益商，損上益下。爲久長計，必然有盈無絀，且可杜皖省情急紛紛搜求，圖改舊章，害及全局。至去年奏定新加之四文，自仍江、皖各半。聶所謂免其扣回者，恐江省將四文全留自用，將分皖之二文扣回不給，並非欲將此四文全數扣留皖用也。鄙人所擬辦法，乃迂儒之見，老嫗之心，特奉商，祈速籌覆。蘂。

致揚州程運台光緒二十八年十一月十一日辰刻發

回鄂[一]正愜所願，惟不得助成賢者之志，殊爲愧歉耳。請將鹽務急應整頓諸大端於一月内可奏定舉行者，詳擬辦法，並地方上等要政可以目前速辦者，一併考究熟籌，於十日内命駕來省，詢商一切。此時興利則不能，除害或可耳。盼甚。真。

致安慶聶撫台光緒二十八年十一月十一日辰刻發

整頓蕪湖常關摺稿已讀，籌度精詳，佩甚。鳳陽關大可整頓，以公之才力，精核堅定，如照整頓蕪湖之法，澈底清查，另定章程，必可歲增十萬，庶免零星羅掘。鄙人爲皖計，望公於移節以前辦成此舉，實爲皖民之福。且南北兩關一齊整頓，亦是公不朽盛業。洞雖五日京兆，亦願助公分任此怨，不然公去皖，鄙人去江，後人斷不肯辦，皖貧更不支矣。軫。

致上海日本總領事小田切光緒二十八年十一月十一日辰刻發

江省現擬向貴國船廠定造淺水小快兵輪四艘，分年付價，祈速

[一] 本年十一月初六日，諭令魏光燾為兩江總督，張之洞仍回湖廣總督本任。下年二月二十二日，交卸兩江總督署任。

電招大坂船廠松方總辦，即日來甯面議合同辦法，並請其携帶最新式淺水快船圖樣數種，以資參考。事須速定，不宜遲緩，即盼電覆。蒸。

致武昌端署制台 光緒二十八年十一月十七日亥刻發

漢陽槍礮廠新添四廠，應購各項機器，前經估值四萬餘金，已札飭槍礮局在滇、黔、山西等省購用鄂廠槍礮價内撥給。礮廠每月可出礮十尊，惟礮架只能造六七具，因礮架廠兼須借以修理各件之故。有此修理廠，則礮架廠可專供造架之用，不至因修理他件占去工夫，每年便可出連架之礮一百尊矣。故此項添置機器，關繫緊要，務祈飭催該廠迅速向有名洋廠定購，限期運鄂，早到早裝，將來有須添配仿製機器，便可自造，利用無窮。勿任因循延誤，至禱。篠。

致濟南周撫台〔一〕 光緒二十八年十一月二十日丑刻發

文電悉。山東鐵路公司章程，是否視股分之多少選舉董事，抑其權全歸德人獨操，現在德人占股若干，各國商人占股若干，華人占股若干，祈飭查明電覆，并將公司章程大略電示，以便斟酌爲禱。效。

周撫台來電并致袁宫保、盛大臣 光緒二十八年十一月十三日午刻到

德人經營膠澳，魄力極大，鐵路兩年可通濟南，現行車至昌樂。凡買路股者暫認四釐利，山東已墊公欵買三百股，付銀十二萬五千餘兩，將來仍賣與華商。望尊處不論多少，亦買股若干，雖不能争利權，要可通聲氣，資考證。如允，當囑德華銀行代購。乞電覆。馥。文。

致上海袁道台〔二〕 光緒二十八年十一月二十日丑刻發

巧電悉。據籌防局議覆稱，此次裁停兵差各輪，每年約可節省銀二十萬兩，以節存之餉，爲購造新式快船之資。裁停薪費十年，按數核計，僅足相抵，若將普陀免裁，每年所節薪餉，即不敷二十萬兩之數，辦理殊多窒礙。該輪既爲江海關必不可少之船，可將普陀差輪即歸該關留用，每月應用薪糧、煤油等項，亦由該關設籌等語。所議尚係實在情形，該道即照辦。效。

致鎮江英領事譚〔三〕 光緒二十八年十一月二十日丑刻發

文電悉。近尚糧缺價昂，民苦食貴，是以金陵關並未准運麥出口，鎮關情事相同。此覆。皓。

致上海日本總領事小田切 光緒二十八年十一月二十一日巳刻發

霰電悉。造船一事，鄙意託閣下徑商大坂船廠，不欲煩及貴外部，緣此等事只可視作商廠生意，於交涉毫不相關。該廠能否

〔一〕指周馥。
〔二〕録自抄本《張之洞電稿·致上海電》。
〔三〕録自抄本《張之洞電稿·致本省電》。

承造兵船，於戰事是否合用，議價是否公道合宜，敝處一面與他國考校詢商，須面談後，船之身分與他國同而價又較他國公道，自當先儘貴國船廠承造，彼此允洽，方能定局。成則由商廠與籌防局妥訂合同，否則作爲罷論，另與他國船廠商酌，貴外部似可不必過問。特將鄙人本意奉達，如可照辦，即請催川崎速來。若必須貴外部與聞，則請預爲聲明，如議不成，各無異言，敝處方敢商辦。祈電覆。箇。

致上海日本總領事小田切 光緒二十八年十一月二十三日午刻發

禡電悉。貴外部僅爲轉電，並無過問之事，鄙意釋然，當俟川崎君來當面商辦。至現擬定造之淺水兵船，須能游弋武漢、宜昌、沙市各處。請電川崎從速繪圖携來，事不宜遲，切盼。漾。

致上海盛大臣[一] 光緒二十八年十一月二十五日發

聞尊處現與英、德兩國議訂津鎮鐵路合同，并擬展綫至甯屬之浦口爲發端處，未知確否，所議條欵可得聞否。祈示覆。

致上海袁道台 光緒二十八年十一月二十六日未刻發

周撫台電：過青島，德督都沛禄言，現有彼批准之華商仁濟彩票公司，願助山東義賑一萬元，請仿直、浙例，准其在滬南市設售票局，並准其在南洋各處售票。當答以應商南洋方准，至報效一萬元，應改爲每月捐助若干。覆查該公司局面甚小，每月二萬五千號，現已在南北各處售票，但未分局開彩耳。乞酌覆，以便轉答等語。前者浙、直、晋、皖各票，欲至滬開彩銷售，均與廣濟奏明專利之案不符，分別商阻，改設各該本省。今該華商乃往禀德官捐繳東賑，欲在滬上南市設局，並在南洋各處售票，顯因礙於廣濟奏案，難以邀允，意欲借此以遂其争利之謀，自應照案駁覆。惟浙、直之票是否仍有在南市私售，仁濟係何人開設，現在有無售票情事，租界内是否仍不准開設售票之店，應由尊處查覆，以便核辦。宥。

致天津袁宫保 光緒二十八年十一月二十八日午刻發

咸、箇、宥等電均悉。此次奉旨收回電局，自應欽遵辦理，惟細思收回之舉，約有數難。商局初辦借撥官欵，員司造報每里綫路約費六十兩，早經户部核准。聞其浮銷甚多，商人續造則實價更無從究詰照算，則官受大虧，核實則商必不願，其難一也。電局商人成本，據云連股本借欵存料，合計共五百三十萬兩，現聞商股分利得息一分四釐。股票時價每票一百值銀一百五十兩，即照成本收回，已需欵五百餘萬，若照西例則須按股票時價收買，需欵七百餘萬，何從籌此鉅欵，其難二也。商辦綫桿工料單薄，桿木既細且短，相距過稀，易於朽折，收回之後時須修理添换，歲糜鉅費，其難三也。旨令查估，勢須勘驗綫路質料，鉤稽總局簿册，周折繁難，曠時費日。一經核實，價必大減，商思挾制，非冒稱洋籍，即捏作股票抵押洋債，唆使洋人出頭干預。此情屢次滬電已明言之，並非逆詐。另將原電轉呈，雖有公司不應收洋

[一] 以下二電録自抄本《張之洞電稿·致上海電》。

股之例，而洋籍可駁，抵借洋債難駁，其難四也。商顧血本，考核尚能認真，獲利故豐，一經官辦，全係公欵，侵蝕弊混，利歸私槖，官之所得必不如商，徒蒙奪利之名，竟無得利之實，其難五也。電局大弊，壓擱漏洩，由於權歸一人，局外無從過問，安危利害，聽商操縱，鄙意兢兢憂慮，實在於此。官辦之後，若仍派一大員經理，總攬全國電權，苟非其人，流弊滋甚。此事關繫軍國要政，中外信息，乃國家呼吸脈絡所在，實不敢請朝廷屬之一人，其難六也。目前庫儲匱乏，羅掘俱窮，籌還商本，勢必重息稱貸洋債，且以綫路作抵。官辦之後，獲利既減，而出息獨重，得不償失。既增鉅累，必歸洋人，此患豈可勝言，其難七也。有此七難，由官收回實無善策。且此時正當屢奉諭旨振興商務之際，若收回電局之舉不能盡愜商情，必致羣情驚疑，以後各種公司更難興辦。日前台旆過甯，面商及此，鄙人謂但限商權，不奪商利，此時通盤籌畫，擬仍守此宗旨，與商妥議明定章程，重加整頓。一曰減報費。中國報費之重，甲於地球，故商報不能暢旺，今宜減費十之二三，以廣招徠。如果費減報多，再行遞減，則費愈減，報愈多，獲利必更加厚。二曰添電綫。官報遲延，由於綫少壅滯。今宜責成商局於緊要各路，加添電綫一兩條，增派報生，專司收發官報，則官電自然迅速，商報亦免遲延，願發電者更多矣。三曰局員、報生由官選派。向來各路電局員生，統歸督辦調派，不受督撫考察，以致權重弊生。今宜奏定，各省電局委員，由各省督撫派委，電報學生亦由各省考選，各歸各轄，則呼應既靈，稽查亦易，權分而弊自去。四曰分責成。收發電報則歸官督率，收支欵目則歸商經理，由官稽察，商董則無可攬權，委員則無從牟利，互相鈐制，即互相維持，立法可期經久。五曰提報效。各國商業公司既受國家保護，輸進項税於國家。中國電局當初本係借動官欵鉅數以爲提倡，嗣後官欵雖還，而國家墊欵扶助之恩，商人亦當知感，不僅保護而已。今電報之利仍以予商，官報亦照章出費，則比照營業税，報效宜稍從豐。查商本約以五百萬計，歲收報資除開支局用、修理費、還借欵利息及另提公積外，每股尚得息一分四釐，是淨得餘利每歲約六十萬。今酌提報效三成，約計銀十七八萬兩，至少亦有十四五萬兩。此項報效由上海總電局彙總繳呈，由南北洋會奏彙解部庫充餉，公家不無小補。照此辦法，有數便焉。但議章程，旬月可了，官無盤查之煩，商有順從之樂，法甚簡易，其便一。費減綫增，公私傳報皆捷，電報日多，彼此均得實益，其便二。電權全歸諸官，由各省自行考察，有弊立除，永無漏洩機密延擱要電之事，其便三。不煩另派大員，則電權永無獨攬之弊，而督辦歲支經費亦可省，其便四。官不奪商之利，則此後各項官商合辦公司，商民易於信從，不致觀望畏縮，即從此次更訂章程，始與之申明舊章，永遠不准收洋股及以股票抵押洋債，免生後患，其便五。國家不費一錢，立將電權收回，仍可坐享名正言順之餘利，其便六。去七難而得六便，此策似尚妥善。以之入告，當蒙聽納，未知卓見以爲何如，即祈酌裁示覆。勘。

袁宫保來電光緒二十八年十一月三十日寅刻到

勘電悉。前過滬，以公意商杏公另挂官綫，杏慮損商利，似有難色，謂飭電董議章，繼商請官家收回，詢其值，答二百四十餘萬。凱謂商股獲利，官家收回，與商理不順。杏答諸商倚官家維持，已獲大利，收之亦不為過。另交清摺，計存本二百四十五萬。杏徑電謂，摺開之數，與外間股價不相上下，即指二四五數，並謂歸官出於本願。當凱抵京時，有人詢及電事，因以杏意對，内嫌開數太多，故命估計。凱請會公同估，以昭核實。現在無論如何，斷不能索在二四五以上，自無五七百萬之多。現已籌有的欵，亦無須息借洋欵。電股杏居大半，且係自願，如有冒洋籍，押洋債，另生枝節，責有攸歸，應請杏自行清理。電局本有歲修開支，分年添换杆綫，姑不必另籌鉅欵。電局名為商辦，其實非商，如接收後妥訂章程，得人經理，必無見拙。郵電大政本國家應有之權利，與他項商股不同，何能任人永遠壟斷，近日沸議似無足聽。尊擬章程二條，電局恐難遵辦，第三條尤難辦到，天下督撫豈盡如我公。各派員生，必多參差，綜其事者，呼應不靈，甚易諉誤。請公熟思，或先與杏公詢商之。凱叩。豔。

致軍機處、外務部，天津袁宮保光緒二十八年十一月三十日寅刻發

部諫、津咸電均悉。廿四年合同第五欵，云中國可商允俄國國家云云，可字直貫大連灣設關暨委派公司作爲户部代辦人，及派中國文官爲駐紮該處税關委員三事。細按文義，是中國可委可不委。如中國願委派公司作爲代辦人，則公司不能推辭耳，非中國必須委派、公司不能委派他人也。可字與必字須字大不相同。舊約既有明顯字義，豈能聽其朦混侵權。刻下既尚未定議，正與磋商，此時俄人斷無爲此事決裂之理。務望極力收回利權，事事全歸我政府管轄，各員用舍之權必我自操，經費出入之數必我自酌，駐紮華員不獨稽查，必有管理之權。若委公司代辦，必須訂定試辦年限，爲期愈短愈妙，訂明陸續添用華員。前漢口鐵路開辦釐捐，比公司即欲代辦，若東三省鐵路關卡權歸俄人，各省鐵路定必藉口援照，此次與議實不止東三省幹路關繫已也。總之，若不參用華員管理，則政府管轄亦屬空文，將來必貽後悔。務祈堅持力爭，以維全局，至禱。豔。

致武昌端署制台光緒二十八年十二月初一日子刻發

聞鄂鑄銅元行銷甚暢，日出三十餘萬元，尚不敷商民購用。鄙意宜趁此時擴充廠屋，添置機器，多鑄多銷，盈餘愈廣，遲則各省仿製，銷路不如此時之寬，因利乘便，機不可失。祈飭高守松如迅速籌辦，以濟要需。銅幣局存有陝省撥來機器，添配諒亦無多。至建廠地基，前已看定，添造廠屋亦易爲功。尊意如何，仍祈示覆。卅。

致東京蔡欽差、總監督汪京堂、湖北監督卞守綍昌光緒二十八年十二月初一日子刻發

頃准湖北端午帥勘電：湖北游學生在東洋開辦報章，曰湖北學生（略）［界］，以日京爲開辦所，湖北爲總發行，大致尚無違繆〔一〕字樣。但出自學生私立，設沾染上海新説，漫無別擇，流弊亦不可不防，應否加以阻止等語。查游學生職業在安分勵學，力行用功，期於學成回國致用。該生等果爲愛國起見，課餘有暇，儘可繙譯東文政治、教育等門有用之書，餉遺宗國，何得不請示

〔一〕「繆」，通謬。

本省官師，輒自擅刻報章，作此駑外荒己之事。祈嚴切誡諭湖北各學生立作罷論，如抗不聽命，應即停給學費，知會日本國校長，將違教學生撤回。切禱。仍請電覆。卅。

致漢口鐵路局鄭道台〔一〕 光緒二十八年十二月初二日巳刻發

東撫周中丞電，膠濟鐵路章程内載應完國課，照各處一律。竊德人意，以爲東三省鐵路購地不納糧，則膠濟亦不納糧，囑查蘆漢路工是否完糧云。望查明漢口鐵路購地，是否民地按年完糧，官地按年納租，抑係如何辦理。即電覆。東。

致天津袁宫保 光緒二十八年十二月初三日午刻發

豔、先兩電悉。尊意先收電，再收郵，請設郵電部，内外妥訂權限章程，藎籌極佩。如能將郵政不附海關，誠經國遠謨矣。電局商本五百三十萬，係據盛寄敝處摺開之數，故深以款鉅爲慮，此摺聞亦寄公。如只須二百四十五萬，曾有成議，甚善，但不解盛前後摺開何以兩歧。各省電局歸各省派員，耳目切近，考察易周，如歸督辦一人選派，管轄非獨察弊難周，亦覺事權偏重。公慮各省派員易致參差諉誤，然天下驛站各歸各轄，並無窒礙，似可以此例推。此事聽公主政，鄙人並無袒商之意，但總慮電權專屬一人，易滋流弊。兹承先電，亦謂電務操自一人非久計，並以郵政附諸海關損政體，謀慮深遠，深合鄙懷。果併郵政收回，請設郵電部，妥訂内外權限章程，使綜核郵電之利，歸諸專部，而管轄郵電之權，分諸各省，斯互相維持，可垂久遠。譬諸府州縣官，若專歸吏部選授，不由督撫舉劾，吏治尚可問乎。中國幅員遼闊，與外國不同，分省而治，用人之權分則易理。即以電論，督撫有派員管轄之權，則保護綫路之責亦必較今日認真，願公熟計賜教，幸甚。再，近聞電股票價已跌至八九十金，有洋人收買之説，務請公迅速電盛，轉諭各商，不准將股票賣與外人，抑或有何防閑之法，必宜迅速豫籌。祈示覆。覺。

袁宫保來電 光緒二十八年十二月初十日亥刻到

盛電開，已摘録尊電，估定發價，三月結帳，派利後再行收回，並無抑勒之意。諭令股商毋庸情急，不得將股票售與外人，並札滬道照會各國領事，禁止洋商收買電票矣云。謹轉聞。凱。卦。

致上海袁道台〔二〕 光緒二十八年十二月初三日酉刻發

甯織造奉傳活計工料欵項，該關歷届攤解有案。此次查案，酌撥該關銀二萬二千兩，係屬照章辦理，據禀無從籌措，懇予改撥，殊堪詫異。查本年織造來咨，大運曁傳辦補辦各件，共需銀二十萬四千二百餘兩之多，實爲數十年來所無。司道局叠次派認已多，此次萬難全認，故不得不照案分派該關。現在司道局庫，何處不形竭蹶，何處不係騰挪。事關上用，理應設法認籌。若盡爲該道藉詞推諉，分文不解，然則將傳辦要需，竟置之不理耶。姑念該關墊解洋欵較多，量予核減銀二千兩，其餘二萬兩，此係

〔一〕録自抄本《張之洞電稿·致湖北電》。
〔二〕以下二電録自抄本《張之洞電稿·致上海電》。

照光緒二十五年該關派解之數，務即遵札迅速批解，勿稍延誤。講。

致上海袁道台光緒二十八年十二月初三日酉刻發

湘撫俞中丞來電云：本月十九日，突有自稱湖北候補知縣鄔世英、通判周理財、郎中銜王馬、候選縣丞潘玉超、北洋海軍醫官唐乃安，持手本投遞湘英路鑛公司委員璞來克稟函，内稱在滬與鄔粲生等已立合同，來湘候英遣鑛師選開各屬鑛山等語。查湘鑛早經奏歸本省總公司承辦，各有正紳經理，鄔世英等初未在各衙門具稟，輒敢私訂合同，大違内外各衙門奏准頒發定章。近來湘省奸徒藉端招摇甚衆，鄔世英不安本分，潘玉超即堯階，前騙比商銀兩，比領事照會請追有案。此等無賴竟敢明目張膽，私立合同，若不立予懲創，勢必人人效尤，不惟鑛利盡失，且别生枝節，有礙邦交。當經電請外務部代奏請旨，將鄔世英、周理財、王馬、潘玉超一併斥革，以便確查籍貫及官職是否詐冒，分别辦理，並請敕下南洋大臣照會各國領事，傳知洋商，如有内地奸民私立合同，均即作廢，免被誆騙等因。旋接覆電，奉旨：著照所請，外務部知道。欽此。除將唐乃安咨請北洋大臣查辦外，謹電懇飭知滬道，照會各國領事，並求先行賜覆，實深盼禱。廉。敬。等語。該道即查照辦理。覺。

致武昌端署制台光緒二十八年十二月初四日午刻發

沁電悉。步槍六千枝，尚可分撥。馬槍罄所有尚不足千枝，只可陸續造成撥解。廣西匪勢日熾，已逼湘境，桂撫王〔一〕已電湘設防，湘已派營往。看來此起匪徒恐成大股〔二〕，軍務軍火一項，鄂宜稍留餘地，以備不虞，並備接濟湘省，萬分緊要。至漢關應解北洋協餉，慰帥奏定歲撥二十萬，今照此次撥械之數，已豫解兩年協餉，至優極厚，無以復加。此欵務飭關道如數撥解槍礮廠，以濟工料之需，否則鄂廠費竭債逼，但出無入，立將不支，湘、鄂如有軍務，如何措手，深爲焦急。祈察納爲幸。覺。

致上海袁道台、製造局毛道台、輪船支應局王守仁東〔三〕光緒二十八年十二月初四日戌刻發

毛道致籌防局卅電閲悉。同記葉商擬購三大輪及小輪，曾否赴各輪看過，估價若干，同記係華商，抑係洋商，何國人，速電覆。各輪變價，宜先問招商局願否議購，如招商局購，即使其價減於洋商，總宜售與招商局，甯可便宜華商。如招商局不願購，再與同記或别商議價。并即電覆。文。

致外務部光緒二十八年十二月初五日巳刻發

頃據上海袁道電稱，新賠欵刻届第一年末次應付本息之期，昨已找付關平銀一百八十萬九千五百兩，分付各國銀行。乃銀行公會將全年賠欵，照今日鎊價核算，計尚短銀三百六十萬兩左右，

〔一〕指王之春。
〔二〕「股」字據楚學精廬刊本《張文襄公集校勘記》補。
〔三〕録自抄本《張之洞電稿·致上海電》。

來函索找。務請憲台切電外部，據理力争等語。查此事辯論已繁，美雖照允，英亦有前八年還銀之説，而各國仍堅持不允。然中國照表列關平銀數，按期清付，即是照約辦理，毫無疑義。設使還金，亦應照約内所列各金價折合。況中國艱窘已極，即現在還銀，各省財力尚有不逮，多係設法挪墊，斷斷無力照現時金價再補三百六十萬之鉅欵。務請尊處據理堅持，勿稍鬆勁，是所至禱。各使議論如何，仍祈電示。歌。

致天津袁宫保 光緒二十八年十二月初五日巳刻發

頃據上海袁道電稱，新賠欵刻届第一年末次付息之期云云，斷斷無力照現時金價再補三百六十萬之鉅欵。已電請外務部，據理堅持，勿稍鬆勁，務請公切電外務部，内外協力堅持，以紓眉急。至禱。歌。

袁宫保來電 光緒二十八年十二月初七日戌刻到

歌電悉。賠欵還銀，辯論多次，已應有盡有。奈各國置若罔聞，似非辯論所能濟事。前在京晤慶邸，據談，查探各使意向，皆主還金，英、美雖有成議，如各國均索金，伊亦不能獨異。若按鎊價估税，以資補苴，或可商辦，擬由此設法等語，鄙意亦未易辦到。擬由南北洋主稿，約各省聯名電請外務部，照會各國，婉轉懇商，請其公議。易辯論為婉懇，較有可濟，公意云何。凱。陽。

致長沙俞撫台〔一〕 光緒二十八年十二月初五日巳刻發

敬電悉，已轉飭滬道查明辦理矣。歌。

致長沙俞撫台 光緒二十八年十二月初五日亥刻發

歌電想達。頃據袁道覆稱：覓電敬悉。湘省鑛務事，遵即照會領袖轉至各國領事飭遵，乞轉覆等語。特轉達。微。

致上海盛大臣 光緒二十八年十二月初六日子刻發

甯滬鐵路合同，就鄙見應添改以保權利者九條。一、借欵先九扣，按虚數息五釐，銀公司又分餘利五分之一，購料又得行用五釐，利益已經極厚。鐵路隨時需欵，銀公司自應肩承即時撥付，隨時需用，由總公司給予小票若干，銀公司即時照數墊付，不必待售小票，不應加息至六釐。二、應訂明總公司發給小票後若干時，銀公司即行照數撥欵。儻届期不能應付，貽誤工程，應載明重罰，以免中國喫虧利息。三、鐵路五年竣工，亦應訂明逾期有罰。四、中國借欵造路，受此大虧折，復由國家擔保，又以路産作押，借到之欵應是我欵，除不能還利，路歸外人收管外，鐵路應是我路，其權應由我自操。今第六欵每年還利，中國總公司之權尚不如銀公司之權之重。總辦管理處共五員，華二洋三，太不平允。若謂借銀人應保其餘利五分之一，則應按餘利分數派人。只可華四洋一，至多亦須改爲華三洋二方妥。五、既係中國鐵路，總工程司應由銀公司保薦，由督辦派定，且必須聲明歸督辦節制，如有不合，隨時可以更換，以保路權。六、第十欵保路巡捕兼用華洋弁目，尤關緊要。應改爲只用華人充當弁目，以免他處效尤。七、第四欵在英國所存購料之欵，應一律聲明生息。八、第七欵

〔一〕以下二電録自抄本《張之洞電稿·致各省電》。

鐵路産業地基以及出入欵項，國家概不收税，於將來印花等税有礙，亦宜酌改。九、此項借欵，借銀人利益甚多，中國官商富户必願購買小票，應於合同聲明，留若干在中國分售，先儘華人，以冀略收利權。以上九條，準情酌理，皆極公平，並非格外苛求。除在甯與璧利南面商外，俟其回滬，應請尊處極力磋商，爭得一分即得一分之益。歌。

盛大臣來電 光緒二十八年十二月初十日午刻到

歌電應改九條，均極和平。璧利南進謁時，請將大概切實諭改，俟其到滬再與磋商。目前多喫一分力，將來少喫一分苦。經公指示，無不竭力。宣叩。佳。

致蘇州恩撫台[一] 光緒二十八年十二月初八日巳刻發

近年錢缺價昂，商民交困。甯藩司詳擬於甯垣設官銀錢局，仿照鄂省辦法，託蔡星使向日本國印刷局精製銀元票、官錢票，每票銀一元，錢一串，發商行用，准民間隨時赴局兑現，並准完納丁漕、釐課，與現銀現錢無異。官票既行，錢鋪私票自廢，既杜奸商蝕本虧倒之弊，又免錢荒之患，而官先以票收兑現銀，可以權衡出入，酌劑盈虛，平錢價，維市面，既於庫欵匱乏之際可資周轉，且其間頗多盈餘，利國便民，莫善於此。惟鄙意謂既有此理財應急之策，自宜公諸江蘇全省。且官票推行宜廣，必使全省流通，毫無隔閡，方爲盡利。甯屬不便獨擅其利，擬將此票通行江蘇全省，大約先製銀元票二百萬元，錢票二百萬串。甯、蘇各設一局，票紙分蓋兩藩司印，各半行銷，一曰駐甯官銀錢局，一曰駐蘇官銀錢局，並蓋本局圖記。票則交兑互用，欵則隨時劃清結算，聯絡一氣，彼此交益，辦法似較公允。已批飭甯藩司會商蘇藩司，迅速妥議章程，並詳兩院核定。特此奉商，未知尊意如何。如台端不以爲然，則甯屬自辦可也。祈速示覆。齊。

致蘇州恩撫台、藩台、商務局朱道台[二] 光緒二十八年十二月初八日巳刻發

祝承桂虧欠官欵息銀一案，現據吴紳景萱、潘紳祖謙等呈請，免息還本。查祝商經理不善，致虧鉅欵，咎本難辭。惟念庚子兵警以前，該商承繳各欵，尚無短絀，迨北警後，商貨滯銷，該廠恪遵官諭，仍未停工，致虧實由於此。各處官商工廠，兵警時無不同受鉅虧，一律皆停止付息，該廠亦禀准停息有案。此時祝商已水盡山窮，即予嚴辦，積欠亦斷難全繳，徒令後商畏阻，不敢接辦，致機廠久停，亦似非計。鄙意司局宜量予體恤，但將所借官欵、公積及積穀息銀，責令抵繳足數，其餘官息股息，似可概行寬免，以期及早清理，另招新商接辦，較有實濟。外國護商之法，初辦時官予津貼，爲之保息，虧倒後果已傾産，例准報窮。中國現值振興商務之際，似宜略知此意。惟敝處批不便遽予照准，仍令司局轉圜。鄙意如此，并請轉告司道，是否，祈裁覆。庚。

致濟南周撫台[三] 光緒二十八年十二月初八日午刻發

敬電悉。飭據滬道覆稱：遵查仁濟彩票，上年八月函商德領

[一] 指恩壽。
[二] 録自抄本《張之洞電稿·致本省電》。
[三] 録自抄本《張之洞電稿·致各省電》。

克納貝飭禁，據覆實係華人冒設，請按例辦理，行縣發封提究。本年六月，律師佛衛趁克領請假回國，函送到德國駐膠賀總督憑單及博代領執照，請在滬准其售票。其憑單内載明，據周壽、陳榮階、盧子植、楊梅賓等禀請，當以商禁在前，置之不理。至順、直普濟彩票，已奉袁督憲奏停飭禁，租界現無違禁私設售票之店，祈酌覆商阻等語。查江南廣濟彩票繳餉甚巨，奏明專利，兹仁濟華商乃請德官干預，若准在滬售票，實與廣濟專利之案不符，礙難從命。祈鑒諒。齊。

致蘇州恩撫台 光緒二十八年十二月初八日午刻發

近年來米價騰漲，駭人聽聞，向所未有。今歲秋收尚稔，新穀上市後，米價絶未平減。聞上海食米石須五六元，糙米亦四元以外，貧民食貴，幾不聊生。州縣均苦，賠累至多，有情急求死者，其勢不可終日。於是今冬漕價至三千九百文，自是不得已之舉。推原其故，皆由上海奸商偷運出洋之米太多，又復囤積居奇，以致官民交害，實堪痛恨。疊奉諭旨禁米出洋，若不澈查嚴禁，並無實在辦法，不過空言覆奏，寸心實有不安。且以後漏卮日廣，米價永遠不平，漕價必更須加增矣。鉅患不塞，豈能持久。飭據司道籌議，僉謂出洋在所必禁，而鄰省采運賑糧勢難盡禁，奸商即影射出洋，無從究詰，甚至聳恿外人出頭，不可理喻。惟有用以徵爲禁之法，於米行未賣與販商之前，重抽米捐，使無利可牟，則販運自少，而米價可平等語。行諸蕪湖，已見成效。查鎮江爲江北米糧出口大宗，上海爲江南米糧出口大宗，擬派大員駐紮吴淞口，會商上海道辦理。並分派委員赴南北各路各小口，設法稽查，嚴定出洋之禁。其實係接濟鄰省，指運有地者，無論輪船民船，均酌收平糶捐，每石收紋銀一錢四分四釐，爲備荒之用，並嚴禁囤積居奇之户。如此，出口之米必漸少，價漸昂，内地之米價漸減，奸商圖利販運者漸稀，則留爲本省民食者必較多，米價可期復舊，來年折漕亦可減輕，庶官民積困以蘇。此項米捐應甯、蘇各半提用，果能因設此捐局，餘利較微，外漏漸少，實惠普及官民，則此局雖所收無幾，歲糜萬餘金，亦所樂爲。是否可行，均祈迅賜裁覆，並鈔發陸藩司一閲。霽。

恩撫台來電 光緒二十八年十二月初九日戌刻到

霽電謹悉。查禁徵捐，實爲刻不容緩之舉，即遵議辦理。壽。佳。

致上海盛大臣 光緒二十八年十二月初九日亥刻發

甯滬鐵路事，現與璧利南議定，將合同略爲添改。一、總冒内恭録十一月十三日電旨全文。一、第五欵内督辦大臣核准而行下，添第一次鐵路工程估計需欵若干，即照數在輪墩發售小票。其第二次以及下餘各次小票，於未發售之先，銀公司須預先知照中國駐英大臣，俾中國國家遇有欵項，可以撥交總公司，歸入鐵路帳内，與售賣小票之借欵一律支用。如中國國家果有撥欵，則三百二十五萬鎊之數，即照撥欵若干扣減等字。又枝路之用下，添第二次以及下餘各次小票將發售之時，儻督辦大臣預先告知銀公司，中國人民願購買小票若干，銀公司應照數留與華人小票若干張，照在輪墩發售者一律章程價值售賣。儻有法可設，應設法在中國發售此項小票，給還此項小票利息，均照是日鎊價折合等字。一、第四欵未用之先按期生息下，添輪墩所存借欵未用者，亦一律生息等字。一、第六欵中國人員兩員下，改爲一由督辦大臣選派，一由鐵路經過省分督撫會同督辦大臣選派等字。又預先稟商督辦大臣下，添除總辦管理處各員外，南洋大臣可另派一員，官階與總辦管理處之華員相等，其職任係爲稽查帳目工程辦事各情形，稟報本省大憲，總辦管理處應予以一切便宜，以便稽查稟報。所有上海總局案卷，准其隨時查閱，惟不可干預總辦管理處辦事之權。其薪水與總辦管理處華員一律，由鐵路總帳項下發給等字。一、第六欵内，應添地方大憲以及督辦大臣之意，總工程司自當時常敬重。總工程司職任，止能管理建造、行車以及辦理鐵路相干之事。所有鐵路上所用洋人，不准不尊敬中國官員，或干預地方上事。儻有滋生事端，或損傷華人，一經督辦大臣告知，即行開辭等字。一、第七欵無論是華人西人下，改爲此約期内，鐵路及鐵路所有暨鐵路所獲餘利，中國國家不收專税。惟今日所有課税如地税，或日後中國國家所設各項税捐如印花等税，中國商務一律概行徵收者，則鐵路及鐵路生意亦一律徵收等字。一、第十欵兼用華洋人句，改爲專用華人。藉以保護鐵路下，添鐵路巡捕不得干預鐵路以外事等字。一、第十八欵兹並聲明下，改爲此合同奉旨批准後，即應趕緊開工，如督辦大臣願意，每段工程應儘力趕造。自批准之日起計，除以上本欵所言意外事不在此例外，全路限五年竣工。儻有逾此期限，若非商允督辦大臣，則所有五年内銀公司已得五分一之餘利全行扣罰，須俟全路告竣後，銀公司方能分此項餘利等字。以上共八條，皆爲極力保我權利。已彼此商允，再不添改，並將華洋文彼此互相校閲改定符合妥協。特此電達。如尊意亦以爲然，即祈電覆，以便璧利南即日電致輪墩定議。璧利南亦允將大意自發簡電達知尊處矣。佳。

盛大臣來電光緒二十八年十二月十二日丑刻到

佳電所改八條，皆為力保權利，與原議委員詳細斟酌，極為有益，請即屬璧利南電致輪墩，候其回電，即可定議。宣叩。真。

盛大臣來電光緒二十八年十二月二十八日丑刻到

璧利南回滬後，訂明將甯改定八條電致輪墩，不再添改。頃接璧函稱，滬甯路約怡和已接輪墩公司覆電，准其聯同滙豐在滬即行簽字。璧已趕備英文五分，望貴大臣早定期彼此簽字等語。當覆以即日電請張宫保會同核奏，俟奉旨後方能簽字云。宣前蒙留辦鐵路電奏内，陳明凡事皆由督臣暨盛會同陳奏，此件似應由鈞處主稿，抑仍由敝處擬呈核定，乞示。宣叩。沁。

致蘇州恩撫台光緒二十八年十二月初十日子刻發

語、庚兩電悉。高陞輪船在開戰前被日本擊沉，本不應向中國索賠。事隔八九年，彼果理直，豈肯待至今日始來催迫。外務部曲從，已屬格外遷就，且何至認賠二十八萬之多，毫無駁減。兹已成議，無可再説，然還欵商緩分期，必不妨事。甯屬税釐節省盈餘一欵，飭據藩司查明，每年應解部庫十三萬餘兩，本年僅收五成，約得銀六萬餘兩。現在庫儲匱竭，城樓工欵已屬勉力籌解，此項祇能儘數撥解，無可再墊，尊處似亦宜只就實存七萬之數撥解。兹擬電商户部，合甯、蘇兩處，先行湊解一半銀十四萬兩，餘請展至明年十二月再解。此係商務陳帳，不比戰事賠欵，彼得之已屬意外之獲，我執定兩年付清，既有江蘇省承認，彼斷無不肯之理，否則應付太易，非獨外人謂中國多財易欺，益思剥削，即部中派撥，亦將不諒我艱，甚有關繫。鄙見如此，尊意如以爲然，擬照此會電覆部，祈速示覆。青。同莘按：此事恩撫台覆電，意見相同，於是月十一日會銜覆部。

致蘇州恩撫台、陸藩台光緒二十八年十二月十一日巳刻發

佳電悉。蘇藩司所議，有不必過慮者。此錢票所取之錢，乃兼用當十之銅元，非專取制錢也。專取制錢，則恐無錢以應。此時銅元風行，利厚而鑄速，何患其持票來取乎。票上即註明或取制錢一千文，或取官鑄當十銅元一百元，亦抵制錢一千文，聽民自便。湖北官錢局持票來取現錢者，或付制錢，或付銅元，民間毫無異言。百萬串之票，止須備五十萬串之錢，銅元三四十萬串，制錢一二十萬串足矣。現在金陵局正擬添機多鑄，明年三月以後可日出七十萬元，秋間添機到後，可日出一百餘萬元，此數千萬枚銅元，何難之有。且日本製票至快須明年八月方能寄到，彼時早已將此項錢票本之銅元鑄就，堆積足用矣。尊意恐銀元、銅元價漲，紛來兑現，則莫如緩行銀票，先行錢票，銅元價漲，則已出之票似稍喫虧，而新出不窮之銅元亦與之俱漲，利仍在官矣。查鑄行銅元之本意，本爲平錢價，便民生。而設鑄此既已通行，又有盈餘，則可多鑄多存，相機歛放，與平糶同。貴則多發，賤則少發，期於中平，以官不虧、民不病爲度，是錢價之低昂，其權全操之於官。局中宜常存儲銅元數十萬串，錢價若漲，則立時發出銅元二十萬串，收换現銀，錢價即日可平，安能漲乎。官之盈餘本多，即加價收銀亦不喫虧，故能常持錢價漲落之權，而不憂也。若慮銅元少，則甯局正在添機加鑄，每月可多撥與蘇省數百萬元，自然取用不窮矣。至甯、蘇之票，彼此互收交兑，可先議定限數，或積至十萬票，或五萬票，即劃付現銀，不即劃付者，以後即不代兑。其一切章程，可令甯、蘇兩藩司詳商。此事議者本願甯屬自辦，鄙人謂一省不宜自分畛域，通力合作，彼此有益，始擬改爲蘇、甯合辦。至多鑄銅元，兼行官錢票，尤爲平錢價，便民生起見，若蘇必不行，只可甯屬自辦矣。祈再熟籌迅賜示覆。藥。

致天津袁宫保光緒二十八年十二月十一日巳刻發

卦電擬致外務部公電稿讀悉，極妥。此時只好姑且一試，以爲宕計，再思良策。請即由尊處挈敝銜並會各省銜電部，一面由津以公及弟兩人出名電告各省即可。各省皆有賠欵，新疆、甘、桂、滇、黔皆不免，無不樂從，不必先商。真。

致蘇州陸藩台[一] 光緒二十八年十二月十二日寅刻發

江織造傳辦粧緞等項料工銀六萬兩餘，分飭淞滬釐局解銀五千兩。據該局詳覆，撥解洋欵不敷，請另改撥。查本年五月劉前部堂任内，曾據該局詳飭蘇藩於撥補釐金欵内籌解有案，此次傳辦工料，需欵太鉅，各司道關局攤派已多，礙難再派，現仍應由尊處查照舊案，照數撥解五千兩。此係内廷飭辦要需，爲數有限，無論如何爲難，務望照數籌解，萬勿推延，爲禱。除札行外，特

[一] 録自抄本《張之洞電稿·致本省電》。

此切實電達。盼即覆。

致外務部、天津袁宮保 光緒二十八年十二月十三日卯刻發

京真電祗悉。伍星使適在甯。頃與伍星使面商，各使聯銜照會，係接銀行電，照例詰問。康使〔一〕係領袖，不能不照轉各使之言，斷非美政府故翻前議，各國亦斷不遽致決裂生變。擬請貴部先據理駁覆，大意云照約中國允願賠還諸大國關平銀四百五十兆兩，又表載每期還銀若干兩，今照約表關平銀數付給，中國並未違背成約。前美國已允三十九年照約還銀，英國亦允九年内照表付給，足見兩大國厚意體諒。況昨據各省督撫電稱，籌還賠欵已羅掘殆盡，内多暫時挪借，並無的欵可指，且多有即借洋欵者，想爲各國所深知。若再强我按金計賠，勢必致地方騷擾，損礙中外商務等情，亦係實在情形，尚祈諸大國鑒諒可也等語，看其如何答覆。惟此事商之各公使，萬不肯改，惟有商之各國外部，尚冀有持論公道之人。請一面照此電意飛電各國我駐使迅速晤商各國外部，切實辯論，懇其電告在中國各公使，勿强我還金，並催各駐使電覆，令其稍爲從容，方可設法。文。

慶親王、王中堂來電并致袁宮保 光緒二十八年十二月十一日亥刻到

頃接美使轉送各使聯銜照會，稱本大臣等接到在上海按照議定條欵所派收存賠欵銀行董事電稱，上海道惟願將西歷去年十二月三十一日應交賠欵之數，以銀覈算交付，不允按照金欵補下半年銀價之虧等語。本大臣等查此舉與時局甚有違礙，若貴國政府允將中國與各國所定成約如此違背，其責任殊非淺鮮，即希貴王大臣審慎酌度，是為切要等因。查此事前准來電，亟應竭力堅持，冀免糜虧。今各使照稱前因，語意如此，誠恐别有變計，自應内外合力，通籌辦法。希迅即酌度電覆，切要。慶、鄣。真。

外務部來電并致袁宮保 光緒二十八年十二月十八日亥刻到

賠欵還金一事，各使争之甚力，若一意堅持，不另籌辦法，誠恐别生枝節。現擬照會各使，云約載賠欵數目，原係各國審量中國財力核定，但使中國力能應付，即按現時金價補足，亦無不肯照議辦理。無如近日金價騰貴，以致中國按約表銀數所撥之欵不敷甚鉅。各省督撫來電均稱籌措賠欵，業已羅掘殆盡，實苦無從添撥。再四思維，不得不籌兩全之策，擬請將現在新税則視為金錢税則，所有各商應完海關税項，概照金價交納，庶中國稍資補償，而各國尚可應允。抑或另設他法，俾中國力所能及，統希酌核見覆等語。俟得覆再達。希查照。外務部。巧。

致上海袁道台、製造局毛道台、支應局王守仁東〔二〕 光緒二十八年十二月十三日酉刻發

文電悉。各船既經招商局驗估，不能合用，應即與粤商同記迅速議價出售。但係華商承買，即估價稍廉亦可，洋商有願買者亦無妨，總以早售爲妙，免致久擱，損船糜費，愈久愈不適用，

〔一〕指美國駐中國公使康格。

〔二〕録自抄本《張之洞電稿·致上海電》。

是爲切要辦法。同記議價情形，速電覆。元。

致蘇州恩撫台 光緒二十八年十二月十四日辰刻發

覃電悉。甯、蘇同行官票，已蒙許可，欣慰。蘇垣如欲銅元充裕，取用不窮，莫如由蘇省自置機器一副，自鑄銅元。大約十萬金之機，三萬金之廠，每月可出銅元一千餘萬元，抵制錢十萬串，盈餘可三萬串。訂機到華約七箇月，造廠完工，安機開造，約十箇月。此籌餉簡法。查去年湖南請設銀元、銅元局，經户部駁，謂宜向湖北銀元局附鑄，不應自設一局。蓋部意在不願多設銀元局。若專鑄銅元，則是當年鑄制錢之變相，例應一省一局。向有寶蘇局，無慮部駁也。鹽。

致東京近衛公爵、長岡子爵 光緒二十八年十二月二十日卯刻發

金陵現擬設三江師範學堂，學生九百名，前三年教尋常師範，三年後教高等師範。擬聘貴國師範教員十二人，須性情懇勤端篤，於教育有實歷者。內以一人爲教頭，薪從優，餘十一人聽其調度，薪酌減。明年正月半到金陵，第一年請貴國教員就華教習學中國語文及中國經學，華教習就貴國教員學日本語文及理化學等科，彼此互換知識，作爲學友。第二年開學，分教學生。祈代物色良師，如得人，請先將教員姓名及月俸川資擬數電示，以便酌定。至感至盼。效。

致福州會辦船政沈大臣〔一〕 光緒二十八年十二月二十一日未刻發

萬急。現擬定造長江所用新式淺水快兵船，長一百八十英尺，寬二十八英尺，深十三英尺，吃水七英尺，排水量五百二十五噸，速率足十三海里，馬力九百五十匹，能安十二生頭礮，七生五尾礮，并船旁安機器礮四尊。除礮位自備外，所有全船應備各件，俱用新式，配置齊全，并照海電燈一座，全船電燈機器一付，尋常真能走十三海里。每船需實價若干，如造四艘，能減價若干。船須兩年半造成交付，款分十年付清，須認息若干。祈速詢洋監督，核估確數，務須格外公道。現向各國船廠詢考價值，如閩廠價極廉，擬托閩廠造數只。務懇即日電覆，感盼。

致輪墩張欽差、柏林廕欽差〔二〕 光緒二十八年十二月二十一日未刻發

現擬定造長江所用新式淺水快兵船，長一百八十英尺，寬二十八英尺，深十三英尺，喫水七英尺，排水量五百二十五噸，速率足十三海里，馬力九百五十匹，能安十二生頭礮，七生五尾礮，並船旁安機器礮四尊。除礮位自備外，所有全船應備各件，俱用新式，配置齊全，并照海電燈一座，全船電燈機器一付，尋常真能走十三海里。每船需費價若干，如造四艘，能減價若干。船須兩年半造成交付，欵分十年付清，須認息若干。祈速詢有名船廠，

〔一〕 録自抄本《張之洞電稿·致各省電》。

〔二〕 指中國駐英國公使張德彝、駐德國公使廕昌。録自抄本《張之洞電稿·致外洋電》。

核估確數，務須格外公道。現向東西洋各國船廠詢考價值，擬擇價最廉者定造。懇速詢明，迅賜電示，盼禱。箇。

致武昌端署制台光緒二十八年十二月二十八日子刻發

農學爲實業學堂第一事，然農學非試驗難收實效。從前無地可撥，故僅授講堂功課。嗣青山隄成，始得撥給官荒地二千畝，充該學堂試驗場，因飭將學堂移建城外，俾就場試辦種植、畜牧等事，以資實驗。業經繪圖估工，其圖經鄙人斟酌，三易其稿，乃定所需經費，以牛皮捐作抵，由官錢局墊支，批行在案。祈迅委熟悉工程廉幹之員，勒限從速興造，分任工頭數家，三四箇月可成。蓋必學堂移設後，試驗場始可布置，而農學舊地亦可騰作方言學堂之用。否則洋教習袖手坐待，虛糜鉅薪，未免可惜。尚望裁察催辦，至幸。此電並録示梁守。沁。

致武昌端署制台、漢口岑道台光緒二十八年十二月二十八日子刻發

午帥庚電、關道銑電及詳稟各件，均悉。日本商展租界内，舊有美商之地，既經美使照會外務部，聲稱美國人不願將其地歸入他國界内，美政府亦斷不允，由外務部電屬妥籌辦理，礙難置之不問。查漢口地方惟美國未索租界，所有美商之地若再劃歸他國租界，非但美廷必堅執力争，同一友邦，在我衡情酌理，亦未便獨令向隅。好在日本原有租界本未動工，莫如切勸日領事將此地退還，中國另就毗連比租界一頭起，向南劃撥地二百五十丈，作爲日本租界，將美孚洋行地留出界外。在日本租界並無得失，而是處距火車站尤近，於商務更覺相宜，諒日領事素敦睦誼，必可原諒我之爲難，妥商允洽。能照此定議，則美孚洋行地固免争持不下，致成不了之局，而燮昌公司亦得安居樂業，不致受損。不煩再滋辯論，實屬一舉兩得，再四籌思，似惟此尚是兩全之策，祈飭關道迅與山崎領事切商妥辦爲幸。感。

致京軍機處、外務部[一] 光緒二十八年十二月二十八日丑刻發

漾電悉，已飭上海道向郵政局設法根究綜跡，嚴密查拏矣。謹先奉覆。沁。

致蘇州恩撫台光緒二十八年十二月二十八日巳刻發

江甯省城創建三江師範學堂，所定學額及一切辦法，前已咨達冰案，想早接到。此學堂經費繁鉅，約計歲需十八萬兩，除西、皖按學生人數出銀四萬元外，尚需十五萬數千兩。甯、蘇學生各半，而蘇屬止令籌四成，似不甚難。蘇藩司究能協籌常年的款若干，祈迅賜電覆，以便具奏，感盼。儉。

致上海袁道台、製造局毛道台、支應局王守[二] 光緒二十八年十二月二十八日巳刻發

變賣裁船一事，既有粤商同記願買，且已議有價值，三五日

[一] 録自抄本《張之洞電稿·致北京電》。
[二] 録自抄本《張之洞電稿·致上海電》。

便可商妥成交，何以來稟稱必須遲至三箇月後。藉端推宕，究屬何因。船久停，徒糜費，或走錨失事，咎將誰執。該道等務速催令同記趕緊議定的價，先立草合同，寄呈察核，船價如難躉付，不妨寬限一兩月，分期清繳，總以及早售脱，變價備付新船定銀，是爲至要。速遵辦電覆，切盼。勘。

致輪墩張欽差、東京蔡欽差、華盛頓代辦欽差沈、柏林廕欽差、聖彼得堡胡欽差、巴黎孫欽差光緒二十八年十二月二十八日未刻發

此次英約第九款訂明簽約後一年内，中國自將英國、印度及他國現行鑛章，於中國相宜者采擇修改。現復由外務部奏請飭議章程，必得博采詳考，方可自保權利。惟期限甚促，不能不分投采取。務求尊處覓取該國現行各鑛章程，迅賜全數譯寄。其有他國妥善章程於中國相宜者，並祈博采見示，以資參仿。至應如何妥訂章程，方足以防流弊，而保利權之處，尤望詳晰籌思指示。所有購書、繙譯應需書價津貼若干示知，當即照匯。祈電覆。儉。

致上海盛大臣光緒二十八年十二月二十八日亥刻發

兩沁電均悉。甯滬鐵路合同事，請尊處將電奏稿擬示，商定即發。萍鑛、鐵廠用欵，擬以通商銀行官商股本撥用，甚善。惟袁慰帥前與尊處議擴充辦法，似是擬借欵五百萬，計尚短百五十萬，是否足敷周轉。如尚不敷，莫如趁此時再借定洋欵百五十萬，或百萬，以期一氣呵成，用則提，不用則止，爲數較少，當可以鑛廠作保，而不作抵。若留以有待以後，再奏較難。現慰帥允爲維持，尊處似可託其從中助力，或無須再借之處，統祈酌定。勘。

盛大臣來電光緒二十八年十二月二十八日丑刻到

從前蒙公以鐵廠相屬，宣稟請先招商股，再行接辦。公以宣有輪、電在手，勸諭先接。數年來兩局附股，借資輔助甚鉅。禮和洋欵並以輪産作保，幸無干預，曾蒙公奏在案。今夏面商續借禮欵，實為大冶加爐，萍鄉運駁，嗣因禮欲指實輪産抵保乃止。慰帥來滬，力主擴充，曾託鄭道面稟，調回李維格，與洋商試議借欵，大約就廠、鑛抵借，則廠、鑛之權利必屬於彼，然不借欵則煤焦不能運，爐機不能添，日煉鋼鐵數十噸，售價不敷煉本。北接濟已斷，人情勢利，挪借已窮，必致牽連顛敗，晝夜焦思。北洋現設國家銀行，包涵甚廣，自必統中國財政出於一途，通商銀行斷站不住。擬即聲明禮和借欵中止，請將該行商股二百五十萬兩，改作萍鑛商股。部欵一百萬兩，原議二十九年起按年分還二十萬兩，卅三年還清。擬請暫撥鐵廠，按年發息，一如常例。廠、鑛得此交濟互用，可紓目前之急。查銀行廿三年亦經鈞處會同奏覆，現在改章，如蒙許可，擬請會同電奏，以期妥速。乞鈞示。宣叩。沁。

致清江沈道台、界首丁道台光緒二十八年十二月二十九日子刻發

聞此次河工出土，即堆積兩岸，轉瞬雨淋水漲，勢必仍塌入河内，依舊淤阻，虚糜工欵，從無此種辦法，明係價減工費，希圖矇混。即責成丁道迅即多雇人夫，趕將積土挑運遠處，兩岸不

是問，分文不准報銷。懍之，並責成沈道監察督催。儉。

准有尺土遺留。如再苟圖省事，一經委勘屬實，所糜工欵惟丁道

致福州會辦船政沈大臣〔一〕光緒二十八年十二月二十九日亥刻發

沁電悉。查貴廠舊案，代造各省兵船，由廠協貼，祇取半價，鄙人前在粤任，託造廣甲、廣乙等船，即照此辦理。現江省籌欵萬難，徒以江防重要，此項淺水快船，萬難緩圖，爲承鑒諒，可否照原案減半收價，擬即定造三船。儻因近來外洋物料價貴，不能減半，或每船酌減十萬兩，再除去三船遞減之數，假如儘四十萬兩允造三艘，則此舉即可定議，曷蒙感荷。至船價或兩次撥付，或一次撥付，容再詳布。特此奉商，務祈會商佑帥，迅與洋監督詳籌妥議，即賜電覆。再，三船應有陳設備用之件，併請與洋監督言明，須照法國公家造船例，置備齊全，尤感。豔。

光緒二十九年

致上海製造局鄭道台光緒二十九年正月初一日戌刻發

滬局所造雜槍、各種子彈及小口徑礮，均不適用，亟應停造，以節糜費。該道到局後，務即詳細考察情形，通盤籌畫。假如每年只限定四五十萬金作爲該局酌造新槍並彈、大礮、無煙藥廠、鋼廠、船廠、學堂、譯書之用，餘一概暫行裁節，每年留出百二十萬，爲分設新廠購機建廠經費，則四五年節省之欵，便可敷用而有餘。究竟能否辦到，速詳籌稟覆，以便具奏。東。

致上海袁道台光緒二十九年正月初四日寅刻發

吴淞開河事，一月以來各領事議及否，催問否。前擬我獨任經費之説，務將此意説出，明告英領事，並將理船廳水巡應歸中國派之要義，與之力争切商，看其作何議論，再作計較。蓋補救挽回只此一策，或有萬一希冀之想。若推宕不委董事，斷非長策，即欲望美總領事充總董，冀其幫助中國，所幫者不過微末細事，於權利大局斷不能幫也。務於來甯以前，先將此兩事問過，以便面商。支。

〔一〕録自抄本《張之洞電稿·致各省電》。

致福州八旗會館江安糧道胡道台、江蘇候補道郭道台〔一〕光緒二十九年正月初五日辰刻發

勘、江兩電悉。無論胡令回否，總以趁頭幫船回甯爲要。前詢閩廠代造長江淺水兵船，能減價若干，尚未接沈大臣覆電。日本船廠總辦在甯商辦此事，已候兩旬，專俟閩廠覆電，再與定議，望催沈，請其即日電覆。支。

致東京近衛公爵〔二〕光緒二十九年正月初五日辰刻發

承覆電，以教習事重，特屬根津君來甯面商，甚感。惟此間師範學堂急待開辦，鄙人初十後尚有要公須出省，根津君須於初十前到甯商辦，方免延緩。未知根津現已到滬否，祈即催令刻日命駕來甯，無任殷盼。歌。

致上海日本總領事小田切〔三〕光緒二十九年正月初五日辰刻發

敝處電託近衛公爵、長岡子爵代聘貴國師範教習十二人，教金陵學堂。頃接覆電，謂教習事重，特屬根津一君來甯面商等語。此間師範學堂急待開辦，初十後，鄙人又有要公須出省，根津君須於初六七到甯，方免延緩。未知根津現到滬否，如已到，務請催令即日來甯，至盼。祈電覆。支。

致蘇州恩撫台、陸藩台光緒二十九年正月初五日巳刻發

豔電悉。三江師範學堂常年經費，承如數協撥，甚慰。鄙意該學堂開辦經費，甯已擔認獨籌，今年雖不遽招學生入學，而練習華、洋教習語言文字一節，最爲開學要訣，即日必須開辦。其辦法係將日本師範教習十二員，分科華正教習六十員，備教習二十員，招齊來省，令東教習就華教習學華文華語及中國經學，華教習就東教習學東文東語及理化學，彼此互換知識，以裕師資。此爲開學堂聘洋教習簡要捷速辦法。一年期滿，華教習之東文語，洋教習之中文語，皆已學成，再招學生而教之，不煩繙譯，事半功倍。約計今年華、洋教習暨在堂員司人役薪水火食，並一應雜支之欵，爲數甚鉅，約需八九萬金。此舉必趕於正月内開辦。蓋開辦經費購地建堂，置備書器等項，共需十餘萬，甯已獨任。今年練習華、洋教習語言文字經費，亦須八九萬，似未便全由甯認。似須由蘇酌量協籌若干，於蘇省局面較好，多少不拘，一兩萬亦可，不過寫意而已。祈速籌覆，盼禱。歌。

致上海盛大臣光緒二十九年正月初六日子刻發

豪電悉。尊意先借通商銀行欵，緩借洋欵，以免外人執權，慮患甚遠，請即照辦。惟此事與南洋無涉，本係尊處專責，儘可專奏。鄙人現不在鄂，且鐵廠辦法歷年鄙人皆不與聞，未便會銜。致慰帥電亦祇可云鄙意謂然，不必由敝處出名會電。好在慰帥擔認在先，宫樞前已經陳明，奏入無慮不准。前沁電謂鐵廠一事鄙人以閣下輪、電在手，勸諭先接等語。記當時閣下但言能兼辦鐵

〔一〕録自抄本《張之洞電稿·致各省電》。
〔二〕録自抄本《張之洞電稿·致外洋電》。
〔三〕録自抄本《張之洞電稿·致上海電》。

路，則願接鐵廠，鄙人允爲奏保，並無計及輪、電之語。此語本無足辨，但凡事須求核實，故特附陳及之，祈鑒。歌。

致鎮江統領南洋常備右軍杜道台 光緒二十九年正月初六日子刻發

現擬於十三日赴江陰閱各臺各營操練行軍。該道速於所統駐潤五營內，挑選三營，由陸路先赴江陰守候。務須嚴飭各營官沿途嚴加約束，勿得驚擾居民。該道並即來甯，與營務處及各統領會商一切。先電覆。歌。

致武昌端署制台 光緒二十九年正月初六日巳刻發

現定於正月十四日在江陰礮臺校閱水陸各軍攻守操法。祈飭知鑄方幕僚，率同將弁學堂教習小島、水問、安東、牧野四員，於初十前後到甯，暫充裁判官，事畢即回。盼禱。麻。

致武昌端署制台 光緒二十九年正月初六日亥刻發

此次在江陰操演水陸攻守戰法，江南勇營從未經練行軍大操，不能適用，擬酌調湖北護軍工程隊二百五十人，礮隊兩哨，礮十六尊，飭杜長榮親帶來甯，多帶槍礮彈之銅殼及行軍應用各件。藥到甯再裝，商輪方肯載運。務請迅飭整備，搭坐商輪，儘初十到甯。船價約二千數百元，由善後局暫墊，江省當如數撥還。此舉可增閱歷，於鄂營亦有裨益，事畢即遣回。祈轉飭遵照，切盼。語。

致武昌端署制台〔一〕 光緒二十九年正月初九日辰刻發

陽電悉。已電江西柯護院及九江鎮、道密訪嚴防。惟長江匪類不一，尊處所聞，係何種匪徒將謀起事，風聞得自何處，述自何人，務請詳細推求，迅賜電示，必稍有端倪，方可下手。至盼。佳。

致外務部 光緒二十九年正月初九日巳刻發

魚電祗悉。上年十月，洞到任旬日後，即訪聞金陵城鄉有幼童誦咒習拳，當即嚴飭營、縣拏獲年歲稍長之王八十等三犯，分別懲辦，遊街示衆，地方肅静。現未聞有拳匪持槍操練，派員詢諸駐甯德領事，亦未聞有此事。惟既接來電，仍嚴札分飭密查拏辦，以杜亂萌。佳。

致吳淞北洋兵輪薩統領 光緒二十九年正月初十日午刻發

此次赴江陰水陸會操，北洋兵輪爲數尚不甚多，現派鏡清、寰泰於到江陰後，隨同北洋兵輪操練。其閱操之日，該兩輪即作爲北洋之船，歸閣下節制調遣，以助聲勢。特先電達，望即電覆。蒸。

致柏林廕欽差〔二〕 光緒二十九年正月初十日未刻發

前電託詢長江淺水快船估價，未准電覆。此事係去年臘月十

〔一〕録自抄本《張之洞電稿·致湖北電》。

〔二〕以下二電録自抄本《張之洞電稿·致外洋電》。

三日已經具奏，聲明向外國有名船廠定造，現尚有他國船廠在此議價，急待尊處覆電，以資比較，祈速詢明電示，至盼。昨外務部來電，以尊處詢准否代辦，轉詢敝處。此事現止查詢船價，如果議定何國代造，自必再行奏明，已電覆外務部轉達矣。再，船價分［十］年付，能否核定中國銀數不隨鎊價長落，並望詢示。蒸。

致輪墩張欽差 光緒二十九年正月初十日申刻發

客臘筒電託詢長江淺水快船價值，迄未接覆。此事係去年臘月十三日已經具奏，聲明向外國有名船廠定造，現尚有他國船廠在此議價，專待尊處覆電，以資比較。祈速照前電所開船式，向有名船廠詢估確價，迅賜電示，至盼。再，船價分十年付，能否核定中國銀數不隨鎊價長落，并望詢示。蒸。

致外務部 光緒二十九年正月初十日申刻發

魚電祗悉。前因南洋原有兵輪機老鋼薄，式舊行遲，不能適用，徒耗薪糧，於十二月十三日具奏酌裁無用之船數艘，以節存養船經費，另向外洋有名船廠，定造長江淺水新式快船。此摺計早已到京，日内此奏當已鈔發貴部。因事關重要，特電託駐英張使、駐德廕使探詢實價，一面向閩廠及日本船廠詢價，以資比較，擇工美價廉者酌定。如果議定託何國代造，自必再行奏明。祈尊處迅電廕使，將詢明船價電覆敝處備考，至感。蒸。

致杭州誠撫台〔一〕、南昌柯護撫台〔二〕、揚州程運台 光緒二十九年正月初十日酉刻發

軍機處來電，奉旨：張之洞奏整頓淮綱，請將升任運司程儀洛暫行留署一年等語。著照所請。欽此。蒸。等因。除咨行外，謹先奉達。卦。

致蘇州恩撫台、陸藩台、羅糧道台 光緒二十九年正月十一日丑刻發

頃據上海道禀，擬以後定章明告華洋各商，上海粳米價至六元一石，則禁出口。鄙意謂，明定限制，米貴則停運，漏卮可漸塞，惟滬米六元已嫌稍貴。究竟近年蘇屬食米以每石幾元爲平價，每石幾元爲貴價，如上海價至六元，内地約價若干，較上海可減若干。本届漕折至三千九百，實不可爲常。祈飭藩司糧道，查近年米市平價每石幾元，總須折漕價可平減，州縣不致賠累爲度。尊意擬俟米價漲至若干即禁出口，並請裁酌示知，以便會商酌定米價若干即行禁米出口，奏覆定案。盼速覆。蒸。

致輪墩張欽差、柏林廕欽差〔三〕 光緒二十九年正月十二日午刻發

昨電催詢淺水船價，想達覽。該船如在洋定造，成船後由廠

〔一〕上年十二月二十四日，授誠勳為安徽巡撫。
〔二〕指署理江西巡撫柯逢時。
〔三〕録自抄本《張之洞電稿·致外洋電》。

派人駕駛來華，至上海交收，每船約須運保費若干，請一併確詢電覆。立候定議出奏，幸勿稍遲，感盼。真。

致上海盛大臣〔一〕光緒二十九年正月十三日亥刻發

甯滬鐵路到金陵時，自必於下關以東築馬頭，設車站，以便過江，即與浦口鐵路相接。勘定何地，取道何處，是否經過南京城東門外至江岸，抑或只築到通濟門爲止，祈速查明示覆。元。

致柏林廕欽差〔二〕光緒二十九年正月十四日子刻發

元電悉。前託詢長江淺水快兵船價值，須照外國最新式最完備之圖樣，核估確價。務請於五日内電覆，再遲不能久待，須與他廠訂定矣。能先將每船實價總數電知亦可。盼極。元。

致倫敦張欽差光緒二十九年正月十四日午刻發

現擬奏派江甯水師學堂學生八名，出洋赴英國國家學堂學習管輪、駕駛等學，即派該堂洋教習彭耐爾帶往，不另派員，以節經費。應請貴署專派一員督率照料，月津貼銀七十兩。惟訪聞英國自北洋琅威理辭退後，有勸阻國家學堂不收中國學生之説。嗣經李文忠使俄過英，解釋前嫌，曾申前請。即祈台端速與英國外部、海部商定，將來學生到英後，即由貴署轉送。再據彭耐爾稱，國家學堂每年每名須貼學費銀一千六百餘兩。查從前福建、北洋均派過學生出洋，並無此項學費，現在是否必須貼給學費，應貼若干，均祈詢明電覆。寒。

張欽差來電光緒二十九年正月二十三日巳刻到

寒電悉。晤詢瀾侯，瀾云英國國家學堂，有格林渭儲、開函兩處，須指明何處，方可商定等語。查前中國學生均入格林渭儲，現派擬入何處，祈電覆。彝。養。

致柏林廕欽差〔三〕光緒二十九年正月二十一日巳刻發

巧電悉。每船運、保費實需若干，祈速詢明電示，以便匯核，能即日賜覆尤感。箇。

致成都岑署制台、武昌端署制台、廣州德署制台、福州許制台〔四〕光緒二十九年正月二十一日未刻發

准外務部篠電，日本請觀博覽商會，奉旨派出貝子載振、侍郎那桐、左承瑞良、左參議陳名侃、侍讀學士毓隆前往周覽，以資考鏡。希轉電商務省分，如有紳士運貨前往者，務將商名貨色數目，并派何員督帶，統令於二月望前詳晰電覆本部，以便轉知等因。特轉達，祈徑覆外務部，并電知敝處。馬。

致上海盛大臣〔五〕光緒二十九年正月二十二日寅刻發

此次議訂滬甯鐵路合同，内有總辦管理處應委華員二人，一由尊處派委，一由尊處會同敝處派委。除由尊處派委一員不計外，

〔一〕此電録自抄本《張之洞電稿·致上海電》。

〔二〕〔三〕録自抄本《張之洞電稿·致外洋電》。

〔四〕録自抄本《張之洞電稿·致各省電》。

〔五〕以下二電録自抄本《張之洞電稿·致上海電》。

其應會委之員，查有潘道學祖，前經尊處委勘滬甯鐵路，一年之中，會同洋工程師往返六次，夙著勤勞，情形熟悉，擬請會委該道員總辦管理處一差，以資獎勵，而昭公允。如尊意謂然，即請會稿速委爲荷。可否，祈電覆。箇。

致上海盛大臣 光緒二十九年正月二十二日寅刻發

尊處咨送會奏甯滬鐵路稿，并未附寄改定合同稿，無從核對，務祈即日寄來，不然，不敢書奏也。祈先電覆。箇。

致揚州程運台、儀徵儀棧蒯道台、漢口督銷局奭道台、南昌督銷局歐陽道台、大通督銷局程道台、長沙督銷局席道台 光緒二十九年正月二十二日寅刻發

裁撤三掣驗卡，原議因舊章本非委道員，故改歸該督銷局自行派員掣驗，以杜卡員得規放私之弊。現在下游緝私尚未布置完備，誠恐上游偶有漏私，爲各鹽局及各冗員所藉口掣驗，仍致復設，大失本意。應即電飭鄂、西、皖局三道員，迅各自行派員認真掣驗，以一事權，而杜夾私，斷不准收規賣放。至湘岸向無掣驗，應否派員掣驗之處，由席道妥酌辦理，至要。箇。

致上海伍欽差[一] 光緒二十九年正月二十二日酉刻發

咸電轉外部寒電悉。去年各使與呂、盛兩欽使議定税則是銀數，若照外部意，以新定税則，銀一兩照定約時價作爲三先令，復按今日時價折合銀數完税，是先以貴價之銀，折成金以計鎊數，復以貴價之金，折成銀以完關税。如果洋人肯照外部此意辦理，於我誠有大益。但恐商務大關税多之國，不肯於加税十二五之外，又按前三年之金價多算銀，以便宜我耳。然有此一説與之婉商，藉以推宕，未始非計。將來能照英意九年還銀，以後還金，歸三十九年後攤還，或可辦到。各國皆用金，我獨用銀，自多喫虧，終須變計。然不先自積金，而請洋商代發紙幣，是中國出入欵皆用美商紙幣，事恐難行，户部斷斷不肯，必須國家自能獨辦方妥。祈再熟籌良策賜示，爲幸。馬。

致武昌端署制台 光緒二十九年正月二十四日寅刻發

前調護軍左旗，係湖北最精鋭之營，原爲作江南各軍標準起見。今奉旨，江、皖、西三省兵皆歸湖北訓練，該左旗四營自應調回湖北。如慮餉增，將來可就他營陸續裁汰以相抵。茲飭分起搭坐商輪回鄂，合先電聞。漾。

致揚州丁道台[二] 光緒二十九年正月二十四日戌刻發

前因該道辦工諸多不實，起土又不如法，曾電令務將兩岸積土挑運遠處。據覆，初六前後開工，斷不使有尺土遺留。現經委員密查，第一段灘岸積土有夫十餘名挑運，三四段積土未挑，五

[一] 指原中國駐美公使伍廷芳。上年九月二十五日，派為會辦大臣，會議各國商約事宜。録自抄本《張之洞電稿·致上海電》。

[二] 録自抄本《張之洞電稿·致本省電》。

六七段工甚草率，九及十一段積土間有挑者，十二段棄置最不如法，約有夫百餘名起挑。是各段積土甚多，該道並不實力起除。轉瞬春水發生，勢必仍填河內，無非始終意在偷減工費，含混了事。應速多集人夫分投趕挑，毋再延玩貽誤干咎，切切。漾。

致安慶聶撫台、南昌柯護撫台〔一〕 光緒二十九年正月二十四日亥刻發

三江師範學堂創建經費，約需銀十數萬兩，第一年練習華洋教員經費亦約需銀十萬兩，均由甯獨籌。自明年起，每歲常年經費約需銀十八九萬兩，即前三年六百名，亦約需銀十三萬兩。皖、西兩省各定學額二百名，每名僅津貼學費一百元，或一百五十名亦然，不敷尚鉅，概由甯省湊足應用，實已勉力萬分，於西、皖實有大益。此乃鄙人深恐西、皖兩省籌欵興學爲難，極力協助西、皖之意。所有辦法及奏稿，已早咨達冰案，究竟貴省是否願照此籌辦，尚祈迅賜示覆，至盼。敬。

致天津袁宫保 光緒二十九年正月二十五日丑刻發

胥電示分科減額疏稿，詳盡透達，深佩宏裁。請台端迅即電商各省，有同志者附入，總須多有數省爲佳。即由尊處挈銜繕發，至感。敬。

致上海盛大臣〔二〕 光緒二十九年正月二十五日辰刻發

承示甯滬鐵路奏稿，甚妥。惟於易稿六七次句下，酌改數語如下：間有争持未允者，臣宣懷復屬璧理南携稿來甯，經臣之〔洞〕復加考核，凡可以取益防損，保持中國權利之處，派員與之按欵磋商，分别駁改增删，幸皆妥商就範。計訂詳細合同云云。因璧理南係閣下令其來甯，非鄙人約其來也。已於稿上照改書奏，咨送蘇撫會核，請俟接到後，即繕發，并盼電覆。敬。

致柏林廕欽差 光緒二十九年正月二十六日子刻發

江南省擬選派陸師學生入德國高等武備學堂肄業，並補習普通學，約以三年或四年畢業。應入何處學堂爲宜，每名每年約需學費、膳宿費、零用雜費共若干，水陸川資約若干，祈代詢明詳示，立盼覆音。徑。

致天津袁宫保 光緒二十九年正月二十六日寅刻發

前准伍大臣咸電云，頃接外務部寒電，照轉如下：尊函誦悉，深佩藎籌。惟賠欵公斷，必須兩造允願，如彼意不願，即無從辦理。至謂若不得直，再向各國商減，恐更爲難。又所論關税納金一節，與本部現擬辦法未合。按公約我切實值百抽五，所謂值者，在外國原爲鎊數，至中國乃折合爲銀，故遇鎊貴則其所值銀數亦必增，關税亦應隨之而增，譬如有物值六十先令，抽五應得三先令，税則定爲銀一兩。今因鎊貴徵銀一兩，纔合二先令二本士，是與切實抽五之義既不符，應令所納銀數足抵三先令乃爲切實。現擬辦法内，税則所載銀一兩者，皆視作三先令，此即定約時之

〔一〕以下二電録自抄本《張之洞電稿·致各省電》。
〔二〕録自抄本《張之洞電稿·致上海電》。

價，載在公約者也。至鎊價逐日有漲落，擬合一月，折取其中數，每月底由海關牌示，爲下月完税者以銀合鎊之定數，俾法簡以易行，此即切實抽五之原義也。照此辦法，以現時二先令二本士之價計之，税則銀一兩，爲可收一兩三錢八分有奇。況日後如加税至抽十二五，亦照此切實計算，所益更大。望詳加籌計，申明辯論，事若有成，大局幸甚。此電並請轉達香帥。忖思公斷，各國雖不願，然我果發端，彼不能固拒，況聞美廷可照允，似不必慮。如各國不願，顯見理曲，我更有説。至關税能照部擬辦法，自有裨益，惟當據公約與之申論，似不必提賠欵還金，蓋賠欵我應還銀，關税我應照定約時鎊價算，此與廷所論賠欵照前年西四月鎊價還銀同一義，特未知英、美諸國能允否耳。鄙意莫若趁此機會改用金幣，將來税課銀數悉是金錢，所益更大，且爲一勞永逸之計。前曾面陳管見，是否有當，伏祈鈞誨。如别有卓見，統乞詳示等語。敝處覆伍馬電云：咸轉外務部寒電悉。去年各使與吕、盛兩欽使議定税則是銀數，若照外部意，以新定税則銀一兩，照定約時價作爲三先令，復按今日時價折合銀數完税，是先以貴價之銀折成金，以計鎊數，復以貴價之金折成銀，以完關税。如果洋人肯照外部此意辦理，於我誠有大益，但恐商務大關税多之國，不肯於加税十二五之外，又按前三年之金價多算銀，以便宜我耳。然有此一説，與之婉商，藉以推宕，未始非計。將來能照英意九年還銀，以後還金，歸三十九年後攤還，或可辦到。各國皆用金，我獨用銀，自多喫虧，終須變計。然不先自積金，而請洋商代發紙幣，是中國出入欵皆用美商紙幣，事恐難行，户部斷斷不肯，必須國家自能獨辦方妥。祈再熟籌良策，賜示等語。此電漏未奉達，兹特補陳。台端有何勝算，務祈詳籌見示。徑。

袁宫保來電光緒二十九年二月初三日亥刻到

徑電悉。賠欵還銀，久辯無益，因約各省公電，冀可情動。乃外部巧電另有良策。日前英燾署使來談，外部已允還金，惟保單尚不肯畫押，謂須各國許金估税方可畫押，以此相持，迄無成議，久恐别生枝節，各國亦有意相助，但須畫押後乃可議及。昨日使内田來謁，謂還銀萬做不到，按金估税，必須有他項利益足以相抵，各國方可允從各等語。反覆辯論，固執不移。是商還銀固難，商金税亦不易。且外部已有辦法，惟有候各國覆音，再為設策。凱。江。

致廣州德署制台[一] 光緒二十九年正月二十七日丑刻發

漾電悉。日本博覽會於本年二月開會，初未知會各國外部，僅通知駐日各國公使，如有商人願送貨品入會者，當予優待，是以外務部並未飭赫總税司辦貨送會。惟弟在鄂任，知此舉有益商務，故允另派專員，酌備土産數百種送會。嗣莅江南亦即照辦，江、鄂各派道員一人、委員數人赴會，貨品須儘正月初運東，此時辦貨，已趕不及。各省派員赴會與否，似可聽便。統祈裁酌，特奉覆。宥。

致輪墩張欽差光緒二十九年正月二十七日寅刻發

養電悉。格林渭儲學堂，係教駕駛，擬送四生入此堂學駕駛。

[一] 指德壽。録自抄本《張之洞電稿·致各省電》。

開函學堂係教管輪，送四生入此堂學管輪。一年後分班上練船及大鐵甲學習，每名每年應貼費若干，祈向英外部、海部詢明示覆。宥。

致天津袁宮保 光緒二十九年正月二十七日辰刻發

箇電示練兵辦法十三條，藎畫周詳，至佩。但管見似有尚須奉商者，敢一陳之。此學堂之意，本爲教將佐而設，然必須以年輕資淺之弁目充之，令其學爲他日之將佐而已。至初出堂之學生，據東人力言，只可先充副哨官，最優亦只可充哨官，當哨官若好，以後可徐升營官，但必有此等級閱歷。若已爲將領之人，必在三十歲以外，斷不受教，蓋習氣、精力、心思，均不能教，其能受教者百之一二耳。故學堂中必須選三十歲以下，年英志遠，體健文通之末弁兵目教之，庶易爲功。兵目即棚頭什長之類，若有文通材健，實在出色之正兵，亦可入選。若年已四五十，官逾四五品，曾充統帶、管帶之將領，恐斷不能再住學堂習學生之功課。茲擬變通辦法，四五十歲之將領略仿日本户山學校意，不住學堂，但令時常就學堂洋教習討論營制戰術，及槍礮、彈藥、理法、溝壘、工程，並習練兵棋，令其略知大概要領，以開通錮蔽。此在額設應教官弁之外，成否聽之，其中或有一半可以略爲改變開通，俾令不發謬論阻撓，即使仍爲統領、營官，可以容學成之營哨官作事，不致索統費改操法足矣。三十歲以下之末弁、兵目、正兵，則令常川住學堂，從洋教習講習尊示各門功課，將來按照等第，分充營哨官，一年速成，恐不足用。擬分爲兩類，一類定爲頭期速成，限十二箇月，堂課畢業即發入營充兵一箇月，充學習哨官一箇月，共一年零兩箇月，再發回本省派充哨官。一類定爲次期速成，堂課兩年畢業，一年後充兵一箇月，兩年後充弁一箇月，共爲兩年零兩箇月。功夫尤實，成就尤大，發回本省後亦可先派充哨官，半年以後可充營官。多此堂課數月，及入營練習充兵充弁之數月，將來派充營、哨，收效轉速，其願留學三年者聽。兩年半以後，九省之營、哨官無一非學堂出身者矣。惟兩項均必選派聰强有志，文理明通，自能寫字之人，不僅識字而已，若不敷定額，甯缺無濫。然既許兵目、正兵入選，必可足額。其仿户山之將領，雖在外居住，每日必須上講堂。三十歲以内之上等末弁、兵目，或一年零兩月，或兩年零兩月，畢業者既必須上講堂，兼須常住學堂。三十歲以内之次等末弁、兵目，則皆作爲教練隊之兵，皆使當兵之職事，即住營内，每日到操場練操可也，發回本省，可派充副哨官。湖北將弁學堂講堂及住房，皆量本省原額建造，恰足敷用，斷不能容四省入堂之將弁二百餘人，必須添造講堂學舍，且必須添請洋教習數人，方有可學。若中國學生將弁轉教外省，官弁必不聽，益處亦少，恐爲他年各省口實。此項洋教習經費所需甚鉅，鄂力極窘，實難代籌，自應各省添籌，似可於尊擬各項學費内酌量攤增。所有入堂學習之上等弁目，食宿一切衣裝、圖書、器具，皆由直、鄂堂内代備，以歸畫一，但學費亦宜酌增。其仿户山之將領，所需火食、衣裝、寄宿費，應令自備。入營學習之次等弁目，人數尤多，應令自築營壘，蓋房居住。惟鄂省營房皆宏敞，整潔，合法。外省就學弁目，論理自應一律，方便於約束教練，以免相形見絀。然各省若不協籌經費，則營房優劣只可聽各省之便，必終不完善合法，似不如令各省自籌，直、鄂代造，分之則有限矣。再，尚有餘義數條：一、此項就學將弁，必須受北洋、湖北節制管束，奏内須先聲明。一、操法須議定一畫一之法，名爲中國操典，以免德、日兩派分歧。一、操衣及夏日所戴兵帽，亦需各省一律，望酌定一式，至要。鄙人本不知兵，惟數年來略知其中積習痼弊，曲折窒礙之處，姑妄言之。是否可采，仍請尊裁見教。宥。

致蕪湖潘道台學祖 光緒二十九年正月二十八日丑刻發

感電悉。製造軍火，地以距江遠，敵艦礮火所不能及，乃爲合用。荆山地既不高，距江又近，儘可向裏另覓善地。據劉道言，窰頭地有高處，並不淹水者，可往復勘，是否有不淹水之地，土性是否鬆浮，掘地若干尺見水，如不宜，只可再向裏覓，雖距江三四十里不礙，運道可修小鐵軌也。速照辦。近江通商埸地，萬不合用，可勿勘。沁。

致武昌端署制台、梁署鹽道台 光緒二十九年正月二十八日丑刻發

聞鄂省近派學生二十人遊學日本，未知擬學何門。近來東遊學生習氣甚壞，必宜豫防。鄙意不如令該生等分習農、工、商、實業各學，較無流弊。祈卓裁。沁。

致蘇州恩撫台[一] 光緒二十九年正月二十八日丑刻發

接盛大臣電，知此次甯滬鐵路，尊處以事前未據勘地委員會同地方官稟報，故尚待考核。查此路現定合同，經敝處復核磋商，於地方權利尚無損失。此路經潘道學祖偕同洋人勘過六次，經過州縣並未稟阻，想無大礙，設或偶有窒礙，購地時可設法遷就。原勘委員潘道學祖，現委赴蕪湖公幹，三四日事畢可回，即飭其赴蘇面稟一切。盛大臣處會銜奏稿，昨已由敝處書奏，排遞冰案，到請速核書奏，緣此合同係弟任内所訂，當於弟任内繕發。諸希鑒察，并祈示覆。沁。

致蕪湖潘道台 光緒二十九年正月二十八日亥刻發

勘兩電均悉。遠江近河、高堅平廣八字，洵爲扼要。距蕪湖太平七八十里至百里均可。查當塗之丹陽湖、蕪湖之白馬山、宣城之灣沚，各距蕪數十里，是統計相距不過百數十里，履勘大略三日可畢。雖雨後泥濘，該道其勉殫辛勞，馳往查勘，迅速回省，以便商定出奏。務即照辦。電覆。儉。

致上海製造局毛道台 光緒二十九年二月初一日巳刻發

曾文正創設製造局原奏，本署無案，請即日鈔稿速寄。前聞閣下述曾奏有地居深邃，阻隔江湖等語，并祈撮要即速電示。東。

毛道來電 光緒二十九年二月初二日亥刻到

東電謹悉。前面陳長江上游湖内度地，是文正與文忠計議之語，或奏或書札，其詳要皆不復記憶。蕃稟。蕭。

[一] 録自抄本《張之洞電稿·致本省電》。

致上海袁道台 光緒二十九年二月初二日未刻發

據税務司云，吴淞驗疫各國船，行及租界，現在不肯出費，意在中國不辦，各國自行攬辦，奪我主權云云。查防疫傳染，保衛地方，乃地方官應盡之責。海口查驗船隻，尤爲國家應有之權。況將來整頓章程，查驗之時，如何體恤行旅養病之法，如何方便華人，均須權歸自主，方能操縱自如。一歸各國攬辦，流弊何堪，萬不能因惜小費，致失主權。儻各國領事照會來詢，萬望以自辦覆之，爲要。有人云，此事每年約需費三萬六千兩，宜在三成船鈔内撥付，三成船鈔現解京師大學堂經費等語。即望詳酌妥籌，如別無可籌，或即奏請在三成船鈔内撥付。望速籌定，以便尊處速詳具奏。刻下如何情形，即速電覆。冬。

袁道來電 光緒二十九年二月初四日戌刻到

冬電敬悉。吴淞崇寶沙防疫院，由蔡前道籌建，常年費另商安前税司，議令洋公司暨有疫口岸來船捐認，歷經照辦。今年行船不捐，如再舉行防疫，據如税司云，每月需費二千兩。除工部局已籌一半，餘請道撥，以免事權旁落。查西人治疫之法，頗與華人不便，先經職道另延華醫女醫生幫同辦理，薪歸道給，即西醫驗疫小輪糧餉，亦由道撥。現並與領事、税司商妥，擇定吴淞、浦東、港嘴添設華醫院，以治華人。崇寶沙醫院專治西人。惟來船華人，先由西醫查驗，實係患疫者，即交華醫送院留治，以期各適其宜。已於上冬詳明辦法，請咨外務部，尚未奉批。查華院造費、歲費，悉由官商捐辦，所費不貲。若西人治疫，本可由西人捐備，今税司囑由職道與工部局各認半費，計歲需一萬二千兩，目前尚可勉力支持。此外，西醫驗疫坐船、薪糧等儻亦須道付，每年又添四千金，道庫欵絀用繁，可暫而不可常。查歐美各邦設立防疫處所，其經費章程，皆由各國自籌自辦，然其所以由國家自行籌辦者，其故有二：一、凡船隻之往來各國口岸，各該國皆有權管理，並由國家另立祛疫保安章程，勒令遵照。二、凡船隻之往各國口岸，各該國可勒令完納保安專捐，即將此項捐欵籌辦醫藥，及該口防疫之用。中國試辦防疫以來，未伸此事權，亦未勒令完納保安專捐。職道愚見，中西各籌一半，暫行之目前則可，欲經久遠，非奏請另立專條，或請另籌的欵，難乎為繼。伏乞鈞裁。樹勳。江。

致大通督銷局程道台〔一〕 光緒二十九年二月初二日亥刻發

已派福安輪船赴該局緝私，速派員來甯領駛。即電覆。冬。

致上海袁道台 光緒二十九年二月初四日申刻發

禁米一事，重在留民食，平市價，不重在收捐項。若米價貴至七元，猶准源源販運出口，内地米價勢必牽連騰貴，貧民艱食，易滋事端。此時若定價太鬆，將來永遠成例，悔不可追。茲擬定一章程，滬米價在六元以内，則聽運不禁，價至七元則永禁不開。自六元至七元，則隨時體察内地豐歉、市情民情，酌中定禁。如内地米價尚平，民心尚安，則滬米價至六元八九角，亦不禁。如内地米缺價昂，人心惶急，即六元三四角五六角亦即禁。照此辦

〔一〕録自抄本《張之洞電稿·致本省電》。

法，較爲活便穩妥，試與領事婉商。豪。

致柏林廕欽差〔一〕 光緒二十九年二月初四日申刻發

徑電悉。派送陸師學生至德國學堂就學，曾否與彼政府商妥，如允收學生，祈先行速賜示覆，仍請查明需用各費詳示。該學生等本係德武員所教，此次派送，亦德教習所力請，此情並祈通知彼政府爲荷。立待（立）〔出〕奏，務懇速賜回音，至感。豪。

致蘇州恩撫台 光緒二十九年二月初五日寅刻發

滬道堅請米價至七元以上再禁出口，據云尊意已允。查滬米斛大價七元，或尚不嫌過貴，然七元之價，准其常川外運，則出口太多，內地米價牽連騰漲，貧民艱食堪虞，終非良策。未知蘇松常一帶，近來米價較滬約減若干。或慮今定七元准運，設將來價在六元四五角，而民食已缺，欲再申禁，恐外人難商。能否飭產米州縣各就本地米價情形，酌定一限止之價，過此價即不准販運至滬。如此則內地自立禁防，雖滬禁稍寬，尚無大害。鄙意總慮出口過多，有妨民食，故於定禁運米價一事，不敢不詳慎推求。祈詢商司道、首縣妥籌，速示覆。豪。

致軍機處、外務部，天津袁宮保 光緒二十九年二月初五日寅刻發

津江電悉。修濬浦江局員，英人居其大半。英日聯盟，聞日員附助英人，名爲各國協辦，實則英國操權。此次和約附件各條，全是英人主謀，英國斷斷不願更改辦法。前薩使過甯，語多遁飾，固執異常，其心已可概見。所可望者，法、德兩國最忌英人擴充長江權利，此次墮英人術中，意甚怏怏。滬上法領事已允暗助中國，德領事亦不願英獨攬權，美、俄兩國亦知辦法不公。我宜先密商法國，次德，次美，次俄，若得四國允我認費設局，則英國或亦不敢故違公論。若先商英使，事必不行。再，京內各使係原議和約諸人，雖欲助我，亦必不便前後異轍。似仍以先電我各國駐使切商各國外部爲妥。支。

致上海袁道台 光緒二十九年二月初五日卯刻發

豪電想已寓目。限價禁米一節，如尚未晤商領事，可勿庸議。禁米由我自主，英約第十四欵載有專條。我察看米價民情，當禁則禁，但照約於二十一日前知會領事，自無異議。至紅函究非正辦，應仍改用關照，由道迅速刷印一千張，編列號數，呈送兩院，於騎縫處蓋用督撫關防，仍交存該道處備用。該道即將此有兩院印之關照代紅函用，送與稅司，令給洋字單，稅司、洋商斷無挑剔。此關照本是舊章，若藉洋商不願爲詞，豈有印之關照尚不如無印之紅函耶。每張不得過千石，三箇月一結。如出口米已滿一百萬石，立即稟請體察情形，以後仍准續運與否，如有礙即停運，無礙則續運。總之，運至一百萬石則請示一次。該道須隨時考察，出口米已發照至七十餘萬石，便當叙述市價民情，電稟請示，以憑衡奪。此事疊奉諭旨飭查，本大臣任内必須出奏。辦法已定，專候該道遵辦覆電，即可具稿，勿再遲延觀望。此案一日不能出

〔一〕 録自抄本《張之洞電稿·致外洋電》。

奏，即一日不能交卸，諒該道不能擔此重責也。速覆。歌。

致輪墩張欽差[一] 光緒二十九年二月初六日酉刻發

前托詢駕駛、管輪兩學堂，學生每人每年共需用費若干鎊，祈速查明。先將大數電示，立待出奏。盼切。麻。

致柏林廕欽差 光緒二十九年二月初六日酉刻發

派送學生事，已與德政府商妥否。無論允否，均祈速電覆，待奏。盼切。麻。

致武昌端署制台 光緒二十九年二月初七日未刻發

兩歌電悉。兩湖輪船馬頭，在日本躉船之上。現德人正以日本躉船爲詞，欲在此一帶設立躉船。若再將此馬頭讓與日本，德人必更有詞，德事更難措手矣。武、漢過渡者，每年翻船斃命不可勝數，黄紳能當此衆怒乎。此公司原係兩湖紳商所辦，豈能容其私自轉售外人。現藉其有詞訟膠葛，似可速將該公司房屋、馬頭先行由官收回，免其轉售外人。此項房屋、馬頭，想所值有限，尚易籌欵。該公司既有虧空，若將輪船轉售華商，則房屋、馬頭仍可給予華商租用。若轉售外人，則只可准其售賣輪船，其房屋、馬頭則萬萬不准轉售，致以貽害本省商民性命。卓見以爲如何，祈覆電。陽。

致上海袁道台 光緒二十九年二月初八日丑刻發

印照須用三聯單式，於左右騎縫編列號數，以便蓋用兩院關防，將來以正照送税司，填給關單，以副照送米捐局備查，存根留道。此照務即星夜趲辦一千張，限兩日内專差賫送來轅。如刷印不及，先送五百張亦可。總須俟此照印發，乃可出奏。只此數天，萬勿遺誤，切速。陽亥。

致上海大德國總領事克[二] 光緒二十九年二月初八日辰刻發

江南省擬派陸師學生數人，入貴國國家高等武備學堂肄業。該學生係貴國武員所教，此次選派，亦係該教習所力請，祈貴總領事迅速電詢貴國政府，可否准其入學，以敦友誼。早日示覆，以便奏派，至感。祈電覆。初七。

致京户部鹿尚書 光緒二十九年二月初九日寅刻發

湖北鐵廠、萍鄉煤鑛以欵絀不能大舉擴充，坐失美利，其勢頗窘，恐終難支持。兹由盛侍郎電奏，請將通商銀行部欵一百萬兩，暨商股三百五十萬兩，撥歸鐵廠。得此鉅欵，添鑪接軌，運煤速，出鋼多，獲利確有把握。其部欵分年還本付息，仍照通商銀行原案辦理，不致延誤。查鐵廠大局所關，盛此次所請尚在情理。此奏如交議，務請鼎力維持，俾資周轉，免致有礙鐵廠。曷勝感禱，並祈電覆。庚。

〔一〕 以下二電録自抄本《張之洞電稿·致外洋電》。

〔二〕 録自抄本《張之洞電稿·致上海電》。

致蘇州恩撫台、上海袁道台 光緒二十九年二月初十日丑刻發

藝帥庚電，袁道微、魚、庚等電均悉。滬米價已至七元以上，應即禁運食米出口，會銜告示。核稿繕發需時，此時可即由滬道以奉兩院會電飭禁，趕速先期出示，並知照税司及各領事。酌擬辦法如下：一、告示中不必言明米價貴至幾元當禁，減至幾元弛禁；亦不必限定禁運幾箇月爲止。此事須看内地民情如何，不宜説呆，以免日後窒礙。即使滬價稍逾七元，假如内地米價不大漲，似仍可准運。設滬價止六元數角，而内地米價已大漲，民心已惶擾，即應速禁。且禁米乃自有主權，尤不宜自定格式，致外人執爲成約也。但言目前米價騰貴，内地民食維艱，除漕米、軍米外，亟應暫禁運米出口，俟市價平減，民心安定，隨時察酌内地情形，即行稟請開禁。一、英商約申明，如禁米出口，須於二十一日之前知照各國領事等語。現在此約雖尚未施行，尚可從寬仿照辦理。應由袁道於告示内立定限期，准於二十一日内趕運出口，逾限即行禁止，斷不可再逾二十一日之數。一、示禁後，所有已領紅函之米，務令於禁期前報運出口，逾期一概作廢。如萬辦不到，可允禁期前紅函未及運完之米，俟開禁後將紅函更換印照，續運出口。一、津、閩平糶米，亦令該省採辦委員趕於禁期前報運出口，儻一時未能報運足數，亦准俟開禁後續運。儻該兩省實在需米孔殷，查蕪湖現在運米暢行，鎮江即日開禁准運，可飭知採辦委員改赴蕪湖、鎮江一帶購運，並無所妨。滬口既禁，斷不可因津、閩自亂其例。一、現雖暫禁，其義捐辦法，開禁後仍應遵辦，三聯印照仍即日趲辦送省，勿稍遲延，一切章程候另文札發。以上各節，袁道即速遵辦。仍請藝帥詳加籌度，如有應行斟酌之處，即望飛速電飭滬道爲荷。仍盼電覆。佳。

致外務部、天津袁宮保 光緒二十九年二月初十日丑刻發

津齊電悉。修濬北河、浦江兩口，載在大綱，與他處口岸不同，將來他口儻須修濬，斷不能援以爲例，不抽船捐，而强我全行出費，更不至各國設局管理河道，奪我主權。惟載在大綱應開之河道，爲可危耳。北河早由各國派員興辦，天津收還後中國始派員會辦，亦與浦江情形略有不同。浦江地屬江南，庚子年竭力保護，並未擾亂。乃各國强將三十七條章程附入大綱，條條侵我主權，尤爲無理。現我雖認全費，彼即有意奪我主權，尚恐以大綱早定爲詞，不肯更改。若再與商收其船費，各國必更有詞干預，章程隻字不能改矣。北河係已成之局，或須另行設法補救，想慰帥必有良策。若上海之浦江幸而尚未設局，正在十分危險，必當趁此力争，此時萬望勿商收費，惟有自認全費，自認修濬河口，以利益各國商務爲度，力擔開河便商之責，使彼無可藉口，或冀主權不致旁落。俟各國允願更改大綱附件後，再徐圖善法，或俟他處口岸亦須修濬之時，然後再商在京設局抽收各國船費，較有次第。總之，爲上海地方、長江大局計，政權、兵權、利權全繫吴淞一口，權重費輕，但求外人可允，鉅欵在所不惜。至北河情事，既與浦江不同，統望大部與慰帥籌酌，必有萬全善策也。仍祈裁示。佳。

致京管理大學堂張尚書[一] 光緒二十九年二月十一日寅刻發

昨准大咨，並遞到大中小蒙各學堂章程，規模美備，條理精詳，極爲欽佩，亟應通飭遵辦。惟敝處會奏湖北學堂辦法時，尚未及見尊擬定章，致有數條彼此未能吻合，不敢不將鄙意據實奉陳請教。一、讀經。尊擬以十三經分配各學堂，期於人人能讀全經，用意甚厚。但學堂功課既繁，日力有限，學生資性不齊，必限讀全經，轉恐記誦不能純熟，講説不能全解。故湖北高等小學堂取能背誦經書一兩部者入選，不復拘定所讀何經。入學堂後願加讀何經，亦聽自擇。中學堂聽其擇讀大經一部，小中經一兩部。大約學生能讀畢四書一部，大經一部，小中經一兩部，義理必已明白。其餘諸經，歸高等學堂經學一門，從容研習。儻此後學生程度漸高，不妨增改。再，尊處所定章程，讀經皆有一定次序，用意固好。但此時初辦學堂，高等小學學生多係年十三四者，中學堂學生多係年二十内外者，經書各人所讀不同，若此項學生責令將已讀之經重讀，未讀之經不得任便自讀，恐學生稍有不便。可否暫聽其便，俟以後蒙學讀經，再依京城章程次序。一、放假。尊章各學堂於每月房、虛、星、昴四日停課，諒因洋教習必於是日休息，故循西例以示從同。湖北學堂則另於每旬之末停課一日，謂之旬假，仿古人十日休沐之法，以别於西俗教規。而於此星期日如並不間廢，令學生專習中國文學，課以文辭書牘之屬，並不放假，不致曠功。一、權限。向來學堂用洋員充總教習，往往多所干預，以攬我教育之權，不無流弊。湖北各學堂洋教習皆受節制於學堂總辦，惟師範學堂有一洋教習，係日本實任視學官，資望較深，故優以總教習之名，然仍訂明歸該學堂監督節制，諸事皆不能專擅。竊謂各處學堂總教習，不宜輕假洋員，必不得已，亦宜訂明歸總辦、監督等員節制，以限其權。一、學費。外國學堂月僅收學費二三元者，係專指就學從師之費而言。此外，寄宿有費，授餐有費，衣裝、書籍、紙墨皆有費。中國遊學日本官學堂者，月共費二十五元，其大較也。尊處定章酌收學費二元，想亦專指就學費而言。湖北除小學堂永不收費外，其餘學堂兩年内，本省學生暫不收費，湘省來附學者每名歲費百元，他省來附學者歲費百六十元，係包各費在内，不敷尚多，官尚須貼補一半，實較日本爲廉。若收費過微，鉅款萬難籌足。以上數條可否暫准照辦，俟數年後推行果有窒礙，再行修改從同。祈卓裁示覆。卦。

致天津袁宫保光緒二十九年二月十一日酉刻發

蒸電轉邸函敬悉。修濬黄浦江，各國公議本意，或係祗求便益商務，並非盡欲奪我主權。迨各公使爲滬上洋人所咻，其中有别具深心者，遂將章程附入公約。既係原議之人，此時必未便先後歧異。鄙意各國外部總觀全局，每每尚肯主持公道，寓華洋人只見一隅，輒欲逞其私心。雖各外部多聽公使之言，然若外部意見活動，略露主持公道之意，則公使亦無不轉圜者。邸函美使辯論堅持，美字是否係英字之誤。若係美使之言，似宜速電駐美星使，將此事情理開誠布公向外部陳明，力任全費，務期便益商務，而不失主權。美國辦事向來和平，我之情理既足，彼亦必肯助我。今幸德、法兩使已允，若再得美國，則德、法、英、日、美五國

[一] 指張百熙。

之中，已得其三，便有把握。向來外國議事，如意見不同，總以人數多者爲斷，多一人即爲勝負所關。查此事各國亦自知情理不足，不然斷不能任我推宕年餘。今我若自有辦法，自認全費，以情理與之切商，萬一不成亦斷不致生變。總之，此時派員萬萬不可，東南大局利害關繫太大，不敢不苦口力陳，務祈詳酌轉覆，切禱。軫。

致蘇州恩撫台[一] 光緒二十九年二月十三日丑刻發

上海洋關出口米紅函，現已議定改用三聯印照，編列字號，由兩院蓋用關防，以憑稽核，鎮江關事同一體。查洋關由敝署主政，常關由貴衙門主政，今上海、鎮江兩洋關照，用兩院印，則上海、鎮江兩常關照，似亦應用兩院印，以歸一律。將來滬、鎮兩洋關米照，限滿繳銷後，由道局繳存敝署，兩常關米照繳存貴署。祈裁酌速示。此次鎮江出口米開禁，除洋關由敝處飭知外，并請尊處電飭鎮江道常關遵辦。文。

致柏林廕欽差 光緒二十九年二月十三日戌刻發

真電悉。學生擬派八名，年皆二十内外，皆通文理，非武職官，已學武備三年，即德員所教。普通學不完備，粗諳德語，不需繙譯，内外堂功課皆願學，約須幾年畢業，每名每歲需學費用費若干，祈速詢電覆。覃。

致武昌端署制台 光緒二十九年二月十四日辰刻發

文電悉。日本人專意推廣航路，又有國家津貼協助，斷難阻其入湘，即與華商合股，本亦無甚妨礙，惟兩湖公司原係稟明兩湖紳商自辦，各處設有馬頭在華界最繁盛之處。南省商人一與日人合股，日人即霑格外利益，將來他國亦欲均霑，恐難爲繼。湘人素有氣有力，何至三萬金亦不能自籌耶，殊爲可怪。既未簽立合同，仍囑其勿與合股，以免膠葛，爲妥。即或合股，其原定馬頭務留作官用，令其另擇無礙地段，以作馬頭。總之，應於舊案批定兩湖輪船公司之外，另行集股。與日商合夥，只須華洋股本均平，則無論何項商業，貲本幾十萬，均所無妨，鄙人斷不阻止。至漢口馬頭專防他國效尤，有關民命，更與他處不同，無論如何，務須由官收回，至要。元。

致上海盛大臣 光緒二十九年二月十六日巳刻發

金陵下關一帶，應設甯滬鐵路馬頭。究竟勘定何處，請速派一洋人赴甯履勘，擇定一處，以便飭禁民間私售地段，及商定下關通商場地址。緣前定商場江岸有塌陷處，各領商請遷地，爭欲買地，急待定局，以便及早限制私買。祈速電覆。諫。

致外務部 光緒二十九年二月二十二日亥刻發

號電祗悉。上海米價甚漲，前數日已經禁運，鎮江亦並未弛禁。但鄰省需米尤亟，如以後米價漸平，勢不便永遠遏糴。即如粵省，近日米價每擔貴至十四元，商人運米前往獲利無算。然爲本地計，外運多出一石，即民食少留一石，設遇荒年，安可無備。查從前滬道所發運米紅函，多由洋商託領事代請，及洋商將紅函

[一] 録自抄本《張之洞電稿·致本省電》。

轉售華商，每石索費銀二三錢不等。現議俟將來開禁時，改用三聯印照，准華商自向道署請領，每石祇收義捐銀一錢，以作備荒經費，由商業公所代收，不經官吏之手，按月提存銀行生息，以備積穀平糶等用。蓋准米出口以顧鄰封，收費備荒以恤民隱，實爲兼顧兩全之計。外國地方善舉公用，亦多取自商廛。今我所收備荒經費，亦爲地方救灾起見，中外一理，安能指爲違約。且費由米行認繳，歸商業公所經收，與國家税釐絲毫無涉。況運米雖係洋商，販米仍是華商，此項義捐亦與洋商無涉。各公使疑爲加税，諒係誤會。務懇貴部剴切告知各使爲禱。箇。

致上海吕大臣、伍大臣 光緒二十九年二月二十五日午刻在大通發

屢承電示議約情形，事冗稽覆，亦緣無切實辦法，是用躊躇。加税一層，無論何國均須照英約，不容再減。前日小田切奉其外部命，親來送行，悤悤晤談一次，述其外部意，加税止允值百抽十。鄙人一再辯駁，旋即興辭。蓋彼來專爲送行，約事不過順便談及，彼此均未下斷語。此事全賴藎籌，務祈力與磋商，弟如有所見，自當隨時奉達。現議如何，仍望隨時電示。有。

致天津袁宫保 光緒二十九年二月二十五日午刻發

頃奉諭旨，保護出洋華商財産，飭商務大臣剴切曉諭，自應公與敝處雙銜出示。即請尊處主稿，會挈敝銜出示，發貼各商埠，並通咨沿江沿海各省暨各駐使轉飭遵照。此項文件祈尊處速辦，判行用印後，寄鄂會印，寄還尊處飭發。尊處似宜用北洋大臣印，敝處擬用商務大臣印，祈裁覆。弟廿三日自金陵啟行西上。月來勞苦已極，瘡證亦未全愈，連日風雨，舟行甚遲，擬藉沿途稍資調養，到鄂尚須休息數日。若會稿速到，尚來得及。有。

致保定袁宫保 光緒二十九年三月十一日巳刻在武昌發

魚電悉。科舉減額議，都下之駁難者，乃諸翰林慮失試差生計，羣起作梗，並無深意，當道亦未必真以爲不然也。惟思科舉不能包學堂，學堂仍可包科舉。各堂學生平日雖用積分法，畢業時仍可參用考試法，其文理不優，學術不正者，儘可於畢業考試時分别去取。既有考試，京師大學堂即仍可簡放總裁，會同管學大臣考校，各省高等學堂仍可簡放主考，會同督撫考校，其中小學堂可由學政會同督撫考校，從前江、楚會奏變法摺本有此説。如此則進士出身之京朝官，不致因失差出阻。且此後翰林、進士均須肄業學堂，於各門科學曾經研究，足任主司之選。其一學堂之内，學生畢業或偶有參差，可令先畢業者停待數月，彙齊若干名再請放考官，並無妨礙。此事關繫甚大，科舉不改，學堂終無成效。趁公扈蹕時，以此意與政府熟商，或可挽救。管見備采，祈酌示。卦。

致外務部，上海吕大臣、伍大臣，保定袁宫保 光緒二十九年三月十五日辰刻發

滬卦電悉。此次商約，全視加税免釐一欵爲定盤鍼。此欵未經議妥，他欵萬無先行簽字之理。日使偏執太甚，一時難以理喻，莫如先向美國切商。美使既電政府請示，且視彼覆電如何。儻美

允通融，再商德、法等國。如諸大國俱能允從，日本自不能獨異。秩翁素與美洽，能設法與美商妥辦法最爲要著。務望兩星使藎籌，極力堅持，勿稍活動，是爲至盼。鹽。

吕大臣、伍大臣來電并致外務部、袁宫保

光緒二十九年三月十二日午刻到

日約加税免釐一欵，迭次商議，彼總謂日政府已定主意，決計不能照加十二五，衹可將此欵提開，先將議定别欵簽定，彼等不能久候。告以我國訓條，必須俟免釐加税議妥，然後將全約請旨奉准，始能畫押。又勸以美國雖亦只允抽十，經我開誠相告，彼已允電彼政府，再請訓條，豈日本同洲，尚美國之不若。日使云，縱美能允值百抽十二五，日本仍不能照允，恐别國亦不能答應。我又勸以如各國不允十二五，此欵仍不能舉行，則日本更樂得做人情，有何不可。彼始終堅執，不稍鬆勁。觀此情形，美、日必已暗相知會，如美、日不允，各國更相效尤，則此欵更無舉行之望。惟有請大部向内田、康格兩使切商，作一轉圜，恐此間兩不相下，終於決裂。海、廷。卦。

致長沙趙撫台、俞撫台[一] 光緒二十九年三月十九日巳刻發

漢口亨達利洋行與湘省訂立合同，運銷鑛砂，獲利本厚，該行又不報確價，中飽甚鉅。復因煤鑛虧累，拖欠鑛局十餘萬兩，該行又在武昌省城外冒買非通商口岸之地，以其建有廠屋爲湘省分擇鑛砂，未能收回，今該行又將生意廠地轉售德商禮和洋行。德人素稱强横，若不早爲設法，將恐德人藉端多方要挾，各國效尤，湘鄂均受無窮之累。鄙人爲此事籌計數年，實深憂慮。頃英總領事來見，談及此事，謂若不收回，各國必索均霑，英商即須援例，恐中國難以應之。查亨達利原訂合同内有中國可收回自辦之説。現外洋争購鑛砂生意，獲利甚厚，何不將其廠地生意全行收回自辦，派人與之算清帳目，該行必欠湘省鉅欵，足可抵價等語，所言實屬有理。若能收回，則中國鑛權可以自操，湘省獲利更厚，鄂省地基可以收回，一舉而數善備。此事委曲詳細情節，廙帥盡知，務望轉告次帥，妥籌善法電覆，切禱。效。

致外務部，上海吕大臣、伍大臣，天津袁宫保 光緒二十九年三月十九日未刻發

上月奉外務部函示，英燾使[二]所詢銷場税、出廠税辦法，及各省所得加税實數、撥解北京實數，並先後致慰帥暨兩星使函達前因均悉。查英國此問，一恐徵收銷場税煩擾阻礙洋貨及出口土貨，一恐製造廠還税辦法轇轕，致商人喫虧，一恐加税免釐後抵撥各省之欵太少，提解部庫之數較多，各省用度不足，又思設法征商，故欲知解京實數。此三層答復稍有含胡，英約即難望批准。查加税免釐一層，應由户部查詢各省所失釐金確數，及增收關税大數，通盤籌畫，折衷酌定，俾各省毫無偏枯，則外人自無異議。出廠税在口岸者，自應歸税司經理，其在内地華廠，似應

〔一〕上年十二月二十四日，調俞廉三為山西巡撫，趙爾巽為湖南巡撫。

〔二〕指英國署理駐中國公使燾納里。

由本省派員按照關章徵税，而由就近之税務司幫同稽查。至還税辦法，係專指製造之正料而言，如棉紗、棉布完出廠税後，但還棉花一項之進口等税，其餘均可類推。凡正料係洋貨完過進口十二五税者，則皆還其十而留其二五。土貨完過七五税及銷場税者，則皆全數發還應還之税，即在出廠税内扣抵，藉其出貨之數，以稽其進貨之數。譬如棉花一包，約可出紗若干，出布若干，均有一定比例，照此推算，彼此平允，自無弊混。至徵收銷場關鍵，最要在執簡御煩，與洋貨區畫分明，以免紛擾，則華洋各商皆可相安。兹將管見所擬辦法列下：一、銷場所在，酌設税局也。所有城市、大鄉、大鎮皆設銷場税局，其通商口岸有洋關、常關之處，在常關附近設立税局，遇有洋商抗税，可藉税務司彈壓。所有貨物，不拘由輪船、民船、鐵路、陸路運來登岸，無論租界内外，凡在本地銷售者，照約第八欵第八節一律報明常關，徵收銷場税，以塞漏卮。至小鄉小村，煙户無幾，銷貨有限，若欲大幫銷售貨物，必須運到大城大市，無虞偷漏。且小村小市貨物皆係由城鎮轉運而來，已經完過銷場税矣。一、洋貨不收銷場税也。凡洋貨無論過境、落地，銷場税局一概免税放行。一、類似土貨之洋貨，以關單爲憑也。凡洋貨類土貨者，約内載明海關給與憑單，免内地争論，但必須真正洋貨、納過十二五進口洋税者，方能給單。其轉口貨物止完過出口税、復進口税共七五者，不得給單，以免影射。如白糖皆係來自汕頭，近日洋商皆目爲洋貨，此弊不可不防。一、過境土貨不收銷場税也。凡土貨過境而不登岸者，銷場税局概不過問，以免留難阻滯。一、土貨登岸，須先報局也。凡土貨登岸，必須將貨色、件數、斤兩先行報明税局，聲明本地銷售，或轉口出洋。有私自登岸不先報明或揑報者，查出罰辦，重則全貨充公。一、銷場應設官棧也。凡土貨登岸，如係本地銷售，立即完税。如係即時轉口，立即免税放行。如未定本地銷售或轉口出洋者，將貨存儲官棧，或領有局照之商棧，將棧單交存税局，俟出棧時，如係本地銷售，立即完税，如係轉運他口，即時眼同起運，免徵銷場税。或云凡土貨登岸，無論本地銷售，轉口出洋，均須先完銷場税，給予憑單，俟其轉口時照單發還税銀。此法雖似簡便，但運商未能售貨，先令輸捐，必多不願。存棧一法，似屬煩瑣，然於商情較便，曾以此法探詢外國領事，據云此法尚可行，照此辦法，外人當可不致阻撓。一、酌定銷場税則也。銷場税則約内載明由中國自訂，自可隨時增減。然開辦之初，似不宜過重，以免各國阻撓。平常百貨值百先抽二三，貧民日用所需值百止抽一二，其貴重珍寶以及有傷生命之物，如煙、酒等類，固可無妨加重，然亦不可過重，以致土貨滯銷，洋貨暢行。鄙見如此，請外務部裁酌，並請慰帥及兩星使妥籌示覆。效。

致外務部，上海吕大臣、伍大臣，保定袁宫保 光緒二十九年三月二十日午刻發

滬蒸電悉。英國加税，止開數口，日本不允加税，而索開九府地方，實無情理。況將來他國藉口要挾，一國數府，十國即數十府，豈非遍地通商。鄙意不得格外利益，斷不可再添一口。至日使所擬照會内章程與日本協定一切辦法，仍照前開各處辦理等語，尤多窒礙，將來如有萬不能不開之通商場，其章程界限應由我自定，所有一切管轄收捐各主權由中國自操，不能照舊開口岸辦理也。至盛京省城及大東溝兩處開口岸，於中國保護根本之道，

實有大益，確是善策。滬電謂由日本照會索開，我照覆作允，將來俄或藉口，我較有詞，兩星使籌慮極是。惟此係特許索開之口岸，他國或援例，又指别省紛紛索開口岸，勢難遍應，其患亦不可不防。儻能切商日使，許我别項利益，然後允開此兩處口岸，則既有詞以對俄人，亦有詞以謝各國，庶於彼此均屬有裨。祈兩星使再與日使切實磋商，仍候外務部暨慰帥酌裁。示覆。皓。

上海呂大臣、伍大臣來電并致外務部、袁宮保

光緒二十九年三月十二日丑刻到

日使索開口岸一事，迭次辯論，彼所注意在東三省，為制俄之計，若不便入約，彼言即用照會亦可，並云此外索開口岸，可一併敘入。告以英約索開口岸，係列入加税免釐欵內，若此欵不舉行，則口岸亦不能允開，惟江門一處不在第八欵之列。彼言此與加税係屬兩事，不能歸入一欵，彼國決不願照英約辦法。海、廷復執定加税辦不成，雖自開亦難照辦。彼不得已，始允如加税不成，奉天省、大東溝、長沙此三處必須一年内要開通，可酌期再辦。又駁以英約只江門一處，日本所索三處，亦難照辦。彼再三不允，我争愈力，彼索愈亟，復代我擬一照會稿，囑轉電大部，以便内田前往商辦。細閲所擬照會，仍有直隸省北京字樣，當駁以北京久經電商，奉部示萬不能允。彼言渠總不能不請開，如部不准可以删去。又駁以口岸由我自開，章程又何能與日本協定，失我主權。渠云，亦可斟酌。又駁以某府字樣，所包太廣。彼又抄送廿四年總署允開岳州府等處口岸文稿，即有某府字樣。兹姑將照會電致，其文如下：為照會事。所有直隸省北京、盛京省城及大東溝、湖南省長沙府等處，訂自本日起一年之内，添開通商場，准各國人居住營業，所有章程商與日本協定。以上各地之外，仍擇時期將湖南省常德府、江西省湖口、安徽省安慶府、四川省敘州府，開作通商場，一切辦法仍照前開各處辦理。為此照會貴大臣查照等語。乞查酌。海、廷。蒸。

致京袁宮保

光緒二十九年三月二十一日午刻發

敝處於鄂任内，與鄂撫會奏湖北營制餉章摺内，聲明統籌全局，營制餉章應如何畫一貫通，容會商尊處再行妥籌具奏等語。原奏已咨達冰案。所謂全局者，係指各省而言。此事本擬過津時面商請教，現擬取道順德，徑達京師，所有全局營制餉章應如何畫一貫通，卓見諒已早有成算，尚祈分晰詳示，以便往復籌商，到京後與政務處言之。如電不能詳，即祈函寄保定。馬。

致長沙趙撫台、俞撫台

光緒二十九年三月二十二日丑刻發

效電想達。按合同，亨達利每收鑛砂一噸，先繳銀若干兩，俟運到外洋得實價若干，亨達利除出行用若干外，餘價悉應照繳湘省。乃該行因其煤鑛虧累，久不報實價，亦不繳餘價，短欠湘省甚鉅。據湘省委員稱，約計短銀十萬兩。其實若查明每次鑛砂運到外洋實在時價，與之核實算帳，尚不知多欠若干，儘敷抵收廠屋、機器、地基之價。至亨達利所占之地，距省城過近，有關於江防大局，鄂省久欲收回，屢議未妥，此是絶好機會。如亨達利所繳欠欵不敷所索之價，鄂省情願代湘省補足，交付亨達利。若能將此生意廠地收回，由湘省自行設局，販運湘省以及他省鑛

砂，利益甚多。湘省委員不悉外洋商人情形，且恐不免有礙於亨達利情面之處，不知此乃必能辦到之事。務祈飭局查明合同以及一切情形，請次帥速商廙帥妥籌善法。查鑛務乃商務大端，敝處似當與聞，務祈嚴飭委員，以後事事須告敝處知，並聽敝處指示，庶免爲洋人所愚，總於湘鄂兩省大有裨益。祈速賜電覆。洞、方同啟。馬。

致信陽朱道台光緒二十九年三月二十三日未刻發

號電悉，感謝。現准於廿七日渡江，廿八晨由火車赴信，即住信陽車站旁之公館，次早再赴新安店。特奉聞。漾。

致天津袁宫保光緒二十九年四月初七日巳刻在鄭州發

支電所云俄請不許東三省添開口岸，可憂已極。想係外務部所告，其詳如何，務懇飛速密示。必知俄情，發議方能對題。拜禱。虞。

袁宫保來電光緒二十九年四月初九日未刻到

虞電悉。上月在南苑，俄有文要我七欵，當即向邸、樞詳陳利害，一字不可許，并在兩宫前力陳。回津後，聞由外部再三堅拒，又由凱暗嗾英、日協力詰俄，現可作罷。俄文大概如下：一、營口及遼河一帶，無論如何不能讓給他國，或租或買。二、中國之政，在蒙古地方不能改换，免民教擾累。三、中國若不預先知照俄國政府，不得立意開新商埠，在東三省及在新埠口駐外國領事官。四、若中國必欲請外國人管理吏治各事，其權限不能干預中國北方各事，因其在北方利益以俄居首。若遇請外國人管理北方之事，應在北方分設公司，須託俄人經理。五、營口、旅順、盛京一帶電綫，俄挂綫必須接續。六、營口交還後，此口海關欵項，當仍歸道勝銀行接辦。七、俄屬人及商號在東三省佔據時自然所得之權，俄軍撤退後應仍照舊行。在該處該設查疫局，應以海關税務司及海關醫士係用俄人，不得要請他國人辦此事云。凱。庚。

致上海吕大臣、伍大臣光緒二十九年四月初七日午刻發

江、支、豪各電均悉。江電云美使密告，奉其政府命，索盛京省爲通商口岸，不准他國一國獨佔。祈查原電稿速示覆。至詢外務部，以俄國要挾，是否另有專約，此層最爲喫緊。美索開東三省口岸，並欲在滬議結，具有深意。惟此時俄兵未撤，内意恐未肯遽許。再，美約十六欵，華文稿敝處遍檢未得，務祈即日另鈔一分，郵寄京都。切盼。虞。

吕大臣、伍大臣來電并致外務部、袁宫保

光緒二十九年四月初四日卯刻到

本日美使密告，奉其政府命，索盛京省為他國一國獨佔。當覆以曾奉外務部電示，須俟東三省俄兵全退，布置大定，由我自行酌辦，此時未便遽議，力與駁辯。美使云，美政府之意甚堅，勢不可緩。康使亦電囑其來商，切請速為電部商辦，不能再延云云。連日外洋來電，刻諸新報及滬上各報，均以俄未交還牛莊，各國議論滋多，美之堅索甚迫，或由於此。海、廷觀其詞氣，意

在藉此牽制俄人延緩交還東三省之陰謀，恐非空言所能謝絶。究竟俄之要挾是否另有專約，如有專約可否録示，以為辯論之資。俄若不肯撤兵，不交還牛莊，必啟各國争端，思之曷勝焦憤。探美使之意，我若准其所請，彼尚不照自開章程辦理，並言東三省若實成口岸，各國均可出面抗争，其用意亦自有在。惟俄能否就範，殊難預料。此事關繫重大，望祈通籌全局，酌核並將連日情形密示為盼。海、廷。江。

呂大臣、伍大臣來電并致外務部、袁宫保

光緒二十九年四月初六日卯刻在新鄭接到

江電想達覽。本日美使面送照會，内開：照得本大臣等現奉敝國政府訓條，謂敝國前所請開通商口岸之事，必須與貴大臣等在滬議結。敝國之所以欲此事在滬商議者，緣貴大臣等與本大臣等均係派為議約大臣故也等語。并囑速為照覆。應如何酌覆之處，乞統核示遵，為盼。海、廷。支。

致外務部、天津袁宫保，上海呂大臣、伍大臣 光緒二十九年四月初七日午刻發

津江電論銷場税事具悉。臚覆如下：一曰查第八節祇應報明常關，以便徵收銷場税一語，係防挂洋旗民船裝載土貨，到通商口岸只報洋關，不報常關，不知照銷場税局。去年商約原議，并非令常關代收銷場税也。本欵第十節即云由各省督撫自行在海關人員中選定一人或數人，商明總税務司，監察銷場税云云，明是銷場税係由各督撫自辦，其所選之海關人員不過監察而已。監察兩字係洞與馬凱面加推敲許久而後定，專爲別於管理徵收字樣也。且監察洋員須選定，其非專用本關税司可知。蓋進口洋貨、出口土貨，與各國有關，故須立約，彼此允肯。其中國内地銷售貨物，與各國無涉，國家徵收此項貨税，只須與進口洋貨、出口土貨無礙，即與地丁錢糧一律，他國不能干預〔一〕，故敝處力争留此自主之權，將來自行另設税局，乃一定辦法，斷不可歸常關由税司代收。此條乃馬凱在鄂洞與之面談力争定議者，故知之甚悉。二曰敝處效電原文，係不拘輪船、民船、鐵路、陸路運來登岸云云，正與第八節無論帆船、民船、輪船云云同意，並非不准，想係電碼錯誤。三曰約内云不得在租界内徵收。此次效電本意，係言無論將來是否在租界内外銷售，於到岸報常關之時，即可徵收銷場税。漏未詳叙，兹再聲明。查馬使所以不願在租界内徵收者，係因恐我派丁役入界内查搜騷擾。然若全免界内銷場税，以後租界日擴，所失太鉅，故敝處此次效電所擬辦法，欲凡土貨到通商口岸，於其未入租界之先，無論租界内外銷售，令其報明税局，徵收銷場税，藉挽利權。但將來刊布章程，只可渾言凡屬土貨到通商口岸，必須先行報明税局，方能登岸，不宜提明租界内外字樣，若一説破，彼必不願。四曰效電大幫銷售貨物，必須運到大鎮大市等語。必須者，猶言必係如此也。此語係發明小村小鄉不必開設税局之意。蓋小村〔小〕鄉不能銷大幫貨，商人若欲銷售，自必須運到大鎮大市有局之處，故下文云無虞偷漏，而小村小鄉可不設局矣，非欲强令商人必運至某處也，尊處殆誤解必須語氣。五曰洋貨給單一層。敝處因白糖明係土貨，然由汕頭運來，近日

〔一〕底本為「他國不能不干預」，現據楚學精廬刊本《張文襄公全集校勘記》改。

華商請洋商出頭，領事、税司皆助洋商，指爲洋貨，湖北現深受其累。此外，土貨將來恐亦難免，故不無阻慮，特聲明必須真正洋貨方能給單，以免影射。假如本係土貨，若洋商華商串通，指爲洋貨，即令其照真正洋貨納足十二五方能給單耳。六日銷場税則，敝處效電本云不宜過重，平常百貨值百元抽二三，貧民日用所需值百止抽一二云云，猶言或值百抽二，或值百抽三也，未言值百抽十三之多，十字係二字之誤，豈有土貨已完過初次常關二五，出口税五，復進口二五之後，復徵其銷場税十三者乎，豈非值百抽二十三乎。總之，銷場税開辦，宜先從輕，以後儘可酌加，既免土貨偏枯，洋貨擅利，且免洋人饒舌耳。細讀津電，慰帥大意與鄙見相同，祇以效電錯碼過多，致略有參差。因恐原電轉致京、滬亦有錯字，特此詳晰申明，并電達京、滬，以免誤會。陽。

致外務部、天津袁宮保，上海吕大臣、伍大臣，京盛大臣 光緒二十九年四月初七日午刻在鄭州發

滬江、支電，津江電，均悉。此時俄未交還東省，我尚無權添開口岸，固不可遽然明許他國。然俄人要我東省不許添口岸，是東三省利益永爲俄獨佔，各國必不甘心。美、日已有明言，英國必更不肯旁觀，是俄人所請尤斷不可允。慰帥電謂宜堅拒，極是。蓋俄人不肯退兵，尚冀各國助我理論，儻遽徇俄請，各國定然紛紛詰責，效尤要挾，各擇便利，必致俄人袖手，我獨受害，不可不慎也。俄人情形外間不知其詳，慰帥既有俄請不許添開口岸之説，當必確有所聞，務祈慎重熟慮爲禱。聞英領事言，俄尚未照約交還牛莊，日領事言俄移紮鐵路鳳凰城一帶之兵甚多。竊謂此時宜趁美、日索開東三省之便，即懇美、日、英三國代我勸俄，照約按期退兵還地。東三省既還，口岸如何開法，自易酌辦。遇。

吕大臣、伍大臣來電 光緒二十九年四月初十日卯刻到

虞、遇電悉。滬江電係美使索開盛京省城及大東溝口岸，堅請入約，并言刻下時局緊要，美廷不欲東三省為他國一國獨佔等語，不知電局何以落去廿六字，現已飭查。昨奉外務部歌電云，俄索七欵，內有中國不得在東三省開新埠之條，當經本部駁覆。昨柏使復申前説。當告以將來商務興旺，由中國自行酌辦，現東三省俄軍尚未全撤，若將開埠列入美、日商約，恐投其所忌，更生枝節，希切告美使，東三省開埠一事，應由中國隨時自行酌辦云云。當即遵告美使。彼云事關重大，須電美政府核酌，并云閲報所載，俄聲言并無不許他國在東三省通商之意，觀外務部所駁，則俄殊不可信。本日小田切來密告，北京俄使曾詢日使，有無索開東三省口岸之事，日使但答以此議約專使辦理，未答以有無，并言日本現惟不動聲色，總望中國重臣合力奏請堅拒俄請方好。觀其詞氣，似日本已暗為預備。美約稿係三月初四由滬寄鄂，刻又趕繕寄京。海、廷。庚。

致京户部鹿尚書[一] 光緒二十九年四月初十日申刻發

頃抵衛輝，約十七八日可以到京，未知常雩[二]後兩宫准於

〔一〕録自抄本《張之洞電稿·致北京電》。
〔二〕「雩」，祭祀祈雨，例在每年農曆四月。

何日駐園，祈探明確期電示。此行帶有貢品，聞向來只開貢單，不具摺，應託何處進爲妥，祈速示。再，崇文門監督處，請先代爲致託，免致臨時留難，需費若干，并請預爲酌定遵辦。此係常例所有，鄙意但欲免留難，並不惜費。議妥後，請届時派一人至馬家堡招呼，以便照付。至到京准期，俟抵順德，再行電達。專此奉懇，即望電覆。卦。

致天津袁宫保光緒二十九年四月初十日酉刻在衛輝發

英人屢言京城人多爲俄人所愚，誤認爲親厚可信，蓋俄人欺詐乃其慣技。俄處肘腋，固不可不加羈縻，然實不可偏重。總之，各國皆不可偏重也。公常到輦下，此等情形必已深悉，望密示。似須先將此病根疏通，方易措手，不然恐有已許而京外不及知、不及阻者矣。蘗。

致武昌署鹽道梁、護軍營張副將[一]光緒二十九年四月初十日酉刻發

歌、庚、佳電感甚。馬、步隊本不全帶京，只帶北人，須回家者六名，其餘回鄂路遠，亦恐生事，將來另派，往返亦多勞費，擬留一得力哨官王祥發管束。此項馬、步勇二十四名即駐順德，並託順德府縣約束，張副將可並發一電來嚴飭之，如此似較妥。錫廷不知何許人，祈示覆。卦。

致天津袁宫保光緒二十九年四月初十日酉刻發

庚、佳兩電悉。俄要七欵，竟欲永據權利，還如不還，萬不可許，賴公力陳堅拒，得以作罷，佩甚慰甚。惟滬電云前柏使復申説恐俄人斷不肯拱手交還，聽我將來開口。此時遽允美、日開口，固辦不到，然必須外務部對俄人亦不可絲毫鬆勁，致類默許也。將來仍須英、美、日三國著力，勢必小有波瀾，必須內意堅定，不爲其所動摇，方能有濟，全賴公仰贊宸衷矣。再，日已備兵儲糧，想已知。卦。

致上海吕大臣、伍大臣光緒二十九年四月初十日戌刻發

庚電悉。疊接津電，俄索七欵，已向兩宫及邸樞詳陳力拒，可作罷論等語。竊恐俄人斷不肯默然還地，敝處已屢電慰帥堅持，俟到京當瀝陳，並與慰帥切商。此事樞紐，惟望兩公力勸英、日、美三國合力詰俄，爲我外務部壯氣，方不致輕許俄以不開，將門關斷，不然京城斷不能堅拒也。蘗。

致外務部，上海吕大臣、伍大臣，京盛大臣、天津袁宫保光緒二十九年四月十二日在彰德發

美約十六欵，臚覆如左。第一欵優待公使，第二欵接待領事，舊約均有，何須過慮，能勸美使全删最爲簡便。如必不願，則第一欵只可照滬所改，第二欵，即美國津約第十欵，惟舊約係兩國官員彼此優待，不然則彼此各稟上憲，而此次約文側重領事一面，

[一] 録自抄本《張之洞電稿·致本省電》。

太不平允，必須照舊約方妥。至另電公使行文各督撫一節，最不可行，滬已駁之，可不贅。第三欵，美人可在已開口岸城鎮居住、貿易、租買地基，兩星使自能辯駁，不贅。至末段將大綱已載明各處已謄黄張貼之諭旨重叙入約，尤爲無謂。第四欵，即英約〔一〕第八欵加税免釐。既止肯加進口税至加倍，又欲將中國徵貨税之權盡奪無遺，將英約中之最關緊要一語惟不損中國徵抽鹽税、土藥税及土貨税之權等字删去，又將所有言銷塲税、土藥税，鹽税以及移設常關、土貨過第一常關先抽二五各節全行不叙，而於徵抽鹽税，則妄行干預，强我於産地併徵，亦太無情理。夫與各國立約訂定税則辦法者，進口洋貨、出口土貨耳，其餘與各國無關者，外人何能干預，以奪我主權。加此區區之關税，固不能换我一切徵抽貨税之權，致令將來有事束手。即加至抽十五，抽二十，亦屬不值。此欵必須全照英約。第五欵，税則附約内，美人納税照優待之國一律，第六欵，中國允設關棧，美商可用他國人關棧，兩欵均無關緊要。津電謂美商應自商他國所設關棧，不必入約，極是。第七欵，美人可在中國境内租買鑛地一條，應候中國議定鑛章遵辦，此時不可入約，致礙將來議擬章程。至鑛地只可限期租賃，斷不准作爲購買。第八欵，海關存票他口通用，似多窒礙，應詢明海關斟酌。第九欵，保護牌號，英約已有，可准。第十欵，保護創造專利，第十一欵，保護版權，兩欵必宜設法辯駁，不能全允。今中國人尚未能博采西法以創造新機，融會西文以著書，正須仿效各國機器，繙譯各國書籍，以開民智。此兩欵一經允許，於彼固有大益，於我則有大損，以後事事窒礙，中國難望自强矣。第十二欵，添開北京、盛京、打狗山三口。北京斷不能開，盛京一帶只可俟東省交還再議。第十三欵，中國允定國幣，係照英約，可無庸議。第十四欵論教民教士，大意與舊約無甚出入。如能聲明教士並非官員，遇教民詞訟，教士不能函託地方官，則或有益。至教堂置産，仍須照舊於契内聲明某某教堂公産字様。第十五欵，美國官民人等均霑最優待之國官民一切利益豁免，舊約亦已有，若必欲贅叙，似可趁此令其於華人赴美亦加善待，則補救不小。至華工赴小吕宋一層，亦應趁此與之一争，若聽其任意禁往，恐各國效尤，華人竟不能出洋矣。即使不能多所挽回，姑與争辯，以作他項抵制，且於華民出洋一途亦或稍有益處。第十六欵，此約十年爲期，期滿後一年之内不能議成新約，即再行十年。查限一年内議成新約，爲期太促，且恐其屆期故意遷延，終不能改。此語英約所無，應令删去。總之，細閲十六條，大概取英約之有益於彼而去其有益於我者。除英約第八欵内之言銷塲税、鹽、土税各節必須照叙外，其治外法權、會查教事、禁運莫非〔二〕各欵，亦均極關緊要，必宜力争。若他約不照聲叙，則英約各欵竟成虚文矣。美素和平，此次太屬老辣，請在滬諸公裁酌，相機辯論，必能操縱盡善也。軫。

致天津袁宮保 光緒二十九年四月十三日辰刻發

文兩電悉。二赤總攬銀幣之權，流弊太大，且京局如何能供各省用。外省分局用洋人充化驗師、顧問官，即可平色一律，仍應由各督撫自行募用。到京當力言之。過保定時，當遵示停半日，

〔一〕指上年八月初四日（一九〇二年九月五日）簽訂之《中英續議通商行船條約》。

〔二〕即嗎啡、嗎啡鴉。

瞻仰軍隊學堂，俾知模範。寓處但借一小小公所即可，萬勿繁費，切禱。尊署出入諸多不便，萬不敢住，祈鑒諒。出京後必赴津領教。元。

致外務部、盛大臣，天津袁宫保，上海吕大臣、伍大臣 光緒二十九年四月二十日巳刻在保定發

滬錫電云美約大致就緒，容將漢洋文核對等語。查美約十六欵有大關繫處甚多，昨於彰德所發軫電詳陳。乃滬、津近日來電均未提及，滬錫電亦未論及銷場税，殊爲疑悶。既云核對華洋文，似彼意已作爲定議。竊謂萬萬不宜急遽，請兩星使詳閲敝處軫電有無可采，詳晰示覆，再請外務部裁酌定議，至禱。内地常關，英約所許，萬不宜裁，然全歸税司兼管，權限有礙，亦不可允。若美慮留難，似可允其由各省督撫自行選用洋員管理，不與赫總税司相涉，亦不拘何國人，便無大弊。將來一省常關不歸海關者，少則一兩處，至多不過三四處，即一關用一洋員，所費亦不甚多。如能允此條而索其必允加十二五之税，自屬有益。效。

吕大臣、伍大臣來電并致外務部、袁宫保 光緒二十九年四月十五日寅刻到

美約各欵大致可以就緒，容將漢洋文核對，再行彙呈詳函請示。惟加税一欵，迭次磋商美使，總欲將内地常關裁去，祇允留沿海、沿邊及有海關處之常關，方能加至十二五。若欲將内地常關全留，祇允加税至值百抽十。辯駁數日，迄未就範，祇得推宕，許以電請部示。海、廷等反復籌思，美使所以允留有海關之常關者，以有税務司兼管也，不允留内地之常關者，以無税務司兼管也。若能將内地常關改歸税務司經管，化私為官，於公家不無裨補，似可取信外人，美使或可允留。然又恐税務司利權過重，兼以各關均有外銷用欵，以此掃數歸公，勢愈竭蹶。務乞指示辦法，俾有遵循，至禱。海、廷。錫。

吕大臣、伍大臣來電并致外務部、袁宫保 光緒二十九年四月二十三日巳刻到

美約開議，迄今會晤不下數次，每次必歷數時，反覆辯論，唇焦舌敝，始能擬定一欵。我雖抱定英約，彼則極力醜詆，所論亦有見到之處。凡與英約不相上下者，不得不稍事變通，以免決裂，此委曲為難之實情也。擬定一欵，必力以此不過草定，仍須候外務部暨兩帥核覆，方能作准。因篇幅太長，電達未能詳盡，是以專函郵寄，並以英約為洋文不符，煞費辯論，是以此次每擬一欵，須將華洋核對無訛，始敢列入條欵。現在美使全用洋文，恐繙譯未妥，是以迭次由廷自行核校，並非作為定議也。前接軫電，已在草定各欵之後函寄在途，核與尊意尚不相背，擬俟鈞處核覆後，凡應行更易之處，自當據電再商。其未經擬定各欵，即照軫電與之辯駁，容俟商定，再行續電。常關一事，迭詳前電，其萬難裁撤之處，人人盡知。惟美使列表送閲所有常關，連子口共計三百餘處，彼言不減於釐卡，亦非全為不根之談。即令均用税司管理，美使常不以為然，亦云經費太大，並不能免於留難，誠有如津電所論諸弊。昨已開具節略，極言内地常關不能裁撤之故，美使已允達知彼政府，俟有回信，儻仍堅執如前，則當遵照保定效電，不用税司，改由督撫自派洋員，切商美使，能否轉圜，

容議有端倪再行電聞。總之，裁内地常關，礙難照辦，而美使堅執成見，内地常關不裁，必不能加税十二五，意甚決絶。若直截告以不裁，彼必停議，則各國更難就範，愈無議結之時，曷勝焦急。統祈指示。海、廷。禡。

致武昌梁署鹽道[一] 光緒二十九年四月二十日巳刻發

屢電感悉。家嫂補祝，想仍在武昌舉行，祈示。昭信票已覓得否，祈催雪岑敬彙。謝。效。

致上海袁道台光緒二十九年四月二十七日卯刻發

還金事，因各國恫喝，故外務部於廿二日電催畫押。目前各國是否實有決裂情形，如決裂係如何舉動，滬上必知其詳。如畫押，假稍遲數日，尚無礙否，望即刻飛速電覆。此電係與外務部商明，並及。宥。

袁道來電光緒二十九年四月二十八日辰刻到

宥電敬悉。零票未能即行簽字，因注重還金，與和約保票不符，萬難將就。滬上并無決裂風聲。勳謹稟。沁。

致上海袁道台光緒二十九年四月二十七日亥刻發

賠欵還金事，現正會同外務部與各使磋商，儻銀行來催，望設詞推宕，暫緩畫押。近日情形速電覆。感。

致天津袁宮保，上海吕大臣、伍大臣

光緒二十九年四月二十八日辰刻發

滬宸電悉。美國必欲盡撤内地常關，而勸我徵收産税。鄙人在鄂晤馬使時，初議亦止欲於産地、銷場、出洋三處徵收貨税，而將中途過境釐税概行豁免，以免留難，而暢轉運。詎英使慮産税於出洋土貨有礙，堅不允商，故留内地常關，以爲抵補。儻美使能商允英國仍留産税，中國亦可允從，但必須兩國辦法相同，産地、常關二者必留其一，不能併免，方爲平允，並照津有電於約内聲明，不得有礙中國徵抽土藥、鹽斤出産、銷場等税之權，至要。總之，中國此次免釐，實願暢銷百貨，利便商旅，但求辦法於舊日欵項無減，徵收内地行銷貨物之權不致盡失耳。再，馬使議約時，面云英國並不干預産地按畝徵税之權，惟不願按貨徵税，恐將來出洋土貨有重徵之弊。此次與美使商議，出産税務望分别按地按貨兩層，其按地畝者，中國本有主權，可不必提，祇與議定按貨於内地出口時徵税辦法爲要。此電已録呈外務部矣。勘。

致武昌端署制台光緒二十九年五月初二日子刻發

號、漾、敬各電均悉。美最時試停躉船事，外務部並未允許，鄙人又向外部詳言利害，但體察情形，似仍宜在鄂設法妥辦，方能了結。莫若照瀕行時面談辦法，執舊日函據借字之義，勸令大阪歸還。先商日領將大阪躉船馬頭價買歸官，仍暫許其隨時借用，

[一] 録自抄本《張之洞電稿·致本省電》。

按次從輕給租，彼或肯還，即不出租金亦可，俟日本租界馬頭造成時停止。大阪事商妥，則美最時無可藉口。若美最時仍不允服，則并美最時亦准隨時租用，俟日船不用時一併停止。究竟距襄河口較遠，傷人必較少。此萬不得已之下策也，祈妥酌辦理。東。

致天津袁宮保，上海吕大臣、伍大臣

光緒二十九年五月初三日午刻發

卅電悉。常關照留，不徵行貨之税，改收産税、銷場税，情事殊多不合，萬萬不可。常關乃是過路，非産貨處，亦非銷貨處，若必不許徵行貨税，則不如全撤常關，以换産地税。蓋産地税與銷場税必須各州縣及大市鎮設局征收，區區數十處常關焉得而收之。若常關照數全留，而又不能徵行貨税，徒足以滋口實，將來不准我增添局所耳。故鄙見，萬不得已，尚不如將內地常關全撤，與之訂明任我自便徵收産地、銷場兩税，較有實益。惟産地税至多不得過二分五，但必須美使力勸英政府亦允我抽産地税，確實不欺，方可行耳。切切。第四欵起首數語已云出産處轉運時及運到處，貨釐貨捐阻凝貨物流通，傷害貿易，允願盡裁此項籌餉之法云云，語太結實，包括太廣，而下文只渾括聲叙不干預中國主權，所徵他等之税，惟亦不得與此欵有所違背等語，語太簡略，將來恐必不能抽收産税、銷場税矣。鄙意美使不願與英約雷同，乃是飾詞。若必不願雷同，則必須將起首各語略爲更改，萬不可將中國於産處、銷場徵收內地行銷土貨之權盡裁。如必不肯改，亦必須於下文聲明不干預中國徵收內地行銷土貨之權，另用照會聲明中國可於産處及銷場自便徵收內地行銷土貨之税等語。總之，即託美使代勸英國許我抽産地税，須英有確信覆允，方可與美定議。惟出洋土貨與內地行銷土貨，在內地時甚難辨别，如有出洋土貨收過産地税或銷場税者，出洋時有單爲憑，可於七五之關税內扣除，不得指爲違約。此層亦須於照會內聲明，以免將來争論。洋人所重者進口洋貨、出口土貨不得重徵留難阻滯耳。若我於産地、銷場自行徵收內地行銷土貨之税，所有過境行貨概不過問，美使當必樂從，只須英允耳。管見是否，仍候外務部、慰帥、杏翁暨兩星使裁奪。東。

致上海吕大臣、伍大臣，天津袁宮保

光緒二十九年五月十一日亥刻發

滬佳電悉。美使既不允再行會議，事機已迫。竊謂許抽産地税而撤內地常關兩項相較，必然有盈無絀。尊電崇文門、左右翼提出另議，照舊不動，極是。查崇文門税，有法京巴黎城門税例可援，洋文曰阿托華，與關税、釐金名義均不相同。名目既别，自應提出照舊徵收，不與常關並論。至張家口、殺虎口、歸化城等處，係徵陸路進口税，自可作爲沿邊常關，照英約不在裁撤之列。此外在口岸之常關，英約已議定不裁，然則除崇文門、張家等口外，所裁之內地常關，其以關名者不過十數處，最大者淮、贛、韶、夔、鳳陽、臨清六關，税收之數不過百萬內外，即合各省府税、廠税計之，不過數十處，每年藩司以雜税附入地丁册奏銷，一查可知。就所知兩三省，可以例推各省，共收數尤屬微末，以産地税相抵，必可有餘。查英人所以不允抽産地税者，恐出口之土貨價貴，而土貨之在産地，出洋與銷內地無從分别徵免也。

今若於産地税止抽二五，於過常關或洋關時執有完過産税票者，即只抽五分，扣免二五，合計仍只抽七五，英人必可允矣。總之，崇文門、張家口等處若提開，則外務部似尚可商。美肯勸英，則産地税可行，美肯加税至十二五，實爲難得機會。聞日本之意加税之數，專看美約，英、美、日三國肯加，俄、法必不争競，僅一德國亦不能獨異矣。加税爲全約關鍵，綜計進口税加此二五，可歲增六百數十萬，又可抽産地税。所撤内地常關歲少不及二百萬，出入之間相去懸絶。全局將成，功虧一簣，萬不可聽其決裂罷議。務望兩星使設法羈縻，以聽外務部裁示。竊思此時似可即託美使以抽産地税之説轉勸英人，告以俟得有英人允抽産税確實回報，再電請外務部示。有此數日往復，庶外務部可以詳酌。惟約内須聲明各國均允照辦，始可舉行，是爲至要。此電今日已與盛大臣商，意見相同，並録呈外務部、户部矣。真。

吕大臣、伍大臣來電并致外務部、袁宫保

光緒二十九年五月初八日未刻到

昨奉部歌諭，即約美使本日會議，將常關不收行貨之税與裁撤無異，故大部未能照允實情，詳細切告。美使怫然，即言電告美政府，當作罷論。又將改收出産税與英約兩歧，且與各省産地情形難以悉合各節，與之反覆辯論。美使聞英約，即怒形於色，謂美亦大國，不能以英約壓令照行，並言俄人曾告美當軸者，與中國議約，不宜過事遷就，將來俄議不能照此辦法。前已將裁内地常關實情説到已至極處，萬分遷就，而中國仍不省悟，無怪俄人以此輕視中國。且云康使亦電責其應允加税太為爽快，語甚憤激，幾至決裂。海、廷等與之力争，竟難就範，祇得約其改日再議，而美使謂無庸再議。海、廷再四籌商，若聽其決絶，勢必停議。美再停議，則各國愈必觀望。且聞日使曾暗阻加税，美使尚欲為我調停，若因此罷議，日使必然見誚，故美使甚覺難過，不得不設法轉圜，再圖徐議。擬即備函婉達種種為難，仍請其訂期再行會議。看彼如何答覆，再電請示遵，先此密聞。海、廷。陽。

吕大臣、伍大臣來電并致外務部、袁宫保

光緒二十九年五月初十日亥刻到

陽電想達覽。發電後即致美使函，云前此貴大臣議裁内地常關一事，已將中國確難照辦情形與貴大臣商酌。辯論至再至三，而貴大臣迄未允許。本大臣不得不將貴大臣所議情節，詳達外務部。本日又將所奉外務部訓條，詳細切實面商。貴大臣仍執前議，是中國礙難裁去内地常關之實情，恐貴大臣猶有未喻。事關税餉，甚為重大，尚望訂期再為會議，俾臻妥協，是為至幸。昨晚得美使覆函，云本大臣等自三月十七號將該條擬送交貴大臣以來，曾會議三十餘次，業經屢次議及此事。西五月内專議此事者，共有七次，此事商議已甚透徹，無可再議矣。貴國若將行貨釐捐盡行裁撤，免致有留難齟齬，需索情弊，則敝國願加增進口税以為酬補。此項釐捐若不盡裁，則所加之税其數雖極小，敝國亦不允許也。貴國欲加增進口税抑或願現行之税則及徵抽子口半税之法續行不改，均應由貴國自行酌奪。請貴大臣等從速示覆，以便轉禀敝國政府可也等語。是美使仍不允我會議，而轉欲索我一言回覆以為據。若我置之不覆，彼必援默許之例，若直捷回覆，則勢必決裂。擬再與美使磋磨，如崇文門及左右翼列入銷場，照舊不動，他如張家口、古北口、殺虎口等處均應在沿邊不裁之列，其所裁

之處另為開單分別辦理，以免混淆。誠以美若停議，則各國更難望就範，且將援徵抽子口半税不再重徵之約，與我争論，將來釐不求免而自免，税且永無加增之期，此海、廷所日夜過慮者也。謹陳愚見，以備裁酌。究應如何函覆美使，作何辦理之處，統乞迅賜示遵，是所禱企。海、廷。佳。

致武昌梁太守 光緒二十九年五月十三日子刻發

鄙人入對時，屢經面奏，並與當道諸公力言學生須優予進身之階，方足以鼓舞人才，廣興學校。現正籌議辦法，而東洋、上海學生狂瀾大起，京城大學堂亦復囂然不靖，致京朝官交口詬病，多方阻撓。鄙人竭力與諸人辯論，不可因噎廢食，不知究能勝否。務望剴切勸諭諸學生守法率教，專心力學，萬勿爲浮言所動，循學堂本分，盡學堂實功，保全湖北學生聲名，俾鄙人得以有辭於排阻學堂諸人，至爲跂望。若諸生稍有不謹，流播日廣，則頑固者益得逞其阻力，恐天下學堂永無振興之望，中國永無自强之機矣，豈不可痛。請轉達午帥，並告勝之、悔軒諸君。文。

致上海吕大臣、盛大臣、伍大臣 光緒二十九年五月十八日午刻發

昨奉旨，商約在京會議，外務部電想已達覽。此事彼此電商，動稽時日，自不如在京會議，隨時可請外務部裁決。袁慰帥近在咫尺，電商亦易，惟不知各國議約專使願否。然各公使皆在京，於彼自相商度亦較便。美約雖已議有端緒，而各條欵中關繫緊要處，應斟酌者尚多，到京後互商妥協，方可定議。兩公何日北上，祈示。速來爲盼，仍希電覆。嘯。

吕大臣、盛大臣、伍大臣來電并致外務部、袁宫保 光緒二十九年五月二十日巳刻到

頃接美使照稱，今准來文，商約事宜奉旨移往北京商議。查去年八月一號，貴大臣奉旨在武昌議約，本大臣不以為然，曾告以康公使，得外務部允許，中美商約在上海商議。現中美議約除尚有一事未議竣外，其餘各欵均由彼此再三詳細商議，酌核之後，始行草定，本大臣決不能將草定各節復行開議。今若移往北京，必至遷延無效，是以本大臣遵照所奉訓條，堅請中美商約事宜在上海從速議結。若欲移往北京，本大臣等斷不允從。康公使亦將以上之意知照外務部矣，云云。未識康使曾到部知照否。古納(一)原訂廿一日會議，現在是否暫行停議，乞大部代奏請旨，迅速電示。海、宣、廷。皓。

致上海吕大臣、盛大臣、伍大臣，天津袁宫保 光緒二十九年閏五月初六日午刻發

滬佳、篠、禡及豔一、二、三，東一、二、三、四先各電均悉。此次美約經三星使反復磋商，實已煞費苦心，其中間有須略加斟酌處，謹就鄙見臚陳備酌。篠電第四欵第一節不得另行設立關卡局所以徵抽相類此項税捐句，相類此項四字，似稍含混，不如改爲不得設立關卡局所以徵抽行貨之税捐，較爲明晰，免致將來徵收産地、銷場等税或有阻礙。豔一電其裁撤日期，由兩國届

(一) 古納，美國駐上海總領事官。

時會定句，夫期由兩國會定，似操縱之權我僅得半，不如改爲其裁撤日期，應以中國海關照約舉行加徵新税之日爲始。如此則加税一日未定，即釐金一日不裁，其權全操自我，較有把握。東一電土藥附件云任由中國按照徵抽鹽斤之法辦理句，萬分不妥。查本欵第七節或在産鹽地方，或在銷鹽地方抽收，聽中國自便云云，是美約於鹽税係指定産鹽、銷鹽兩處地方，沿途不能過問，於英約所議辦法不符。查議英約時，鄙人於鹽、土兩税費盡磋磨，馬使始允照辦，鹽税則銷鹽省分可於進境第一局歸併抽收，其沿途局卡悉仍其舊，但改名報驗公所而已。土藥税則聽各省於水陸邊界設局，將應繳各項税捐作一次交納，並非在銷售之地始可徵税也。若照此次照會所云，則從此土藥過境，無税可徵，歲失不下二三百萬矣，關繫極爲緊要。此次美約鹽、土兩項，務請三星使查照英約辦法，與之切實聲明爲妥，切禱切禱。仍候外務部、慰帥暨三星使酌裁。此電已録呈外務部察閲。麻。

吕大臣、盛大臣、伍大臣來電并致外務部、袁宫保

光緒二十九年五月十九日午刻到

前奉部文電、慰帥文電、香帥真電，即於十四日往晤美使，照電示各節切實商告。彼云，若裁内地常關，則貨於轉運時毫無留難，於出産處抽税二五，英商必所樂從，且與英約土貨經内地第一常關先抽二五辦法並不違背，英國亦無不允之理。當屬其先商英國，再行定議。彼云，必須美約議定，然後好勸英政府，不然無可措詞。又詰以萬一英不照行，將若之何。彼云，美約定而不能勸英照行，大有礙於美之體面，美斷無不力勸之理。當令其於約内聲明，俟各國全允方可施行。彼云，兩國立約而受他國以節制，實屬有傷國體，各國不允，自然不能照行，可勿多慮。如中國不能見信，可另備照會聲明此意為據。又告以崇文門係抽銷場之税，並非抽過路行貨之税，左右翼係抽牲畜税，並非貨税，本不在常關之列，不能議裁。彼云，既不抽行貨之税，原不在議裁之内。當令其於約内聲明除崇文門、左右翼字樣。彼云，既不議裁，何必聲叙，且係京師禁城，於約内載入，甚不冠冕。無已，仍用照會為要，即向其索一洋文底稿。彼即書云本大臣等不藉本約以裁撤北京崇文門及左右翼關税等語，交海廷收執為據，將來即照此意，擬辦照會。又告以張家口、古北口、殺虎口等處，均屬沿邊，不能裁去。彼云約内本已聲明沿海沿邊常關不在此列，既屬沿邊，即在不裁之列。又告以沿邊不衹此數處，中國十八省及東三省皆有沿邊處所。彼云，可於約内載明省分，不必指明某處，以免罣漏，且沿海、沿邊不論何處，均可由中國添設，更不必指明地方也。又告以俟將來查明應載之内地常關，再行開單送查。彼云開單照會則可不必，如英約載入約内，使中國處處受人節制，美所不願。又告以常關税有額徵，若不設分口，勢必走漏，則司徵者難免賠繳，何以堪此。彼始云，將來各由該關税務司查明，如實係防偷漏所在，可以設立。令其於約内載明，彼云太屬瑣細，可另用照會。即索其洋文為據，彼書節略云，通商口岸之華官，應得在各口岸與口岸相距合情理之遠近，設立保持常關分口。但此項分口，必須各該口岸之税務司以為徵收該口岸進口貿易貨税所必需，方可設立保持。至此項分口及總關，須照一千九百零一年和約所載辦法，由海關管理等語。當駁以五十里内歸税司經理已行之年餘，聞各處亦不免騷擾，若統歸税司經理，税司之權太重，殊與中國主權有礙。彼云，大綱和約已定，焉能不遵。

反復開導，未能就範。竊思歸税司經理，於公家亦實屬有益，當將第四欵約文重加商改，第一節云：中國認悉現在於轉運時紛紛徵抽貨物之税捐，其中以釐金為甚，難免阻滯貨物不能流通，勢必傷害貿易之利，是以允願將各行省向抽之釐金，以及轉運時向征之各項税捐，一概裁去，并將向有徵收此項税捐之關卡局所，一併裁撤，不得另行設立關卡局所，以徵抽相類此項税捐。美國允許美商運進之洋貨及運出之土貨，除照當時税則應納正税外，加完一税以為補償。第二節云：中美兩國彼此訂明，所有釐卡及征抽行貨他捐各關卡局所裁撤後，不得設立，進口洋貨所加抽之税，不得過於中國與各國光緒二十七年七月二十五日即西歷一千九百零一年九月七號簽押之和約條約所定之進口正税一倍半之數。此項進口正税及加添之税一經完清，其洋貨無論在華人之手，或在洋商之手，亦無論原件或分裝，均得全免重徵各項税捐，以及查驗或留難情事。至出口土貨所納税之總數，連出口正税在内，不得逾值百抽七五之數。此欵所載各節，并不干礙中國主權所徵抽他等之税，惟亦不得與此欵有所違背。第三節云：中美兩國心存以上所言之宗旨，故允願辦法如下。第四節云：中國允將十八省及東三省陸路、鐵路及水道向設各釐卡及抽收行貨類似釐捐之關卡，概予裁撤，於約欵照行之時不得復設。凡有在沿海及設有海關之通商口岸，并在十八省及東三省陸路之邊界，現有各常關不在此列。第五節云：美國允願洋貨於進口時，除按照光緒二十七年所訂和約内載進口貨税增至切實值百抽五外，再加一額外税，照和約所訂之税加一倍半之數，以抵裁撤釐金、子口税，及洋貨各項税捐，並酬此欵所載各項整頓之事。第六節云：凡在海關不論日後設在何處，均可設立常關，及沿海、沿陸邊界不論何處，亦可一併安設。至第七節鹽釐改課鹽税，第八節修改出口土貨税則，第九節洋貨與土貨相類，第十節民船運通商口岸土貨，第十一節機器紡成棉紗，第十二節督撫派海關人員監察常關，第十三節商民告發，第十四節請明降諭旨，各約文前已抄呈，茲不復贅。是否妥協，統候核酌示遵。此外，尚有聲明應徵出産税、銷場税、出廠税照會及以上所言各照會，並美約定後如何勸英允行辦法，容俟下次會議商擬，再行電陳。此次美約開議，悉本英約，為之磋商至三十餘次，辯論不下數十萬言，舌敝唇焦，屢次決裂，實已辯到至磋無可磋、磨無可磨之地。擬定之第一二三欵，均是照舊修改及他國亦行之約。第六七八九及第十二十三等欵，係照英約核辦。第十五六兩欵，亦係比照舊約例有之欵，酌加聲叙，報施一律，似尚不無小補。其第十欵專利牌照，議明俟設專利衙門及定創製專律後，始允保護，並非立時舉行，於我有損。第十一欵版權，為日約所有，而為現時上海道署已經准行有案，不入約而不能阻其不行文保護也。且訂明祇保護照版繙印，而並非禁我繙譯，亦中國向例翻刻必究，似尚非有損。第十四欵教會，係補舊約之不足，於我為有益。惟第四、五欵較英約雖裁去内地常關，而以出産税抵補，誠如香帥電云，兩項相較，必然有益無絀，是以不憚委曲求全，未敢稍涉大意。尚望加察垂諒，幸甚。海、宣、廷。篠。

吕大臣、盛大臣、伍大臣來電并致外務部、袁宫保

光緒二十九年閏五月初二日戌刻到

昨與美使復議，英約允留之土藥税所、鹽務報貨公所於第四節内聲明一節，美使云，鹽税已載明本欵第七節，或在産鹽地方，

或在銷鹽地方抽收，聽中國自便，其應設何項公所，聽中國隨便自設，毋庸再行贅叙。至土藥一項，因美商向不准作此項貿易，故不必入約。當告以土藥須同鹽税辦法，各省必須設局稽徵，雖無關於行貨，不能不於約内聲明，以免日後或滋疑議。美使始允作為附件。擬曰：中美兩國商約大臣訂明下列之欵，作為中美兩國現議商約之附件。現因按照條約，美國人民業已不准作鴉片之貿易，是以本約未提徵抽鴉片税捐之事，在内地徵抽鴉片税捐之事，任由中國按照徵抽鹽斤之法辦理云。按此兩項，美約不欲嚴行限制，中國實欲保全中國主權起見，尚無別意，分别入欵、不入欵，亦尚妥協，請酌核示遵。海、宣、廷。東一。

致上海吕大臣、盛大臣、伍大臣，天津袁宫保光緒二十九年閏五月十三日丑刻發

美約十六欵，業於四月軫電逐條臚覆。兹查滬來各電，各欵多已就範，惟第七欵美人租買鑛地、第十欵保護創製專利兩條，尚仍其舊，並未商改。此兩事關繫甚大，必須力争。查英約雖亦有鑛務一條，但只訂明中國采取各國鑛章，自定章程。今美約則許美人各處租買鑛地，漫無限制，直是遍地通商，且此鑛末尾有遵照中美兩國該管官員日後所定税捐數目輸納一語，尤爲可駭。中國鑛務，美國焉得有該管官員，日後酌定税捐乃中國自主之權，何須與美員會定。此句不删，中國從此失自定鑛税主權矣。第十欵保護創製專利一條，既云俟將來設有專衙門及定專律後始允保護，則此時何必入約。其起首數語美國允許中國人將其創製之物在美國領取專利牌照云云，此時中國人豈有能創製新機在美國設廠者，不過藉此餌我允保護美人專利耳，真愚我也。所謂保護者，即禁我仿效之謂也。現中國各省局廠仿用外洋新機，仿造專利機件不少，且正欲各處推廣製造，以挽利權，此欵一經允許，各國無不援照。此約一經批准之後，各國洋人紛紛赴南北洋挂號，我不能拒，則不獨中國將來不能仿效新機新法，永遠不能振興製造，即現有之各省製造各局，槍礮彈藥各廠，仿效外洋新法新機者，立須停工，中國受害實非淺鮮。鄙意第七欵只可照英約渾括聲叙，萬不可再有放鬆之處。第十欵則必須全删，無論將來或此時舉行保護，亦萬不可允。又第十二欵添開口岸一條，北京固不能遽議，即奉天、大孤山兩處，此時亦未便遽允。然無論將來允其添開何處，亦必須聲明章程界限由我自定，巡捕由我自設，斷不能云與現已開各口一律，至失主權也。此語亦必須令改正爲要。此電已録呈外務部察閲。錫。

吕大臣、盛大臣、伍大臣來電并致外務部、袁宫保光緒二十九年閏五月十九日巳刻到

美約第（三）［七］欵，香帥錫電所論許美人各處租買鑛地，及遵照中美兩國該管官員日後所定税捐數目輸納各節，此係美使原開條欵中語，早已删除。四月十一日鈔送擬定各欵時，函中臚陳云：第三欵已議照英約酌改。第彼堅欲聲明准美人遵章辦理，因查鑛路局定章，本准華洋商人一律辦理，似尚不離宗旨，故未便過拒。至增入美國人民因辦鑛居住之事，應遵照中美會訂之章程數句，以中國現無治外法權，洋商辦鑛不能不入内地居住，故欲與之會訂章程，稍資範圍。幸美使尚不我拒等語，函達在案。何以此函尚未達到，乞查示。至昨奉部寒電，飭將及與鑛務有相

關各事一句删去，與美使切商，改為及鑛務内所應辦之事九字，較為顯豁。乞酌核示遵。海、宣、廷。巧二。

吕大臣、盛大臣、伍大臣來電并致外務部、袁宫保 光緒二十九年閏五月二十四日酉刻到

美約第十欵專利牌照一事，香帥錫電、大部宥電均敬悉。查此欵為英、日各約所無，前經屢次駁拒，即謂中國現正廣開民智，講求製造，若准保護美國專利牌照，是自塞其智慧，萬難照允。美使以中國商民在美國創製新法，已得享受專利之益，中國亦應照此保護，以合報施公理。並言人費心思製成物件，他人盗而效之，是與奪人産物無異，文明之邦不應出此云云。廷芳使美時，聞有華民曾赴美國專利衙門註册者，並非美使造言，是以海等再四籌維，既不能再行堅拒，只得留日後自己主權操縱地步，允以俟設立專利衙門，及定有創製專律後，再行保護，已於四月十一日函中陳明大概在案。昨奉電後，又迭與美使商議，請删此欵。美使云，彼此久經擬議，今忽欲删除，此似騙令美允加税後，再行逐條抽去，殊非開誠布公之道。又云，此事於光緒廿四年間有閩商在總署呈報創製紡紗新機，請予專利，因較美機為良，曾經照會美國註册，給予專利有案。彼此有報有施，該欵斷不能删各等語。因直告以中國所慮者在軍火、器械不能仿造，必須聲明此項不在此列。美使謂，約文説明軍火、器械，太不得體，將來中國定專律時可以載明某項不在此列，此中國自主之事。商論至再，始允於約内凡美國專利衙門所發給美國人民之專利牌照句，再加合例二字，以示區别。此欵既聲明俟設有專利衙門，定有專律再行保護，下文又有未經中國人預先註册者，可向中國專利衙門註册字樣，則不獨其設與否，其定與否，權操在我，並非約一定即須保護。即將來設署定律後，尚有中國人預先註册一節，可以暗為斡旋，似與收回治外法權一欵同一用意，尚乞加察電示為叩。海、宣、廷。敬。

致上海吕大臣、盛大臣、伍大臣，天津袁宫保 光緒二十九年閏五月二十七日寅刻發

滬巧一、二，箇、敬、徑五電，均悉。鹽、土兩層，均用照會作爲附件，亦無不可，但須於文内聲明，鹽、土與百貨不同，販運土藥、鹽斤，均非洋商應辦之事。能於文内載明，將來查出洋商販運鹽、土，從重罰辦，以免洋商夾帶影射，華商挂旗等弊，尤爲周妥。然後聲明所有抽收鹽税、土税，既與洋商無涉，一切由中國自主，美國不得干預，但須於百貨轉運無礙云云，似尚可允。惟第十欵創製專利，關繫中國全國製造，一經允其保護專利，禁我仿造，爲害無窮。雖聲明俟設衙門、定專律後始行保護，似可藉爲延宕之計，然上文既以美國業已保護華人專利爲詞，將來此約互换後，彼即持此約以報施公理，促我設衙門，定專律，焉能久延，豈非自絶華民生計利源乎。無論此時中國尚無通曉製造專律之人，即能訂定專律，亦無人能分别何項機器爲合例之件，孰准仿，孰不准仿，斷難剖析毫芒，勢必至各國洋人紛紛挂號，指控某廠佔其專利，中國局廠不知所措，無一事可辦者。即爲之辦理交涉，詞訟亦不勝煩擾棘手矣。至中國所欲仿造之機器，多在農、工、商各項實業，有利益於民生國計之件，豈僅爲軍火一事哉。敝處屢次論美約各電，皆謂此條萬不可允，非此時始行挑

剔，失信於彼也。務望切告美使，中國以後仿造機件，斷非專仿美國專利之機，各國現皆無異言，美國又何必堅索此條，害我中國。此款不删，各省官商工匠聞之定必譁然，歸咎議約諸人，鄙人斷不敢會奏也，祈爲見諒。至鑛務一款，照英約聲叙較爲簡浄，於洋商亦無不便之處。若添鑛務内所應辦之事一句，將來索造鐵路，亦藉口運鑛所必需，便難阻止。如山西某公司，先僅訂明開鑛，後遂添索造路以運鑛，失權最甚，前車可鑒。能否勸美使照英約不再增添枝葉，以免議約他國效尤，愈增愈繁，將來擬議鑛章致滋窒礙，并希裁酌。此電已呈外務部察閲。宥。

盛大臣來電 光緒二十九年閏五月二十五日亥刻到

專利一條，此間因已准在先，頗難駁拒。鄙見工藝人學我少，我學人多，既允迅速設立專利衙門，恐難延宕。宣。徑。

吕大臣、盛大臣、伍大臣來電 并致外務部、袁宫保 光緒二十九年閏五月二十六日辰刻到

新議美約十六款，凡奉電示應添應改應删之處，能更正者已更正，或於條款外另備附件，照會聲叙，均經隨時達知，其未奉電駁之件，想無異議，悉仍其舊。祇有添開口岸一款，遵示推宕，未與定議。至第十款專利事，彼不允全删，容再磋商。第四款鹽務報驗公所一節，磋磨再三，彼仍堅執不允，不得已商照土藥辦法，另備附件聲叙，彼雖未即允，尚無拒絶之詞。禁莫非鴉一款，刻下尚未入約，大約可商。計美約已全款就緒，惟每次改正頗費唇舌，昨與商改數處，彼大不願意，謂各款草議已久，今始紛紛更正，則前議全不足憑，何時了結，不如停議。再三與之商酌，俟我逐一請示明白，議定不易，免致參差延緩。現在暫停議數日候示，乞將節次最後開送各款及附件照會，查明有無再行更正之處，迅賜電示。海、宣、廷。徑。

致武昌端署制台 光緒二十九年閏五月二十七日寅刻發

養、漾等電均悉。按中英條約，中國罪犯逃至香港，經中國官知照洋官拘拏，須先在港審明，果係罪犯，然後交中國審辦等語。此係在外國境内，故須過審，然後交犯。若在中國境内，雖係租界，其中國人民仍應歸中國管轄。故徧查條約，並無租界交犯章程。誠以租界仍屬中國地方，其有中國罪犯本可由華官自拏自審，迨洋人慮中國差役入界騷擾，亦祇有先行知照領事簽票之章，並無會審交犯之條。庚子年秋，在漢口租界内捕拏票匪，亦但由領事簽字，並未會審，其明證也。查上海公堂章程，有華人涉訟，其案情與洋人無涉者，領事不得干預等語。此次上海各領事尚知大體，顧全大局，而工部局硬欲干預此案，竟欲以上海租界作爲外國之地，顯係有意佔權，萬難遷就。查歷年以來，上海租界工部局遇事侵我主權，不遵條約，不依公理，視爲固然。此次上海洋人私議，深慮此案中國必向其公使及其外部理論，一經揭破，恐將工部局歷年攘奪之權，從此減削，可見外人亦自知理屈。我能趁此次極力争回此項治權，將來再有緝拏匪犯之事，便易措手。利害所關甚鉅，所包甚廣，其有益尚不僅此六犯一案〔一〕也。務望飛電金守等格外重託所延律師，據理申辯，事成後逾格

〔一〕本年閏五月初五日，清廷以上海《蘇報》「言論悖謬」，諭令上海道袁樹勳商請租界工部局將章太炎、龍澤厚、陳範、陳吉甫、錢允生及鄒容等六人拘獲，是為「蘇報案」。

酬謝，亦所不惜。務將六犯索歸中國自行審辦，以符約章本意，并一面電甯轉飭滬道遵照，竭力籌辦，至要。感。

致武昌梁署鹽道〔一〕 光緒二十九年閏五月二十七日午刻發

王令梓人甚老實謹慎，並非劣員，素所深知，且與鄙人世交，係先師王友湘先生之子。聞近爲人中傷，亦不知爲何事，祈設法保全之。如實有不妥，必係爲人所愚，萬不得已，或開其缺，已足示儆，務懇勿加參劾降革，至叩至禱。洞。

致武昌梁署鹽道 光緒二十九年六月初六日亥刻發

特科〔二〕鄂人江、鄂所保數十人，止得半人，直隸無一。此事意外，阻力太多、太巧，悶悶。麻。

致潯州岑制台〔三〕 光緒二十九年六月初六日亥刻發

儉電悉。先分民匪，再議圖剿，標本兼治，蓋畫周詳，佩甚。承調武建營，誼應助剿，已由端午帥飭往。惟現充督帶兩員尚非獨當一面之才，若以鄭道孝胥爲統領，必能得力。緣蘇龕向來講求西操，此軍初成時，督教練，造營房，蘇龕皆與其事，與此軍頗浹洽。統領必須得人，軍隊方能盡其所長，此爲粵事計，非僅爲武建軍計。佩公忠悃，故敢獻其一得之愚，務望采納，至幸。麻。

致武昌端署制台 光緒二十九年六月初六日亥刻發

岑雲帥調武建八營，自應派往。騰出此餉另練新兵，於鄂有益。派鄭道爲統領，蓋籌精當，與鄙意合，真佳文也。月。

致武昌梁署鹽道 光緒二十九年六月初六日亥刻發

武建軍行後，可暫緩添募，俟鄙人回鄂再議此事。練兵一事，鄙人身心性命之學。務轉稟兼院俯鑒，千萬叩禱。語。

致武昌統帶武建等營張鎮彪、劉督帶承恩、鍾督帶麟同 光緒二十九年六月初九日亥刻發

電悉。該軍現奉岑帥奏調赴粵西，此爲鄂軍出征發軔之始。張統領切飭劉、鍾兩督帶，沿途務須嚴行約束兵丁，勿任滋事，並剴切訓勉，努力同心，立功報國，於鄂省及該軍聲望均大有關繫。諸事聽鄭道孝胥節制調遣，如有爲難之處，可稟商鄭道轉陳岑帥。該營勇丁北人居多，粵地濕熱，易染病疫，諸須防慎，善爲調護。藥料必宜多帶，軍械、藥彈及一切應需各物，尤須預籌齊備，以免臨時無措。即傳知各營官弁勇丁一體知照，期不負多年訓練苦心，將來成功受賞，本部堂有厚望焉。佳。

〔一〕録自抄本《張之洞電稿·致本省電》。

〔二〕指經濟特科。光緒二十七年七月十六日，諭改革科舉考試，廢八股文程式，試策論，奬勵實學，并增設經濟特科。本年閏五月二十日特科初試，張之洞取列梁士詒等一百二十七名。同月二十七日由榮慶主持覆試，僅取列袁嘉谷等二十七名。

〔三〕指署理兩廣總督岑春煊。

致江甯魏制台〔一〕光緒二十九年六月二十四日午刻發

巧、咢、漾三電均悉，滬局稟及録寄尊處先後行局兩札稿亦到。尊意但於灣沚添一槍廠，其滬局原有各廠皆仍舊貫，於原奏所以改設内地以防敵制之意，恐有未符。滬廠若不酌量停減，節存經費更少，新廠何日能成。即勉强成之，局面太小，亦無大用。尚祈飭局通盤籌畫，仍照原奏辦理。此爲江南軍實計，爲大局計，於湖北無涉也。若僅慮滬局槍廠停造後，購用鄂槍價貴，此極小事。查金陵軍械局存儲後膛槍萬餘枝，新式快槍二千餘枝，滬局存槍亦多，甯、滬兩局存儲大小礮甚多，松江存藥尤爲充足，數年内軍實斷斷不致缺用。即果有不給，亦必有限。滬廠停造期内，鄂省願每年備槍一千枝，每槍配彈五百顆，聽候届時撥用，槍、彈均止取半價，比江南自造所省更多。如江南不願用鄂槍，亦可聽便。若各省需購快槍快礮，暫可由鄂支應，不患無著。原奏辦法，務請照行。至毛道現派財政處，慶邸相需甚殷，萬難商調。鄙意江南道員中，精細穩練，遇事肯考求實際，以沈道邦憲爲最。尊意如以爲然，祈會敝銜奏派該道接辦滬局，必可得力。總之，滬局歲縻巨欵，而因遷就舊機不能多造精械，實爲可惜，且有事時斷斷不妥，尤爲失計。鄙人權篆兩次，稍知利害，故建爲内地設廠之議，所謂浮屠三宿桑下，未免有情，自思此舉於江南有百益而無一損。耿耿寸衷，可質天日。其有不以爲然者，或狃於積習，或所見不遠，望公卓識主持，不爲浮言所動，曷勝佩仰。即祈電覆。宥。

致江甯魏制台光緒二十九年六月二十六日丑刻發

上海製造局遇有海警，動受挾制，凡軍火製造轉運，皆不得自由，故二十六年有旨飭移設堂奥之區，實爲遠謀至計。弟春間奏請將滬局槍礮移建灣沚，本係遵旨籌辦，幸經政務處議覆，悉照原奏施行，並慮及節存經費或有不敷，可展年節存，俾新廠期於必成，已奉旨照准。頃接大咨，知政務處咨文已達冰案。聞公近擬滬局添購新機，擴充舊廠，似與鄙人原奏兩歧。查滬局造槍機器皆係舊式，改造小口徑快槍，日僅數枝，縻工費時，仍不合用，即將就添配新機，亦斷不能製造如式，徒使經費無從撙節，延誤新廠要工，甚爲可惜。此局關繫大局，利害太鉅。弟既忝預會商之列，不敢不苦口直陳。務懇台端鼎力主持，勿爲浮言所惑，萬勿添舊廠槍機，一面嚴催該局將新廠建築工程、購機價值，切實核估，舊廠冗費濫工，認真裁節。總期新廠早日開辦，早日觀成，大局幸甚。近接端午帥電，以鄂事需員，擬調趙道回鄂，以後另派何人，請台端酌選廉正認真、講求製造之員電示，以便商酌定議，另行會同奏派。但奏准辦法，一切不宜更動。事關軍實，將此剴切飛布，諸希鑒諒。即盼電覆。宥。

致上海吕大臣、盛大臣、伍大臣，天津袁宫保光緒二十九年六月二十六日亥刻發

漾電悉，全約文函亦到。鄙意專利一欵必須全删，早已電達。通商口岸地方居住貿易一欵，必須照英約第八欵第十二節，載明日後添開之口岸，須守我工部巡捕章程等語方妥。此節因頃始得見全文，故請添叙，並非陸續增加。以上兩條務請查照，與美使

〔一〕指魏光燾。

切商改正。此外，鄙意再無增添之處，統聽外務部核示可也。此電已呈外務部察閱。宥。

致外務部，上海吕大臣、盛大臣、伍大臣，天津袁宫保 光緒二十九年七月初二日午刻發

滬沁、豔兩電均悉。創製專利一欵，美使既堅不肯删，今改將來舉行較好。將來設專管衙門後，定章程時，惟有專利年限不令太寬耳。出廠税能商允聽中國政府酌定，則較提明税數尤爲活便。第十四節第二句改爲俟訂明此欵舉行日期，不説俟兩國或各國訂明，甚妥，將來設或各國不一律加税，我自可不訂舉行日期，當不至爲彼所持。鑛務一欵改爲請領執照，遵照執照内載明鑛務所應辦之事。如此叙法則鑛務應辦之事已限制於執照之中，甚爲輕妙。均請即照尊擬。冬。

吕大臣、盛大臣、伍大臣來電 并致外務部、袁宫保 光緒二十九年六月二十九日午刻到

本日會議第十欵專利、版權一項，按照香帥錫、宥兩電，逐層辯駁。美使云，此欵奉本國訓條，係照商標一律，萬難删除。原冀立見施行，迭經貴大臣再四商改，允至設立專管衙門及定創製專律後，始行保護，已與所奉訓條不符，大非敝政府之意。今反請將全欵删去，斷難從命。康公使來電，亦屬擬定各欵不可再有改易。争論數時之久，相持不下，始允以再請部示為轉圜計。散後復公同商酌，彼既不允我删此欵，勢不能因此決裂，即就其約文姑從寬緩處擬議，再請訓示。兹擬欵如下云：美國政府允許中國人民將其創製各物在美國專管衙門注册，領取專製保護執照。中國亦允俟將來設立此項專管衙門及定有此項創製專律以後，凡美國人民創製各物為中國合例，並在美國衙門注册准其專製者，如未經中國人預先注册，可向中國專管衙門注册，繳納所定規費，發給專製保護執照，與發給中國人民者一律無異云。易專利而為專製，語意稍輕，易迅速而為將來，使彼不能迫我。又聲明為中國合例者，則凡中國專律所不許即不在合例之列。又聲明並在美國注册准其專製者，則未先在美國注册有據，即不能向中國注册。又聲明未經中國人預先注册者，則凡中國人將仿製各物預先注册，彼即不能再注。近來各國領事常有照會各地方，請保護專利商牌者，各衙門均照准示禁有案。此皆未入約以前業經照行之事。但恐保護專製一事，若不先訂明約章，將來各領事一經照請保護，地方官無論合例與否，勢必照案准行，轉慮漫無限制，是以允彼俟設專管衙門，則衙門未設，彼即不能違約照請保護。專律通行以後，各省辦理皆有依據，轉歸畫一，中國各局廠皆可周知，亦不致茫無所措。謹先電達，祈迅速妥酌核改，飛電示知，再與切商。海、宣、廷。沁。

吕大臣、盛大臣、伍大臣來電 并致外務部、袁宫保 光緒二十九年六月三十日申刻到

本日會議第四欵内第十一節出廠税一事，部東電須提明出廠税數若干，美使仍不允提明出廠税〔一〕字樣，致有礙宗旨。既不提明税名，即不便提明税數等語。海等擬不如將此節應抽税項下，加聽中國政府酌定七字，雖不言明税數，而税數已在其中。又議

〔一〕底本為「出税」，中間似脱一「廠」字。

第十四節兩國會定句，部電改各國全允四字，美國仍以各國全允，是授各國以阻撓之權，還是以兩國會定為妥。如互换後各國尚未能全允，則會定日期可從緩訂，藉此以俟各國允行，較為得體。海等擬不如將此節首兩句改為此約一經兩國批准互换後，俟訂明此欵舉行之日期。又議第七欵鑛務一事，香帥電屬將鑛務内所應辦之事句删去，美使堅持不允，謂鑛務内實有應辦之事。據洋員福開森云，現奉香帥飭譯鑛務章程，凡開辦鑛務，照各國通例，須給執照，而照内須將章程列入，是所應辦之事均應列入章程之内，將來即以執照為限制，凡不應辦者，皆可不列。海等擬不如將此句改為並准請領執照，按照執照内載明鑛務所應辦之事。惟以上所擬字句，現與美使商酌，彼尚未允定，謹先議陳。第十欵事，又將香帥宥電切商，彼仍不允删除。海、宣、廷。豔。

致武昌端署制台光緒二十九年七月初十日子刻發

昨薩使云，武、漢將辦自來水，問敝處有所聞否。查數年來各國洋商皆欲攬辦，因恐藉端侵佔地方之權，屢次力拒。如近日又有洋商稟請承辦，萬望婉拒爲要。祈電覆。蒸。

致天津袁宫保[一]光緒二十九年七月二十六日子刻發

敬電悉。明年萬壽報效，已向樞廷議定，外省由尊處領銜，電致各省，邸意亦以爲然。此時不便由敝處在京具奏，各處將軍、都統銜名，敝處亦不盡知，務請公酌量聲叙，主稿挈銜，迅速會同電致樞廷，請其彙同京官報效具奏爲要。此事邸原議由樞廷彙齊京外各官報效，一同具奏，我等勿庸自奏也。不宜再遲，萬勿推讓，至禱。並盼示覆。

致外務部，上海吕大臣、盛大臣、伍大臣，天津袁宫保光緒二十九年七月二十七日子刻發

滬效二電悉。細閲美約第四欵，其第一節内云：中國允願將各省向抽之釐金，以及轉運時向抽之各項税捐一概裁去，並將關卡局所一併裁撤，不得另行設立。第二節復訂明釐卡及行貨他捐各關卡局所裁撤後，不得改名或藉詞復行設立各等語。此節後段雖有不干礙中國主權所征抽他等之税句，然緊接有惟亦不得與此欵有所違背一語，誠恐將來設局徵收出産、銷場、出廠等税，皆指爲釐卡，即可謂與此欵有所違背，爲害非淺。此次來往照會，美仍執定不得與此欵有所違背一語，意存含混，將來必多窒礙。蓋此欵宗旨散於各節，頭緒紛繁，將來設局固多争論，而出洋與出口，欵内並未分晰，將來口岸徵收銷場税尤多窒礙。擬請將第一節允願將各行省向抽之釐金以及轉運時向抽之各項税捐句，改爲允願將轉運時向抽之釐金以及各項税捐等語。第二節所有釐卡，及徵抽行貨他捐各關卡局所二句，改爲所有徵抽行貨釐卡以及行貨他捐各關卡局所等語，以明中國應裁撤者，專指行貨釐税，其非轉運時徵抽之釐税不在其列。又第二節末段此欵所載各節句下，擬請添專指外洋運來洋貨、中國運出洋土貨十五字，以明此欵宗旨。其非洋貨及出洋土貨概不得干礙中國主權。如美使必不允於

[一] 録自抄本《張之洞電稿·致各省電》。

約內聲明，似可用照會將立約宗旨約定税數者，專指洋貨及出洋土貨兩種，聲叙明晰，以明中國境內銷售土貨即在口岸銷售者，以及中國機器製造之洋貨，均無定税，中國可任便徵抽出產、銷場、出廠等税，不然雖有不干礙主權一語，終慮過於含混，於事無濟也。此時多一分磋磨，將來可免一分後患。務祈詳籌妥酌，至禱。此外各節，即請聽候外務部核覆可也。感。

致武昌端署制台光緒二十九年七月二十七日亥刻發

徑電悉。大阪躉船事，鄙人初到京時，日使曾提及，屬勿催迫，告以船可移泊江心，彼此均未應允，以後未再談及，敝處並無允其緩商之説。此事税務司照章令大阪移讓，且有英總領事力持公道，日領當不能無理要求。應請速飭關道密商英領、税司妥籌辦理，一面由台端開誠布公，切勸日領。蓋大阪馬頭本係借用，豈能久假不歸。現復有美最時援例相求，移讓自不能再緩。民命所關，實無通融之法，在彼自當見諒。至日使曾否向外務部商議此事，敝處亦無所聞，外務部想斷不能率允也。統祈藎籌酌辦爲幸。沁。

致武昌端署制台光緒二十九年八月初九日寅刻發

頃內田公使來商大阪躉船事，辯論數時之久。彼語甚堅悍，謂此有關日本商務大端、兩國交誼，斷難照辦。鄙人告以此有關中國商民性命生計，斷難中止。爭論幾致決裂，彼始允電飭彼領事，從速與關道税司妥商兩全辦法，鄂省亦須和衷與商，不可過於逼迫等語。敝處亦切屬內田轉飭漢口日領，須趕緊設法商辦，不得故意延宕，內田應允而散。特此奉聞。祈迅飭關道會同税司速與日本領事和商兩全辦法，如彼一味推宕不還，毫無辦法，再令税司酌辦。望速議速電示。再，內田謂兩全之法，或商太古、招商兩公司，將躉船輪班租給大阪附搭起卸客貨，可免大阪生意受虧等語。是否可行，並祈酌量商辦可也。佳。

致外務部，上海吕大臣、盛大臣、伍大臣，天津袁宮保光緒二十九年八月十一日子刻發

陽電悉。美約第四欵商改各節，苦心斡旋，感甚。此次美約磋商就範，深賴三星使藎籌周至，不憚煩勞，和衷討論，乃克臻此，曷勝佩慰。即請挈銜會奏。真。

吕大臣、盛大臣、伍大臣來電并致外務部、袁宮保光緒二十九年八月初九日寅刻到

前奉香帥感電，囑將第四欵第一二節再加删改。遵即往商，美使甚為怫然，云前已迭次詢明，此後並無再有删改之處，是以允將前此商改各節重加議定。今復將再三議定之欵，又欲更議，實難從命。告以此非更議，於原有意義亦並無出入，不過將字句少有增減，以期宗旨顯著，俾臻妥善，並將第一二節重複之處為之一一解説，勸以此係本欵總綱，必須柱意分明，方能使閱者一目了然。最好分列為三大綱，一為議裁釐卡及行貨税局，二為議加進出口貨税，三為不干礙中國主權。徵抽貨税捐一概裁去，並將向有徵收此項行貨税捐之局卡一併裁撤，不得另行設立局卡以徵抽行貨税捐。中美兩國彼此訂明，自將釐卡以及行貨税捐他項

局卡裁撤後，不得改名或藉詞將此項局卡復行設立。第二節改曰美國允許美商運進之洋貨及運出外洋或運往通商他口之土貨，除照當時税則應納正税外，加完一税，以為補償。中美兩國彼此訂明，進口洋貨所加抽之税，不得過於中國與各國光緒二十七年七月二十五日即西歷一千九百零一年九月七號簽押之和議條約所定之進口正税一倍半之數。此項進口正税及加添之税，已經完清，其洋貨無論在華人之手，或在洋商之手，亦無論原件或分裝，均得全免重徵各項税捐，以及查驗或留難情事。至出口土貨所納税之總數，連出口正税在内，不得逾值百抽七五之數。第三節改曰本欵所載各節，毫無干礙中國主權徵抽他等税項之意，祇須不與此欵有所違背。並將第四節改曰中美兩國心存以上各節為宗旨，故允願辦法如下各等語。已將香帥欲聲明中國應裁者專指行貨釐税之意，暗含叙入。若據實説破釐金亦祇裁行貨，則英約係載明將釐金全裁，反滋其疑議，不得不稍事變通。至此欵所載各節句下，擬加十五字，彼堅不允。海等細思本欵第九節已載有運至通商口岸之土貨將在他等之税〔一〕，似此燦若列眉，綱目庶不淆混。反復辯論，彼意始稍活動，因言我欲補訂入約之出産税照會一件，亦係重複。既已將銷場、出廠、出産三項税併一照會，則出産税不應再有照會，應請撤去。並以海等於此照會内添叙必俟中國徵抽出産税之日起，始能將内地常關裁去等語，謂顯與所奉訓條不符，本應用文駁回，以顧全交誼，故但請撤銷而已。再三切商，即去此二句，彼亦不肯存案。海等遂先將第四欵第一節改曰中國認悉，現在於轉運時紛紛徵抽貨物之税捐，其中以釐金為甚，難免阻滯貨物，不能流通，勢必傷害貿易之利，是以允願將通國轉運向抽之釐金以及各項行本地銷售者〔二〕，無論貨主是何國人，照中國政府税項章程辦理。此節即為銷場税埋根，特不露出銷場字樣。其第十節所載出廠税亦照此辦法，聲明華洋商應抽税項，均須一律無異。參觀互證，似無此十五字亦可無慮。惟出産税專辦照會，美使決計請撤。雖有一照會三項業已叙入，而約内究嫌無根。復與美使切商，於本欵第七節末尾所云土貨販運出洋，或由通商此口轉運通商彼口，除出口正税外，可在起運處，或於出口時加抽。所謂起運處者，即暗含出産二字，以土貨起運之處，即是土貨出産之地也。海等尚以為未足，又商請美使再將本欵末節切實聲叙。彼因情不可却，又允將徵抽進出口貨，照本欵所定加税之事，亦須同時舉行句，改為併徵抽進口洋貨，出口土貨之加税，及本欵所載他等更改税項，暨整頓税項之事，須一併同時舉行云。似此回顧總綱所定宗旨，並與第七節新增可在起運處或出口時加抽出口正税一半暗指之出産税，第九節以便照政府税項章程辦法暗指之銷場税，第十節所應抽税項均須一律無異暗指之出廠税，互相呼應，實已勝於前擬之照會。如能照允，可無後患。統俟華洋文校正，即可作為定本，容即擬電呈核，會奏請旨。海、

〔一〕底本此句語義不明，似有脱誤。據光緒二十九年八月十八日（一九〇三年十月八日）《中美通商行船續訂條約》，第四欵第九節全文為：「凡民船運至通商口岸之土貨將在本地銷售者，無論貨主是何國之人，只應報明常關，以便照中國政府税項章程辦理」。另本欵第三節，有「本欵所載各節，毫無干預中國主權徵抽他等税項」等語。

〔二〕底本此句語義不明，似有脱漏。據光緒二十九年八月十八日（一九〇三年十月八日）《中美通商行船續訂條約》第四欵第一節，此句「釐金」以下文字為「以及各項行貨税捐一概裁去」云云；此句「本地銷售者」以上文字，為「凡民船運至通商口岸之土貨將在」云云，在第九節。

宣、廷。陽。

致外務部、天津袁宮保，上海吕大臣、盛大臣光緒二十九年八月十二日辰刻發

津蒸電悉。美約第四欵並未聲叙出產二字，未免可疑。惟第十三節既有此約一經兩國互换，並與中國有約之各國允照本欵各節後，則會定此欵舉行之日期等語，則非各國均允照本欵各節辦法，此欵不能舉行。若英國不允照第七節所載於起運處或於出口時加抽正税之半，便有一國未照本欵各節也。美使雖未允於約内聲明出產二字，然附件照會内有與貴大臣議定由中國自抽之出產税一語，美使照覆並未辯駁，將來可以爲證。英若不允抽產税，美國當亦不能强我裁内地常關。况出產税與海關正税共抽七五，有產税則海關抽五，無產税則海關併抽七五。若係内地銷售之貨無產税，我可於銷售處重收銷場税，於洋商無甚出入，彼當不至取巧力争。現爲期已迫，似可勿庸商改，以免誤期。文。

致外務部，上海吕大臣、盛大臣，天津袁宮保光緒二十九年八月十三日申刻發

滬文丑電悉。現與日本所定商約各欵，大致與英、美兩約相同，已於本日將全文另由元電録呈。所有各欵皆係仰承外務部與慰帥及三星使意指，與之商酌，幸彼以日期迫促，處處將就，諸公細閲各欵當不以爲謬也。此次在京與内田公使商議，皆係按照華文商改，並未議及英、日兩文。其有與英、美兩約相同者，言明分别按照英、美原約繙譯，其餘則内田言明在滬繙譯，彼此校對。現爲期已迫，敝處經手事件繁多，斷不能在京繙譯繕寫校對。且此係内田之意，仍祈在滬趕辦，勿誤十八之期，爲禱。儻英、日兩文實趕不及繙譯校對，則請與日使商明，先將漢文於十八日畫押，其英、日兩文隨後譯寫簽字。祈速電覆。職。

吕大臣、盛大臣來電并致外務部、袁宫保光緒二十九年八月十三日辰刻到

奉部文電，日約業經香帥與内田議定，甚為欣慰，惟與美約一同畫押，為期甚促。現尚未奉到電示約文，未知是否全約，且日約聲明以英文為准，必須先將彼此洋文核示，再將漢文與洋文覆核，方能作准。海等愚見，擬請伍大臣就近在京先將洋文與香帥譯員梁敦彦、辜湯生等校正無訛，再將漢洋文互相覆核，即由部代奏，請旨畫押，連洋文一併電示，由此間分别繕正，再與日使互校妥當，即遵旨畫押，或可不誤八月十八之期。否則僅憑日使譯送之洋文，儻校對不符，必有辯論，轉致遲誤。乞鈞裁示遵。海、宣。文丑。

致外務部、天津袁宮保，上海吕大臣、盛大臣光緒二十九年八月十三日申刻發

日本商約由敝處在京與内田公使往返磋商，隨時請外務部核示。祇因内田願在京專議，且各欵皆牽連並議，懸而不定，大抵與之言明，允則俱允，翻則俱翻。每一欵字句彼此時有斟酌更改，甫於前數日議妥，一氣呵成，致事前其勢不能逐欵電聞。然議約宗旨，處處皆抱定三星使原議及慰帥平日持論之意，竊謂必能符合台指，當蒙鑒諒。計我所索允者三事：照各國一律加税一欵，

查禁違礙書報一欵，中國人民在日本者極力優待一欵。駁辯删去者三事：請運米穀出口一欵，口岸城鎮任便居住一欵，常、徐府等九處口岸一欵。以要索爲抵制者一事：各國護路護館兵隊全撤後，北京方能開埠一欵。因有益於中國商民，可除積弊，而許其入約者，度量權衡一欵。照滬議原文增改字句者，改定國幣一欵，内港行輪一欵，川江設施拖纜一欵。因英已有而許其入約定議者，長沙通商一欵。餘皆仍照滬議原文，均已將全約鈔呈外務部核准，言明與美約同日畫押。除起首總冒一段例文不贅外，兹將議定各欵電達如下。第一欵，中國現因釐革財政，擬欲照徵海陸各關所過百貨之正税外，另添加税，以抵因全行裁釐所絀之欵幾分。日本國政府允認按照與中國有約各國共同商定加税之率，一律照輸無異。所有中國征收出産、銷場、出廠以及土藥、鹽斤等税，亦悉照各國與中國商定辦法無稍歧異，並不得因此日本之商務暨利權較他國商務暨利權致有軒輊之處。第二欵，中國國家允日本輪船業主自行出資，在長江宜昌至重慶一帶水道施設扯上湍瀨之件。因關係四川、兩湖地方百姓，應聽候海關核准後，始行安設，無論民船、輪船，均可任便聽用。但所設之件，不得阻礙水道，或阻礙民船暢行，或阻礙江邊陸路行人。所有一切辦法，仍行遵照海關議定專章辦理。第三欵，中國國家允能走内河之日本各項輪船在海關報明，由通商口岸往來報明之内港地方貿易，應悉照所定正續各章程辦理。第四欵，中國人民與日本臣民爲辦正經事業，合股經營或合辦公司，應照其合同章程，損益公任，並須照其自認合同章程辦理，並願按日本公堂解釋該合同章程之辦法。儻不照辦，致被控告，中國公堂應即飭令中國人民將其分内當爲之事，照合同章程辦理。日本臣民與中國人民合股經營，或合辦公司，亦應照其合同章程，損益公任。儻有不守合同章程分内當爲之事，日本公堂亦須飭令一律辦理。第五欵，中國國家允定一章程，以防中國人民冒用日本臣民所執掛號商牌，有礙利益。所有章程必須切實照行。日本臣民特爲中國備用起見，以中國語文著作有益於中國之書籍，以及地圖、海圖，執有印書之權，亦允由中國國家定一章程，一律保護，以免利益受虧。中國國家允設立註册局所，凡外國商牌並印書之權，請由中國國家保護，須遵照將來中國所定之保護商牌及印書之權各章程，在該局所註册。日本國國家亦允保護中國人民按照日本律例註册之商牌及印書之權，以免在日本冒用之弊。凡日本人或中國人民爲書籍報紙等件之主筆，或股東，或發售之人，如各該件有礙中國治安者，不得以此欵邀免，應各按律例懲辦。第六欵，中國國家允願自行從速改定一律通行之國幣，將全國貨幣俾歸畫一，即以此爲合例之國幣，將來中日兩國人民即在中國境内遵用，以完納各項税課，及别項往來用欵，毫無窒礙。至中國改幣，即仿日本及泰西各國改幣辦法宗旨，酌量辦理，以期上下交益。惟彼此商明，凡納關税仍以新關平核計爲準。第七欵，中國各省市肆商民所用度量權衡參差不一，並不遵照部定程式，於中外商民貿易不無窒礙，應由中國各省督撫自行體察情形，會同商定畫一程式，各省官民出入，一律無異，奏明辦理。先從通商口岸辦理，以漸推廣内地。惟新定之度量權衡與現行之度量權衡有所參差，或補或減，應照數核算，以昭公允。第八欵，光緒二十四年五月七月先後所訂内港行輪章程，間有未便，是以中國允將此章從新修補，附載此約。惟此章程應按照遵行，直至日後彼此允願更改爲止。第九欵，中日兩國現存各條約及兩國約定事項，未經因立本條約更改或廢除者，仍舊照行不違，茲特聲明。且大日本國政府官員臣民通商、行船、轉運、工藝以及所有一切財產，應享大清國大皇帝陛下及政府各省或地方各官府允與别國政府官員臣民通商、行船、轉運、工藝以及財產之一切優例、豁除及利益，無論其現已允與或將來允與，一體均享，完全無缺。中國官員工商人民之在日本者，日本政府亦必按照律法章程，極力通融優待。第十欵，現在兩國議定，如駐紮直隸省之各國兵隊暨各國護館兵隊一律撤退後，中國即當在北京自開通商場，其詳細章程臨時商酌訂定。中國允願俟本日所訂畫押之中日通商行船條約續約批准互换後，六箇月以内，將湖南省之長沙府開作通商口岸，與已開各通商口岸無異。各國人民在該通商口岸居住者，須遵守該處工部局及巡捕章程，與居住各該處之華民無異。非得華官允准，不能在該處通商之界内自設工部局及巡捕。此約已經批准互换後，中國政府應允將盛京省之奉天府，又盛京省之大東溝兩處地方，由中國自行開埠通商。此三處通商場訂定外國人公共居住合宜地界並一切章程，將來會同商定。第十一欵，中國深欲整頓本國律例，以期與東西各國律例改同一律。日本國允願盡力協助，以成此舉。一俟查悉中國律例情形及其審斷辦法及一切相關事宜皆臻妥善，日本國即允棄其治外法權。第十二欵，本條約繕就漢文、日本文、英文，署名爲定，惟爲防以後有所辯論起見，兩國全權大臣訂明，如將來漢文與日本文有參差不符，以英文爲準。第十三欵，本條約應奉大清國大皇帝陛下及大日本國大皇帝陛下批准。既經批准後，在北京迅速互换。其互换日期由本日署名起，至遲不逾六箇月。爲此兩國全權大臣署名蓋印，以昭信守。元一。

致外務部、天津袁宫保，上海吕大臣、盛大臣光緒二十九年八月十三日亥刻發

日本商約往來照會附件共六件，録如下。第三欵附件之一，日本來照曰：爲照會事。照得此次議定條約第三欵載中國國家允能走内河之日本各項輪船，在海關報明，由通商口岸往來報明之内港地方貿易，應悉照所定正續章程辦理等語。日本各項輪船無論大小，只以能走内港爲準。此項能走内港之日本各項輪船，均可照章領牌，往來内港，中國不得藉詞禁止。此等輪船來往内港，本大臣爲預防將來議論起見，照會貴大臣查照，即請轉飭總税務司遵辦，並請照覆可也。須至照會者。第三欵附件之二，我照覆曰：爲照覆事。照得光緒二十九年月日，准貴大臣照會聲明此次議定條約第三欵内載能走内港之日本各輪船，無論大小，只以能走内港爲準，均可照章領牌往來内港，中國不得藉詞禁止，爲預防將來議論起見，等因。查本大臣前與貴大臣會議此欵時，曾准貴大臣開送清單，有貴國輪船名曰山陽丸、瀨田川丸、日向丸、浦户丸、甯静丸、平安丸、太閤丸、吉野丸、明光丸、福壽丸、肱川丸、永田丸、共同丸、蓬萊丸、貫敦丸、瓊港丸、錦龍丸、全勝丸、康平丸，載重一百二十一噸至九百九十八噸，向往來煙臺、東三省各内港，領有關牌，遵照内港章程辦理，不在禁止之列。即經飭據副税務司行查各關，與成案相符。茲復准照會前因，應即咨請外務部轉行總税務司查酌辦理可也。相應照覆貴大臣查照存案。須至照覆者。第八欵附件之一，日本來照曰：爲照會事。查得光緒二十四年七月所定補續章程第九欵派員統收税釐各辦法，現在尚有未盡照辦之處，因請貴國政府再行通飭各省，一體照章

辦理，實爲切要。爲此備文照請貴大臣核允，並即見覆爲盼。須至照會者。第八欵附件之二，我照覆曰：爲照覆事。接准明治三十六年月日貴大臣照會，内開查得光緒二十四年七月所定補續章程第九欵派員統收税釐各辦法，現在尚有未盡照辦之處，因請由貴國政府再行通飭各省一體照章辦理，實爲切要等因，准此。本大臣均已閱悉，除咨行辦理外，相應照覆貴大臣查照可也。須至照覆者。第十欵附件之一，我照會曰：爲照會事。所有在北京開設通商場事，按照通商行船條約續約第十欵所定，如各國護館、護路兵隊一律全行撤退後，於北京内城之外擇彼此相宜並無窒礙之地，劃定界址，開作各國商人居住貿易之所。界内地方准各國商人租地造屋，開設行棧店鋪。惟民房民地必須業主情願出租者，公平商議，租價不得抑勒强迫。所有道路橋梁均由中國自行管轄經理。各國商民在北京商場内居住者，須遵守該處工部局及巡捕章程，與居住之華民無異。非得華官允准，不能在界内自設工部局及巡捕。自定界開辦以後，凡從前各國商民之散居城内外者，均須遷入界内，不得仍前散居各處，以致漫無稽考。所有外國商民房地公同酌定，給予公平價值。其遷移入界限期臨時酌定，若逾限不遷，即不給價。似此預定辦法，則庶免臨時籌議周折，實屬兩便之舉。爲此備文照請貴大臣核允，並希見覆可也。須至照會者。第十欵附件之二，日本照覆曰：爲照覆事。接准光緒二十九年月日貴大臣照會，内開所有北京開設通商場一事，按照通商行船條約續約第十欵所定，如各國護館、護路兵隊一律撤退後，於北京内城之外擇彼此相宜並無窒礙之地，劃定界址，開作各國商人居住貿易之所。界内地方准各國商人租地造屋，開設行棧店鋪，惟民房民地必須業主情願出租者，公平商議租價，不得抑勒强迫。所有道路橋梁，均由中國自行管轄經理。各國商民在北京商場内居住者，須遵守該處工部局及巡捕章程，與居住該處之華民無異。非得華官允准，不能在界内自設工部局及巡捕。自定界開辦以後，凡從前各國商民之散居城内外者，均須遷入界内，不得仍前散居各處，以致漫無稽考。所有外國商民房地公同商酌，給予公平價值。其遷移入界限期臨時酌定，若逾限不遷，即不給價。似此預定辦法，則庶免臨時籌議周折，實屬兩便之舉。爲此備文照請貴大臣核允。等因，准此。本大臣查所有來文内所開各節，大致均可照辦。至其詳細章程，自應按照兩國通商行船條約續約第十欵所訂，臨時商酌妥定，惟不得與别國歧異，致有向隅。相應照覆貴大臣查照。須至照會者。此外尚有續議内港行輪修補章程，仍行在滬議定，全照英約附件之原文，請兩星使就近查照補録附入。再，前日寄滬約稿，茲又有續經商改增删之處，寄到後均請照此次冬電更正爲要。元二。

致外務部，上海吕大臣、盛大臣，天津袁宫保光緒二十九年八月十四日巳刻發[一]

緝電悉。幾分，字不誤，係日本文義，謂加税不足抵裁釐全數，僅抵裁釐所紬欵之幾分。按日本文義，幾分猶言幾成，請詢小田切便悉。當時本擬删此兩字，内田云，加税之欵各國不能保其必以足抵裁釐全數，故只可言幾分。因思此語甚好，我正可借

[一] 此電文係回覆所附吕、盛同日亥刻來電，發電時間應在亥刻以後。此處似有誤。

此二字，以證加税不足抵免全釐，正可爲必須另抽銷場、出產等税之根，遂用其語未改。願一。

吕大臣、盛大臣來電光緒二十九年八月十四日亥刻到

第一欵以抵因全行裁釐所絀之欵幾分，日本國允認云云。幾分二字恐有錯誤，祈速查覆。海、宣。緝。

致外務部、天津袁宫保，上海吕大臣、盛大臣光緒二十九年八月十四日巳刻發

日約未先電商者，實因鑒於英約在湖北議定後，被馬使回至上海後翻悔緊要兩條，失去已争得之權利不少，故此次與内田議，各欵一氣統商，允則俱允，翻則俱翻，致牽連不能遽定，然皆隨時請外務部核示。及至定議，則爲期已迫，不暇再請核覆，即日將約稿全文奉寄，一面請外務部定奪，苦衷當邀鑒諒。嗣外務部指商數處，因商内田，於第六欵末，增惟彼此商明，凡納關税仍以新關平核計爲準十八字。第七欵末，增惟將來新定之度量權衡，與現行之度量權衡有所參差，或補或減，應照數核算，以昭公允三十五字。第十欵删去安東縣三字，將三處之三字改爲兩字。特此奉聞，祈照改。再，第八欵附件來往照會派員代收之代字，因代字恐有人誤會爲外人代收，故均改爲統字，並以附聞。全約已録呈外務部，兹又一併電部，尊處奏請畫押時，約文似可無須重電，統祈察酌。全約文係初十日由郵局函寄，想已接到。願二。

致外務部、天津袁宫保，上海吕大臣、盛大臣光緒二十九年八月十五日午刻發

津願電悉，具仰慰帥藎慮周密，佩甚。加税事，敝處本力索於約内載明十二五，而日使僅允加十，相持兩月之久。内田謂英、美兩國雖允加十二五，仍須各國全允方能作准，有一國不允便作罷論。告以英、美既允，我自必力商各國照允，中日交誼方睦，豈有日本反不允之理。彼始謂各國全允，日本自不能獨異，但約内若明載十二五字樣，議院必多挑剔，政府萬不敢允，不如渾言照各國一律，免生異議。内田並密告鄙人，此即暗允十二五之意，實係格外通融等語。因思彼即允於約内明載十二五之數，亦必聲明各國照允，方能作准字樣，與現叙照各國共同商定税率一律照輸無異，實無區别，故遂允之。查英、美兩約雖皆載明十二五，仍聲明有一國不允即不照辦之意。如英約第八欵之十四五兩節，詳哉言之，均是此意。細按日約，此欵似尚簡净包括，直截了當。儻以後各國加税欵均允照此聲叙，既有英、美二約在前，即是十二五税各國全允，如有一國不允，我自不與力争，則雖英、美約内載明十二五，或照正税一倍半字樣者，亦絲毫無用，蓋各國本無一國願加十二五税者。英、美、日皆力争而後允，此後續議各國亦視我之放鬆不放鬆耳。現畫押期迫，實難再與日使磋商，非敢推諉憚煩也，尚祈垂諒。删。

袁宫保來電并致外務部、吕大臣、盛大臣光緒二十九年八月十五日辰刻到

香帥元一、二電均悉。日本約駁删三事，舉重若輕，其餘審慎周詳，曷勝欽佩。查此次修約各國，命意在損我以利己，中國

宗旨在加税以抵制。第一款日本不能載明加税數目，只言照各國一律，但現在載明加數者僅英、美兩國，未議之國尚多，如日本含糊兩可，續議各國必不肯。再，載明加數或有數國不肯加到十二五，從衆評斷，英、美已載明之數恐亦受其牽動。愚見必須載明十二五，或一倍半字樣，方有把握。如日人决不肯從，或請其註明照英、美約一律。儻仍不允，或請其改註照現經定約之國加税一律等語。是英、美、日均允定加數，我之力量較厚，再與他國開議，易於措手。總之，日人不肯載明，必有深意，請香帥審籌核正。第十款大東溝商埠，美約已改為安東縣，似宜照改。凱。願。

吕大臣、盛大臣來電并致外務部、袁宫保

光緒二十九年八月十七日戌刻到

香帥删電悉。内田密告香帥暗允十二五，而此款既尚包括了當，想必幾分兩字可允删。除英、美約内訂明加足一倍半，美約且允批准即行，因我必欲各國允准本款而後照加，儻日本亦照英、美，則各國不難迎刃而解。現已無可磋商，可見日本交情亦不足恃，以後各國更難措手。且恐英、美藉日本約内只允加裁釐之幾分，翻異有據，是以海等三電力請香帥删此兩字，為續議各國不放鬆地步。國家方講求財政，而財之有利無弊最大者，莫如加進口税。照英、美約加税足抵全釐，銷場各税不難多收千餘萬，此海等秉承外務部及香帥、慰帥兩年苦心力争而得。今距畫押只有一日，未蒙電覆，不能繕本，眷懷大局，不得不作再三之求，以免後悔。香帥素為内田佩服，删此二字諒可通融。否則各國必至藉口，尚何能不放鬆乎。第五款日使欲删有益於中國數字，并不肯照美約加後段，亦請速覆。濡筆以待，不勝焦盼。海、宣。霰。

致外務部、伍大臣，上海吕大臣、盛大臣，天津袁宫保

光緒二十九年八月十七日戌刻發

滬咸、諫各電悉。查日約加税款内幾分兩字，確從英約第八款之第八節洋文譯出，因英約漢文用酌補兩字代之，故其實與幾分無異。尊處偶未細思耳，請細玩英約此款全文便悉。蓋英約洋文實係明言加税十二五，猶僅抵免釐幾分也。日約第一款，假如上文用幾分，而下文言俟將來日本與中國共同商定加税之率云云，則尊處日本將來藉詞翻悔，容或有之。今明言按照中國與有約各國共同商定之税率一律照輸無異，是日本專以按照各國允加之税一律爲衡，並無權可與我再議加税之多少，詞義極爲明顯。但尊意既以爲不妥，自當遵改。現經派員極力與内田商删幾分二字，彼初甚怫然，斷不肯删，嗣經我執定英約洋文此處字義，華文係譯爲酌補二字，不言幾分。再三力勸，彼始勉允改爲另添加税以酌補全行裁釐所絀之款云云，將幾分兩字删去，但言明酌補二字必須照英約第八款第八節譯爲to compensate in a measure，華洋文均請速更正爲要。又下文按照與中國有約各國共同商定加税之率云云，今與内田力争改爲按照中國與有約各國云云，與字移在中國兩字之下，則以後議税率之權全在中國，意更明顯矣。又第二款仍行遵照海關議定專章句，行字改爲須字。第四款之第二節有益於中國之六字，本款第三節初稿本有因日本政府慮我藉口此書

無益，中國任意阻其售賣，故欲删去。我因下文已有防範之法，故允之。前稿漏删，今請删去六字。請由中國國家保護句，保護下加一者字。第四節日本人改爲日本臣民。第六欵毫無窒礙句下，緊接惟彼此云云，删去至中國改幣至上下交益三十字，並節去新關平之新字。第七欵自行體察情形句，情形上，添時勢二字。第七欵末節以昭公允之公字，改爲平字。第九欵第二節日本政府句，日本下添一國字，第十欵之第二節在該處通商之界内句，改爲在該通商口岸之界内。第三節此三處通商場之三字改爲兩字。第十欵整飭本國律例之飭字改爲頓字。均請校明更正。以上各節，今日均與内田商定，時刻已迫，磋磨至此，似無流弊，望勿再挑剔，以致誤期翻悔，至禱。再，伍侍郎已離滬，現與内田商明，此次畫押由吕大臣代簽，並聞。篠。

致外務部、伍大臣，上海吕大臣、盛大臣，天津袁宫保 光緒二十九年八月十七日亥刻發

篠丑電悉。第五欵末段書籍報紙一節，係照美約添入約内，並無來往照會，日本使館昨日送來約稿亦有此節在内，並商請將首句凡日本人之人字，改爲臣民二字，係使館自用筆書寫塗改，可見約内實有此條，不知内田所寄約文何以漏去此節，頃已囑内田電告上海小田矣。第七欵度量權衡一欵，奏明辦理四字，使館送來約稿亦有，小田切稿内當是漏寫，應添入。第八欵兩附件代收二字，已商明内田，仍用統收，萬勿改代字。其餘各節已另電詳達。篠。

吕大臣、盛大臣來電并致外務部、袁宫保

光緒二十九年八月十七日酉刻到

本日接香帥初十函並鈔全約，適小田切亦接到内田初八所寄漢文全約，彼此又復校對。第五欵，彼無有益於中國之六字，據云，亦未接有内田來電增此六字。末段書籍報紙一節，彼約亦無，而另有來往照會兩附件，據云入約辦法在先經内田與香帥復商，改用照會，但查香帥函電，此兩處係力争而後入約，并未有改用照會之電，應請速商内田迅電小田切照辦，並電覆為要。又第七欵，彼約無奏明辦理四字，已屬彼電詢内田。而彼約自行體察句下、情形字上，有時勢二字，小田切云，此二字萬不可少。又第八欵兩附件彼之漢文仍係代收，並未改統字，已照香帥電告知。彼云，此係照總署原定章程照録，原章程是代字，亦不可改。乞速核示，立等繕寫正本畫押。頃已奉旨，東、英文萬趕不及，小田切已奉彼外部電示，先畫漢文。已與訂明，凡在京所定所改各欵節，均以漢文為主，照此繙譯，不能稍有更易矣。并聞。再，日約是否會奏，祈將奏稿電示為幸。海、宣。篠丑。

致外務部、伍大臣，上海吕大臣、盛大臣，天津袁宫保 光緒二十九年八月十八日巳刻發

日約東三省開埠欵，言明悉照美約文法，惟安東縣改大東溝，緣大東溝係日本原議所索。嗣增索安東縣，再三商駁，内田始允仍將安東縣删去。此欵已商明外務部照准，請將文法照美約校正

爲盼。嘯辰。

致外務部、伍大臣，上海呂大臣、盛大臣，天津袁宮保光緒二十九年八月十八日巳刻發

日外部更改條欵次序，應候外務部核示。嘯巳。

致外務部、伍大臣，上海呂大臣、盛大臣，天津袁宮保光緒二十九年八月十九日子刻發

滬願電屬擬會奏電稿，請旨畫押，敝處亦恐擬稿未協，輾轉商改，反致遲誤，故於十六日晨赴園面陳慶邸及樞府諸公，請代面奏。是日午後，即承外務部知會，已奉旨電滬畫押等因，並無會奏電稿。特奉聞。嘯酉。

致廣州岑制台光緒二十九年八月十九日子刻發

聞馮萃亭軍門騎箕之耗，愴懷無已。其生平戰績甚多，咸豐年間即已立功江南，保障京口。法越事起，幸鎮南關大捷，並克諒山，轉敗爲勝，轉危爲安，功在社稷，實以馮軍門爲首功。以中國兵勝外國强敵，真乃數百年來未有之事，尤足以光史乘。其爲人忠勇無私，清廉正直，冠絶時流。賊畏其威，民懷其德，洵無愧古來名將。此次經公奏請起用，具見知之甚深。今盡瘁以歿，度公必爲奏請優恤。務望兼請予謚建祠，以表忠勳，至禱。並祈示覆。嘯。

致武昌端署制台光緒二十九年八月十九日未刻發

願、嘯電均悉。再寬限六箇月，取依限遷移切據固好，然恐斷不肯遵，惟有自設活馬頭租與各國，既可解目前之圍，又不失主權，最爲妥善辦法。祈飭關道、税司速籌，並切商日領履勘籌辦。如再不肯，惟有展限勒遷而已。内田致日領函，據其面云，大意無非飭其就近酌度妥商，不能緊切也。效。

致外務部、伍大臣，上海呂大臣、盛大臣，天津袁宮保光緒二十九年八月二十日巳刻發

滬、津各電均悉。查前數月敝處奉旨議日本商約，内田意欲在京商定，電滬照辦。適杏翁在京，鄙人當以一人智慮有限，恐有貽誤，特面邀杏翁留京，會同與議，當承杏翁允諾，已與内田商允，並訂期初八日矣。乃杏翁忽以有疾函告，言次日即須出京。鄙人深爲焦急，當夜即飛函懇請，暫留不得，乃於次日黎明力疾趕赴前門車站，親自挽留，仍不見允。又偕乘火車遠至豐台，沿途商勸回城，並討論日約所請先議之三條等事，足見一人獨議，誠非本願。無如杏翁堅不肯回，經鄙人再三商懇，始允到滬調理十餘日即還京。乃杏翁總不北來，鄙人只得兢兢從事，冀不失大部及慰帥諸公意指。初議數次，内田堅謂日本加税止允值百抽十，煤炭、棉紗等貨尚須提出。遍查從前上海各電，並送來問答，皆如内田所云，並無允照各國一律加税之説。杏翁在京屢次晤談，亦無此説。今杏翁來電，忽謂日本已在滬允許一律加税，諸公不

許，因而停議，殊爲詫異，杏翁殆病後恍惚誤記耶。查内田在京初議，首一月尚無此説，直至六月，見我始終不肯絲毫放鬆，始電商彼政府允照各國一律。滬上如果早得日本通融消息，何竟杳不通知耶。竊謂此次畫約爲期稍迫，勢不及先與諸公熟商，殊爲抱歉，然此中情節不能不爲諸公陳之。日約各欵本擬俟議有端倪，即可一面先行電商，一面從容再定畫押之期。奈會議多次，各條皆懸而不定，以致難於奉商。直至本月末次會議，内田始云昨夜接其政府電，本月十八爲東三省退兵之期，聞美約於是日畫押，若日約亦能同日畫押，於東三省事不無少補，是以允願將疊次所商增添删改各節，一概遷就。此敝政府爲本國計，亦爲貴國計。我政府種種厚意，務須告中國政府知等語。私念畫押期雖稍促，然彼所爲兩國計者，未始不然。細按全約，尚無喫虧之處，是以允其十八畫押，一面連夜將全約呈請大部核定，一面飛電津、滬商酌。設杏翁果指出此約之大謬處，鄙人亦何敢偏執己見。然杏翁來電所指爲窒礙者，僅幾分二字而已。幾分二字，英約洋文字義即係如此，具詳前電。至日約另指大東溝者，係經大部詳酌核准，部意並非不知美、日可以均霑，其用意正與慰帥電略同，津、滬不知詳情故耳，是全約似無大礙。又接滬電，囑擬奏請旨，適於十六日赴園商請政府面奏請旨，於十八日畫押。此議約始末之曲折情形也。至杏翁謂第一欵未聲明税數，日人含糊，他國效尤，英、美兩約將來並不爲據，未免過慮，亦近深文。將來各國若照日本一律聲叙無一國異議，既有英、美兩約在前，便是允照加至十二五，但恐各大國皆自握議税之權，斷不肯照日本聲叙耳。況俄、法兩國皆有陸路關卡，與他國情形不同，必須自議耶。德、法、俄三國如議不妥，雖日本允加十二五，或加十五，英國肯照辦耶。小田切初謂彼約次序乃日外部所改，及至十八，又不待請示外部，即允照京定次序，可知杏翁實是慎重條約，小田切乃是借不要緊之事，故意作難也，可歎，可歎。哿。

盛大臣來電[一] 光緒二十九年八月二十四日到

哿電於參末議者獨加訶責，既悚且感。尚憶前年阻止俄約，文忠師亦偏責宣一人，親之至也。籌國宜盡愚誠，但愧於事無濟耳。

致外務部 光緒二十九年八月二十一日發

滬效電悉。前滬電，謂英約決不肯言十二五税僅抵幾分等語。經敝處將英約第八欵第八節洋文言明十二五僅抵幾分之字義指出，商允内田照英約華洋文酌改，删去華文幾分二字。竊謂庶幾免矣，乃杏翁此電又謂英約明言倍半之數，故不著重，日約不言明税數，此二字甚爲著重，囑商内田將加税十二五之意，另用照會聲明等語。夫以鄙人之才智短淺，在京力争三月，止能令其照各國一律加税，誠爲可愧。然滬議已經十月，以杏翁之才識優長，精于商務，亦曾在滬商議數月，僅允加至值百抽十，疊次函電，從無允照各國一律之語，今乃欲鄙人於漢文畫押后與商明定十二五税數，未免責望過深。竊思滬議止允抽十，京議則允照各國一律，迥然不同。英、美抽十二五，日止抽十，是作梗也。英、美已有十二五之數，日云照各國一律，是從衆也。作梗是駁英、美約也，從

[一] 以下二電録自苑書義等主編《張之洞全集》第十一册，第九一〇七至九一〇八頁，河北人民出版社一九九八年版。

衆是助英約也。必令日本寫明十二五既斷辦不到，則從衆不猶愈於作梗乎。若因不肯指明十二五遂致罷議，豈非將英約中必須各國照允之語，先坐定有一不照允之國乎。日本既因加稅罷議，以后德、法、俄各國更何能商乎。查英約云：裁撤釐金於進欵大有所失，所加之稅冀可酌補，尚有内地土貨釐金進欵之所失，仍須籌補等語，明是十二五未能抵足，可以爲證。杏翁來電，謂日約酌補二字不如抵字。英文酌補二字爲下文徵銷場稅起見等語，今日約上文亦言酌補，下文亦緊接中國徵收出産、銷場、出廠等稅等句，與英約詞意，何分輕重，何以英約則是而日約則非耶。彼既言加稅不足抵全釐，我正可執爲徵收出産、銷場之據，是日約幾分二字，於實事并無出入，因諸公皆不以爲然，故已與商改，令其照英約華、洋文一律聲叙。今内田既肯改用英約第八欵第八節華、洋文字，足見英約、日約意實相同矣。此次議約并非鄙人一人所敢率定，屢次詳達大部，請其斟酌核定，大部亦謂爭至無可再爭。儻杏翁尚不謂然，可請即日乘輪北上，與内田面商，或可有濟。自滬至京，不過四五日，鄙人當力商内田暫緩洋文畫押數日以待可也。

致武昌端署制台 光緒二十九年八月二十四日丑刻發

大阪躉船及活馬頭兩事，近日商議如何，念甚。鄙人前在鄂時，亦曾擬自行建築馬頭。鄙意與其設活馬頭，不若一勞永逸，自襄河口龍王廟起，直至招商局止，填築馬頭至深水處，俾輪船可靠馬頭停泊，以三之一爲各國輪船租用，留三之二爲中國民船、輪船自用。建築之費雖鉅，然既有租費及馬頭起卸貨捐可指之的欵，便可借洋欵，分年攤還。請速飭稅務司訪之洋工程師，此項馬頭約需若干，每年約可得租費、貨捐共若干，詳籌示覆爲禱。敬。

致外務部[一] 光緒二十九年八月二十五日發

滬號二電悉。杏翁謂日使曾告美使，日約可照美約辦理，何以當時不飛電告知京、津，未解其故。查上海抄送日約會議問答内，三月十九日最后一次密電日使云：敝國已決計不能將進口稅加至值百抽十之外，即各國允照英約辦理，敝國亦決計不允等語。在滬所議決絶如此，有案可查，想杏翁忘之耶。今在京費盡磋磨，始允加稅一欵照各國一律，出産、銷場、出廠亦均照允。又索允最爲難之防閑報館、優待華民、抵换北京開埠三大端，内田向我政府送了許多人情，彼此迫於關東退兵之期，只可定議。今欲於畫押之后再補照會，鄙人實無此策。當商伍秩翁，請與内田一商。秩翁云日約重在一律照輸，不重在酌補二字，今必欲令補送聲明十二五之照會，彼至多言各國全允十二五，彼亦照輸十二五而已，與一律照輸字義何別，況在畫押之后，并此亦必難允，實不值向之啟齒等語。因思日約英、日文尚未畫押者，以繕校不及，彼此通融。若借此要挾，無益有損。望杏翁再平心察之爲幸。

[一] 録自苑書義等主編《張之洞全集》第十一册，第九一〇九頁，河北人民出版社一九九八年版。

致外務部、伍侍郎〔一〕，上海吕大臣、盛大臣，天津袁宫保 光緒二十九年九月初三日亥刻發

滬沁、豔、東二、冬電均悉。日約正文、附件英文，前派梁道隨同伍侍郎詳細校對，已由伍侍郎疊電詳覆。第四欵中日人民合股，前因譯文前後兩節均係日人開設公司而華人附股，殊失本意，請商更正。兹東二電，洋文前後兩節仍是日人作主，務請仍商照伍侍郎宥電改正。第二、三附件照會，中國不得藉詞禁阻云云，前議約時，内田謂此二件早經在滬議定互换在案，一字不能更改，故未議及。現譯英文，特囑梁道商請伍侍郎，將我照覆洋文放活，著重查酌辦理四字。兹日使已允照改，已較前略活，若能再商，將不得藉詞四字酌改，或將洋文改輕更妥，但恐不允耳。至管轄經理句，管轄包地方之權，語意甚重，斷不能以掌管料理譯之，大誤，竟似舞文矣。洋文maintain 有修養之意，若用此字，則將來我爲修養道路橋梁，而彼不肯納捐，甚有關繫。仍請商照梁道原譯英文，管轄用Jurisdicrion ，經理用Control。如日使不允，則經理改用management 代之，爲禱。其餘一切，則請伍侍郎核定。江。

致江甯魏制台 光緒二十九年九月十二日申刻發

蒸電慰悉。節舊欵造新廠，爲此次奏案本義。毛道總謂斷不能省至百萬，與之委婉面商，即能歲省七八十萬亦好，展限兩三年即可辦成。毛道謂趙道所云七十萬亦斷省不出。此事爲移廠關鍵，現已將近冬令，可否令趙道辦完今年，以覘其每年實能節存若干，明正再令沈道接辦，便可胸有成算，以定展限之期，尊意以爲何如。此不過姑就鄙意奉商，並無成見。趙道並不願久留滬也。仍請尊裁酌定示覆爲盼。文。

致武昌端署制台 光緒二十九年十月初八日辰刻發

冬電悉。比界外所留餘地，若僅由我設捕稽查，將來恐徒託空言。且法界外留地，將來亦以收回爲妥。允比管業，法必援例，近站近路一帶華民皆無從立足矣。務請與比領事極力磋商，將餘地收回爲禱。庚。

致武昌端署制台 光緒二十九年十月十二日辰刻發

青電悉，近鐵路總站一帶民地，前數年曾出示嚴禁買賣。比人私購此大片地段，正在總站處，本可以其違禁將全地收回，特以兩國交誼爲重，且念鐵路上比人甚多，將沿江一段准其劃爲租界，比人自應知感，將餘地交還，乃僅允將地租與中國自用，無非給我爲之税契耳。蓋我一日不與税契，彼一日不能公然管業。仍望再與極力磋商，務期收回，勿予税契爲禱。界外餘地共有若干方，並祈飭查明示覆。真。

致上海盛大臣 光緒二十九年十月十五日辰刻發

咨函及草合同均悉。添設爐座，擴充鐵廠，極是。預借鑛價

〔一〕本年七月十六日，清政府設立商部，以載振為尚書，伍廷芳、陳璧為左、右侍郎。

亦是籌欵不得已之計，辦法苟無流弊，鄙人甚願贊成。但細閱合同，有必須妥酌者。借欵三百萬元，息六釐，每年計利息十八萬元，訂明每年至少收買上等鑛石六萬噸，每噸價三元計，價亦十八萬元，僅敷還息。又訂明不能還現銀，設使日人每年僅運六萬噸，三十年後雖已還過五百四十萬元，而本銀絲毫未還，是日本僅借予我三百萬元，永遠須我每年供彼鑛石六萬噸，雖合同有製鐵所應允竭力多運之語，究屬空言，殊不足據，儻彼不少六萬噸之數，便不爲違背合同，我亦無詞以責之。即或不然，初數年僅敷還息，將還本歸在後數年，則我亦喫虧，利息甚鉅。鄙意必須與之訂明，每年於所售鑛石内，帶還本銀若干，利隨本減，至少每年收買上等鑛石約七萬噸。如兼購二等鑛石，則訂明每年必購足約二十一萬元之鑛石，務期本利勻攤，計至三十年恰可還清。如須多購鑛石至十萬噸，除還額定本利外，隨給現銀。儻因不得已事故，我每年不能供足此數，則或還現銀，或推至下年補還。應請酌辦。總之，務使三十年内彼必有鑛石以供製煉，三十年後我毫無遺累，方爲周妥。此節關繫緊要，必須商改，至要。至合同内以得道灣作抵，將來是否即採此山鑛石，抑採何處鑛石，函内又添入官山一語，竊有未解。所謂官山者，是否指前承辦鐵廠時官撥歸商之山，抑以後官另購之山，未能明晰，祈即查明示覆。鄙意此次商借商欵，且先採商山之鑛，商山不足再採從前承辦日官撥歸商之山。儻仍不足，必須採及以後官另購之山，則須與官商明辦法，或以價買，或撥借欵若干歸官，方昭平允。不然若用官另購諸山之鑛石，官儘可自售，而借給商用，何須假手於商。即使給以股票，亦屬虛文無濟。若賣官山之鑛以爲商本，此事萬不能行，後來湖北督撫斷不能默然也。至此次借欵，鄙人爲鐵政計，自當極力維持。然將來此欵如何撥用，亦望預先明定章程，隨時咨明，以免旁人指摘爲妥。統祈速覆。元。

盛大臣來電 光緒二十九年十月三十日午刻到

鈞意極佩。前議草約時，日人本請多運，即如本年已運七萬餘噸，因漢冶籌計供給日鑛外，尚須留備自用，故磋減至六萬噸為至少之數，藉敷還息。現又另立附件，以十二萬噸為至多之數，逐年抽本，即是慮到期不能清完之意。彼之運數不能無軒輕者，因運船有忙閒之故耳。此約雖以不能還現欵為宗旨，儻至三十年尚有尾欵，則草約第七條訂明，照數清結，注銷合同。清結者，即以現欵找付未還之本，一經注銷，事便完結，斷無遺累。日本製鍊所現祗一爐，已運七萬餘噸，如四爐齊開，只慮多運，鑛我自用，不能儘多供給。至採挖鑛石，自應先儘商購之山及官撥歸商之山，設有不足，後來或須採及官山，屆時擬請商代官挖開，除工費外，餘利悉數歸官，並由官派員稽查工費，自當先行立案。日人處似不便揭破官商字樣，慮其藉端逕向官索，利權盡失耳。借欵如何撥充鍊冶，遵當定章咨明，以昭徵信。宣。勘。

致上海盛大臣 光緒二十九年十一月初七日午刻發

勘電悉，讀之殊多不解。每年運鑛石至少之數，係爲我還本息計，加多於我有益。至多之數係爲預備供足彼爐座鎔鍊計，加多於彼有益。既須留備自用，十萬噸之數更不宜再加，切要切要。前内田公使來商，當告以非將至少之數加至七萬噸，每年抽還本項，三十年本利全清，鄙人萬不應允。昨内田已接其外部電，允於合同載明，每年至少運上等鑛石七萬噸，想外部亦電小田矣。

但不願聲明如上等鑛石不敷，即以二、三等者補足，謂尊處曾向小田云，每年儘可有上等鑛石十萬噸，不虞缺乏也。此層應否於合同內聲明，應請詳酌。內田又云，其外部電云製鐵所經費係每年議定，本年難以驟加，請另備照會聲明七萬噸之數，須俟前合同五年期滿後起算。前合同五年之期，計至明年秋間即滿，明秋以前仍以六萬噸爲限云云。鄙意不過欲三十年後不遺後累。至官山商山一層，乃我自行商辦之事，另行妥酌可也。祈與小田將合同更正，并將續訂附件塗銷，仍以十萬噸爲至多之限，爲禱。語。

致外務部、上海盛大臣、武昌端署制台光緒二十九年十一月初九日辰刻發

盛大臣魚電悉。前因合同載每年至少運鑛石六萬噸，查六萬噸之數其價僅敷還息，永遠負累，是以敝處堅持以爲不可。當經一面電滬商改，一面與內田切商，必須每年帶還本項至少運上等礦石約七萬噸，計至三十年本利全清，無絲毫遺累。嗣接盛大臣勘電，仍未議妥，並未允每年運七萬噸之數，但與之訂立附件，反將至多之限加至十二萬噸。查至少之限，係爲我還本息計，加多可免後累，於我有益。至多之限，係爲預備供彼爐座鎔鍊計，加多則彼無缺乏之虞，於彼甚便，如此則操縱仍是在人，殊未穩便。幸前數日內田飭其參贊來言，日本外部來電，已勉允照鄙意加至少之數至七萬噸，而未提至多之限。當於語電電滬，請與小田切將合同照改，並將附件塗銷，仍以十萬噸爲至多之限，此時想已達到。至官山、商山一層，先取商山，如有不足，採及官山，商代官挖開，除工費外，利盡歸官，辦法亦甚平允，自可照辦。惟此乃我自家商辦之事，自不宜載入合同。至作保一節，凡借洋欵必須有保，若每年所運鑛石僅敷還息，或恐山爲人占。今已允運至七萬噸，則三十年後本利全清，雖指山作保，似亦無妨。況得道灣山係商人所購所開，所用山上工廠運路，有商造者，有官撥與商用者，與大局無妨，更無窒礙。鐵政關繫全國富强，此次籌欵關繫鐵政成敗，預借鑛價逐年以鑛石抽還，較別項借欵尚少流弊。茲至少之限已加至七萬噸，至多之限仍是十萬噸，則此約並無不妥，應請大部迅賜核准爲幸。庚。

致外務部、上海盛大臣光緒二十九年十一月十四日申刻發

滬元電悉。昨鄭參贊來，録示杏翁所擬附件稿，語尚活動，內有除留備自用外及臨時商辦等語，是自用如萬一不敷時，即斷不能加此二萬噸。如果自用有餘，自無妨多售，且言明臨時商辦，似無流弊。敝處已允存此附件，但須照鄭送來原文，一字不可改易。鹽。

致天津袁宮保光緒二十九年十一月十五日戌刻發

前讀九月青電，敬悉改武官、定軍服、獎武學三奏稿，皆屬易商，然最著重者，實在營制餉章貫通畫一一條，三月內政務處議覆湖北練兵奏內言之甚明，惟營制實不易畫一。尊電所謂營制須按操法、戰法參訂，極爲扼要，佩甚，敝處正爲此事爲難耳。台端奏定北洋營制，本極精詳，弟不敢稍參末議。若湖北則餉力支絀，實難著手，且官多兵少，湖北猝難得許多知兵之士官可以

與選。若以湖北現有之兵仿北洋營制改編，則驟增鉅餉，仍不能滿一鎮。且以武、漢四衛而練兵不足一鎮，不免爲中外所輕。再四躊躇，實無善法可以畫一。讀前電，云俟鄙人至天津，調集中外精通武備各員核議，鄙意以爲尊處原奏大致已定，敝處惟當自行量力籌措，似可不必邀商外人。且歲暮事繁，鄙人到津僅能一宿，即便遄行，勢難久候。鄙意現籌有遷就辦法，然事甚繁曲，非函牘所能盡，若此時不議有眉目，將來回鄂後更難商辦矣。惟有仍煩阮道一行，請以尊指詳切告知阮道來京小住兩日，面商詳籌，回津請示，較爲妥便。盼覆。啓。

致武昌端署制台光緒二十九年十一月十八日酉刻發

練兵處派各省餉欵九百九十六萬，駭人聽聞，衆論皆不以爲然。前日有兩言官力諫，批户部知道，此事乃□□兩人專斷。聞樞意已願轉圜，如外省不能籌措，儘可據實奏覆，内中並無成見也。特飛布。嘯。

致武昌端署制台光緒二十九年十一月二十九日午刻發

有電悉。躉船事今日飭梁道往商，内田公使云，深知中國爲難，甚願妥商辦法，但須令大阪公司亦過得去，若遽令遷開，是絶其生意。在京不知漢口情形，或照前議立築公共馬頭，或商太古、招商兩局，將躉船輪班借用，或議定俟日界興旺即行遷移，似尚可商。現永瀧領事係原借馬頭之人，來稟語意和平，亦願彼此妥酌善法，當電囑其切實籌議。惟望中國切勿强硬辦理，致傷友誼。現在日本人心摇動，易於鼓噪，若聞因德人而逼日本公司遷移，致受虧損，必動衆忿，難於分説等語。望飭陳道速即切商永瀧，務議一解圍辦法。鄙意建築公共馬頭最爲妥善。前來電言已電滬雇募工師勘估，不知已到漢勘估否，應需工費約若干，幾月可成，有何借款辦法，祈速覆。勘。

致武昌端署制台〔一〕光緒二十九年十二月初二日午刻發

漢口築公共石磡岸，洋工程師已勘估否，需費若干，約幾月築成，借洋欵已議有頭緒否。此事爲解圍要策，祈速電覆。太古、招商每禮拜能各借與大阪兩次搭客否，并望切商。東。

致上海盛大臣〔二〕光緒二十九年十二月初五日戌刻發

河橋事〔三〕，沙多上月已面談，頃函咨均到。鄙意以爲宜修橋，望挈銜覆奏。支。

致武昌端署制台光緒二十九年十二月初五日亥刻發

躉船事，梁道往求薩使相助，頃接覆函，云昨親往力勸内田，而内田堅不鬆口，謂德、日先後情形不同，德人不應以日本爲口實，俟日界修有磡岸後，大阪躉船即可移下云云。至德國安設躉船，我英國仍不能允等語。梁道又見赫德，赫云德、日均無理，

〔一〕録自抄本《張之洞電稿·致本省電》。
〔二〕録自抄本《張之洞電稿·致上海電》。
〔三〕指盧漢鐵路黄河鐵橋。

在他國斷無此等事。海關有停發關單之權，如必不得已，惟有一面電達駐日星使，轉達日本外部，一面停其關單，然非萬不得已，自不可爲已甚也。此事久未接税司信，當電查詢等語。查各國在漢口皆各有租界，華商界有限，我暫借他國係我格外人情，豈容硬占。望再切實與日領事及大阪公司和衷商酌，如實不肯將就，似惟有一面電駐日星使轉達日本外部，並電我外務部轉知内田，一面飭税司停其關單而已。前數日梁道見伍侍郎，云此案將來到部當爲力争，擬請他國公斷等語。限期届滿停其關單後，如日本生氣，則請外務部邀他國公斷曲直，或亦善法。此時與内田商酌，彼斷不肯鬆口，且推不知漢口情形，無從設法。歌。

致武昌端署制台[一] 光緒二十九年十二月初六日申刻發

前嘯電已甚詳明，已爲鄂籌，乃效電及歌電似未領會，悶極急極。此事樞府及外廷人人皆痛言其謬，言官諫阻者五人，語皆悚切，樞意已知難行，乃又下一廷寄與户部，令就現有之欵籌措，其意即將前次派欵九百六十萬之廷寄化去，外省解不解俱聽之。此樞屢向人言，亦屢向某言，人人皆知者也。鄂儘可據實頂奏，只瀝陳賠欵未敷，無力籌解，萬不必請改撥他省，尤以全不認解爲妥，并望飛速密電次珊、祝三爲要。只可渾言京信所云，萬勿言鄙人所告，切切。語。

致武昌端署制台光緒二十九年十二月初六日亥刻發

大阪躉船早已安設，與美最時未安者情形不同，遽令移開，生意驟減，彼必不甘。看内田意，決不肯依限遷移。赫德又不出力，薩使亦不能勸内田，是此事必須即速另行設法。前外務部對德使言大阪當不致逾限不遷一語，過於著實，自入窘步，棘手萬分。宜將實情速電外務部，請其先向德使更正，告以大阪原係借用，遲早必移，目前正在商榷，無論大阪限内遷移與否，德商已在德界自有躉船，不可硬佔華界，傷害華人生命，且傷兩國睦誼，爲要。尊電宜速發，以便鄙人向外務部力商。麻。

致上海電政大臣吴[二] 光緒二十九年十二月初八日戌刻發

鄙人日内即擬出都，已奏明回籍省墓，小住數日。查南皮所屬泊頭鎮，距城二十五里，向設電局，歷有年所，亂後未經復設。現電線僅到滄州，距敝縣八十餘里。弟雖在程，每日京、鄂緊急公事，及各省要件，必須電傳，且陛辭日奉旨有要事可發電。滄州太遠，稍有耽延，關係甚鉅。務懇查照舊案，電飭該管委員速將泊頭電局即行添設，尚趕得及，實爲公便。至禱至感。齊。

致武昌端署制台光緒二十九年十二月初九日申刻發

庚電悉。昨電力疾飛布，懇將學生留鄂，以應急用，茲竟爲壓力一網打盡矣，如何如何。留日本者已應調，在鄂者獨不可遺數人，留數人乎。若云已委有營差，俟續有畢業者再派赴京，似

[一] 以下二電録自抄本《張之洞電稿·致本省電》。
[二] 録自抄本《張之洞電稿·致上海電》。

亦可矣。屢次面奉懿旨，令回鄂擴充練兵。正擬回鄂後將各軍大加整頓，營官酌量添派改派學生，並令學生新募數營。今人才盡矣，如何辦法。但既已覆允，已無法可想，不知鄂省除所調六人外，尚有畢業好學生否，祈示。鄙人不久必乞罷，鄂省無兵亦公之憂也。總之，此舉乃□意，京城人人皆痛詆其非，邸亦省悟，樞廷正盼外省匡救，公似於鄙電尚未深思深信也。所謂樞者，乃王、瞿、榮[一]也。盼覆。佳。

致武昌端署制台 光緒二十九年十二月初十日亥刻發

漢口躉船事，連日飭桑、梁兩道往切商穆使，告以我現定意自龍王廟起，至招商局，建築石磡岸，懇其飭美最時緩設躉船。該行新造之躉船，中國價買，如緩至春間我仍不興工，秋間水退我不接續修築，則聽其安設躉船，並甘願賠償所失一切利益。乃穆使推不知漢口情形，不肯作主，堅執大阪爲口實，謂美最時專視大阪年内遷移與否，再無他法。至築修石磡岸，不能作爲一事，容函商漢口等語。爲期已迫，穆使堅悍，無可再商，惟有以利益許美最時，作釜底抽薪之計。務望飭關道就近將以上辦法，婉商德領事及美最時，許以極優利益，勸其暫勿安設，並再確詢日本領事，若我修磡岸時，大阪躉船必肯移開否。若年底大阪不移，我即停其關單，税司能作得到否。有無轉機，盼速電覆。總之，此事止有修築磡岸一策或可解圍，惜動手太緩，然今日亦惟有於此處設法。卦。

致武昌端署制台、梁太守 光緒二十九年十二月十一日辰刻發

佳電想達，祈示。聞台端電樞已備八營聽調，不知尊意擬派何營，令何人統帶，祈速示。備兵聽調，以安畿輔，而慰宸廑，自是正理，然斷無戰事，萬不可派張鎮，切禱。此次日本告邸，中國若守局外，有三條必須辦到，彈壓沿江沿海匪徒，勿令生事牽動大局，其一也。樞、外入奏，上意深以爲然，故有電致各省防備彈壓。前數日召對時，慈聖面諭長江會匪、票匪甚多，必須有兵彈壓防範，飭到彼擴充整頓，數月來慈聖屢諭樞臣，長江事責之鄙人，若張鎮派出，鄂省練兵之局散矣。鄂事將來皆是公事，不可不深慮也。蘂。

致武昌端署制台、梁太守[二] 光緒二十九年十二月十一日辰刻發

要人云，某省已有電詢樞府，派餉力實難籌，可不解否，答云可，但須稍緩再覆。昨明發上諭，户部就固有之欵整頓，即是將前案暗暗化去。此乃樞廷苦心，外省但就此次户部奏各條量力籌辦，即可交卷，至前案以緩覆爲妥，切切。此衆要人屢次面言者也。總之，本初[三]乃是借俄事而練兵，借練兵而攬權，此外流弊，不敢盡言，然衆言官已直言之矣。京城大小臣工皆以此爲憂，專望外省匡救。仁和素緘默，此次亦向邸力争，他人不待言。

[一] 指軍機大臣王文韶、瞿鴻禨、榮慶。
[二] 録自抄本《張之洞電稿·致本省電》。
[三] 「本初」，暗喻袁世凱。

千萬勿洩。卦。

致上海電政大臣吴〔一〕光緒二十九年十二月十一日亥刻發

泊頭電局蒙允添設，極感。日内該處委員有無稟來，何日可以竣事，理電覆。真。

致上海光緒二十九年十二月十一日亥刻發

劉宣甫怡已交卸否，現居何處，有差否，速探詢電覆。真。

上海來電光緒二十九年十二月十三日巳刻到

宣甫已交卸，居蘇州，現委農務局差。初七來滬，即赴通州考查墾牧。坦稟。元。

致武昌端署制台、梁太守〔二〕光緒二十九年十二月十六日巳刻發

日俄決裂在邇，樞電鄂八營備用，想已接到。尊意擬派何營北來，祈示。鄙意鄂軍若非上駟，必與直軍相形見絀，且練兵正爲有事時用，鄙意似可派左翼四營、右翼四營，以吴元愷爲統領，以姚廣順爲幫統，庶不至大爲減色，若專任吴，必不能事事如法也。吴行後，似可以張鎮署中軍。樞意調外省兵，意在省餉，此外尚調有山東夏辛酉數營。日俄事非數月可了，直防尤非數月可撤，將來鄙人回鄂後，當精選營官，令張鎮精練數營，以備異日之用，但添營一層，務請勿急，千萬至禱，望俟鄙人回鄂再商辦。以上種種各節，管見奉商，不知當否，統請裁酌分晰，速示覆，并請告節菴知。咸。

致武昌護軍統領張鎮光緒二十九年十二月十八日辰刻發

翰電悉。日來已將次全愈。廿一起程，回南皮度歲。明正初十左右，仍由天津乘火車至磁州，陸行至許州，上火車回鄂。查由衛輝赴柳源口渡黄，取道朱仙鎮、尉氏縣、朱曲鎮至許州，路程較近，可省兩日。惟此路尖宿各站須豫先探明，以便安排。該鎮可即就近派駐許州之鐵路營弁勇，由許州、尉氏縣、朱仙鎮至柳源口渡河抵衛輝，將沿途一帶尖宿地名，某處至某處若干里，河北臨河住宿地方距河若干里，確切查明，即由該弁在衛輝詳電稟覆。洽。

致江甯魏制台、上海製造局沈道台光緒二十九年十二月二十三日辰刻在天津發

願電及沈道稟均悉。沈道所議，固見籌畫細密，兩面兼顧。惟核計每年該局實在進欵不能一定，多者一百四十萬，除洋税之外，若各欵或解不足數，或各省代造者少，則或止一百二十萬，亦未可知。今每年已定爲額支七十萬，則所節止五十萬，十年始能凑足購機移廠之欵，未免太遲。昨面奉懿旨，令洞於回鄂後赴江南查明此局詳細情形具奏。洞因奏明到彼當並與督臣魏籌商，

〔一〕指吴重熹。以下三電録自苑書義等主編《張之洞全集》第十一册，第九一二六頁，河北人民出版社一九九八年版。

〔二〕以下二電録自抄本《張之洞電稿·致本省電》。

亦蒙俞允。聖意著重購新機製新械，並深以移廠爲要。容俟明春二月初洞到江甯晤商，並電調沈道來甯籌商定議後，再行會奏，此時只可先令沈道姑照所擬撙節辦法，暫行試辦，如能或停或緩，再求少用多存尤善，不可作爲定案。切禱。禡。

致武昌端署制台、岑臬台，漢口江漢關道台光緒二十九年十二月二十三日辰刻發

漢口德國躉船事，初與穆商，穆使云，此事係奉其政府嚴電催辦，不能中止。許以補償利益，亦不理。嗣因穆使欲來送行，先遣其參贊來詢行期，復與面議此事，並派桑道往告之曰，若美最時躉船果設，鄙人在鄂不能見湖北百姓，只有不作官，不回湖北耳。穆使云，湖北領事來電，總言無礙，故必設。今既如此爲難，當爲設法，並云江漢水勢漲落懸絶，差至數丈，修磡岸亦無用。乃與議定，若日本大阪公司躉船未遷移以前，每年應補償美最時所虧利益洋例銀二萬兩，自明年正月初一日起，至大阪遷移日止。又與商減，穆遂減至一萬九千兩，惟言既有害民命，以後此處他國及華商均不得在此設躉船馬頭，均已允之。遂於二十日穆使來照會，照此聲叙。鄙人於二十一日覆一照會，内云自此次互換照會後，彼此永無異言，並已咨外務部及尊處立案照辦。此事乃穆使自願從中調停，極送人情。特飛布。養。

致天津袁宫保〔一〕光緒二十九年十二月二十七日卯刻發

有電悉，感甚，已電鄂。承差弁賫到兩宫賞御書三件，已叩領。諸費清神，沿途厚擾，敬謝。今日到南皮，馬隊擬留數名，備送信。宥。

致上海盛大臣〔二〕光緒二十九年十二月二十七日卯刻發

徑電悉。津電日在旅順沉俄艦三，合擄獲者，俄已失六艦矣。水師既勝，陸軍俄更非日敵。望見小田切，先道喜。宥。

致武昌端署制台、司道、兩首府、兩統領〔三〕光緒二十九年十二月二十七日卯刻發

日本在仁川擄獲俄艦二，在旅順繞避水雷，進口擊沉俄艦三，現攻旅甚急。此確信，轉告文武各官。宥。

致武昌端署制台、梁太守光緒二十九年十二月二十七日卯刻發

頃袁慰帥有電云，練兵處覆，鄂生允減調一半，惟在日本者已啟行，俟到再商請囑午帥電留等語。請酌辦。惟二吴不必留，如有願留者，當令帶營，不歸張鎮統，歸節菴統。盼覆。鄙人本日抵南皮。寢。

〔一〕録自抄本《張之洞電稿·致各省電》。
〔二〕録自抄本《張之洞電稿·致上海電》。
〔三〕以下二電録自抄本《張之洞電稿·致本省電》。

致京鹿尚書光緒二十九年十二月二十七日卯刻在南皮送泊頭發

鄙人所以遲遲未出京者，固因病，實因漢口德國躉船事也，幸議妥。二十、二十一兩日互換照會，并咨外務部後，二十二即行。今日抵南皮，病未愈，行路十分苦，擬多調理數日。兩月來鄂省要事皆係端中丞與洞電商辦理，斷不致貽誤鄂事，望轉告慶邸及瞿、榮兩公。日本水師已勝俄，陸軍俄更非日本敵，中國之幸也〔一〕。宥。

致武昌端署制台光緒二十九年十二月二十七日午刻發

廿五日，英、美、德、法、意使公同照會俄、日，云除滿洲外，不得在北洋水陸境内開戰等語。此乃各國保護中國守局外，於我大有益。感。

光緒三十年

致京鹿尚書光緒三十年正月二十日申刻發

紙電感悉。鄙人抵里過勞，既苦瘡證，又兼骽痛，直至正月十二日祭墓始畢，十三日始入城拜宗祠。現於廿日力疾啟行。河已開，小輪赴津，火車赴磁州，沿途不至甚遲。號。

致京鹿尚書光緒三十年正月二十八日辰刻發

到津後，瘡證大劇，現延醫服藥調治，須休息兩三日方能行，袁慰帥及各官目覩。函奉到，赫議怪謬〔二〕，全是夢話，萬不能行，各省必須頂奏。感。

致武昌端署制台、梁太守光緒三十年二月初五日辰刻在彰德發

初四到彰德，陸路七站，大約須分九日行。自日本調回學生及原在鄂學生，此次在津與袁慰帥商妥，均可留一半。惟前有電與節菴言明，如學生留鄂帶營者，均歸節菴統，不令他人統帶。

〔一〕「日本水師已勝俄，陸軍俄更非日本敵，中國之幸也」一句，據抄本《張之洞電稿》補。

〔二〕當指本年正月二十一日外務部代呈之赫德整頓地丁錢糧練兵籌餉條陳，即籌餉節略。可參見本年五月十五日「致天津袁宫保等」電。

今諸生仍不願留，殊不可解。凡用人者用其心也，今其心已去，留之無益，聽其自便可也。歌。

致開封陳撫台〔一〕 光緒三十年二月二十一日亥刻發

頃盛大臣電，據洋總管沙多稟稱，昨黄河北岸復有滋事鄉人攔阻工作。又前日臨潁縣聚衆二千人，毀壞衙署，許州一帶民心騷動，均因增税與苦旱所致。現大與洋人及湖北工匠爲難，各鄉村並有揭帖，煽動鄉民毁壞鐵路，懇電請豫撫憲將黄河及許州一帶飭屬設法保護等語。現值北方多事之秋，鐵路工程關繫重大緊要，正當趲催從速接造，若路工稍有疏虞，或洋員偶遭侵害，必致地方官民均受其累。務請尊處立派大員，馳往滋事地方查辦，一面飛飭現在路工所經各州縣及防練各營，迅速妥籌保護，盡力彈壓，並剴切開導鄉愚，勿受匪人煽動，自貽伊戚，至禱至盼。仍祈電覆。箇。

致京練兵處、天津袁宫保〔二〕 光緒三十年二月二十六日午刻發

前奉調湖北學生前後十名，過津時當經與北洋袁慰帥面商，湖北武備學堂及各營教操帶隊，正在需人，儻以十名全行調往，必致無人可用。屢奉諭旨責成湖北練兵，歷年鄂省派學生赴東洋學習，費無數財力，無數心力，若全不歸鄂用，未免偏枯。擬遣一半赴京，留一半在鄂，以昭平允。經慰帥轉商尊處，荷蒙允許，感甚。兹荆州將軍因奏明添備常備軍二千名，委員來省，囑派出洋畢業之學生前往教操，而鄂省新募各營，亦亟需教練。兹擬留舒清阿、文華二人派赴荆州駐防常備軍，帶隊教操。該兩生即係荆州駐防，性情習熟，尤爲相宜。留藍天蔚、龔光明、敖正邦三名在鄂省帶隊教操，其餘五名即遣赴京。特此電達，務祈垂鑒。荆鄂練兵，關繫緊要，准如所請，實深感禱。即候示覆。宥。

致天津袁宫保〔三〕 光緒三十年二月二十六日午刻發

現有電致練兵處請留學生一半，務懇俯賜助力，電京贊成此舉，叩禱。寝。

致上海盛大臣〔四〕 光緒三十年二月二十六日酉刻發

漾電承注，感謝。前讀函示黄河橋工覆奏會稿，本擬即行書奏寄繳，惟昨據錢道面稱，阻水阻冰一節尚可無慮，惟黄河橋工所下椿柱四座，内有兩座已墊陷尺餘，伊所目覩。因思甫經立柱，數月間即已下陷，是明係浮沙過深，打椿明〔五〕時尚未深入老土，若照此情形，橋成後設或各柱俱往下陷，或各柱有陷有不陷，高低參差，全橋亦必廢壞，將何辭以對朝野，是以重費躊躇。務請速飭沙多切實再勘橋柱所以下陷之故，是否沙深未及老土，妥籌補救之法。必須全工一律堅固穩實，確有把握，方可入告，此時甯覆奏稍遲，不可不於此工再加審慎也。沙多所見何爲，仍祈電

〔一〕指陳夔龍。
〔二〕録自抄本《張之洞電稿·致北京電》。
〔三〕録自抄本《張之洞電稿·致各省電》。
〔四〕録自抄本《張之洞電稿·致上海電》。
〔五〕抄本如此。「明」恐為「柱」之誤。

示。宥。

盛大臣來電〔一〕光緒三十年二月二十八日到

宥電立即譯交沙多查覆。據稱，黄河橋柱已成四座，其第五座正在下椿，河水忽改道突至，因水之漲，流有高低，遂見橋柱有長短，不知工程者即以短者為下陷。第五座橋柱尚未完工而水突至且無恙，况已成之橋柱乎。如此重大工程，未開工之時早經審慎再三，斷無不成之理，請勿信浮言。當河水突至，已趕搭木橋以渡工役。茲呈上橋柱工程照像一紙，閲之即可了然云。

致上海吕大臣、盛大臣，江甯魏制台

光緒三十年二月三十日未刻發

滬電悉。精琪〔二〕所言，虚謬支離，萬不可行，鄙人已逐條面駁，無一語能解説者。至外國人代掌銀幣之權，更是萬萬不可。午帥意如何，並望賜示爲感。卅。

致長沙趙撫台〔三〕光緒三十年三月初一日子刻發

勘電悉。尊意所謂分濟，想係分濟練兵處。尊示頂奏係如何辦法，如何措詞，祈示大略，以便與端午帥商酌。練兵處令尊處設法維持，其意即令湘省協濟鄂廠經費而已，觀駁四川錫清帥請設廠咨文已明言之可證，此事自應聽候卓裁。湘省設廠，管見亦深佩贊，但練兵處欲湘維持鄂廠，而鄙人自言鄂廠不須維持，措詞稍費事耳。再，鄂漢陽廠距江太近，現正籌擬移向襄河上游二十里兵輪不到、礮火不及之地，并聞。與江南製造局移蕪湖灣址意同。盼速示覆。卅。

致京外務部、商部，日京楊欽差〔四〕光緒三十年三月初二日午刻發

據江漢關道轉據茶葉公所衆商稟：歷年春間進山採茶，運銷外洋，爲漢口土貨大宗。茲值入山之際，適值鄰邦開戰，軍火糧食禁售戰國，日本海軍省所定禁物第二欵下有飲料一項，未悉茶葉一項有干例禁否，稟請照會查示等語。查應禁物件，係專指運往戰地而言，且茶葉一項，尤非戰時所需之物，當不在禁列。惟該商等因聞有禁運飲料，不無疑慮觀望，應請詢明日本外務部暨駐京日使，明白示覆，以釋群疑，而維商務。冬。

致上海盛大臣、長沙趙撫台光緒三十年三月初二日午刻發

頃某國總領事來言，接某公使密電，云比國在湘請造湘陰過常德至辰州一路，現已商諸兩公。查俄、法合謀，比國素聽法人主使，俄人既修西畢里亞鐵路，又請修庫倫、張家口兩路，法又囑比承攬粤漢幹路，今又請修辰常一路，自中央而四達，中國全在俄法掌握之中，可危孰甚。務望力阻比人，勿令建造湘辰之路等語。查某使所言實是忠言，於中國利害大有關繫。究竟比人是否現有此議，似不宜許，祈速示。洋報言，比人在京謀造京張一

〔一〕録自苑書義等主編《張之洞全集》第十一册，第九一三四頁，河北人民出版社一九九八年版。
〔二〕精琦，美國金融學家，著有《中國新圜法》。
〔三〕録自抄本《張之洞電稿·致各省電》。
〔四〕指中國駐日本公使楊樞。録自抄本《張之洞電稿·致北京電》。

路，杏翁想必有所聞，并祈示。沃。

盛大臣來電 光緒三十年三月初三日申刻到

沃電悉。辰常一路並無所聞，京張亦未見比人來言。利害所關，自當合力堅拒。粵漢已電梁使、康使〔一〕分告美外部，中國認定合同第十七條，專認美公司，不得轉與他國人。而美公司稟覆，美外部謂股票分售，美例不禁，權仍屬美等語。該美商伍使所招，貪利售股，實所不料。美國憲法不同，現派福開森赴美，與海納翰面商挽救之法。目前湘路暫停，因我責其違背，欲與廢約，尚在相持。洋欵造路，斷非長策，必須通力籌欵，次第收回，容徐圖之。宣。冬。

趙撫台來電并致端撫台 光緒三十年三月初八日午刻到

頃外部來文，比欲辦常辰鐵路。此處已據紳商稟請承辦，即以此拒之。是否，祈示。巽。陽。

致長沙趙撫台 光緒三十年三月初八日申刻發

即以紳商承辦拒之爲妥。洞、方同覆。

致上海盛大臣〔二〕 光緒三十年三月十五日發

聞張道贊宸言，距醴陵數十里、距洙州〔三〕數十里有地寬廣，可以建廠，李維格議設化鐵爐于此。地名記憶不清，該處是否醴陵所屬，距水口遠近如何，祈速示知。如有圖説，即日寄蕪湖或金陵，尤盼。

致長沙趙撫台〔四〕 光緒三十年三月十八日巳刻發

前接覆電，具悉。膏捐辦槍廠之奏，係公與端午帥商定，弟本不知其詳。昨到鄂，詢據午帥云，係膏捐所收之欵，除撥還兩省舊有正雜各欵及鄂有賠欵捐外，其增收之數約一百萬，作爲南北兩省公之欵，合辦槍廠等語。詢朱道滋澤，所言亦同，不知尊處原議是否如此。如在湘設廠之議有成，此廠所出之槍是否湘、鄂各半分用，祈明示。再，昨接端午帥咸電，述尊處覆電云如廠設在醴、潭交界之渌江，湘願獨任百萬等語。此所謂百萬，是否即統指膏捐增收之百萬，抑係將膏捐增收創出一半歸鄂之外，湘省仍湊足百萬，并望明示。此由鄙人未知兩省原議，不審午帥、朱道所言與台端議定此舉之本意有無參差，彼此有無誤會之處，不得不詢明，以便以［？］覆酌辦。如何辦法，統聽尊裁，祈鑒督。總之，弟毫無成見也。祈速示覆。嘯。

致外務部 光緒三十年三月十八日巳刻在江甯發

據江漢關道電稟：前奉發盛大臣虞電，上年三月，漢廠商董與日商三井訂購生鐵一萬六千噸，未運之數尚多，事在日俄未戰以前，已電外務部飭知總税務司轉飭滬、漢兩關，照章驗放，請飭職關放行等因。並准日本永瀧領事函，彼國製鐵所向來所運大冶鐵鑛及訂運生鐵，似均不在戰時禁貨之列。運鑛輪船抵鄂在即，

〔一〕指中國駐美國公使梁誠、美國駐中國公使康格。
〔二〕録自抄本《張之洞電稿·致上海電》。
〔三〕後電亦作「株州」、「株洲」，係同一地。
〔四〕録自抄本《張之洞電稿·致各省電》。

請知會税司妥議，以便無礙運出前來。職道查前項生鐵、鐵鑛，雖專供農工製造，大冶鐵鑛在職關完税，運往日本銷售，二十六年曾經赫總税司札行税務司，知會有案。惟現當日俄開戰之時，若准照舊運往，於中國局外中立有無窒礙，似應電請外務部核覆，再行遵辦等語。特據情電達，即祈迅賜酌核，電覆飭遵，爲禱。篠。

致漢口江漢關梁道台 光緒三十年三月十九日辰刻發

頃外務部來電云：篠電悉。漢廠與日商訂購生鐵，前准盛大臣電請照章驗放。日使來函聲明，運至日本作爲商工製造之用，且係未經精煉之鐵，與製造軍器材料不同，不得以禁貨論。旋據總税務司呈稱，生鐵並各類鑛産，儻運往戰場，不給准單，若運往日俄兩國境内各他處，即給准單。惟貨主冒險販運，設被戰國拘拏，應自擔其責各等因。本部復查萬國公法，有生鐵不在禁内之語，已札覆總税司照辦，並電知盛大臣矣，希查照飭遵等因。特飛達，速照辦。效。

致漢口梁道台 光緒三十年三月二十日戌刻發

皓電悉。襄河盛漲，致民船碰撞大阪躉船，屢致淹斃人口。民命至重，大阪躉船自應移開，儻日領堅執不從，可與再商。此時水勢湍急，必須暫行設法挪開，俟冬令水平，再商辦法，似此情理兼盡。若仍任意遷延，不顧中國民命，即由税司按照關章辦理，諒各國自有公論。該道務妥慎籌之。哿。

致漢陽鐵廠總辦張道台贊宸 光緒三十年三月二十一日申刻發

兩號電悉。江南擬在湘東、萍鄉一帶移建製造新廠，分造槍、造礮、造槍彈、造礮彈、造無煙藥、造硝强水、造磺强水、煉鋼、燒磚各項，廠地約須二千餘畝。湘東近鐵路處有無如許地段可購，土性是否堅實，其地或傍山或濱河，傍山處是否須鑿石，傍水處是否須填地，或山水之間有平坦之地可及二千餘畝者最善。如湘東無此合宜之地，萍鄉一帶有此等大地能作廠基者亦佳，是何地名，距湘東、萍鄉若干里，距鐵路若干里，即速詳細電覆。箇。

致武昌梁太守速譯送官錢局高道台〔一〕 光緒三十年三月二十一日申刻發

鄂製銅元，就現在銅價錢價核計工本，每銅元百箇合制錢一千文，究竟可得盈餘實數若干，望速確核，即日電覆。因此間言人人殊，欲得一切實比例也。覆電用梁守處密本，切要。箇。

致外務部、天津袁宫保，上海吕大臣、盛大臣 光緒三十年三月二十二日未刻發

滬未電、部皓電均悉。葡約第五欵最謬。澳門華民不過十萬人，何至歲需六百萬石之米，明係藉端出洋牟利。此粵省向來積弊漏卮，洞所深知，萬不可許。猶記洞在粵時，粵商請准運油、粘米接濟澳門，情願認捐，米數無多，大約數十萬石而已。粵省

〔一〕録自抄本《張之洞電稿·致本省電》。

人稠米少，年年仰給洋米，若本境之米多漏出洋，而反以重價買外洋進口之米，情理顛倒，民食益艱，民生益蹙，粵民必譁，變亂必起。且東洋流寓華民極多，若日本援例，何以拒之，即使完稅，亦萬不能允許。至於西江行輪，漫無限制，自宜駁斷。總之，此後議約惟在聚精會神與德、法、俄三國辯論，至葡乃小國，乘間攙擾，儘可直言駁斥，甚則不理，不宜多立條款，無意中爲諸大國開方便之門也。請察酌。禡。

吕大臣、盛大臣來電并致外務部、袁宫保

光緒三十年三月初八日丑刻到

葡使白郎轂、總領事博弟業來滬議約已晤，面准送條約六欵。第一欵：一、大清國、大西洋國於耶蘇一千八百八十七年十二月初一日即光緒十三年十月十七日所立和好通商條約，仍照施行，並現所應加應改者，一體遵守。第二欵：一、一千九百零一年九月初七日北京所立第六欵入口貨物加稅條約准定之後，大西洋國亦即承認照辦，但别國所享最優利益，大西洋國應得均沾無異。大西洋國之商民其所納之稅，應與各國一式，不能稍分軒輊。因此一千八百八十七年十二月初一日所立第十二欵條約，即行銷廢。第三欵：一、洋藥之稅並現行釐金，按照現在所遵照之各條約辦理，大西洋國仍照一千八百八十七年十二月初一日所定條約，協助大清國徵收由澳門出口運往中國洋藥之稅，並助防緝走私。惟因欲妥辦此事，故所有在澳門入口之洋藥，一經抵口，必須在地方官所立之局報名入册，如不能呈出在最近中國海關完稅之據，該局即不准其起岸。此項洋藥應作為運往中國内地之貨。凡澳門本地食用之洋藥，須每年議有定數，其已經付與海關之稅，每月照數填注存票發還。其自澳門運往中國界外之稅，亦須照繕存票發還。所有入澳門本口之洋藥，按照本欵，須與運往中國口岸稅則一律，不能多徵。此項章程將來當由澳官與海關人員定辦。第四欵：一、澳門所轄水陸地方内如何防緝走私，應由澳官擬議節略，會同稅務司定辦。其附近一帶地方如何防範，應由稅務司擬議節略，會同澳官定辦，俾兩面實得相助之益，與地主之權無礙，並由澳憲與海關特派人員會議查緝界限，設法相助，以免走私。第五欵：一、因大西洋國既按照以上條欵有益於大清國，現大清國承認所有中國貨物入澳門本口、專屬澳民日食之需者，不用在中國繳納出口之稅。雖中國不准運米出口，今大清國因澳門居住如許華民，認許每年由中國運米六百萬石入澳門，不收其稅。如或不敷，並可加增。第六欵：一、習見來往中國内地水道船隻不甚興旺，定須改良。所有來往西江貿易船隻，有定章而未經遵行，是以各項生意皆為減色。今大清國立即認許，以後無論何船，無論大小，可在澳門西江各口地方自由往來，但各船必須允在中國海關完稅，具領稅務司所給憑照。此項船隻所有正經貿易，均可承做，如拖帶小船、搭客帶貨等情云云。查第一欵係遵守舊約，第二欵係承認新定稅則，第三欵、四欵係議協助稽核洋藥稅釐併徵辦法，於我有益。惟從前章程係由赫總稅司議訂，此兩欵於前章是否符合，有無應增應删字句，擬請飭赫詳細妥酌。第五欵：中國土産由各埠運澳門免出口稅，又運米出口多至六百萬石，並可加增，又不納稅，恐英、日藉為口實，各國亦必羣起效尤，當力為辯駁。第六欵：西江行輪，按照英約停泊之處，已不為少。若如所云無論何船，無論大小，可在澳門西江各口地方任便來往，殊覺漫無限制，擬仍查照英約力争。但彼以第五六欵為酬謝上欵

利益，恐亦有争論。在京曾提及否，應如何准駁之處，統祈卓裁，逐條示覆，宗旨所在，俾有遵守。該使函内聲明，容後再當續送他款，與英、美兩國條約相仿，書法微有不同等語。現已催令迅速送齊，俟送到後再為電達。海、宣。未。

致長沙趙撫台光緒三十年三月二十二日亥刻發

盛大臣語二電，以粤漢鐵路美約尚未逾限，現日、俄在我國境内交戰，更難以此詰責等語，諉爲美約不能作廢。試思日俄戰事在遼東，與粤漢幹路所經腹地有何關涉。美既背約售股於比，即不啻售股於法。公司之權向爲股分多者所主，美商所謂權仍屬美者，殊不足信。此事利害具詳敝處沃電。今美既不照合同如期興辦，自應照逾限例，與美公司聲明作廢，以杜後患。今難得福星在湘，大局之幸。公風力剛勁，湘紳志氣堅强，必能挽回。此舉務請尊處合官紳之力，切電盛大臣，將美公司承辦合同聲明作廢。能否仿照四川自立公司，先辦岳、潭，次辦岳、鄂，鄂、潭通後再與粤商合辦潭、粤，庶免比、法合謀，再奪此項路權，爲中國腹心大患，是爲至幸。祈裁酌示覆。養。

致武昌端署撫台、漢口梁道台[一]光緒三十年三月二十五日酉刻發

梁道敬電悉。停大阪關單，是末一著辦法，必先代籌一通融之法，使大阪不大喫虧，庶易轉圜。上年曾經飭商招商、太古兩公司，躉船允各讓一日，借與大阪輪船停泊。每禮拜僅讓兩日，似太少。查招商局本有兩躉船，現爲保全中國民船人命起見，該公司當亦有惻隱之心。可由梁道迅商招商局施道轉電楊京卿，每(月)禮拜[二]讓出兩日，太古仍讓出一日，每禮拜共有三日，讓歸大阪泊用，則大阪一禮拜六日中有三日可有卸載之處，生意不致大減，暫將躉船移開，無甚窒礙，自不容再有推延。若再不遵，則我之辦法顧念友誼，實已仁至義盡，彼一味恃强，不顧中國民命，届時即照關章辦理，彼曲我直，尚有何辭。此層必須先與商辦，情理乃爲周到。如彼此允洽，事即可了，不至停其關單，自無須遽達外部。若招商、太古皆允，而大阪尚不允，自應分電外務部及駐日楊星使照轉日外部辦理。梁道務即速分別妥商電覆，以憑酌核。有。

致武昌端撫台、長沙趙撫台光緒三十年三月二十六日辰刻發

湘皓電、鄂馬電均悉。江南新廠現已定議移建萍鄉之湘東地方。至五省合辦一説，此間慮權限不清，非其所願，且川省萬不肯附入此局。細思通力合作，本是極正大之舉，而牽掣過多，窒礙多端，實難言罄，將來變局尤難逆料，五省合辦之舉，只可作爲罷論。至渌口地方，據鐵廠張道言，濱臨湘江，爲粤漢幹路所必經地，太顯露，設廠殊不相宜，所議甚是。鄙意膏捐每歲究能增收若干，亦須俟一半年方有實在把握，似覆奏尚可稍緩。如果此舉將來竟能辦成，總可從湘省之願，設在湘省地方。第益陽兼

[一] 録自抄本《張之洞電稿·致本省電》。
[二] 抄本「禮拜」上似衍一「月」字。

就煤鐵一節，尚未的確。寶慶煤鐵雖富，現在並無人用西法開采，土法所開之煤必不能佳，亦不能多，土法所煉之生鐵必不能用。且寶慶灘河行船易壞，一年半係涸淺，焉能運濟，尚須別擇相宜之地耳。惟練兵處索欵一節，俟西、皖俱議妥時，當籌一數以應付之，請其勿阻湘中新廠最妙，但不知有此妙筆妙舌否，請兩公熟籌見示。宥。

致武昌端撫台、漢口梁道台 光緒三十年三月二十七日未刻發

武、漢兩宥電悉。昨發有電，飭該道商太古、招商兩公司讓用躉船一節，想已閱悉。必須先將讓用躉船一節辦到，則停其關單方能實作。玩日領永瀧口氣，助欵撫恤一層，彼意已動，若再濟以讓用躉船，當可就範。該道務照有電，迅速妥商。民命至重，招商局固當體念，即太古亦難膜視，如招商、太古皆允通融，大阪自不能再有推諉。此舉實爲緊要關鍵，務飭梁道切實與商，得覆即詳細電告。頃日領永瀧來電，請將此案歸兩國政府議辦，蓋明知外務部之易商，故有此請耳。感。

致長沙趙撫台 光緒三十年三月二十八日丑刻發

頃接盛大臣徑電，以接尊處漾電商令將美約作廢，謂美律不能禁止公司售票與他國人，但能爭到美公司雖他國人買票，他國政府不得干預其事，便無妨礙等語。查他國政府不干預一語，僅屬空文，萬不可信。現明明有合同第十七條可據，而美公司已不遵守，我亦不與力爭，則此後他國干預尚能力阻耶。況股票既售與他國，權利即屬於他人，雖仍由美公司出面，亦不過聽命於比、法，供其指使而已，於中國大局豈能有絲毫補救。前日接見此間美領事馬墩，鄙人談及美公司不應售票與比國。美領事亦深不謂然，並未以例不禁售與他國人之説，曲爲美公司諱，並謂言及此事甚覺可羞，又謂中國儘可將此合同作廢，美國家亦不能以爲非云云。夫美公司合同之可廢既[一]出自美領事之口，可見公道自在人心。利害所關，無所容其遷就。誠能歸湘承辦，實爲萬全上策。務望極力主持，再電盛大臣必爭到廢約爲止，曷勝禱切。沁。

致上海盛大臣[二] 光緒三十年三月二十八日自南京發

滬徑電、鄂感電悉。他國政府不干預一語，僅屬空文，恐不可恃。現明明有合同第十七條可據，而美公司已不遵守，若稍與遷就，彼知背約并不爲害，將來他國干預更可放膽徑行。況股票既售與他國，權利即屬與他人，縱公司仍由美商出面，亦不過聽命于比、法，供其指使，于中國大局豈能有絲毫補救。前日接見此間美國領事馬墩，談及粤漢鐵路事，鄙人謂美公司不應售票於比國，比用法欵，致將來路權爲法人所攘。美領事亦深不以爲然，謂言及此甚覺可羞，并未以美國公司例不禁售票與他國之説，曲爲該公司解轉，謂中國盡可將此合同作廢。夫以廢美公司合同既出自美領事之口，可見公道自在人心，而利害所關，固無可容其遷就。竊思美律不禁公司售票與他國者，當指零星散股而言，斷

[一] 底本為「即」，據楚學精廬刊本《張文襄公全集校勘記》改。
[二] 録自抄本《張之洞電稿·致上海電》。

非畫分地段售與他國承辦可援此例，否則合同第十七條美公司當時即不應承諾，美領事此時豈肯直言當廢乎。總之，合同第十七條是此案鐵據，萬萬不可通融。務望杏翁切電梁使，并飭福開森極力争辯，必辦到廢約爲止。倘此時稍涉含糊，不照合同第十七條辦，到將來設有他國干預其事，誰執其咎，甚可寒心。祈杏翁妥籌示覆。沁。

致武昌端撫台、漢口梁道台 光緒三十年三月二十九日亥刻發

梁道儉電悉。永瀧所稱襄河發水，輪船不靠躉船，一二日再出事，水漲時躉船移開一二月，均與保護華船民命無甚大益。至約定十三年後再永遷，尤爲悠遠難待，不過推宕支吾，萬無允理。儻大阪肯受津貼，移開躉船，自是最上策，雖多費數萬金，亦所不惜。次則仍由我代商太古、招商租借躉船爲妥。查各公司躉船每禮拜皆有空閒之日，以空閒日租讓大阪泊用，於彼生意並無出入，仍由我按日從優貼以租金，彼亦有利。可再與太古熟商，但使太古商妥，招商局可由此間電商袁宫保飭遵。大阪既有他公司躉船可借用，則責令移開躉船，彼自無可藉口。如太古、招商局外，有别公司躉船可租借，亦可與商。儻各公司躉船皆堅不肯租借，則萬不得已，可商大阪每年水漲時移開躉船，至九月後水勢平定，仍暫准停泊。以上各辦法均以三年爲限，限滿即永遷。約計蘆漢鐵路今秋接通黄河鐵橋，明年接通劉家廟一帶，生意日益興盛，日本租界於此三年中必可開築齊整，自設馬頭，何須待至十三年後。計自光緒二十三年借用起，至光緒三十二年止，已借十年，可謂十分交情矣。若再不顧民命，不聽商量，則惟有停其關單，且以後兩湖日本行輪商務，我斷不能再爲協助矣。此係與該道籌商妥當辦法，務即詳加審酌，迅速商辦。至對永瀧措詞，寛嚴之間，自可由該道體察實情，相機操縱。無論如何辦理，總以我不惜費，辦到移開躉船，免致決裂爲主。永瀧既允電政府請示，如何回覆，該公司總辦初二到漢如何口氣，均即隨時電告，至要。此事午帥之意以爲何如，有何良策，祈速示。豔。

致上海盛大臣[一] 光緒三十年三月二十九日發

美公司將粤漢鐵路北段分售比國，實與合同第十七條大相違背。此事非獨湘省紳民不願，鄂省紳民亦極不願。大局所關，其害不可思議。鐵路歸公專政，務望按照合同第十七條堅持力辯，立將此約作廢，以杜后患。梁星使及福開森處，自應由尊處切實電致照辦，方能得力。禱甚盼甚。豔。

致福州船政大臣崇將軍[二]、魏京堂 光緒三十年四月初二日酉刻發

東電悉。滬廠因濱海，故擬移建堂奥之區。閩廠運至内地，尤爲不便，舍近就遠，似無此理。承念籌欵之難，慨然以全廠相假，雖不能照辦，然盛意則可感矣。敬謝。洞、燾同覆。冬。

[一] 録自抄本《張之洞電稿·致上海電》。
[二] 指福州將軍兼船政大臣崇善。

致外務部 光緒三十年四月初二日亥刻發

美公司承辦粵漢鐵路，合同訂明不准轉售他國。現聞美公司將此路分作南北段，以北段售與比國承辦，比用法欵，權即屬法。蘆漢鐵路既已如此，若湘路再歸比、法，法素助俄合力侵佔路權，其害不可思議。前據湘紳公呈，已由爾巽電陳大部，並電盛大臣，按照合同第十七條力争廢去此約在案。兹之洞等復接湘紳公呈公電，力請廢約，歸湘自行承辦。鄂省紳民聞美公司違約轉售他國，亦羣起力争，衆情所必不願，豈能强拂。之洞此次到甯，接見駐甯美國領事馬墩，詰以美公司何得將湘路轉售比國承辦，馬墩謂美公司原主財力甚富，本不致有此舉，自其人故後家財分散，接辦者遂有轉售他國之事，言之甚覺可羞，中國儘可將此約作廢等語。美領事之言如此，可見公道自在人心。利害所關，固無所容其遷就。疊經電致盛大臣商廢此約，盛大臣覆電，謂美律不禁公司售票於他國，但能辦到他國不干預其事，便無窒礙等語。查公司通例，以股分多者作主，股去權即隨之。況美公司將此路北段全數售歸比國承辦，尤非僅售股票者可比，安能不令人干預。縱使辦到，陽仍由美公司出面，陰實聽比、法指使，則中國之害，仍然不能稍減。務請大部鼎力主持，切電盛大臣按照合同第十七條，聲明美公司背約之咎，將此約作廢，萬勿稍與通融，免致比人强來勘路，滋生事端。大局幸甚，兩湖幸甚。之洞、端方、爾巽同肅。冬。

致上海盛大臣[一] 光緒三十年四月初二日發

沁、豔兩電想達覽，未知近日在美辯論如何，同深焦急。頃復接湘紳公呈公電，痛陳利害，詞意極爲危切，鄂人議論亦同。倘此約不廢，將來比人來湘工作，楚人風氣剛勁，業已聲明斷不承認，届時勢必合力阻拒，萬一激生他變，將何以善其後，弟等實無詞以對楚人。務請尊處據理直争，力廢此約，免滋巨患，曷勝迫切盼禱之至。并祈迅賜電覆。

致長沙趙撫台、武昌端撫台[二] 光緒三十年四月初三日丑刻發

湘紳公電暨次帥加電均悉。已會兩帥台銜切電外部，并會銜另電盛大臣，務將美公司合同力争作廢。謹聞。冬。

致京外務部[三] 光緒三十年四月初三日亥刻發

頃據江漢關道冬電稱，准克税務司函，前准函送外務部電，日商運鐵一事，據總税務司呈，生鐵并各類鑛産倘運往戰場，不准給單，若運往日、俄境内各他處，即給准單等因。迭次電詢，迄未奉總税務司覆電。現在鐵廠有鐵鑛運赴日本，可否准其出口，務於明日見覆等語。除囑税司遵照部電外，祈電外務部查照前電，飭總税務司電飭該税司遵辦等語。又據該關道江電，日商運鐵一事，頃復接克税務司函，總恐有違禁令，遲疑不敢放行，祈速催外務部札行總税務司，電飭該税司遵照，以免躭延等語。請查案

〔一〕録自苑書義等主編《張之洞全集》第十一册，第九一五三頁，河北人民出版社一九九八年版。
〔二〕録自抄本《張之洞電稿·致各省電》。
〔三〕録自抄本《張之洞電稿·致北京電》。

札行總稅務司，電飭江漢關稅司遵辦，并祈電覆。講。

致漢口江漢關梁道台、武昌端撫台〔一〕

光緒三十年四月初三日亥刻發

頃准外務部冬電，俄使面稱漢口有私運米穀出洋接濟日本情事，請查禁等語。查米穀本不准運往外洋，如有私運接濟之事，亦違禁例，希飭該關道仍照約隨時查禁，毋得疏忽等因。特電知梁道，速即照會稅司查禁，并先電覆。講。

致上海袁道台光緒三十年四月初五日戌刻發

聞英國新任水師提督統率大小兵船十艘抵滬，有日內將進長江之說。查長江係在內地，與海口不同，向未有外洋大隊兵輪駛入。自庚子年與各國訂保護長江之約，其時事故多端，英前水師提督守約不渝，並無多船駛入長江，用能相安無事。今北方多事，南方民心不免因之牽動，幸沿江各省彈壓鎮定，商民賴以安堵。若英國驟來多艦，事非習見，適足驚擾民心，妨礙商務，於此時會，實不相宜。英水師新提督或未悉中國情形，英總領事實所深知。務望切商英總領事，向英提督極力勸阻。如僅爲拜會沿江督撫而來，只須來一提督座船，或再酌帶一艦可矣，斷不可全隊偕來，致驚民心，而滋他國口實。諒英總領事素敦睦誼，熟悉長江內地情形，必能善爲達意也。希速妥商電覆。歌。

致京外務部〔二〕光緒三十年四月初六日午刻發

前奉冬電，當飭江漢關道查禁。茲據該關道覆稱，俄使所稱漢口私運米穀接濟日本一事，現准稅司查覆，俄日開戰後，由漢往日僅有三船，并無裝運米穀，已遵飭囑稅司隨時查禁矣等語。謹此奉覆。至漢口米穀，向只准商人照章由此口運至彼口，并不許其出洋，并聞。俄使憑空揑造，殊屬無聊。魚。

致武昌端撫台、武昌府梁太守〔三〕光緒三十年四月初七日亥刻發

江南移廠購機各事曲折，甚爲淘神已極，近始定議，約四五日內奏稿商定繕發，即回鄂。經心書院本鄂人所創，留此爲保存中國古學之地，反復思之，似不可廢。方言學堂擬仍照原議，就農務學舊堂改用爲善。特奉商，祈妥酌示覆。至禱。遇。

致武昌端撫台光緒三十年四月初八日子刻發

克薩洋欵奏請改撥一案，歷次本係敝處會台銜附〔奏〕，雖部議必不能准，而改撥之奏仍宜照案辦理。惟現距還欵之期已迫，弟回鄂尚須四五日後，此案即請尊處迅主稿，會鄙銜附奏，以免遲誤，感盼。陽二。

致漢口江漢關梁道台光緒三十年四月初十日丑刻發

語電悉。招商不肯借躉船，究係何人主見，即速探明電覆。

〔一〕録自抄本《張之洞電稿·致本省電》。
〔二〕録自抄本《張之洞電稿·致北京電》。
〔三〕以下三電録自抄本《張之洞電稿·致本省電》。

如僅係施道梗議，或楊京卿作難，尚可由此間電商袁宫保，冀或見允。必此層辦到，庶諸事易商。又，招商躉船之下，太古躉船之上，中間江岸相距若干丈，能再容一躉船否，其地現係何人管業，亦望查明速覆。該地如能租借收買，由官設一躉船租與大阪一法，至立逼遷移，勢難如願。但日外部租界完備，商務興旺即移，亦並無堅執十三年之説。鐵路既通，漢口生意日新月盛，日租界一帶商務興旺，何須待至十三年。若從大阪借設馬頭之年起併計接算，則扣至光緒三十五年，便滿十三年之限，彼此可以遷就。其躉船移下七八丈，船頭用民船保護，可照永瀧議辦理，惟水漲時僅移開一二月，爲期太短，至少須移開四箇月，水勢漸平，方免出險。此數端能就範，彼出租欵一層，儘可寬免。可再與永瀧切實磋商，一面先查招商主議之人，及江岸情形，飛速電覆，切盼。此電并鈔呈撫院察閲。佳。

致福州崇將軍、李制台[一]、魏京堂光緒三十年四月十四日亥刻發

兩公陽電悉。杜業爾跋扈把持，實爲閩廠積蠹，尊處苦心籌度，拔去病根，使全廠有回春之象，欽佩至深。鄙意極願與南洋合力保持此廠，惟詳細思之，核計歲需養廠經費三十萬兩，造船經費四五十萬兩，兩省斷無此力。若統沿江五省協籌合辦，則孰主張是，權限難定，即江楚合辦，事權即已不一，會奏措詞，殊難允當，況隔省遥制，呼應亦必不靈。種種窒礙，勢有難行，愛莫能助，無可如何。然鄙人竊有一策，敢以奉獻。蓋船政一局萬不可廢，事理甚明，入奏亦必不允。若閩廠閩辦，熟手可資，所短者經費耳。現在各省制錢缺乏，錢價奇昂，若能就廠多添機器，鑄造銅元，洵爲利民要政。每年能出一百萬貫，必可獲贏餘三四十萬兩，再能多鑄，則更多贏。只可官辦，不可商辦。周轉甚速，無慮鑄本難籌，濟以閩關額欵，是養廠造船，費俱有著。所造之船自以淺水兵輪爲最善，或魚雷船艇亦可補助爲用。果能堅穩靈捷，各省自必争購，工價仍可收回，用資周轉。不惟江南必購用，即湖北亦必購用。此爲保全閩廠上策，不惟關繫閩省大局，實關繫中國大局。勉帥老成謀國，亦必關心，盍懇切與勉帥商鑄銅元，勝於協欵百倍矣。愚慮一得，尚祈酌裁示覆。願。

致漢口江漢關梁道台、武昌端撫台[二]光緒三十年四月十七日戌刻發

諫電悉。永瀧前來函述日外部語，與該道上次語電所述各節無異。其意甚爲堅執，若無切實辦法，空與磋商，徒延時日，於事何濟。查招商躉船之下，太古躉船之上，中間既當有二十餘丈，儘可容一躉船。該關驗貨躉船甚小，即移設招商躉船之上，亦無不可。既爲顧全民命起見，官中苟尚有可設法之處，自當極力通融，以自盡其保護民船之責。且由我設立躉船，租與大阪，則年限不難另與妥議，至多以七年爲限，彼時粤漢鐵路亦必接通劉家廟一帶，商務定已暢旺，日本整理租界定已完備，大阪躉船自可移設本國租界。現在有此官設躉船租與泊用，則彼拒退長江貿易

[一] 指署理閩浙總督李興鋭。
[二] 録自抄本《張之洞電稿·致本省電》。

之説，無可藉口，而我歲出巨資津貼之費，亦復可省，一舉兩得，計無有便於此者。税司係中國雇用之員，應聽中國調度，令其移泊驗貨躉船，諒不能有異議。可照此辦法迅速與税司説明，一面與永瀧妥議，若再堅執，是我已情理兼盡，彼不[一]受商量，即照關章停給關單，大阪亦不能怨我。該道務即遵照此電切實商辦，并鈔呈撫部院察閲。洽。

致漢口梁道台 光緒三十年四月十七日戌刻發

顧電所稱德領照會彼國水師艦隊擬入長江及各内河遊巡演礮一事，經該道駁阻後，德領有無答覆，極念。查德國此舉，必係因聞英國兵艦十艘有入長江之説，故亟思步其後塵。今英國兵輪經此間商阻後，僅有四艦入江，且止到江甯，並不上駛。英水師提督赴漢只坐差船一號，餘船概不隨行，當亦德國所共見。若德兵船連隊上駛，英必踵行，是不啻爲英國導其先路，與前次德提督與我要約之意，大相剌謬。况庚子年我與各國訂保護長江之約，其時事故多端，各國皆深明時局，守約不渝，並無大隊兵艦駛入長江之事，而各國長江商務亦因此保全，毫無阻礙，深佩德使、德提督與我同心合力之功，顧全大局之誼。現在北方多事，長江各省居民不免因之浮動，賴各省彈壓鎮撫，故華洋商民得以照常貿易。若德兵船無端上駛，並操演放礮，必致驚擾民心，有礙長江商務，於德商亦有何益。可迅速切商德領，以我意轉達駐京穆大臣，電止德水師統領，萬勿以多艦入江，導英先路。一面諄屬延興阿竭力勸阻。彼既受我厚薪，於此等事必應盡力，方爲不負委任。若德領力能商阻，無須電穆大臣，則我亦不必電外部。彼如謂必須電商穆使，該道立即電甯，以便補電外部查照，藉知應付，是爲至要。此電並鈔呈撫院察閲。篠。

致東京參謀本部鑄方中佐[二] 光緒三十年五月初四日午刻發

前接覆電，因鄙人連日口瘡甚劇，痛楚殊甚，致奉覆稍遲，爲歉。承示官與職有區別，於節制無甚礙難，極是。惟與各司道局員再三商酌，皆慮總辦道員設或不善相處，易致齟齬，轉與體面有礙，不如仍聘用官階較小之技師，較爲妥協。衆議如此，擬仍請就官階小而學問優者精選三員，先行電示。若係博士，尚無不可。此時新廠開辦尚早，只須先來一員，以備商酌全局布置規模，其餘兩員尚可稍緩，不妨先在貴國工廠研究，以增閲歷。至敝處前托代薦軍事幕僚以備參謀、顧問之選，擬亦聘用兩員，此則不拘官階大小，均無窒礙。兩員中有一員精於軍火製造之學者，用資詢訪，爲整頓鄂之計，亦甚有益。至感至禱。統祈妥酌見覆，並希原諒。豪。

致上海盛大臣[三] 光緒三十年五月初四日午刻發

東電悉。黄河橋工，已派員馳往滎澤工次勘驗，俟稟覆後，再行電商入奏。錢道以行車權利全被洋員把持，監督無從過問，

[一] 抄本為「自」，依上下語義，似應為「不」。
[二] 録自抄本《張之洞電稿·致外洋電》。
[三] 録自抄本《張之洞電稿·致上海電》。

裝卸貨物行李紊雜無章，屢催酌訂規條，亦置不理，自揣材力整頓爲難，故決計堅辭，以免負職。敝處屬其自向尊處請示，察其意似不欲再留。此差關繫甚重，必熟悉洋務，能抵制洋員，始可整理一切。鄙意沈道敦和現在上海，其人於此等事似有所長，請台端斟酌，如以爲可，即請就近面詢是否願就，由尊處酌定可也。紙。

致天津袁宫保 光緒三十年五月初八日午刻發

聞俄日開戰後，各國均派有觀戰武員，敝處現亦擬派員往觀，未知尊處曾已派員前往否。如派員從何處入，至何處止，兩戰國是否均須派員往觀，專派赴一國觀戰有無窒礙，兩戰國應否一律通知，統祈指示電覆，至感。陽。

袁宫保來電 光緒三十年五月初九日酉刻到

陽電悉。觀戰員向須商請兩戰國政府允准。我為中立，必須兩派。戰在我境，最易生嫌，且觀規甚嚴，亦難得妥員前往。各國在俄軍觀戰者，現仍在瀋，不許赴戰地，頗多未便。敝處因未明派，只遣探員相機窺查。請酌辦。凱。青。

致九江夏撫台[一] 光緒三十年五月初九日午刻發

端午帥頃來庚電，知土藥捐事遠勞藎注。贛、鄂合辦土税捐章程，已經尊處商允，自須速辦，遲則過時，今年無甚利益矣。現將詳章由朱道擬就，已經核定，一切悉照兩湖章程辦理，由鄂統收。尊處税欵仍照原議，每淨土百斤撥歸贛省六十四兩，按月彙解。其洋關、子口就地報售者，只免正耗税銀，仍徵落地膏捐及善後緝私經費錢文。於潯設查驗局，贛、皖均派員同駐，以臻周備。請即電覆，以便即日開辦。現已分咨贛、皖兩省矣。佳。

致上海盛大臣 光緒三十年五月十二日巳刻發

冬、遇、泰等電均悉。現據席道電，已與尊處商定和平了結辦法，意在將美公司轉售他國之股收回中國，於美公司無損，而中國權利亦稍有挽回，當易就範。祈切商妥辦，以慰楚紳之望。真。

席道來電 光緒三十年五月初十日申刻到

粤漢鐵路事宜，職道現與湘紳暨盛大臣商定和平了結辦法如下。一、美公司底股祇六千，擬購二千股，約須價銀六十餘萬兩。一、佔股後，湘省舉董駐美公司襄理。一、果佔二千股，權利六分得二。一、中國交出之小票四千萬元，擬以湘新籌之欵積存，屆期取贖。一、如購股事成，銀須即交，新欵緩不濟急，湘紳擬在賑糶捐收欵内撥銀六十萬兩。以上各條是否有當，伏乞訓示。匯湘稟。蒸。

致上海湖南會館席沅生觀察[二] 光緒三十年五月十二日巳刻發

蒸電悉。所籌和平了結辦法甚善，果能辦到，於權利挽回不少。至擬在賑糶捐收欵内撥銀六十萬兩，是否專指湘省應得之欵

[一] 指夏旹。録自抄本《張之洞電稿·致各省電》。
[二] 録自抄本《張之洞電稿·致上海電》。

而言。鄂省此項捐欵皆指抵撥用無餘，如專撥湘欵，應請商護院酌辦。仍祈電覆。真。

致東京參謀本部鑄方中佐〔一〕光緒三十年五月十二日申刻發

三月文電，託代選聘軍事幕僚，及將弁學堂礮兵、騎兵教習。五月豪電又申前意，并告知軍事幕僚擬聘用兩員，以備參謀顧問之選，均未得覆，盼極。查前承保薦之栗山、本莊兩大佐，其學問如與參謀顧問相宜，即歸湖北聘用，鄙意甚願。貴中佐素極關切鄂中軍事，兩年來交誼尤深，是以屢電諄託。務望視如己事，迅速代爲精選，電示姓名，以便商訂合同。因鄂省營務急須整頓，需才至殷，立候電覆。感甚禱甚。文。

致東京中國使館轉交湖北遊學生監督李道台光緒三十年五月十二日申刻發

本日由匯豐銀行電匯日幣一萬三千零八十二元，合銀一萬兩，可逕赴横濱匯豐行照數支取，收到即電覆。真。

致江甯魏制台〔二〕光緒三十年五月十三日午刻發

魚電悉。滇省銅本關繫緊要，部咨奏撥江、鄂兩省銅元盈餘各二十萬兩，勢難推卻，惟鄂省銅幣局局面較小，出數遠不及江南之多，擬勉籌十萬兩解滇應用。貴省銅元餘利甚厚，似宜較鄂增解若干，免致部中另生枝節。祈裁酌。文。

致荆州余道台〔三〕光緒三十年五月十四日未刻發

文電悉。枝江教案，前已照會領事派該道親往查辦，自應親往確查實在情形，秉公議結，不容稍涉遷就。該道應即遵札馳赴枝江詳查妥辦，務期兩得其平，以免日後再生枝節。若該道不親往，則與原照會不符，外人斷不肯默爾而息。切要。

致東京參謀本部鑄方中佐〔四〕光緒三十年五月十四日亥刻發

接覆電，慰悉。承薦之栗山、本莊兩大佐，前因代江南訪聘，實有爲難之處，故商請改選官階較小者。兹思兩大佐學問閲歷爲閣下所推，必可深信。若歸湖北聘用，則相需之處甚多。祈速轉詢兩大佐，如願就湖北聘，當仍幕僚相屬，就其所長，以資委任而備顧問，不限以一職。尊意如何，希即電覆。願。

致天津袁宫保、江甯魏制台、成都錫制台、廣州岑制台、福州李制台光緒三十年五月十五日辰刻發

慰帥敬電悉。前讀議覆赫德加賦條陳奏稿，具見苦心。恭查皇朝通考，乾隆全盛時，總計天下田土共七百四十一萬頃有零。

〔一〕以下二電録自抄本《張之洞電稿·致外洋電》。
〔二〕録自抄本《張之洞電稿·致各省電》。
〔三〕録自抄本《張之洞電稿·致本省電》。
〔四〕録自抄本《張之洞電稿·致外洋電》。

赫德以中國幅員面積開方計畝，仍謂有八千兆畝，減半折算，亦有四千兆畝，計增原數五倍有餘，安有此理。又每畝完錢二百文，無論田有肥磽，稅則斷難一律，即作爲牽算平均之數，亦覺增賦太多，蓋合計丁漕畝完至三四百文以上者，不過江、浙兩省中蘇、松、太、杭、嘉、湖等數府而已。此外各省畝稅多至百餘文，少或十數文，牽算平均數，每畝必不足百文。今欲驟加一倍有餘，民力何以堪此。中國農民最苦，本朝輕徭薄斂，相安已數百年，近以賠欵之故，悉索亦既無餘，若更重事搜剔，難保不激生衅端。此兩層慰帥奏駁甚是，深與鄙見相同。惟清丈事繁費重，措置極難。一縣之地，經年不能丈畢，需欵不知凡幾，若欲舉中國全境一千五百七十九州縣概行清丈，即各省同時並舉，亦非十年所能竣事，而此千餘萬之鉅欵，從何處籌集。即使凡有隱匿之地，無不和盤託出，增稅能有幾何，欲以抵補清丈之費，尚恐不足，於國家何利焉。至請欽派堂官隨帶司員親駐其地，督率興辦，無論厨傳供張，繁費無藝，恐州縣胥吏恃有欽差臨莅，益事張皇，迎合揣摩，急圖功效，擾民生事，流弊無窮。雖大稿有行之不效立即停罷之説，然既派欽差，勢難中止，若旋派旋撤，亦似於體制未宜，此節似宜再加審酌。弟前在晋撫任内，奏請清丈，係爲清查轇葛，爲民免累起見，並非爲增賦起見。原奏聲明雖有溢出田地，不增圭撮之糧，與赫德條陳用意判然不同，且由民間自行呈請，非官强迫，請查坊刻原奏自悉。然弟在晋時以馬玉山爲首府，錫清弼爲首縣，辦理陽曲，清丈兩年未能了事，其繁難可知。至弟原奏所言高崇基之於介休，馬丕瑶之於解州，皆在弟到晋之前，並非敝處飭辦，尊稿係屬錯誤，務請更正，至要至要。管見如此，如慰帥亦以爲然，但駁赫議，不請清丈，則請即挈敝銜覆奏。若慰帥必欲請試辦清丈，則鄂省擬自行專奏，惟鄙人在山西辦清丈各節，仍請查明删除，以昭核實，至禱。希鑒諒裁覆。元。

致長沙張護撫台〔一〕、龍侍郎諸公，上海盛大臣、湖南會館席道台

光緒三十年五月十七日亥刻發

湘紳公呈、席道暨由滬來電均悉。請撥湖南應得一半振糶米捐六十萬兩，公呈指爲購地之用，席道指爲買回美公司股票之用，雖均爲鐵路起見，辦法未免兩歧。以緩急論，自應先儘收買股票撥用。惟湘省應得米捐能否撥足六十萬，應請諸公與護院妥商酌辦。至美公司股票，湘擬收買二千股，權利僅六分得二，兹鄂省擬再向該公司收買一千二百股，則該公司權利中國收回一半有餘，將來用人辦事，一切足相抵制，在美仍不至廢約，斯爲兩得其平。應請盛大臣盡力商辦，務將兩省擬購股票如數收回。應如何設法辦理，聽杏翁主裁。鄂省購地購股之款，當由鄂省自籌，其振糶米捐之歸鄂者，鄂省別有抵用，毋庸議及。祈各迅籌電覆爲盼。篠。

致東京參謀本部福島少將、鑄方中佐〔二〕

光緒三十年五月十七日亥刻發

湖北現擬將將弁學堂歸併入武高等，合爲一學堂，酌照貴國

〔一〕指張紹華。
〔二〕以下二電録自抄本《張之洞電稿·致外洋電》。

士官學校另訂課程，力加整頓。定用貴國教習四員，德國教習二員，分認科目，各自教授，統歸監督節制調度。現將弁學堂僅有貴國教習二員，務請尊處迅速代選武高等教習二員。大致德教習令教測繪、工程、營壘、礮兵學等門，餘均由貴國教習分任。此時貴國正在用武，上選或難得，請先選派稍次者，俟將來再行更換。中國武學急待講求，貴少將、貴中佐必能鑒及鄙人苦心，妥爲物色。再，湖北兩次在貴國士官學校畢業回國學生，其考課表請詳録寄示，感甚盼甚。祈速電覆。篠。

致柏林廕欽差 光緒三十年五月十九日丑刻發

宥、銑兩電悉。楊祖謙等派學速成槍礮，係端中丞電託，敝處未知原委，大致因湖北槍礮廠製造需才。然製造槍礮，理法精深，速成斷無大益，且須視學生性之所近。祈就近傳詢各學生，願學槍礮者即行改派，務在得其實際，不必限定速成。既學槍礮專門，則原習之馬隊、工程等學，自無庸兼顧。祈代妥酌辦理，至感。嘯。

致漢口江漢關梁道〔一〕 光緒三十年五月二十一日午刻發

現已委梅道光羲率帶學生，張鎮彪率帶弁目，速往漢口招商局馬頭以下、太古以上，測量江岸及江面丈尺，會同江漢關道及税務司速辦。該道即遵辦。箇。

致東京湖北學生監督李道台〔二〕 光緒三十年五月二十五日辰刻發

禡電悉。振武畢業學生十二人，雖無聯隊可入，應均飭留東，加習普通學科及東文、英文，將來益處較多。蓋振武學校所教普通，意在速成，並不完備，趁此閒暇補習加深，最爲得計，萬不可遽行回國，徒勞跋涉，枉費川資。能否即在振武留學，該道即商楊星使與參謀本部，妥酌辦理，議妥速電覆。迴。

致上海盛大臣〔三〕 光緒三十年五月二十九日寅刻發

近接湘紳公電，以粵漢鐵路一事，尊電有奏請派會辦之説，因公舉王爵堂中丞充選。查美公司合同廢約雖難辦到，然購回合興公司股票，則志在必辦，既需股則籌欵爲先，湘紳中自應舉一領袖之人，以經營規畫，有所責成。擬即會列台銜，奏請飭派王中丞會辦湘境鐵路事宜。尊意以爲何如，祈迅賜裁覆，切盼。勘。

致長沙張護院、司道、營務處、善後局及黃道忠浩同閲〔四〕 光緒三十年五月二十九日午刻發

勘電悉。湖北武忠兩營，黃道前已銷差，經端前院另行委員

〔一〕録自抄本《張之洞電稿·致本省電》。
〔二〕録自抄本《張之洞電稿·致外洋電》。
〔三〕録自抄本《張之洞電稿·致上海電》。
〔四〕録自抄本《張之洞電稿·致各省電》。

接統。聞該營近甚廢弛，正在撤換管帶，擬即調回省城，嚴加淘汰整頓。此軍本已與黄道無干，如黄道以援剿兵力不敷，必需添兩營爲助，則鄙意擬有一辦法，須令黄道所部四旗照湖北營制改作六營，再益以武忠兩營，共成八營，局面較大，聲威自壯。一切聽敝處節制調度，俾與鄂派援軍聯絡一氣，呼應方靈。迭奉諭旨，各省營制宜歸一律，此本應辦之事，能如此則此八營月餉及一切軍械子藥，鄂當分任其半，否則鄂省已另行籌派援剿之軍，湘省如何辦法，鄂可不再與聞。祈迅速商定電覆，全盼。再，黄道一軍所發何槍，四旗共發槍若干枝，并查示。豔。

致長沙張護撫台、各司道、龍侍郎諸公，清江新授湖南撫台陸中丞[一] 光緒三十年六月初一日午刻發

昨接湘紳公電，以鐵路購回美公司股票，待欵至急，求撥借公欵暫資應付，情詞迫切。查此舉關繫國家路政，挽回主權利權，事在必成，非紳民合力，不能抵制美公司，非官爲維持，不能鼓勵民志。各國於商民營謀外國之利以益本國者，無不盡力保護。今湘紳於鐵路一事，同心協力，與美、比爭持，極爲難得，若不爲之設法，鄙意竊有未安。現在桂氛告警，兵事方興，官欵亦甚非易措，然振糶米捐，本係額外新籌，留備地方緊要需用。四月以前收欵雖已支用無餘，五月以後捐項必又徵存有數，盛大臣意須俟欵齊後方與美議，蓋恐欵無著落，徒託空談，或致翻悔。若先有一半現銀存滬，盛自放心買回。股票二千，當亦須陸續收購，未必全係整收整付。特此奉商春江中丞、小川護院暨司道，鐵路股票由官認撥六十萬，指定在振糶米捐項下分批籌撥此欵，即作爲官股，將來仍係有著。如以爲數較鉅，或目前先儘所有，暫行酌撥三十萬兩，如或不足，由湘紳設法息借。但使確有指抵騰挪，當尚不難。美國待欵甚急，春帥蒞湘尚早，事關交涉利害，鄙人不敢坐視貽誤，特分電奉達，希籌商速賜電覆。東。

張護撫台來電[二] 光緒三十年六月初四日申刻到

鐵路事關全局，自應力與維持。湘紳前指糶捐，業已用罄，現由司局無論何欵，暫行籌措三十萬，作為官股，其餘三十萬由該紳等另籌，作為商股，業飭張道與該紳等商允。庫欵綦絀，籌出三十萬實屬萬難，惟以外交權利所在，不敢稍失事機，竭力勉籌。至如何辦法，今晨張道搭輪踵轅，親聆憲示。華率司道叩。江。

致上海盛大臣 光緒三十年六月初一日發

滬甯鐵路小票共分幾次出售，現售第幾次，每次售票若干，交欵約在何時，各省分籌，尊意如何攤派，均望速示。此路爲最富庶之地，中國必宜盡力收買股票，以挽利權。查合同第五欵：國家有欵撥交總公司歸入鐵路帳内，與售賣小票之借欵一律支用，即將三百二十五萬鎊之數照撥欵若干扣減等語。是我買伊小票尚受折耗之虧，若作爲國家撥欵，則一萬是一萬元，無所謂九扣，

[一] 陸中丞指陸元鼎。

[二] 以下三電録自苑書義等主編《張之洞全集》第十一册，第九一七一至九一七二頁，河北人民出版社一九九八年版。

無所謂虛數，豈不更善。究應如何辦理，統祈詳籌，迅賜電覆，以便與各省商辦，至盼。

盛大臣來電光緒三十年六月初二日到

英公司力請全售小票，執第一欵飭總工程司估計二十箇月内所需，作為首次發售借票二百二十五萬。經外務部核准，電飭張大臣簽印，聞今日已開售。匯豐昨來函詢中國認買若干，彼即留票若干，交欵日期不妨稍遲，而定數只在此數日間。如欲攤派各省，須候各省回電，方能有認買數目，勢恐不及。鈞意照第五欵辦法只可入二次，務須于未准簽發小票之前，各省先定若干數目，作為國家撥欵，便可少給借票。可否請台端一年之内，與各省預為籌定。至首次借票，鄂省須備若干，乞示。商部及江蘇督撫均未必有。

致長沙張護撫台、各司道、營務處光緒三十年六月初三日丑刻發

桂氛逼近，湘防喫緊。湘省南境與桂境毗連，永、寶各屬必須防範。然地段甚廣，安得許多營勇分布，惟有迅速舉辦團練一法。務望飛飭沿邊各道、府、州、縣，邀集紳士，剴切勸諭，實力舉辦團練，多方鼓勵。衝要之處由省城酌給軍械，俾資防遏，是爲至要。盼速辦速覆。沃。

致上海電政大臣吴侍郎、楊京堂光緒三十年六月初三日丑刻發

桂氛告警，奉旨籌辦湘防。查永州爲由桂入湘門户，該處尚未通電，祈飭局迅速安設永州電綫，以通軍報。事機緊迫，此綫萬不可少。即盼電覆。沃。

致天津袁宫保光緒三十年六月初三日辰刻發

聞俄因屢敗遷怒，謂我助日本，欲明破我中立。此乃必然事勢，有何策以處之，祈示。江。

袁宫保來電光緒三十年六月初四日未刻到

江電感悉。俄敗思得法援，而無詞可措，欲先攀我入局，冀可引法。近日頗多吹求，均經隨時駁正。然我自開戰來，嚴守中立，毫無違犯。俄雖狡悍，當不能以謡疑遽行破局。萬一無理來犯畿輔，現備兵四萬，尚可抵禦。彼殘敗之餘，想不敢輕來挑衅也。凱。江。

致上海盛大臣〔一〕光緒三十年六月初三日辰刻發

寶道回，云橋墩穩固，亦無壅水阻淩之患。尊稿已添數語，交郵局寄還，請速奏。宜都淘金説帖尚未接到，係何處何日寄，祈示。講。

致上海盛大臣光緒三十年六月初五日巳刻發

絳電悉。湘紳公電，云昨讀盛大臣致宫保并張護院冬電，知鐵路事已主持廢約，籌辦各條悉合機宜，所云籌欵贖回小票，乃

〔一〕以下二電録自抄本《張之洞電稿·致上海電》。

題中應有之義，刻下無論賠償購地，總以趕緊籌欵爲第一要義。至請旨派員會辦，係因事關地方，又兼交涉，事體重大，湘省前派席、黄兩道未足相助，故又有請派大員之議。查王爵堂中丞前辦交涉多年，爲外人所推重，且與盛大臣共事有素，湘省鐵路又其所夙夜經營，欲爲地方除後患、固吾圉者，以湘人辦湘事，自必竭力磋磨，與盛公相助爲理，於鐵路事大有裨益。宫保如以爲然，請與盛大臣、張護院合詞電請外務部代稟，請旨簡派，勝於他人多矣等語。特電達。至應如何采擇酌叙之處，統請裁酌爲要。歌。

致天津袁宫保，上海盛大臣、楊京堂〔一〕

光緒三十年六月十二日丑刻發

漢口招商局之上馬王廟江岸，經日本大阪公司向華民租購建築馬頭，安設躉船，已歷七年。該處距襄河口甚近，每遇襄河盛漲，江流迅急時，民船屢有觸碰該公司躉船，淹斃人命之事。數年以來，疊向日領事商令遷移，該領事謂大阪所租之地，與地主訂明二十年爲限，此時日租界尚未修築完備，是並無客貨，斷不能移泊躉船於無用之地，堅不就範。然民命所關，斷無聽其久據爲害之理。辯詰數十次，將決裂者屢矣。近始籌得一法。查招商局躉船之下、太古躉船之上中間江岸，寬約四十餘丈，業與商明由中國在彼處安設一躉船，租與大阪公司停泊輪船，起卸客貨，惟必須近岸有堆棧，始允舍彼就此。是處左爲鐵路公司漢局，右爲湖北商務局及電報局莊道寓宅，聞均係招商局出租。現擬將大阪公司所造洋樓及毘連貨棧，與湖北商務局暨鐵路漢局掉換租用，言明有一方地换一方房屋，如有修改，退租時照原式造還。事在垂成，非此不能遷讓。竊思此數處公所即使略移向上，仍是臨江，並無妨礙。用特馳電奉商，務懇慰帥、杏翁暨杏城京卿軫念年年武、漢無數民命所關，衆情盼望，俯允通融换租。租價如有上下，歸湖北擔認，大阪洋樓貨棧如有不合用，亦歸湖北代爲修改，要修何等式樣，何等成色，無論如何精美，鄂省皆不難照辦〔二〕。倘承鑒許，祈飭知招商局、鐵路漢局遵照，敝處當飭江漢關梁道妥商辦理。日領事數日内即回國，立候電覆，感禱萬分。真。

致瑞安黄仲韜學士〔三〕

温州電局專送　光緒三十年六月十二日丑刻發

蒸電悉。近日風氣，士人漸喜新學，頓厭舊學，實有經籍道息之憂。僅恃各學堂經史漢文功課，晷刻有限，所講太略，文學必不能昌，久之則中國經史文字無師矣。故擬於武昌省城特設存古學堂，以保國粹。若以新學爲足救危亡，則全鄂救亡之學堂已二三百所，而保粹之學堂止此存古一所，於救亡大局何礙。有才有志之士，知保粹之義者尚不乏人，斷無慮無人信從也。救時局、存書種兩義並行不悖，日本前事可鑒。鄙意擬奏增章程一條，向來三年一舉優貢，十二年一次拔貢，照舊舉行，專考中國經史詞章古學，即所謂並行之道也。務再力勸仲容來鄂，爲此堂監督。此堂學生將來專供各學堂中學國文數門之師，存此聖脈。切盼。

〔一〕録自抄本《張之洞電稿·致各省電》。
〔二〕抄本爲「難照辦」，依前后文義，「難」字上似脱一「不」字。
〔三〕即黄紹箕。

真。

致荊州余道台、施南何代守，恩施王令、吳副將光緒三十年六月十二日丑刻發

電悉。恩施境内突出殺斃主教司鐸重案，地方文武疎於防範，咎無可辭。除已派道員左元麟馳往查辦外，該道、該協務速分飭該府、縣、營、汛，迅速捕拏兇犯，務獲嚴辦，起獲被戕各屍骸，妥爲棺殮，派役看守，一面盡力保護教堂，彈壓地方，勿再滋事。余道并向副主教安定邦代爲慰問，兼致惋惜之意，至要。真。

致京外務部[一]光緒三十年六月十二日未刻發

真電悉。初十，據施南文武電，恩施境内沙子地，有福音教民糾匪殺斃天主教之德主教等重案，即經飛電飭宜昌、施南各文武多派兵勇馳往彈壓保護，嚴拏兇犯，務獲懲辦。一面由省派委道員左元麟馳往，秉公查辦，滋事者嚴行究懲，被戕者妥籌撫恤，其疎防文武，候查明實在情形，即行從嚴參辦。文。

致施南府何丞，恩施縣王令、吳副將，宜昌傅鎮台、荊州余道台[二]光緒三十年六月十三日戌刻發

何丞、王令文電悉。此案洋主教、神甫、教士等七人被害，案情極爲重大，該地方文武斷難辭咎，若能早獲正兇，或可稍贖前愆，斷不能以匪等現均逃避，置身事外。限於十日内，將真正匪犯緝獲，逾期定干重咎，切切。再，來電謂教民與福音教民角鬬争勝，匪等乘間殺斃云云，語欠明晰。天主教民因何與福音教[民]角鬬，匪等如何乘間焚□，務即明白詳晰電覆。元。

致天津袁宫保[三]光緒三十年六月十四日申刻發

貴處添募第二、第三兩鎮，部咨於練兵項下分别省先行提解，湖北應提十二萬兩，兹於本日交百川通電匯京市平足紋銀十二萬兩，祈提用電覆。鹽。

致天津袁宫保，上海楊杏城京卿、盛大臣光緒三十年六月十四日酉刻發

前真電奉商擬將漢口江邊鐵路局所租招商局之屋互换事，昨盛杏翁覆電，鐵路局已允，招商局現在並不用此屋，此事議定立約，以十年爲限，限滿仍還，我想可允行，實深感荷。招商局於换租之屋如嫌不好，無論需如何拓地寬綽，如何改修精好，惟商局之命是聽，鄂省皆當然照辦，但以保全民命爲重，決不惜費。祈慰帥速裁奪示覆。日本永瀧領事日内回國，急須定議，切盼。寒。

[一] 此電録自抄本《張之洞電稿·致北京電》。
[二] 録自抄本《張之洞電稿·致本省電》。
[三] 以下二電録自抄本《張之洞電稿·致各省電》。

致荊州余道台、左道元麟，宜昌傅鎮台，施南施署守、何代守、王令鴻賓、王署令祜、吴副將光緒三十年六月十五日丑刻發

余道元電悉。此案凶犯無論逃至川境、湘境，均須以迅速拏獲爲度，絲毫不能含胡。該守、令速懸賞格，拏獲殺洋主教、司鐸正犯，每名賞銀五百兩，其餘殺華教民四命之正犯，拏獲亦給重賞，均由省給發。儻有一名漏網，該地方文武定干重咎。王令鴻賓應飭令留緝，案未結不准來省。該處人心驚惶，傅鎮速再撥勇一百人馳往彈壓保護。現派左道元麟前往查辦，吴俊生所帶勇隊統歸左道節制調遣。其洋主教、司鐸遺骸既經妥爲棺殮，該守、令迅即派妥人護送出山，勿稍疎忽。其各遵辦電覆。鹽。

致施南何代守、吴副將、王令鴻賓、王署令祜，荊州余道台光緒三十年六月十七日酉刻發

迭據施南府、協來電，僅止查報起衅情形，其於在逃兇犯，旬日來非但一無弋獲，尚以不知何項匪徒乘間燒殺。作此夢囈之語，實屬任意含胡。察閱電稟，該守、該協竟仍安坐衙齋，但憑甫經接篆之王署令一人在鄉查勘，於任内出事之王令鴻賓聽其置身事外，並不責令馳往犯事地方，協同訪緝，尤爲顢頇不知緩急。似此重案，豈容稍涉玩延。代理施南府何錫章、施南協副將吴友貴，應一併先行摘去頂戴本任。恩施縣王鴻賓應先暫行革職，勒令會同現署令王祜趕速設法購綫，將各兇犯按名拏獲，訊明嚴辦。該代守、該副將務當嚴督在事文武，火速認真辦犯。施守抵任後，一體懍遵辦理。何丞交卸後，並令留於地方協緝，一面迅將兇犯主名確查電稟。儻再延玩，定即一併嚴參不貸。洽。

致長沙張護撫台、陸撫台、前廣西提督劉軍門光才光緒三十年六月十八日午刻發

前日電達，擬留劉軍門在湘募勇八營，由鄂籌撥餉械，辦理湘南邊防一節，業經敝處電奏。奉旨：張之洞電奏悉。劉光才著毋庸來京，准其留於湖南統領湖北新軍，駐紮全州一帶，扼要防截，相機迎勦。餘依議。欽此。特恭録電達。劉軍門此時當已晋省，祈迅速來鄂，面商進止機宜。所有餉械均已籌備，其軍衣等件亦在鄂趕製，當候劉軍門到交付應用。如劉尚在途，或在本籍，請護院録電專弁飛送，催速啟行，盼禱。嘯。

致施南何代守、王署令、留緝王令、吴副將光緒三十年六月二十日丑刻發

日來首要各犯有無弋獲，未據續電，焦灼萬分。此案起衅情由係由天主教民激怒福音教民所致。其時觀看人衆，動手兇犯，必有在場目擊可以確指姓名之人，何難訪查根究，設法捕拏。乃事已逾旬，正犯尚無一獲，亦未查出確實姓名稟報，實屬昏謬無能。此等重案，豈容稍涉宕延。前已飭懸重賞訪拏，該地方文武速再出示，凡拏獲殺斃洋教士正犯，每名加賞銀五百兩，每名共一千兩。拏獲殺斃華教民正犯亦按名格外加賞，每名五百兩。如五日内再無續獲之犯，定即先行嚴參不貸。皓。

致上海盛大臣〔一〕 光緒三十年六月二十日發

王灼棠〔二〕位置只可相機試辦，此時仍只宜會咨，萬不可遽行奏派。桂事方緊，江、鄂本在派兵援剿，豈可提到故將軍，一提必然忤旨，設遭駁斥，或留中不報，則從此文機阻斷，無可生發矣。此乃十分關切灼棠之意，望爲婉達。至會咨内聲叙俟購股、購地、籌欵等事辦有端緒，再行會奏，最爲周妥得體。祈酌核。

致長沙陸撫台 光緒三十年六月二十四日丑刻發

禡電悉。劉軍門所部湘勇兩營，經尊處奏留赴寶、靖一帶防剿，具見藎籌周密。惟尊意留此兩營，想係餉歸湘給，自當在鄂奏新募八營之外，尚祈明示。劉之舊部兩營既歸湘用，則鄂省所奏八營一律令其新募，編以鄂省營制，更可畫一，正與諭旨中湖北新軍四字符合。鄙意注重湘南大道，故奏令劉出境駐全州扼防衝要，兵力宜專宜厚，不便零星分布。此八營猶嫌力薄，斷難再行抽撥，想台端早經籌及。劉所部兩營抵漢已數日，如議歸湘用，當飭令迅速回湘聽調。希速裁覆。漾。

致荆州余道台，宜昌傅鎮台、陳守，施南左道台、施守、王令、吴副將

光緒三十年六月二十四日酉刻發

施守養電悉。此案關繫大局，非急辦正犯萬不能了。駐京法使已特委參贊嘉沙納來鄂商辦，口氣甚緊，本日已乘坐法兵輪前往宜昌，訪查此案實情。若正犯久延不獲，必致枝節横生。該守務即嚴督王令等迅速設法捕拏。既經犯罪，即教民亦應嚴拏，斷難任聽漏網，切要。現共獲犯幾人，有正兇在内否。此後每獲一犯，即速電稟勿延。左道到施，此電並即送閲。迴。

致長沙陸撫台、龍侍郎諸公 光緒三十年六月二十八日申刻發

中丞徑電暨芝翁諸君子公電均悉。張道鶴齡所擬辦法：一、比股責美公司收回。二、湘省專購比股，勿收美股。三、比股無論公司收回，湘省購回，總須收盡。四、湘省購底股後，用人辦事權力，須請督辦大臣與公司訂明詳細平允章程等語。辦理均甚中肯，均可照辦。鄂省前亦電明盛大臣，定購該公司售出之比股一千二百股，已撥銀二十萬兩匯滬候支，以作湘省聲援，藉冀收回權利較多，併以附聞。惟此事議定後，似宜自行派員赴美購股，免滋浮糜。容再續商。沁。

致宜昌土膏總局朱道台〔三〕 光緒三十年六月二十九日酉刻發

閲致鄒令鹽電，自上年臘月開辦至本年三月止，税捐併計，溢收廿六萬七千，應歸槍廠等語。槍礮廠添購新機需欵甚急，可將此溢收之欵湊成二十七萬兩，速專案解省應用，萬勿稍延。其餘原有税捐各項，亦即速解。何日解，即電覆。豔。

〔一〕録自抄本《張之洞電稿·致上海電》。
〔二〕即前廣西巡撫王之春，上年因該省民變被革職。
〔三〕以下二電録自抄本《張之洞電稿·致本省電》。

致荆州余道台，施南左道台、施守、王署令、吴副將光緒三十年七月初二日午刻發

余道沁電、左道敬電、施守有電、感電均悉。兇犯已獲多名，訊有確供，差慰。向夔堂爲此案起意首犯，固亟應嚴拏，而德主教由輿中拖出被殺，兇手必不止崔春生一人。崔雖已死，將來仍應戮屍。此外幫兇各犯，亦須從速訪拏。黄平山供係同殺德神甫正犯，既稱同殺，可見加功必另有人。殺董神甫之犯究係何人，向元新、王成宣供係同殺黄朝炳正犯。尚有被殺教民賈澄清等三命，兇犯是何主名，均應向已獲各犯切實根究，火速拏辦。此案非將真正兇犯悉數弋獲，斷難了結。左道、施守務即嚴督縣、營分投迺緝，期於有犯必獲，盡法懲辦，萬勿稍有含糊。至已獲各犯，施守料理甚妥，餘犯訊有確供，速即電稟。至要。東。

致長沙陸撫台、龍侍郎諸公，上海署湖南糧道張道台光緒三十年七月初五日午刻發

張道滬發沁電，云到滬查訪鐵路事，盡得底藴。購股一説事雖可行，惟該公司財力支絀，至將底股售比二千八百股之多，我若購股，便是公司主人，將來路股難招，必責成中國銷票，其難一。比股查悉該國王所購數逾多半，收回不易。若收美股，轉爲該公司輕減責成，其難二。底股原價百金元小票滯銷，股價反漲，已非常情。又聞向比王收股，非大增其價不辦，恐喫虧過鉅，其難三。該公司舊主物故，無切實經理人，約雖不廢，功恐難成。儻有易主等事，股價及章程恐多改變，其難四。刻與盛大臣籌商，非有利無害，鄂湘鉅欵未便輕擲。惟購股之難如此，廢約之難又如彼，應如何辦理得宜，求訓示等語。所論各節，於利弊極爲透澈。察看情形，合興公司即不廢約，粵漢鐵路亦無成期，購股既甚喫虧，惟有仍就廢約一邊著想。查該公司續訂合同，承認於五年内造成全路，自廿六年六月十七日扣至卅一年六月，即已滿限，縱藉口庚子拳亂，逾年事即平定，亦只須展限一年可矣。今酌擬辦法數條，以資商榷。一、抱定年限不稍放鬆，如逾五年此路不能竣工，應即廢約。二、本合同第十七條意聲明，合興公司不准轉售他國及暗招他公司頂替，速令將售出比股悉數購回，否則廢約。三、美國既擔認該公司承造粵漢鐵路，他國不得干預，須與議明該公司在華造路，不得用他國工程師及匠目充鐵路上各項執事，如查有一他國人干預路工，即行廢約。如此層層逼束，或冀彼知難而退。管見亦未必盡是，此外有何良策，請陸中丞暨芝翁諸君子與張道從長計議，熟商辦理。支。

致東京湖北學生監督李道台寶巽[一]光緒三十年七月初五日申刻發

前派遊歷官鄧沅、胡玉縉、羅慶昌、夏紹範等，應飭再留三箇月，於一切政治、學務、兵備、警察及工廠、農、商等業，各就性之所近，詳加考察。既出洋，必須確有所得，乃不虚此行。有志之士，當益加奮，該監督速分別傳知各該員遵照。應需旅費，核數電稟候撥。支。

[一] 録自抄本《張之洞電稿·致外洋電》。

致荊州余道台，宜昌傅鎮台、陳守、胡牧得立，施南左道台、施守、吴副將[一]

光緒三十年七月初六日午刻發

胡牧江電稟稱，疊與法參贊晤談，甚爲和平。據云，此案必須從速議結，不必拘定獲犯後方議撫卹賠欵，但須請飭火速拏辦真正兇犯，恐持久別生枝節，并擬在宜議辦，囑請宫保遴委明幹之員，予以權力，即可開議，並云晤駐宜英領事，謂此事即使真有福音教民，亦係中國子民犯罪，同應例辦，福音決不干預等語。余道函亦閱悉。查此案疊據施南左道、施守、吴副將來電，真正兇犯訊有確供者已獲十餘名，戕害德主教、德神甫、董神甫之犯均已拏獲，自可將撫恤賠欵先行開議。胡牧可婉勸法參贊回駐沙市，即派余道與法參贊妥議，并派左道元麟會議，胡牧得立隨議。如法參贊意必欲就宜議辦，余道即迅赴宜昌與議，左道一俟案情粗定，即馳回宜昌或沙市會議。田司鐸到施後目擊情形，務切囑其將獲犯訊供實情，詳電法參贊知悉，俾可放心赴沙會議。一面由施守督飭印委，將已獲各犯研訊確鑿，務令田司鐸一一詳知允服。一面嚴拏未獲各犯，隨到隨訊，電稟候核。電到，各遵辦，電覆。麻。

致東京楊欽差[二]

光緒三十年七月初七日丑刻發

湖北官錢局每張一千文之票，請尊處再向印刷局代定二百五十萬張，交票之期愈速愈妙。餘悉照章辦理。祈速定電覆。麻。

致荊州余道台，宜昌傅鎮台、陳守、胡牧得立，施南左道台、施守、吴副將、張管帶紹緒、王署令祜[三]

光緒三十年七月初八日亥刻發

左道魚電、余道陽電、傅鎮等虞電，均悉。宜防營准留六十人在施，歸吴俊生督率，駐鴉雀水保護教堂，協緝要犯，其餘百八十人准其回宜。在逃要犯係何主名，速嚴拏，務獲稟辦。該承緝文武官弁，務須嚴飭兵役人等上緊訪緝真正兇犯，不得妄拏無辜，藉案開花，倘敢違法擾累良民，即由左道、施守盡法懲辦。一面將研訊各要犯確供隨時知會田司鐸，必使彼毫無疑義，方爲定局。仍切託其詳電賈參贊，俾共了然，是爲至要。頃據駐漢法領事函稱，賈參贊來電以宜昌距施南較近，案情易知，商請本部堂電飭余道赴宜會商，業經覆函照允。余道應即馳赴宜昌，將此案辦犯、卹款兩層，與賈參贊妥商議結，仍將議辦情形隨時飛電本部堂酌奪，胡牧等可即告知賈參贊爲要。潘縣丞准留宜隨議教案，已飭錢道知照，并令關道會札委充余道繙譯隨員矣。齊。

致荊州余道台，宜昌傅鎮台、胡牧，施南施守、王令、吴副將等 光緒三十年

七月初九日未刻發

自施守到施郡後，此案情形稟報始漸詳明，緝犯始覺上□。

〔一〕録自抄本《張之洞電稿·致本省電》。
〔二〕指中國駐日公使楊樞。録自抄本《張之洞電稿·致外洋電》。
〔三〕以下三電録自抄本《張之洞電稿·致本省電》。

近日吴副將緝匪頗出力，可見從前何代守、新舊兩王令之無用也。出此巨案，疲玩昏憒如故，實屬可恨可歎。特電飭各員迅速奮勉出力，以補前愆，勿悔。佳。

致施南左道台 光緒三十年七月初九日未刻發

昨據電禀，宜勇留六十名，餘百八十人即日遣回宜等語，已電飭准行。惟施屬正需勇營彈壓保護，該道遽令宜勇撤回，是否該營勇弁在施辦案有藉端需索，滋擾良民之弊，與地方不能相安，抑該道別有用意，即刻據實詳晰電覆，勿隱一字，切速。泰。

致京署户部趙尚書〔一〕 光緒三十年七月十六日發

次翁大喜，特簡司農，敬賀，入樞可預卜矣。時艱餉急，分當力籌。來示所謂生利之方，大指所在，祈示其略。鐵寶臣侍郎南來，擬籌欵若干，能見示至感。史緗之中丞約赴何處。尊意既令鄙人籌欵，則請責成鄙人獨辦，必能仰副宸廑，若有人掣肘，則難矣。祈鑒。諫。

致京外務部 光緒三十年七月十七日酉刻發

諫電悉。已飛電嚴飭宜、施等屬地方文武，於教堂教士所在嚴密防護彈壓，并出示曉諭，爲兩教解釋矣。再，施南教案近日已經辦有眉目，不日即可議結，并聞。洽。

致宜昌傅鎮台、陳守，荆州余道台，施南施守、吴副將 光緒三十年七月十七日酉刻發

准外務部諫電開：英薩使函稱，據宜昌領事急電，夔州英教士禀，天主教民誤聞宜昌主教在施南遇害，係耶蘇教民所致，公然宣布欲殺耶蘇教士以報仇，施、夔兩處耶蘇教士性命深爲可慮。本大臣查地方官有保護教士之責，如有虧負，定惟地方官是問等語。天主、耶蘇兩教相鬨，儻尋仇報復，尤爲地方之患。除分電外，希電飭各該地方文武，嚴密防護教堂教士人等，並出示曉諭，妥爲彈壓，毋稍疏虞，即電覆等因。又據荆州余道葉電稱，詢據宜昌英領事覆電云，教民被傷係在廟魚子地方，施、夔兩處一帶人公然口稱要將福音堂本國教士打死，等語。查此次施南教案，係因口角微嫌起衅，愚民無知，釀此巨禍，實與福音教堂無涉。現在獲犯懲辦，福音教士亦並未出頭干預。本部堂秉公核斷，有犯必懲，初不問其在教與否，奸民何得妄造謡言，藉端生事。合亟電飭各該地方文武，飛飭所屬，迅即出示剴切曉諭民間，切勿誤聽謡言，自生荆棘。一面將各該處教堂教士嚴密防護，勿稍大意，並責成紳耆切實勸導兩教之民，互敦和好，慎毋輕啟衅端，自貽伊戚。儻各教堂教士再有疎失，定惟該地方文武是問，切切。仍將遵辦情形電覆。洽。

〔一〕指趙爾巽。以下二電録自抄本《張之洞電稿·致北京電》。

致外務部，上海呂大臣、盛大臣，天津袁宫保光緒三十年七月十九日酉刻發

部、滬各電均悉。查運銷澳門洋藥、往來澳門輪船，中國海關必須能自派人水陸查緝，方能使洋藥必入專棧，船隻必泊躉船。若每月僅由海關派員至專棧查對一次，躉船僅有一扦子手在彼查驗，恐偷漏必不能免。應請與葡使切商，於第三、第六兩欵所附章程內，添叙明妥。其洋藥專棧，海關能派員常川住棧稽查尤善。至澳門内海，只設躉船，不設分關，已是通融辦法，則此躉船自必爲中國海關所設，方合情理。今所擬章程，乃謂購買躉船，價值與修驗經費由拱北關與澳員會定。究竟此船誰屬，絶不聲明，而下文屢言躉船上之拱北關扦子手云云，顯見此船並非拱北關所專設，將來必指爲葡國躉船，尚何能由我作主。務請聲明此躉船爲中國拱北海關所設，方免含混。又船隻不遵守章程，由海關知會理船廳酌情懲辦等語。是違章之船，懲罰與否全須聽命於澳門之理船廠，中國海關絲毫不能作主，殊欠平允，此條亦須妥酌更改。至運米一節，檢查洞前在粤時札行司局各案，只言酌量本省豐歉情形，以定米石出洋多寡。澳門華民每年約需食米三十萬石，業經查明，無庸增減云云。案牘具在，並無准運五十萬石之説，何得訛傳爲五十萬石。況係約數，與現在粤督所查廿四萬之數不甚相遠。今葡使既亦自認三十萬石爲食米，必已有盈無絀，能照粤督所查，只准運二十四萬石最妥，萬不得已，亦止可以三十萬石爲限。此係至多之數，萬萬不可再加，統祈裁酌細商。皓。

呂大臣、盛大臣來電并致外務部、袁宫保

光緒三十年六月初八日丑刻到

初一與葡使先議第七欵，告以中國土産已出口運入澳門，後復運中國，即作洋貨論，不得以土貨復進口論。葡使初尚狡執，海等援引香港、膠州等處成樣，力與辯駁，彼乃語塞，允將此欵删除。次議第五欵，告以中國土産出口斷無免税之理，米穀一項照章不准出口，更何能免税。葡使謂此欵乃酬謝三、四欵所予之利益。駁以緝私已載明舊約，所予利益，惟新訂分關一層，然亦以鐵路互换，今三、四欵未提分關，有何利益可酬。辯論再三，葡使允納税課，總要准運米出口，彼此堅持未定。昨又會晤，復聲明第五欵米穀不准出口，第六欵各項船隻來往澳門、西江各埠及該欵第二節云云，漫無限制，只能照英約來往西江之通商口，因澳門係外國地，況無洋關，即難驗發准單。辯論再四，經税務司調停，擬在澳門境内專設躉船代行分關之事，已命裴式楷電詢赫税司再議。獨米穀出口一節，葡使爭之甚力，謂粤米准五十萬石出口，有成案可循。駁以前准出口之五十萬石，係統運南洋各埠，不止澳門一隅。據粤督查明，澳門僑居華民每年需米約只二十三萬石，類皆仰給於香港運來之法米，並非由内地運往。中國地廣人稠，此省與彼省時有禁運，何論外洋。上年日約為米事爭論多次，迄未照允。葡使謂日本用米多，澳門用米少，情形不同，若不准出口，駐澳華民無以為生，葡所求者只澳門附近香山之米。答以年歲豐稔，米穀有餘，原可就近通融，但不能入約，致予他國口實。葡使謂此係分關章程已允之條，不解此時何又堅拒。當查章程，並無米穀字樣，與之質證。葡使狡謂章程内食物即米穀在内，若欲删去第五欵，須將第三、四欵一併删去，狡黠異常，頗難就範。餘容續議再達。海、宣。魚。

致江甯魏制台 光緒三十年七月二十二日丑刻發

巧電悉。俟鐵使〔一〕到後，相機因應，此時無從懸擬。總之，非力籌巨欵，斷難了局。箇。

致宜昌左道台、傅鎮台、陳守、胡牧，荆州余道台，施南施守〔二〕 光緒三十年七月二十三日丑刻發

來電均悉。賈參贊平安回宜，甚慰。左道偕田鐸約廿四五可到宜，余道務即日前往，一俟左道等抵埠，迅速與賈參贊開議，以期施案早結，議辦情形，隨時電候察核。繙譯潘縣丞已由鐵路漢局錢道、江漢關梁道會札委充余道隨員，應飭留宜，隨同妥慎從事，萬勿銷差回漢。左道刪電據田鐸開送清單，被燒教民九户屋價四千六百餘串，被搶教民三十八户估值錢九千六百餘串，均准照數給發。德主教等棺具到宜，該地方文武應即妥爲照料，并由余道親往一奠，代致本部堂惋惜之意。各遵辦電覆。養。

致江甯魏制台、上海袁道台〔三〕 光緒三十年七月二十三日丑刻發

端前院任内定購德國新式快槍一千枝，現由司康地輪船裝運到滬，祈飭滬道查驗放行，感禱。養。

致宜昌余道台、左道台，施南施守、王署令祜〔四〕 光緒三十年七月二十四日丑刻發

左道等養電所陳訊實犯供酌擬辦法均悉。案情重大，人數衆多，恐各犯姓名電碼或有舛誤，必須俟該府縣稟摺到院復核一遍，方可電飭辦理，惟施南文報不知何日可以到省。左道於此案各犯均經親訊，該道抵宜後，可即將各犯口供及擬議罪名，迅速照繕一分，如原稟過繁，或原稿未携帶，即繕簡明清摺亦可，專差附輪送省，以便即日核定，由電批辦，萬勿稍延。大約左道到宜後即發稟，五六日必可到省，第二日即可接到電批矣。漾。

致宜昌關余道台 光緒三十年七月二十五日寅刻發

漾電悉。胡牧有信來，亦言此數，但云此係神甫擬議之詞，並非出自賈參贊口等語。以昨見法提督情形揣之，不致索至此數，揚州騎鶴或可了，相機磋磨可也。迥。

致長沙陸撫台〔五〕 光緒三十年七月二十六日子刻發

粤漢鐵路事，現既以廢約爲主，必須留張道鶴齡在滬妥籌辦理，祈速電飭張道暫勿回省。此事關繫重大，張道當已稟達尊處，卓見如何，并望電示，鄂必盡力相助也。有。

〔一〕本年六月六日，命兵部侍郎鐵良往江南各省籌欵，名曰「查明各該省進出欵項及各司庫局所利弊」。

〔二〕録自抄本《張之洞電稿·致本省電》。

〔三〕録自抄本《張之洞電稿·致外省電》。

〔四〕以下二電録自抄本《張之洞電稿·致本省電》。

〔五〕録自抄本《張之洞電稿·致各省電》。

致宜昌余道台、左道台、胡牧得立、籌餉局光緒三十年七月二十七日酉刻發

宥電悉。法提督晤談極和婉得體，深講交情。法兵船五艘昨已全數駛回上海。察度情形，此事必可和平了結，不致十分爲難。醫院、學堂、造碑三事，皆可允，惟修費多少，本無一定，銀數不可太多。迴電所示揚州騎鶴之數，乃是極數，乃萬不可過之限，萬勿輕易出口，須婉轉磋商，愈少愈妙。蓋撫恤各欵太多，於鄂省面子有礙，該道等當能相機因應。沁。

致上海湖南署糧道張道台光緒三十年七月二十七日亥刻發

致汪守兩函均悉。此事得倍次向美政府、美公使關説，又得伍侍郎向我政府開陳利害，廢約之説或尚可行。鄂、湘會電外部，無所不可，但仍須據湘紳公電呈請廢約，較爲得力，一面必須由湘紳徑電政府，合力相持，方能有濟。至廢約果能辦到，合興公司墊欵自應息借洋欵付還，能除去一重大害，費雖多不惜。但此路以收歸中國自辦爲最妥，萬不可再交外國人辦。倍次既出力擠去合興公司，自不能令其向隅，可即由中國聘伊爲造路總工程司，借欵亦歸伊經手。至用人行車之權，須由中國自主，倍次只管工程之事。倍次既係美國人，其中情弊亦不可不防。其造路之欵，應分年分段估計，較易籌措。長沙至武昌一段修好見利後，再議招第二段長沙至湘潭之股。以後仿此。粵紳願在粵兩頭齊修亦可。粵省官紳能認籌若干，湘省官紳能認籌若干，務須通盤籌畫，欵項確有著落，鄂省亦必盡力相助，認籌巨欵。核計三省認籌之數與造路之欵不敷若干，再向美國分年息借，萬不可全路之欵盡借洋債，以保路權。將來與倍次訂立合同，須字字斟酌妥協，一誤不可再誤。該道公誠懇切，應即始終其事，已電陸中丞飭留該道在滬主持此事，望速與湘紳密籌定議。此間俟接湘紳公電，當會陸中丞據情電達外部。該道接此電後，即速電覆。沁。

致京户部趙尚書光緒三十年七月二十八日未刻發

尊意通國辦土膏一節，尚望熟思詳酌。緝私萬難，擾民太甚。前兩年朱道創此議，鄙人集衆官籌議兩箇月，實無辦法。商民憤怨愁歎，乃改爲就土徵膏，即現在辦法也，請細詢鄂省官即知。總懇藎籌層層想到，方可舉行，至禱。嘯。

致長沙陸撫台、龍侍郎諸公，上海吉陞棧署湖南糧道張道台〔一〕光緒三十年七月二十八日申刻發

湘沁電悉。路事關繫利害至重，張道來函，謂與伍侍郎及美國工程師倍次商廢合興公司合同，略有著手處。敝處覆以四端：一、廢約之説，須由湘紳徑電政府，並具呈兩院會電外部，合力相持。一、廢約後，合興墊欵應息借洋欵付還，此費萬不必惜，鄂必助湘籌欵，以後路歸中國自辦，萬不可再交外國人辦。一、倍次能出力排去合興公司，中國即聘伊充工程師，借欵亦歸經手，惟用人、行車之權歸中國自主。一、造路欵應分年分段估計，造

〔一〕録自抄本《張之洞電稿·致各省電》。

一段工，籌一段欵，由鄂、湘、粤三省分籌，不足再借外欵，萬不可再借洋債，以保路權。已電張道與湘紳妥籌辦理。張道俟與倍次妥約明白，暫回湘一行，亦無不可。儉。

致宜昌余道台、左道台、胡牧得立〔一〕

光緒三十年七月二十九日午刻發

感電悉。索欵之鉅，殊出意外，此必教士唆聳，萬難允許。該道等務極力磋商，勿稍鬆勁。其餘各節，并即由該道等酌量應付。豔。

致柏林李郎中維格使署轉交

光緒三十年七月三十日寅刻發

儉電悉。槍口徑究以若干密里爲最合度，無煙藥究以如何配合爲最得用，務望將西人考究之新理法，西國現行之實在情形，詳細電告。所有電報費示知，即日照數匯寄，萬勿惜費。因鐵寶臣星使良正來江楚考察製造槍礮事，該員想亦聞知，必須早得確音，胸有成算，方能與鐵星使面商，庶免誤事。若俟該員回國面陳，則早經定局，木已成舟矣，豈能久待。希迅速電覆。豔。

李部郎來電

光緒三十年八月初六日申刻到

豔謹悉。詢謀所得如下。槍徑固以小為尚，鉛子小則速率高，子路平，震動輕，能擊遠，且可多帶。惟不宜太小，因太小則傷敵輕，除中要害，敵仍能鬭，且過遠則目力不及，雖遠無用。土耳其原定六密零，後從德議改七密零。美海軍原用六密三五，後改從陸軍槍徑七密六。英七密六九，而在北印度及非洲用兵，軍中願用大徑槍，以小者不能止敵，近俄兵為日槍傷者愈甚易。德仍用千八百九十八年之七密九。歐美强國無有用七密下者云。無煙藥以兩種為最，一即德、俄等所用者，約用强水棉花三分之二。一即英意所用者，約用强棉百分之四十。德、俄者因强棉多，故抵力大，約每方寸二十餘噸，裝藥多則震甚，且裹束不慎，儲庫易轟。造價每磅約需四馬克餘。英、意者抵力小，約每方寸十四五噸，能受濕熱，英試於印度驗得之，造價每磅約兩先令。論中國夏令南方之濕熱及造價之廉，則英、意一種為宜，惟病在著火後燄長蘊熱，鋼質易變。德、俄一種著火即轟，蘊熱無長燄之甚，此其好處。聞日本槍及小礮用德、俄一種，十二生以上用英、意一種。造藥應求減抵力而不減速率云。格案：械藥關繫重大，各國均派老練武職若干考察呈報政府，推求本國天時地利，然後酌合。中國似宜仿行，一勞永逸。管見槍徑宜用七密以上，藥宜兩種並造。格於械藥素未究心，陳備採擇。支。

致蘇州端撫台〔二〕

光緒三十年七月三十日午刻發

電悉。鄂已奏每年照部派之數，認解練兵處五十萬，在銅幣盈餘下動支。又裁節陋規糜費冗員共三萬，並聲明户部已在銅幣盈餘撥二十萬，作雲南銅本，共動銅幣盈餘七十萬。又加吴元愷軍餉每年約三十萬，通共已加解一百零三萬。初三四日可到京，但不知練兵處之意以爲如何耳。鐵使日内正在蘇，渠於鄂作何議

〔一〕録自抄本《張之洞電稿·致本省電》。
〔二〕指端方。

論，擬如何辦法，務祈切詢密示。卅。

致宜昌余道台、左道台光緒三十年八月初二日午刻發

卅電悉。此案索欵太鉅，萬難輕允。昨飭關道密商英領事，謂彼全係教士恫喝無理之詞，法斷不能在長江生事，索價雖多，還價儘不妨少。日本領事所言亦同。該道等務將湖北民窮庫絀實在情形，開誠布公，與之直説。蓋賠欵無非取之於民，施南地瘠，安能籌此鉅欵。若累及他屬百姓，豈肯甘心，强加搜括，民怨愈深，亦非教堂之福。須勸法參贊極力開導各教士，勿爲已甚，即以騎鶴之數與商，或並商醫院許由中國自造，由官酌助醫院常年經費，或在施南設學堂兩三處，請法教習來教，如此尚可稍予通融。該道等務須不動聲色，出以鎮定，徐與磋磨，萬萬不可著急。前胡倅言係在施造學堂一兩處，此次電係教堂，究竟是否係學字，抑係教字。至宜施各屬有教堂處所，即由余道傳電，嚴飭各該地方文武盡心保護，如稍滋事端，定予嚴參。冬。

致長沙龍侍郎諸公光緒三十年八月初三日午刻發

據張道鶴齡電，合興公司事，仍主廢約辦法，昨已將敝處覆張道電撮要電達清聽。此約果能作廢，粵漢鐵路必須自辦，方保主權。將來認還合興墊欵，及購地造路工本，需用浩繁，是目前以籌欵爲第一要義。鄂省已札行司局立案，將鄂省應分之一半振糶米捐，俟鄂省收到，必全數撥充粵漢鐵路之用。湘省前擬舉辦穀捐，是否確有把握。湘省應分之振糶米捐一欵，湘省官場之意，每歲究能撥給鐵路充用若干，似宜及早商定。此舉關繫大局利害，想善化、長沙兩尚書必能全力主持，未知已電商及此否。鄙人夙夜焦思，但期有利於國，不敢憚拮据之苦。諸公籌議若何，祈速示慰。至盼。冬。

致上海小田切總領事[一] 光緒三十年八月初三日午刻發

東電悉。松平康國如願就鄂聘，初年擬仍照北洋薪數致送，果得，次年必酌加，以副尊屬。祈詢明示覆。冬。

致柏林廕欽差[二] 光緒三十年八月初三日午刻發

卅電悉。鄂廠造槍洋匠歲薪八百四十鎊，造無煙藥洋匠歲薪一千二百五十鎊，無造彈洋匠。冬。

致京外務部[三] 光緒三十年八月初三日申刻發

東、冬兩電悉。施南教案，兇犯訊實認供者十餘名，其中應正法者不少，惟府縣稟供昨始到省，一俟將供詞詳加復核，立即電飭懲辦，斷不至於寬縱。至地方官應得處分，定案後必照章參辦。惟接署恩施縣王祜，於出事之後一日接印，聞報即下鄉勘案。查犯事之沙子地距城九十里，似教士被害之晚，該署令無從與兇

[一] 録自抄本《張之洞電稿·致上海電》。
[二] 録自抄本《張之洞電稿·致外洋電》。
[三] 録自抄本《張之洞電稿·致北京電》。

犯同宴。巴東縣有無釋放已獲兇犯，從未據法參贊、法領事、法教士言及，該管道府亦未有一字稟及。法使所云是否有因，已飛電宜、施道、府迅速確查電稟，俟覆到再行電達，如有應劾之員，斷不絲毫姑息。前已飭荆、宜、施道余肇康查辦施案，道員左元麟在宜昌與法參贊賈沙納商議結案辦法，現正開議，祇因索欵多至六十萬，斷難應允，現正在彼極力磋商。法使口氣如何，尚祈示及。江。

致宜昌余道台、左道台、陳守，施南施守[一] 光緒三十年八月初三日申刻發

頃准外務部冬電，法使照稱，主教德希聖等被害一案，兇犯已獲禁認罪，應飭立即正法。恩施縣知縣王鴻賓其咎較重，知縣王祐於教士被害之晚與兇犯同宴，巴東縣令將已獲兇犯釋放，請將王鴻賓革職，永不敘用，其餘二員一併革職等語。再，聞該處一帶尚有哥老等會蠢動，若不速辦，此案恐復滋變等情。此案前准七月洽電，不日即可議結，現在當可定期辦法。該使所稱各員情罪是否確實，應如何分別參處，統希妥商酌辦，并詳速電覆等因。准此。查王祐與兇犯同宴，巴東縣釋放已獲兇犯，從未據該道府等電稟，宜昌教士及在施田司鐸等有無此等見聞，法使所云是否確實，該道府迅速查明，據實電覆，以憑酌核。一面嚴飭地方文武認真彈壓保護，緝捕匪徒。除核明各犯供詞即行批辦外，電到速遵辦電覆，并由該道等電施南施守查明，據實徑電稟覆，以憑覆部。江。

致宜昌余道台、左道台 光緒三十年八月初五日巳刻發

頃接外務部支電，施案索欵太鉅，法使口氣尚鬆，大約十餘萬之譜，希飭余、左兩道速與磋商等語。足見此次任意要索，全係教士主張，該道等萬勿爲其恫喝之詞所惑。賈參贊在漢瀕行時曾與梁道言，渠在中國久，深知中國之窮，必不多索賠欵。又上次長陽教案，教士索欵四十餘萬，經梁道議結，恤償不過四萬餘金。蓋教士貪得無厭，要索全無情理，我誠堅持，喻之以情，折之以理，彼亦無可如何。該道等務與賈參贊剴切辯論，力勸其裁抑教士，爲日後相處之地，切勿鬆勁，是爲至要。歌。

致宜昌余道台、左道台、陳守、熊令，施南施守、王令[二] 光緒三十年八月初五日午刻發

施案稟供均悉。各該犯既經該府縣研訊明確，供認糾衆殺斃德主教、德神甫、董神甫暨教民賈澄清等七命，並燒搶教民蔡賢欽等房屋各重情不諱，實屬兇暴昭著，法無可貸，應准將向燮堂、向元新、向爵臣、黄平山、崔光照、黄玉階、黄光連、黎登甲八犯，即行就地正法。其黄鏡亭、王成宣二犯，並准照余道電稟，解赴宜昌處決梟示，以昭炯戒。即由施守、王令暨張營官紹緒，遴委妥幹員弁，多派兵勇差役，迅速小心押解交宜昌府驗收，督

[一] 録自抄本《張之洞電稿·致本省電》。
[二] 以下三電録自抄本《張之洞電稿·致本省電》。

飭東湖縣遵照辦理。已死之崔春山，並即照例戮屍梟示。至廖述作、黄玉廷、袁華山三犯，殺人既未在場聽糾抗拒，亦事屬未成，挾嫌故燒黄世玉家房屋，即行救熄，尚未燒毁，例得量減，即乘便攫取財物，究與實在强盗有間，論情不無一線可原，應再由府詳核妥擬，另禀酌辦。豪。

致宜昌余道台、左道台，施南施守、王令光緒三十年八月初六日未刻發

昨電飭在施就地正法之八犯，均加梟示，分懸四鄉，使鄉民目睹知儆。速遵辦電覆。麻。

致宜昌余道台、左道台光緒三十年八月初六日申刻發

支電悉。所擬各員處分，均可照辦。索欵一節，昨已將部電所述法公使口氣電知。兹閲來電，賈參贊詞意和平，可見要索之鉅，全出教士之意。該道等務堅持婉拒，愈省愈好。醫院能駁去自更妥，相機應之可也。辦犯已發，除崔春生外，批飭正法梟示者十人，已不爲少。廖述作、黄玉廷、袁華山等三人情節較輕，未便概予駢誅，已批飭另議。并即電覆。語。

致外務部，上海吕大臣、盛大臣，天津袁宫保光緒三十年八月初六日申刻發

部電及津、滬各電均悉。葡約蔓船、運米兩事，關繫主權民食甚重，鄙意已詳上月皓電。兹滬電於蔓船事並未置議，未知曾否與葡使商及。所有此欵附訂章程及運米照會，應如何斟酌妥善，以保權利，應請聽外務部核示辦理。語。

吕大臣、盛大臣來電并致外務部、袁宫保光緒三十年七月二十八日酉刻到

運米一事，與葡使辯論至再。彼云葡國政府及議院均注意澳門食米一事，若不准如所請，恐商約難以批准。反復辯難，許其電商大部，加至三十萬石為止。彼云，至少每年必須請運四十萬石，尚可商請葡政府照此定議，否則斷難從命，詞意極為堅決。至購米地方，照津電告，以只能專指廣東一省。葡使不允。謂粤省設有荒歉，禁米出口，粤民既可赴他省購米接濟，豈寓澳華民獨不准其赴他省購米。若各省皆禁米出口，澳民自不能往運，若各省米價皆貴，澳民亦必擇價廉之地購取，可請毋庸顧慮。又參酌斐式楷所擬辦法，告以將來米數議准，須照通商此口運米至通商彼口由海關發給准單，并自商約批准之日起，先行試辦五年，期滿如中國視為有礙利益，可以停止。葡使云，准單可以照辦，惟期限必須十年，如行第五年中國果視為有礙利益，可以先期六箇月由外務部照會駐京葡使商酌。海等當又聲明，凡此所議辦法，大部只允另用照會存案。葡使已允，屬我一面電請部示，務於下次會議定准，以便彼電葡國政府，一面速擬照會文稿，先行送與斟酌。究應准運若干、購米地方、試辦年限可否准如葡使所議，并祈示覆，海等即趕辦照會文稿，與之妥酌，再行電請核奪。海、宣。沁。

吕大臣、盛大臣來電并致外務部、袁宫保光緒三十年八月初二日申刻到

葡約第六欵之章程，部元電、鄂皓電均以蔓船未顯明由我作

主之意，應聲叙為中國拱北海關所設。遵與葡使辯論至再，該使總以葡船之設，雖係暗為中國設關之助，而不能揭明為中國所設，緣章程雖不附入約内，議院亦所必知，是以原擬章程本聲明葡國專設躉船字樣，因我再三屬令將葡國專設四字删去，改為含混，下文又將應如何付給船價及經費，改為由拱北關與澳門官員會定，因未言明何國所設，議院不致疑阻。若一經提明，直與設關無異，則此約仍難批准，實未便允。從前據賀、戴兩税司述，赫總税務司意以仍由澳門自籌經費為愈，若章程既不能提明由我作主，則經費仍以彼此會定為妥，似較勝葡國自籌，我尚有一半微權也。海、宣。卅一。

致蘇州端撫台光緒三十年八月初七日午刻發

鐵使意，江南製造局究擬移設何處。傳聞袁慰帥意欲移至河南，此非計也。北洋製造誠是要事，然江南移萍鄉之局，歲止實欵七十萬，此外尚須另籌或另借，五年之久方能辦成。北洋權力恢宏，即專借洋欵數百萬，目前即可購機設局，迅速趕辦，兩年可出槍矣。其欵陸續籌還，豈不簡易迅速，而又無損於江南之局哉。江南所製軍械，長江下游沿海五六省皆將於此局取給，豈能廢而不設。無沿江沿海諸省，北洋能安枕乎。望相機婉言之，至幸。遇。

致宜昌余道台、左道台，施南施守、王令〔一〕光緒三十年八月初七日午刻發

余道等微電悉。各犯情罪自有輕重，廖述作三犯，據供情節迴與向燮堂等八犯不同，豈能不加區别。惟該三犯僅止供認燒搶，雖保不無狡避，應俟拏獲逃犯，再行質明有無在場戕害主教等情事，另稟懲辦可也。陽。

致宜昌余道台、左道台光緒三十年八月初九日巳刻發

麌電悉。各官處分，王鴻賓可允以革職永不叙用，吴友貴只可俟補官日降三級留任，至頂戴不能阻其開復，何錫章、王祜、田芸生均照所擬。與商賠欵共十二萬，可照辦，萬不可再加。其餘小節可允者，均不妨極力敷衍之。此案樞紐全在賈參贊，宜將其和平公道之心極力稱譽，並將湖北向來真心保護外國人，此次辦犯嚴速及財力十分貧乏爲難各節，切實相告，並言以後將派委大員常駐施郡，專爲平日清理教案，並特派一營好兵駐施，專爲防護教堂，所費甚鉅，切託其就案從速議結，法政府、法公使自必憑賈參贊語爲準，賈誠首肯，法使亦必無異言。該道等務須與賈聯絡，譽之頌之，以期早日就緒，切要。佳。

致宜昌余道台、左道台，施南施守、王令光緒三十年八月初九日午刻發

施守等陽電悉。此次所辦兇犯皆福音教民，惟皆係在場殺人放火供證確鑿之人，故福音教士無可藉口。若非真正兇犯，因平日之嫌，欲於此案一網打盡，不獨福音教士必不允，英國亦必不

〔一〕以下二電録自抄本《張之洞電稿·致本省電》。

允，且恐福音教民愈加不平，將來再肇大衅。亟宜慎重，萬不可偏徇法教士之意，加以羅織。左道、田鐸在施查辦此案，當知實在情形，務將其中利害婉告田鐸，令與各教士疏通，勿爲已甚，是爲至要。青。

致宜昌余道台、左道台、胡倅〔一〕 光緒三十年八月十一日子刻發

初八日函悉。議稿已詳閱，甚妥。賠欵、處分及一切雜項并善後各事，均照辦，惟吴友貴處分，應照昨電補官日降三級留任，可速與議定簽字爲要。賠欵萬不可再加。賈參贊明達公平，顧全大局，本部堂實深感謝，可代本部堂致意道謝。速遵辦電覆。藥。

致宜昌余道台、左道台 光緒三十年八月十三日辰刻發

真電悉。頃粱道接宜昌函，謂闌干之數，賈意已允，證以該道等昨來函電，語亦相符。前外務部來電本有法使口氣尚鬆，大約十數萬可了之語，互相印證，此案斷不至需廿萬，亦不致别生枝節。賈既獨來以情商請益，自宜略增，以顧其面，但亦當趁其獨來，告以教士貪得無厭，宜加裁抑，未可取快一時，又結將來百姓之怨，剴切開導，請其力爲擔當，免延時日。大約至多之數不得過十四萬，但所添之兩萬須别尋題目方可。如過此數，本部堂斷斷不允，該道等務再極力磋商爲要。文。

致上海盛大臣〔二〕 并致吕大臣 光緒三十年八月十三日

前准六月宥電，以小田切覆稱辜、劉補增寶星，應由内田公使核辦等語。此事無關大要，惟允否迄未接有回音，祈查明電示。前因篠電述小田切函有擬贈寶星是否合意之語，意謂擬而未定。彼先見商，故敝處皓電有請改請補之説，如有爲難，盡可作爲罷論，勿爲此説耽擱他處寶星爲幸。

致外務部、天津袁宫保，上海吕大臣、盛大臣 光緒三十年八月十五日未刻發

部冬、元電，滬勘至鹽十二電，均悉。運米能限定三十萬石方好，如逾此數，應照津豔電聲明，不得轉運别處，由我海關切實查緝充公。躉船經費一節，部元電所改極妥。其餘一切，均請聽外務部核示定議。咸。

外務部來電并致袁宫保、吕大臣、盛大臣 光緒三十年八月十四日午刻到

運米事如能以三十萬石定議，照會内即無庸再添不准由澳運别處各語。躉船事即不能由我自設，亦應得有實在權力。經費既由彼出，會定徒屬空言，不如將章程内其應如何付給購買躉船價值，以及修驗經費，由拱北海關與澳門官員會定數語，改為其購置躉船以及修驗各事，宜由拱北海關擬定合宜之辦法，會同澳門

〔一〕以下二電録自抄本《張之洞電稿·致本省電》。
〔二〕録自抄本《張之洞電稿·致上海電》。

官員辦理。如此則不言經費，而經費亦包在内。船為我海關而設，自應由我擬議辦法，仍會澳員辦理，亦不致損彼主權。洋藥事，照覆内儻所定有錯，亦可隨時更正二語，意稍活動，不如删去。葡酒一欵，彼欲輕税，又不欲別國假冒之酒得享輕税之益，實與各國利益均沾之約有礙。且此欵上文方言同類之貨給他國利益，葡應一體享受，若葡酒改輕税，則他國同類之酒亦將援照議減，仍與葡國無益。若但將税則七錢改為五錢，事尚可允，惟不得載入約内，應仍將此欵全删。外務部。元。

呂大臣、盛大臣來電并致外務部、袁宫保

光緒三十年八月十五日亥刻到

部元電敬悉。遵將運米、躉船兩事再與切商。至葡酒一欵，海等前已駁拒再三。該使以奉葡政府訓條，力請將此欵入約，並謂葡國商務以酒為大宗，中國如再不允，是於彼之商務毫無益處，此約即可不議，詞甚決絶。若照部電，仍令將此欵删去，彼必不允。海等愚意，以此欵於我無甚關係，正欲藉此欵要挾葡使，迫以米數只定三十萬石，允則將此欵入約，否則再令删去，以為抵制，較可得勁。部電謂葡酒改輕税則，他國同類之酒亦將援照議減，仍於葡國無益一節，於葡約之意似尚有誤會。緣葡萄牙酒創於葡國，因各國仿造仍襲其名，故欲入約，使中國知其真偽。凡仿造葡萄牙酒者，必不肯自行説明是某國仿造，自傷體面，是以無葡國執照及領事畫押之葡酒，即不能享此利益，該仿造葡酒之他國人既不得援引，該國亦不能出而與争也。尚祈裁酌，迅賜示覆。海、宣。咸。

致宜昌余道台、左道台〔一〕

光緒三十年八月十八日酉刻發

嘯電悉。此事該道等因應得宜，賈參贊和平公道，得從速議結。一切均如議照准，可速定議簽字，并代向賈參贊道達本部堂謝意。潘緒譯深資得力，並即傳語嘉獎。嘯。

致京户部〔二〕

光緒三十年八月十九日寅刻發

巧電悉。鄂、湘土膏統捐，由宜昌經過者歸鄂併徵，由湖北邊境赴湘不經宜昌者，歸湘併徵。贛、皖統捐，由鄂過境者歸鄂併徵，不由鄂過境者歸贛、皖自徵。鄂、湘統捐去臘開辦，奏咨有案。贛、皖統捐五月杪甫經試辦，須俟數月後查看情形，再定行止。效。

致華盛頓梁欽差〔三〕

光緒三十年八月十九日亥刻發

湖北學生盧静恒願學海軍，祈商美外部咨送。此外，鄂生中如有願學海軍者，並望詢明，一併咨送。仍將姓名電示，感禱。皓。

致宜昌余道台、左道台〔四〕

光緒三十年八月二十二日巳刻發

哿電悉。枝江案本無可再議，徒以余道結案時未與葛領面商

〔一〕録自抄本《張之洞電稿·致本省電》。
〔二〕録自抄本《張之洞電稿·致北京電》。
〔三〕録自抄本《張之洞電稿·致外洋電》。
〔四〕以下二電録自抄本《張之洞電稿·致本省電》。

浹洽，致彼饒舌，駐漢英總領事再三商請覆查，以顧葛領面子。此次但與葛領商妥，取彼函據，免再翻覆，自可無庸往枝江矣。養。

致宜昌余道台、左道台光緒三十年八月二十二日巳刻發

施案約欵既經彼此議妥，自應從速簽字，免致翻覆。冐電未據聲叙簽約日期，究定於何日簽字，速電覆，以便知外部，并趕將正約專差賫送來省，以便叙奏，切要。養。

致柏林廕欽差[一]光緒三十年八月二十四日寅刻發

昨由蘇州端中丞轉到貴舘廕參贊函，知鄂省託雇製皮工師已選得白爾格應允來華，感謝。該工師請尊處就近考察，如果係好手，每年薪水二萬馬克，及隨帶匠首副手各一人，所需酬勞零用均可照准。惟合同年限只可先定兩年，如有成效，再行展留。至匠首副手每月應另給火食費若干，亦請與之議明數目。先由尊處代訂草合同，權限責成，務望斟酌妥洽，如不照合同辦事，須聽湖北隨時辭退。合同訂定後，即託白爾格向名廠代定每日能製成熟皮一百張之新式機器全副，交貨愈速愈妙。除鍋爐、馬力機鄂廠已置備勿庸再購外，餘須將應用機器配置完全，不得缺少一件。共需實價若干，如何分期付欵，請先電鄂商妥，即行匯欵定機。白爾格可就近監製，俟頭批機器告成，白爾格即押運來華，預爲布置。以上各節，祈轉改廕參贊代爲妥辦，并即電覆。盼禱。漾。

致外務部、天津袁宮保，上海呂大臣、盛大臣光緒三十年八月二十五日午刻發

滬養二電均悉。運米年限三十萬石，彼既就範，甚好。其餘各欵，請俟外務部核定。敬。

呂大臣、盛大臣來電并致外務部、袁宮保

光緒三十年八月二十三日未刻到

部、津銑電、鄂咸電均敬悉。迭與葡使再四磋商，米數如能定准三十萬石，則葡酒一欵可以入約。葡使初謂奉葡政府來電，以中國之大，何致因十萬石之米争執如此之久，實所不解。告以此事本非大部所願，實係强而後可，若再增多，斷難從命。葡使始無異言，即照三十萬石填入照會。海、宣。養一。

致長沙張道台鶴齡光緒三十年八月二十七日酉刻發

前閱湘紳致該道電，有幹欵專恃督作主，枝事宜趨重借欵，不恃散緩穀捐等語，宗旨殊誤。查湘粤鐵路，利害關於大局，現與美争廢約，必須三省官紳以全力相持，庶可挽救。若辰常枝路，早已議定歸湘自辦，其事較小，其勢較緩，此時只可暫置，豈容與幹路相提並論。曩據席道言，穀捐專爲幹路起見，即該道所言有英債可借，亦專爲幹路起見。今玩湘電語氣，似以賑糶捐屬諸幹路，而以穀捐屬諸枝路。又以穀捐散緩，謂枝事宜趨重借欵，是穀捐一舉，大有觀望遷延之意，而借欵又汲汲於枝事，殊覺輕重失宜。試思幹路不能争回，何有於枝路，一也。欲争幹路，僅

〔一〕録自抄本《張之洞電稿·致外洋電》。

恃賑糶一欵，焉能濟事，二也。無賑糶、穀捐相助，而專借洋債，債愈多息愈重，將來行車所得之利，盡以抵付外債之息，安得有餘利清償債本，三也。外債不能清償，此路終不能爲我有，四也。總之，此時只有一面自行籌欵，一面與合興公司力争廢約，俟有眉目，再商借外欵，以助不足。鄂省將應得賑糶米捐儘數撥充粤漢路工之用，實已不遺餘力，湘省此欵，諒陸中丞亦自有主張，然必將穀捐辦成，湘紳先自盡義務，而後可責望官之維持。否則互相推諉，事迄無成，鄂用正繁，鄙人亦愛莫能助矣。該道回湘後，此事如何籌議，現在有無成説，未據電知。務望將大局利害向湘紳痛切開譬，認定宗旨，辦事勿將枝路與幹路牽纏一起，致分心力，而誤事機，是爲至要。速據實電覆。沁。

致長沙張道台鶴齡 光緒三十年九月初六日子刻發

支電悉。先籌廢約，再議他端辦法，極是。此事全賴紳士公呈上緊，政府方肯主持，庶不致被人摇動。此間俟接到公呈，當商陸中丞會電外務部，以期接洽。歌。

張道來電 光緒三十年九月初五日卯刻到

沁電恭悉。迭次約會官紳酌議，均深感佩。支路定從緩議，幹路專恃洋欵，實非辦法，已公電王芍棠中丞停止借欵。穀捐雖擬有章程，尚須與在京紳士籌商妥洽，然後由各屬官紳切實勸導，方敢興辦。發端慎重，實有苦衷。刻擬紳士先行具呈兩院並外部、商部，實行廢約，再議他端。以上各情往復商裁，甫經定議，稟覆稍遲，乞恕，並候訓示。職道鶴齡稟。支。

致荆州余道台〔一〕 光緒三十年九月初九日巳刻發

據稟請爲司鐸田國慶奏請奬勵，事屬可行。惟查總署奏定寶星章程，無准給教士明文。天主教士向來多用中國冠服，似以請賞頂戴爲尤宜，豫省曾爲主教安西滿奏奬三品頂戴。兹田司鐸分際較卑，未便遽賞三品，至優不過四品。該道在宜時，曾否探詢田意究以請給何品頂戴爲宜，速酌擬電覆。庚。

致長沙陸撫台 光緒三十年九月十一日巳刻發

江電悉。此時桂匪注重在桂林以西，永州尚非所急，現有杜道一軍足敷防禦。前奉電旨詢問鄂軍，係指赴桂會勦而言。現在桂省軍勢頗盛，似無須益以鄂軍。以後體察情形，如湘邊喫緊，再籌辦法。卦。

致開封陳撫台 光緒三十年九月十三日午刻發

蘆漢鐵路現已修至滎澤縣境，其經過之許州、鄭州，均應添設火車捐分局，除委員前往開辦外，請飭開歸陳許道，速飭許、鄭二州妥爲保護爲感。元。

致江漢關梁道台〔二〕 光緒三十年九月十三日酉刻發

該關增收足抽五税，究竟每年實收若干，速即查明自開辦日起，至本年八月分止，分年開列清數，刻日送院備核，切速。覃。

〔一〕〔二〕録自抄本《張之洞電稿·致本省電》。

致外務部、户部光緒三十年九月十七日巳刻發

蒸電悉。賠欵還金，補鎊數至千萬，各省悉索已窮，一時斷難應付，借債增利，受累愈深。聞江蘇督撫已電請力争，儻得轉圜，固所深願，萬不得已，只可商之各國，以後按鎊還金。惟前三年不敷鎊價，分年攤還，切懇免再加利，多則五年，少則三年，即稍認微利，較借欵折扣猶爲合算。如能辦到，除以洋、常關二成增税抵撥外，餘照各省原派賠欵按數匀攤。至各省如何籌措，應聽各就地方情形自行酌辦，不必拘定一格。管見如此，仍候各省酌議。祈裁示。篠。

外務部、户部來電并致各省　光緒三十年九月十一日未刻到

現因各國不允還銀，積欠不敷鎊價千萬，各國催索，兼欲要求格外，部庫無欵可籌，各省亦同此艱窘，惟有借欵一法。第借定之後，仍須攤之各省，不獨利歸外人，抑且年增鉅累。再四籌思，如各省將一切放欵中但於例支例解無礙者，以及一切存欵、新增欵，或移緩就急，或移後挪前，能自籌若干，即可少借若干，不惟濟此眉急，實亦少輕攤數。為此電商，望速覆。外務部、户部。蒸。

致天津袁宫保、江甯李制台、桂林岑制台、蘇州端撫台光緒三十年九月十七日巳刻發

承電均悉。賠欵還銀，鄙人歷年堅持，專主上諭係銀數，列表係銀數，應用銀還之説，詳電争辯，何止十餘次。上年在京内商外拒，争之尤力，而外人總以條約不如此解，終未就範。英雖有前十年還銀之説，爲各國所拒[一]而止。此時外部已允還金，恐非口舌所能挽回，觀慰帥電可見。惟商加洋藥税，英必索並加土藥税。土藥税捐已重，萬難再加，轉致奸商巧避偷漏，坐失鉅欵。至午帥欲推至三十九年之後，無論日、俄需餉方殷，迫不及待，雖商亦必不允。即使見允，必須算利，利上加利，積累愈深，將此欵永無清償之日，更不合算。儻能如津電以洋、常關二成增税抵撥，其不敷之數，由各省按成分五年攤還，或尚可勉力應付。若籌欵之法，只可各就地方情形自行酌辦，不必拘定一格。鄙見如斯，尚祈諸帥藎籌示覆。篠。

袁宫保來電光緒三十年九月十四日亥刻到

還銀一案，凱就近與駐京各使迭次駁論，除美允收銀，英許十年外，皆無成議，日、俄、德持之尤力。現日、俄搆兵，需餉方殷，德近亦密籌兵備，必不肯許我還銀，是與各國争既辦不到，與政府争徒使為難。聞上年外部曾函商各國，展限還金，各國不允展限，而視為已認還金，此時再議還銀，恐難措詞。查補賠金價，本有部指常、洋兩税二成增收一項，歷年解補，所短當不致過多，部電千萬，或未計及此項。如實有不敷，似可請外部商明英使，再加洋藥税，或請辦印花税，專指此為撥補，不必另加搜括。鄙見如斯，統祈核正。凱。鹽。

[一] 底本為「持」，似應為「拒」。

致外務部、天津袁宫保，上海吕大臣、盛大臣光緒三十年九月二十二日午刻發

部、津、滬各電均悉。葡約會奏稿，均甚周妥，敝處别無商改，應請外務部核定，列敝銜代奏。養。

吕大臣、盛大臣來電并致外務部、袁宫保

光緒三十年九月二十日戌刻到

奉部寒電，葡約漢、洋文已校對，可即會銜電奏，請旨畫押。惟二十八年葡使與本部所議之約前經用寶，尚未互换，因設分關事葡議院不批准，此次葡使欲以新約包括前約，不明論設關。經再三磋磨，允設躉船，雖無設關之名，可收緝私之實。新約已定，前約應請作廢，電奏内，務將此節叙明為要等因。謹照擬會奏稿如下。曰：竊於本年二月承准外務部咨開，據大西洋國駐京使臣白朗穀照稱，奉本國諭，改修税則一事，派該使臣前赴上海畫押，並將光緒二十八年九月所訂之新定增改條欵，暨是年十二月所訂之會訂分關章程條欵内之意同語異之處，改為一律。其改修税則及新定增改條欵，並會訂分關章程條欵，合訂一本，以歸畫一。該使臣擬於二月上旬赴滬，請轉行知照等因。海寰、宣懷於該使臣抵滬後，訂期與之會晤，面詢照會内所稱各節，將意同語異之處如何改歸一律，詳為解明，以便會商辦理。該使臣云，光緒二十八年新定增改條欵，及會訂分關章程條欵，葡國議院未經核准，是以此次修改商約另行擬送條欵。海寰、宣懷以該使臣晤對之辭與原來照會之意不符，當經駁拒不議，並用照會詰問，令其明晰照覆。旋據覆稱，前奉本國訓諭，業在外務部面行聲明。一、本國政府准議院所議，給權於駐華公使新立商約即照近日各國與中國所立之商約無異。二、現欲請立新約，包括光緒二十八年九月所立之條欵，暨是年十二月會訂之專條，但内有更改者，俾中葡兩國主權免有視為關礙之處。三、至於葡國協助中國防緝走私洋藥一事，奉本國政府訓諭，可將此項緝私之法整頓，以便全免走私。四、因今欲立之新約，應包括光緒二十八年九月所訂專條内之宗旨，或係更改，或係推廣，悉行包括在内，所以本國之意無庸將前約核准各等語前來。又經電詢外務部，據云該使臣並未向部聲明前約作廢。當日議約，原以分關、鐵路為彼此互换利益，儻不將光緒二十八年之約核准，藉包括為詞以廢分關之議，則中國亦必將鐵路互换之照會聲明作廢。海寰、宣懷即照電直告該使臣，堅持許久，屏不與議，幾至決裂。該使臣迭來商懇，以澳門設立分關，實有礙於葡國主權，故議院未能核准。欲明言前約作廢，又有礙於該國體面，故以包括宗旨，毋庸核准為詞。海寰、宣懷復細繹前定分關之約，第三四欵載明係為稽查澳門出入口運入中國各埠之洋藥税餉起見，該使臣照覆既聲明奉該國政府訓諭，可將此項緝私之法整頓，以便全免走私。果能將緝私辦法切實妥擬，得有實效，未始不可稍予通融辦理。電商外務部及世凱、之洞，意見相同。該使臣覆電駐京參贊赴外務部再三陳説，並託英使為之轉圜，外務部始允電滬彼此和平商訂。海寰、宣懷遂與該使臣首先議定，須將税則及現議商約並緝私一切詳細章程，暨鐵路合同，彼此妥訂，奏准後同日畫押，以為互相鈐制之計。當將該使臣送到條約摘其萬不能允者，如中國所有土産食物由各埠轉運澳門，專備該處居民所需者，一概免納各項出口之税。又中國土産貨物於出口時，如將正税完清，若運入澳門將來轉運中國地方，於復進口時應完税項，與通商此口轉運彼口者一律辦理兩條，

於税務大有關礙，駁令删去，强而後可。又寓澳華民請每年運米六十萬石免納税課，以資食用一條，亦再三力駁，該使臣亦堅請不已，辯論磋磨相持數月。世凱、之洞往復商酌，並電致兩廣總督查覆。旅澳華民不過八萬，約需食米廿四萬石，核與之洞前在粤時札行司局各案酌定米石出洋多寡不甚相遠。電經外務部酌允，每年准運三十萬石，仿照日本成案，另備照會存核，不載入約，並照世凱電屬，於照會内多立限制，以防流弊。海寰、宣懷力與辯駁，譬説百端，每次議及，堅持到底。該使臣見我不肯鬆勁，始就範圍。此外，凡為英、美、日各約所有者，均加詳核，務使意義勿稍出入。其為各約所有而葡約所無者，亦摘其有益於我之款，飭令增補。又，奉外務部電令，添入限制華民入洋籍一款。該使臣初不允入約，祇將情形叙入照會。經海寰、宣懷强之至再，始行照辦。至全約所重者為洋藥緝私一事，該使臣立意，約文以渾括為主，免致議院再有疑阻。商將詳細辦法另立專章，斟酌周密，可期我海關人員在彼水陸扼要地方，實有查緝之權，方能得有實效。往復磋商，幾於舌敝唇焦。迭經世凱、之洞公同籌度，外務部審訂核准，然後與之定議，相持至八閲月之久，全約及章程始行告竣。計釐訂條約二十款。第一款，聲明舊約照舊遵守。第二款，聲明和議所定加增税則，葡國允遵照辦。第三款，聲明入澳門洋藥均囤於官棧，並每年會議，澳門食用洋藥定數外，不得再有搬出。凡報運中國各處，亦應設法以防私行運往。所有應定各項章程，應由彼此兩國商訂。又葡國議定律例，如有犯此約章，應分别懲處。第四款，澳門水陸地方應如何防緝走私，彼此派員會同訂明查緝之地方並可行之辦法。第五款，照英約推廣西江各口，及廣州府屬各埠行輪，惟須遵守現行一切章程，如不遵守，仍不准照辦。葡國並定律例，分别懲辦。第六款，葡萄牙酒無該國執照，不能照本約所附税則納税。第七款，通商口岸地方居住貿易。第八款，華人入葡國版籍，須專定律例，杜其在内地所享利益，及藉葡籍以脱卸在華所立有合同責任。第九款，加税免釐。第十款，發還海關存票。第十一款，釐定國幣。第十二款，禁止莫非鴉。第十三款，振興鑛務。第十四款，合股經營。第十五款，保護貨牌及創藝執照。第十六款，治外法權。第十七款，民教相安。第十八款，條約年限。第十九款，本約以英文為準。第二十款，在北京互换。又釐定第三款專章六條，聲明洋藥官棧，彼此合同稽查，凡運經中國，必須完清海關税釐，始准搬出，如不進官棧，私自登岸，按葡律核辦。其由原船私運中國，由拱北關緝辦，並嗣後有應行商酌加添，由澳官與税務司商訂。第五款專章十五條，以在澳門專設躉船，以便由拱北關查驗由澳門來往各處貨物為要義，其餘一切限制辦法，悉照英約内港行輪章程核議。此會訂條約及章程之情形也。至澳門鐵路合同，因選舉華董急切，未得其人。又以所送合同多未妥協，商請外務部酌核。現甫開議磋商，尚在需時。該合同所與商約相關者，在鐵路車站由中國海關查驗抽税一層，已與該使臣先行議訂專款，用照會聲明，將來載入合同之内，以為依據。該使臣以在滬日久，不便再行稽候，催請先將税則及商約並章程畫押。伏念葡國以和約未經與議，不認各國修改税則，而要索澳門鐵路，是以外務部原議在澳門設關，以為互换利益。今葡國格於議院未能核准，前約已不廢而廢，故此次詳訂中國海關在澳門水陸地方查緝洋藥走私辦法權限，以為補救。該使臣欲以新約包括前約，誠心襄助，妥訂條款章程，雖無設關之名，可收緝私之實。新約既定，則光緒二十八年所定條約專章自可准予作廢。是否有當，恭候聖裁。所有條欵章程，業經電達外務部進呈外，理合請旨派員畫押。世凱、之洞、海寰、宣懷謹肅。謹請代奏云。祈兩帥迅賜酌核，如有更改，即請逕電大部更正。儻無更改，亦請電部，以便入奏。至禱。海、宣。效。

外務部來電并致袁宫保、呂大臣、盛大臣 光緒三十年十月初三日寅刻到

滬沁、豔兩電悉。葡運米事，迭經磋商，始於日昨據阿署使來告，允將條約暨章程先行畫押，其運米照會不及互換，容後再議。本部遂將電奏約本内之運米照會撤下，並將前會奏中此會訂條約及章程之情形也句下，代為添叙。其文曰：各欵議竣，正擬電奏請旨，又准外務部電開，接廣東督撫電，據廣東紳商公禀，以粤本係缺米之區，籲請勿允葡運粤米，情詞迫切，不能不俯順輿情，令再磋商葡使等語。葡使已奉其本國政府訓條，令速返國，不能再候，議將條約暨章程先行畫押，其運米照會不及互換，容後與駐滬葡領事再議，亦經外務部電允照行云云。下接伏念葡國以和約未經與議句。其澳門鐵路合同一段，會奏内已删去，本日代奏，奉有諭旨，速請欽遵辦理。至鐵路合同應即由盛大臣簽字，隨後另摺奏請批准。並電覆。外務部。冬。

致廣州伍叔寶太史諸公 光緒三十年九月二十五日亥刻發

麻電悉。貴省紳商決意争回粤漢鐵路主權，謀定志堅，欣慰佩仰，不可言喻。此事鄙人苦心苦口争廢美約，幸湘紳感悟，協力堅持。今得貴省同心，籌欵集股，均易爲力，庶幾此舉可望觀成，不惟三省之幸，實中華全局之幸。非有粤省諸位大賢鄉先生，豈能辦此。鄂已蒇籌的欵，備充路工之用，將來三省按地界長短公攤，最爲平允。尚祈盡力圖之，鄙人必以全力相助。諸公與京、滬籌議情形，想已有確實辦法，望隨時電示，切盼。有。

伍紳等來電 光緒三十年九月初六日亥刻到

粤省紳商齊集商務局，决議争回粤漢鐵路主權，公舉張弼士侍郎、鄧小赤中丞駐滬，與盛大臣協商廢約。湘省蒙公力持，已見覆張道密電。粤為舊治，戴德尤深。除電外部及雲帥並同鄉京官外，乞鼎力維持，大局幸甚。闔省紳商伍銓萃、左宗藩叩。麻。

致荆州清將軍、瑞副都統、德副都統、余道台〔一〕 光緒三十年九月二十八日申刻發

巧電悉。冬季米折，已飭糧道全數改解銅元。現在錢價日漲，照市價從寬折算，每兩合錢一千二百八十文，每兩餘利百文，照荆郡錢價，每兩餘利可得百二十文。此次全解銅元，計五萬餘兩，旗兵可得餘〔利〕六千串文，較上届實增一倍，期副台端體恤旗兵盛意。至全數改解銅元，餉、鞘多至數百件，解費大增，已飭全由官錢局發給，勿庸攤派當站州、縣，以免賠貼，并由余道傳諭各該縣知悉。儉。

致京財政處 光緒三十年十月初一日未刻發

敝處奏請試鑄一兩重銀幣，欽奉硃批允准，遵已飭局趕製鋼

〔一〕録自抄本《張之洞電稿·致本省電》。

模，即行開鑄。惟欲行銷暢旺，必須外省流通，湘省固宜推行，其沿江各商埠亦須官能收用，方可一律暢銷。擬請鈞處電飭上海、鎮江、江甯、蕪湖、九江、岳州、長沙、重慶各洋關，遇有持湖北一兩銀幣納税者，應照鄂省三六庫平計算，一體收用，庶輕重可有定衡，於該關税項毫無虧損，萬勿挑剔不收，方免阻滯。各關如慮此項銀幣行用不便，鄂省當飭官錢局在有關各埠設立分局，收回銀幣，兑付銅元，或照三六庫平兑付足色生銀，總使各關毫無不便，以示大信。如蒙允許，當再由鄂咨行。敬候電示。東。

財政處來電光緒三十年十月初五日亥刻到

東電悉。各關收用鄂省試鑄一兩重銀幣，並由鄂省設局兑换，均可先行試辦。惟此項銀幣如照原奏搭解部庫，應照部庫平色補足兑收。財政處。歌。

致京外務部〔一〕光緒三十年十月初三日丑刻發

冬電教案奉硃批，敬悉。議結施南教案奏稿及約欵，均於九月十五日由驛咨送貴部。沃。

致桂林李撫台〔二〕光緒三十年十月初四日卯刻發

效電悉。籌兵、籌餉、治匪、治民，四事實是一事，名論佩甚。湘軍至桂境病者尚七八，鄂軍風土不習，更難展布，且因鄂餉極絀，奏明添募之軍，擬缺三千六百人不招，而定議新募各軍，因格式極嚴，至今尚未足數，更説不到操練矣。鄙意援剿桂匪，宜畫分地界，使粤東軍與湘、黔軍各任一面，庶易奏功。鄂但有可相助處，斷無不盡力。惟鄂派援軍，則體察近日情形，決無大益。尊處如需添兵，務請先行電示，以便妥籌奉商，總期於桂事有益，萬勿徑發電奏，至爲感禱。豪。

致桂林岑制台，長沙陸撫台、龍侍郎諸公，廣州張撫台〔三〕、伍叔寶太史諸公光緒三十年十月初五日卯刻發

前屢接湘紳龍侍郎諸公公電及公呈，又接粤紳伍太史諸公公電，明決忠壯，同心合力，維持南紀，敬佩莫名。頃忽得上海鄧小赤、王爵堂兩中丞及鄭官應、劉學詢、曾廣鈞、楊度、席匯湘諸君來電，云倍次接辦，本係伍秩庸與張鶴齡所爲，非但羣情不服，康使及駐滬美領古諾亦不願。美國人士見利權已爲比佔，斷難收回比股，且倍次並不殷實，以美接美，實係比黨，請阻止張道勿再來滬，免爲衆矢之的。現面商古諾等，設法先遣美人馳赴華盛頓開導各人，總可辦到中美合辦，另换合同，似此則美政府當無違言，我政府亦不致爲難。以毒攻毒，當易就範矣等語。查此次來電所議，不知小赤、爵堂諸公何以頓與前議相反，且與湘粤兩省薦紳先生公電亦均不合，乃竟已與美領事古諾議辦，閲之殊爲駭然，恐係出自一二人之私見，並非衆人之公議也。但鄙意張道鶴齡擬向倍次借欵，本未令其修路，即不用倍次欵亦可，總以仍廢棄前約歸我自辦爲是。以美接美固是謬談，即中美合辦亦

〔一〕録自抄本《張之洞電稿·致北京電》。
〔二〕指李經羲。
〔三〕指張人駿。

斷斷不可。廢約事相持到今日，已有八九分，此中國莫大之幸，張道辦理此事頗費苦心，且於外國法律、鐵路利病均極了然，挽回此路壞局，稍有轉機者，實張道一人之功。今欲阻不往滬，不解何意。特電達諸公是否以鄙意爲然，湘粵兩省同鄉公議是否願廢約，是否願自辦。務請一面飛電阻止鄧、王兩公，一面電覆敝處，以便覆滬。禱切盼切。歌。

致上海盛大臣 光緒三十年十月十二日辰刻發

麻、虞兩電均悉。鄙意專主速廢前約，三省分年自辦。至以美接美及中美合辦兩法，均屬萬萬不可。楊度並未見過，其人久在日本，並無派令駐滬會議鐵路之事。文。

盛大臣來電 光緒三十年十月初七日申刻到

粵路停工裁撤洋人等事，已有頭緒。美公司來電，所失利益須索賠償，此間當盡力爭之，將來辦法或曰以美接美，或曰中美合辦，或曰三省分年自辦。鄙見總須先廢前約，再行會議，未知尊意如何。宣。麻。

致京外務部[一] 光緒三十年十月十三日戌刻發

佳電悉。湖北武備學堂聘用德教習三人，期滿辭退，事所常有。現聘用之何福滿、泰伯、福克斯三員，均已一再展訂合同，留鄂至七八年之久。現武備學堂改作武高等學堂，何福滿於高等武學程度不足，查照合同，於六箇月前知照辭退，係屬通例。此事久經定議，飭知該學堂，該學堂監督因未查清西歷日期，僅逾十日始行知照教（育）[習]未免稍覺疎忽，照此十日補給薪水即可。至何福滿本係南洋自强軍教習，由鄂接聘又歷七年，聘用時並未經德領事手。鄂省聘用東、西洋教員甚多，或辭或留，無關交涉，在我自有主權，德領事何煩過問。況去、今兩年，鄂又添聘德教習兩員，有添聘即有辭退，德政府何至於憤。此外，泰伯已擬展留一年，福克斯尚未到期，去留臨時再酌。祈轉覆德使查照。元。

致外務部、户部，天津袁宫保、江甯端制台、桂林岑制台、成都錫制台、福州魏制台、安慶誠撫台、太原張撫台，上海新任兩江周制台、袁道台 光緒三十年十月十七日申刻發

部冬電、魚電均悉，各省電并悉。鎊價不敷，若必不能挽回，惟有認補。貴部磋商三條，一鎊虧無利，二銀行存欵扣息，三按月折中算價，外國斷無不允。貴部魚電約數八百萬，必可敷用。惟中國民窮財盡，原派賠欵已屬十分竭蹶，羅掘一空，一年僅顧一年，以後尚無長久之計。然已商民愁歎，可慮甚多，再補此鎊虧鉅欵，斷無此力。但貴部既難辯論，三年來洋、常各關加收之税積存滬道處五百萬者，又經凑補他項。仰體時局急迫，貴部爲難情形，不得不勉强量力分認。但鄂省所能勉辦者，有緊要三節，不敢不以陳明。一、止能照各省原派賠欵之數補出三年鎊價，方

[一] 録自抄本《張之洞電稿·致北京電》。

爲平允。查鄂省原派一百二十萬，若照八百萬計算，止能攤五十餘萬。江漢關原案並未另派，本即統於鄂省總數之內，斷難另計。今擬認攤六十萬，斷不敢再行多認，一也。二、鄂省各欵皆係隨籌隨用，向無存儲，往往寅支卯糧。若欲於一月內提數十萬現銀，斷辦不到。雖欲移緩就急，亦實無欵可移，蓋急欵尚多，虛懸借墊，安有緩欵可供挪移。萬不得已，惟有由鄂省自借洋欵一法。自借自還，陸續設法分年籌措，利息自與酌議，抵押自行妥商，萬不致有礙本省財政，二也。三、銀根甚緊，即洋商允借，若數至五六十萬，三箇月以内必不能交齊，即如庚子年鄂省奏明自借匯豐銀五十萬，尚遲至四十五日始行交清。應請貴部與各國公使切商，鄂省此欵必須展限三箇月，緩至明年正月底，在滬交清，蓋按月計鎊補足，即遲交三月，於彼毫無出入，斷無不允。若求速萬辦不到，三也。艱窘情形，各省相同，即使各省別有良策，力能自籌早解，鄂省則舍此斷無辦法矣。至於貴部魚電令鄂省與南北洋在外商借洋欵，無論分借合借，鄂省皆萬萬不敢應承，緣各省情形不同，或自籌，或籌借並行，或全數借欵，或須早還，或願遲還，各省不能强同，豈能概爲代借洋欵。且分借則數少，合借則數多，所索抵押必有關繫財政大局之處，並恐數多必有扣頭，尤爲不可。洞止能在鄂言鄂，萬萬不敢越俎。再，此次派補鎊價，鄂省獨多，並不按原派賠欵之數。除各小省不計，廣東現有軍務不計外，不惟多於浙江、四川，並且多於原派二百五十萬之江南全省，甚至陝西亦係中省，竟爾分毫未派，惶駭焦急，不解其故。鄂人羣相歸咎，謂由洞認解練兵處餉項太多，今年多至五十八萬，明年多至一百零三萬，至防衛京畿之吴元愷軍餉將及三十萬，尚不在内。即各大省均未聞有此，或代洞憂焦，或怪洞鹵莽，以致自入窘步。洞睹此時勢危迫，宵旰憂勞，惟力是視，豈敢辭難。惟鄂省民力止有此數，躊躇旬日，無以爲計，勉竭庸愚，止有以上所陳三層辦法，然尚不知每年驟增本利鉅欵將何籌還。謹此披瀝奉覆，統希亮鑒。各省電統此答覆，恕不另電。霰。

致桂林岑制台、江甯端署制台，長沙陸撫台、劉軍門光才 光緒三十年十月十九日申刻發

雲帥遇電、午帥庚電悉。杜軍此時萬不宜遽撤，撤則必然生事，徒爲湘桂之間添一鉅患。雲帥電杜軍交劉華軒接統，極爲妥善，佩甚，應即照辦。請陸春帥函咨飛催劉速來永接統此軍，由劉分別陸續淘汰整頓，嚴申軍律，杜道迅飭回蘇。惟劉軍門赴永接統此軍時，必應酌帶所部兩營前往鎮懾，既有親兵彈壓，又係陸續沙汰，自然安静聽命。止須去其最劣者二三成，其餘認真訓練，自然變爲有用之軍，不必全裁也。即欲多裁，儘可隨時從容酌辦，俟布置定後，再分營往西路填紮。該軍月餉似應仍由江南照撥，俟將來撤防時，再籌遣散方妥。現在四十八峒之匪已破，匪首陸亞發已逃，匪蹤去湘西漸遠，劉軍此時儘可抽兩營自帶來永辦理此事。此事利害，關繫兩省甚鉅。猥承兩帥下問，既然見到，不敢不言，祈午帥、春帥酌裁，速示覆。皓。

致上海王爵堂中丞 光緒三十年十月十九日申刻發

函電均悉。台端辦理此事，具見苦心，惟事關三省大局，凡有籌畫，必應公商允洽，方可實施。廢約之責，專在於盛，三省

官紳只可向盛理論。催辦不應，則公電外務部主持，斷無徑與外人直接商辦之理。頃接湘紳公電，云爵堂中丞真電未經廢約，先招外權，必壞大局，非由台諭力阻，必誤以爲尊意默許求速，電尊處將派赴美國之人追回。迫切，叩禱。等語。此事台端並未與三省官紳商妥，何遽委託美人赴美辦事，就令前約作廢，將來美人責踐前言，何以應之。赴美辦事之費，三省官紳既未認許，欵從何出。此舉似欠斟酌，萬萬不妥。務望將所派律師設法撤回，免受巨累。至禱。皓。

致上海盛大臣 光緒三十年十月二十日戌刻發

麻電承示粵路停工廢約辦法，當於文電奉覆，計已達覽。美公司違背合同，其曲在彼，只能三省及美工師公同核估修成之路實費工料若干，照數補還，安得向我索償所失利益。務懇尊處力爭嚴駁，勿稍鬆勁，三省官紳斷不認償此費，想卓見早已籌及也。祈電覆。哿。

致天津袁宮保 光緒三十年十月二十日戌刻發

效電悉。前接上海日總領事小田切來電云，聞貴國政府重興聯俄之議，北洋派某道員來鄂商議此事。此次日俄開戰，爲保全東方大局起見，貴國儻有聯俄之議，將來事甚可憂，屬爲駁阻等語。當覆以俄人欺蔑中國，違背條約，占地殘民，橫暴無理，敝處斷無聯俄之意。至政府有無此議，敝處毫無所聞，北洋亦並未派員來鄂商議此事等語。至張道孝謙日前過鄂來謁一次，適有公事未見，聞在省城僅住一宵，次日即渡江旋豫。該道在滬有無此説，祈即由尊處電詢飭覆。皓。

袁宮保來電 光緒三十年十月十九日申刻到

頃接滬電，稱張道孝謙告人奉敝處委往尊處，密商聯俄事，因而滬上謡疑紛起，日人頗惑云。查張道請假省親，並非差委，果如滬電，殊屬謬妄。祈傳詢該道是否有此説，賜覆。凱。效。

致桂林岑制台、廣州張撫台、伍叔寶太史諸公 光緒三十年十月二十一日未刻發

安帥蒸電轉粵紳公電具悉。廢約必先贖路，贖路必先籌欵，自是入手關鍵。已切電盛大臣，造成粵路只能核實公估價值，不能聽美公司浮開要索。但路在粵境，贖回後行車之利亦粵得之，似贖路之欵，未便令三省公認勻攤。粵商財力雄厚，其在南洋各埠者富商尤夥，是三省籌欵，必推粵爲最易。湘省境内路最長，欵最鉅，鄂省路較短，而財力素薄，兩省官紳固不敢不勉擔義務，盡力圖維，若再令兼顧他省，則財力實有不逮。大致辦法，抵制外人則三省當同心協力，籌備路欵則三省當按地分攤，事最公允。惟粵省贖路之欵數至五六百萬，誠恐一時遽難齊集。竊爲代籌一集欵之法，因勢利導，莫如售票開標。此一段路已造成，最爲繁盛，目前即可見利，每票或五十元，或一百元，每月一次，每次一百萬元爲率，以五成開彩及充一切用費，以五成留備贖路之用。得彩者付一半現銀，以一半留作鐵路股票。未得彩者准折半抵換鐵路股票。期以一年舉行十二次，即可得六百萬元，自屬衆擎易舉。但須刻報勸導，言明此乃設法贖路，以盡義務，方能感發鼓舞。如此辦法，乃是各省人集股贖回，粵省已造成之鐵路一百餘

里，並不須全由粵人自籌也。此不過大略，至於詳細辦法，統望體察情形，因時制宜，酌量辦理。姑陳此策，以備籌酌，總期於必將此路贖回爲度。祈轉達伍太史諸紳公閲，并望見覆。馬。

致上海日本總領事小田切〔一〕 光緒三十年十月二十一日亥刻發

惠函具悉。松平康國所約四端，一、日歷明年三月到鄂，可允。二、就聘復薦舉親信以資臂助，此事須視湖北相須與否，由敝處裁定。三、每月薪水三百五十兩，期内不再加，可允。四、來鄂川資擬給一百元，將來回國川資擬給二百元，住屋只能租給華式民房，家具亦由鄂酌備華式者。祈轉達見覆。馬。

致襄陽郭道台、魁守〔二〕 光緒三十年十月二十一日亥刻發

據該郡學紳電稟，棗陽賠欵萬二解半，餘可否全留，請電飭遵等語。查賠欵改學堂捐，原札言明八月爲始免解省城，是八月以前賠欵捐仍應解省本部。此舉所留於各州縣興學培才者，永永無窮，豈爭此一月，但各屬事歸一律，棗陽未便兩歧。應飭該縣將應解七月分賠欵補解來省，餘盡留辦學堂，迅速認真舉辦。該處學紳係何銜名，并即查明電覆。馬。

致東京湖北學生監督李道台寶巽〔三〕 光緒三十年十月二十一日亥刻發

皓電悉。鮑遊擊姑令先習普通學及東文東語，俟再酌普通畢業，擇與陸軍有關繫之學科肄習，學費即飭匯日幣二萬元，俟匯妥另電。每月究需學費若干，可核明電覆，以便按月匯寄。馬。

致江甯湖北候補道孫道台廷林 光緒三十年十月二十三日未刻發

效電悉。緩辦萍廠，專注鄂廠，殊與鄙意不合。中國之大，所需軍械之多，豈鄂中一廠所能供給。故各省製械工廠斷斷不嫌多設。務速將鄙意轉達星使，至要。並即電覆。漾。

致桂林岑制台、李撫台，長沙陸撫台 光緒三十年十月二十四日卯刻發

頃接陸春帥智電，桂軍先於二月初七日奉電旨撤回江南，分起妥爲遣散，經電商端午帥，在湘遣散一半，餘回江南分別留遣。是杜軍續經商允，遣三留七，帶回江南，奏奉元電旨照准等語。是杜軍之擬裁撤久已傳播，該軍豈有不知。現雖在湘只汰三成，然原議係回江南分別留遣，是到江仍是一撤，該軍又豈有不知。既係素無紀律，又多通匪，一聞早晚同歸裁撤之信，必然生事，或即在永州譁變，與桂匪聯合，或行至中途岳州、漢口衝要利便亂匪繁多之地，倡亂起事，豈杜俞一人所能控制。近日武漢查獲華興會革命票匪來鄂勾結亂黨消息甚緊，正在竭力防緝。虎兕出柙，票匪亂黨附和，立成東南巨患，不可收拾。近數日廣西因裁撤滇軍，

〔一〕録自抄本《張之洞電稿·致上海電》。
〔二〕録自抄本《張之洞電稿·致本省電》。
〔三〕録自抄本《張之洞電稿·致外洋電》。

在多沙叛變，戕官劫械，糾合匪黨，桂、黔、湘三界同時告急。此軍係曾經戰陣之軍，爲患不細，然人數尚少。杜軍三千人，皆係極精槍械，萬一譁變，湖南境内北至岳州，南至永州〔一〕，邊界直抵桂林，皆無險隘。趨桂林則平坦大路，下岳、漢則大河順流，而此一千餘里之中，並無一五百人之營扼紮，不審何以禦之。查近據黄鎮忠浩二十一日電稟，已稟商粤、湘大憲，調派各軍分别進勦梅寨、浪泡及防守融縣、古宜、滙口、斗江、峒頭等處，並云如緊急，該鎮當親往古宜督勦。看其地形熟悉，規畫分明，布置井然，洵爲知兵良將。黄鎮係湘省西路人，又適帶兵自湘西入桂，故情形甚熟，於湘邊利害尤爲關心。竊謂此時杜俞一軍萬萬不宜裁撤，亦不宜遣回江南，只可俟桂匪撤防再議。該軍現在顯著之弊，只有劫掠一端，若責令杜俞保現裁之三成不滋事，長途帶回之七成不生變，則力有不能。若許以不撤，但責令嚴申紀律，禁約所部不許劫掠，則雖不能十分嚴肅，數月之内必可較勝於前，而湘西既有黄鎮自任，劉華軒軍門儘可商令酌帶兩營迅速赴永，到永後令劉爲統領，杜爲幫統，只令整頓，不令裁汰。既有劉軍鎮攝，止須隨時考察，去其敗羣者數十百人，全軍便可改觀。大局既定，再詢問劉軍門、杜俞應留與否，再爲酌辦。劉過鄂省曾面與洞言，願自任防扼永州大路，若與劉商，劉必願來。其靖州一帶防營，可詢劉軍門及鎮筸道莊道，各營何員得力，即責成何員主持，稍假事權，并酌添數營，勿惜小費。鎮筸兵亦尚可用，則湘西一路亦可放心。至湘西山多道險，防守較易於永州。大抵用人貴用其心，黄願任湘西，即付以湘西，劉願任永州，即付以永州，必能盡力有效。黄爲桂即所以爲湘，劉爲湘即兼以爲桂，似尚自然。此事屢次廷旨，并未行知敝處，春帥亦未與鄙人電商，故無從置議。嗣接雲帥及午帥電，方得聞知。不惟關繫兩省利害，且關大局利害。現有滇軍前車之鑒，豈敢坐視不言。特此飛電縷陳，妥抒管見。是否可行，尚祈三帥迅速裁奪定計，即賜電覆，以便三省會奏。叩禱叩禱。漾。

致桂林岑制台、李撫台 光緒三十年十月二十四日卯刻發

滇軍在黔邊叛變，曷勝憂焦。此事兩公必已籌有妥善辦法，當可早了，惟管見所及，姑奉陳備采。劉藩司春霖素未識面，此次遣撤當必有因。惟現既出事，似不宜專主勦辦。鄙意似應一面派兵防勦，一面責成劉藩司親往招撫，以安反側之心。一勝以後，即令其綑獻凶渠，餘衆可量從赦免，妥爲安置。既責成劉招撫，不可不假以兵力，或令仍統未散之舊部，或另撥他營歸其統帶，俾速馳往招撫，庶可早就平靖，免致燎原。祈熟籌賜教，幸甚。敬。

致長沙陸撫台〔二〕 光緒三十年十月二十五日午刻發

現據北鹽法道詳稱，湘省撥補宜昌鹽釐一欵，南藩庫前欠二十七年丁漕折錢平餘銀二萬兩，二十八年銀三萬兩，鹽釐局前欠二十五年鹽觔加價銀一萬兩，廿六、七、八三年共銀六萬兩，糧庫前欠廿六年漕項銀三萬六千兩，二十七、八兩年共銀八萬兩。

〔一〕底本誤為「南至岳州，北至永州」。
〔二〕録自抄本《張之洞電稿·致各省電》。

共積欠銀二十三萬六千兩，前經詳請咨催，未准解鄂。現在鹽庫存銀撥解殆盡，支絀異常，京餉、滿餉、洋欵催解甚急，無可挹注，詳請電催籌解等情。查該道所詳確係實情，用特電達，務望轉飭南藩、糧局各司道等分別速籌解鄂，以應急需，實爲感盼。祈示覆。敬。

致京外務部伍侍郎〔一〕光緒三十年十月二十五日午刻發

前承八月豔電，允將鑛章趕速编竣，即同譯本一併寄鄂，已逾兩月，此時想已訂定。外國人求辦鑛者甚多，亟待定章駁正，祈迅賜將定稿及譯本郵寄敝處，以便覆奏。如尊處實在無暇，請將原送去譯本先行寄鄂。望即電覆。有。

致長沙陸撫台〔二〕光緒三十年十月二十六日丑刻發

據江漢關道禀稱，准德領事照會，德商機昌洋行東火而司門前往湖南察看商務，填照送請蓋印，訪知該洋商係往寶慶府察勘煤鑛，核與定章不符，將照送還核銷。嗣准德領函覆，火而司門本係機器鐵工，因寶慶邵陽縣華商邵東和向買鑛内抽水機器，並運鑛小鐵路，所以先往察勘，總不干預鑛務，仍請將照加印，經該道駁回。頃德領又函知該道，該鐵工已由漢起身，以免生意喫虧，不論有無印照，盼望地方官設法保護，免致德商有不方便之事等語，請電湘省查照酌辦前來。查洋商未領護照，私往内地，顯違約章，且華商邵東和有無向買抽水機器、小鐵路情事，未准尊處咨會，殊難憑信，難保非奸商句引前往，亟應從速禁阻。該洋人業已赴湘，祈飭鑛務局查明邵陽有無華商禀准開鑛案據，勒傳邵東和，責令將洋商阻回。德領事既有德商總不干預鑛務之語，更可阻止，免滋事端，爲要。仍希電覆。有。

致荆州清將軍〔三〕光緒三十年十月二十七日巳刻發

效電悉。方言、工藝兩學堂常年經費，已飭銀元局自本年四月起至九月止，共撥解龍銀一萬八千元，三兼衛平餘欵亦已分札嚴催速解。至荆防中學堂囑籌目前開辦，及日後常年經費，歲撥四五千金，謹當照辦，容籌定再詳達。寢。

致荆州余道台光緒三十年十月二十七日午刻發

司詳據荆紳呈，請將已故荆州府知府陳夢蘭崇祀名宦。該故員在任究竟有無實在政蹟，可詳查博考，據實電覆核辦。宥。

余道來電光緒三十年十月三十日申刻到

宥諭敬悉。陳故守夢蘭最繫荆人思者，在萬城大隄。當庚午大水，危險萬分，幾不可支，該故守植立險處二十餘晝夜，竭力防護，幸獲保全。工竣回署，髮鬚驟白，幾如另是一人，因是成病，卒於任所。其搶險萬餘金，悉出宦囊，所有賠償不肯加徵地方，死之日至不能成殮，故民到於今追感不置。今歲其孫善同以新庶常來荆，紳者不期而集，争相慰問，念及遺愛，彌動懷思，

〔一〕指伍廷芳。録自抄本《張之洞電稿·致北京電》。
〔二〕録自抄本《張之洞電稿·致各省電》。
〔三〕録自抄本《張之洞電稿·致本省電》。

故有是請。其餘内行謹厚，居官廉惠，雖屬庸行，亦自可稱。謹遵諭據實覆陳。康稟。豔。

致京外務部伍侍郎〔一〕 光緒三十年十月二十八日辰刻發

承示鑛章旬日内可寄，欣感。此間洋商紛請開鑛，急須查考西例，以定准駁，領事催覆不已，情形甚急，若遲久不將新章交與閲看，彼必自行勾匪入山私挖，以後更難挽回。尊處准於何日郵寄，請示確期，俾可與領事刻期商辦。倘十日内新章尚難即寄，務懇即日將譯本先行寄鄂，感禱。儉。

致宜昌川鹽局黄道台、宜昌府陳守、東湖縣熊令〔二〕 光緒三十年十一月初二日酉刻發

鄧義孚虧短税項甚鉅，此鋪係鄧守沅出名所開，自應責成鄧守清理。聞鄧守現在宜昌，黄道可速持此電與宜昌府陳守、東湖縣熊令閲看，將鄧守傳到，設法羈縻，令將所虧官項迅速措繳，不准聽其遠颺，至要。即電覆。冬。

致廣州署糧道王雪岑觀察〔三〕 光緒三十年十一月初二日亥刻發

粵籤捐分局欠繳湖北票價常在二十萬元以外，實爲他處所無，即因道遠爲留兑紅票計，遲交一箇月足矣，若長此拖欠，積累愈多，恐經辦之員日久亦難交代。鄂現定新章，他處經手，皆先繳價，後領票，粵人願遵章承辦者甚多，該分局獨不慮他人奪利耶。務望迅飭該分局將積欠票及紅票止兑一欵結算清數，酌留五萬元兑彩，其餘掃數匯解來鄂，不得短少，以應急需。即電覆。沃。

致長沙陸撫台 光緒三十年十一月初三日戌刻發

前准八月陽電，湘收土膏税捐，截至本年六月止，解到之欵除撥支外，浄餘十四萬六千餘兩，湘鄂對分，應各得七萬餘兩，先解六萬兩，餘數隨後結算補解等語。兹扣至十月止，又已四箇月，收數計必不少。鄂省已奏准將此欵專充槍礮廠添機拓廠之需，待欵孔殷。務望速飭該局將六月以前欠解，及六月以後至十月應解之欵，刻期掃數解鄂，以濟要需，萬勿稍延。至禱，並祈電覆。覺。

致桂林岑制台，廣州張撫台、伍叔寶太史 光緒三十年十一月初四日午刻發

馬電想已轉達伍太史諸公。鐵路籌欵之法，究竟有無成議，未接電覆，懸盼殊深。現奉廷寄，議廢美公司合同一事，交敝處核議，妥籌辦理。外務部另有函交美商柏士，來鄂商辦，昨已抵漢。查柏士即倍次，浮言甚多，斷不宜再與糾纏。此事鄙意專主廢約自辦，然必須三省籌欵之法確有把握，自辦一節乃能著實。除電詢湘紳議覆外，祈轉致伍太史諸公，粵省已有籌集鉅欵之策

〔一〕録自抄本《張之洞電稿·致北京電》。
〔二〕録自抄本《張之洞電稿·致本省電》。
〔三〕以下二電録自抄本《張之洞電稿·致各省電》。

否，開標之法能否舉行，此外別有何良策。望飛速詳電示覆，以便接見柏士，婉詞謝絶，俾免干預。切盼。質。

岑制台、張撫台來電 光緒三十年十一月初七日酉刻到

粵紳覆電，云現擬仿照日本勸業銀行發售儲蓄債票章程，參酌辦理。每票二元，集票五十萬分，得銀一百萬元，以二十萬元開會，每月集票一次，開投一次，所有一百萬元票底，無論曾經獲分會彩與否，俱作為鐵路股分，刊刻徵信録，榜示於衆。粵人性質，持此勸集，尚有把握。儻廢約在速，倉卒未能勸集全數，擬請我帥商會三省大帥，設法籌墊備足應付，陸續開票歸還。是否可行，請電示遵辦。銓萃、道鎔、慶林、國廉、崇齡暨闔省紳商等同叩。煊、駿。魚。

致上海盛大臣[一] 光緒三十年十一月初四日戊刻發

上年七月准咨送粵漢鐵路總圖，檢閱圖内，只有華洋文地名，並無道路里數。想鐵路所經山川高下、道里橋梁，洋工程師必皆詳細測繪，尊處如有此項細圖及沿途里數清册，務祈照録一分，迅賜寄鄂，以資考核。現奉廷寄籌議此事，必須確知道里，方能規畫。目前籌議甚急，繪圖需時，請先將由武昌至岳州若干里，由岳州至長沙若干里，長沙至湘潭若干里，湘潭至衡州若干里，衡州至洙州若干里，衡州至宜章若干里，宜章至白石渡若干里，白石渡至樂昌若干里，樂昌至廣州若干里電示，至感至盼。祈速賜電覆。豪。

致長沙陸撫台、龍侍郎諸公 光緒三十年十一月初六日午刻發

粵漢鐵路事，敝處已奉廷寄，飭籌妥辦。外務部另有函交美商柏士，來鄂商辦。查柏士即倍次，浮言甚多，斷不宜再與糾纏。此事鄙意專主廢約自辦，然必須三省籌欵之法確有把握，自辦一節乃能著實。前接湘紳公呈，力任籌欵，深用佩慰。現在如何集議，約可歲籌的欵若干，祈會商諸紳切實妥籌，迅賜電覆。除電詢粵紳議覆外，特奉達，盼速覆。歌。

致梧州岑制台，廣州張撫台、伍叔寶太史[二] 光緒三十年十一月初八日巳刻發

魚電悉。粵紳籌欵之法，事藉衆擎輕而易舉，必能歲集鉅欵，慰甚佩甚。此議如行，鄂願爲粵認籌十萬元，以爲之倡。何時需欵，即望電知撥匯。特先奉達。庚。

致上海盛大臣 光緒三十年十一月初八日巳刻發

初三日奉廷寄，十月廿一日奉上諭：御史黄昌年奏請挽回路政一摺，粵漢鐵路關繫緊要，現在合興公司正議廢約，應即另籌接辦。著張之洞悉心核議，妥籌辦理，以挽利權。等因。欽此。合興廢約，台端責無旁貸，務望切實妥籌，必將此約作廢而後已。一切辦法，仍祈隨時電示，至盼。除咨行外，特先電達。庚。

〔一〕録自抄本《張之洞電稿·致上海電》。
〔二〕録自抄本《張之洞電稿·致各省電》。

致蕪湖魏道台允恭光緒三十年十一月初九日丑刻發

鐵星使查閱灣沚廠地，議論若何，即電覆。齊。

魏道來電光緒三十年十一月初十日酉刻到

鐵使奉旨不查別省，昨閱灣沚，飭繪地圖，俟勘萍地後再定議。允恭。佳。

致襄陽郭道台、魁守[一]光緒三十年十一月初十日午刻發

魚電悉。衛田稅契，係奉旨飭辦，軍户豈能違抗。至賠欵捐，衛田本未攤派，武襄衛軍户因何藉口，致有聚衆入宜城縣城拆毁書差役房屋之事。肇衅必有所因，該道、府速即確查實在情形，迅速據實電禀，一面訪查爲首滋事之人，禀候察核飭辦，勿稍隱飾。佳。

致東京參謀本部鑄方大佐[二]光緒三十年十一月初十日午刻發

三月間，鄙人在江甯曾電詢閣下快槍口徑究以若干密里爲最合用。承電覆，云凡遇發槍，需子殊多，口徑大，則子亦隨大，不能多帶，囑敝國若造新槍，口徑仍用六密里半爲妥。等語。尊論極是，深愜鄙衷，故已奏明以後中國新槍均造六密里半口徑者，全國一律。兹有人言六密里半口徑太小，以見貴國報紙言日本所用六密里五口徑快槍，非中敵要害不能制其死命，係子彈太輕太小之弊云云，欲將敝處奏定新槍口徑商量改大。此舉關繫全局利害，正急切待商。究竟中國新造快槍當用若干口徑爲至當不易之式，專待閣下一言而決。務望詳究利弊，迅賜電覆，以便商議此事有所依據。立候回音，曷勝感盼。卦。

致長沙陸撫台、龍侍郎諸公光緒三十年十一月十二日申刻發

真電悉。龍侍郎亦有覆電，云籌欵一層，連日會商，已有確實把握，斷不至廢約後欵無所出，因電不能詳究，即日函陳等語。倍次正在此間糾纏，亟須得湘紳籌欵的實辦法，俾可拒絶倍次干求。前日粵紳覆電，籌欵已詳叙切實辦法。務望轉致湘紳，將所籌集欵之法先將大概撮要電知，至禱至盼。應商之事甚多甚急，必須面談，並祈轉致諸公，請張漁珊觀察來鄂一談，尤盼。文。

龍紳等來電光緒三十年十一月十六日丑刻到

文電謹悉。湘省公議，三省合辦，歸我公主持。先辦湘潭至漢口一路，約須欵千萬内外。分五年修成，年須欵二百萬内外。三省照攤，每省年各七十萬。湘省賑糶捐，昨懇商中丞請撥為鐵路經費，已蒙俯允，似此至少亦年可得五十萬。其餘二十萬由湘人集股，尚易籌畫，已擬有切實章程，必可承認。再擬合鄂湘在岳州禀開鐵路銀行，以圖擴充。似此辦法，湘欵當不至無著。長沙國小，力祇如此。湛霖、先謙、自元、錫仁、祖同叩。咸。

[一] 録自抄本《張之洞電稿·致本省電》。
[二] 録自抄本《張之洞電稿·致外洋電》。

致上海盛大臣 光緒三十年十一月十四日申刻發

真電同莘按：真電無稿想已達覽。查美公司粤漢鐵路合同，前係奉旨批准，此時議廢合同，固須奉有朝命。然專言朝命，將來或恐牽動交涉，此次致梁使〔一〕咨文，自應歸重三省紳民萬口一詞，力持廢約之議，公呈外務部，上達宸聽，朝廷俯順輿情，不能不准予廢約，斷不能强三省數千萬人民令其還就從前壞局。必須將此議補入，詳細痛切發揮，以見廢約出自三省紳民公論，方覺決斷喫緊。洞爲三省人民代表，更應專以民情公議爲主。美國素重民權，此説較易動聽，不致引入交涉。祈斟酌補叙爲要。如咨文已發，可飛速補電梁使，俾於照會美外部文内照改叙入。仍望將補叙之語酌妥電示，切禱。鹽。

盛大臣來電并致外務部 光緒三十年十一月十五日申刻到

遵督部堂文電，會電梁使，照會美外部註銷合興合同。文曰：洞奉廷寄，合興正議廢約，著悉心核議，挽回利權等因。宣查合興顯背合同，必應作廢。續約十七欵不得轉他國，現查底股，比、法居多，事權他屬。正約四十欵禁别人侵壞合同，現派非美公司之錫度來華干預。全路工程逾限，廣州一節逾估甚鉅，工程司藉路經商漁利，各洋匠疊次槍斃人命，並有竊資遠遁，索帳不送，索兇不交，壓制中國應有轄察之權。請照會美外部註銷正、續合同。中美商務正盛，想美政府累次代中國保全主權，亦不願他國人干預侵損也。請再面告美外部，中美交厚，故創辦時立意借美欵。今美名比實，上下譁駭，謂與俄法路貫串腹心，關我命脈，即損美名譽，合同精神全失，不得已請作廢。前美政府照覆云，如該公司改其規模辦法，即不認保護。務祈認定前言，即允註銷云。此就國際説，勿用照會。洞、宣。元云。宣。願。

盛大臣來電并致外務部 光緒三十年十一月十六日丑刻到

公電已達，鹽電注重民權，更喫緊。補電梁使如下：合興事，三省紳民萬口一詞，力持廢約，公呈外務部，上達宸聽，朝廷俯順輿情。洞為三省代表，斷不能强數千萬人還就壞局，自蹙生路。因飭由洞等廢約，請專以民情公議為主，補入照會。洞、宣。翰云。已發。宣。翰。

致東京參謀本部鑄方大佐〔二〕 光緒三十年十一月十九日申刻發

覆電悉。所云快槍口徑仍用六密里半爲妥，指陳利害極透，佩服之至，與鄙意正相符合。但外間傳言貴國現改造七密里九口徑，係此次新經戰事後所改，傳説者甚多。究竟貴國快槍口徑現已否改大，抑仍用六密里五，希即迅賜電覆，以資取則。敝國鐵星使三日内必到鄂，須面商此事，專候閣下電覆也，曷勝感盼。效。

致上海袁道台〔三〕 光緒三十年十一月二十一日辰刻發

湖北應補三年賠欵鎊價六十萬兩，此係户部十月勘電復加核

〔一〕指中國駐美國公使梁誠。

〔二〕録自抄本《張之洞電稿·致外洋電》。

〔三〕以下二電録自苑書義等主編《張之洞全集》第十一册，第九二四九至九二五〇頁，河北人民出版社一九九八年版。周制台指署理兩江總督周馥。

定之數，又匯豐本息十萬兩，均於昨日交商號匯滬，限本月二十五日交清，祈届期查收。商號牌名，已飭司局電達。箇。

致江甯周制台光緒三十年十一月二十五日酉刻發

前准佳電，商借銅元局委員、匠目一節。查鄂省銀元、銅元兩局，出色委員本不多，幸總辦、提調尚能實心經理耳。上年因財政處在津設局，商調各項委員，辭之不得，勉派數員前往相助。因此鄂廠熟手委員更少。匠目皆屬平平，并無甚佳者。此事利病全不在匠目也。此事實苦無以應命，祈鑒諒。有。

致京瞿尚書[一]光緒三十年十一月二十五日亥刻發

漾電悉。前數日柏士來見，當即嚴詞拒絶，告以決定廢約，自行籌欵自辦。渠以甘言多方苦磨，均已駁拒。數日後又託領事來函糾纏，并懇致函盛杏孫，當即作函謝絶之，言斷不借該公司之欵，亦不能與盛寫信，詞甚決絶。近數日寂然，想已去矣。旬日前已與盛會銜電駐美梁使，力言廢約事，盛已電外務部矣。梁正在與美外部辯論。總之，鄂意專主籌欵自辦，與湘粤紳往復各電皆同此説，斷不願以美接美。分段修造，欵必能籌，只在湘粤各紳肯聽鄙言耳，請釋尊慮。惟更有密啟者，昨接商部漾電，二十三日奉旨，著商部、張之洞妥籌辦理，以挽利權等因。此事甚難，籌鉅欵尤難。若專任鄙人，必能辦成，若參以商部，枝節必多，不可思議，於此路事無益有損。台端如能設法諷勸商部不必深管，聽外間辦理。此時只有爲難，並無利益，辦有端倪後，自當咨報商部。此事無意外掣肘，庶可有成。其工程用欵，一切當令三省官紳公同經理，鄙人只管考察督催籌畫，斷不經手也。祈鑒察，至幸。有。

致長沙龍侍郎諸公光緒三十年十一月二十六日子刻發

咸電悉。廢約事敝處前已屢電盛大臣，囑其力辦。近數日已會盛銜電致駐美梁使，宣布廢約之事。柏士前持外務部函來商借欵，鄙人已經嚴詞拒絶，聲明已籌有欵自辦，力破以美接美之説。面駁之外，加以函駁，此事鄙人可謂極力主持矣。惟目前切實辦法，全在多籌的欵，而三省路工長短不同，各盡義務，只可按地分攤。尊議湘潭至漢口一路分五年修路，擬三省分攤等語，如此似不易辦。查粤紳前已贖回粤境已成鐵路，估計六百萬元，議由三省分攤，敝處當以湘鄂力難兼顧，駁令自籌，覆電已允由粤自籌矣。今湘潭至漢口一路，來電謂歲約需欵二百萬，擬三省分攤，派粤、鄂各歲認七十萬，粤紳斷難應允。至鄂境地段不過二百六七十里，兹已歲撥賑糶捐五十萬兩，即所以盡通力合作之義。湘境路長千有餘里，需欵最鉅，自應官紳合力，各盡其責。春間席道面稱，除官欵外，湘紳擬就紳富抽收穀捐作爲股分，歲可得六七十萬。鄙人以湘紳尚義急公，深爲佩慰。今來電，以陸中丞允撥賑糶捐五十萬，擬再集股二十萬，殊與前議不符。僅此區區，路工何日得成。鄙意粤紳籌欵只能自了粤境，湘鄂路工似宜以長沙通武昌爲一段，一頭自湘省，一頭自鄂省，兩頭分造，自開工起，每年約造成二百里，四年可成。工費姑酌中以每里一萬四五

[一] 指外務部會辦大臣兼尚書瞿鴻禨。

千金計之，約每年需的欵三百萬，如能省更好，如能萬金造一里，則三年可成尤善，便可接已成之蘆漢鐵路，利益必多。至每里一萬之説，聞日本人已自悔其路之窄，似難據爲定數也。今即穀捐辦成，合之湘省賑糶捐，歲不過一百一十餘萬，加鄂五十萬，不敷尚多，須另設法。至鐵路銀行，鄙人尚未悉是何章程，究竟有無窒礙，望詳示方能酌核，竊恐未必穩妥。湘省同鄉諸公必須能自籌鉅欵，則不敷之數，鄙人當竭其淺陋之見，力籌一鉅欵，以成兩省盛舉。此事官欵則利歸官，紳欵則利歸紳，籌欵多則益處亦多也。長沙、武昌兩頭接通後，再接造湘潭至洙州一路，止一百五十里，有湘潭之貨，又有萍鄉之煤，利益亦多。昨接梁使電，現已與美外部辯争廢約，是此事已經布告海外，環球皆知。鄙人已經挺身力任其難，必須辦成，方免爲外人所笑。此等重大之事，若湘中諸公竟無一人來鄂當面詳談，商定大略，安能決計堅持，臨機因應。如張漁珊觀察不能來，無論何位皆可，多一兩位尤好，盼甚盼甚。昨接商部漾電，二十三日又有旨令鄙人籌辦此事，并以奉聞。若諸公不來鄂，實無從籌辦也。望即電覆。有。

致上海盛大臣 光緒三十年十一月二十六日午刻發

敬電悉。停廢小票一節，請速電梁使登報聲明，悉照尊議辦理。有。

盛大臣來電并致外務部 光緒三十年十一月二十五日丑刻到

敝處九月致部東電，十月致梁漾電，均請禁止提票。梁覆外部，乞堅持到底。今受託人於美外部尚未照覆之前，違命擅交，請挈銜公電梁使，登報聲明合興背約，華政府已徇三省紳民公議，照請廢約。所有小票一概作廢，藉杜去路。如此則合興訟我，我為被告，延公正人核實還欵贖票，較易收束。宣。敬。

盛大臣來電并致外務部 光緒三十年十一月二十七日申刻到

停廢小票一節，電梁使曰：宣已電合興受託人，新發小票，督辦並未允發，總公司代中國政府不擔此四百萬之責任。請告美外部催照覆廢約事，並望速登各報，聲明合興背約，政府已徇三省紳民公議，照請廢約。特宣布於衆，萬勿購此四百萬之票。洞、宣云。可否即發，乞速核示。宣。宥亥。

致外務部、上海盛大臣 光緒三十年十一月二十八日丑刻發

滬宥電悉。電梁使告美登報，宣布勿購此四百萬之小票，必須急辦。此四百萬，中國政府三省紳民斷不承認，請速發。感。

致外務部、上海盛大臣 光緒三十年十一月二十八日卯刻發

頃感電想達。僅云政府不擔此四百萬，恐美國藉端牽入交涉。似於總公司不擔之外，宜添三句，云洞爲三省紳民代表，三省數千萬紳民決定廢約，斷不擔認此四百萬之小票三十字，則明是三省人民與合興興訟，有勝無負，要緊要緊。請杏翁速發。儉寅。

致長沙陸撫台、龍侍郎諸公光緒三十年十二月初一日辰刻發

有電計早達覽，未接電覆，焦盼實深。頃又屬曾道等將鄙意詳電諸公，當可共喻。須知粤漢鐵路廢約自辦，業已宣布中外，此舉有進無退。鄙人既力任其難，諸公宜相助爲理，儻稍遲延觀望，美國及他國必然生心干預，約廢不成矣。大局安危所關，亟須速籌辦法，免致貽笑外人。籌欵之法甚多，苟爲敝處力所能及，無不極意維持。大約敝處每年可籌一百五十萬，惟必須面商，方可定局。端中丞不日來鄂，正可在此三面會商，從長決議。諸君所以遲遲不來，想是慎重謙讓之故。茲擬請張雨珊、蔣少穆、席沅生三觀察即日來鄂，面商一切。此間當約李道祥霖、曾道廣鎔共五人，一同與議。五人公議，自必周妥詳盡，更無嫌疑。此外有願來鄂與議者，多請一兩位來鄂尤善。若諸君有不肯擔不便擔之事，洞當一人擔之。事機甚迫，幸勿猶豫誤時。至禱至盼。何日成行，祈先電覆。卅。

致長沙龍侍郎諸公光緒三十年十二月初一日辰刻發

昨卅電計已達。頃接滬盛電，轉述駐美梁使電，美另有他商摩根收回比股，不願廢約。此事已爭到現在地位，若此約不廢，功敗垂成，大局不可救矣。諸君究願廢約自辦否，速示覆。東。

龍紳等來電光緒三十年十二月初五日亥刻到

兩電謹悉。連日會議籌欵，已得百萬。民欵仍用招股之法，將穀捐包括在內，免滋物議。現正設法多籌銅元。湘已議到，因恐妨官局之利，故改名銀行。今擬稟請於岳、常等處，試鑄銅元，專銷西路，庶於鄂、湘兩不相妨。午帥過鄂，乞我公會商定局，席道匯湘不日赴鄂，面聆訓示。湛霖、先謙等同叩。微。

致襄陽郭道台、魁守、劉參將水金光緒三十年十二月初一日辰刻發

卅電悉。衛户愚民聚衆抗税，實屬目無法紀，然其中亦必有致衅之由。所抗究係何欵，以何爲詞，或爲上下等則不公，或爲税數較重，或爲不攤賠欵捐，或爲清丈畝數加增，或懼改照民糧，來電渾淪太甚，無從遥度，速即詳晰電稟，勿稍刻延。現已電飭本任襄陽府鄧守馳往宜城，秉公查辦。一面先由該道、府飛飭宜城縣印委，暫將武、襄兩衛税捐雜費停收，俟查明實在情由，其中有無實係苦累情形，或辦法未能均平，或軍頭、衛書需索，再當妥爲酌核，分別辦理。一面飛飭劉參將水金，酌帶馬、步隊馳往彈壓，遥示聲威，妥爲開導解散。至來電聲稱襄衛在棗林竪旗，旗文悖謬等語，究竟旗文是何悖謬字樣，棗林距宜城若干里，迅即飛電稟覆。務飭劉參將妥慎辦理，總以開導息事爲主，事定後再將首犯拏辦。仍將辦理情形隨時電稟，勿稍隱飾。切要。東。

致安陸、襄陽、老河口、鄖陽各電局探投本任襄陽府鄧守〔一〕光緒三十年十二月初一日辰刻發

頃據襄陽道、守電稟，宜城縣襄衛軍户因抗繳税捐，聚衆滋

〔一〕録自抄本《張之洞電稿·致本省電》。

事，竪旗於棗林，旗文悖謬，持械攔奪武衛來投税者錢物，綑毆不釋，并擬向武衛尋仇，再行進城等語。愚民罔知法紀，恃衆抗官，實屬可恨。但致衅亦必有因，已電飭襄陽道、府暫停宜城縣衛税，候查明實在情形，聽候核示。一面飛飭參將劉水金酌帶馬、步隊馳往彈壓，妥爲解散。該守任襄較久，情形熟悉，兹特派該守馳往宜城，秉公查辦，務將致衅之由澈查清楚，并籌永杜後衅辦法，電稟候示。該守無論已否抵鄖接篆，電到務須即日就道，馳往宜城，并先電覆。東。

致華盛頓中國使館參贊張權[一]

光緒三十年十二月初一日午刻發

頃湖北留美學生自舊金山來電，爲粵漢路事。兹覆一電，速轉交。其文曰：來電悉。粵漢路事，三省紳民決計廢約自辦，倍次來商借欵，已嚴詞拒絕。該生等所云擬有最妥辦法，是否與廢約自辦宗旨相符。如查美律有確可廢此合同辦法，速詳電稟陳，電費由鄂出，銀數電告即匯。若稟由郵寄，緩不及事，無益。湖廣督院。東。等語。即刻譯出送去，並索其電覆。此電係何人發，是否湖北人，想必知其姓名行檢。該學生是否關心中國大局，抑係好事妄談，即確覆。東。

致鄖陽鄧守[二]

光緒三十年十二月初二日卯刻發

昨電飭該守馳往宜城查辦衛户抗税事，當已接到。現據襄陽續電，聚衆日多，事機甚緊。該守接電，務須刻日馳往，萬不可稍有躭延，以致誤事，起程日期即電稟。該守接印想不過數日，府印可封存，交鄖縣看守。切速。冬。

致德安施守、安陸趙守、襄陽魁守、老河口張參將理玉

光緒三十年十二月初二日卯刻發

現據襄陽道、府稟，宜城縣衛户聚衆滋事，刀痞、會匪乘機蠢動，該守等迅即飛飭所屬各州縣，於教堂所在加意防護，勿任稍滋事端。張參將并於老河口一帶教堂妥爲彈壓保護，毋稍疎虞。火速遵辦，電覆。東。

致德安施守專馬飛送隨州襄防馬隊右營姜參將成立

光緒三十年十二月初二日卯刻發

襄陽屬宜城縣現有衛户因抗税聚［衆］，刀、會匪乘機附和滋事，已分別派營馳往彈壓。該管帶即速預備馬隊一百人，部署齊整，每人除馬槍外，另各帶短刀一把，聽候續電調遣。即遵辦電覆。冬。

致荆州余道台、蔣署參將聲耀、沙防營管帶錢營官濟勝

光緒三十年十二月初二日卯刻發

疊據襄陽道、府來電，宜城衛田軍户聚衆滋事，刀痞、會匪乘機鼓煽焚搶，其勢甚張。現已派襄陽馬、步各隊前往彈壓，兹

[一] 録自抄本《張之洞電稿·致外洋電》。
[二] 以下四電録自抄本《張之洞電稿·致本省電》。

並派沙防營錢營官濟勝，率帶所部由陸路馳往接應，並派蔣署參將聲耀督同前往彈壓捕拏，相機開導解散。該沙防營此時暫聽蔣署參將節制調度，務須刻日部署起程，由電稟報。至沙市地方，已由省另派營官柴寶國帶黄防營一營前往填紮矣，并電知。沃。

致襄陽夏提台、郭道台、魁守、襄防馬隊營管帶畢營官峰山 光緒三十年十二月初二日卯刻發

東電想已到。茲接來電，具悉宜城軍户聚衆豎旗，刀痞、會匪乘機滋事，實堪痛恨。即飭襄防馬隊營畢營官峰山，迅即酌帶馬隊一百，先行馳往，會同劉參將水金相機彈壓，捕拏匪類。茲已派劉道秉彝由鐵路馳赴該處，會同鄧守查辦，並已電飭現署荆州參將蔣參將聲耀，督率沙防營馳往彈壓捕拏，並飭現駐隨州之襄防馬隊右營姜參將成立，預備馬隊，聽候調撥。一面由省另派步隊兩營，由火車陸續進發，以資策應。如果刀、會各匪敢於列隊拒捕，准派出各營臨陣格殺。如并無大隊開槍抗拒，官軍斷不准開槍轟擊，千萬不可鹵莽。惟馬隊除自帶洋槍外，并由該道在襄陽營局内預備刀二百把，發給畢、姜兩營官，以備到宜後步下禦匪之用。郭道、魁守即刻出示張貼，督飭宜城縣剴切開導衛户愚民，所有衛税及一切錢糧各欵，現在派員查核，釐定章程。該縣仍遵前電，暫且停收，並告以大兵數日即到，各衛户務須及早解散，如果實有苦累需索情節，儘可具呈控訴，聽候劉道、郭守到宜城後查明妥辦，萬勿誤聽刀痞、會匪煽惑，犯法滋事，致被誅戮。仍按日探報確情，飛速電稟，將來電費准予報銷，萬勿惜費誤事，至要。冬寅。

致長沙陸撫台、上海端撫台 光緒三十年十二月初二日亥刻發

頃有洋員密告，有湖南巨紳在漢口與禮和洋行議訂合同，將湘省所産鉛、錫兩項，各出賣一萬六千頓，專歸禮和包收，期十年將貨交清等語，不勝駭異。查湖南鑛務既設官局主持，此次出售鑛産，不應由紳私與洋商交易，且數鉅期長，直是將鑛山盡賣與人。究竟鑛局是否與聞，未准咨會。事干交涉，且與地方權利有關，敝處不能不問。務請飭局迅速查明，設法禁阻，先行電覆。此後湘鑛出售外商，該局務先呈報敝處查核，並希轉飭遵照，切禱。盼即電覆。沃。

陸撫台來電 光緒三十年十二月初四日亥刻到

沃電謹悉。當飭鑛局查覆。據稱，湖南鑛産祇有該局與禮和訂約賣砂，事非一次。本年夏間因前於二十二年該局曾與亨達利訂有承買銻砂三萬噸合同，七八年來祇交數千噸，禮和執約争索，頗萌隱患。經該局總辦金道與禮和行東馬樂熙再四磋商，將來合同作廢，易以白鉛砂二萬噸，三年交完。該局所開水口山鉛鑛，預揣所得砂數必能交足，始敢訂約。此外，總公司所開各鑛，出砂無多，並無與洋商訂約買賣之事。本年並經該局詳定章程，嗣後總公司及分設各公司，如有與洋商交易，無論定立何章程，何項合同，凡有關交涉之事，必須移由鑛局核定，詳由撫院批准，方能作准行之據，批飭分行在案。湖南除鑛局及總公司并編號之分公司外，不准有私開之鑛，何以忽有巨紳與禮和定約賣至三萬

二千噸，期以十年，實堪駭詫。湘省鑛痞指鑛招摇，誆騙外商，私賣私約之案，不一而足。詎巨紳亦甘為此，必宜查明禁辦。惟此事鑛局與總公司尚全無所知，難保非冒名私訂等情。此案頗有關繫，鈞論極佩，除仍飭該局迅速查明設法禁阻，并飭以後湘鑛出售外商，務先呈報鈞處查核外，該巨紳究係何人，能否探示，切禱。鼎叩。豪。

致襄陽夏提台光緒三十年十二月初三日午刻發

昨覆冬電想達覽。頃接郭道、魁守來電，知宜城事深費藎籌，承派練軍前往彈壓，尤佩。一切望會商郭道等相機妥辦。聞刁民豎旗有扶清滅洋字樣，是教堂處處可慮。務祈嚴飭營、汛、防、練，分投保護，最關緊要，至禱。講。

致長沙陸撫台、龍侍郎諸公光緒三十年十二月初三日申刻發

春帥暨龍芷翁諸公冬電均悉。湘紳於振糶捐官欵外，每年自籌的欵五十萬，甚慰，未知即是穀捐否。穀捐聚零成整，可換給股票，小户之票，大户可收買，此是集股，並非抽捐，路成後利益同霑，最爲公溥，似不難試辦。惟路工每里萬金，斷不敷用。蘆漢鐵路連橋工山工統計，每里用銀二萬五千兩。今自長沙至武昌雖無大橋、開山費工之處，約計每里至少須萬四五千金，每年造二百里，需欵三百萬。鄂已每年認籌一百五十萬，湘必每年再籌五十萬，方能濟事，且事理亦較允愜。籌欵之法甚多，但非面談不能決。鄙意具詳曾道等去電，當已達覽。總之，欵非三百萬不足用，工必須三年造成方好，四年太遲，蓋聘工程師復估繪細圖，購料開工，已將及一年，是三年成即四年成矣，四年即五年矣。張、蔣、席三觀察如能趁端中丞到鄂時來此會商一切，諸事便可大略定局，最好。聞湘省朱觀察素來善籌畫，能任事，如以年老不能來，遣子弟來亦好。現與美爭廢約，正在萬緊之際，寸陰當惜，似不當以殘年延閣。如諸君實不能來，當屬曾履初、李佛翼兩觀察赴湘詳商，統聽尊裁可也。至銀行，利害參半，鄙人實不敢贊成，鄂省路工官欵斷斷不能存放。湘紳在湘開設，鄂可不問，即有鄂紳附股，亦與鄂境路工絲毫無涉。此間事皆鄙人獨力擔承籌辦，實與鄂紳全無涉也。特再電達，仍祈電覆。講。

致襄陽夏提台、郭道、魁守，宜城沈令、劉參將水金等〔一〕光緒三十年十二月初四日辰刻發

江電悉。匪徒糾衆至數千人，豎旗焚劫，拆毁多家，擾害良民，如見示仍不解散，則是土匪作法，難姑容。沈令、劉參將即刻會商張畢願各營官、幫帶等，除酌留隊伍數十人防守縣城外，迅即率大隊出城，馳赴棗林等處匪徒聚集地方，彈壓開導，令其解散，捕拏匪首，如敢拒捕，准予格殺，惟不准殃及良民，切切。

〔一〕以下二電録自抄本《張之洞電稿·致本省電》。

致德安施守專馬飛送隨州姜參將成立 光緒三十年十二月初四日戌刻發

前發各電，令姜參將預備馬隊百名聽用，至今並無覆電，可怪。宜城衛案未結，匪徒藉端煽脅焚搶，該將速帶馬隊一百名，即日起程，星夜馳赴宜城彈壓，會同沈令、劉、畢各營官等，相機妥辦，勿稍延誤干咎，並須酌帶短刀爲要。即刻電覆。支酉。

致長沙陸撫台、龍侍郎諸公，廣州岑制台、張撫台、伍叔寶太史諸公 光緒三十年十二月初五日未刻發

接盛大臣初二電，云梁大臣來電，接美外部文：茲本大臣確實聞知美國股東已將所有粵漢鐵路公司股票大半收回，現該公司事權仍歸美國股東主持，無可疑義。目前此該公司事權並未盡失於美國股東之手，但因該公司近在中國頗遭物議，故本國商人不惜資本維持此事，本國國家不得不力爲保護，惟望貴國國家亦必體念本國商人，顧全大局之意，而予以優待也。海，即美外部海大臣，希電商部、香帥。誠。初一。等語。又接盛大臣江電，云現擬電覆合興公司，就使比人股權及比人干預各節全行真實銷除，尚有十月四號所詳別項背約之事，故合同仍須作廢云。並擬電梁使轉告美外部，仍候大部、鄂帥裁示再發等語。查此路若不爭回自辦，關繫全局利害。盛擬覆電雖亦仍主廢約，而詞意未能喫緊。應如何駁覆之處，祈諸公迅速會商電示，以便覆盛。切盼。歌。

致天津袁宮保、江甯周制台 光緒三十年十二月初五日酉刻發

甯江電悉，具仰關心大局之盛意，惟管見別是一種看法。日據旅順，俄艦必折回，來亦必敗。此時日本勢張氣鋭，豈肯議和，必再俟大戰數場後，扼鐵路，制海參崴，可以要挾俄出兵費鉅欵，方肯和耳。俄兵固多，然再相持半年，俄仍徵兵運餉不已，必有內亂，豈能久與日本相持。俄人違約占地，震驚陵寢，荼毒華民，神人共憤，今中國若出而勸和，無論日本必不允，恐在我亦難於措詞。駐俄胡使〔一〕之電，乃爲俄人所愚耳。鄙意總以始終守中立爲是。玉帥奏請勸和之説，與鄙人意見不同，未敢列名，尚祈鑒諒，並望兩帥賜教爲幸。歌。

致上海盛大臣 光緒三十年十二月初六日酉刻發

尊處轉來梁使初一電及擬覆梁使電，均已電湘、粵兩省紳士，令籌議速覆。昨接湘紳支電，云盛電所舉摩根，仍係合興舊人，且係比黨。所謂收回比股，決無此理。湘省除收回自辦外，更不承認第二種辦法，尤不能聽其援引外人，抵制我國。求速電盛公，早自定計，勿再影射，不勝企禱等語。特轉達。語。

致襄陽夏提台、郭道台、魏守、鄧守 光緒三十年十二月初七日丑刻發

襄歌電、鄧守魚電均悉。初三晚，匪衆既退過河，究竟曾否

〔一〕指中國駐俄國公使胡惟德。

解散，抑尚踞村抗拒。初四、初五兩日未據續報，殊不可解。郭道可專派探馬，按日將確情電禀，並飭宜城印委每日發禀一次。現在劉參將等務須迅速跟踪追捕，拒捕者可開槍，不動手者萬不可殺戮，尤不准放火，切切。總須乘勢將聚匪盡行驅逐解散，一面勒拏首要，令其綑獻，方合辦法。鄧守電函令劉參將暫勿進攻一節，殊於情事不合。速飛飭沈令及各營官遵辦，鄧守即刻馳赴宜城查辦，即電覆。語。

致成都錫制台〔一〕 光緒三十年十二月初七日未刻發

歌電悉。川漢鐵路，上年在京鄙人抒其管見，即蒙采納入告，深佩忠忱定識。此事集股自辦最爲上策，惟路太長，工太鉅。此路在川境内取道何處，入楚境後取道何處，已籌定否。合路共長若干里，每里需費若干，已略加估計否。川省穀捐每年能籌欵若干，已有約數否。查此路之在楚境者，視川境所短無幾，湖北雖財力薄弱，自不能處於局外。鄙意此路延長三千餘里，全工觀成不易。從來鐵路辦法，皆先從有貿易貨物處辦起，修成一段即可收一段運費。川漢之路必宜先從萬縣至宜昌一段下手，以避三峽衆灘之險，商貨人客皆多，獲利較易。至宜昌以下輪運通暢，萬縣以上民船甚多，則車利必較少。鐵路必先擇有貨運無水路處開辦，兩端從此接長，方有養路之資，以後集股亦易，此一定辦法也。自萬至宜此中間一段我已興工，則長江上下，外人即無從插手，餘路可聽我從容布置矣。但事關川、楚〔二〕兩省，必須兩省督撫通力合作，一切勘路、籌欵、購地、督工，方無窒礙。前年冬曾奉諭旨，本省督撫皆有責成，其入楚境之路，鄙人亦不敢置身事外，似應川、楚商定辦法，會同具奏，較爲周妥。現已明告各國，由中國自辦，外人自不能强爲干預，望勿過急爲禱。切盼詳籌示覆。遇。

致宜昌傅鎮台、東湖縣熊令〔三〕 光緒三十年十二月初九日子刻發

陽電悉。由宜至巫山邊界，道路最寬平者若干里，次平者若干里，險峻者若干里，是否濱江。今擬修川路，須擇不濱江而較平者，近内有路否，約多若干里，又夔州至萬縣若干里，過夔州即平坦否。速派妥弁往查，繪草圖禀覆。庚。

致京外務部〔四〕 光緒三十年十二月初九日巳刻發

前准大咨，以法公使照稱，法商嘎薩雷擬開鄖陽府屬四處銅鑛，經端前署督准予該商儘先購買利權，約限十箇月等語。此事未據咨報有案。究竟端前署督有無准予前項利權及約限十箇月之事，屬查明聲覆等因。當飭據鑛務局會同江漢關道詳覆，薩雷即嘉三黎，端前院並無准予儘先購買利權及十箇月期限，且曾飭關照會各領，聲明不准山主與華洋人等私訂合同契約。該商前次踩看鄖屬鑛山，本係藉遊歷護照，私行往勘，況法領事曾於洋文信内，説明察明之後准開不准開，其權仍歸中國官憲等語，即此可

〔一〕指錫良。
〔二〕底本為「江楚」，似應為「川楚」。
〔三〕録自抄本《張之洞電稿·致本省電》。
〔四〕録自抄本《張之洞電稿·致北京電》。

見無准予儘先購買利權之據，請咨覆前來。查此案曾於四月間據法領事照會，請予展限一年，即經札關照覆，前限十箇月端前院既無批准明文，而該領事前致關道文内本有十箇月之外，任憑與他人合辦，嘉三黎不得異言之語。現既逾期，前案應即注銷作廢，所請展限一年，礙難照准等因，照知法領在案。除全案咨覆外，合先電達，祈察照駁覆爲荷。佳。

致廣州岑制台、張撫台、伍叔寶太史諸公 光緒三十年十二月十一日子刻發

歌電轉駐美梁使來電，並盛公所擬覆電，想早達覽。頃盛電外務部、商部及敝處，謂如久不覆美外部，必認爲默許等語。此事關繫全局利害，湘紳已有電覆，仍主廢約。貴省衆志如何，曾否定議，祈迅賜電覆，以便轉盛，俾免誤爲默許也。切盼。卦。

致上海盛大臣、京外務部、商部 光緒三十年十二月十二日卯刻發

頃又接湘紳公電，云海電詞甚婉轉，從前渠覆福開森之第三條及後解釋詞意一電，此時正可援以磋商，况收回比股並無確據，廢約是懲其出售，非勸其收回。優待是國際全局，義取兩利，非縱庇一商，損我權利。盛公覆電不主此立論，陽言廢約，陰實迴護。求切商盛公，速電梁大臣，請美外部主持公理，勿庇失權之商等語。特此轉達。語雖激烈，不免過火，然足見三省紳民並未默許，務祈明察。此電並呈外務部、商部察閲。軫。

致上海盛大臣 光緒三十年十二月十二日亥刻發

真電悉。三省紳民堅持廢約自辦之説，不認第二種辦法，誠以合興前既違背合同，種種失信於三省紳民，此後雖願設法改良，三省紳民亦不敢相信。與其勉强遷就，易啓齟齬，何如注銷合同，互敦睦誼。合興既有資本，可營之業甚多，何必沾沾於粤漢鐵路。觀三省紳民宗旨，實在無可轉圜，猶之美待華工，雖政府極願維持，而工黨堅執，美政府亦無如之何。鄙人爲三省紳民代表，其不能抑勒輿情，使不廢約，正如美政府之不能挽回工黨。務望台端切電梁星使婉商美政府，允將合興原訂合同及贖約一律注銷，以昭公道。至應如何措詞方中肯綮，祈卓裁酌定，徑覆梁使爲禱。錫。

致廣州張撫台、伍叔寶太史諸君，梧州岑制台〔一〕 光緒三十年十二月十二日亥刻發

卦電想達覽。未接粤紳覆電，盛公必認粤紳爲默許，利害關繫極重。諸公宗旨究竟如何，焦盼至深。此事既力争於前，斷無退沮之理。湘紳覆電，除廢約自辦，更不認第二種辦法。美重民權，非諸公婉力堅持，不足相抵。昨得云帥真電，慮鉅款一時難集。此無足慮。廢約非旦夕可議，只要抱定宗旨，一面籌款，一面抗争，百折不回，或有轉圜之一日。俟廢約定議，彼時贖路款如果不足，或三省公攤，或暫行息借，均可從長計議。此時盛公專待官、紳覆電，粤豈能緘口不言。務速切實徑電盛公，并電敝

〔一〕録自抄本《張之洞電稿・致各省電》。

處，以便覆盛，盼禱。錫。

致上海盛大臣，京外務部、商部光緒三十年十二月十三日寅刻發

頃接粵省紳商公電，云歌電敬悉。合興顯背合同，已失信用，必應作廢。前美政府云如該公司改其規模辦法，即不認保護，具見美國國家保全名譽。粵省認定此言，統籌路費，計畫略定。今據海大臣文稱，該公司近在中國頗遭物議，是明認美商有背約之舉，今始藉詞收回股票，事後彌縫，難信他日再無意外舉動。況僅收大半，則未收尚多。美股前爲比得，公司腐敗，全得三省華人公憤助力，始漸收回，豈能令比股銷除便許續辦。查兩國立約，信用一失，即無執行原約之權。乞轉電盛、梁兩大臣，據理力争，勿再游移，致貽後患。並懇我帥堅持，全粵感禱等語。特轉達，請速電梁使與之駁辯。此電并呈外務部、商部察閲。吻。

致長沙陸撫台、龍侍郎諸公光緒三十年十二月十四日卯刻發

芝翁諸公佳電、春帥蒸電均悉。駁盛語意切直，具徵志氣堅決。惟美不認三省官紳之電，梁使前已有電言之，故廢約事，三省官紳止能責成盛公力争，不能與美直接，故鄙人不能徑與梁使商也。來電昨已轉盛，略將激烈語改去，此後諸公有電，務望斟酌字句，意直語婉，俾可轉電盛公，責以大義。盛懾於公論，方可有益。總之，鄙人只能助諸公畫策，代諸公争理，爲三省通盤籌畫，權衡損益，決疑定計，迫盛大臣以出力設法，務廢此約，不便獨立與梁使、美外部議也。特此縷達，祈察照爲荷。元。

致上海盛大臣，京外務部、商部光緒三十年十二月十四日酉刻發

文、問兩電悉。湘紳急於争回路權，措詞不免過於忿激，敝處不得不爲轉達。然事關大局利害，湘紳情詞迫切，其意要自［辦］無他，此時與美争廢合同，全賴官紳與總公司協力同心，未可自家先存意見。訂約既係總公司獨任，廢約自係總公司專責。從前梁使來電，明言三省官紳之電，美公司斷不承認。可見凡有争辯，美固專認總公司也。上次敝處奉旨籌議此事，尊處屬會銜電梁，係爲宣布廢約起見，故勉從尊指。若現由敝處電梁，美既不認，斷斷無益。總之，三省籌欵自辦，鄙人必竭力提倡籌集。廢約則尊處專責，自應由尊處電梁。至應如何措詞，如何籌辦，悉由尊處斟酌，萬勿推諉。此電并呈外務部、商部察閲。鹽。

盛大臣來電光緒三十年十二月十六日申刻到

鹽電悉。籌欵自辦，事在廢約之後，尚可從容。現在似應先籌廢約，全賴協力同心，未可自存意見，實深欽佩。惟數月來總公司屢將三省官紳之電轉美，美不承認。此次尊處領首，美即承認照覆，語意婉轉，彼蓋知總督有代表三省之權，不能不承認，非比總公司只能就合同言合同也。尊處錫、吻兩電，注重輿情，若仍僅列宣名，與前電不符，美又必不承認。然梁使美部覆文，輾轉商酌已半月，儻不從權，恐誤事機。當即將尊電斟酌，照前會銜電梁。以後務請尊處主稿，鄂徑發，滬轉發均可。美公司電則可由總公司單覆，並非推諉。外交最重分際，乞原諒。宣。咸。

致上海盛大臣光緒三十年十二月十六日午刻發

文電示粵境路工，美公司又有開工之説。查此路由尊處電飭停工，自非得尊處允許，美不能擅往開工。現在正議廢約，一切均未商妥，粵路萬無聽其開工之理，務請尊處嚴詞駁阻爲要。又，金元小票已爲合興提去者共若干萬，已由合興售出者共若干萬，其餘是否尚存梁星使處，并祈查明電覆，切盼。銑。

盛大臣來電光緒三十年十二月二十三日申刻到

銑電所詢粵漢小票，照原約交合興任其出售，照續約第五條，使臣逐張簽印，即交受託公司收存，共票四千萬元。旋經管理處估定，廣州至三水，工費一百二十八萬六千八百餘元，廣州至英德，工費二百九十萬一千六百餘元，長沙至洙州，工費九十二萬六千七百餘元，共計美金五百五十四萬餘元。九扣，計需六百二十二萬二千餘元。除開辦時由受託公司提去小票二百二十二萬二千餘元，梁使來電，已售本年屢請發票四百萬元。宣電梁使知照受託不准發，彼以停工挾制，我即准其停工，並撤去管理處工程局，只留行車處。詎料受託違梁使命，已付合興。我請梁使宣布於衆，勿購此票，亦未辦到。彼既有欵，難保不再開工行車。總辦致陳道善言函内，敘及粵省至高唐將已完工，彼留工程司，意欲將未完之工先行補足，以便開車取利。我若禁止，又必要我認虧。應否即電粵督撫知照領事不准開工，并電梁使，以免臨時別生枝節，乞鈞裁。宣。禡。

致江甯周制台光緒三十年十二月二十二日未刻發

杜俞一軍，前准尊電，謂除換將整頓，別無辦法，極佩藎籌。茲方過鄂與洞商定，因劉光才須顧西防，改派張慶雲接統。茲特擬就會奏電稿，録請卓裁。如有詞意未能周妥之處，即祈尊處詳加酌改，由甯徑發。會奏稿如下，其文云云。洞、方同啟。養。

致上海盛大臣[一]光緒三十年十二月二十四日午刻發

禡電悉。粵路一准開工，便無從更議廢約。已電粵知照領事，不准開工。祈尊處電梁使，并飭陳道善言妥爲阻止。切禱。敬。

致梧州岑制台、廣州張撫台、伍叔寶太史諸公光緒三十年十二月二十四日午刻發

盛大臣禡電，云行車總辦致陳道善言函，敘及粵省至高唐將次完工，彼留工程司，意欲將未完之工補足，以便開車取利。應即電尊處知照領事，不准開工，並電梁使，免致臨時別生枝節等語。查此事現正切商廢約，美尚堅持，若一准開工，彼必謂我已認許，無從更議廢約。務請尊處知照美領事，萬不能聽合興擅自開工。除請盛大臣電致梁使外，特電達。祈照辦，電覆。敬。

致長沙陸撫台、龍侍郎諸公，岳州端撫台、梧州岑制台，廣州張撫台、伍叔寶太史諸公[二]光緒三十年十二月二十五日亥刻發

外務部號電，云駐美梁使電稱，張、盛電仍廢約，美外部謂

[一] 録自抄本《張之洞電稿·致上海電》。
[二] 録自抄本《張之洞電稿·致各省電》。

比股既收，萬不應廢，摩根等既有信望，美廷須堅持保護等語。希查照。又外務部敬電，云粤漢路事，美使照稱，准本國政府電訓，不允中政府將合興合同作廢，因該公司前售他國股票，現經美國人多出優價買回，如中政府廢此合同，是與搶劫無異，一定不能聽從等因。希速酌核電覆，以憑照覆美使等語。此事關繫三省利害，究應如何抵制，必須妥籌實在辦法，免致徒託空言。務請諸公迅速會商，籌定辦法，電覆敝處，以便轉覆外務部。切盼。有。

致上海盛大臣 光緒三十年十二月二十七日戌刻發

頃准外務部敬電：粤漢路事，美使照稱准本國政府電訓，不允中政府將合興合同作廢，因該公司前售他國股票，現經美國人多出優價買回，如中政府廢此合同，是與搶劫無異，一定不能聽從等因。希速酌核電覆，以憑照覆美使等語。已轉電湘粤官紳，妥籌速覆。查美使照會語氣，係恐美商受虧，欵無著落，故極力保護堅持。在三省官紳力争廢約自辦，係專爲保守主權地權起見，亦必百折不回。鄙意辦大事不能惜費，此舉必使合興公司不致受虧，已售之金元小票及優價買回之他國股票欵皆有著，庶可與美政府平心理論。前此屢致梁使電，皆空言廢約，而未言廢約後如何辦法，是以美政府堅不聽從。此事究應如何抵制，必須妥籌實在辦法。閣下身在局中，周知底藴，且有律師可詢可訪，務望以大局主權爲念，切籌平允妥當辦法，使約可廢，而美政府不致爲難。開誠布公，詳細見示，以便轉商湘粤官紳，公同酌議。切禱。感。

致上海盛大臣 光緒三十年十二月二十八日巳刻發

岑雲帥徑電，云已電告美領，萬不能聽合興擅自開工。宥電云，頃准美領覆稱，鐵路自奉上憲分囑後，並無起意興工情事等語。特轉達。勘。

致襄陽郭道台、劉道台、魁守，鄖陽鄧守、胡令[一] 光緒三十年十二月二十九日巳刻發

鄧守漾電悉。宜城軍户滋事，本部堂以鄧守曾任實缺州縣，且曾在襄陽，情形較熟，是以特委該守赴宜，會同劉道查辦。據禀，宜事實由抗税起衅，又稱户民貧瘠較多，惟恐力有未逮，又稱其中頭緒轇轕，未敢定議等語。清丈是否能行，衛田上中下等則是否公允，軍頭、衛書有無索擾，究竟原定税定捐數是否妥協，自應體察情形，詳籌妥善變通辦法，據實禀候核示，何得不候本部堂電飭，輒自禀請銷差，擅回署任，實堪駭異。鄧守現已飭回襄陽本任，鄖陽府篆已飭魁守調署。電到，鄧守速即折回襄陽，會同劉道，將坐落宜城之武、襄兩衛税契捐等則應如何分别酌減，俾紓民力，并將各屬衛田轇轕情由澈底清查，妥爲理結，務使一勞永逸，以後不致再生事端，是爲至要。鄖陽府考俟魁守到任舉辦，鄧守斷不准在鄖開考，躭延時日。至滋事首要，應訪查本係刀痞、會匪，又於此次起意糾衆抗官，燒搶良民者，由郭道等嚴飭各該地方官勒拏到案，訊供詳辦。即各遵照電覆。豔。

[一] 録自抄本《張之洞電稿·致本省電》。

光緒三十一年

致上海盛大臣，京外務部、商部光緒三十一年正月初六日寅刻發

粤紳等來電云：有電敬悉。鐵路合同係中國與美商訂立，應照國際私法條例辦理。該公司顯背原約，始議作廢。美廷雖有保護之權，此則不在保護之例。三省民情不服，若任以美接美，難保不再蹈前轍，致激他變。且股票能以優價贖回，他日亦可以優價沽出，是美非美，何從考查。又此路交與美商承築，中國仍有自主之權，欵雖美欵，路是我路，約由我立，背約應由我廢，備欵贖路，何謂搶劫。現在中美交好，美廷素敦信義，諒必不袒背約之商，致礙公理。儻堅持不廢，三省商民另築一路，以圖抵制。粤民萬衆一心，有進無退。我公忠義，中外同欽，務望設法維持，三省託命，禱甚。銓萃、道鎔、慶桂、國廉、崇齡暨闔省商民同叩。儉。湘紳等來電云：有電謹悉。美政府既經有人運動，曲袒合興，自在意中。此時尚甫發端，惟求竭力抵制，勿爲危言所動。竊謂宜宣告美政府，比股即真收回，該公司私售在先，豈能無罰，法律之判定，是懲其既往，豈勸其將來。往日以贖約而私售，今日因廢約而收回，反覆難信，安知異日不因此約不廢仍復售出。況約已逾期，例可作廢，背約之事不止一端。美國素著文明，宜重公理。該公司先時私售與比，尚且甘心，今日顯歸中國，豈不冠冕。至比國之股美已贖回，比人未謂美人劫搶，中國之路中國收回，可謂劫搶乎。美人贖回於既售之後，足爲此路可以收贖鐵證，豈美可贖於比，獨不許華贖於美耶。若慮妨美體面，請即援美人贖比之例，稱爲贖約不稱廢約。美贖於比，比之名譽無損，華贖於美，美之體面何傷。目下三省士民協力籌畫，若驟激之，恐美商在華辦事必多棘手。美政府於公司數十百人尚要多方保護，華政府於三省數千萬人豈能全用壓力。美國固重民權，華民豈無公義。請即據達外部，轉美政府。摩根久不問公司之事，此次亦經人運動出來。總之，此約儻不力争，湘人民早晚爲黑奴之續，湘土地早晚爲東三省之續。移山填海，之死靡他。湛霖、先謙、自元、祖同叩。豔。等語。特併轉達。杏翁支電讀悉。三省衆情堅迫如此，台端如有駁詰要義，務望籌示速辦，相機設詞，總以能廢此約，保全中國主權，安靖南省人心爲度。至從前各紳忿激之詞，出於一時情急，或者係故用激將之法，望勿介懷爲禱。此電並呈外務部、商部察閲。麻。

致上海盛大臣光緒三十一年正月初十日午刻發

麻電想達覽。前致感電所言不使美公司受虧各節，乃密告尊處以結局實在辦法，免致尊處或有爲難。至與美政府理論應如何措詞，方中窾要，此責自在台端。蓋廢約自辦，當分兩截。合興違背合同之事，惟總公司身親其境，了徹始終，此時據約責言，援律争辯，非原議之人不能喫緊，故廢約必由台端力持。自辦在聯合三省力任籌欵，期於約廢後應付之欵確有著落，此則敝處所當擔承也。來電謂摩根本看不起此路生意，是此路並不能獲利。美國向不利人土地，所争在商務，商務重在獲利，何苦争此不能

獲利之路。推美廷之所以保護合興者，懼廢約後合興或有所損失耳。若美廷知約雖廢，而合興不致受虧，似轉圜較易。務望尊處熟籌深慮，切電梁使與美政府開誠布公，商廢此約。此約廢則三省紳民無不感公頌公，羣謗自息，諒卓見必已籌及。祈力圖之。卦。

致江甯周制台 光緒三十一年正月十三日辰刻發

真電悉。新槍六密里五者，有四利，一遠，二準，三擊力猛，四多帶子，且於中國尤爲相宜。蓋中國兵素來怯弱，發槍過早，若遠於敵槍數十步，則膽壯矣。中國兵測準甚含糊，若每人多帶三十彈，則中敵之數較多矣。尊電死少不如傷多一語，洵扼要之論。日本現以此槍破敵，我造新槍正宜仿照。鄙人曾詳詢德人何以仍用七密里九，德人云，亦知口愈小彈愈輕者爲佳，特因德國全國存槍存彈太多，若改口徑則所費太鉅耳，並無他故。鐵使過鄂，鄙人曾經力言，未知采納否。公能與北洋及政府商定，實於武備裨益非淺。盼甚幸甚。元。

周制台來電 光緒三十一年正月十八日亥刻到

元電論六密里五槍有四利，精確不易，敬佩。遵即轉電北洋與練兵處。頃接慰帥電，謂六密里五與七密里九所差有限，其不能多殺人情形相仿，而誠有四利，自以從六五為宜云。馥。巧。

致京户部趙尚書 光緒三十一年正月十四日戌刻發

閱滬報，載有貴部方借奥國商欵一千一百萬兩，以湖北釐金作抵之説。確否雖未可知，然鄂釐爲本省命脈，所關實深惶急。查湖北認解補鎊六十萬，年前早已挪湊足數，解交滬道兑收，電達貴部有案。鄂省既已認解，其如何騰挪息借，設法彌補，鄂省當自籌措，決不以今年京餉等項扣抵。惟鄂省釐金，凡洋欵、京餉及本省兵餉，全賴此項挹注。若又移抵新借洋債，勢必使本省應解應支各要欵全無著落，貽誤洋欵則交涉攸關，兵食無資則立虞譁潰，鄂省豈能當此重咎。是以抵押一層，鄂省斷斷不敢承認。上年十月敝處致貴部霰電，曾聲明各省情形不同，或自籌，或籌借並行，或全數借欵，各省不能强同，豈能概爲代借洋欵。且分借則數少，合借則數多，所索抵押必有關繫財政大局之處等語，當邀察及。竊謂目下鎊價漸平，以後應補之數，按年攤入各省賠欵，增解無多，必可辦到。其前三年鎊虧數雖較鉅，如歸各省分籌，聽自酌辦，必不致全借洋欵。此事如尚可挽回，務請詳加斟酌，另籌辦法。如已議成，亦萬望勿以湖北釐金作抵，藉以保全湖北命脈，千叩萬禱。即祈迅賜電覆。鹽。

致華盛頓梁欽差 光緒三十一年正月十五日申刻發

讀冬月二十二日惠函，承示路事各節，明白了當，極佩藎籌。現三省認籌鉅欵，歲可得五六百萬兩，確有著落，廢約自辦並不爲難，毫無游移。屢電盛大臣妥籌辦法，迄未定議。今美政府既言注銷合同爲我自有主權，彼斷不越權阻遏，而尊論謂廢約後不過認償合興費用數百萬元而止，尤爲扼要。鄙意擬即照尊議施行，請查明已售出之小票共數若干，能否由三省擔認依票面期限照付本息，免失大信，抑竟須全數付現收回。所謂償費數百萬元，是否即備贖票之用，此項償欵能否分年陸續匀付，統望妥籌確核，電示機宜，即當與湘粵紳商公同決議，電盛照辦。愈速愈妙，即祈裁覆。咸。

梁欽差來電光緒三十一年正月十八日戌刻到

自十二月初一日美股東收回比股，局面大變，事機已失。外部堅持不認廢約，前已電陳。查公司轉移，視乎股本，我能設法加價購收股本，公司歸我，以華接美，事較和平，略省償費。惟條理繁多，如果可行，請尊處派廉幹妥員來辦。謹電達。誠。十七日。

致華盛頓梁欽差光緒三十一年正月十八日午刻發

電悉。加價購收股本，公司歸我，以華接美，此法甚善，擬即照辦。鄙意但冀此路收回自辦，以保地權，多費不惜。祈速查明股票加價若干，方可購收，迅賜電示。此事如能辦到，可挽救中華南方大局，三省紳民感頌，台端功德豈可言罄。擬一切奉託台端經理，毋庸派員前往，以省縻費，而免周折，務懇鑒允。速覆。嘯。

致江甯周制台〔一〕光緒三十一年正月二十日申刻發

頃接杜軍兵勇來電，云去夏桂匪披猖，志圖直下洞庭，雖有張慶雲之兵駐防，上下告急。卑軍由淮奉調，冒暑趕程五千里，馳抵永州，轄防千餘里，捍禦苦如打仗。今幸危而復安，俾前敵大功將成，詎張恨卑軍駐永，調伊前進，遂狂吠串謠，飛誣我軍通匪作盜，奇冤大辱，墮淚灰心。正強忍含忿之際，忽聞伊爲總統，駭疑更甚。查張係無賴裁縫，營差成富，剋扣工餉，今狙居王師之上，行見誤國殃民，其如天下大計何。兵勇等均求恩假歸，以明心跡而免禍害，如別有異心，均甘寸斬等語。閱之不勝駭異。該軍係奉旨裁撤之營，經鄙人與台端暨端午帥往復商妥，委曲保全，仍令杜道爲幫統，用觀後效，無非欲保全該軍聲名，保全杜道局面，該軍應如何感奮儆惕，恪守軍規。乃該軍來電，因聞換統之信，輒歸咎張提督，肆口詆誣，不願歸其統帶，實堪駭異。從前指飭該軍之短，乃李勉帥之言，與張提督何涉耶。該營兵勇何能爲此，此必營官哨弁藉衆要挾，膽大妄爲。去臘准尊處敬電，恐杜道與張提（軍）［督］交接未能浹洽，請派大員前往察看調協，具徵先見。現杜營既有此電，尊處亦必有電。敝處已嚴電杜道，責成約束告戒，不得生事，並電端午帥迅速派員前往查辦。此事究應如何辦法，應請尊處與端午帥商辦，鄙人實不欲干預南洋之軍，亦不敢攬湘省之事也。祈迅賜電覆。篠。

致上海盛大臣光緒三十一年正月二十九日酉刻發

迭致麻、卦兩電，迄未接覆，殊深焦急。尊意以美雖允收回比股，仍宜責其別項背約之事，庶可理直氣壯。敝處但期此約作廢，應如何措詞，悉聽尊處主裁。屢電諄切奉商，何以久未見覆，深爲疑悶焦急。究竟尊處曾否電梁使轉達美政府，美政府是否承認別項背約之事。此事非延宕可了，尊意畢竟如何，務望迅賜電示。昨梁使來電，謂由我購回公司股票，以華接美，辦法較易收束，敝處已請其試辦。梁謂此舉務宜秘密，防彼居奇，公司中人，

〔一〕錄自抄本《張之洞電稿·致各省電》。

特以實告，千萬勿洩，至要至禱。此外有無別法，仍盼速籌示。豔。

致襄陽郭道台、鄧守，宜城楊令、劉參將水金〔一〕 光緒三十一年二月初二日子刻發

宜城聚衆滋事一案，雖經解散，惟首要各犯如段道洪、胡輝禮、方登廷、胡松廷、段道生等，至今遠颺未獲。該地方文武所司何事，大約是意在不拏耳，可怪可怪。此等要犯若不拏辦，何以謝被擾害之良善紳民。至拏獲後如何辦法，本部堂衡情定罪，自有斟酌。倘此數犯有一名不獲，則是地方官有意縱庇，定惟該道、府、縣是問。速電覆。東。

致華盛頓梁欽差〔二〕 光緒三十一年二月初二日亥刻發

合興股票，承籌設法收回，密爲試辦，現已有端倪否，盼甚。此事以速定爲妙，祈將近日籌辦大概情形先電示。沃。

致施南施守〔三〕光緒三十一年二月初三日子刻發

聞考棚擬改學堂，府城有寬大廟宇否，若以廟改學堂，以考棚改道署，較省。速查明電覆。沃。

致長沙端撫台〔四〕 光緒三十一年二月初四日子刻發

三十年分兩湖賑糶米捐，鄂省應得一半捐欵，上年僅解至九月分爲止，准去臘陸春帥真電，十冬兩月除開支外，鄂應分半銀八萬四千五百九十八兩零，俟臘月收齊，仍按三箇月掃解等語。現在已交二月，祈飭局迅將上年各季鄂省應分之欵掃解來鄂，並先將冬季收數查示。祈電覆。覺。

致天津袁宫保、江甯周制台，廣州岑制台、張撫台，福州魏制台、南昌周護院、安慶誠撫台、杭州聶撫台、蘇州效護院、清江恩撫台光緒三十一年二月初四日子刻發

户部勘電，屬將京餉搭解銅元三成。甯電擬從緩解，商銅元作何價值，尊處如何辦法，祈即電覆。江。

致華盛頓中國使館參贊張權〔五〕光緒三十一年二月初四日子刻發

函悉。張謙、陳輝德兩生，均准改充湖北官費學生。須向監督處具結，學成後應在湖北當差，以盡義務。可轉達星使。講。

致宜昌土膏局孫道台〔六〕光緒三十一年二月初四日丑刻發

頃接江西周護撫台來電：奉大咨，據宜昌局議覆各節，均悉。

〔一〕〔三〕〔六〕 録自抄本《張之洞電稿·致本省電》。

〔二〕〔五〕 録自抄本《張之洞電稿·致外洋電》。

〔四〕 指端方。以下二電録自抄本《張之洞電稿·致各省電》。

查江西土膏捐歲收本有四五十萬，尚擬加徵，今合辦已八月餘，實只收到十二萬，緩不濟急。現在庫欵奇絀，甚難支持，務求俯念艱窘情形，電飭該局孫道迅將自六月至正月每月先撥之四萬，及照分撥票結算應行找足之數，刻日掃數迅交漢號，並將日期電知敝處，俾應要需，至感至盼。浩叩。豔。等語。江西土膏捐究竟已收若干，已解若干，速將應解之數解清，交何商匯解，即刻電覆。講。

致華盛頓梁欽差 光緒三十一年二月初六日戌刻發

初三電慰悉。合興既肯開價，此事即有端倪。至如何核駁，想尊處必能考究精核，得其要領，使彼無詞，感甚。大約可駁者若干，祈先密示。但六百數十萬美元是否可分年陸續付還，抑須整欵全清，其售出之金元小票是否即在六百數十萬之內，歸合興清理，祈探明電覆。

梁欽差來電 光緒三十一年二月初十日酉刻到

合興函開，已支造路費三百九十七萬九千六百餘元，按合同加五釐，用十七萬三千九百餘元，二共四百十五萬三千六百餘元。應以面值四百六十一萬五千一百餘元之小票作抵。中國贖回此項小票，按合同加二五計，需美金四百七十三萬五百餘元。公司特權鑛權頂售損失等項，連已成之廣州、三水一段現存物料，及測量圖表，估計均在內，計需美金二百一萬九千四百餘元，實共需美金六百七十五萬元。另，事成公司辦事人酬資二十五萬元等語。查造路費多未核准，物料、測量等項已在造路費內，不應復開，公司特權索值過奢，事成酬勞尤為無理，已經嚴斥。摩根赴歐，合興總辦惠愓爾人品難信，不欲與議。現設法向美股真正代表人密商辦法，隨時電聞。此次收回，喫虧已鉅，非詳慎磋磨，恐多糜費，致負委託。誠。初七日。

致襄陽郭道台、鄧守、劉參將水金，宜城楊令[一] 光緒三十一年二月初六日戌刻發

前次宜城被官軍轟斃之四犯，必係争先抗拒列在陣前者，速將姓名查明電覆。麻。

致南昌周護督[二] 光緒三十一年二月初七日亥刻發

來電悉。飭據宜昌孫道覆稱：查合辦贛捐後，夏季應撥還九萬二千三百四十七兩三錢二分，已連贛貼四萬餘兩，掃數批解。秋季共應撥還十七萬九千八百零八兩六錢四分，截至正月二十三日止，已解過十六萬兩，儘存尾欵一萬九千餘兩，連日趕核秋季月册，准月半邊連同贛餘八萬六千餘兩，一併掃數解結。宜局收税，夏季係八月底始交清，秋季冬月底始交，近因收數過多，税鋪常請展限，均係隨時體察情形辦理，未敢急切致變。冬季税二月底始由税鋪核算，本覺過遲，容緩籌善策，稟請提前。今江省來電只收十二萬，昨准善後局咨，已撥交江官銀號八、九、十、冬、臘五箇月銀二十萬兩，乞酌量電覆。至湘省扣存贛欵結至年底止，計銀五萬餘兩，又錢一萬餘串，職局已備文催解等語。特

〔一〕録自抄本《張之洞電稿·致本省電》。
〔二〕以下二電録自抄本《張之洞電稿·致各省電》。

奉達。遇。

致長沙端撫台、龍侍郎諸公光緒三十一年二月初八日子刻發

支電悉。岳州設銅元局事，兩省商定，即可購機建廠，俟將來具奏收回粵漢路權籌欵自辦摺内，附叙數語即可，若預商户部，恐轉生枝節。卓見以爲如何，祈電覆。陽。

致江甯周制台、蘇州效護院，廣州岑制台、張撫台光緒三十一年二月初九日午刻發

八省統辦膏捐，當時獻策者，其意只圖見好干進，不顧各省利害，并不顧自己能否踐言作到。此人[一]向來行徑，江、皖必知其詳。鄂省去年試辦四省統捐，歲收甚鉅，今於贛於湘凡溢收者，統歸於内，鄂約歲失的欵六七十萬兩，至皖土則全行繞越，鄂既無所增收，皖轉失所固有。現在内意此舉責成鄂省籌辦，不惟頭緒紛繁，毫無把握，且豫征極重，捐欵於數千里上游之地，商貨未銷之時，苟可規避，繞越必多，不惟統捐必不能如願網羅，坐享鉅利，恐湖北本省舊有宜昌關税必然鋭減，向來解欵，取之何處。惟事在必行，勢難推宕。貴省原辦土藥正税及土膏捐，甯屬兩項約歲收各若干，蘇屬兩項約歲收各若干，均祈查明確數，迅速見示。至徐州土藥，江省擬如何籌辦，皖省有何防截繞越之法，亦望查確速示，以便奉商。再，聞兩廣前已辦統捐，現在兩帥擬歸粵省自辦，不歸孫廷林辦理。或云已出奏，確否，如何措詞，并望見示。諸帥均盼速覆。佳。

致江甯周制台光緒三十一年二月初十日午刻發

微電承示致慶邸電稿，切中利害，具仰謀國之忠，莫名欽佩。頃接虞電，知邸意可回，大有轉圜之望。此舉實關東南大局，江海門户。覆電既屬由外具奏請旨，應請尊處剴切敷陳，當可收回成命。清、淮似以設常備軍一鎮，以副都統轄之爲宜，彈壓較可得力。若設正都統，恐江北無許多兵也。仍祈卓裁。卦。

周制台來電光緒三十一年二月初七日寅刻到

江蘇分治，有損無益，馥身在局中，不敢緘默。今日上慶邸一電，曰前奉明旨，改漕督為淮撫[二]，是就甯藩司轄境劃界，雖改而未大改，業已欽遵，商由淮撫將更章各事，陸續會議具奏。馥詳籌利弊，探訪衆論，欲圖長治久安之策，不敢不竭其愚忱，恭請聖裁。自古徐、淮為南北重鎮，守江者必先守淮，守中原者欲圖江南，必先圖淮，蓋淮之形勢為門户藩籬，非堂奥樞紐之地也。前代南北分争之際，未有能在淮立國者。論今日時勢，沿江沿海與敵共之，尤賴内地聯絡一氣，以固民心，而强國體。無事則聲教相通，於振興新政諸事，免得自為風氣，有事則調兵徵餉，號令齊一，萬一偶有一隅盗弄，督撫尚可以完全之地之力而戡定之，往事歷歷可數也。今淮撫壤地褊小，又當水陸之衝，深恐力

[一] 指正在江南各省負責籌餉的欽差大臣、兵部侍郎鐵良。上年十一月初十日，曾奏請設立八省土膏總局。

[二] 上年十二月二十二日，詔改漕運總督為江淮巡撫，即以原駐清江為行省，江甯布政使所屬之江、淮、徐、揚四府及通、海兩直隸州全歸管理，仍由兩江總督兼轄。因周馥等疆臣均不以蘇、淮分省為然，復於本年三月十九日裁撤江淮巡撫，改淮揚總兵為江北提督，駐清江。

量太薄，難備緩急，而蘇撫所轄更小，後來事難逆料。又自來疆界犬牙相錯，具有深意。劃江為界，後來者難保無各執意見，不顧大局。江南為長江門户，關係數省安危，氣勢宜厚，調動宜速，不可過分畛域，自取拘束。昔日分江南為安徽、江蘇二省，在承平時原取易於治理，若沿至今日未分，氣勢豈不更厚。現在時勢艱危，民生日蹙，籌餉練兵，雖大省力常不及，況小而又小，力何能為。古人衆建而少其力，是惡諸侯之强，而以此弱之，正與今日時勢相反。惟是清、淮當南北水陸之衝，民情强悍，伏莽滋多，不可無大員坐鎮。歷考往事，平行文職添多，則横生意見。武職歸文臣節制，雖官多權重無妨。擬請以淮揚鎮改為淮揚提督，文武並用，節制徐州鎮及江北各營，仍以淮揚海道兼按察使銜。凡江北梟盜重案，應即時正法及軍流以下人犯，歸其審勘，毋庸解蘇，以免遲滯。此一法即不然，或照近日練兵處新章，添設江南正都統一員，專駐淮城漕署，以時巡察各路防營、機器製造各局，似於時局有裨。其餘諸事一概照舊，於固圉治民之道，皆有便益，而於定制成憲，未嘗廢改，不知有當採擇否。如以謂然，請會樞府、政務處諸公，復加詳議具奏，不必作為覆請。歷來收回成命之事甚多，大政不厭詳求，此乃聖明盛事，非朝令夕改比也。儻不以為然，乞勿宣示，免滋時議，不勝惶恐云。我公參政體國公忠，能設法挽回，大局幸甚。並望賜教。覆。微。

致北通州統領湖北常備軍吴鎮台〔一〕光緒三十一年二月初十日午刻發

支電悉。上年該軍由豐台至通州火車價七百七十六元七角，即先由該鎮就近如數墊付，下月解餉時一併匯通清欵。蒸。

致老河口土膏局曹倅〔二〕光緒三十一年二月十一日巳刻發

該局上年自正月至十二月，除開支外，共收税捐若干，何項開支若干，速查明分晰電覆。真。

致華盛頓梁欽差光緒三十一年二月十一日亥刻發

初七電悉。合興開價，浮索太多，應如何核駁，悉仗尊裁。查金元小票在廿五年期内贖回，須加二五，此時我接頂公司，能否將售出小票歸我承認，照章按期付息，暫不贖回，免另息借鉅欵。惟原議小票借欵以鐵路抵押作保，今收回自辦，與彼無涉，情事與前不同。應如何設法擔保，使彼可信，不須遽贖小票，祈體察情形，密籌速示，至感。真。

致長沙端撫台、龍侍郎諸公光緒三十一年二月十一日亥刻發

湘紳公電悉。粤商願於賑糶捐外另捐湖南鐵路經費，運米出口，於湘路大有裨益，事屬可行。但賑糶捐絲毫不得短少，過鄂境時須驗明賑糶捐單，數相符始准放行。至運米護照内，必須指定銷埠，並叙明不准運往日、俄兩戰國戰地字樣，以嚴中立，而

〔一〕録自抄本《張之洞電稿·致各省電》。

〔二〕録自抄本《張之洞電稿·致本省電》。

杜藉口。請午帥斟酌妥辦爲要。畛。

致上海盛大臣光緒三十一年二月十一日亥刻發

昨接廷寄，正月十九日奉上諭：有人奏粵漢鐵路亟宜速籌結局一摺。粵漢鐵路前已諭令張之洞等妥議籌辦，迄今尚無成議，著該督責成盛宣懷趕緊設法挽回，以保路權。事關大局，不得延宕貽誤。原摺著鈔給閲看。欽此。除恭録咨行外，特先電達。聞有人電招惠愓爾來華與議路事，鄙人深知惠愓爾素係比黨，決不可信，敝處斷不與議，特先聲明，能阻使不來最妥。望即電覆。軫。

盛大臣來電光緒三十一年二月十七日未刻到

軫電敬悉。廷寄自當欽遵，秉承鈞指迅速辦理。頃已電致合興公司，云現又奉旨，責成廢約，梁大臣並已於西十二月廿二號照會美政府在案，特再聲明。昨貴公司來函所云餘利小票及派總工程司，切毋庸議。張宫保來電，惠君來華斷不與議，特併聲明。此電係由梁大臣轉交合興公司，並知會美政府，但未知康使照會外務部，已否照覆。宣。諫。

致京户部趙尚書[一]光緒三十一年二月十二日未刻發

勘電令將應解京餉搭解銅元三成，當飭司局籌議。據稱，鄂省現出銅元尚不敷市面周轉，瞬届茶市，需用銅元尤亟，目前實難籌解銅元，容下半年體察情形，再籌辦法等語。查近來銅價奇昂，餘利日薄，鄂省認解練兵巨餉，專指銅元餘利，將來京餉如必需搭解銅元三成，自應照成本核算，其餘利既歸户部，則練兵餉亦不能不減解三成。且核計銅元運費，爲數甚鉅，外省難賠，鄂既扣除運費，則部得餘利尤薄，細思實覺兩不合算。貴部本已在津設廠鑄幣，莫如趕催機器上緊安設，及早開鑄，至多不過半年，定可鑄出銅元應用，較之運外省銅元，費省利多，斯爲上策。洞實爲内外通籌起見，期於貴部有實在利益，當蒙俯鑒。祈裁酌示覆。文。

致京財政處那尚書[二]光緒三十一年二月十二日未刻發

兩電悉。工巡局所需快槍六百枝，并子彈、皮件，當如數解京。文。

致京趙尚書光緒三十一年二月十三日午刻發

真電悉。欲免東行，非薦賢自代不可。遼東處處荆棘，事事交涉，一切皆平地創造，尋常吏才不相宜，生手亦不相宜。以鄙人所知，廷府尹杰，歷官承德府、岳常澧道、鎮筸道，明白果斷，練達任事，在直隸藩司任，不附和拳黨，幾蹈不測，在奉天能抵抗俄人，其膽識已加人一等。且在東已經數年，情形熟悉，生手斷不能及。又前東邊道、現調鳳潁道袁大化，久在關東，心精才偉，識定力堅，爲俄人所忌而調他缺，使爲遼撫、遼藩，綽綽有餘，以袁佐廷，必能體察内情外勢，穩慎有益。此外當不乏長才，但鄙人所知不多耳。前年在京，知東三省有一道一府最爲出色，

[一] 指趙爾巽。

[二] 指那桐。録自抄本《張之洞電稿·致北京電》。

均經長將軍順保薦，一知府即程德全已簡用，一道員忘其名，係漢人，聞亦甚好，樞府皆能言之，前年秋曾有擬請簡放奉天驛巡道之議。若廷、袁之外，再將此一道員破格用之，奉天事粗可分布矣。有此三人，自能於東三省汲引出無數人才，東事何憂不辦。若内地貿貿然派往之人，恐無益也。又藩司尚其亨，才具敏幹，年力富强，亦可用，但知之不詳，姑以作備卷。史緗之已談過數次，老成幹練，自是内地好手，但交涉恐未能擅長，關東又不相習，即冷亦恐不能耐，似不必强令東遊也，或令其往吉林歷練亦佳。竊謂以人事君，大臣盛節，若使廷杰、袁大化及某道辦遼事，三人分任督、藩、臬，似勝於次翁自往矣。何也，爲其熟悉地勢民情也，爲其飽歷日俄戰争情事也。竭誠以對，以爲何如。元。

致華盛頓梁欽差 光緒三十一年二月十四日亥刻發

合興前已開價，只視我核駁之數，以定允否，所争不過在駁數多寡，想不致再有異議。此間擬及時設局開辦，祈速察探實情，如別無翻悔，迅賜電覆，以便籌辦。鹽。

致宜昌土膏總局孫道台[一] 光緒三十一年二月十四日亥刻發

三十年分全年，該局所收四省統捐，計湘省各局實收若干，鄂省應得溢收之數若干，歸贛省者實收若干，鄂省應得溢收之數若干，歸皖省者實收若干，鄂省應得溢收之數若干，湖北本省應征原有税捐實收若干，統捐溢收若干，來鳳收若干，已解省城善後、兵工兩局各若干，已收期票未交現銀者若干，速即查明確數，分晰電覆勿遲。又蘇省土、膏各捐，該道去冬在甯時當查有清數，前云甯屬係土釐每兩十文，膏捐二十文，蘇屬是否相同，甯屬土、膏兩項共歲收若干。此事急須定議，并即速覆。鹽。

致福州崇署制台[二] 光緒三十一年二月十四日亥刻發

統辦八省膏捐，内意責成鄂省籌辦，萬分爲難。惟事在必行，勢難推宕，無可如何。閩省向銷何處土藥爲多，川土歲銷若干，歲收由宜昌送往之土藥税釐實數若干，曾否另辦膏捐，祈分飭確查，詳細電覆，以便彙合籌議。緝。

致長沙端撫台 光緒三十一年二月十四日亥刻發

上年湘局所收土膏税捐，除湘省原有額欵外，鄂省應分溢收之欵，前已奏奉俞允，留充兵工廠添造槍礮經費，將來開辦八省統捐，此欵仍照奏明劃出，以符奏案。現在京電索解槍，務請飭局將前項掃數解鄂，俾應急需。數若干，何日解，祈先電覆。鹽。

致安慶誠撫台[三] 光緒三十一年二月十四日亥刻發

上年鄂與皖、贛商辦四省統捐，本係試辦一年後再定，乃獻策者忽然發此大難，竟欲辦八省統捐，其人素行，皖所深知。今内意責成鄂省籌辦，頭緒紛繁，繞越愈多，非但京城所需難得如

[一] 録自抄本《張之洞電稿·致本省電》。
[二] 以下三電録自抄本《張之洞電稿·致各省電》。
[三] 指誠勳。

願，恐鄂皖兩省舊有税捐，從此均將大減。惟事在必行，勢難推宕，無可如何。皖省前年實收土藥捐項若干，向來除川土外以何處土藥銷數爲多，以後川、陝土藥避鄂繞豫以銷於皖者，有何防截稽察之法，統祈確查速示，以便彙合籌議。緝。

致華盛頓梁欽差 光緒三十一年二月十六日午刻發

昨一電想達。路事近日磋議如何，念甚。美政府有偏袒幫助美商之意否，合興浮價如察看不能多駁，宜見機速結，遲則恐彼夜長夢多，別生枝節。此舉重在收回路權，不爭銀數多少。此事現奉寄諭，著張某責成盛某妥籌廢約云云。廷旨並不分寄盛處，是内意注重敝處，鄙人自當力任其難，請台端迅速放手辦理，不必顧慮盛處。敝處定議，則盛無從梗阻矣。望速賜覆電。諫。

梁欽差來電 光緒三十一年二月十八日未刻到

合興總辦惠惕爾言，須伊到華始能議辦，諒必別有命意。鄙意合興抬價似係不願頂售，須俟摩根由歐回美，始能切實商辦。設局宜稍緩。誠。十六日。

致練兵處鐵侍郎〔一〕 光緒三十一年二月十七日丑刻發

刪電悉。鄂軍仰荷温旨褒獎，皆由台端過情揄揚所致，感激愧悚，莫可名言。現擬按照貴處奏定新章，重加編制，激勵將弁加功訓練，滌除一切疵病，力求進境，以副厚望。承示北洋需用操槍萬餘枝，備欵來鄂揀運，自應照辦。查鄂槍連皮件不連子彈，每枝定價庫平足銀二十四兩，若去皮件應減若干，容飭兵工局核明，再行奉達。台旌在鄂，多承教益，惟簡褻太甚，歉仄實深。專此敬謝。銑。

致長沙端撫台〔二〕 光緒三十一年二月十七日戌刻發

諫電悉。湘練新軍，需才爲急，承念余大鴻未能離鄂，允仍留歸鄂用，感謝之至。舒清阿自當照派，惟營官舒必不願。去臘因定武員袖章，舒清阿及各學生等以現充營務處諮議，地位甚高，當與各旗督帶相埒，頗事争持。經鄙人多方開導，煞費調停，乃議定諮議官照獨立營官例，袖章用金綫五道，此可知營官位置斷非所屑。然甫入軍隊，等級亦不宜驟躐，應請尊處酌定一適宜位置，電知敝處，再行宣示飭往，或派充營官而另兼一較優名目，俾可表異於同等之員，庶幾樂就。祈卓裁示覆。篠。

致荆州蔡道台〔三〕 光緒三十一年二月十八日巳刻發

余升道陽、文兩電，該道真、元兩電，均悉。各屬賑務，均即照辦，務切飭各該州縣暨委員，振糶兼施，勿憚險遠，實心經理，山過深路過遠處，以多帶銀元銅元爲宜，即就山内買雜糧最好，或即散放銅元亦可，如山鄉銅元不行，即用官票在宜昌换制錢散放亦可。嘯。

〔一〕指鐵良。録自抄本《張之洞電稿·致北京電》。
〔二〕録自抄本《張之洞電稿·致各省電》。
〔三〕録自抄本《張之洞電稿·致本省電》。

致比京楊欽差〔一〕 光緒三十一年二月十九日丑刻發

頃電匯學費七萬佛郎克，祈向華比銀行提取，交吴道備用，並電覆。嘯。

致華盛頓梁欽差 光緒三十一年二月十九日午刻發

十六電悉，焦急之至。惠愓爾必欲來華，不過意在句串彼黨攬局耳。竊思合興頂售事，彼已開價，我如不加核駁，彼斷不能翻悔。鄙意重在收回地權，不惜多費。若株待摩根回美，曠日相持，致彼變卦，坐誤事機，悔將無及。前來電謂當覓真正美股之代表人與議，務望抱定宗旨，迅與妥商，能量加駁減固善，萬一不能，即照數認還亦可，但當籌計如何付欵之法，或酌認利息，分年攤還，或另借整欵，如數清償，統祈體察情形，速爲商定。現在三省紳民志堅氣憤，其勢洶洶，若此路不能收回自辦，必致釀成事變，地方官無從彈壓，以後諸事更難辦矣。再，前詢金元小票能否由中國公司接頂，按期付利一層，未承示覆，亦望探詢電示。事關全局，專仗藎籌，贖價喫虧事小，損失主權事大，幸勿爲小失大，切禱。盼速覆。效。

致長沙端撫台〔二〕 光緒三十一年二月十九日未刻發

嘯電悉。湘紳之預局務者，分總理、總辦、會辦、議紳各名目甚妥，擬即照派，會列台銜分別移行。擬總理龍、王兩君用移文，總辦、會辦三員用札，議紳京官用照會，外官用札。是否妥協，請酌示。至湘局一切事宜，敝處但總大綱，其籌辦節目，統聽尊處裁酌施行。併以奉達。效。

致宜昌土膏總局孫道台〔三〕 光緒三十一年二月十九日未刻發

諫、霰等電悉。記贛省原議合辦後，係由鄂包認原額五十萬，今止解贛欵三十三萬餘兩，江西能應允否，何以鄂尚解得盈餘十五萬餘兩，速查明電覆。皓。

致宜昌關税務司、宜關委員鄭倅慶麒 光緒三十一年二月十九日未刻發

該關自光緒三十年正月起至臘月底止，統計出口土藥全年共若干擔，速查確數電覆。皓。

致華盛頓梁欽差 光緒三十一年二月二十一日丑刻發

十七電悉。三省紳民之意，專在收回自辦。合興但肯頂售歸我，即不必明言廢約。務請與摩根切實電商，稍有端倪，迅賜電示。來電甯詳勿略。茲先匯電費美金五千元，收到後祈賜覆。箇。

梁欽差來電 光緒三十一年二月十九日未刻到

聲言廢約，美政府斷不允，而頂售公司，則不能袒阻。合興在事人恐不可靠，已逕電摩根妥商，俟得覆再電聞。誠。十七。

〔一〕指中國駐比利時公使楊兆鋆。録自抄本《張之洞電稿·致外洋電》。
〔二〕録自抄本《張之洞電稿·致各省電》。
〔三〕以下兩電録自抄本《張之洞電稿·致本省電》。

致宜昌關安税司、鄭倅慶麒〔一〕光緒三十一年二月二十二日丑刻發

咨電悉。該關出口土藥正税、加税，是否每擔共收銀五十二兩，所收税銀是否概用關平。又，土藥報運各省如江、浙、閩、廣等處，每省各若干擔。諒有册可稽，望速查明確數，分晰電覆。箇。

致杭州聶撫台〔二〕光緒三十一年二月二十二日丑刻發

浙省土藥税釐一項，除本省台土不計外，如外省運來川、雲、貴三省之土藥，土藥税釐每兩收銀若干，税釐之外是否并收膏捐，如有膏捐名目，每兩收錢若干，洋藥之膏與土藥之膏抽收有何區別，祈迅賜電覆。箇。

致宜昌土膏總局孫道台〔三〕光緒三十一年二月二十二日丑刻發

諫電悉。蘇屬土藥是否與甯屬一律土税每兩收錢二十文，膏捐每兩收錢十文，抑或與甯屬有輕重不同之處，速電覆。箇。

致蘇州效護院〔四〕光緒三十一年二月二十二日丑刻發

文電悉。蘇滬膏捐現在章程核計每兩收錢若干，祈飭查確數電示，以便籌議。箇。

致福州崇署制台光緒三十一年二月二十二日丑刻發

巧電悉。閩省向征土藥正税每擔收銀若干，此外另辦膏捐每兩收銀若干，或收錢若干，與洋藥之膏有何區別，祈飭查確數電示，以便籌議。箇。

致宜昌關鄭倅慶麒〔五〕光緒三十一年二月二十三日亥刻發

禡電悉。該關所收土税，是否照定章一百斤作一擔，有無通融減讓以廣招徠之處，速據實電覆。漾。

致華盛頓梁欽差光緒三十一年二月二十三日亥刻發

廿一電悉。議久未諧，萬分焦慮。合興前已開價，即係情願頂售鐵據，萬不能再聽其悔議。宜趁彼黨分争之際，速與摩根確商定議，遲則彼黨或合力相持，愈難措手。此時但期公司歸我，浮價不必計較。務祈盡力挽回，以速爲貴。摩根代表人覆到，請速示電。漾。

致京户部大堂趙尚書〔六〕光緒三十一年二月二十三日亥刻發

承念鄂艱，將滬欵六十萬兩提還鄂省，俾免外借，具仰大公，感謝無極。惟部借百萬鎊，將來以何欵抵還，尚祈密示。漾。

〔一〕〔三〕〔五〕録自抄本《張之洞電稿·致本省電》。

〔二〕指聶緝槼。録自抄本《張之洞電稿·致各省電》。

〔四〕以下二電録自抄本《張之洞電稿·致各省電》。

〔六〕録自抄本《張之洞電稿·致北京電》。

致宜昌土膏總局孫道台〔一〕光緒三十一年二月二十四日申刻發

效護院來電，云蘇滬膏捐均名洋藥，內有土膏攙入，却難區分等語。查蘇屬膏捐既以洋藥爲大宗，膏內攙用土藥，陝、甘、晉、豫、徐、台、川、雲、貴等處之土皆有，無從劃分，若由宜昌補還二十文，豈非川、雲土代他省之土完膏捐，似不如但補土稅，不補膏捐爲公允。然竟不補，蘇省又恐不願。此事究以如何辦理爲妥，想已慮到，速籌議電覆。敬。

致華盛頓梁欽差光緒三十一年二月二十四日申刻發

二十一來電所云合興股東分黨辨争，惠惕爾不敢置詞，是否於頂售一事，或允或不允，致相争執。惠惕爾因何不敢置詞，此中必有隱情。彼黨共分幾類，争辨若何，何黨人衆，祈將實在情形詳示。總之，此事必須辦到收回自辦方妥，但能不至牽入交涉諸事，皆可遷就。敬。

梁欽差來電光緒三十一年二月二十五日酉刻到

頂售事須股東公允，惠惕爾、摩根雖願辦，仍無權獨斷。事關重大，尤不肯輕易定局。誠當遵歷次電示，竭力磋磨，不稍鬆勁。誠。二十五日。

致長沙端撫台光緒三十一年二月二十四日申刻發

聞湘省售與禮和白鉛鑛砂，因交貨與鑛樣不符，禮和藉端挑剔，意在多索鑛砂，大減原價。查禮和即頂受亨達利武昌城外機廠者，鄂屢議收買廠屋，因湘省售與鑛砂可獲厚利，故堅不肯賣，此事公所深知。現禮和既藉端饒舌，大可趁此銷廢上年六月所訂合同。務請尊處堅持，於彼所要索或增鑛砂，或減貨價，力駁勿允。儻能乘此將合同廢去，將來湘省自辦，洗砂機洗鑛出售，獲利必優，斷不患無銷處，鄂省必竭力相助也。尊處現在如何籌辦，祈速示。敬。

致東京湖北學生監督李道台寶巽〔二〕光緒三十一年二月二十八日申刻發

昨由三井電匯日幣五萬元，限本月底照兑，屆期即向提取，電覆。儉。

致華盛頓梁欽差光緒三十一年二月二十八日戌刻發

二十六電悉。此次面議甚要緊，必須能争回，方免三省紳民鼓噪。前據留美學生電，公舉三人，堪備路事顧問，係在美國習法律學已畢業之學生，其姓名學術，尊處自必深知。此次路提等來議路事，此三生既諳彼國法律，似可令其隨同與議，以資辨論，當可有益。如尊意謂然，祈即就近傳知該生等赴館，聽尊處指揮。即望裁覆。儉。

梁欽差來電光緒三十一年二月二十八日午刻到

摩根及美股東舉前兵部路提、按察司英格瀾代議路事，准二十九日來館面商，容詳電。欵收到。誠。二十六日。

〔一〕録自抄本《張之洞電稿·致本省電》。
〔二〕録自抄本《張之洞電稿·致外洋電》。

致開封陳撫台光緒三十一年二月二十九日午刻發

聞豫省近鐵路州縣，有黑鉛鑛，經德商禮和洋行私與該處不安分之士人議購此種鑛砂。此爲洋人干預内地鑛權之漸，萬不可許。湘省前因訂售銻砂，與該德商交涉，受彼挾制挑剔，至今未了，前車之鑒不可不妨。該德商前在武昌城外私設洗砂廠，屢議估價收回，彼貪湘鑛轉售厚利，不肯售廠。若再益以豫鑛，則購收廠屋更難。務望尊處密查嚴禁，斷不准民間將鑛砂售與禮和，至禱至盼。祈電覆。豔。

致長沙端撫台〔二〕光緒三十一年二月二十九日午刻發

感電悉。禮和論鉛（鈔）〔砂〕事，能趁此廢去合同最善，如萬作不到，祈電飭延興阿及局員甯可酌減原價，萬勿添給鑛砂，加展年限，至禱。儉。

致長沙端撫台光緒三十一年二月二十九日午刻發

有電悉。湘潭、常德兩處，外人屢索通商未允，尊意擬自開口岸，力占先著，以保利權，藎籌極是，甚佩。豔。

致長沙端撫台光緒三十一年二月二十九日午刻發

感電悉。都司周厚志委充南洋常備左軍管帶，自必斟酌妥協，請俟玉帥電覆後，即由尊處會札飭委。豔。

致宜昌關安稅務司、鄭倅慶麒〔三〕光緒三十一年二月三十日子刻發

該關自廿六年起至廿九年止，每年自正月至十二月所有出口土藥，速查明確數，分晰電覆。須按一年計算，毋庸按結扣算，以憑分年考核銷數。豔。

致新隄邱提督俊鳳、署州同慕令昌濂

光緒三十一年二月三十日寅刻發

頃據署新隄州同慕昌濂電稱：廿六日，據警勇拏到開局放賭之姚開榜，供稱同夥有曹維國、李茂，曹係已革天主教民，積慣賭痞，李茂係州同捕役，均係屢次欺蒙滋事。當將李茂責革枷號，曹維國先期赴漢，一面懸賞緝拿。據地保稟，賞格方貼一張，其餘被曹維國賭黨教民王丹清、朱修德、王福興、向義臣由地保手中搶去。該四名在外聚衆，忽有三四十人均持長棍喧打入局，打毁門燈、卓凳等具，呼號而去。又據警察首士稱，衆尚不散，恐生別事等語。該提督速即認真彈壓解散，勿令生事，打局爲首之痞徒，嚴行拏辦，切切。并將現在情形據實稟覆。豔。

致荊州蔡道台、舒守、蔣參將光緒三十一年二月三十日戌刻發

頃接湖南端中丞電，據澧州稟，訪問松滋縣江塘崗地方有匪

〔二〕以下三電録自抄本《張之洞電稿·致各省電》。
〔三〕以下三電録自抄本《張之洞電稿·致本省電》。

首陳竹亭、伍蘭亭等設立海湖會，聚衆散票，鉤串公安三星院土夥約期起事，並聞現已放火燒搶等語。此間未據該道、府等稟報，是否謡傳，速密查電覆，一面由蔣參將酌派幹弁帶勇迅速馳往彈壓，嚴緝陳竹亭等，務獲究辦，并先電覆。豔。

致東京湖北學生監督李道台寶巽〔一〕光緒三十一年二月三十日戌刻發

據學員韓方樸稟，以年歲過大，腦力不足，口齒不靈，於科學難期獲益，請改派遊歷等語。查遊歷無甚大益，未便照准，應由該監督體察情形，擇科學之最簡易者酌令就學，或農業，或工藝，或他事，不拘門類，不拘深淺，總以得有實際爲主。商定即電覆。卅。

致華盛頓梁欽差光緒三十一年三月初二日酉刻發

廿九、卅兩電悉。尊處已聘前外部福士達、鐵路律司良信襄辦，極慰。凡因合興事，或明聘人辯論，或暗託人援助，所有費用統歸三省公認，由敝處匯寄，儘可請放手辦理。昨與路提面議諧否。如何，祈先電示大略。沃。

梁欽差來電光緒三十一年二月三十日申刻到

路提傷足，改期初一日來議。已請前外部大臣福士達、鐵路律司良信襄辦。誠。二十九日。

梁欽差來電光緒三十一年三月初三日亥刻到

昨晤商路提等，初持國體大局諸説，堅不允售。經誠婉商直折，遂謂聽中國任意修改合同，由美政府切實擔保，永不轉替。誠仍執不可。辨論半日，始允再集股東議售，准旬内覆答。詳察詞意，當可不至翻悔。所有交價辦法，俟覆到再議。合興索價過奢，且不欲開列細數，在宫保統籌全局，不較錙銖，惟事關欵目，誠應認真核駁，免為將來局外訾議。如數購收之説，請勿宣露。誠。冬。

致東京楊欽差〔二〕光緒三十一年三月初七日戌刻發

鄂省現鑄一兩銀幣已通行，擬托日本印刷局代造一兩銀幣票二百萬張，十兩銀幣票二十萬張，票紙所繪花紋務須富麗精美。請商該局先繪五采雲龍銀幣票樣兩種，一種一兩者，一種十兩者，寄鄂酌定，再與議訂合同，其票面字樣届時由鄂書就併寄。祈妥商電覆。遇。

致信陽朱道台〔三〕光緒三十一年三月初七日戌刻發

昨派知縣張延鴻率帶學生，查勘由信至襄道路，希飭經過地方官幫同照料。聞浦信鐵路亦擬接襄陽，此湖北境内之路，無論華、洋公司，均斷不允修。特預告。遇。

致京學務大臣張尚書光緒三十一年三月初八日午刻發

聞近有修復京師貢院之議，憂焦萬狀。如此則天下學堂不必

〔一〕〔二〕録自抄本《張之洞電稿·致外洋電》。
〔三〕録自抄本《張之洞電稿·致各省電》。

辦矣，自强永無望矣。近數科借用汴闈，地處適中，不惟三江、兩湖、川、廣、雲、貴、秦、晉等省士子利於汴闈，即直隸永、保、天津、正、順、廣、大八府，皆無不便，僅河間一府，由本縣赴保定上火車，須多三四日耳，與此大工何爲。況鄉、會中額已奉明旨，分科遞減。假如時議爲體恤舊學舉貢生員，恐其出路漸隘，且慮學堂人材一時恐難敷用，則或照原議略加推展，作爲分四科減盡，然不過十年，科舉必仍停廢。總之，少減緩減則可，或爲舊學舉貢生員另籌一仕途出路，亦無不可，若修復貢院，則萬萬不可。方今搜括已窮，乃糜數十萬金，爲此阻學抑才之舉，實爲非計。聞汴撫請修京師貢院，不過爲汴闈代順天鄉會試，繁費過多，力難獨任耳。此項汴闈經費，每次不過五六萬，儘可派各省協解，並不爲難。公主持學務，深悉時艱，務望切商止齋諸公力籌阻止，天下幸甚。祈速裁覆。齊。

致成都錫制台光緒三十一年三月初九日子刻發

聞德商禮和洋行派人至川，句串地方奸民，攬買各種鑛砂，此爲洋商干預內地鑛務之漸，湘省此類事甚多。此輩必先多索噸數，寬立年限，漸漸藉端挑剔，多生枝節，攬開鑛山，不可不先事防閑。祈嚴飭有鑛地方官密查，設法限制禁阻，據實稟覆尊處，以便合力商辦，并望電覆。佳。

致上海盛大臣[一]光緒三十一年三月初　日發

聞合興公司曾向尊處開送頂售公司價值事，在何時，開價若干，祈速密示，切盼。

盛大臣來電光緒三十一年三月初九日到

敝處并未與合興議及頂買，公司亦未開過價值。惟去夏席道在滬曾與湘紳商擬密收合興股分，五月初十買進一百二十股，每股一百八十五金元，其計美金二萬二千二百元，席道因接湘電中止，該股票尚抵在銀行。鎮東現議全數頂買，尤為痛快，未知索價若干，可否密示。

致上海盛大臣[二]光緒三十一年三月十一日子刻發

聞浦信鐵路有改接襄陽之説，未知確否。查前奉諭旨，應造鐵路地段勘定後，著繪圖貼説，移送該管督撫派員查明，如無窒礙，始可開工。如與他國公司議立各項合同條欵，亦著先由各督撫核定，始可簽押等因。是凡造鐵路，經過省分督撫責任甚重。今浦信鐵路外間喧傳有改接襄陽之説，恐必有因，而敝處未准尊處一字電商，不勝疑悶焦急。現襄信間鐵路鄂省正議勘估修造，務請轉告該公司萬勿繞道，侵越界限，鄂省斷不承認。此事是否屬實，祈速電覆。卦。

致東京楊欽差[三]光緒三十一年三月十四日午刻發

青電悉。錢票需用甚急，務仍請磋商定造。查前定銀元票一百萬張，已承尊處商准印刷局代造，此兩項票必尚未印成，請即

[一] 以下二電録自苑書義等主編《張之洞全集》第十一册，第九三一〇至九三一一頁，河北人民出版社一九九八年版。
[二] 録自抄本《張之洞電稿·致上海電》。
[三] 録自抄本《張之洞電稿·致外洋電》。

與商停印，改造此次所定銀幣票。此以該局已允代造之票抵換，不致另費工夫，但須另繪紙面花紋耳，當可通融照辦。前定銀元票紙面印有鄙人及端中丞照相，現在端中丞已調任，此次銀幣票應請專印鄙人照相爲妥，并祈轉達。即盼電覆。鹽。

致天津袁宮保〔一〕光緒三十一年三月十六日午刻發

寒電悉。前接鐵尚書二月删電，云北洋需用操槍，擬在鄂選取存槍之精固者萬餘枝，逕由北洋備價派員賫往檢運等語，已覆允照辦。此項槍枝計價總在二十萬兩以外，早經咨明有案，自應即以協淮餉項劃抵。究竟尊處需槍抑需餉，祈酌定示覆。諫。

致華盛頓梁欽差 光緒三十一年三月（十七）〔十八〕日丑刻發〔二〕

翰電悉。路事頂售可成，全仗鼎力，感佩已極。惟合興尚須電商各股東，恐仍是推宕之筆。尊意謂爲可望，想已體察入微，確有轉機。務望趁此催令合興迅速電商各股東，及早定局，免致日久生變。售價如果難減，即不減亦可，但定議後如何分期付價，須與妥商。立盼好音，曷勝翹待。篠。

梁欽差來電 光緒三十一年三月十七日申刻到

路事頂售可望有成，惟合興須電商允各股東，以免違例轇轕。路提言，價萬不能減，且謂惠愓爾所開二十五萬，俱係賠給工程司、執事人等合同未滿撤退及註銷訂購物料合同之用，仍與磋商。誠。翰。

梁欽差來電 光緒三十一年三月二十三日亥刻到

合興商股東尚未全覆，勢須静候，均無變局。所有發出小票由我接認，按年攤本還息，即交摩根代理。惟股本購價及合同特權等費，必須付現。現與磋磨，即是此欵。誠。養。

致南皮縣章綬生 光緒三十一年三月二十一日丑刻發

弟前年冬春間請假在籍時，擬就里中捐建高等、初等小學堂，教育族中子弟，敬以慈聖恩賞銀兩暨弟所捐之欵共凑成一萬七千兩，典置唐家務莊田十七頃有奇，以租息充該學堂之用。曾於上年正月呈明冰案，並聲明開辦時續行呈請轉詳具奏。兹經詳加籌度，將辦法量爲擴充，於南皮城外雙妙村購地，捐資建造中學堂一所，兼建造高等小學堂一所，兩堂毗連，出入共一大門。中學堂額三十名，高等小學堂額六十名，族人暨外姓，兩堂皆占額各半，一切遵照奏定學堂章程辦理。原捐經費尚屬不敷，今再由弟捐銀一萬兩，存放殷實商號生息，自今年正月起，按月取息，合之原置莊田租息，一併充用。仍謹名曰慈恩學堂。昨已咨請袁宮保酌核上陳，惟奏案例須由原籍地方官轉詳。除另具公牘專差回籍呈遞外，合先電達。箇。

致京鐵寶臣尚書〔三〕光緒三十一年三月二十二日午刻發

頃讀他處傳鈔覆奏萍廠大疏，所陳南北中三廠辦法，通籌全

〔一〕録自抄本《張之洞電稿·致各省電》。

〔二〕此「篠電」顯係覆所附梁誠翰電。「翰電」於十七日申刻到，覆電當在十七日即篠日晚擬稿，次日即十八日丑刻拍發，故署十七日丑刻顯誤。

〔三〕即署户部尚書鐵良。

局，規畫精詳，實爲至當不易之論。其變通辦法一層，尊意蓋恐經費不敷，故爲是調停之策，具見不得已苦心。竊謂南北中三廠，斷斷不可偏廢。南廠經費取給滬局原籌各欵，必可辦成，設有欠缺，兩江自能籌之。北廠以新籌膏捐充用，最爲名正言順。統辦膏捐一事，無論柯中丞辦或他人辦，每年收數總可逾百萬，足以供北廠經費，即使稍有不敷，儘可派令各省攤解。事關拱衛京畿，衆擎易舉，必無不應之理。若南廠能照公在鄂時鄙人所議派鄭孝胥辦廠務，專責成李維格辦機器，原估六百五十萬兩之數，必可有盈無絀。鄙人考詢至審，並非虛語。因查核李維格所開機器價單，較之滬、漢洋行所開，約省三分之一，是萍廠不過五百萬，決定可辦成矣。若輟南廠不辦，移欵以供北廠之用，北廠專供北五省，猶恐未足，豈能兼顧淮南。此外，若止一鄂廠，焉能應付江、湖、川、廣各省。全國軍實所關非細，有兵無械與無兵同。至慮萍廠近粤漢幹路爲不便，似可不必。此路現議收回自辦，已略有端倪，猶有自主之望。若直、東、豫三省皆有鐵路，皆爲外人操權，山東經徐州至金陵一路尤患德人相逼，難言穩固。如以近鐵路爲慮，北廠將安所得地乎。如設在江北，恐斷無終年能通水運之地，若煤鐵物料皆由火車運致，費亦不貲。萍廠地勢既佳，運道尤便，即設防營、造礮臺以護之，亦是應有之義。無論廠建何處，總未有不設防營、礮臺者也。總之，三廠並舉，南北兼顧，洵爲建威銷萌萬全之計。鄙人實爲大局起見，愚慮所及，不敢不言。務望公詳加籌畫〔一〕，切商政府諸公，及早定議，大局幸甚。卓見如何，祈迅賜示覆。禡。

致沙市商電局盛委員、宜都官電局朱委員文駿〔二〕　光緒三十一年三月二十五日巳刻發

朱委員庚電悉。宜都縣屬白洋官電局，應就近歸宜都官電局兼理，勿庸由沙市商電局兼管。各遵辦電覆。迥。

致京户部〔三〕　光緒三十一年三月二十五日申刻發

鄂省續解練兵餉二十萬，由百川通匯解五萬兩，義善源匯解十五萬兩，均早到京，祈飭庫驗收示覆。計鄂省去年認解五十萬兩，已掃數解清。徑。

致柏林廕欽差〔四〕　光緒三十一年三月二十六日申刻發

漾電悉。皮廠初擬小辦，置有手用機器，歲可製皮六千張。今擬擴充求精，改用汽機，故去年八月漾電請屬工師代定每日能出熟皮一百張之新式全副機器，務須配置完備，不得缺少一件。惟已自備有鍋鑪一百二十匹馬力機一副，其餘均須定購。該廠樓房上下兩層，計長五十密達，寬十八密達，鍋鑪馬力房在外。應用機器，祈飭貝葛爾速向名廠代定。共需實價若干，如何分期付欵，電鄂商妥即辦。統祈電覆。宥。

〔一〕「畫」，據抄本《張之洞電稿》補。
〔二〕録自抄本《張之洞電稿·致本省電》。
〔三〕録自抄本《張之洞電稿·致北京電》。
〔四〕録自抄本《張之洞電稿·致外洋電》。

致華盛頓梁欽差光緒三十一年三月二十八日亥刻發

沁電悉。股東未全覆，恐係藉詞推宕，焦急萬分。查西例凡事可否，以衆爲斷，究竟頂售事合興股東覆允者已有若干人，未覆者尚有若干人，尊處必知底藴。如覆允人數已逾大半，似可援從衆之例。又西例事久不覆，即作爲默許，如股東久延不覆，亦可援默許之例。總之，此事宜從速定局，免生他變。尊處既聘有前外部大臣及鐵路律師相助爲理，不妨許以重酬，急商催辦之法，務底於成。聞上海美領事言路提欲來華議此事，恐彼黨别有狡謀。請尊處告合興，此事政府及三省紳民均屬敝處辦，不歸盛處辦，敝處專與閣下商辦，若路提來華，敝處斷不與議。此事台端有何高見，是否已有把握，祈切實速賜電覆。勘。

致雲南唐督辦[一]光緒三十一年三月二十九日申刻發

鄂省認解銅本二十萬兩，上年已解十萬。兹准於四月半前匯解五萬，餘五萬兩儘六月内掃解。收到後，祈隨時電覆。豔。

致京瞿尚書光緒三十一年四月十一日酉刻發

粤漢路事，初以繫鈴解鈴，望之某公。乃延宕數月，總是拖泥帶水，不肯擺脱一切。繼悟此事非將其撇開不可，乃徑電梁使，密籌機宜，切實與商。無如合興狡滑變幻多端，經敝處堅持力辯，百折千迴，近始允我購回，火候已到八九分。現梁正在磋磨，大約無甚變局。此中曲折，非但不敢令祖美者得知，亦以先事無大把握，不敢輕率電達台端。此時事已將成，難保無袒美者飾詞聳聽，以圖撓敗成局，公具有權衡，想斷不爲其所動。總之，此事敝處既已力任其難，必當妥籌結束，收回主權，但必須袒美者不與聞，方免横生枝節，三省幸甚。併祈密告張冶翁，囑其勿洩，至要。即祈賜教。真。

致長沙端撫台[二]光緒三十一年四月十二日巳刻發

湘省所收兩湖土膏統捐，據孫道電，自二十九年十二月兩湖合辦之日起，至三十年臘月底止，洪江局尚僅報至冬月底止，已共收庫平銀一百零九萬一千九百六十兩零五錢九分，又十足錢三十七萬二千八百九十三串五百零五文，又省平銀七千一百九十九兩二錢七分。除撥還湘省原額二十四萬兩外，應溢收庫平銀八十五萬一千九百餘兩，又十足錢三十七萬二千餘串，又省平銀七千一百九十餘兩。以上銀錢併計，共約合庫平銀一百十二萬兩，鄂省應分一半，庫平銀五十七萬兩，如再加洪江臘月分收欵計算，兩省必可各得六十餘萬兩。前接尊處二月諫電，謂上年湘局所收土膏税捐截至年底止，鄂省應分一半銀二十九萬七百四十五萬兩零，核與該道所報之數大相懸殊，未知湘局如何結算。查財政處原奏，云統捐創自湖北，該省攤派賠欵及兵工廠經費多由此取給，嗣後歸總局核明每年應需數目，仍在原收項下照撥，再有溢征之欵，即行提存等語。是内意賠欵、兵工兩項應用之外，方歸提存。今核計賠欵、兵工，即將統捐溢收撥歸充用，不敷尚鉅，如非應需，應候總局核明，鄂省亦當據實陳奏，不敢移作别用，此時似

[一] 指督辦雲南鑛務唐炯。録自抄本《張之洞電稿·致各省電》。

[二] 以下三電録自抄本《張之洞電稿·致各省電》。

應全數解鄂。祈迅賜飭查清楚，將短解鄂省之欵掃數補解來鄂，以濟要需，至感至禱。文。

致長沙端撫台、龍侍郎諸公光緒三十一年四月十四日亥刻發

英商貝錫納事，敝處叠次派員與英總領事磋商，法磊斯口氣甚緊，以上年湘省告示有驅逐字樣，大礙英國體面，深爲不平，堅持長沙通商，條約並未限定城外，洋商入城，初無不合，何得强加驅迫。再與申辯，則謂此事已稟由駐京大臣核辦，伊實無權參預等語。經敝處續派施丞肇基與英領事剴切開導，始允函勸英公使和平議結，姑令貝錫納遷出城外，以三年爲限，限内暫不令洋商入城。英公使允否，雖未可必，法磊斯致公使函則已郵發。昨鄙人面晤（美）［英］領，又復詳加討論，總以洋商不入城爲要，不能僅限三年。英領事先索在城外租界之外西門一帶，准英商開設行棧，謂各國已有洋公司，英商人少，至多不過兩三家，且謂漢口即係如此。鄙意謂輪船公司碼頭已有數家，則英商亦可居住，當即答以此事可行。英領又謂如永遠不准英商入城，尚須許以特別利益，日内正飭施丞與之磋磨。頃英領忽函致施丞，謂敝處方勸令和平商辦。適接湘電，稱貝錫納初次運洋貨入城，英領事曾給以華文護照，令其暫行照章完釐，俟後再定辦法，而湘省釐局並不向索釐金，已聽其入城。第二次貝錫納運貨入城，湘省釐局又不肯收釐，遽將其貨扣留。照此情形，是湘省並不欲和平商辦，且方領事來電，此事已電稟公使，致與彼前函勸英公使一節情事不符，以後更難辦理，屬電詢尊處是何意見等語。查長沙既准通商，以後租界内本不能收釐，一切洋貨在城外行棧貿易，亦必不能抽釐，其入城完釐之洋貨，必不能多。鄙意重在治理之權，洋商在城内不能受我管束，自不便聽其雜居。若入城之洋貨釐，爲數有限，似可無須計較，况加税免釐之約如果施行，無論華洋貨釐，終須全免。竊謂保城内治權事大，免城内洋釐事小，權衡輕重，自不如以彼易此。鄙見雖如此，然並未允許，此時務請飭局將貝錫納洋貨暫仍核收，釐金立即發還，候敝與英總領事磋商，酌擬辦法，再行電商。望迅速電覆。鹽。

致長沙端撫台光緒三十一年四月十六日丑刻發

鹽電諒已達覽。今晨敝處又派施丞往見英領，請將貝納賜〔一〕事務必和衷商辦，並告伊昨晚接信後，當電請尊處將貝納賜之貨釋放。英領力請扣留之貨暫准其入城出售，以免躭誤生意。與之反復磋商，口氣始得見鬆。察其詞氣，若不允准，即借此索賠鉅欵，並貝遷居城外事雖已函商英使，亦必致藉口作罷。查方領既給有貝納賜華文護照，其中申明貝先暫完釐金，聽候官憲日後商定，如商准免釐，即將已納之釐退回等語。故與英領商定亦暫准洋貨入城，惟應照章完釐，並於未入城之前，方領先出具印據，申明現暫准洋商照章完釐，携貨入城，並非允准洋商在城内開設行棧。此事仍聽兩國官憲商定辦法，英商及他國商人不得援此，以爲得有在城内開設行棧之字樣。此辦法尚屬圓活，可以從容籌議，似可照辦。英領并云，據方領稱，傳聞長沙百姓因貝納賜案

〔一〕前電譯作「貝錫納」。

擬與英人爲難等語。此節萬萬不可，祈嚴飭營、縣剴切曉諭，加意防範，勿使滋事，至禱。請即示覆。咸。

致荊州蔡署道、舒守〔一〕光緒三十一年四月二十日丑刻發

頃據駐漢美國馬領事照稱：監利縣螺山鎮聖公會教堂，被土惡顧華廷等聚衆入堂，重傷數人，器具全毁，并搶去錢物細軟，已電請該道派員查辦，並派兵五十名前往彈壓。惟該縣置不顧問，顧華廷等仍有時來打擾之舉。如久延不了，恐釀成巨案，照請飭派幹員速往查辦，勒令撫恤無辜被傷之人，賠償毁失器具錢物細軟等語。查此案前據該道三月徑電，係因顧姓兄弟争産啟衅，投教滋鬧，經該道札委張倅紹文會縣查辦，計時已將一月，未據續稟。該地方官何以延不查訊斷結，應即由該道、該守嚴飭張倅、劉令迅速稟公確查滋事實情，傳齊兩造，剴切開導，持平訊斷，一面先將現在查辦情形，飛速稟報察核。效。

致長沙端撫台〔二〕光緒三十一年四月二十日辰刻發

近泰晤士報載，英人創設長沙鑛務公司，已在倫敦商務局注册，資本英金十萬鎊等語。此語殊爲可駭，惟此係延興阿所言，事必有因。外人注意湘鑛極重，祈早爲之備。湘省與該公司有無成約，望速查速示。效。

致長沙端撫台光緒三十一年四月二十一日寅刻發

粵漢路事，數月來費盡磋磨，合興公司方允頂售歸我。雖比股東尚在觀望，據梁使電，美股東已全允，主權總可收回，是此事火候已到九分。頃聞湘紳擬約粵、鄂紳同入都，未知何意。現在事機已順，宜静聽敝處與梁使消息。祈速轉致龍侍郎諸公，萬勿貿然北上，恐轉致别生枝節，要緊要緊。政府已有電密達，必不爲某公所摇動，可請湘紳放心。至湘省籌欵購地局關防文牘，已交曾道廣鎔親自賫上，日内當已抵湘接洽矣。湘紳之意云何，請詢明電覆。號。

致廣州岑制台光緒三十一年四月二十二日戌刻發

箇電悉。粵漢路事，數月來堅持不摇，費盡磋磨，梁使亦深費籌策，彼始允將合興公司頂售歸我。雖比股東不無觀望，幸合興代表人摩根肯就範圍，美股東已全數允售。據梁星使電謂，事機頗順，不致變卦，是此事已有九分可望成功，特此密達。尊意允以息借民欵三百萬移作鐵路經費，有此鉅欵以作根基，以後招股附益不難矣。卓識大力，提振全局，欣佩萬分。養。

致廣州岑制台、張撫台光緒三十一年四月二十三日戌刻發

昨覆雲帥養電，想達覽。鐵路事固賴紳民協力，然將來若全不由官主持，則意見紛歧，情勢渙散，流弊亦多。惟欲官與民事事公同商辦，不由民間專操其權，須籌官欵提倡，將來行車之利，

〔一〕録自抄本《張之洞電稿·致本省電》。
〔二〕録自抄本《張之洞電稿·致各省電》。

按本均攤，官欵並非無著。官欵多於民欵，或官欵與民欵相等，紳民乃肯讓官有權。鄂省路較短，費較少，所擬每歲籌備鐵路之項全係官欵。湘省擬歲籌五十萬或二百萬，亦官欵多於民欵。粤省官欵似亦不可少於商欵，承示將息借民欵三百萬移充路用，如此欵本息由官按期陸續籌集歸還，則此三百萬即可作爲官欵矣。此外，如能再籌常年的欵若干，以存官權，而重路政，尤善。祈裁酌。漾。

致長沙端撫台[一] 光緒三十一年四月二十八日未刻發

敬、宥等電悉。湘生過鄂，初因禮節有礙學規，恐接見轉多難處，故擬謝遣，聽其徑行。嗣由尊處申電訓誡，派員料理，諸生咸克就範圍，具徵禮教德化，捷若轉圜，曷勝欽佩。貝納賜事費盡磋磨，英領意始稍活動，電勸其公使和平議結。無如英領函到，薩使已先接長沙方領事扣貨之電，以法磊斯越權袒我，大加申斥，告以長沙自有領事，勿庸伊干預等語。法磊斯甚屬難堪，幾欲盡翻前説。祇因暫允貝納賜出城，三年内不令英商入城之説前已出口，遂抱定此語，以西歷一千九百零八年正月一號爲限，并於免釐之外，要索多端，非此不能再議，并謂伊已無權干預，只可聽方領事禀承公使意辦理等語，看來此事挽救甚難。今日姑令施丞再往磋商，因英領前數日有要索常德枝路如須借欵，先儘英商之説，擬撤開常德。但就借欵一層，許以先向商借之利益，令擔認英商不再入長沙城，未知能否辦到。朱道且令暫留一半日，俟得英總領事切實回音，再飭回湘。特先奉達。

致長沙端撫台 光緒三十一年四月二十九日戌刻發

粤漢路事，自敝處徑電梁使，籌商辦法，將旁人撇開，事無旁撓，宗旨乃定。然合興百端抵抗，種種爲難。彼以美前兵部大臣路提等出場争論，情詞堅悍，我乃特延美前外部大臣福士達、鐵路律師良信等與之駁辯，相持累月，翻覆無常，波瀾叠起。敝處與梁使往復電商，筆枯舌敝，堅定不移，加以多方布置，摩根始有轉圜之意。迨美股東全數允售，而比股東又多方作梗，事機中變。復屬梁使密托某君設法運動，幸比股今亦允售，真喜出望外也。惟索價奇昂，意將藉以困我。經梁使一再駁減外，計將合興公司全分收回，一切歸我自辦，應付售價六百八十餘萬金元，内有已售出之借票二百二十二萬餘金元，由我接認，按期付息，應照原價九折抵扣，不須付現。尚有已提未售之借票四百萬金元，現存摩根手，梁使意擬令摩根承購此票，由我接認，指欵作押，分年攤付本息，冀可少籌現欵，以紓目前之急。鄙意現既定議收回，不宜留大宗借欵於美國最有權力之人之手，不如另借他國之欵，一氣清還，俾斷葛藤。綜計應付現欵四百八十餘萬金元，約合華銀七百二十餘萬兩。粤省已備有的欵三百萬兩，鄂、湘兩省應合籌四百二十餘萬兩，以路長短爲衡，湘須籌三百萬，鄂須籌一百二十餘萬，方可濟事，未知湘省有無存儲現欵。第此路一經收回，路工即須開辦，需欵正繁。此項付美之欵，似可暫借洋欵爲宜。鄙意擬向英商籌借數百萬，英商欲以兩湖膏捐作保。竊思此不過藉作抵押，每年僅還本息數十萬，何至籌借不出，甚不要

〔一〕以下二電録自抄本《張之洞電稿·致各省電》。

緊。特此飛電奉商，未知尊意若何，祈即日邀集湘紳諸領袖，迅速會商定議，立賜電覆，以便一面籌借欵，一面覆梁使。此電祈譯送龍侍郎諸公同閲。豔。

致華盛頓梁欽差光緒三十一年四月二十九日戌刻發

沁電悉。路事美股、比股幸皆就範，實賴藎籌默運，得底於成，欣感萬分。合興索價固多浮冒，但爲大局計，不便過於計較，可駁者自應議駁，其萬不能駁者只可認許，統請尊處酌定，無不遵辦。鄙意已提未售之借票四百萬元若留在摩根之手，恐葛藤終難盡斷，擬另借他國欵一氣還清，較爲爽快。約計除已售借票二百二十二萬餘元，以九折抵扣外，實應付現欵四百八十餘萬金元。粤省已備有的欵三百萬兩，餘應由鄂湘兩省凑集。惟籌借需時，恐畫押後三箇月交價未能全清，應與訂明，如三箇月内未清之欵，由我酌認利息，分批撥付，至遲不過六箇月，此層想可辦到。先此敬達謝忱。此外，未盡事宜，統望隨時詳籌電示。豔。

梁欽差來電光緒三十一年四月二十九日寅刻到

昨路提等邀誠偕福等赴紐約，面商數次。初以加價爲請，繼謂第便乂餘利小票須我認給，又以惠第爾所索酬貲廿五萬爲言，均經拒絶。又索兩欵，一係已售出之借票，五月一號應付息銀五萬餘元，須我付給。誠查此欵理應我付，可以照准。二係合興允售開價日起至將來畫押日止，其售價須按四釐加息。已經駁斥。此議價之情形也。議價畫押後三箇月交價，統計售價約索六百八十餘萬，已售出之借票二百二十二萬餘元，由我接認，仍以九折抵扣售價。其已提未售之借票四百萬，儻摩根允購，以九折計，可抵售價三百六十萬。如不允購，原票還我，則售價現欵即須多籌此數，未免喫力。經磋商，路提電達摩根，要其承購，與已售之票統由我接認，交摩代理，指欵作押，分年攤付本息，以紓目前之急。此議辦付價之情形也。摩準兩日内覆電，應如何辦理，乞速電示遵。誠。沁。

致廣州岑制台、張撫台光緒三十一年四月三十日午刻發

粤漢路事，自敝處徑電梁使籌商辦法，將旁人撇開，事無旁撓，宗旨乃定。然合興百端抵抗，種種爲難。彼以美前兵部大臣路提等出場争論，情詞堅悍。我乃特延美前外部大臣福士達、鐵路律師良信等與之駁辯，相持累月，翻覆無常，波瀾疊起。敝處與梁使往復電商，筆枯舌敝，堅定不移，加以多方布置，摩根始有轉圜之意。迨美股東全數允售，而比股東又多方作梗，事幾中變。復屬梁使密託某君設法，幸比股今亦允售，真喜出望外也。惟索價奇昂，意將藉以困我。經梁使一再駁減外，計將合興公司全分收回，一切歸我自辦，應付售價六百八十餘萬金，内有已售出之借票二百二十二萬餘金元，由我接認，按期付息，應照原價九折抵扣，不須付現。尚有已提未售之借票四百萬金元，現存摩根手。梁使意擬令摩根承購此票，由我接認，指欵作押，分年攤付本息，冀可少籌現欵，以紓目前之急。鄙意現既定議收回，不宜留大宗借欵於美國最有權力之人之手，不如另借他國之欵，一氣清還，俾斷葛藤。綜計應付現欵四百八十餘萬金元，約合華銀七百二十餘萬兩。粤省認籌三百萬兩，鄂、湘兩省合籌四百二十

餘萬兩，足以濟事。兩湖擬暫借洋欵應付。尊處允以息借民欵三百萬備撥，此欵是否業已收齊。梁使來電，售價須於畫押後三箇月内付清。特先奉達，祈即早爲預備。該欵約幾時可以如數付清，務請先賜電示，以便覆梁使定議。再，此事大略雖已有成，一切究未全行訂妥，望暫勿宣洩，恐小人忌妬攙局，切禱。卅。

致廣州岑制台、張撫台，長沙端撫台〔一〕光緒三十一年五月初一日戌刻發

路事雖粗有成議，然合興尚未畫押，千萬不宜宣布，或致登報傳揚，另生枝節。務祈秘密，并切屬與聞諸紳萬勿漏洩，至禱至感。東。

致長沙端撫台光緒三十一年五月初二日申刻發

卅電悉。湘事敝處本不過問，此次貝納賜事早知補救不易，徒以尊處及湘紳諄諄電託與英總領事磋商，敝處萬不得已，始向開議。法磊斯初本謝絶不管，嗣派施丞前往再三開導，始允轉電薩使，其所指永租税契、合股經商、任使居住、省城免釐、酌議賠償、更正告示各節，皆方領在湘原議條欵，並未另有多端要索。法磊斯逆知薩使堅執，電商必遭駁斥，勉强發電，果爲薩使所訶。彼方抱怨，敝處强聒，似無見好薩使之意。今永遠出城一節，薩使既堅不肯允，法磊斯已無可再商，而方領自願直接英使，其意似尚可轉圜，自以仍歸湘省自行籌辦爲是，既可令湘紳參議，又可令税司調停，當能力挽權利，免受虧損。敝處當函覆法磊斯，一切作爲罷論。施丞經手交涉事件極多，萬難離開，且在此與法總領議不能諧，忽又轉面向方領商辦，恐法磊斯意見益深。諸多不便，并祈鑒諒。沃。

致外務部光緒三十一年五月初五日午刻發

粤漢鐵路自奉旨交敝處籌議廢約辦法，已在美政府受人運動干涉此事之後，措置極爲棘手。又以局中人意見多歧，以致衆議紛騰，變端百出。敝處不得已乃徑與駐美梁使直接電商，避廢約之名，籌收回之實，事無旁撓，宗旨始定。無如合興力籌抵抗，翻覆無常。經梁使操縱兼施，多方布置，相持數月，漸有轉機，而摇撼者多。因恐事無把握，一切爲難情形未敢輕瀆清聽。兹幸美股、比股均允頂售歸我，雖售價過昂，爲大局計，不便過於計較。據梁使來電，大致已粗有成議，惟分期付價及接認已售之金元借票，尚在磋商。頃又接梁使電，云前此梁與美股東辯論時，力言我政府已經廢約，以此相逼，合興始肯讓售，萬一有變，屬敝處仍力持廢約。柔使〔二〕抵京必飾詞聳聽，請電貴部切駁等語。查頂售之議，合興尚未畫押，難保其必無翻悔。儻柔使到京後果向貴部饒舌，務懇嚴詞駁拒，自不能再生異議，三省大局幸甚。蓋政府則堅持廢約，辦此事者則作爲贖約，彼方肯就範也。歌。

致華盛頓梁欽差光緒三十一年五月初五日午刻發

卅電悉。頂售事已有成議，所争不過價值及付欵之期，萬不

〔一〕以下二電録自抄本《張之洞電稿·致各省電》。
〔二〕指美國駐中國公使柔克義。

能再容其變議，一切均請斟酌，及早定局。頃已電達外務部，如柔使果有異議，請其嚴詞駁拒矣。歌。

致外務部光緒三十一年五月初五日午刻發

支電悉。欽章須中外可以遵行，關繫極重，不敢不加審慎。去冬准伍侍郎寄到擬稿，復屬英國著名鑛師布盧特詳加參訂。布稿送來後，另派華洋各員校勘修改，大致已經就緒。現又派遊學外洋政法科畢業學生，再加參酌，敝處尚待詳細復核。計核稿清繕再有一月工夫，總可竣事。一俟編定，即當奏交貴部，會同商部覆核，以昭慎重。謹先電覆。尾。

致長沙龍侍郎諸公〔一〕光緒三十一年五月初五日午刻發

尊處致曾道電閱悉。現在手摇印花機及銅餅，已准外務部通咨禁運，速辦勢所不能，若建廠購機，非十箇月不能觀成。此時錢價日跌，銅價日昂，餘利寖不足恃。遲至來春，又未知銅元情狀何似。究竟岳州至常德以上各處，銅元銷路是否確有把握，每年果能銷行一千數百萬串否。此亟宜先行考究，祈詳示情形，再行商定。竊謂銅元過多，適足自壅銷路，自減餘利，或在常德設局少鑄，或將長沙、武昌現鑄之銅元運往常德以上設局分銷，何如。此策是否可行，望并籌示。歌。

致京江西臬台余堯衢廉訪光緒三十一年五月初六日辰刻發

近日傳聞有將設文部，派壽州〔二〕相國掌部之説，未聞張冶秋〔三〕尚書辦何事。壽州老成端正，本屬極好，惟精力較遜，遇事亦稍近拘泥，若用孫舍張，學務必無起色。張冶翁公明通達，精力亦强。鄙見若以壽州管部，張兼署尚書，似於學務乃有裨益，否則甯可緩設文部，較爲穩妥。學務關繫中國自强樞紐，既有管見，不敢不言，望以此論轉達瞿玖翁〔四〕，是否可采，望速電示。再，梁節菴〔五〕擢襄陽道，外間皆稱玖翁之秉公知人，鄙人尤感佩，望轉達。惟傳聞有内召節菴爲文部丞參一説，竊謂萬萬不宜。梁在鄂辦學務所以有效者，因梁在此主講多年，南北兩省高材生皆其門下，鄙人信任最專，是以有功。若到京則局面全非，一丞參能辦事乎，徒致南北兩省學務皆鬆勁矣，十分可惜。即欲内用，亦宜俟三年後兩湖學務辦好再議爲妥。並望轉達玖翁。示覆。語。

致長沙端撫台、龍侍郎諸公光緒三十一年五月初七日未刻發

湘紳東電悉。路事三省合辦，已成之路，無論在何省，其利皆三省共之，以所用成本按成攤利，粤境所造三十餘英里之路，不能專歸諸粤，則現在贖路之欵，粤亦未便多攤。論路長短，湘長於粤，粤已認三百萬，爲數已多，實不便再加。此時經營伊始，各盡義務，未可稍涉偏私。現擬借五百萬，以二十年分還，歲籌

〔一〕録自抄本《張之洞電稿·致各省電》。
〔二〕指孫家鼐。
〔三〕即張百熙。
〔四〕指軍機大臣瞿鴻機。
〔五〕即梁鼎芬。

本息不過五十萬上下，以十年分還，歲籌本息亦不過七十萬上下，鄂湘兩省總可設法籌出，似毋庸再與粵商。況已成路工各費，合興斷不開細帳，一時亦無從核算，應仍請照敝處豔電辦理。仍祈速覆。虞。

致襄陽郭道台、鄧守，光化歐陽令，宜昌陳守、孫署令 光緒三十一年五月初八日未刻發

上月札飭將各該處警察停辦，所收鋪捐仍照案掃數解省，充警察學堂經費，迄未據覆，殊屬玩延，可怪。總之，警察非先講警學，斷無成效。本部堂辦法已定，斷不能稍事遷就。該道、府、縣務各遵辦，先將裁撤警局及歲收鋪捐實數，迅速電覆，勿延。庚。

致長沙端撫台、龍侍郎諸公 光緒三十一年五月初九日子刻發

虞電想達覽。贖路欵除息借應急，無別法，惟借欵亦甚不易。現商之處，前途尚無覆信，殊爲焦急。此時自以籌欵爲第一要義。湘紳擬在岳、常一帶急設銅幣廠，冀早獲利。但購機建廠，非經年不能完備。銅元餘利日薄，先費機廠工本五六十萬，殊難合算。鄂省擬就省局所鑄，歲撥五六百萬串，或七八百萬串，運銷常德以上各處，除成本運費外，餘利悉充路工之用。湘省新機已到，鑄數日多，如亦照辦，則免增廠之費，得疏銷之利，實爲兩全。若鑄數僅敷本省銷路，或就長沙局增機添鑄，亦較另設一廠爲省費。祈與湘紳諸公妥商速覆。青。

致廣州岑制台、張撫台 光緒三十一年五月初九日丑刻發

庚電悉。敝處初以粵借民欵三百萬，足資抵撥，甚慰。茲知此欵亦尚虛懸，自非息借應急不可。然借欵極難，鄂湘所擬商借之欵，前途尚未電覆，期限、抵押、利息均尚未説定。尊處能另設法籌借最善，如必欲由敝處彙借，則將來合同須三省分擔責任方妥。尊意擬以何項進欵作抵押，年限或願長抑願短，籌付本息指何的欵，統祈迅賜籌示。爭廢美約之初，粵紳公電紛來，義形於色，此時何以寂然，並不過問。如張侍郎振勳、張京卿煜南，皆擅雄資，宜盡義務，似不便聽其恝置。究竟粵漢路事粵紳中現由何人主持，祈詳示。至紳中領袖，必其人鄉望素孚，關心大局，爲鄙人所稔悉者，始能通電籌商。將來三省應各設粵漢鐵路公司專局，至粵漢鐵路總公司總局，似當在鄂設，粵湘均宜選派公正明白實心任事之員紳來鄂，公同經理，弟當遇事與粵湘諸紳會商興辦，以期聯絡一氣。蓋三省路事有須各擔責成者，有須通力合作者，有須看本省情形者，有須畫一者，總以有益全局，早日成功爲主。至興工之次第先後，及路綫經由何處，工師用何國人，必須公同商定。招股之法雖各省不必盡同，必須不相妨礙。總之，無論路在何省，各省分籌之欵不能全無參差，總歸於照本攤利，毫無偏枯，至公至平。若畛域過分，各存意見，必致窒礙難行。卓見如何，並望裁示。佳。

致長沙端撫台，廣州岑制台、張撫台

光緒三十一年五月初九日卯刻發

頃接駐美梁使魚電，云前日赴紐與路提等商定節略，照譯：兹因中國政府將建築粤漢鐵路之特權及合同註銷作廢，又不准合興續辦路工，惟情願給以公道償費。此項償費訂定總數計美金六百七十五萬元，中國政府可將合興在中國所有産業、已成鐵路、鐵路材料、測量圖表、開鑛特權以及在中國所有應得權利，無論明指暗包，一概全行收管。所有合興已提之中國政府借票，除已售之二百二十二萬二千元外，一概交還中國政府查收。至此項已售之二百二十二萬二千元，或交還，或收存，仍聽售主自便。如買主願意收存，或全數或少數，每百元應按九十元計，由總數六百七十五萬元之内扣抵。惟不論如何辦法，此項二百二十二萬二千元借票，在西一千九百五年五月一號應付息銀五萬五千五百五十元，中國政府須自本日起於三箇月内照數付給。又總數六百七十五萬元内，中國政府須自本日起於三箇月先交二百萬元，所餘之數須自本日起限六箇月内一律清付，合興照收。所有交欵訂明由中國政府妥速籌辦，中國政府每次所交之欵，須自一千九百五年五月一號起，至交欵日止，按年息五元計，加付利息。以上辦法應由中國政府及合興股東彼此批准，方作定議。一千九百五年六月七號。福士達、路提、英格瀾簽押。查售價改作償費，係因比股堅執不願頂售，由路提等力請改换，以爲美股與比股交涉之地，細商福等，均云無礙。在我祇擬事成，似無須争執字面。已售之二百二十二萬二千元借票付息一節，合興開價在西二月間，當時如能收回，此項息銀五月到期應由我付，此時補給尚無出入。已提未售之四百萬元借票，由我收回，不作扣抵，以免轇轕。其已售之二百二十二萬二千元，係由比法銀行承買，亟應收回，惟按例退留，權在買主，公司不能預定，姑作活筆，如能收回，更爲妥當，如不能收，即按九折扣抵。原議售價須自開價日起，至畫押日止，加計利息。又自畫押日起，欵項不能交清，須按日加息。經與駁論，改爲自五月一號起加計利息，至交欵日止，欵交息減。此件節略，係由兩造律師先行簽押作據，俟鈞處核准及股東議定，然後電聞請示，由誠與公司簽押實行。前日會議，路提等仍以已售借票應得第便乂四十餘萬及酬資二十五萬爲詞，争辯逾刻，彼始無詞。昨日比股代表致書合興，極力阻撓。比政府電美外部，持之尤力。今晨外部約晤，猶以爲言。幸已定議，無如何也。誠秉承指導，委曲周全，收回路權，幸得就緒，從此永斷葛藤，保全命脈，實與三省紳民初意相符。惟收費過鉅，喫虧已甚，應否照辦，仍請鈞處電商三省，公同核妥示遵等語。此事賴三省合力堅持，幸有成議，償費雖鉅，就此收回三省地權利權，保全實大。業經梁使磋商定議，其應付借票利息及付欵未清以前利息，均屬例所應有。付欵初限三箇月，現已商展至六箇月，無可再展，擬即照准，俾及早畫押，免再翻悔。即祈邀集在事各正紳，公商定局，立賜電覆，以便轉覆梁使照辦，幸勿稍遲。其借欵事另電詳達。此電祈譯送湘紳龍侍郎諸公、粤紳左京卿諸公同閲。此時梁星使尚未畫押，猶恐有壞人攪局，仍望暫爲秘密，并切囑諸紳同密之，切要切要。佳。

致華盛頓梁欽差〔一〕光緒三十一年五月初十日亥刻發

四月二十八日由匯豐銀行電匯學費美金六千八百七十八元一角二分，合庫平銀一萬兩，祈向提用，電覆。蒸。

致東京湖北學生監督李道台寶巽 光緒三十一年五月初十日亥刻發

初八日，由三井電匯日幣八千八百元，收到速電覆。

致長沙端撫台〔二〕光緒三十一年五月十四日亥刻發

真電悉。兩湖膏捐據孫道册報，自二十九年十二月合辦起，至三十年十二月止，湘省各局計收庫平銀一百三十三萬一千六百二十七兩零，省平銀二萬三千六百十五兩零，十足錢三十七萬七千二百六十串零。除去一切局用開支，實收庫平銀一百二十六萬九千六百四十兩零，省平銀一萬五千二百五十七兩零，十足錢三十五萬零七串有奇，每串作銀八錢，計合銀二十八萬兩有奇，三共實存銀一百五十六萬四千八百九十七兩有奇。扣除湘省歲額二十四萬兩，實在溢收銀一百三十二萬四千八百九十七兩有奇，湘、鄂各半分派，鄂省應得銀六十六萬二千四百四十八兩零，除已收二十九萬七百四十五兩零，現承允籌解十萬兩外，計尚短解銀二十七萬一千七百餘兩。查兩省合辦膏捐，定議溢收之欵各半分撥，鄂省前經奏准以此欵備擴充兵工廠之用，現在添機添廠，需欵繁鉅，不敷甚多，尚待別籌湊補。現柯中丞議定統收八省膏捐辦法，湘省止提溢欵三十萬兩，鄂省亦撥出應得贛餘三十萬兩，爲數相等，鄂亦未嘗稍有所靳。至鄂省應分湘局合解溢收一半之數，實爲兵工要需，待支甚急。膏捐收欵例有三箇月期限，今已五月半，上年之欵計早收齊，務懇飭局迅速掃數清解來鄂，以濟急需，實深感禱。監。

致京慶王爺、那尚書〔三〕光緒三十一年五月十五日子刻發

承歌電，令籌解京師習藝所開辦經費。擬勉籌庫平銀一萬兩，并飭江漢關籌解銀三千兩，宜昌關籌解銀二千兩，共計庫平銀一萬五千兩，交百川通商號承匯，赴工巡局交納，限五月内交。謹先電覆。鹽。

致廣州岑制台、張撫台 光緒三十一年五月十五日午刻發

願電悉。贖路事，三省意見相同，已即日電致梁使照議畫押，作爲定局。借欵尚無眉目，籌商正自不易，還期不宜太長，擬以十年爲限。粤省擬以省佛枝路作抵，此路是否合興承造，路欵是否粤省另籌，如即在合興頂售總價之内，則不便專抵粤借之欵。蓋現在贖欵及接認之金元小票，綜計不下八百餘萬金元，所收回者止此粤境已成百里之路工耳。若專抵粤欵，則此八百餘萬美金粤又豈肯獨認。總之，此次合興售價，凡從前糜費、濫支、行賄及股票漲價、停工期内虧耗，悉數包括在内。我既購贖此路，則

〔一〕以下二電録自抄本《張之洞電稿·致外洋電》。
〔二〕録自抄本《張之洞電稿·致各省電》。
〔三〕録自抄本《張之洞電稿·致北京電》。

所付之八百餘萬美金統歸三省分認，不能復計粵境路工之實用成本若干矣。將來粵漢鐵路，不拘何省造成若干里，路工或貴或賤，其行車之利均應總除總算，按三省用欵計成攤利，不容再分畛域。至此次借欵，斷不宜以鐵路作抵。鄂、湘兩省借欵擬以兩湖膏捐作抵，尊處似亦宜以廣東膏捐作抵，但須秘密，不可預令部知，致生阻力。假如省佛枝路果係民欵造成，與合興無涉，亦宜官以膏捐作保借外債，而取枝路爲紳民認付本息之抵押，未知尊意以爲何如。定局後應行籌議之事甚多，即借欵合同亦須三省正紳公同簽字，湘紳期月底來鄂，粵紳亦宜推舉領袖一二人來鄂，會議一切。望速轉達諸紳，並祈電覆。咸。

致華盛頓梁欽差光緒三十一年五月十六日辰刻發

魚電悉。承示與路提等商定節略，當即分電湘、粵官紳核議。現准兩省先後電覆，均允如議照辦。即祈迅速知照合興，繕立合同，彼此簽字畫押，作爲定局。其粵境已成之鐵路並材料、棧房、車頭等件，及上海總公司存件，如何點交接收，統望詢商電示，至盼。諫。

致京瞿尚書光緒三十一年五月十七日午刻發

近閱報章，鄙人又有調兩江之説，曷勝惶駭。現粵漢路事甫就範圍，比黨尚多要挾，正在萬分喫緊之際，即幸能定議，一切欵項於何取給，並無著落，尚須極力籌畫。湘、粵兩省於認欵一層，意見猶未盡合，種種爲難，非鄙人一力主持，恐難就緒。若弟一有調動，則全局瓦解，功敗垂成，實爲可惜。此事斷不能再令盛公督辦，非獨美、比兩黨生心，即三省紳民亦萬不承認。弟之硜硜不忍拋却者，冀爲三省保此權利耳，一旦棄擲，能不寒心。近來孱軀多病，精神迥不如前，徒以在鄂苦心經營垂二十年，諸事粗有條理，人地相習，尚可安坐指揮。兩江局面屢更，權分力絀，而紛紜交涉，倍難於前，斷非病軀所能措手。如必欲置弟此席，惟有立時引疾，自請歸田，決計不再遷就。務望公鼎力維持。假如有人不願弟梗塞此間，但稍從容，俾弟將未了事件略一清理，不過一年，弟亦必奉身而退矣。敢布腹心，務祈垂鑒，並望速賜電覆。叩禱叩禱。洽。

致襄陽鄧守、鄖陽魁守光緒三十一年五月十八日午刻發

湖北釐金現經本部堂一律改辦統捐，所有襄、鄖兩府關向抽貨税，應自本年五月二十日全省開辦統捐之日起，即行撤關免税，以歸簡易，而免商累。該兩關應解司庫額征等欵，由牙釐局照數撥解。至該兩府辦公經費，襄陽府原定各屬公費三千九百三十兩，本年續加津貼四千兩，每年實領養廉一千零八十餘兩，茲再另籌給新案公費壹千兩，以抵補向來關税盈餘。鄖陽府原定代解各屬公費三千兩，每年實領養廉九百七十兩，茲再另籌給新案公費陸千零三十兩，又鄖府書役津貼銀一千兩，以抵補向來關税盈餘。該兩府每府合計新舊公費津貼及實領廉銀，均係共銀壹萬兩。兩府相同，毫無參差歧異，足資辦公，不得因裁撤府關，稍存阻撓。除具奏外，合亟電飭，電到即遵照示諭商民知悉，並將遵辦情形電覆。嘯。

致沙市蔣參將聲耀〔一〕 光緒三十一年五月二十日子刻發

此次拏獲匪首陳竹亭，是否確係崔德元、劉步瀛二弁，該兩弁何人最出力，有何功名。拏獲要匪伍華甫、伍清泉、游松元三名，是否確係方清廷一弁，係何功名。速即查明電覆，以便酌奬。皓。

致沙市蔣參將聲耀 光緒三十一年五月二十日巳刻發

前據該將稟，伍蘭〔二〕亭蹤跡已經探悉，究竟該匪曾否緝獲，未據續稟。應速上緊緝拏，勿任遠颺潛匿。又伍華甫在匪目中身分較伍蘭亭孰大孰小，情節孰輕孰重，速查明據實電覆。哿。

致江甯周制台〔三〕 光緒三十一年五月二十日巳刻發

篠電悉。承示梁逆遣黨十人在長江散放飄布，想尊處已拏獲有人，得其確據。此十人是何等職業，係何籍貫姓名，放飄之處有無蹤跡，所放飄布係何山堂香水名目式樣，抑另有新名新式，均祈迅速密電示，緝拏方有可下手。盼覆。效。

致沙市蔣參將聲耀〔四〕 光緒三十一年五月二十日亥刻發

效電想已接閲。查該將原稟陳竹亭懸賞四百金，伍蘭亭亦懸賞二百金，自係最著名之巨匪。伍華甫並未懸賞，諒該將之意定有區別。究竟伍華甫情罪與懸賞之伍蘭亭有無輕重，務速平心比較，據實詳細電覆，切要。號。

致天津袁宫保 光緒三十一年五月二十六日丑刻發

傳聞日本有議員密謁尊處，謂東三省地面，日政府斷無不允交還，惟國民之議恐中國不能保守，欲爲代管，並議佔閩省，特來察探中國如何籌辦善後，能否增練精兵若干萬以保疆土等語，業經尊處嚴詞駁拒。究竟該日員此來，是否日政府密遣來探口氣，所謂增練精兵，彼意中國須有精兵若干方足保守疆土，其政府宗旨，詞氣間有無透露之處，尊處駁斥後，該日員有無他語，曾否往京師謁我政府，統祈迅賜詳切電示，至盼。宥。

袁宫保來電 光緒三十一年五月二十九日戌刻到

宥電敬悉。日前有日本大議員平岡浩太郎由京來謁，言該國民高博士僉議，以東三省戰事耗財傷命，始漸規復，慮華政府力弱不能保守，或再為俄據，議阻交還，暫代統治，並有議佔福建者，因特來華察看當道如何籌辦善後，係何宗旨，方可據以對付輿論，意非練兵五十萬不可，又非大開財源不可。當答以此戰大半為防俄逼韓，我東三省實受其累，日皇曾布告各國，不佔華土，如阻交還，不但成中日交涉，且成各國問題。儻各國紛紛效尤，是中國瓜分倡自日本，豈貴國保全東亞和平之本意。至增練多兵，斷非咄嗟能辦，即日本經營三十年，亦僅有十三師團，我之財力

〔一〕以下二電録自抄本《張之洞電稿·致本省電》。
〔二〕抄本誤為「簡」字，現據本年二月三十日「致蔣參將等」豔電校改。
〔三〕録自抄本《張之洞電稿·致各省電》。
〔四〕録自抄本《張之洞電稿·致本省電》。

人才現尚不逮，然亦必竭力擴充，但未能急就耳等語。查平岡久充議員，為日本朝野通氣人，與日當道多親善，此來雖未稱奉有政府命令，度亦必有授意之人，其詞氣之間，非第探我口吻，直是詰我辦法，如不能副其所望，恐交還或延時日，而節外生枝，亦所難免。鄙意自庚子以來，外人咸盼我變法自强，朝廷亦屢詔行新政，而起視京外，實效寥寥，外人因益疑我輕我。現籌辦法，宜對症投藥，亟須雷厲風行，革弊興利，以實心行實政。舉庚子後各項新政諭旨，逐一考詢内外臣工，已否實力奉行，有無明效，並飭王公大臣分班出洋游歷，又遣專員分赴各國考查各項專門政治，以資採仿，而減阻力，使外人咸曉然知我發憤修政，非從前粉飾敷衍可比，庶有以陰服其心，而杜其藉口。至東三省必須改設行省，參以各國治理成法，改良政事，擴張軍備，以免人硬行干預，否則我不能守，人將代守，我不肯辦，人將代辦，實逼處此，無可躲閃。昨日美使柔克義來談，亦力勸開放東三省，先由該處改行新政，舍此亦別無善策，昨已具摺詳切痛陳。平岡晤後復入都，擬約瞿、榮、張、那、鐵五公同會晤，必須探明實在辦法，方肯回日。已電告五公，先商定東省善後切實辦法，擇舉數端，推誠談論，勿用空言搪塞，俾其返國藉以解釋羣議，冀免橫生枝節云。凱。勘。

致安陸趙守[一] 光緒三十一年五月二十七日巳刻發

頃據京山縣侯昉、委員汪文鈞稟稱，王家營隄工至今僅得十之二三，刻值農忙，挑夫有限，需土十五萬餘方，勢難刻日告成，紳耆有請加價赶辦熱工者。向章熱工加倍，不惟鉅欵爲難，且恐難及時蕆事。擬以五十四廣分五大段，每段做工六日，週轉不停，免使土夫全散，倘值喫緊之際，有夫即可資防護。其老隄脚下險要處，經侯令先已排下木樁，並以碎石砌成坦坡，業已完竣，當可抵禦等語。查伏汛將臨，熱工殊無把握，究竟老隄當險處現在新作之木樁坦坡是否足資抵禦，現既留有土夫，如將老隄險要處添下木樁，多加碎石，似有實際，易於收效，亟應迅速確勘，議定辦法。電到，該守立即馳赴京山縣王家營，按照電飭各節，確勘詳詢，據實速電覆，以憑酌定。宥。

致荊州陳道台 光緒三十一年五月二十八日午刻發

有電悉。據稟荊南師範學堂經費，向由江口釐局代抽荊屬花捐，現江口局撤，擬請在宜昌統捐局附收等語。查統捐章程，務取簡易，若各屬就出產貨物自籌之地方捐紛紛請歸統捐局代收，與統捐畫一辦法殊多窒礙，未便照准，應由該道、妥紳等另籌辦法。勘。

致華盛頓梁欽差 光緒三十一年六月初二日子刻發

贖路事草議業經簽字，何以各股東尚須候與摩根會議，且須遲至西八月五號始議。究竟此事能否作爲定局，不致翻悔，其遲延之故，是否尚思別籌運動。如能催令早日畫押最妥。務祈詳探確情，迅賜電覆，至禱至感。冬。

[一] 以下二電録自抄本《張之洞電稿·致本省電》。

致荊州陳道台，宜昌陳守、川鹽局黃道台、東湖縣孫令〔一〕光緒三十一年六月初二日巳刻發

鶴峰已改直隸廳，歸施鶴道管轄。該廳接支川鹽局緝私經費每月一百串，向例攤扣荊宜道署發審、宜昌府署發審及東湖考棚經費，均應停止，不准再扣。嗣後宜昌川鹽局發給鶴峰緝私經費，應照全數發足，不得再代荊宜道、府及東湖縣扣收經費。該道、府、縣各遵辦，電覆。冬。

致華盛頓梁欽差光緒三十一年六月初三日巳刻發

昨電達覽否。此間借欵已有成説，必須確知畫押日期，方敢定局。務望函催合興速定日期，電示。至此次贖路正約，鄙人應與台端一同列名簽字，敝銜請書湖北、湖南、廣東三省代表人、湖廣總督張某字樣，届時託何人代押，容再電商。祈速電覆。覺。冬。

梁欽差來電光緒三十一年六月初二日午刻到

冬電悉。緣小股東尚有梗議者，須摩根回美始能壓服。誠。冬。

梁欽差來電光緒三十一年六月二十七日亥刻到

比王晤摩根，力阻售讓。誠與福士達等在此間抵拒，諒不中變。路提已授外部大臣。誠。沁。

致長沙端撫台〔二〕光緒三十一年六月初四日酉刻發

鄂鑄銅元擬運銷常德、衡州等處，以餘利撥充路工經費，業與湘紳議妥，由官派員設局試辦，由紳設法疏銷。鄂擬派員前往，亦請尊處派員分赴各處體察市情銷路。一面通飭各該州縣局卡，無論錢糧釐税，凡屬公欵，遇有湖北銅元，應即一律收用，不准絲毫抑勒，并由地方官曉諭商民行用湖北銅元，不得有意壓價，稍存歧視，至禱。質。

致長沙端撫台光緒三十一年六月初四日酉刻發

張、席兩紳來鄂，談及湘中學務利病，關繫甚鉅，尊意亟欲整頓挽回，切屬鄙人助台端維持。鄙人誼不容辭，因與張漁珊觀察熟商，擬請王祭酒先謙爲湖南學務議長，張道祖謙、黄道自元、汪編修槩三人均爲湖南學務諮議，遇事參酌一切，於湘學必有裨益，漁珊觀察甚以爲然。如三人均爲湖南學務諮議，尊意亦以爲可，擬即由敝處會列尊處前銜分別移委，以昭矜式而資廣益。或以王爲議長，而張、黄、汪均爲參議，或三人均爲副議長，并祈詳酌。特此奉商，祈電覆。紙。

致廣州岑制台、張撫台光緒三十一年六月初四日亥刻發

借欵事已粗有成議，贖約雖尚未畫押，交收宜事應先籌及。粤路究竟共成若干里，孰爲幹路，孰爲枝路，是否均係合興公司所修，材料存儲若干數，祈密速訪查電覆。昨見時報載粤紳會議

〔一〕録自抄本《張之洞電稿·致本省電》。
〔二〕以下二電録自抄本《張之洞電稿·致各省電》。

籌欵問答，内有官紳惟有保護聯絡之責，萬無干涉把持之權兩語，可駭已極。此次合興之約，非官力豈能争回，現在贖約鉅欵，非官力從何籌借，將來接造軌路，非官力誰爲彈壓防護。即如籌欵一節，無論或招股，或攤派，或投標，非由官爲維持勸導，亦恐築室道謀，終無實濟。況鐵路爲國家大政，安有官不與聞之理，所言實屬荒謬。惟官欲有權，不可不助之以欵。鄂路較短，全係官欵，湘路亦官欵民欵參半。粤境事同一律，未知尊意擬歲撥官欵若干，將來按本分利，官欵並非虛擲，斷不可全令商籌，致路事爲所把持。總之，三省同心，官民合力，此路始易觀成。若各存意見，先存一抗官專權之心，焉能有濟，想藎籌必早計及也。再，官民合籌之欵，爲數必不能甚多，造路即不能甚速。兩湖擬借欵造路，而以所籌之欵攤還借欵本息，如此則工可速而力可紓，未知粤中辦法何如。併祈裁覆。豪。

岑制台、張撫台來電 光緒三十一年六月初八日午刻到

豪電敬悉。路權無論官紳，惟視占欵之多寡，能有若干之欵，即有若干之權，此乃一定之理，必然之勢。時報所載即有此語，亦屬不明理勢者之謬説。粤紳屢經集議，除開股票一事，此外別無籌欵辦法，恐難深恃。現擬將尊處代借之三百萬，先作粤省贖路官本，將來紳欵能集若干，即作為若干紳股。總之，懸揣情形，紳欵斷不能及官欵之鉅，自不能有專抗。至造路之費，俟贖約畫押，借欵已成，再行續議籌撥，此時驟難並舉。承詢粤路已成若干，現計已成支路由省至三水，共三十英里四分，其幹路則由黄沙至高塘，全路計長十二英里，内由黄沙起至大佈止，計六英里，業已鋪軌。惟路高低尚未墊平，橋樑亦未造妥，約有七八成工程。其由大佈至高塘河邊，計六英里，雖築路基，尚未鋪軌修墊。以上支幹兩路，均係合興所修。其存儲材料雖有數目可稽，並未開列價值，逐一估計，非數日所能集事。謹先電覆。煊、駿。齊。

致廣州岑制台、張撫台 光緒三十一年六月初六日亥刻發

此次借欵係向英國商借，已有眉目。英領事口氣甚好，利息當不致過重。惟該領事云，英政府以廣東、九龍鐵路前已議有合同，彼此曾經簽字，請電商尊處，從速訂定開辦，借欵即可照允等語。敝處不知此事底細，未敢應承。究竟九龍鐵路何年説起，何時議成，是否中英合辦，路成後能否各轄各境，中國是否尚有路權，如須設兵護路，兵是否歸中國派駐，其運載章程除平時輸運商貨外，有無限制條欵，合同係何人簽字，外務部已否核准，尊意現擬如何辦法。此事關繫甚重，務祈將實在詳細情形密速電示，至盼。麻。

岑制台、張撫台來電 光緒三十一年六月初八日午刻到

麻電敬悉。九龍鐵路，英人蓄志已久，前聞駐使有向外部商請中英合辦之議，當以此事關繫綦重，電部維持，即勢難終拒，亦必須妥訂合辦條欵，期於權利兩無所失，方可應允。現尚未准外部將所議辦法電示。前於二十四年展拓九龍租界專條，有將來中國建造鐵路至九龍，臨時商辦一語，此外別無議立合同彼此簽字之説。此次借欵與九龍鐵路兩不相涉，英領借端要求，我公拒

不應承，蓋已深燭之矣。借欵期息如何，如有成議，乞電示。煊、駿。齊。

致長沙端撫台〔一〕光緒三十一年六月初九日戌刻發

麻電悉。湘省學務改委龐藩司主政，極妥，容即會列台銜札委。至湘紳原充參議各員，聞向來並未到學務處，並未與議學務，此次選派各紳，重在挽回風氣，整頓學規，必須與原派之紳稍有區別。除前次電商之王、張、黄、汪四紳外，擬將馮紳錫仁、郭紳立山、彭紳紹宗、曾紳熙、左紳孝全、王紳達添入，此外可以不添。譚庶常延闓現未滿百日，且資格尚新，似可稍緩。其名稱擬王祭酒定爲總諮議，餘九紳概爲諮議。王祭酒自應用移請，此外何人應用照委，何人應用札委，似宜略有分別，請酌示。此次未經加委之紳，庶仍其舊，未知尊意以爲何如。祈速裁覆。佳。

致鄖陽鄧鎮台、魁守，鄖縣胡令〔二〕光緒三十一年六月初十日辰刻發

頃接漢口法領事電稱，聞鄖陽府鬧教，該處傳教士甚危，請速電飭彈壓等語。該屬何處鬧教，是否即在郡城。無論如何情節，務速遴派兵役馳往滋事地方，妥爲彈壓保護，勿稍疏虞。一面查明啟衅實情，秉公酌辦。即電覆。佳。

致漢口法國蓋領事光緒三十一年六月初十日辰刻發

來電悉，已電飭鄖陽地方文武確查鬧教情形，妥速彈壓保護矣。俟接覆電，再行奉聞。惟鬧事地方是否係府城，抑係外縣，望再詳查速覆。佳。

致京盛京將軍趙次帥〔三〕光緒三十一年六月十一日辰刻發

佳電悉。湖北認籌遼餉五十萬兩，昨奉廷寄，已由練兵處、户部奏明歸入練兵餉内，責成按月攤解，未知尊處如何陳奏，奉欵二十萬是否聲明在遼餉五十萬内提用，如於五十萬之外再責湖北另籌二十萬，則斷斷無此財力。如係奏准在續籌遼餉五十萬内劃撥，請速咨明練兵處、户部，并咨敝處，自當陸續籌解，總儘年内解清。祈詳晰電示，至盼。卦。

致長沙端撫台、王祭酒諸公光緒三十一年六月十二日巳刻發

南省各學堂風氣之壞，從前未有以實情見告者，敝處實苦不知。近數月來，湘中諸正紳疊次過鄂面陳，或作函轉達，種種流弊，痛切言之，亟望敝處設法救正，鄙人始知湘學情狀，十分惶駭，憂心如焚。又知中丞亦正在極意挽回整頓，與鄙意正相符合，故特電商中丞，就湖南學務處添派正紳，共圖補救，爲中丞稍助一臂之力。此固專爲湘計，且專爲匡正湘學風氣計也。乃昨接左紳孝全來電，於鄙意殊多誤會，揆諸事理，尤覺窒礙難行，已直言覆之。恐傳聞異詞，特將覆左紳電録請中丞及諸公察覽。文

〔一〕録自抄本《張之洞電稿·致各省電》。
〔二〕以下二電録自抄本《張之洞電稿·致本省電》。
〔三〕指趙爾巽。録自抄本《張之洞電稿·致北京電》。

曰：庚電悉。此間並無添設兩湖學務處之説。湘中學務，徒以湘紳近來屢請敝處設法主持，情詞懇切，因念湖南本兼轄省分，職分所在，義不容辭，故特電商端撫院，就湖南學務處添派正紳數人，以示矜式而挽澆風。至如何設法整頓，仍應由湘撫院主政，鄙人如有所見，自當隨時商酌，協助維持，此不得謂之兩湖學務處也。但敝衙門參預湖南學務則可，至湖北司道斷不能越俎管及湖南之事，湖南司道亦豈能越俎管及湖北之事。設官分職，國家自有定制，非可以意爲之。官尚不能越俎，何論於紳。學堂經費各籌各欵，體察鄂紳意見，一府中此縣之欵尚不能通諸彼縣，一縣中此鄉之欵並不能通諸彼鄉，遑論此省之欵通諸彼省，易地皆然，尊論似有難行。至鄂中學堂間用湘士，此乃鄂中歷年造就之才，自有當盡義務，固非由借調而來也。總之，官府治事權限，各有界畫，設湖南非兼轄省分，鄙人亦安敢妄贊一辭耶。足下所擬辦法窒礙太多，特據實奉覆，祈熟思鑒諒爲幸等語。特奉達。文。

致長沙端撫台[一] 光緒三十一年六月十五日巳刻發

承補解上年兩湖膏捐溢收欵十萬兩已收到，稍濟急需，深感公誼。惟核計上年收數，湖北應分一半項下，尚短解銀二十七萬一千七百餘兩。兵工廠外欠二十餘萬，日日追呼，五月節至今尚未過完，常年經費月需十餘萬，尚缺其半，台旆過鄂可以查詢。務懇乘公在任時，切催速解，掃數清繳，以濟兵工要需，免致拖延日久，歸欵愈難。在公不過一言，而鄂省感公厚誼高若雲天矣。千萬，叩禱。祈電覆。咸。

致外務部、户部，天津袁宫保、江甯周制台 光緒三十一年六月二十三日辰刻發

部箇電、津禡電、甯養電，均悉。大員出洋考求政治經費，湖北擬按年認籌十萬，請慰帥、玉帥挈賤名電商各省。漾。

外務部、户部來電并致袁宫保、周制台 光緒三十一年六月二十一日子刻到

本月十四日奉上諭，特簡大員分赴各國考求政治。所有經費，著外務部、户部議奏等因。此項經費歲需甚鉅，刻尤急需。惟部庫已極支絀，而出使經費亦鮮存儲，非各省合力，難期共濟。公皆素顧大局，肯任其難，望先迅籌鉅欵，以資提倡，並祈轉商各省關，同抒公忠。每年各認解經費若干，先行電覆，以便會議具奏。外務部、户部。箇。

致開封陳撫台[二] 光緒三十一年六月二十四日亥刻發

據鐵路甲營管帶王錫麟禀稱：裘牧信用警察局弁郤敷五，少年任性。十八日該營三哨火夫蘇小如上街採辦，偶遇警勇，彼此口角，竟爾聚衆羣毆，爲正勇王國楨旁見，傳信哨内各勇奔往理論。未至局前，郤敷五隨帶局勇數十人，手執馬刀、木棍，不言即打，致砍傷王國楨頭顱，生死尚在兩懸。該管帶赴州理問，並將傷勇送驗，不料裘牧偏袒異常，即將火夫蘇小如重責二百，脚鐐收押，捏詞鬧局，因見該營刀傷一勇，奪其凶器。明知情虚理

[一] 録自抄本《張之洞電稿·致各省電》。
[二] 指陳夔龍。録自抄本《張之洞電稿·致各省電》。

虧，故僞造失去勇丁一名，請速派員查驗核示等語。查此案前接尊電，即嚴飭該營督帶參將謝澍泉馳往查明妥辦。據稟前情，應請台端另派妥員馳赴鄭州，會同謝參將澍泉秉公查辦，并候電覆。敬。

致廣州岑制台、張撫台光緒三十一年六月二十五日午刻發

漾電悉。廣州、九龍如造鐵路，則粵省海防三百里内重重門户，無數礮臺一旦盡廢，其事實可寒心。此間英領屢述薩使意，欲以廣九路事切託居間，經敝處堅持駁拒，告以事與借欵無涉，如必欲牽連並議，借欵事儘可作罷，另向别國議借，英領亦無可如何。今尊處來電，似已遽允所請，當别有不得已之故。如專爲借欵計，鄙意甯可設法另籌，斷不必因此將路事稍涉遷就。若此事本有成議，無可推宕，與借欵並不相干，則藎裁自有勝算，鄙人原無庸越俎。但此次發端究因借欵而起，設有窒礙，後人將歸咎於借欵之人。管見所及，不敢不以奉商。一、軌道寬窄，萬不可與英軌相同，所有客貨到華界換車再行，庶防意外，稍有限制。二、於廣九中間鐵路必經之地，擇宜另闢一商埠，公諸各國，俾互相牽制，勢不得逞。東莞所屬地方有何處相宜，祈電示。三、華界内鐵路所經，當扼要設防，多築臺壘，彼不能阻。有此三層，或可稍防侵軼，務請卓裁酌辦。再，此等路政，關繫國防甚重，自應由本省大吏主議，庶利害所繫，謀慮必周，似不便由鐵路總公司干預，放失權利，並祈鑒察，速商外務部更正前議。尊意如何，盼速電覆。有。

岑制台、張撫台來電并致外務部、商部、盛大臣光緒三十一年六月二十三日酉刻到

九廣鐵路，英注意已久，現因粵漢贖路向英貸欵，藉此要求。昨英領函商辦法有二，一則由九龍至省城全在華界者，照滬甯合同辦理。一則九廣全路作為合辦，照外附合同辦理，並將兩國政府擬訂合同草稿鈔附送閲。查鐵路合辦，流弊滋多，惟現若力拒，一則慮貸欵難成，一則慮終不能拒。昨派員面告英領，擬劃明界限，英屬界内聽彼自築，其九龍華界至省則由粵自行籌修，俟將來兩路均成，再行接軌。如慮空言推宕，應訂以五年為期，如我尚未開工，届時再擬合辦。在英政府為暢通香港商務，但求此路之必成，粵省自辦，既可徇英人之請，亦可免别國效尤。英領尚無異言，大部如以此説為然，請即咨會盛宫保切商駐使，聲明劃界自辦，一面由香帥明告英領，許以此路必辦，借欵之事或可從速定議也。仍乞密示。煊、駿。漾。

岑制台、張撫台來電光緒三十一年六月二十九日申刻到

有電拜悉，敬佩偉籌。九廣鐵路本與貸欵無涉，英使藉端要求，明知我公必不遷就，惟此路從前曾經盛大臣在滬擬訂草約，雖未經本省核定，而已有成議，勢難於終拒，不得已許以劃界自辦，誠欲保全路權，非專為貸欵計也。承示三端，藎謀深遠。惟英欲修此路，本期暢通商貨起見，若不與同軌，則換車駁貨，轉折必多，此條恐須磋議。至闢埠築壘，一則互相牽掣，一則自為設防，而保路即以興商，彼亦無詞可阻，容有成議，再行查酌地方情形，分别籌辦。路政應歸疆吏主議，本屬權限所關。現已電

商外部，所有此路合同，必須咨由粵省詳加復核，不得遽由鐵路總公司定議，期免窒礙。我公關心大局，粵又為公舊治，於此事利害權之至熟，知必有以教之。煊、駿。儉。

致外務部光緒三十一年六月二十五日午刻發

粵漾電想達覽。此間英領屢述薩使意，以廣州、九龍路事切託居間，經敝處婉詞拒絕，告以事與借欵無涉，如必欲牽連並議，借欵事儘可作罷，向他國議借。兹粵省遽允所請。此事關繫甚大，務祈貴部詳加斟酌。若別有萬難終拒情形，則無可如何。若貴部意尚游移，斷不必因顧慮借欵稍涉遷就也。特此奉達，祈裁察電覆。有。

外務部來電光緒三十一年六月二十九日未刻到

有電悉，九廣路由英公司承辦，二十四年間已訂草約。本年英使開送節略，謂九龍租界内歸香港政府自辦，此外仍照原議。經本部與盛宫保議，將九龍華界至省一段，亦歸中國籌欵自造。切商英使，尚未就緒。現正堅持，並無遷就。希查照。外務部。勘。

致長沙龐護院〔一〕光緒三十一年六月二十七日午刻發

粵電商將湖北、湖南兩省協濟龍州邊餉，改抵廣西賠欵，按月解滬，聞端中丞言湘省已電覆不允。覆電如何措詞，粵省有無續電來商，尊意擬如何辦理，祈速詳細電覆。沁。

致京軍機大臣、會辦練兵處徐侍郎〔二〕光緒三十一年六月二十九日子刻發

近准練兵處咨到陸軍冠服圖册，已轉飭刊布遵行。惟冠服雖有圖樣，其大小寬窄長短必有成式，乃能合度。擬請貴處將製成陸軍將弁目勇各項冠服，每種各發一件，妥交火車帶鄂，以資仿造。如無現成者，即求迅賜代製。交寄所需工料價值，候開示照繳。費神，感謝。如需鄂省派員往領，亦望示知。祈先電覆。勘。

致上海製造局魏道台、方道台光緒三十一年六月二十九日巳刻發

寒電悉。萍廠如何辦理，鄂省不再與聞。豔。

魏道等來電光緒三十一年六月十四日丑刻到

頃聞移建新廠一案，練兵處議覆奉旨，允設南北兩廠，南在萍鄉，北在直、豫、晋境内。南廠經費以江、皖、贛協濟三十萬及銅元餘利一半開辦，不足則由蘇、浙、川、鄂、湘、粵、桂分籌。北廠經費以滬局節存七十萬撥辦，不足則由直、豫、齊、晋、秦奉旨分籌，均按五年攤解。至滬廠即專辦子彈鍊鋼云，尚未奉到行知。惟滬節七十萬，原為萍局起見，今則改撥北廠，而江、皖、贛三十萬兩，屢催未撥。銅元併歸甯局，甫經添廠，何能驟獲餘利，萍廠開辦頗難著手。謹先密陳，伏乞訓示。職道允恭、碩輔禀。寒。

〔一〕指龐鴻書。録自抄本《張之洞電稿·致各省電》。

〔二〕指徐世昌。録自抄本《張之洞電稿·致北京電》。

致廣州岑制台、桂林李撫台[一] 光緒三十一年七月初二日酉刻發

效、敬兩電悉。邊餉改抵賠欵，昨准雲帥咨，知已由部議駁，自無庸議。至湖北認籌龍州邊餉每年十三萬兩，無論如何爲難，鄙人在鄂必按季清解，決無推諉延欠。請以此電存案爲券。沃。

致華盛頓中國使館參贊張權[二] 光緒三十一年七月初四日申刻發

今日爲合興股東會議之期，贖路事究竟有無變動，各股東會議情形，速確探電覆。質。

致華盛頓梁欽差 光緒三十一年七月初四日申刻發

摩根原約西八月四號股東會議後即可畫押，今已屆期，所議如何，究定於何日畫押，祈速電覆。豪。

致紐約梁欽差 華盛頓使館轉 光緒三十一年七月初九日申刻發

魚電悉。摩根果爲初到事繁，改期會議，改緩數日即可，何遽緩至二十餘日，其爲有意遷延，已可概見。三省紳民望畫押之期如望歲，聞其屢次改期，頗爲鼓噪，鄙人亦深受責備。務懇極力設法，催令迅速議妥簽字，以符路提與福士達等原約。此事鄂、湘、粵三省紳民心堅如鐵，萬不能再任變更。如合興再事遷延，惟有直告廢約，由三省立時開辦路工，其前次停工後虛糜借欵利息，應向合興索償，以昭平允。台端昨日赴紐查探内情，究係如何情節，祈迅賜電示。佳。

致長沙龐護院[三] 光緒三十一年七月初九日申刻發

魚電悉。龍州邊餉，敝處已覆以按季清解，決不短少，未便抵解桂省洋欵。青。

致紐約梁欽差 光緒三十一年七月初十日亥刻發

佳電想達覽。昨英領接薩使電，謂美柔使面告，已電其政府勿許合興將路權售歸中國等語，是摩根此次延期緩議必有異心。究竟上次草約是否路提與福士達等一同畫押，路提現長外部，其主意若何。最要在使路提勿翻前議，摩根便難作梗。查我之廢約，因美股多售於比，今比王力阻摩根，足見比股尚存，顯思干預路權，實爲違背合同確據。倘摩根悔議，似可揭破此層，明言廢約。總之，贖約已有成議，豈容復悔。鄂、湘、粵三省紳民志堅意決，此路斷不容合興承辦。無論美人意見若何，我惟有從速開工。現已分投招雇工程師勘驗興修，别無他説。務祈密商福士達等妥籌抵制，切勸摩根及早簽訂正約，免生波折。立候電覆，至禱至感。卦。

[一][三] 録自抄本《張之洞電稿·致各省電》。

[二] 録自抄本《張之洞電稿·致外洋電》。

致宜昌土膏税捐局孫道台[一] 光緒三十一年七月初十日亥刻發

庚電悉。九江分撥局移駐沙洋，即照辦。卦。

致外務部、軍機處 光緒三十一年七月十二日寅刻發

部蒸電悉。粤漢鐵路與合興廢約一事，敝處自奉上年十月二十一日寄諭飭令妥籌辦理，以挽利權。即經欽遵電達盛大臣，會電駐美梁使，照會美外部，聲明與合興廢約，原文由盛大臣於冬月願電併達貴部在案。嗣因盛大臣與湘紳意見不洽，在東西洋各國中國留學生又紛電敝處，慮盛大臣迴護前約，公請敝處獨力擔承。迫不得已，始定計由洞一人徑電梁使，切實籌商辦法。半載以來，内與三省官紳再三討論，外與合興公司往返辯駁，深恐牽動交涉，專用和平辦法，改廢約爲贖約，於美國體面毫無傷損，相機操縱，費盡苦心。又經梁使竭力磋磨，始有成議。五月初由梁使聘用之前美外部大臣福士達與合興聘用之前美兵部大臣路提等商定節略，由中國認還合興贖路之欵美金六百七十五萬元，即將合興所得粤漢鐵路一切權利，無論明指暗包，一概全行收管，繕作草約，於一千九百五年六月七號，經福士達、路提、英格瀾彼此簽押。因是草議，尚須待比股東會議，又贖路之欵亦須會商三省官紳妥爲籌備，始有把握，是以未敢輕率電聞。現籌借洋欵已與英國商允，惟梁使來電謂比王特約見摩根，力勸勿將美比已得中國之路權自行放失等語，此足見比股並未收回，故比王顯思干預。敝處正在電商梁使，據理駁拒，轉催合興股東從速定議。頃續接梁使初九日電稱，聞摩根以路事謁總統，恐有變，特往總統鄉居請見。總統云，接柔使電稱，外務部堂官告以中國政府無意廢約，且甚願美國接辦，而草約乃有中國廢約字樣，不知何故。誠答以此事原有廷寄交鄂督專辦，鄂督爲政府代表，鄂督之意即政府之意。誠查前奉尊電，政府定意廢約，飭照會美外部，而尊處亦奉旨妥籌廢約，故以政府已經廢約，力迫合興，始允讓售，經於四月三十日電請轉達外務部在案。今如柔使所電，外務部於尊處辦法似未接洽，務祈尊處迅將草約電奏聲明已經三省紳民允願，擬俟公司股東會議，再行請旨畫押。應請先飭外務部將朝廷決定除此辦法别難通融之意，照會駐京美使，並由部電誠知照美政府，庶幾誠得堅持前説，不致功敗將成，内外承接一氣，免爲外交笑柄。誠承指導，委曲求全，將次合龍，波瀾忽起，外人不察，且啓疑竇，誠之聲名固不足惜，如大局何。惟賴俯鑒電奏，飭部照行，庶可挽回。禱切。等語。查此次廢約，疊奉寄諭，責成妥辦，是以遵旨切電梁使妥商就範。且現是贖約，合興利益甚優，均已由我全認，與廢約之專用强硬辦法者迥然不同。今柔使令美人接辦，比股必不能退，弊害無窮，非但英國必有責言，三省紳民及中國在東西洋留學生亦必譁噪沸騰，勢將横生枝節，别釀事端，後患誠不知所底止。除另電詳晰奏陳外，務懇貴部鼎力維持，查照梁使來電所陳，俯賜照會駐京美使，並電梁使照會美政府，必免變局，而竟全功，實於國家大局有益。三省數千萬士

[一] 録自抄本《張之洞電稿·致本省電》。

民，皆將感頌貴部、貴處主持之德矣。錫。

外務部來電光緒三十一年七月初十日午刻到

美使據新聞紙稱，中國梁欽使代政府與合興公司訂立草約，將粵漢鐵路合同作廢，願償美金六百七十五萬圓，係梁欽使自擬辦法，並詢中國政府曾否給梁欽使廢約之權，此項草約已否報知政府等語。此事現在商議若何，希即電覆。外務部。蒸。

致華盛頓梁欽差光緒三十一年七月十六日酉刻發

接初九日來電，不勝焦急，即將尊處與合興前訂定之草約詳晰電奏，力陳此事非廢約自辦不可，痛切言之，請飭外務部照會美使，並電尊處。茲於十五日奉電旨：張之洞電奏悉，著照所請辦理，外務部知道。欽此。樞。咸。等語。除外務部覆電另達外，特奉聞。此事現已奉旨，外務部亦有此事梁使與合興既有成議，惟一意堅持，以裨大局之語。內意已定，務請尊處堅持速辦。至禱。諫。

致華盛頓梁欽差光緒三十一年七月十六日酉刻發

頃接外務部十五日電開：錫電悉。粵漢路事，柔使於初九、十三兩遞節略。據稱，現梁使與合興公司訂議，將粵漢公司作廢，備欵贖路各節，是否經中國政府允從，畀以辦路之權等因。昨本部復以此事頃已由軍機處鈔交上年本年三次奉廷寄，令張之洞妥議籌辦，以挽路權。等因。欽此。中國政府既授張督以辦理此事之權，又經張督奏准與梁誠會商籌辦，是梁大臣實有辦理此事之權。函覆轉達貴國政府等語，並以録達梁使，查照此電辦理在案。頃又奉旨：張之洞電奏悉。著照所請辦理，外務部知道。欽此。復經聲明草約，照會柔使去後。此次廢約自辦，內外一心，尊處欽遵諭旨，與梁使妥議籌辦，實與政府之意無異。柔使來京數月，並未談及路事，至本月初九午後始送初次節略，謂據新聞紙所稱，詢問此項草約是否報知政府。本部因此草約未據報知，是以電詢尊處及梁使如何商議，並無願美接辦，無意廢約之說。且查尊處來電云接梁使初九電，美總統謂接柔使電，述外務部堂官之語，其事似在初九日以前，均無影響。總之，此事梁使與合興既有成議，惟當一意堅持，以裨大局。仍希隨時電達，俾資因應等語。特轉達，請即查照，速催合興照草約定議簽字，曷深翹盼。銑。

致華盛頓梁欽差〔一〕光緒三十一年七月二十日亥刻發

十九日電悉。已照尊意將三省輿情切實電致外務部，請其照會美使，並電尊處矣。路提係原議簽字之人，俟其到後，務祈懇切與商，勿失大信，如有需運動之處，請勿惜費。電費即飭匯，另達。馬。

致外務部光緒三十一年七月二十一日寅刻發

二十日電悉。前接十七日電，已切電梁使照辦。茲接梁使十九日電稱，路事總統把持，應請電外務部將中國政府、三省紳民斷不許合興接辦，若不允照草約辦理，我即實行廢約等情，照會美使，並請俟照會後，電行敝處知會美外部，冀挽大局等語。查

〔一〕録自抄本《張之洞電稿·致外洋電》。

合興違背合同，以底股售與比人至三分之二，經三省紳民查悉，異常憤激，萬口同聲，堅請廢約。敝處念美國素敦睦誼，委曲求全，與梁使妥商，改廢約爲贖約，聽合興開價，照數認還，毫無駁減，以僅成粵境百餘中里之鐵路，認還美金六百七十五萬元，加息在外。合興獲利甚優，與美國體面絲毫無損，可謂情理兼盡矣。贖約衹是公司之事，與國際交涉無干，彼既可售股與比，何不可售股與華。若其中稍有關礙，摩根及路提等豈肯定此草約簽字。乃摩根自受比王啖使，面見美總統，託其出面，忽圖翻悔，似此全無信義，三省紳民豈能復忍。若此路仍聽美比合辦，三省紳民必羣起抵抗，巨衅之啟，後患不可勝言，美人亦何所利。務懇貴部剴切照會柔使，告以三省紳民志堅氣盛，萬難遏抑，合興如再食言，我惟有實行廢約，即日自行開辦路工，別無他說。俟照會美使後，並祈電行美使知會美外部。至禱至感。箇。

外務部來電光緒三十一年七月二十日丑刻到

十五日電計達。本部十七日電梁使云，昨經照會柔使，頃據照覆，本大臣於未接本國政府來文以前，先行明言，如此辦法，實難照允等語。此事業經尊處照會美政府，言明中國政府之意。現與福士達、路提、英格蘭商定草約，彼此簽押，經張督奏奉諭旨照准，希即切商合興股東，從速定議，並再向美政府聲明飭知柔使，以期接洽等語。希查照。外務部。七月二十日。

致京外務部、户部〔一〕光緒三十一年七月二十一日未刻發

冬電悉。此次親貴出洋經費，鄂認籌欵十萬兩，原因要政所需，勉副尊命，以顧大局，其實欵從何出，尚無着落。茲督飭司道詳加籌商，擬即在江漢關税項下設法騰挪撥解。原電係每歲認解十萬，自應按季分解。本年應從秋季起算，七月内必解二萬五千，十月内必解二萬五千，本年共解足五萬，匯交滬道存儲備撥。祈鑒。箇。

致京瞿尚書光緒三十一年七月二十一日亥刻發

連奉兩電，感悉。此事危險已極，非公鼎力主持，挽回迅速，幾鑄大錯，三省官民同深感頌。昨得梁使電，請外務部將三省輿情堅持廢約萬無遷就之意告柔使。頃梁又來電，謂路事總統把持，請電部，將中國政府、三省紳民斷不許合興接辦，若不允照草約辦理，我即實行廢約，從速照會美使等語。敝處已詳電外務部，請即照辦，想已達覽矣。查柔使近忽以中國無意廢約電其總統，恐有與梁不協者護其前失，冀攪散此局，因與柔使前微露口風，亦未可知。甚或以日俄在美議和，方賴美國調停，故於路事欲曲順美國之意，則所見大誤矣。殊不知日、俄和欵，美絲毫不能爲我著力。日所能允者，不必待美轉圜，日所不能允者，斷不聽美調處。且外國辦事各有界限，合興開價售約歸我，只是商務，決不能牽入國際交涉，我即聲明廢約，斷斷不致與美失和。況草議即路提所定，路提現任美外部大臣，豈能自食前言。我但堅持毫不鬆勁，彼自退就草約原議，別無枝節可生，儘可放心。敝電到部後，儻有持異議者，務望公終始維持，奠安大局，豈獨三省蒙

〔一〕録自抄本《張之洞電稿·致北京電》。

福，國家主權實賴保存。公功在社稷，曷勝盼仰。照柔使後情形，並祈賜示。馬。

致施南府施守轉建始縣李令[一]光緒三十一年七月二十三日午刻發

頃得四川錫制台來電，言川省借駐板橋鑛卡，向在建始縣購買天鐔熬鑛，此次該卡委員循章往購，並録案移知縣委。旋准覆，稱鐔不敷用，難供鄰省，實則積鐔甚多。現需鐔甚急，請飭准川卡憑票購用，或由川派人前往設廠開燒，電懇飛飭遵辦，至感。等因。查此項鑛鐔產自建始，川卡到建購買，是否向來如此，自何年起，建始現亦開鑛，是否實不敷用。此事斷無許川省派人自行開燒之理，或可令窑户多燒，以濟川用。即體察情形，查明舊案，電覆。皓。

致東京湖北學生監督李道台[二]光緒三十一年八月初二日丑刻發

湖北現擬聘用日本上等鐵路工程師兩員，來鄂查勘川漢鐵路地勢，估算工程費用，該道即妥爲物色，務得其人，詢明薪水川資確數，先行電覆，再飭議訂合同，切速。東。

致荆州清將軍、荆宜道陳道台、喜觀察源[三]光緒三十一年八月初二日辰刻發

此次親貴出洋考察政治，甚有關繫，敝處擬分派數員，隨同諸星使前往考察，若星使所詢考之事，外國必肯指引詳告，較之尋常遊歷，益處甚多。兹悉澤公、徐菊人侍郎及商部紹右丞同往日本、英、法、比等國，端午帥、戴侍郎同往美、德等國，約八月半必起程。查喜道源勤敏有志，擬派令隨同澤公、徐、紹一路，前往遊歷考察，并派有鄭守葆琛同行。至端、戴兩使一路，另派有兩員隨往。祈飭喜道迅速治裝來省，以便先期赴滬，守候同行。至荆防、各學堂監督，可飭陳道暫行代辦，并派戴令德誠兼充三學堂堂長，必臻妥協。尊處或再派一旗員襄同治理，於學務毫無妨礙。此行於喜道學識甚有益，務請迅速酌定，令喜道即日搭輪來省，以便速行，切禱。東。

致外務部光緒三十一年八月初二日辰刻發

頃接梁使豔電云，今日合興股東批准草約，美外部電稱，美廷決不阻撓等語。特飛布。沃。

梁欽差來電光緒三十一年八月初二日子刻到

今日合興股東批准草約，美外部電稱，美廷決不阻撓。查草約載西九月七號，應交美金二百萬元，五月一號起至交欵日止，此欵應按年息五元加息美金三萬五千二百五十一元零。又五月一號應付借票利息美金五萬五千五百五十元。以上三欵統計，美金二百九萬八百六元零，應於西九月七號即八月初九日在紐約兑交。計期已近，務祈合三省全力迅即籌足，於九月七號以前電匯到美，免致變局。誠。二十九日。

[一][三] 録自抄本《張之洞電稿·致本省電》。
[二] 録自抄本《張之洞電稿·致外洋電》。

致九江電局專送廬山駐漢英國總領事法磊斯[一] 光緒三十一年八月初二日辰刻發

借欵事急需定。此項來函轉述薩大臣意已悉。惟此事須與閣下面商，方能定局。望閣下即日回漢，以便早訂合同，萬勿稍遲，并希先行電覆。冬。

致九江電局飛送廬山英國駐漢法總領事 光緒三十一年八月初二日巳刻發

頃發冬電，想達覽。務望見電即日附輪來鄂，妥商一切，因德華銀行總辦由京來鄂已久，已晤談兩次，開有借欵辦法，專候敝處回音，以便回京定議。美欵付期甚近，倘與尊處商妥，即可早辭德華，免致多生膠葛。立候電覆。沃。

致廣州岑制台 光緒三十一年八月初二日巳刻發

此次贖路欵與英國商借，早有端倪，息止四釐半，並無扣頭，實爲十分便宜，他國萬辦不到。此係英政府格外要好，惟其條欵内有粵、湘、鄂三省境内別有修造鐵路，須向外洋借欵之事，當先儘英國商辦，由我比較，擇公道者酌定等語。此一欵屢經商駁，英使、英領均極看重此條，非照允不肯定局。查該欵所索利益，不過先儘英國詢商，仍由我擇宜酌定，並非定借英欵。如路係由我籌欵自辦者，彼亦不能强我必借其欵。兩湖現已允許，廣東應由尊處裁酌，似亦可允。尊意是否照允，祈迅賜電覆，因美約已定七日内立需付欵，若届期無欵交付，合興之約即不能廢，大局無從挽救矣。關繫萬分緊要，祈即日速覆。沃。

岑制台來電 光緒三十一年八月初二日巳刻到

沃電敬悉。贖路借欵息止四釐半，並無扣頭，誠甚便宜。其條欵所訂三省境内別有修造鐵路須向外洋借欵之事，當允儘英國商辦，由我比較，擇公道者酌定等語，論表面不過先儘詢商，其借否之權仍操自我。惟英使、英領既看重此條，非照允不肯定約，其用意必有所在。光緒十三年中法續議商務專條，因有議定中國將來在雲南、廣西、廣東開鑛時，可先向法國廠商及鑛師人員商辦一語，至今兩廣遇有開鑛之事，法人即以此條藉口，竟為所縛束，不能移動。現若許英所索，將來三省鐵路權利難保不即在英人掌握之中。煊因有鑒於兩粤鑛務，不能無所顧慮。且英人注意九龍之路，法人注意廣州灣之路，若許英以此項利益，法人必起而力争，其中為難情形，較之湘鄂有別。鄙意甯使利息稍重，總求磨去此節。萬不得已，亦必於先儘英國商辦之下，增入次向某國某國並商一句，庶與下句由我比較，擇公道者酌定，語意圓滿。又，切須增入借鑛之國，不得强我定用其材料、工匠，須由我自擇何者便利而用之等語，庶不受其暗中朘削。萬望加意磋商，仍盼電示。煊。冬。

致京瞿尚書[二] 光緒三十一年八月初二日戌刻發

頃接梁使豔電，今日合興股東批准草約，美外部電稱美廷決

[一] 以下二電録自抄本《張之洞電稿·致各省電》。
[二] 指户部尚書瞿鴻機。

不阻撓等語。此事幸告成功，皆仗執事維持之力，感幸萬分。惟昨得盛大臣東電，稱頃電梁使，合興按用欵三百六十萬索利，應駁甚多，國票六百二十二萬應全數收回等語。查此事敝處費盡心力，争回路權，明知合興開價浮冒，爲大局計，不敢顧惜小費。從前湘紳公電，亦謂任彼浮開濫費，但能收回自辦，儘可一概承認云云，所見最爲遠大。今事已垂成，盛忽電梁議駁。國票已售出之二百二十二萬，草約載明或交還，或收存，聽買主自便。今必欲逼勒收回，故拂外國商情，擠三省多籌現欵，實出情理之外。似此故出萬不能行之難題，有意攪局，使梁使無所適從，必致合興因此決裂罷議，咎將誰歸。務懇尊處切屬盛勿再干預粤漢路事，庶免掣肘，而毁成功，曷勝感禱。翹望電覆。沃。

軍機處來電光緒三十一年八月初五日辰刻到

奉旨：據張之洞電稱，接梁誠電，粤漢鐵路廢約，合興股東已批准草約，美外部電稱美廷決不阻撓等語。仍著責成張之洞、梁誠一手經理，盛宣懷不准干預此事。欽此。樞。歌。

致華盛頓梁欽差光緒三十一年八月初二日戌刻發

廿九日電悉。合興股東批准，大功告成，胥賴鼎力，至感至慰，付欵必如期交付。昨得盛電，知電尊處議駁合興按用欵索利及全數收回國票兩層，係萬不能行之事，分明有意設法刁難，應請勿庸置議。此事由敝處一力擔承，盛電意在攪局，幸勿爲其所動。至禱。冬。

致華盛頓梁欽差光緒三十一年八月初三日巳刻發

初一日電悉。合同内加叙兩節：一、金元小票限四十日内通知，逾限即作爲留抵售欵，此可照允，惟通知後如願繳還，中國須兩月後方能付欵，應先聲明。二、草約畫押六箇月後，售欵未清以前，一切仍舊等語，須再酌。正約已簽字，第一期欵已付，我即可開辦路工。若一切仍舊，是此數月内路工仍停擱不辦，損失甚多，似不合理。必須聲明，第一期付欵後，任憑中國接辦路工，此最要義。又，九月七號付欵之期，須與商緩十日，緣摩根會議改期，並未如約，致我籌備之欵不得不暫緩。今倉卒轉匯，勢不能不稍遲數日，惟遲付一日認一日利，諒合興並不喫虧。此層能商到最妥，如萬不能，請立賜電覆。畫押事當即請旨，鄙人名下，即請台端代押。務祈速覆。講。

梁欽差來電光緒三十一年八月初一日亥刻到

英格灡、福士達公擬售讓合同，全以草約為底本，聲明中國大皇帝諭旨批准，及合興議定，將草約辦法施行，加入售出之二百二十二萬二千金元借票，或留抵售欵，或繳還中國，限四十日内由合興通知中國，如不如限通知，即作為留抵售欵，照原價九十元算，所有合興在華産業利權，俟售欵交完，即全繳還中國。惟草約畫押六箇月後，售欵未清以前，一切仍舊等語。誠細核此稿，欵式均尚合例，詞意亦無出入，可否奏明請旨，照稿簽押，乞鈞裁。頃與合興議定，西九月六號會簽，尊處派何人代簽，希併示。西九月七號第一期售欵萬不可緩，務乞如期電匯，請先電示。誠。初一日。

致軍機處、外務部光緒三十一年八月初五日子刻發

贖回美公司粵漢鐵路合同，昨已電奏請旨畫押，奉旨後即請鈞處飛電梁使遵照。贖路欵已向英國商借，曾於七月十三日電奏合興草約情形詳晰陳明。奉旨：著照所請辦理，外務部知道。欽此。現急須簽訂合同，刻期付欵，已録此旨告英領作據。儻薩使來問，務請大部告以借欵事已奉旨允准，俾免遲疑，切禱。此欵前已與官紳議定，係由鄂、湘、粵三省籌還，合併聲明。歌。

致華盛頓梁欽差光緒三十一年八月初五日子刻發

初四日電悉。借欵議已定，因英領避暑，合同未訂。頃英領回漢，商令即電香港總督，先電匯第一期欵。英領允即發電，萬一港督必俟簽字方肯付欵，此間並備有現銀三百十萬兩，另託匯豐承匯。該行因數鉅期迫，須電商香港總行，明日可得覆電。總之，一係早已借定之欵，一係確實現銀，兩處必有一處先到，萬無含胡，約計西九月七號必可匯到。設因輾轉電商遲到一半日，務請設法切實擔認，勿任悔議。此次摩根延緩議期，屢生波折，合興至華七月廿九日始批准，八月初二日始接電，爲期過促，致我匯到遲一半日，似可申說。祈與福士達妥商設法，萬勿令其翻悔。切禱。初五日。

梁欽差來電光緒三十一年八月初四日辰刻到

第一期欵商緩十日。福士達謂，前遵尊電，將贖欵備齊、悔約索償各節，警告摩根。正約六號簽押與否，視此期交欵為從違，若再生變，萬無挽回。尊處如籌欵不及，望電外務部立飭總税司向銀行切保先撥欵後商借。務祈如期電匯，並電覆。誠。初四日。

梁欽差來電光緒三十一年八月初四日戌刻到

售出借票，遲早收回，無關輕重。扣抵售欵之後，何時收還，我可自主。如何收還，應照票面章程辦理，約内聲叙，反致授權於人。兩月後付欵一節，請毋庸議。售欵未清，由我接辦，合興以不符通例，堅執不允。惟我能提前清欵，彼必隨時移交，不必候至六箇月。誠。初四日。

致宜昌陳守、東湖孫署令，荆州陳道台、舒守、江陵林令〔一〕光緒三十一年八月初五日子刻發

聞川省派有道員姚汝貞在宜昌購置轉運局基地，并在宜昌、沙市等處招股，殊堪駭異。川漢鐵路，鄂居其半，將來路工開辦，鄂省必自招股，鄂並不招川股，川自不便招鄂股。且川省並無咨會到鄂，安知非該員私自招摇，亟宜嚴密查禁。本省紳富商民斷不許私買川省鐵路股票，該道、該守等速即督同該令傳諭紳商一體懍遵。至在宜所購轉運局地，如僅爲轉運計，何必購地，明係借此爲將來建造車棧等用，湖北斷然不允。該道、該守等務速查確情，一面阻止，一面據實電覆。豪。

致軍機處光緒三十一年八月初六日戌刻發

質電奏爲請旨畫押事，想蒙代陳。合興正約已定八月初八日畫押，機不可失。懇速代奏請旨，准予畫押，飛電梁使遵辦，免

〔一〕録自抄本《張之洞電稿·致本省電》。

誤事機，曷勝叩感。麻。

致華盛頓梁欽差 光緒三十一年八月初六日戌刻發

頃英領已續電港督，請將第一期欵儘西九月六號匯至紐約，交尊處兑收。此間另將現欵交匯豐，經匯豐亦已電滬、港總行，問明匯水，允即轉匯。約計華八月初八日以前，兩處總有一處匯到，特先電聞。麻。

致外務部 光緒三十一年八月初七日子刻發

頃駐漢英領事電稱，接薩使電，謂借欵合同須由貴部將上諭照會立案，方可畫押等語。務祈即日迅賜將敝處文電奏聲明贖路向英領借欵一節所奉十五日咸電諭旨，照會薩使，薩使方肯電飭英領畫押，以便交欵匯美。事機萬緊，萬望勿遲，以免誤期，至禱。照會後并祈即刻電示。陽。

外務部來電 光緒三十一年八月初八日午刻到

庚電悉。借欵事已照會薩使，並請電飭領事畫押，希查照。外務部。齊。

致華盛頓梁欽差 光緒三十一年八月初七日寅刻發

頃接軍機處魚電開，奉旨：張之洞電奏悉。著准其畫押。欽此。樞。魚。等因。特飛達。陽寅。

致漢口英國法總領事[一] 光緒三十一年八月初七日午刻發

來電悉。合同今日可趕鈔齊備，惟港電謂一面電薩大臣，一面電藩政衙門，如必候兩處覆電，恐趕辦不及，必致誤期。務請貴總領事即刻再電香港，切託將第一期欵即日電匯紐約，務於西九月六號匯到，交梁欽差，免誤大事，至禱至感。未畫押以前由我認息亦可，萬萬不可再遲，貴總領事必深知此事重大也。即盼電覆。陽。

致華盛頓梁欽差 光緒三十一年八月初七日申刻發

頃已由匯豐電匯第一期欵美金貳百玖萬捌百柒元，準西九月六號即華八月初八日匯至紐約。祈飭提備用，如期畫押，並即電覆。陽。

致外務部[二] 光緒三十一年八月初七日申刻發

魚電悉。合興第一期欵已由匯豐電匯紐約，準八月八日匯到，已電梁使知照。謹聞。陽。

致京英國駐京薩大臣 光緒三十一年八月初八日子刻發

贖路向貴國借欵英金一百十萬鎊，商定草合同一節，已於七

[一] 録自抄本《張之洞電稿·致本省電》。
[二] 以下二電録自抄本《張之洞電稿·致北京電》。

月十三日電奏。十五日奉諭旨：張之洞電奏悉，着照所請辦理，外務部知道。欽此。頃已電催外務部迅速照會尊處矣。祈貴大臣一面速電香港先行匯欵，一面候外務部照會，以免誤事，切盼。初八日子刻。

致漢口英國法總領事〔一〕光緒三十一年八月初八日子刻發

來電悉。頃已電請外務部迅速將借欵奉旨允准一節，照會薩大臣立案。務請貴總領加電薩使，請其一面電香港匯欵，一面候外務部照會，以免遲誤，切盼。

致京軍機處、外務部〔二〕光緒三十一年八月初八日辰刻發

頃駐漢英領事電稱，接薩使電，謂借欵合同須由外務部將上諭照會立案等語。務祈即日迅賜將敝處文電奏，聲明贖路向英領借欵英金一百十萬鎊，商定草合同一節，所奉十五日咸電諭旨，照會薩使，薩使方肯電飭英領畫押，以便交欵匯美。事機萬緊，萬望勿遲，以免誤期，至禱。照會後，并祈即刻電示。庚辰。

致軍機處、外務部、商部，廣州岑制台、長沙龐護院光緒三十一年八月初十日辰刻發

贖回粵漢鐵路，第一期付欵匯美後，接梁使初七日覆電稱，即赴紐約料理畫押，收交欵項等語。頃續接梁使庚電稱，今日正約畫押，並遵電代簽事竣等語。謹已電奏矣，並請岑雲帥、龐護院傳知湘粵在事諸紳，以慰衆望。藥。

致華盛頓梁欽差光緒三十一年八月十一日寅刻發

庚、佳兩電慰悉。此事仰賴閣下志趣正大，謀畫精密，識力堅定，挽壞局而保主權，洵爲奇偉之功，三省官民同聲感頌，而鄙人藉以稍盡職分，獲免咎責，尤深佩服感激。茲擬將第二期付欵定於西十月六號即中九月初八日在紐約全數付清，意在斷盡葛藤，早收利權。望將正項及加息扣算確數，并尊處一切用費先期分晰電示，以便與湘、粵分攤。合興應交還在粵之鐵路、車棧、存料，在總公司之詳細路綫、圖表、册籍及一應存件，應如何分別點驗交收，統望詳詢該公司妥議，電覆照辦。專此申謝。真。

致軍機處、外務部、商部，廣州岑制台、長沙龐護院光緒三十一年八月十一日未刻發

頃接梁使佳電稱，本日第一期欵美金二百萬元，加息一百二十九天，美金三萬五千三百四十二元四角五分，西五月一號應付借票息美金五萬五千五百五十元，統共二百九萬八百九十二元四角五分，已經付訖。佳。等語。特奉聞。真。

〔一〕録自抄本《張之洞電稿·致本省電》。
〔二〕録自抄本《張之洞電稿·致北京電》。

致軍機處、外務部、商部，廣州岑制台、長沙龐護院光緒三十一年八月十一日亥刻發

向英國訂借贖回粵漢鐵路欵，英金一百十萬鎊，今日同英領事面校華洋文合同，彼此簽押，定於華九月初八日全欵交清，屆時當即將合興第二期欵全數付訖。前電匯梁使第一期欵，係向匯豐暫借，茲即於此次借欵内撥還矣。特奉聞。軫。

致廣州岑制台光緒三十一年八月十二日巳刻發

冬電悉。借欵合同已與英領事定妥，贖路欵既由英國允借，則修造粵漢鐵路之欵，鄂、湘、粵三省除自行籌欵外，如須向外洋借欵，當先與英國詢商，仍與各國比較，由我擇宜酌定。機車、材料，除中國自有自造外，先儘借欵之國開價，亦與各國比較，由我擇宜訂購。如借定英欵，工程師一半用英國人，一半用日本人，分段承修，各辦各事，只管本分應辦工程之事，其餘用人、擇地、管路、行車等事，一概不得干預。照此合同，似無流弊。至粵漢鐵路以外別有造路之事，廣東一省已剔出不提，以副雅意。除將合同咨達外，先此奉聞。錫。

致成都錫制台光緒三十一年八月十三日巳刻發

哿電悉。宜昌以上鐵路讓歸川省修造，自當照辦。惟宜昌應設車棧、貨棧，仍當由鄂修造，庶各管各境路權，界限得以畫清。籌欵之法，川、楚各籌各欵，其修路一切用費，川、楚當各派員紳互查帳目，以昭信實。至行車之利，將來兩省當合此路首尾若干里，無論某段之路，或險或夷，或省或費，總計成本，通算分派，有本若干，即分利若干，此不必以省界爲限，如此方能公平而無窒礙。所以宜昌車棧必歸鄂造者，在完全本省管轄之權，並非争利，想高明必能察及。再，路綫應經由何處，孰幹孰枝，孰先孰後，以及修造之法，均必須洋工程師詳細測勘一過，方能定路估費，購地興工，此爲開宗明義章第一。擬即先聘日本工師一人，英國工師一人，來勘此路，兩説比較，擇善而從。川、楚統勘，川省願從其言與否，可聽川省斟酌，惟勘路斷不能不兼及川境耳。胡雨嵐太史何時可到，一切當俟晤商。問。

致東京楊欽差光緒三十一年八月十六日午刻發

湖北擬向日本聘用高等鐵路工程師兩員，分勘粵漢、川漢兩路，祈託日外部妥爲物色。須學問優、品行謹、有閱歷經驗者，言明只管本分應辦工程之事，此外用人、擇地、管路、行車及開鑛等事，一概不干預。如物色得人，請先電示銜名，並月需薪水若干，以便酌定。至感。諫。

致長沙江西臬台余廉訪光緒三十一年八月十六日亥刻發

庚、文兩電悉。粵漢鐵路如願争回，幸賴止公一力維持，得以成事，功在天下，望代達感謝之誠。湘中諸君子識慮深遠，力持公論，鄙人獲助良多，尤深紉佩，並望一一轉致。諫。

余堯衢廉訪致瞿尚書電光緒三十一年八月二十七日戌刻到

敏昨到武昌，冰帥談及粵漢鐵路，謂既已争回自辦，不能不

亟籌開工，免貽外人口實。路工既興，必須刻期告成，始能早收利益。然欲於鄂、湘、粵三省就地籌款，恐曠日持久，十年未必能成。粵人在南洋各埠富商較多，習見外洋鐵路之利，招股或尚易為。若鄂、湘兩省，風氣初開，知路利者尚少，路工未成以前，招股必難踴躍。目前興此大工，斷非借款不辦。蓋借整款興工，五年之内路工必成，匀分撥還，期二十年付清，財政較可舒展，此為最穩妥之辦法。所慮借外款者，恐路權為所干預耳。現擬向英國借款，係聲明凡關於鐵路用人、擇地、管路、行軍及開鑛之權，絲毫皆不准干預，又不以鐵路作抵押，限制極嚴，決無他患。從前不容以美接美者，以合興壞約在前，雖另與改訂，權利斷不能全數收回，與此時另向他國借款，但資其財，不假以權者迥别。且言明前五年專付息，五年後中國有款隨時可以清還，並不拘定年限，借主之權甚足，似未可與以美接美之説相提並論。若必欲自行籌款，湘境路長千有餘里，以山路平地扯算，每里約合工料銀萬五千兩，五年成功，歲需籌款四百萬，湘有此力乎。鄂則紳商財力更薄，尤苦無從措手，設因款絀遷延不辦，外人競生覬覦，種種要求嘗試，防不勝防，斷非長策。至川漢鐵路，川境雖擬籌款自辦，至今尚無頭緒，鄂境此路亦長千有餘里，急切間更從何處招集千數百萬之鉅款，故非借款萬辦不成。昨外務部來電，慮借德款，英、美必有責言，因以勿借外債為主。鄙意但使路權絲毫不失，雖借外款亦屬無妨，況鄂省借款與川省無涉，川督前奏不為食言。此時但借英款，不借德款，英、美自無異説。潛公來電，慮粵漢鐵路借款或失路權，所見極是。但現擬辦法，路權固未有一毫損失，望即轉電止、潛兩公，於借款一事極力維持，俾無阻格，庶可克竟前功，早與大利等語。竊謂冰帥因美約失權，特倡議爭回，斷無以爭諸美者復讓諸英。觀現定借款辦法，防禁十分嚴密，借款之國無從干預，路政儘可放心，望公鼎力護持，並屬轉致潛公同心贊助，藉紓紳民之力，而速路工之成。用特代陳，即請商同潛公，趕弟未行以前電覆武昌，以憑轉呈，盼甚。敏。沁。

致外務部，上海盛大臣、吕大臣，天津袁宫保 光緒三十一年八月十七日午刻發

德國商約共十四款，於彼之權利任意擴張，於我之權利任意侵損。凡英、日、美、葡等約我所力爭限制之處，一概被其抹煞，實屬强很太過，其中鑛務一條尤謬，萬難照允。幸滬議已盡發其覆，抉摘無遺，津電指駁各節及增索治外法權等有益於我之條款，均極扼要，鄙見正復相同，是以不再分條復論。將來開議後，管見所及，當隨時電商候酌。篠。

袁宫保來電并致外務部、盛大臣、吕大臣 光緒三十一年六月[一]初五日申刻到

滬函並譯德送約稿均悉。第一款應照英、美、葡等約聲叙，加增税率，照公約所定進口正税一倍半之數，並將出産、銷場、土藥、鹽斤等税叙明。此款只須有約各國照英、美等約允許照辦，無庸再會同各國公訂。原稿既未實叙加税辦法，又索裁釐妥保，語多未妥，應改。第二款應聲明外國人居住界内購買二字，與向章永租不符，應駁删。及歸德國保護者一語，約内凡六見，恐有用意，應照滬議詢明駁辦，以防後患。第三款商棧改為關棧，應

[一]「六月」恐為「八月」之誤。

由海關查明核准。章程規費與領事商定，授領事以干預之權，應由海關自行訂定。用他國關棧，既為英、美約所無，應照滬議刪去。第四款鑛務，須全照美約第七款聲叙方妥。第五款存票抵税，向在本關不能用在他關，再運出口應改為再運出外洋。第六款商標，滬駁三端極是。第七款臚列公司名目一節，應刪。以上兩款華人德人必須一律聲叙，字句相同，方昭平允，不宜歧輕歧重。第八款以索開口岸為已開地方，意在中國内港内地任便往來，此款必須全刪，萬不可允。第九款宜昌至重慶水道安設拖拉過灘之件，應遵照海關議定章程辦理，無須會商出資安設之人。至整頓水道之策，行與不行，乃中國主權，允為不阻一語，殊屬無理。第十款内港行輪，應改照英約聲叙。所附章程將英、美、日已定之章於我備存之權利任意侵損限制，滬議各節甚詳。此章補續前章，本係通行辦法，應照英、美等章一律，無稍更改。第十一款改訂國幣，應添入凡納關税仍以關平核計為准之語。第十二款禁米出口及弛禁，由政府頒示，並登録京報，諸多未便，應仍照英約，由該省巡撫出示。第十三款既特再聲明德人應享最優利益，我亦可索對待利益。十年改約，英約係前六箇月知會，此言一年，小異。以德文為正義一説，能刪去最妥。各款下標題為各約所無，應全刪。治外法權等款，凡於我有益者可酌向索增。是否有當，統祈示正。凱。歌。

致京户部〔一〕 光緒三十一年八月十九日巳刻發

真電悉。鄂省認籌專使經費，全年十萬兩，本年應解五萬兩，已照數解交滬道兑收備用矣。嘯。

致東京湖北學生監督李道台〔二〕 光緒三十一年八月十九日午刻發

鹽電悉。所舉鐵路工程師宇下精、宫城島二人係在何處辦事，現由何人推薦，是否留學生所介紹。前聞自日本回鄂之某學生言，鐵路技師，伊等早爲羅致，川省來聘，伊等不許云云，語近把持，殊屬無理。此等用人要事，斷不可令學生越分攬權，如此次宇下精、宫城島二人僅止由學生招致，並無他人舉薦，斷不宜率用。可速將該工程師等來歷據實電覆，再行酌定。皓。

致華盛頓梁欽差 光緒三十一年八月二十二日丑刻發

合興第二期付款，准定中九月初八日交清，爲期已近，務請將應付本息及一切用費核定電示。並合興應還鐵路、機車、房棧、産業、材料、圖册等事如何交代辦法，祈速商定電覆，以便派員赴滬、粤點收。萬望勿遲，感盼。箇。

致華盛頓梁欽差 光緒三十一年八月二十九日巳刻發

合興第二期付款已訂定華九月初八在紐約匯交，必須將實數先期電知，以便照撥。其售出金元小票，如須一併收回，此款尚待續籌，尤應預先知會，不得臨時逼促，有意刁難。第一期款因彼批准遲延，此間得信距還期僅六日，致電匯大費周章，折耗匯水至十萬餘兩，喫虧甚鉅。此次務請速催回信，及早電知，俾可

〔一〕録自抄本《張之洞電稿·致北京電》。
〔二〕以下二電録自抄本《張之洞電稿·致外洋電》。

籌畫。然金元小票總須緩兩箇月另付，不可與第二期欵併作一起。至合興應交還一應産業，不得藉口金元小票尚未收回，再圖延宕。此事湘、粵屢電，催促甚急，統祈速催電覆。感禱。豔。

致廣州岑制台 光緒三十一年九月初一日丑刻發

豔電悉。前承示粵省招股大綱九條，以實權全歸股東，專在鼓舞商民，用意甚美。然商民之權須有範圍限制，若股東過於偏重，官但爲公司驅遣之人，將來路政全爲商民所持，似多窒礙。此次争回美約，全恃官力，乃今方開辦造路，便欲置官於事外，而且緊要爲難處仍須役使驅策官長，太欠平允。可商者約有五條。如第一條，有一股即有一股決議之權，似太無限制。公司議員有數十人足矣，宜酌定若干股得公舉議員一人，本人有若干股始得舉爲議員，此須通計共招若干股，議員若干人，以定其數，一也。第四條，發起人招得若干股即有若干決議之權，似權亦太重。蓋招股之人非即出股之人，其決議之權應聽出股之人公舉，未便由招股人總攬其事。如股東信託招股人，只公舉此一人作代表，則無不可，二也。第八條，官但任維持保護之責，稽察判斷之權，至於財政、工程、貿易、用人等事，概由股東公舉之總理人主持。是公司須用官力者，則責諸官，而股東便於自由者，則歸諸己。事事不平，莫此爲甚。且一切實事俱不能持權，公司積弊如何能知覺，鐵路治安如何能維持。應改爲公司總理人由股東公舉，呈候本省督撫會同督辦大臣核准，方能任事，仍定以年限，並由本省督撫另委實缺司道，充[一]該公司監督，凡財政、工程、貿易、用人等事，雖由股東公舉之總理人酌辦，仍應事事通知監督，聽監督隨時考察，三也。其重要事件有關涉本省他項商民利害者，須稟由本省督撫核定，若有與外省鐵路公司有關涉、與外省商民有關涉者，須稟由督辦大臣核定，方能辦理，四也。至此路成後，國家應收之營業税及所得税，自應比照外洋極平允之辦法辦理，五也。前四條必須照改，末一條必須照添，方妥。粵境路工，敝處本可不必過問，但公司章程關係全路，一處稍疎，則他處亦將援例。鐵路實國家大政，若全委諸商民，恐有窒礙。總之，利可歸重股東，官當極力幫助，權則股東須有限制，不得稍踰，各得其宜，方免流弊。既承商及，不敢不據實奉覆，極知不免疎漏，統祈詳籌妥酌速示，以便會同覆奏。東。

致荊州陳道台、舒守，沙市統捐局李令承東[二] 光緒三十一年九月初二日丑刻發

勘電悉。公安、石首兩縣所屬恒德、西大、接福、大興、羅城、太平等垸，風水爲災，毁傷人命田廬甚多，被災如此之重，慘惻良深。應飭沙市釐局先撥解錢一萬串，由該道、府遴委廉幹之員，會同地方官趕辦急賑，務須核實迅速，勿稍疎漏延緩。委員銜名、撥欵數目，均先電稟備查。東。

致宜昌川鹽局黄道台 光緒三十一年九月初二日巳刻發

現據沙市官運局左道來稟，請由宜局劃撥銀兩預配冬鹽。應即由該局照撥長平估寳現期漢票銀貳萬兩，交左道查收，取具收

[一] 底本為「允」，據楚學精廬刊本《張文襄公全集校勘記》改。
[二] 以下二電録自抄本《張之洞電稿·致本省電》。

領，來春解還。歌。

致華盛頓梁欽差〔一〕光緒三十一年九月初二日未刻發

三十日電悉。所云第五期欵除金元小票九折作抵外，計美金五百七十五萬二百元等語。查贖路正欵共陸百柒拾五萬金元，除金元小票抵除貳百萬元，第一期已付正欵貳百萬元外，第二期只應續付正欵貳百柒拾五萬元。來電第五期之五字及美金五百柒拾五萬二百元之五百兩字，電碼誤否，祈核正，用大寫數目字電覆，至要。沃。

致漢口英國法總領事、賽副領事〔二〕光緒三十一年九月初六日辰刻發

九月初八日爲借欵交付之期，請速電知香港政府，以四十五萬鎊撥付漢口匯豐，由此間與銀行結算，以六十五萬鎊電匯紐約，交梁欽差查收。仍候香港覆電，以便電致梁欽差查照，切盼。麻。

致廣州岑制台光緒三十一年九月初六日辰刻發

承詢美公司交收粵境鐵路産業一事，敝處屢電梁使催問辦法。據覆稱，須連已售出之金元小票二百二十二萬二千元全數付清，方能收回路業。惟金元小票此時願否聽中國收贖，催詢該〔三〕公司，尚未聲覆等語。查現借贖路欵英金壹百拾萬鎊，係扣除金元小票九折實數作抵之二百萬美金未算在內，如併此欵付清，尚須續借英金二十餘萬鎊，應俟梁使電知，再行商辦。粵省原認贖路欵三百萬兩，本是約計之數，將來究應攤派若干，須俟全欵交清後，核計實借英金鎊數，按照三省鐵路里數長短，公平攤派，其原認三百萬之説，未能作準。特先聲明，祈告知在事諸紳爲荷。麻。

致京户部〔四〕光緒三十一年九月初六日辰刻發

號電悉。湖北認解專使經費，本係十分勉强，冀以爲他省之倡。每年十萬兩係統全年核計，本年從秋季起算，應解之五萬兩，已掃數解清，年内實無餘力再籌多解，擬俟明年正月提前趕解五萬兩，以應急需。祈垂察。麻。

致華盛頓梁欽差〔五〕光緒三十一年九月初七日亥刻發

昨電香港撥匯英金柒拾萬鎊，准於中歷九月初八日由紐約兑交尊處，除付第貳期欵及尊處用欵外，餘請暫存，備收回金元小票之用。每英金壹鎊合美金若干元，祈核收，復將數目電示，至禱。陽。

致廣州岑制台、王道秉恩、馮牧嘉錫〔六〕光緒三十一年九月十一日午刻發

頃接梁使電，准九月十三日還欵收路，合興派埃斯米德在滬、

〔一〕〔五〕録自抄本《張之洞電稿·致外洋電》。
〔二〕録自抄本《張之洞電稿·致本省電》。
〔三〕底本為「還」，似為「該」之誤。
〔四〕録自抄本《張之洞電稿·致北京電》。
〔六〕録自抄本《張之洞電稿·致各省電》。

西圖[一]在粵移交一切，希派員届時接收等語。所有在粵路軌、機車、房棧、材料一應産業，擬派王道秉恩、馮牧嘉錫，會同粵紳就近接收，造册分送湘、鄂存查。在滬止有圖册，已另派員就近收取矣。此後管路行車等事，容再電商遴員接辦。真。

致上海盛大臣、蔡守琦、趙令鳳昌 光緒三十一年九月十一日午刻發

頃接梁使電，准九月十二日還欵收路，合興派Ashmea.d在滬，Sito在粵，移交一切，希派員届時接收等語。除電粵派員接收路軌、機車、房棧、材料一應産業外，所有在滬總公司存儲圖表、册籍一應物件，兹派蔡守琦、趙令鳳昌就近接收解鄂，祈查照。真。

致廣州王道台秉恩、馮牧嘉錫 光緒三十一年九月十一日未刻發

美公司承造粵境鐵路，所有路軌、房棧、機車、材料及一應産業，訂明於九月十二日交中國接收。兹特派該道、該牧就近會同粵紳向美公司查驗簿籍契據，按件點收，勿稍疏漏。收清後分造清册呈核，并先電覆。除電岑督部堂轉飭外，該道、該牧即速遵照辦理。軫。

致上海趙令鳳昌[二] 光緒三十一年九月十一日未刻發

粵漢鐵路争回，現與美公司訂明準於九月十二日還欵交路，所有在滬總公司存儲圖表册籍及一應物件，特派該令同蔡守琦前往點驗接收。務須確查存件，按數收清，勿稍疏漏。驗收後，所有圖表册籍等件，即速派人解鄂，并先電覆。除電盛大臣查照外，此電譯出，交蔡守同閲遵辦。軫。

致上海盛大臣 光緒三十一年九月十一日發

蘆漢鐵路乃吾兄一人之功，此合同亦最妥善，乃全功既蕆，接辦屬之他人，未免不公。閣下讓德雅度，深可佩服。

致京户部[三] 光緒三十一年九月十三日亥刻發

湖北認解練兵處餉，專恃銅幣盈餘。近各省皆禁阻外省銅元入境，致鄂省銅元滯銷利薄，盈餘勢將無著，認解之欵萬分爲難。惟練兵餉關繫緊要，前勉力籌解庫平銀二十萬兩，交大德通承匯十五萬兩，義善源承匯五萬兩，準於九月十五日赴部交納，届時祈兑收電覆。軫。

致上海盛大臣 光緒三十一年九月十四日申刻發

元電奏稿敬悉。京漢鐵路成，欽派驗收，欣慰。一切請與慰帥商定，當遵命會銜。寒。

〔一〕底本二人名空缺。據同日「致上海盛大臣等」真電補。
〔二〕此電原脱收電人，今據同日「致上海盛大臣等」真電及本電文義擬補。以下二電録自抄本《張之洞電稿·致上海電》。
〔三〕録自抄本《張之洞電稿·致北京電》。

致漢口英國法總領事〔一〕 光緒三十一年九月十四日酉刻發

頃據租界會審委員吴令電禀，楚報館主筆張漢傑，已承貴總領事簽字飭捕，協同拘案，具徵公道睦誼，感佩良深。惟該主筆現交捕房，明日務須飭由捕房交還中國官吏解省訊究，千萬，禱盼。願。

致外務部，上海盛大臣、吕大臣、李大臣〔二〕，天津袁宫保 光緒三十一年九月十五日巳刻發

滬蒸一、二兩電，津元電，均悉。德約第一欵照美約增入毫無干礙中國主權征抽他等税項之意一語，極爲扼要。此次加税，全爲抵補裁釐所失，應請如慰帥議，將裁釐以抵增税兩處文法倒轉，以明本意。妥保統裁釐金句，行貨兩字必須照部稿添入，以免日後藉口阻我征抽行貨以外之税捐，尤要。願。

吕大臣、盛大臣、李大臣來電并致外務部、袁宫保 光緒三十一年九月十一日亥刻到

開議第一欵，告以大部訓條，縱不能照英、美約詳列，亦須照日、葡約聲明加税數目及出産、銷場等税名目，以明允我加税，始能裁釐。當將部改第一欵譯就德文送交。初七會議，只允我聲叙加税數目，仍不允我聲叙徵抽他等税項之語。再三辨說，彼終執將來會議再定，不得已引美約，聲明不干礙中國主權徵抽他等税項之語，令其必須增入。有此賅括語，自不致礙我銷場、出産、土、鹽等税。彼云德文語意相同，即照原文，連漢文亦可不必更改，語多堅硬。初九會議數時之久，擬改文曰：中國與英、美、日、葡等國訂約中載擬裁撤現行釐金名下抽捐之法，以抵增加進口出口等税。其進口税除按光緒二十七年和約内載切實值百抽五外，所加不得過於該和約所定者一倍半之數，出口税亦可切實值百抽五，再加不得過於此正税之一半，惟俟有約各國統為允許，方能舉行。以上所列裁釐金以抵增加各税一事，其宗旨德國政府亦所允許，惟其詳細畫一辦法，應由中國與有約各國按照光緒二十八年修訂税則成式，會同訂定。如届公訂之時，德國政府允願贊成其事，中國政府彼時總須特為妥保統裁釐金本欵，毫無干礙中國主權徵抽他等税項之意，祇須不與以上各節有所違背等語。核與大部訓條字句雖稍異，用意實相符。磋議三次，舌敝唇焦，彼始允發電請示德廷，方能定奪。海等亦云須俟電商政府再定，應請大部暨兩帥迅賜裁酌電示。海、宣、方。蒸二。

致廣州岑制台、王道台秉恩、馮牧嘉錫、朱牧祖蔭〔三〕 光緒三十一年九月十六日午刻發

接收合興鐵路事繁，擬添派朱牧祖蔭隨同王道等妥辦，祈轉飭遵照。銑。

〔一〕録自抄本《張之洞電稿·致本省電》。
〔二〕本年八月二十二日，詔派李經方隨同吕海寰、盛宣懷辦理商約談判事宜。
〔三〕以下二電録自抄本《張之洞電稿·致各省電》。

致廣州王道台秉恩、馮牧嘉錫、朱牧祖蔭光緒三十一年九月十六日午刻發

鹽電悉。已添派朱牧祖蔭隨同料理，務與合興核實清楚，按款點收，并將接管車路事宜妥籌電稟候核。銑。

致江甯周制台光緒三十一年九月十六日亥刻發

咸電悉。近來各國兵輪游弋長江，肆行無忌。江南實扼長江首衝，僅有淺水兵輪四艘，尚嫌力薄。鄙意爲江南計，尚宜多添數艘，方可勉成一隊，若再減爲兩艘，則更不成氣局矣。且原訂合同續造三艘，工價較廉，一經更改，價必索增。至魚雷艇固極利用，然非真有不惜身命之將士運用之，甚難責效。中國水師成才尚早，況兩雷艇兩快艦兩種均屬單薄，更無大用矣。鄙意竊以爲不可，不如仍照原議先造淺水快艦，以後有款，再行添造魚雷艇，庶幾稍成格局。既承下問，不敢不言。此次察驗江元船各色俱甚完備，惟所用新式鍋鑪，其好處在升火迅速。據川崎船廠言，日本近年所造船皆係此式，惟材料較薄，汽管較多。據川崎言，如管理者精細潔净，並無危險。但中國船上好手不多，其續造三艘似可商令改用厚實堅固之鍋鑪，甯可升火稍遲，總求穩妥爲善。統祈裁酌。銑。

致開封陳撫台[一]光緒三十一年九月十八日亥刻發

廣西軍台官犯李振聲過鄂，除知縣曾紀雋押解，取道豫省外，請尊處委員於入境首站迎解爲要。嘯。

致上海盛大臣[二]光緒三十一年九月十九日巳刻發

諫電悉。據粤電，鐵路地契在粤省祇有二十七萬餘元之契，尚有自黄沙至清遠幹路各地契，計價十一萬餘元，係存尊處，其數是否相符，祈查明電覆。嘯。

致成都錫制台光緒三十一年九月十九日未刻發

卅電悉。川漢路工無論如何辦法，總期於兩省省權均無妨礙。望再詳示，以便及早電商定議，不能再遲也。至廷寄有人奏請簡督辦一節，議論模糊，事理不清，萬萬不妥。凡路工籌款購地，保護彈壓，何一不需地方官出力。近時人性情風氣，喜發議論而不出錢。若另派督辦，勢必事權紛歧，動多掣肘。且籌款辦事，兩省辦法判然不同，即在一省亦有因時變通之處，一派京員，便多窒礙，不過徒滋無窮糜費而已，有損無益，必致鐵路辦不成而後已，斷難曲從。擬請將窒礙情形會銜覆奏，由兩省自辦，通力合作，仍各管各境，庶款可分籌，責無旁貸，全路有觀成之日。應如何措詞，請尊處擬稿電示。至發此議者，究因何故，想係誤會一辦鐵路即有許多錢，故欲派一督辦大臣以享此利益耳。效。

致外務部、商部，廣州岑制台、長沙龐署撫台光緒三十一年九月十九日亥刻發

接梁使初七日電開，摩根索加售出金元小票息美金四萬餘元，

[一] 録自抄本《張之洞電稿·致各省電》。
[二] 録自抄本《張之洞電稿·致上海電》。

當駁以小票已另給息，不應復算。摩殊堅執。現與英格灡等辨明，囑其向摩根竭力磋磨，可冀就我範圍，準十二日還欵收路等語。又接十四日來電稱，售出小票加息一節已駁免，十二日交末期欵，合興即日電滬、粤交路，希查照圖表。小票點收另寄等語。現已分別派員在滬在粤接收路事，從此粤漢路權歸還中國，永斷葛藤。特此電聞。湘、粤在事諸紳，並祈雲帥、渠帥分別轉致爲荷。效。

致京李伯虞侍郎、周少樸侍御[一] 光緒三十一年九月二十日午刻發

湖北在京旅學生，鄂省擬歲籌寄三千金，以助學費。效。

致外務部，上海吕大臣、盛大臣、李大臣，河間袁宫保 光緒三十一年九月二十一日巳刻發

滬覃電、寒一電、津巧電，均悉。德約第二欵於口岸居住貿易，漫無界限，意在任便雜居，不受管束，既妨我之治權，且於釐税雜捐大有關礙，若不照英、日等約聲明須遵守該處工部局及巡捕章程，與居住各該處之華民無異數語，萬分不妥，斷不可稍與通融，切要。如能照滬議將此欵删去，最善。歸德國保護者一語，流弊無窮，尤非删不可。第三欵關棧利益照英、美等約，已極通融優待，限制未便再寬。津電擬將屯積貨物句於貨物上，加合例二字，又於按照中國海關所索保衛國家税課之法句上，加須由中國海關查明堪爲關棧之用一語，均極有關繫，務請照添，以示限制。祈裁酌。馬。

吕大臣、盛大臣、李大臣來電并致外務部、袁宫保 光緒三十一年九月十五日申刻到

德約第二欵開議後，克[二]以大部增改各節，與彼原送約文不符。告以大部係按美約核正，克云，美約内所載各該處已定及將來所定為外國人民居住合宜地界之内一語，德政府萬不能允，以中國現正開通，何以反立限制，且上海之浦東已准外國人居住貿易，新開之長沙，亦經湘撫出示准其在長沙一帶無論界内界外均准居住，豈有各國已享之利益，立約時反靳而不予。當駁以居住合宜地界，係指租界及將來自開口岸劃定為外國人居住地界而言，與只准通商而未設租界之地方情事本不相同，若二者合而為一，是啟内地雜居之漸，中國政府斷難允准。克將英國原約曾索内地雜居一欵，並執城口二字與我辩論。經我始終駁拒，彼允電商德政府，得覆再商。至歸德國保護者一語，詳詢意何所指，克云，一指德人出外七年，照德律不算德人，而德國仍應保護。一指在德國洋行辦事之他國人，並非華人，亦應歸德保護，一指德國公署所用之人，歸其保護。我駁以德國人民出外七年，既仍歸德國保護，即與德人無異。至他國人，凡與中國立約者，即應歸該國保護。其未與中國立約如瑞士國之類，不能因歸德國保護，即可享中國一切利益，緣有約各國利益均應互換。其公署所用之人，各國皆有，從未立約載明歸其保護。克又云，德國向不准反

[一] 録自抄本《張之洞電稿·致北京電》。
[二] 指德國駐上海總領事克納貝。

對華政府之華人德官可向華政府保護[一]。我又詰以膠州華人豈亦在保護之列。克云，現在膠州及將來有到膠州者，在膠州境内自應歸其保護，一離膠州境外，即不任保護。我答以此乃租界内向來辦法，亦不必加此語。總之，中德立約已四十餘年，此為舊約及各國條約所無，中國政府故必欲删去，並將各欵内有此語者一併照删方可。彼見我理不能屈，允俟隨後另議。謹先電聞。海、宣、方。覃。

吕大臣、盛大臣、李大臣來電并致外務部、袁宫保 光緒三十一年九月十六日申刻到

覃電計覽。德約第三欵，十一會議，克以該欵第二節内中國海關所索保衛國家進欵之據一語，謂海關向無索據辦法。質之賀、戴兩税司，亦言但須遵守關章，向不出據。克又以謹慎堅固四字即是保衛税餉之法，德約原文言按照海關所索，須有保衛之法，已包括此四字之意在内。我告以此為英約所有。克不願照鈔英約。再三斟酌，始允將此節改妥。克又請將原約有無論何國人之關棧，應准德人一體享用一節增入。我又以他國之關棧准德人享用與否，應由德人自與商酌，未便載入約章，且美約亦有此節，已駁令删去，不能拒美而允德，並將用棧應納規費句節去用棧二字，與各約相等，免致將來别生枝節。謹録欵文如下曰：凡通商各埠，中國政府允定設法使商人能較向來多享關棧之益，即於其内屯積貨物或拆包改裝區分，或預備轉運。又允凡德國人之貨棧，如經該管德國領事官代請給享關棧利益，務須按照中國海關所索保衛應納税課之法，始准所請。凡通商各埠，中國海關須訂定頒發關棧應有之章程，及應納規費之則。其規費若干，須照屯積何項貨物，該棧離關遠近，並辦事時刻早晚久暫，衡情酌定等語。乞酌核電覆為盼。海、宣、方。寒一。

致江甯周制台 光緒三十一年九月二十一日申刻發

諫電悉。甯滬鐵路，光緒乙未年鄙人在江南時力主籌欵自辦之議，曾經派委華洋各員勘路繪圖，有案可查，以鄙人離江而止。至借英商欵修造，鄙人并不與聞其合同，盛大臣業與英公司訂定條欵，已無從更改。嗣因諭旨飭盛凡訂鐵路合同須經各省督撫覆核會奏，始於廿九年春屬英公司經理人璧理南携稿來甯送核，盛並未自來。時鄙人在署兩江任内已將交卸矣，急加斟酌，增改七欵，璧理南甚有難色，繼見鄙意堅決，且所增各欵皆題中應有之義，無詞可推，乃一概承允。如金鎊小票准中國人民購買，價與輪墩一律。又中國國家有欵可隨時撥交公司，國家撥欵若干，公司即核減借欵若干。各節皆豫爲收回權利地步，煞費苦心，專爲補救之計。然如借欵數太多，雙軌費太重此等處，欲籌商駁改，已無及矣。玆幸蘇常紳士出争，亟宜乘此機會，因勢利導，督飭各地紳商認籌路欵，以派捐爲集股。江南富庶，若懸此等重息之路以招股，歲集二三百萬尚不爲難。此路成後，搭客之多，車利之豐，萬人共見，獲利之事，人所樂從。但江南人性情精細和緩，非官設法勸導，曉以利害，迫以公義，則成事斷不能速。僅借商

[一] 此句語義不明，底本如此，意似為德國向來不保護反對華政府之華人。

會設籌，焉能喫緊，且枝節零星，無裨大局。鄙見約有數端：鐵路購地如照湘紳辦法，以地作股，可省現欵，貧者准將股票售與富户，地價不患無著，一也。設一鐵路招股局，以派捐爲集股，每縣派認若干股，集成之欵全數繳官，由官撥交公司，作爲國家欵，並由官給與鐵路股票，官收公司之利，轉付股票之息，絲毫不短不扣。蓋原合同辦法，必須國家欵方能先儘撥用，官欵既充，自然用不著洋債。此將民股化爲官欵，以杜洋股，實爲最上良策。其由地方攤捐，如貨捐、田捐等類，亦可作爲官欵，仍一面發給股票，作爲一縣地方公股，所得股息留充本地方各項學堂經費，官不提用分毫，既造路又興學，洵爲一舉兩得，二也。一切責成盛大臣，切商公司將雙軌改爲單軌。俟將來車利豐盈，再添雙軌不遲。前辦京漢、粤漢等鐵路皆單軌也。英公司於前年訂定合同後，去年三月曾有赴甯商改辦事人條欵之事，其詳可問盛自悉。此時與公司商改單軌，度彼亦不能不允，三也。如此則借欵可減三分之一，再歲撥派捐股票之公欵二三百萬，則售出金鎊小票益少，不待十二年半後，便可盡數收贖，四也。蘇紳任事不甚勇往，是在台端鼓舞之，提倡之而已。中國國家撥欵既多，則公司事務，官得與聞，收利即以收權，計無有善於此者。且此乃本原合同辦法辦理，外人絲毫無可挑剔。若僅如商會所擬，僅派兩員監察帳目，不過聊以塞責而已，無大益處。茲承下問，故敢抒其管見。祈速與陸春帥妥商裁酌，及江省有遠識顧大局之紳宧商之爲幸。哿。

致外務部、商部，上海吕大臣、盛大臣、李大臣，河間袁宫保 光緒三十一年九月二十二日巳刻發

滬寒二電、津巧電、商部嘯電，均悉。德約於鑛務章程一條，務欲含混其詞，軼我範圍，其意自别有在，不可不加意慎防。滬擬約文，於德國人民應遵守中國鑛務章程一節，未經明叙，似尚稍疎。彼既欲載明中國政府可允德國人民領照開鑛等語，必須照美約聲叙德國人民若遵守中國所定章程云云，至鑛務内應辦之事句止一段方妥，否則只可照英約叙法，庶免流弊。鑛商二字，義最明顯，彼必欲改爲外國出資本者，未知何意，應仍用鑛商二字，以符名實。參仿德國及他國鑛律句，德國二字應請照津電删去。鑛務内所應安置之事句，已包括各項開採工程在内，上又加以用以開採之各項工程一語，玩用以兩字，所包甚廣，必係暗指運道鐵路而言，深心可畏，萬萬不妥。彼如肯照美約改叙，自無庸議，如仍欲增損字句，則用以開採各項工程句，必須删去，要緊之至。祈裁酌。養。

吕大臣、盛大臣、李大臣來電 并致外務部、商部、袁宫保 光緒三十一年九月十六日戌刻到

十三日，會議德國第四欵。克云，首段係按照英、美約辦理，核與我所給閱之大部訓條，意義亦屬相同，惟首二句英、美約皆是因振興鑛務而招致外洋資本，今訓條顛倒其詞，與英、美約立言不符，不如仍舊，以免更改德文。我告以英、美約皆聲明華、洋資本，德約原文衹聲叙外國資本，殊屬不合，允以將詞句更正，仍照訓條改為華、洋資本。克又云，英、美約皆有且比較諸國通

行章程，於鑛商亦不致有虧。何以我之訓條去此二句。答以與上文於招致外國資本亦無妨礙，照華文意義已包括在內，故大部刪去，以歸簡當。克云，照洋文微有區別，既英、美約皆有，仍應添入，並須將鑛商二字仍改為外國出資本者，較為明顯。克又云，德國人民遵守中國所定章程等語，為英約所無，德政府亦不願載有此節。當駁以英約無請在中國開採鑛産一節，故無遵守章程等項云云，然下文有此項新章頒行後始准開鑛者，均須照新章辦理，即是遵守中國鑛章，方准在中國開鑛之意。大部係因德約既聲請准在中國土地開鑛，與美約相等，故訓條云照美約核改。磋磨再三，彼始允照訓條加入。中國可允德國人民請領執照一段下，又加及鑛務内所應安置之事，較安置一切四字較有限制，並將英約末尾三句一併載入。克又言，德約原文尚有納税一節，請予照例。當駁以鑛務應納税項，其輕重多寡，是中國自主之權，將來鑛務新章頒行，必載有納税規則，不能因德而獨異。且照德約之意，必須開鑛獲有餘利方能納税。要知鑛産獲利厚薄，官無從得知，憑何知其應納若干。宣又引中國現辦大冶鐵鑛，即係按所出之鐵納税，並不按獲利多寡征抽，此足為華、洋一律辦法明證。克始允電德政府。其文曰：中國政府願意振興本國鑛務，因而招致華、洋資本，故允定於此約簽押後一年期内，參仿德國及他國鑛律，採擇其於中國相宜者，另行頒定鑛務新章。此項新章既與華民之利，不損礙中國主權，而於招致外國資本亦無妨礙。且比較諸國通行章程，於外國出資本者不致有虧。中國政府可允德國人民請領執照，在中國土地開採鑛産與辦理用以開採之各項工程，及鑛務内所應安置之事。凡於此項鑛務新章頒行後始准開鑛者，均須照新章辦理等語。祈賜裁酌電覆為盼。海、宣、方。寒二。

致上海盛大臣〔一〕 光緒三十一年九月二十三日午刻發

合興在滬交收鐵路事宜，現添派湘籍之曾道廣鎔、粵籍之鄺守國華赴滬，會同蔡守等點驗接收。祈查照。漾。

致廣州王道台秉恩〔二〕 光緒三十一年九月二十三日午刻發

號電悉。詢據盛大臣覆稱，粵路地契已交美公司者，計價銀十二萬三千五百餘兩，解存總公司者計價銀十六萬五千六百餘兩，與來電據西圖所稱三十九萬八千九百餘兩之數不符。是否電碼有誤，望詢西圖查覆。再，粵省如有湘籍之道、府、州、縣明白正派、現在省城者，可酌舉一兩員，以便派令會同點收。即電覆。漾。

致外務部、商部，上海吕大臣、盛大臣、李大臣，天津袁宫保 光緒三十一年九月二十七日未刻發

滬巧電、效電悉。德約第五欵照滬改字句，核與英約第一欵意義無甚出入，似可照辦。第六欵部改本末句均應遵照該國章程辦理，係就商標請注册者而言，故可賅括納費守章之義。若但云照章保護，以照章二字屬諸國家，恐於商人納費守章之義未能賅

〔一〕録自抄本《張之洞電稿·致上海電》。
〔二〕録自抄本《張之洞電稿·致各省電》。

括，似末段礙難删去，仍請裁酌。感。

吕大臣、盛大臣、李大臣來電并致外務部、袁宫保 光緒三十一年九月十九日亥刻到

十五日，議德約第五欵。克納貝以我所交訓條内如查係合例句，以商人請領存票並未定有規例，似合例二字無所據。當告以合例之意，即所謂應領與否，故英、美約均有查係應領者句，是以訓條照此增入。克又以首句既有給權二字，照德文譯意即是應領之義，下再列應領之句，似嫌重複。海等與之商改為存票須自繳呈請領此票各紙據之日起，如查係應領者，於二十一日期内云云，即與各約相合，克始無異議。又准在本關抵納税項一節，克以英約無本關字樣。我答以英使祇請存票改由海關發給，不必由監督核發，並定期限，意在可免延擱，洋商受虧，並非請改由此關存票可以抵納他關税項，仍照舊章辦理，是以未經聲明在本關字樣。迨議美約時，曾請准在各關抵納，亦未允許，是以聲明可用在發給之新關，即恐有所誤會。兹德約原文有各海關應納税項均准抵用意義，是以訓條改為在本關字樣。克又以英約字義有包括各海關之意在内。又駁以英約互换施行已兩年有餘，英商存票仍只在本關棧納税項，並未請在各關通用，此其明證。若准抵各海關之税，不但無此辦法，且存票根據往返行查，勢必多延時日，轉非體恤商情之道。當面詢賀、戴兩税司，亦言悉照向章，並力陳各關通用，弊混甚大，税司難以照辦。與克辯論再三，克始允照英約聲叙，節去在本關之字，改為均准按照所載銀兩全數一體照收抵用。彼既援照英約，我亦無詞强争。末段係僅為圖騙税項起見句，節去僅字，較為乾净，餘悉允照訓條辦理。祈賜核示電覆。海、宣、方。巧。

吕大臣、盛大臣、李大臣來電并致外務部、商部、袁宫保 光緒三十一年九月二十一日丑刻到

德約第六欵，昨與克納貝會議，克以德國現無中國所派商務委員，何以訓條有此。告以商部現擬派員赴各國考察商務，是以列入，並詰以中國商標，何以須由駐華之德國領事出立文據。彼言德領駐華，可以知中國所保護之商標，如出洋保護，有德國領事簽字蓋印，德國即可承認。又駁以護照須領事簽字蓋印，是因一入德境，即可任其保護，非同商標可比。德國商標係由德國該管衙門出立文憑，則中國商標亦應由中國該管衙門出立，以免顯有軒輊。克允照訓條改為中國商標，凡呈有駐德中國使館之文憑，載明此項商標業在中國註册保護者云云，並將第二節華字行號不准中國人冒用句，改為不准中國人違例假用。至訓條末段，中國商標應遵該國章程辦理一層，克仍執原文與我力争，詰以此欵即為商標而設，何以尚須另訂互保專約。克言，德國凡遇彼國願保護德國商標者，德國即與互訂一約，亦允以保護。現在中國商標章程尚未訂定頒行，故須定有章程後，德國始能將彼此保護章程會同另訂一約，此欵係為章程未定以前而言。告以中國商標章程係采仿各國章程酌定，此次立約，原為以後而設，並非為現在而立，若僅為現在，則此約未到批准之時，商標章程即可訂定，又何須立此約欵。克領語塞，謂既如此，不如將訓條此段一并删去。又駁以訓條重在末句照各該國章程辦理，此為各約所有，未便照删。磋磨再四，先允將此段暫緩列入，容其審酌，隨後再定。海等此次擬暫不與争，俟下次議時，彼如仍請删去末段，即將第一

節德國當允一體保護句，第二節當允在中國照章保護句，各於保護上加照章二字，亦足以賅括繳納規費、遵守章程之意，以期簡而易從。當否，乞賜核示。海、宣、方。效。

致外務部，上海吕大臣、盛大臣、李大臣，河間袁宫保 光緒三十一年九月二十七日未刻發

滬養一、二、三等電均悉。德約第七欵，德民附股於中國公司者，但云亦須遵守公司律例，無按中國公堂解釋七字，與上文華民附股德國公司一面相較，尚有軒輊，恐將來中國所定公司律例，彼可狡辯不按中國公堂解釋，不可不防。擬請將亦須遵守公司律例句，於亦須二字下，添入按中國公堂解釋七字，以免彼此文法參差。第八欵開爲之通商各埠句，開爲二字擬改爲准開二字，文義較順。此欵必須彼允將第二欵刪去，方可照辦。第九欵照部改本聲叙，止添入於出資人呈明情形一語，似可照允。但由海關所定之章程句，所定應改爲核定方妥。統祈裁酌。感二。

吕大臣、盛大臣、李大臣來電并致外務部、商部、袁宫保 光緒三十一年九月十二四日未刻到

十七日，會議德約第七欵。克領以原文首段係比照英約首段聲叙，不肯照訓條文法。當詢其由，據赫美玲云，德國公司有兩三人合資，有數人合資，有數十人合資者，非如英國公司定例只准七人或廿一人，故英國公司必有股票，德國公司不必盡有股票，所以首段將英約購買股票字義，改為附入資本，亦猶日約第四欵所云合股經營之意。當告以此係空言立論，因英約開議時，馬使牽涉從前匯理銀行一案，謂我不認華洋合股，駁以例不准行，故聲叙此段以明緣起，中國是以於英約末段增叙凡經呈控公堂而已經不予准理之案，與是欵無涉，以清界限。大部訓條以深知中德兩國商民從前並無有合股貿易者，故刪去首段，亦係比照日約辦理。克又言，日約雖無英約首段，亦無英約後段，今訓條祇刪去首段，而仍留後段，似涉兩歧，彼願照英約辦理。海等見其所論亦尚有理，允以照原約再加核改。惟德民附股於中國公司一節，克領仍請照彼之原文從簡聲叙。當駁以此係照日約對待辦法，訓條所改即本此意，克云，中國律法尚未改定，憑何遵守。答以商律業經奏准頒行。克又謂，將來增添之公司律例，此句何憑。答以商律尚未周備，將來或有增益。克言，律法應照現行，無所謂從前、將來，此層不必叙入，允照英約簡叙而聲明遵守公司律例及自定之合同章程，雖無訓條之詳盡，似較英約尚為切實扼要。文曰：華人於他國貿易或公司附入資本，其合例與否，既經向來争論未定，而華人却有鉅數資本附於其中，故中國現在允定將華人資本無論業經或將來附入者，均應視為合例。凡各項公司，其大要者係各股友彼此之責任，務須悉皆相同。故遇華民附股於此等德國公司者，但附股即應視為已允按德國公堂解釋，遵守公司律例及該公司自定之合同章程。此等股友儻被控告，而其責任與德國股友並無或異，亦無輕重之别，中國公堂即應飭令遵守此項律章。其德民附股於中國公司者，亦須遵守公司律例及該公司自定之合同章程，與中國股友相同無異。凡於此約未定以前業經公堂審訊斷駁之案，不得援引是欵等語。乞賜酌核電覆為盼。海、宣、方。養一。

吕大臣、盛大臣、李大臣來電并致外務部、袁宮保 光緒三十一年九月二十四日未刻到

德約第八欵，克領以訓條改索開口岸為約開口岸，與彼所請宗旨不合，謂約開之口岸本准各國一體均霑，是即第二欵所請，且原文口岸下尚有及各他處所，字義係指内地之通商場處，所立言亦非專指口岸。前議如將此欵照允所請，則第二欵議刪。現尚未接有德政府覆電，可先將此欵約文斟酌妥善。海等公同籌商，此欵用意係中國已允他國特别通商之處，彼意欲通商，是索條約外一體均霑之利益。中國若已應允他國通商，彼猶援引，本難拒絶，似較第二欵所請為輕，因與酌改。文曰：凡中國已允及將來所允他國為其本國人民或船隻開為之通商各埠，亦即作為允與德國人民或船隻一律通商等語。按埠字意義與通商意義相映，較口岸字義為寬，較各他處所字義為緊。至及將來所允五字，彼係比照第二欵辦法，但望將第二欵刪去，則此欵似可照允。乞賜裁酌電覆為盼。海、宣、方。養二。

吕大臣、盛大臣、李大臣來電并致外務部、袁宮保 光緒三十一年九月二十五日子刻到

十九日，會議德約第九欵。克領（諾）［謂］訓條將其所請須遵照海關會同出資安設之人商定章程辦理改易。彼因安設之件所需資本或多或少，不能預定，恐海關所定章程於出資之人有不相宜之處，故請將情形與海關商定。當駁以訂定章程是中國海關自主之權，何能與外國商人會訂，無此體例，大部斷不允准，如將安設出資情形預先呈明海關，由海關自行酌定章程，尚可通融。彼又以第二節並無過於妨害地方百姓之處，（向）［倘］訓條刪去過於二字，克為不阻此策，開辦句訓條改為應和平酌核，與我再三辯論。我執定英約與争，彼始允將此欵内惟須遵照海關所定章程辦理一句，改為惟須遵照海關於出資人呈明情形後由海關所定之章程辦理。餘悉照訓條，並無增易。祈賜酌核電覆為盼。海、宣、方。養三。

致外務部，上海吕大臣、盛大臣、李大臣，天津袁宮保 光緒三十一年九月二十七日未刻發

滬漾一、二、三等電悉。德約第十欵内港行輪章程，萬難聽各國任意商改，滬議駁甚是。彼所索租期九十九年，及内港行輪處所准德人居住兩條，斷難照允。即長江拖船一節，亦流弊甚多，必不得已，照滬議另用照會聲明，衹准拖帶裝載笨重機器與鐵路料件之駁船，此外貨物概不得裝運，似尚稍有限制。第十一欵克領所改彼此商明凡用新幣以納關税，仍以關平折算爲準數語，詞意明顯，甚好，似可照改。第十二欵部文末一節，係申明舊章，斷斷不可刪去。祈裁酌。感三。

吕大臣、盛大臣、李大臣來電并致外務部、袁宮保 光緒三十一年九月二十五日辰刻到

廿一日，會議德約第十欵。我先告以仍照前議，將此欵約文商酌則可，其所附内港章程十條則不能有所增改。克言，英約已逾兩年，其章程第十條聲明，嗣後儻有應行修改之處，即可隨時彼此酌情商定，美約第十二欵亦同此意義，足見該章程可以隨時修改，是以德國請增益之處，中國應所允許。我答以英、美約章

所云，是指定約以後而言，德國商約雖開議在後，而同為和議大綱所允修改之事，不能援他國同時修改之約，引為先事之資。如願照美約聲叙，我無不可。克又言，德國定例，兩國立約，其約欵應交議院核議，如所附之詳細章程可以不交議院，是以彼送原約文聲明另訂二字，即係為此。我又告以章程無論交議院與否，我總不能再任增改，因內港行輪光緒廿四年所定正續章程，係由中國自定，並非與各國會商，故此次續定章程雖由英國商請修改，仍照前章辦理，並不能作為與各國會商之件。此其中所給利益不少，若任各國陸續商改，則將無底止，是以中國政府決計不願各國再有商請。克又言，彼所請者祇三事：一為第一條棧房、碼頭，租期改為九十九年。二為第三條輪船所到之處，德商可以居住，並聽憑雇用華、洋代理及辦事等人。三為第九條揚子江輪船亦可拖帶，水手亦可允准格外改辦。我駁以棧房、碼頭係租自商民，非租界可比，故租期只能至多廿五年，不能援照租界辦法。至內港行輪之處即准德商居住，直是內地雜居。德約第二欵所請，我尚不能應允，此更無論。其代理及辦事不准用洋人，亦是為防雜居之漸。長江輪船若無海關特照，一概不准拖帶貨輪，載在原定章程第七條，此章仍照舊行，不能更易。水手應歸華民充當，因內港一經行輪，則華船生意為其所攘，故留此以裕華民生機，斷不能一網打盡。克又言長江輪船往往不能載運過笨重機件，必須另備大駁船拖帶，雖經海關准發特照，然只准拖帶一次。然另備大拖駁，工本甚大，非請特照，不能行駛，則賠耗不貲，且數數請發特照，亦屬不易，非有緣故陳明，海關不允給發，商人實有不便。且出德政府來電譯告，大意謂開議至今，中國所允者不過已允英、美者亦允，所有德國另已新請者，中國皆未應允，於德無益，則此條約遲速與德無關繫，必致延緩時日。德國亦不能將另請者竟行全棄，因彼將於十月初八日離滬，穆使亦將去北京，恐需日更多等語。海等反復籌商，如再一概堅拒，恐彼用延宕之術，別生枝節，答以將長江輪船一事，代為請示政府，其餘不便代達，以不能强我政府所難。海等愚意，如長江准予拖船，只可裝載重笨機器與鐵路料件，似不能列入內港章程，只可允以另備照會，聲明此等輪船不得裝載貨物，其被拖之駁船亦不得裝載別種雜貨，必俟裁釐以後，始允照內港章程拖船行駛長江，較為妥慎。併以附陳。海、宣、方。漾一。

呂大臣、盛大臣、李大臣來電并致外務部、袁宫保

光緒三十一年九月二十五日巳刻到

德約第十一欵，昨與克領會議，彼以訓條所加惟彼此商明凡納關税，仍以關平核訂為准一節，為英約所無。告以英約雖未載入，已另備照會聲明，作為附件，後美、日兩約皆以入約為然，故訓條照美、日約文補入。克又云，既定劃一國幣，是應用國幣納税，不應再有關平名目，若關平仍舊則，不得謂之劃一國幣，應改為彼此商明，凡用新幣以納關税，其數仍以關平折算為準，餘可悉照訓條，無所增改。謹以電聞。海、宣、方。漾二。

呂大臣、盛大臣、李大臣來電并致外務部、袁宫保

光緒三十一年九月二十五日巳刻到

德約第十二欵禁止米糧出口一事，克領初猶執定原約，請由政府頒示禁令。當告以禁米出口，係因地方饑饉，米糧短少，此事須由該省督撫主政，政府遠在京師，從何而知地方情形。且政府亦向無出示之例，故必歸督撫核辦方妥。克云，前三節約文可

照訓條，惟末節能否照刪，必須請示德政府，得覆再定。謹以電聞。海、宣、方。漾三。

致外務部光緒三十一年九月二十七日申刻發

敬電悉。鐵路本以自行集欵開辦爲最善，惟粤漢已借贖路欵一百十萬金鎊，由三省分認，期十年還清，歲籌本利及付美公司已售之金元小票二百二十餘萬元，歲息爲數已鉅，若再籌造路欵，更屬爲難，必致路成無期，歲還重債，毫無利益，轉爲地方之累，故湘、鄂紳民原議有借欵自辦之説，意在早興工，早見利，早清債。前接貴部上月銑電及本月朔電、咸電，即疊次電催湘、粤諸紳來鄂，再行集議，迄尚未到。既貴部深慮借欵轇轕，敝處必當力勸三省紳民自行籌欵。三省能否始終一律照辦，俟會議定後，再行電達貴部，請加詳酌。沁。

致外務部光緒三十一年九月二十七日申刻發

川漢鐵路在川境者二千餘里，半係大山，工費必需數千萬，集欵甚非易易。其於鄂境之路，川省更無能爲力矣。在鄂境者一千二百餘里，亦有山路，需費亦復不貲。鄂省民力困竭，萬萬無從籌此鉅欵。鄂路不成，則川無出路，無利可獲，川民豈肯輸資集股，一兩年後，即籌定各欵，亦必觀望不繳矣。然則鄂路不修，勢必牽連川路亦不能開工。川路久不開工，不惟川民失望，川股難籌，恐各國亦將生心。故川漢路工，鄂不能不急籌開辦，以通川路，而維大局。然鄂既分認粤漢贖路修路之欵，再欲另籌川路之欵，斷無此力，故此路非借欵萬不能成。前承電示，貴部曾允英、美借欵修此路，今若商借英欵，英與美自能聯合。至他國本無干涉，自不致有異議。且雖借英欵，仍歸自辦。照會内預先議明，一切用人、擇地、管路、行車及開鑛利權，借欵國之工程師絲毫不得干預等語，似無流弊，斷不致將路權放失。此路成後，車利極優，分二十年攤還本息，所差當亦無幾。見利之後，招股較易，鄂省仍須多方設法，隨時募股集捐湊還，借欵本息，當掃數清償。總之，川漢一路欵鉅工艱，萬分難辦，特以西南上游大局所關，鄂省地方職守所在，不敢不勉爲其難。籌思經年，舍此實無辦法。謹此剴切縷晰密陳，務懇貴部統籌詳酌，速賜指示，川、楚兩省幸甚。祈電覆。感。

致東京楊欽差、湖北學生監督李道台寶巽光緒三十一年九月二十七日申刻發

近接鄂、湘、粤在東留學生公電稱：東西各報謂公從英國政府借欵一千萬，香港英官有管理路權，工程師半用英人，路欵若缺，必向英借云云。竊謂借債惟宜用普通名義，既以膏捐作抵，不應更提粤漢鐵路四字。借欵用於何事，本非債主所能過問。今若此，則易美公司爲英政府，債權、修路權、管路權皆屬英，害且加甚。我於英、美並無厚薄，去美來英，廢如不廢，乞速示覆等語，深堪駭異。查贖回美約，專爲保守路權，豈有爭諸彼國復讓諸此國之理。此次所借贖路英欵，於路權毫不干涉。至修路欵借否，聽我自便，如不借修路欵，並無工程師半用英人之説，將來造路無論用何國工程師，皆由我指派地段，分段承修，於應辦本分工程之外，路政絲毫不得干預，前致英領照會皆已言明。報

紙訛傳，何足憑信。此乃不利廢約之人造謠誣毀，冀攬成局，該生等何竟受其愚耶。如該生等關心桑梓，果有籌款興工，裨益路政之切實辦法，本部堂必加采納，何得輕信浮言，輕率發議，殊屬不合。請星使傳諭鄂、湘、粵三省諸生，以後遇事務須詳審真僞，再加論列。至爭回粵漢鐵路詳細原委，當另行詳細宣布也。此電并由李監督一體傳示諸生爲要。感。

致華盛頓梁欽差[一] 光緒三十一年九月二十七日戌刻發

二十日、二十六日兩電悉。小票息請即在存欵内撥付。感。

致外務部，上海吕大臣、盛大臣、李大臣，河間袁宮保 光緒三十一年九月二十七日亥刻發

滬敬一、二，徑一、二，四電均悉。德約第十三欵禁運莫啡鴉，第十五欵收回治外法權，詳核詞意，與英、美、日、葡等約無甚出入，請妥酌字句，即可定議。惟第十四欵傳教一事，前議英約時，意在中國與各國派員會查教會實情，妥籌永遠相安之法。今德約前段重在保護教士教民身家產業，及不攔阻華民入教一邊，而於派員會查則置不復議，僅以詳細考查四字，用輕筆帶過，與我索增此欵之本意全失，不惟買櫝還珠，竟是求益反損，巧幻已極，殊屬無謂。宜照英、葡兩約文義，切實商改。此節甚有關繫，請再詳酌。如彼援美約爲言，可告以美約無長江拖船之請以相抵制，似不患無詞。至克領能否商留，應候外務部酌核辦理可也。儉。

吕大臣、盛大臣、李大臣來電并致外務部、袁宮保 光緒三十一年九月二十六日子刻到

本日會議，我所索增三欵，克領云，此三欵雖可先將約文商改妥洽，然應入約與否，隨後再定。詢以曾否電請德政府核示，彼云，可以無須，但俟彼所請索長江拖輪等事我可應允，彼亦可應允，意在抵制互換，以為要挾之計。當將第十三欵與議，彼言莫啡鴉本為德國所出，並非他國所有，我既索禁，彼亦可允，但約文願比照英約聲叙詳盡。彼將所擬德文交譯，即飭赫美玲等譯就漢文，與英約校核，尚少請單須先在領署具結，如不照切結辦理，即不准再運，凡未領單而運進口，將其貨充公各節，即索其照英約一一補入，克已照辦。文曰：德國政府應允中國禁止莫啡鴉及用莫啡鴉刺入肌膚之各針進口，惟中國亦須應允，凡德國領有考選勝任憑照之醫生為醫院所用，或德國藥鋪欲運莫啡鴉進口，如經按照税則完納進口税，並經領有特給准單，方行照准。至藥鋪非持外國領有考選勝任憑照之醫生所發憑單，不得出售，並即有此項憑單，亦僅可以些須小數出售。凡請此項特准單者，須先奉德國領事署内出具切結，聲明遵照以上各條辦理，方可給該特准單。儻不遵照所具切結辦理，一經在德國領事前證明，即不准再運。凡德人未領特准單運莫啡鴉進口者，可將其貨充公。此欵須俟有約各國擔允照行，方可舉辦。所有禁止以前已經落船之莫啡鴉，不在禁止之列，中國政府亦允立即設法禁止國内製煉莫啡

[一] 録自抄本《張之洞電稿·致外洋電》。

鴉等語。核與英約意義均屬相符，於訓條宗旨亦無違背。祈迅賜核示電覆。海、宣、方。敬一。

呂大臣、盛大臣、李大臣來電并致外務部、袁宫保 光緒三十一年九月二十五日亥刻到

德約第十四欵傳教一事，克領將首段略改數字，並索添入教及傳教毫無阻攔一節，詢係比照美約華民自願奉基督教毫無阻止之意義辦理。又添教民及傳教本人產業應一體保護一節，詢係按照德國舊約第十欵辦理。海等當以索添第一節核與美約意義尚無出入，其索添第二節雖係舊約所許，然舊約係保佑身家，並無產業字樣，與之駁詰。克言產業字義本包括在身家之內，豈有保護身家而不保護產業之理，況舊約載明皆全獲保佑，是凡教民及傳教之人應保護者，中國皆以允保護，亦不自今日始也。茲將所改約文録如下，曰：中德兩國政府意須將傳教事宜詳細查考，以免從前嫌釁滋事，將來復萌。茲特聲明，凡基督教所有入教及傳教者，無論德、華人民，均准守教傳教，毫無阻攔，並其本人產業應一體妥為保護。德國教士應不得干預中國官員治理華民之權云云。以下悉照訓條並無增易。祈迅賜裁酌電示為盼。海、宣、方。敬二。

呂大臣、盛大臣、李大臣來電并致外務部、袁宫保 光緒三十一年九月二十六日酉刻到

德約第十五欵治外法權一事，克領已照英約洋文譯就德文交閱，當飭赫美玲譯出漢文，核與英美各約漢文微有不同。彼將英文律例二字譯為審斷辦法四字，餘僅文法顛倒，意義並無出入，因與詳細辯論。我謂中國所允改者為律例，必先改定律例，然後審斷乃有依據，辦法始可相同。改定律例是第一層意義，審斷辦法是第二層意義，故英、美約皆曰查悉中國律例情形，及其審斷辦法，係層遞而下。若僅言整頓審斷辦法，不足以賅改律本意。克始勉允將德文照改妥合。其欵文曰：中國既聲明願整頓本國律例，以期與各國律例相同，德國政府應允助成此舉，並聲明願意棄其治外法權，一俟查悉中國律例及施行律例如法，並一切相關事宜皆臻妥善，方可照棄等語。祈賜酌核迅為電覆。海、宣、方。徑一。

呂大臣、盛大臣、李大臣來電并致外務部、袁宫保 光緒三十一年九月二十六日子刻到

今日克領於議畢時，特為聲明穆使西十一月四號由京來滬，與彼偕行，定華十月初八船期回國，全約後日可以議完，擬即將彼此請示回電作一次會商，以便逐條核定，即可繕寫簽押。當告以大部及兩帥覆電，恐一時未能到齊，設彼此有辯駁，仍須電商。即使核定，尚須會奏請旨，非一月不能竣事，為日過促，請其展緩行期，克領尚未應允。海等公同籌劃，此次德約，悉照英、美約核駁力拒，彼所要請各節，幾已發摘無遺，惟長江拖輪一事，尚要索不已，故我所索添三欵，彼亦不肯遽行允定，尚作活語，以為抵換地步。如能趁該領事未回國前議定劃押，一則原經手易於商酌，二則彼急欲啟行，或不致再十分争執，三則此約早成，免致德商聞而訾議，別生枝節，四則他國未議之約亦可接續催議。昨克領所述德政府來電，亦以德約無甚益處，意在延緩，不可不慮。惟祈大部、兩帥一面迅賜裁示，俾可一齊按欵磋商，竭力趕辦，免致延誤，一面請大部婉商穆使，請其電致德政府挽留克領

事，始終其事，則幸甚。海、宣、方。徑二。

致華盛頓梁欽差 光緒三十一年九月二十八日巳刻發

美公司借欵合同，載明凡行車進項，除行車養路等費開銷外，如有盈餘，應用以抵築路借欵之息等語。查合興已修粵路，據彼開報，亦止叁百餘萬金元。今還贖路欵數至陸百柒拾五萬元，加息在外，是合興無論何項浮支濫費，我已悉數認還，其粵路車利盈餘，自應算還中國。乃屢接粵電稱，從上年九月起至本月十二接收前一日止，共收車利叁拾柒萬餘元，除行車各站暨佛沙公司等開銷每月約用一萬數千元，尚應交還中國二十餘萬元。詢據該公司洋人連德報稱，自去年西三月停工後，行車進項已支給各工程司，共用去叁拾柒萬伍千陸百餘元等語。任意開銷，毫無情理。經向西圖查問，西圖答稱我止奉命移交公司所存各料，未奉清理帳目之命等語，顯係狡賴。應請尊處詳詢鐵路專門律師，當如何與合興公司追查清帳，迅即酌辦，並先電覆。勘。

致廣州岑制台、上海盛大臣〔一〕 光緒三十一年九月二十八日午刻發

頃據接收粵路委員王道秉恩電禀，合興所派交路洋員西圖尚有帳簿一本未交，所收車費未還，契報亦未交全，刻即欲離粵，應請急電盛大臣暨雲帥阻止等語。查該洋員經收自去年停工後之車費三十餘萬元，全行任意開銷洋匠薪水，毫無情理，荒謬已極。帳未交清，豈能離粵。務望杏翁立即電飭該洋員將欵目交代清楚，方准回國，并祈雲帥迅告美領事轉飭該洋員遵辦，萬勿擅離，切禱。仍祈電覆。勘。

致外務部、商部，吕大臣、盛大臣、李大臣，天津袁宫保 光緒三十一年九月二十九日子刻發

外務部徑二電悉。鑛務内所應安置之事句，如能將務字改作山字，則所安置者不過鑛山内之工程，自不容軼出範圍之外，尚無大患。若仍用開採之各項工程句，則務請將用以兩字節去，於開採下添鑛産二字，各項工程上添鑛山内三字，庶免將來藉此工程二字，借便於運鑛爲名，蒙混要求築造附近各州縣之鐵路工程，以杜流弊。此乃外商故智，開鑛常情，不可不防。餘請照部電商改，統祈裁酌。豔。

外務部來電 光緒三十一年九月二十六日丑刻到

德約第二欵，彼不允用合宜地界一語，即應照滬議將此欵删去。第三欵謹慎堅固四字已删，堪為關棧之用一語斷不可删，屯積貨物句加合例二字亦甚善。均應照津、鄂電辦理。外務部。徑一。

致京户部大堂張尚書〔二〕 光緒三十一年九月二十九日午刻發

勘電悉。粵漢路決計籌欵自辦，不借外欵，已告外務部。貴

〔一〕録自抄本《張之洞電稿·致各省電》。

〔二〕指張百熙。以下二電録自抄本《張之洞電稿·致北京電》。

省紳士能籌，鄙人免擔重責，最所欣願也。豔。

致京外務部 光緒三十一年九月二十九日午刻發

勘電悉。粵漢路決計籌欵自辦，不借外欵。豔。

致宜昌土膏總局孫道台〔一〕 光緒三十一年九月二十九日亥刻發

該局應解湖北夏季土膏税捐，僅撥解到錢陸萬串，其四五兩月尾批，並六月起解改辦統捐後，迄未報解分文，殊屬延緩，可怪。現在省局待解賠欵甚急，電到，務即日將夏季收欵掃數清解，六月改辦統捐後收欵，亦即迅速批解，以濟急需。即電覆。豔。

致京瞿尚書、張尚書、左子異太常 光緒三十一年十月初二日寅刻發

左京卿豔電悉。粵漢鐵路決計籌欵自辦，不借外債，前日已電覆冶翁，並達外務部矣。湘路公司前由湘紳公舉王益吾祭酒爲總理，張雨珊、席沅生兩觀察爲總辦，敝處已會湘撫衙照派。總理不過虛名，實權全在總辦。雨翁公正和平，鄉望最著，以之作公司領袖，極爲允協。沅生明敏通達，有識有才，自初議廢約即出任事，赴滬赴鄂，殫思竭誠，能知鐵路利病，能明悉廢約原委辦法者，湘紳中惟此一人，以佐雨翁，公司事必克有濟，未知此時因何事必須另派總辦。諺云過河拆橋，當籌議廢約之時，以張、席兩君爲總辦。今約既廢矣，而張、席兩君棄之不用，另派一大帽子加乎其上，得無有類於拆橋乎。袁廉訪才猷卓越，鄙人素所佩服，惟渠隆隆日上，瞬躋開府，屬以湘路，轉致紆迴，不審其意果願否。現聞雨珊、沅生兩君均欲辭退，鄙意總以兩君總辦爲妥。至具呈商部一節，窒礙甚多。蓋現既定議不借外債，自以籌欵爲最急。湘路最長，需欵最鉅，總須兩千萬内外，加以每年尚須籌運贖路借欵，紳富能輸鉅資入股者，斷不能多，無論如何設法籌捐，非藉資官力不可。然籌捐極是難事，非地方官體察情形，相助爲理，難免觀望。欲地方官力助，非督撫主持則呼應不靈。商部遠在京師，豈能遥制，一也。湘路總辦既歸商部奏派，鄂路、粵路勢必牽連而及。此後三省路政使當徑隷商部，督撫更不便過問。此等爲難之事，既有人招攬，督撫亦樂得卸肩。奏派之員能否獨擔其任，殊不可必，二也。若專舉湘紳，而商部即令此湘紳兼綜粵、鄂，粵、鄂士民必然不願，想斷非如此辦法，三也。又或湘路歸商部派員，而粵、鄂則否，事權體制軒輊攸分，將來辦事勢難一氣貫通，四也。路事工艱費鉅，不易觀成，内外協力同心，猶懼不給，若在籍諸公所舉必令辭退，另由在京諸公推舉，督撫會銜所派不能作準，必另由商部委派，恐從前辦事者人人寒心，各存意見，難於和衷共濟，五也。凡此五端，皆就事理上推想，既承下問，不敢不以實告。否則，鄙人奉旨飭令收回路權，幸而得濟，責任已完，鄂境不足三百里，尚易料理，此後湘、粵路事儘可不管。但以三省大局利害所繫，私願總望此路之早成，以竟全功，方不致爲各國所笑，故心所未安，不忍緘默。務望諸公詳加斟酌，似仍以雨珊、沅生兩君總辦爲是，庶乎有實際而無

〔一〕録自抄本《張之洞電稿·致本省電》。

枝節。至益吾祭酒，雖有總理之名，據此間湘員言，並不常到公司辦事，去留原無甚關繫，然亦須爲王稍留面子，免致籌欵之事別生異議等語。此説亦甚有理，或換一名目，並望詳酌。儻袁廉訪果願以路事自任，亦宜將原派捐諸公妥商位置，與在籍諸公會同酌議，仍由本省督撫奏派，將來諸事均易接洽，實於湘路有裨。戇直之言，統祈裁察示覆。至盼。沃。

致外務部、商部，吕大臣、盛大臣、李大臣，天津袁宫保 光緒三十一年十月初七日辰刻發

滬豪電，克領訂期回國，已悉，請候部示可也。滬電欲將彼此商妥者及彼此要索未允者，各備照會互換，甚妥。管見德約緩議，似無妨。陽。

吕大臣、盛大臣、李大臣來電 并致外務部、袁宫保 光緒三十一年十月初六日子刻到

昨接克領事函，訂初六過我辭行，初八回國，勢難挽留。當約其今午會議，將商部暨兩帥核覆第五欵以下約文應行增改處所，按欵與之辯論，克終不能照改。言之至再，克言屢次商改，彼不能作主，將前此會擬之約文再有增易，祇可就我索改之處備文録報德政府，請示辦理。即前此會議彼此擬妥之約文，彼亦是用公文報知政府，所發電報不過撮其大旨，故政府覆電但言德國所索利益，中國概未允許，必須仍向中國要請。其上次所擬約文，德政府允否，尚未得知。當詰以德國所請利益，中國可以應許者，業經照允，此外德國尚有何要求。克言，德仍索請者，即第三欵海關所定關棧章程，必須與領事公會商定，第四欵鑛産納税，必須按所得净利及鑛地面積大小，第十欵内港行輪章程内之租期九十九年，輪船所到處德商可以居住，並聽憑雇用華洋代理人等，暨長江拖輪及水手亦可格外改辦，第十二欵米禁須由政府頒示，第十六欵德文為正義。如中國能允彼若干，彼回國即可商請德政府允改若干，及我所增索之禁莫啡鴉、傳教事宜、治外法權以為抵換。海等聞之深為詫異，即駁以開議一月，辯論不下數十萬言，無非以德國所請為各約所無，為我國不能允之事。今德政府復申前請，是所議盡屬罷論，徒費磋磨，未免可惜。克言德政府索請之事，一無所允，直是照録各國之約，於德無益，深滋不願。又駁以我所增索三欵，亦是英、美等國所共允，並非向德國別有要求。況我已允德約新增之第八欵及允以商辦長江拖輪，已視他國之約為優異，若再有所增加，則將來續議他國之約，儻均照此援請，中國愈不能支，且亦無如此辦法。痛切拒絶，辯論數時之久。克領仍堅持不下，此明是彼前奉德政府訓條，謂於德無益，故利用延緩之術。近來德國新報亦言德國許立此約，全無好處，不如不議之為愈等語。是以海等前此電請速覆，即慮及此，今果枝節横生，垂成復敗。反復籌商，只有先將我處歷次商妥之漢洋文核對清楚，各録一分，將我所索改各處詳註於後，備文照送該領事，亦囑該領事將彼處商妥之漢洋文照録一分，註明德國所索添各處，備文照覆，以為彼此業經會議之據，再各照録來文請示本國政府，俟德國派人接議，再行商定。克領能否照辦，尚未可知，容俟互換照會後再行奉達。海、宣、方。豪。

致東京楊欽差、湖北學生監督李道台〔一〕光緒三十一年十月初九日未刻發

星使洽電、李監督禡電均悉。此次延聘鐵路技師，首重在測勘川漢鐵路。宜昌以上高山太多，連綿不斷，施工不易，非確係高等技師富有經驗者，不能勝任。鐵道協會所薦之宇三精〔二〕、宮城島二人能否勘定川漢路綫，望再切實訪察，果能合選，薪水每月龍銀四百元可照准。其勘路所需旅費，除車船官備外，亦望酌定一數。至合同年限權限，須俟勘路後，由我酌定，暫訂之合同，只可專就勘路言。統望商妥電覆，再定用否。佳。

致東京湖北學生監督李道台光緒三十一年十月初九日未刻發

冬電悉。此次鄂聘早稻田同文會教員，專重嫻習華語、講授科學不煩傳譯者，方爲合選，若華語不熟，即與合同不符，礙難延訂。如不便一概辭却，可將言語稍好者兩人訂聘來鄂，惟須與之言明酌減薪水十之三四，令來鄂加習華語，俟華語純熟，薪水照合同之數支給。可速與早田、早苗妥商，電覆。泰。

致華盛頓梁欽差光緒三十一年十月初九日未刻發

鄂付合興第一期欵，除收回借欵英金四十萬鎊外，尚墊用銀三十四萬七千五百零二兩，約合英金四萬九千二百鎊，請於存欵內撥出，電匯來鄂。切盼。泰。

致廣州王道台秉恩、向道台萬鑅光緒三十一年十月初九日申刻發

東、冬等電均悉。合興未交路以前所收車利，詢據梁星使覆稱，商諸律師，云借欵合同語意含混，售路合同亦未明叙，合興未必肯認。昨與惠第爾面争，據稱公司費用不止此數，實難計繳等語。查此次贖路重在收回路權，梁星使所訂售路合同，既未叙及，現恐難向索還，即由該道等斟酌辦理可也。泰。

致上海趙令鳳昌光緒三十一年十月初九日申刻發

庚電及蔡守等歌電均悉。合興公司已用之欵，毋庸復核。合興如有外欠，應由合興自理，與中國無涉。此層收路合同内並未明叙，務於此次寫給收據時，聲明如有欠帳，與我無涉，以杜將來膠葛。除電梁星使外，此電並交蔡守、鄺守、金令同閱。青。

致成都錫制台光緒三十一年十月十二日子刻發

庚電悉。此次胡雨嵐太史來鄂，面談路事，當告以管路之權，鄂中紳士、學生堅不允讓，因定各修各境之議。茲承電示，俯允照辦。此本初議，最爲妥洽，鄂省自當亟籌興辦。惟博采衆議，辦法有二，應商川省。一、粵漢鐵路現既向美國争回，三省分境自修，勢不能緩。然鄂省財力較薄，既修接湘之路，又修接川之路，欵分兩用，工即不能速成。宜昌以上至巫山交界處，約五百

〔一〕以下三電録自抄本《張之洞電稿·致外洋電》。

〔二〕本年八月十九日致李監督皓電作「宇下精」。

餘里，盡係大山，工艱費鉅，只能儘力籌辦，造成一里是一里，勢不能刻期竣工，此一説也。一、宜昌以上路工，鄂若不能刻期告竣，則川無出路。川雖集有鉅資，於萬、宜之間修成車路一段，亦無所用。川路欲早見利，非鄂路及早接通不可。鄂省本擬暫借英欵，已商有眉目，因外務部堅持不允，已作罷論。今爲川、鄂兩省計，莫若鄂省即借川欵，以修接川之路，而即以借洋欵之法改借川欵。英欵言明九五五扣，年息五釐，今川欵無須扣頭，可加息一釐，作爲年息六釐，即七釐亦可，即以宜昌以上至邊境鐵路爲抵押，以二十年爲期，前五年專付息，後十五年連本攤還，利隨本減，計每年借撥銀二百萬，以宜昌、萬縣之路接通之日爲止，約須共借一千餘萬兩。每次以收欵之日起利，半年一付，到期本利不能清還，此路即交川省收管。合同條欵均照借洋欵辦法，由兩省會奏立案，如此則川自萬縣修起，鄂自宜昌修起，兩端相接，約六年可成。此路早通早得大利，於川、鄂兩省均大有益。聞川省歲可集欵四百萬，前數年以一半借鄂，由鄂分修，工可速成，利可早見。爲全路計，似無便於此者。查鄂境之路山嶺尤多，工費尤重，每年二百萬斷不足用，雖借川欵，仍當自籌數十萬添補。此又一説也。特將兩策奉陳，祈詢商川紳通盤籌畫，早日見覆，以便籌辦。惟無論如何辦法，總宜兩省自籌辦理，萬不可由内另派督辦，致生荆棘。俟兩省辦法商定，方可會摺覆陳，届時由何省主稿，當再熟商。至川路總宜自萬縣修起，萬縣乃水陸兩路總馬頭，若夔府殊多不便，至要至要。祈速籌電覆。文。

致外務部光緒三十一年十月十二日子刻發

箇電悉。查三品頂戴員外郎職銜辜湯生，號鴻銘，兼通英、法、德三國語言文字，得有英國大學、羅馬希臘經科博士文憑，足比中國進士，並德國國家工程學堂修業文憑。該員志趣端正，學問優長，各國皆知，久充敝處洋務委員，相隨粵、鄂已二十年，深資得力，本難暫離。茲承派充浦局坐辦，事體重要，籌計再三，不敢不勉應鈞命。惟鄂省遇有交涉要務，應仍令該員隨時來鄂辦理，以期兼顧，特此豫爲陳明。至該員在鄂辦理洋務出力有年，現調充浦局坐辦，可否由貴部奏請作爲進士，以六部郎中候選，授以實官，與外人交涉辦事體制較爲相宜。敢祈裁奪，敬候示覆。文。

致户部光緒三十一年十月二十三日巳刻發

准大咨議覆江督奏設銀行摺内，聲明各省凡有設立銀行者，均應照此辦理，以歸統一等語。查漢口爲通商大埠，擬即飭湖北官錢局另設銀行一所，作爲户部分行，一切辦法均照貴部奏准銀行章程。其有貴部未設分行之處，擬即由漢口分行酌量推廣，悉遵照部章籌辦。除詳細章程另行與貴部商定外，特先電達，祈迅賜裁覆。養。

户部來電光緒三十一年十月二十九日巳刻到

養電悉。本部銀行正賴相助，尊處代設分行，甚善。惟漢口係原奏章程指定口岸，本部現已籌往開設，擬請貴督於鄂省另擇商埠開辦。至推廣一節，應俟此次分行立定後再擬章程辦理。户。勘。

致東京湖北學生監督李道寶巽〔一〕光緒三十一年十月二十四日午刻發

禡電悉。勘路技師野村正太郎、大村尚太郎兩員，即與訂定薪水火食，勘路車船旅店各費均照議，并催速來，但須言明此專爲勘川楚兩省擬造之路，定路綫，畫細圖，估工費，至將來造路工程師，或用日本人，或他國人，須另議，與此合同無涉。敬。

致東京湖北學生監督李道台光緒三十一年十一月初一日午刻發

儉電悉。早稻田同文會教員，已由日領事與高田等商妥，准聘用山田、阿部、南浮、勝木四人。可即照合同訂定，並墊給川資各一百六十元，令即來華。現又在鄂訂定同文會語文教員二人，共聘用已六人矣。此外，各教員如能加習華語華文，音清語熟，經考驗合格，將來仍可聘用，但不能絲毫遷就，務須切實聲明。即照辦，電覆。董。

致華盛頓梁欽差光緒三十一年十一月初五日申刻發

初四日，由匯豐電匯學費美金九千八百玖拾八元八角，祈交監督兑收，電覆。歌。

致東京湖北學生監督李道台光緒三十一年十一月初五日申刻發

上月廿五日、本月初四日兩次由匯豐電匯學費共計日幣七萬元，即查收，電覆。歌。

致上海盛大臣光緒三十一年十一月初八日亥刻發

連日與湘、粵諸紳議粵漢三省鐵路條欵，所有需用鋼軌、一切鋼鐵料，鄙人囑其統向漢陽鐵廠訂購，不得向外洋購買。惟據粵紳云，粵省運道路遠，必須鐵料價目核與別廠相同，方能遵用等語。鋼鐵軌料各價，只可與外洋各廠比較，如係同價，則必須用漢廠之物，如此方易與衆紳商訂。尊意如何，祈飛速電示，以便即日定議。庚。

盛大臣來電光緒三十一年十一月十一日子刻到

庚電敬悉。京漢歷年所用漢廠軌件，本照外洋運至中國之價目，不能專顧商廠成本。此商務通例，請三省紳商放心定議。宣。卦。

致上海盛大臣〔二〕光緒三十一年十一月初八日發

台旆東下，未得走送，悵歉。手書奉到，條覆于後：一、錢道如交替後，敝處必委一差。二、京漢鐵路，鄂省出力人員，鄙意擬開單咨尊處，歸路局彙保，以免紛歧。三、漢口堡内之地，前已議定辦法。總之，除官地外，凡所買民地，鐵路公司與鄂省各半，惟略有曲折，即當詢明，詳覆速辦。四、大别山頂炸石開池，此事甚有窒礙，請另籌辦法。五、自來水鐵管等件，自當訂用漢廠。現與湘、粵各紳議定，粵漢三省鐵路需用鋼軌、一切鋼

〔一〕以下四電録自抄本《張之洞電稿·致外洋電》。

〔二〕録自盛宣懷《愚齋存稿》卷六十九，第二頁，武進盛氏思補樓一九三九年刊本。

鐵等件，均向漢廠訂購，不得向外洋購買，自保利權，俱已應允，列入會議條欵。此爲漢廠大利，關繫至鉅。自來水管等件爲欵有限，隨時商酌。

致東京李監督寶巽轉交湖北衆學生 光緒三十一年十一月十二日辰刻發

聞各報所載，日本文部命令，中國學生有誤會處，遂有忿激之舉，鄙懷實深懸念。鄂省雖不得其詳，總之當以和平商辦爲是，方不失儒者氣象，且與兩國邦交，將來游學事體有益，萬不可鹵莽從事。即使他省生事，湖北學生素明禮義，能知大體，名譽最佳，向來中外同聲佩服，斷不必隨衆作鬧，如此則東人敬重，中國學生尤敬重湖北學生矣。儻實有萬難忍受情形，可詳晰電告鄂省，以便設法維持。特竭誠勸戒，千萬勿生事端，致礙游學大局，至囑。鹽。

致京學部榮尚書[一] 光緒三十一年十一月十四日辰刻發

昨聞台端拜學部之命，欣喜慰幸，非同尋常，敬賀敬賀。所喜者中國不至遽生大亂，聖教不至淪亡矣。私衷憂懼，非止一日，非止一端，危險已到七八分，補救已甚不易，然既承諮訪，必當竭其管蠡，以備采擇。鹽。

致廣州岑宮保 光緒三十一年十一月十五日戌刻發

粵紳梁閣讀慶桂、黎道國廉、知縣周麟述奉尊批來鄂，會議開辦鐵路辦法。除三省公共條欵十七條另電詳達外，茲經梁署臬司會同三粵紳，專就廣東本省之路，擬呈簡明章程大綱十條。其文曰：一、紳等酌擬簡明章程大綱十條，請張宮保電商兩廣督憲岑宮保，會同核定，迅賜示知，俾粵中紳商早日設立公司開辦，以免遲延。一、議三省合辦，分設公司，各招各股，各築各路，以清界限。所有各省公司數目，皆由各公司自理。至於利益均分，另詳三省會議章程。一、議若歸商辦，自必多集商股，惟股東必有自保資本權利，乃易招集。所有公司財政、貿易、用人等事，請由股東公議舉辦，舉用之人仍當稟官立案。一、議公司自當遵守憲章，若有妨害治安，違犯法紀，請地方官按律辦理。一、議公司工程、行車事宜，請由官隨時稽查。一、議公司購地、築路等事，必藉官爲保護，所有監督以下各員，專管考察該公司購地作工、招股行車數事内之綱領大端，其細事勿庸過問，銀錢出入均不參預，擬由公司公舉，稟候大憲核定札委，惟監督須舉公正司道大員，以昭鄭重。以上所言數大端均須通知監督，以便監督隨時考察。一、路事重要，若有關涉他項商民利害及與外省路政關涉者，必須稟由本省督撫憲、鐵路大臣核定，方能舉辦。一、議籌欵擬仿外國籤札付債票及勸業銀行章程，變通辦理，議收二元票二十萬張，共收銀四十萬元，以三成十二萬元開投，分別各等特利，不論曾得特利與否，俱作爲鐵路股票。籌欵詳細章程另行鈔呈。一、議派人分赴外洋招集股分，所有章程容詳細議定續陳。一、以上籌欵兩條，將來成效未能懸揣，若須變更，隨時稟

[一] 指榮慶。

請核示遵辦等語。敝處批云，所擬粵路簡章大綱十條，以本部堂意見論之，均屬妥協。惟路屬粵省，應候兩廣岑宫保詳核批示，方爲定論。至公舉監督以下各員一條，應明定章程，大小各員概由本省發給薪水、夫馬，斷不必開支鐵路公司欵項，以節糜費，而肅官方。俟即電商岑宫保，請其速覆，以便定議開辦，並由該紳等自行發電請示可也，等因。此係粵事，鄙人本擬不批，無如諸紳再三切懇，謂六千里奉批遠來，必欲得鄙人一言而後已，故略爲批覆數語，以答其意。務請尊處詳加酌核，迅賜電覆，至禱。咸。

致東京湖北學生監督李道台〔一〕光緒三十一年十一月十六日亥刻發

庚電悉。所聘早稻田及同文能通華語教員，先與漢口日領事訂明，學資較深者月薪二百元，餘各月薪一百二十元。兹詢據領事署，函稱小山田、南浮、勝木三人皆係二百元之格，阿部係一百二十元之格，應即照辦。此外未選各員每人予三百六十元作爲津貼，以慰其意，并望就近撥給，以斷葛藤。即遵辦電覆。葉。

致廣州岑制台光緒三十一年十一月十八日未刻發

粵漢鐵路鄂、湘、粵三省會議公共條欵十四條：一、贖路欵英金壹百拾萬鎊，照七分攤派。未贖之金元小票亦照七分攤派，湘、粵各認三分，鄂認一分，所有應付本息均按鎊價、金元價依期撥交湖北彙總轉給。若交欵期忽有漲落，仍按原分攤派。湘、粵應各舉一紳住鄂省局内，會同經理此事。一、三省擬公聘勘路工程師一人，將全路復勘一次，以定確實路綫，其用費勘至何境地，即歸何省認付。一、三省除公聘勘路工師一人外，其修路工師以及各項工人，均由各省自行選雇，如於公用工師一人之外，願自聘工師復勘者，亦聽其便。一、三省鐵路各籌各欵，各從本境修起，務期全路早日接通，故議定路工三省同時並舉，儘欵先修幹路，幹路未成以前，三省皆不得另修枝路，致誤大工。一、三省所修幹路，無論修成若干里，但能行車見利，其所得净利應彼此統行核計，各按成本多寡攤派利益，均以開車之日起算。一、湘省路綫較長，今爲全路迅速竣工起見，湘、粵兩省公同議定，粵省修至邊境後，湘省願將宜章以下至郴州屬境永興縣止之路工，讓歸廣東代修，一切權利均歸廣東收管，以路成後二十五年爲限，湘省可按照廣東修路原用工本，備價贖還。如果粵省籌欵或有不足，自當另議，惟須於一年之内先行知照湘省，以便湘省預籌欵項，接續自修。一、三省分境修路，應互相催趕，如此省修勤工速，成路日多，彼省修緩工遲，成路見少，應令少修省分攤認多修省分所用工本之利息，以免遷延。每届一年，彼此比較結算一次。一、廣州已成省佛支路所得車利，應專解贖路欵，仍按鄂一、湘三、粵三攤派。一、合興公司已築粵境幹路工程及未用材料，應請派員確估價值若干，由粵認出，按鄂一、湘三、粵三分領。一、合興公司已購粵境幹路地基，應核查契載欵目，由粵省認出，歸鄂一、湘三、粵三分領。一、三省既按本分利，應彼此互派人員稽查，其詳細章程俟復勘後、開工前另訂。一、三省議定全路

〔一〕録自抄本《張之洞電稿·致外洋電》。

需用之鋼軌、一切鋼鐵料，統向漢陽鐵廠訂購，鐵廠所出貨色、所定價值，無論運至鄂省、湘省、粵省，均應按照洋廠一律，不得格外抬高。各省即不向外洋購買，以保中國自有利權。一、鄂、湘、粵三省籌欵招股辦法，各就本省情形另訂章程，稟請核定，總以彼此不相侵佔妨損爲主。一、全路告成以後，所得行車之利，除開支公司薪水、工食、局用及養路經費、撥還贖路借欵本息、核給股本息銀，酌提公積欵項外，所餘净利，酌量仿照外國鐵路各公司辦法，以若干報效國家，惟懇請將一切浮費概予删除，以卹商力，庶於招徠股商之道大有裨益。其餘全歸股東自行議章分派。續擬章程四條，擬暫作附條。一、此項鐵路如遇公家有運兵轉餉以及水旱偏災運賑之類，所有轉運辦法應查照外國商辦鐵路公司章程，參酌辦理。一、遇有戰事，本國用以轉運，尤須防敵國暗中利用此路，應如何稽查防範之處，應查照外國商辦鐵路公司章程，參酌辦理。一、各學堂遊歷學生以及海陸軍人，如持有公家發給之特別文據，均應照章減價，但此項文據須查照外國辦法明定限制。一、建築此路所納之營業税，應查照外國商辦鐵路公司章程，參酌辦理等語。請酌核速示覆。嘯。同莘謹按：此電并致長沙龐撫台，節去請酌核示覆一句。

致京練兵處〔一〕 光緒三十一年十一月二十四日亥刻發

巧電悉。學習海軍生，湖北已挑選三名，即日赴京候考。若湖南及四川籍之四人，既本非湖北所選送，必不受湖北考察約束，將來學成歸國，亦斷不爲湖北用，故未便認爲湖北官費生，只可另挑，祈鑒。湘生另覆。迴。

致長沙龐撫台〔二〕 光緒三十一年十一月二十五日巳刻發

昨接練兵處電，問兩湖應派海軍學生四名，現時已未派定，希速覆。再，准楊使電，湘生戴修鑑、郭家瑋、童錫鵬，蜀生謝剛哲，在海城校肄業，請給官費，歸入海軍等語。貴省現尚無合格學生，可否即以該生四名作爲兩湖所派，似較簡易。如業已派定，望速送，楊電即作罷論。統希速覆爲盼。頃又得敬電，言各省海軍生均到京候考，楊使電西歷正月即須入校，兩湖希查照前電速覆各等因。查前准練兵處來咨，海軍學生湖北、湖南派送四名，必須按照前咨，選其合格者咨送，業於十月中旬咨達在案。兹准電催，除湖北兩名業經敝處選派外，湘省應派兩名，如現時另派，恐難合格，且入校之期甚迫，可否即照楊欽使來電，於現在日本海城學校肄業之湘生戴修鑑、郭家瑋、童錫鵬三名内選送兩名，必能合格。如以爲可，望即電覆，以便轉電練兵處及楊欽使也。歌敬。

致東京李監督 光緒三十一年十一月二十五日亥刻發

留東學生聚衆退學一事，業經本部堂電飭傳諭湖北各學生切勿鹵莽從事。嗣復由學務處梁署臬司同各堂師長、各生家屬電屬各學生，仍前上堂，勿爲人誘惑。該監督自應剴切勸諭學生，恪遵訓誨。乃旋接銑電稟，輒請籌給各學生回國川資，每人四十元，約需五萬元，加以已畢業者所需益多，非七萬元不足分布等語，實深詫異。正在查譯日本文部省所訂規則，詳加討論，兹忽接來

〔一〕録自抄本《張之洞電稿·致北京電》。
〔二〕録自抄本《張之洞電稿·致各省電》。

電，已由該監督暫允學生請假歸國，並各支給學費月費二三月不等。現在欵已發罄，求飭電匯等語，尤堪駭怪。此等舉動，關繫大局，支給欵項數至累萬，豈有不候批示，竟由該監督擅允擅給之理。如此荒謬糊塗，實出意料之外。各該學生不聽官師父兄訓戒，藉端索費回國，置學業於不顧，大負本部堂期望之意。凡已動身回國者，以後永不准再請遊學。其尚未動身者，應即責成該監督迅速傳諭各生，將學費繳回，靜候楊欽差與日本文部省妥商辦法，勿得擅歸。若不遵此諭，即係無志嚮學之人，本部堂斷不稍加姑息。電到，該監督即速將遵辦情形飛電禀覆。切切。有。

致京練兵處〔一〕 光緒三十一年十一月二十六日亥刻發

湖北選送海軍學生四名明日行，請貴處考選兩名，餘遣回鄂。再，頃接署湘撫龐電云云，請轉電練兵處，請楊欽使即就戴修鑑、童錫鵬、郭家瑋三人中，挑選二名，作爲湘省應派海軍學生等語。祈轉達。宥。

致柏林廕欽差〔二〕 光緒三十一年十一月二十八日亥刻發

昨由滙豐電匯學費二萬三千八百一十六馬克，合銀七千九百兩，祈兑收電覆。儉。

致成都錫制台、開封陳撫台、濟南楊撫台、貴陽林撫台 光緒三十一年十一月二十九日亥刻發

承電詢留東學生聚衆退學一事，均悉。敝處接楊欽使刪電，云密探學生風潮，爲孫文逆黨煽動，藉抵抗文部命令爲名，現結死黨三四百人，各携凶器，脅衆回滬，以租界爲護符，實行革命，聚衆起事。滬上有人接應，長江一帶會匪亦被運動聯合，乞密查嚴備等語。又接周玉帥養電云，昨有廷姓等六人自東歸來，滬道傳見詳細實情，亦謂學生中有爲孫文煽惑者，日以排滿革命之説，游説於諸學生間，得同黨五百人爲糾察，有不從者，以强力脅之，冀借亂殺欽使，使全國八千餘學生皆陷於大逆，不得歸國，終爲彼用。於是東京大譁，楊欽使避亂於横濱，而學生中之純謹者亦相率言歸等語。查此事一起，敝處疊電誡飭湖北學生靜聽處置，切勿鹵莽從事。并索得文部所訂規則及學生公啟多件，詳加閲看，乃知謀亂是實，其抵抗文部命令全係飾詞附會，不願受日人考察，不願受欽使進退，以便其悖妄之圖。一則謂取締二字即清、韓並列之漸，二則謂住宿不准移轉即任意苛待之漸，三則謂不准退學即壓制學生之漸，哄然以爲辱我國體。然查日本文部省令十五條，係整飭彼國公立、私立各學校之濫收中國學生者，加以查考，示以限制，於中國學生極爲有益，其全文中並無取締字樣，即第九條所載各校所設寄宿舍及下宿等處，但云可令學生宿泊，並無不准移轉字樣。其第四條所載，但云退學者必經公使承認，並無不准退學字樣。第十條所載凡此校退學者不准再入彼校，係專指品行不良者而言，亦非一概不准退學。且近接楊欽使電稱，文部省已允將第九條、第十條酌改，並聲明係整頓學校，并非約束中國學生。而學生堅執必欲將文部省所訂規則一律注銷，多方勸戒，

〔一〕録自抄本《張之洞電稿·致北京電》。
〔二〕録自抄本《張之洞電稿·致外洋電》。

勢更激烈等語。蓋此次中國學生八千餘人，先後全行退學，實爲革命黨所煽惑威逼，其中脅從者十之九，倡首滋事者不過十之一。特以亂黨凶燄過甚，良善不能與抗，欽使、監督避禍不遑，無從理諭。近日本學生傳來藥水印革命大機會一紙，種種逆謀，真情畢露，實堪髮指，尊處亦見之否。鄂省現派妥員並舊在日本畢業之端正學生多人，馳往東京撫慰安分學生，相機料理，妥籌解散之法。大抵被脅學生未回國者，令其離開東京，避居各處，静候事平，仍然入學，不令回國。其已回國者，另派員駐滬照料，勸令迅速回籍，不准在滬逗遛。一面令學生之親族好友分發函電，剴切勸導，一面切屬本省紳士電致同鄉京官，合力公請學部專派明白純正之員，赴東會商欽使、監督，自訂約束學生規則，與日文部和商轉圜之法，俾此事可以收束。但湖北委員只能勸導湖北學生，各省如能照辦最善，頃已分電兩江、湖南仿照此法辦理。川省學生甚多，聞倡首即有川生在内，道路雖遠，應請清帥設法電派在東或在滬之川員川紳，就近馳往料理。黔省似亦可仿辦。至河南、山東皆有鐵路，派員甚易，務請筱帥、蓮帥迅速照辦。各省均派妥員，各就本省學生開導解散，會商辦法，立可孤亂黨而弭鉅患。卓見如何，祈電覆。豔。

致上海修德里金令世和[一] 光緒三十一年十二月初一日亥刻發

前閱漢報，載英領事有現定華印巡捕在中國界内拘傳人證章程六條，大侵中國主權，深爲駭異，當飭夏口廳暨洋務委員向英領事駁詰。據英領事面稱，并無議章登報之事，因恐包探在中國地界招摇生事，欲私擬以箝制之法，尚未發出，亦無出示之意，不知何人遽以未定私擬登諸報章，實非英領事本意。現已作爲罷論，並隨後確查登報之人，予以懲治等語。是前報所登，不足爲憑。金令在滬即照此電登諸報章，如金已行，即由趙令迅速登報，以免訛傳。東。

致上海盛宫保 光緒三十一年十二月十一日午刻發

絳電悉。漢口各地，從前屢與尊處面議，定准鄂省與公司皆係各半分用，辦法極爲公平。兹准來咨，以漢堡地三百二十四畝零，廠鑛留六十餘畝，其餘二百六十餘畝劃歸鄂省等因。查咨開萬家廟五畝零，堡垣地三百二十四畝零，宗關地四百九十畝零，合之爲八百二十畝零，鄂省分半，應得四百一十畝零，除劃分漢堡地二百六十餘畝外，尚短少地一百四十餘畝，自應從宗關地内劃補凑足從前屢議各半之數，以符原案。現已札飭關道迅將各地劃分清楚，即將應繳地價及按畝均攤局薪等費，一併飭善後局籌撥現銀，交還清欵，以副台屬。除咨覆外，先此電達，即祈迅電管理地畝局員趕緊預備，會同鄂省派員照數分劃，免致躭延，並盼電示。卦。

致上海盛宫保 光緒三十一年十二月十七日午刻發

漢口各地鄂省應分地段，已派員會同李令道謙照劃，細數尚未據委員算準呈報。尊處待欵甚急，先撥九八五它紋貳萬兩，已

[一] 以下三電録自抄本《張之洞電稿·致上海電》。

由官錢局電匯，其餘尾欵俟委員按圖收地，丈量準確，再行算明找匯。堡垣地，鄂省與鐵廠均應按地立總契一紙。宗關總契向存尊處，即請咨寄，以便飭道分別換印。盼覆。諫。

致東京李監督、湖北委員雙守壽等光緒三十一年十二月二十日丑刻發

電悉。知學生事漸平静，上學有期，甚爲欣慰。望再切實勸導，戒以名譽至重，一玷難磨，學業至要。遠遊不易，臨期勿再生枝節，爲要。哿。

致廣州岑宫保光緒三十一年十二月二十日丑刻發

前接篠電，不勝駭訝。粤紳所擬簡明大綱十條，皆代表粤省股東之言，非鄙人之言也，正所謂實權全歸股東也。至粤紳所擬籌欵兩端，自係來時即與粤商商妥，據云先經稟陳尊處，並據稱特利股票粤甚易行，各屬已有認銷鉅數者。事隸粤省，鄙人不敢臆斷。據云，前奉尊批，但須與湘、鄂商定，即可舉行。今湘、鄂並無異詞，應辦與否悉聽尊裁。至出洋招股，即本尊議。此次簡明大綱第二條載明公司財政、貿易、用人，悉由股東公義舉辦，官派監督仍由公司公舉請委，但司考察大端，細事勿庸過問，銀錢出入概不參預，是股東之權可謂實矣，可謂足矣，與尊處前定大綱九條毫無不合。惟監督應公舉，候官核定，不能指名舉一人，此是鄙人所改耳。今尊意謂籌欵兩條均無把握，敝處未便置議。現粤紳已回籍，當已謁見台端，果能另籌確有把握的欵，固鄙衷所禱祀而求者也。最要者贖路還欵之期甚迫，不容遲誤，此爲最緊急之實事耳。總之，粤路粤辦，楚路楚辦，粤省事敝處斷不過問，但目前三省籌欵修路辦法，必須議定，方能會奏，未便再延。究竟粤省籌欵如何定議，務望速賜電知，切盼。號。

致廣州岑宫保、王道台秉恩、向道台萬鑅光緒三十一年十二月二十一日子刻發

王、向兩道魚、元兩電悉。前因接收粤路契據財産，係鄙人奉旨責成廢約收路分内之事，故電商岑帥，飭委王道等就近接收。嗣因湘、鄂兩省亦須有人隨同辦理，故又添委湘籍向道暨鄂籍馮令汝梅，均經電明岑帥轉飭遵照，鄂實未嘗徑委粤官也。現在粤路接收事竣，鄙人責任已完，此後接辦路工，整頓行車權利等事，在粤省者自應由粤督部堂主政，所請委派蔡直牧康總理行車處事宜，事無不可，但未便由鄂電委，應由該道等稟請岑帥核示可也。箇。

致廣州王道台秉恩光緒三十一年十二月二十二日子刻發

昨接粤紳電，云粤省鐵路籌欵，岑雲帥擬舉行畝捐、臺礮捐、船捐、鹽捐、派捐等事，粤紳不願。十八日官紳商集議，委員拍案謾罵，致起風潮，務求設法周全等語。頃又聞是晚忽將黎紳國廉暴拏。此事官紳何以决裂，鄙人似不便干預。粤紳意欲鄙人如何周全，速將詳細實情密覆，以便酌籌辦法。禡。

致廣州岑宮保光緒三十一年十二月二十五日辰刻發

養電悉。粵路籌欵事軒然大波，實爲意料所不到。惟此係粵省之欵，止關一省，將來如何辦法，應聽尊裁。至三省會議修路大綱辦法，則事關全局，必須於年内出奏，萬不能再遲。所議緩修枝路一節，實因粵漢幹路非三省全路接通，不能見大利。不早見利，則贖欵本息及路欵歲息幾同虚擲，大不合算，前電已詳陳得失。至湘境郴州一段讓歸粵修，章程内本參活筆，願修與否，權在粵省，似無窒礙。如尊意必不謂然，即將字句再改活動亦可。務懇將此項章程從速酌核示覆，以便酌擬會奏。稿由電商定，趕速繕奏。切盼。有。

致京巡警部菊人〔一〕尚書諸公光緒三十一年十二月二十五日亥刻發

魚電悉。鄂餉種種枯竭，來源日微而部提日多，諸事束手，正在焦灼。惟貴部經費關係緊要，不敢不勉籌接濟。與司道籌計多日，鄂省擬每年解三萬兩，於江漢關設法挪凑。支絀實情，當荷鑒諒。迥。

致長沙龐撫台〔二〕光緒三十一年十二月二十七日午刻發

湘省合辦膏捐，原議溢收之欵與鄂省各半分撥。上年解鄂之欵，截至本年五月，甫經一律收清。本年湘省溢收膏捐欵雖提解練兵餉三十萬，核計尚有盈餘，鄂省亦撥贛餘三十餘萬歸練兵處充餉，彼此一律，並無偏枯。乃本年湘省應解鄂欵，叠經善後局電催，迄未准報解分文。此項係奏明凑撥兵工廠及賠欵要需，廠欠洋債，逼迫萬分，賠欵尤須按月匯滬，不容一日愆期，此時急待支付，難緩須臾。務懇飭局迅將本年溢收膏欵應行解鄂之欵，核明確數，儘數電匯來鄂，以應急需。切盼。感。

致廣州岑宮保光緒三十一年十二月二十八日亥刻發

宥電悉。鄙意粵漢全路非早成不能見利。籌欵多則成工速，惟停修枝路，乃能萃三省全力，趕修幹路。今尊意慮與粵省已議各枝路事有窒礙，屬參活筆，自應妥籌兩全之法。計惟將每年所籌幹路欵定一確數，庶尊議公司籌定專欵，不能移築枝路之説乃見著實。鄂境路短，亦無枝路可修，自毋庸議。兹擬湘、粵兩省每年須籌足幹路欵各二百五十萬兩，能多更善，如幹路欵籌未足數，不得另集股本先修枝路，如此則幹路股不致因修枝路減色，幹路始有成期。如尊意謂然，祈迅賜電覆。以憑叙奏。至盼。勘。

致成都錫制台光緒三十一年十二月三十日申刻發

宜昌以上鄂路，前因鄂省學生堅持不讓地權之説，故擬各修各境。月前湘、粵紳在鄂會議粵漢路事，湘紳議以宜章以下至郴州屬境之永興縣止三百餘里，讓歸粵修，地權概歸粵中收管，以二十五年爲限，湘可備欵照原用工本給價收回，兩省均經商允立案。鄂紳見湘路粵修有例可援，遂亦願將宜昌以上路工讓歸川修，一切照湘粵成案辦理。查此路歸川代造，甚便於川，想川紳得償

〔一〕指徐世昌。録自抄本《張之洞電稿·致北京電》。

〔二〕録自抄本《張之洞電稿·致各省電》。

夙願，無不樂從。特此奉詢，祈速賜裁定示覆，以便具奏。其奉旨會查覆奏摺川省實在情形，自公言之，當更親切，請即由尊處叙稿見示爲盼。再，勘路工程師現聘用日本人三員，一正兩副，因係現任職官，聲價過高，正者月薪千元，副者月薪各四百元，勘路用費在外。此費擬川、鄂各半分出，楚省路約長一千六百餘里，川省路幹枝並計約長一千七八百里，如嫌費多，鄂省酌量多認亦可。併祈核示，以便定局。除夕。

光緒三十二年

致廣州王道台秉恩光緒三十二年正月初三日申刻發

屢接雲帥及粵紳來電，知因鐵路籌欵事，官紳決裂，懸繫萬分。雲帥關心路政，擬酌撥官欵，籌集公欵，與民欵分爲三項，極是正辦，與鄙人意見相同。鄙意鐵路爲國家大政，商不可稍損者利，官不可盡失者權，曾於去年四月致雲帥漾電具申此意。嗣見報載粵省紳商籌欵問答内，有官紳惟有保護、聯絡之責，萬無干涉把持之權，兩語太覺刺目，深可駭異。復於六月致雲帥豪電，九月致雲帥東電，均力主路欵宜官商共籌之説。今雲帥擬撥官欵，籌公欵，既助商力，亦保官權，似甚平允，不解粵紳何以忽生抵抗，實出意料之外。惟既已決裂至此，若操之過急，波瀾愈生愈多，將來若何收束，竟難逆料。雲帥於收回此路同心協力，籌畫擔任，爲功甚偉，此時浮圖正將合尖，若竟棄全璧，而留缺陷，竊深爲雲帥惜之。道路傳説朝旨已派周玉帥查辦此事，又接雲帥豔電，言去志甚決。以雲帥才望勳績，天眷優隆，早應調畀名疆，或即移節兩江，實意中事。惟此事如待他人了結，不如雲帥自了，則能發能收，操縱在手，尤見化裁幹略。況三省同心收回此路，雲帥實始終其事。此次三省會議公共章程，當由三省聯銜會奏，方爲得體。鄙意願與雲帥會銜入告，實不願與他人會銜也。但必粵事大局略定，方可入奏。若非略加調停，則相持不下，作何了局。其中自須有局外人出而居間，始易轉圜。望閣下迅即密行謁商雲帥，願鄙人出場調處否。如雲帥有轉圜之意，當即商之粤紳，再請雲帥裁酌。所有此次指籌各欵，或酌量緩辦一兩條，或略減其派捐之數，其紳籌之欵或酌加改正，許其暫行試辦。總之，雲帥所籌各項及粤紳所擬，似無妨並行不悖，多多益善。務望將雲帥之意從速詳示，俾可措手。儻雲帥不以爲然，鄙人自不煩過問也。切盼速覆。講。

致廣州岑宮保 光緒三十二年正月初四日巳刻發

豔電悉。凡舉大事，須首講公益，方能有成。三省修路公共章程，係三省紳士在鄂會商斟酌再三，始行定議。湘路擬歲籌三百萬，至少總可得二百五十萬。鄂路擬歲籌百萬。粤路山多工鉅，歲籌二百五十萬，似不可再少。若粤省官欵果能照尊電歲籌一百萬，假如公欵再能歲籌一百萬，所餘僅五十萬，其紳商自籌者，或股票，或出洋招集，每年總可在百萬以外，尚可分作枝路之用矣。即如特利股票，湘紳已具呈請照粤章仿辦，鄂紳亦甚願踵行，湘、鄂紳商豈全無精於心計之人，似粤中亦不妨姑令試辦。籌欵之法，多多益善，以此條列爲籌欵之一端，似乎有益無損。至禁造枝路一層，正因恒情多貪小利，若彼此競修枝路，則幹路集欵益難，工程必然延誤，故特立專條，期共信守。會議多次，三省幸均允從，今粤省商民仍以枝路爲重，首先悔議，湘、鄂紳民均甚失望。尊意謂枝路愈多，則幹路益形發達，誠是。但必幹路先成，枝路之效始見。此粤漢一路之大利，不在縱橫廣州屬南番等縣數百里，而在直接歐洲各國數萬里也。若幹路不成，枝路之利且難暢旺，何從發達。今萬不得已，曲從尊意，酌擬變通辦法數條，請公審擇。一、粤省枝路在此次會議之前奏准有案者，不在停辦之例，至九廣之路應不在此列，蓋其路非粤省之利也。二、若枝路皆無奏案，則於諸路中就尊處已經批准議辦之路，擇其最易見利者，准修一條，其餘俟幹路成後再造。三、若必不禁枝路，則須聲明枝路造成見利後，其利照三水枝路例，三省攤分，歸粤三、湘三、鄂一攤派。四、仍照前電核定幹路歲欵確數，數未籌足，不得另修枝路，幹路欵籌足以後，枝路併修無妨。五、以上四條請酌擇其一，如皆與尊意不合，則於三省會議章程此下加註聲明，曰此欵本由三省紳士在鄂議定，現因粤省官紳於枝路應停與否，尚待續加詳商，惟總以不誤幹路工程爲準。如於幹路工程修遲工緩，應照公共章程第七條，每届一年，三省應比較結算一次，令少修省分攤認多修省分所用工本之利息，以免遷延，而昭平允。俟粤省枝路究竟是否興修商妥後，再行知會鄂、湘兩省等語。此乃萬不得已權宜辦法，究不如明白切實定案爲妥。總之，請尊處迅速酌定，俾此項章程可先會銜出奏，免久懸擱，是爲最要義耳。特再奉商，務祈迅賜電覆。豪。

致長沙王益吾祭酒諸公〔一〕 光緒三十二年正月初五日巳刻發

江電悉。賑糶捐事，年前已電覆劬帥，請由湘主稿，會銜委派，刻又電催矣。特利股票，事屬可行，惟只可在本省勸辦，未便通咨各省。又此票已提去特利三成，僅餘七成入股，若股票仍

〔一〕録自抄本《張之洞電稿·致各省電》。

概作十成，將來用欵及付息分紅究應如何核算，須預爲聲明。現粤省此項股票經岑雲帥批駁，謂以七成之銀作十成之股，諸多窒礙。此章由粤紳所擬，想必另有妥善核算弥補之法，務望尊處電詢粤紳，考訂確實，電知敝處酌定，再行開辦。豪。

致成都錫制台 光緒三十二年正月初五日未刻發

初三日電悉。宜昌以上鄂路雖讓歸川修，將來期滿鄂必贖回，是修造此路如何定綫方爲合宜，如何施工方能省費，鄂爲地主，不能不問。上年八月致尊處問電云，擬先聘日本工師來勘此路，川楚統勘，川省願從其言與否，可聽川省斟酌，惟勘路斷不能不兼及川境等語，早經聲明在案。蓋此路爲著名難工，非統勘全路，通盤籌畫，無從定路綫所宜。又非富有經驗閱歷之上等工師，所勘路綫，不能確有把握。故敝處不惜重價，精選工師，以勘此路，此兼爲川、鄂兩省計。今來電謂胡太史出洋原爲訪聘工師云云，所聘係何國工師，是何程度，未承示及，是聘定與否，尚未可知，而謂鄂、川各訂工師，近於駢複，實有未解。況由宜昌下達廣水，接通京漢幹路處，鄂境路綫甚長，工費甚鉅，勘路時若不貫通全局，設有一兩處取道紆曲繁難，多糜巨本，無論誤在何省，全路皆須受虧。故鄂員入川勘路幹綫，必勘至成都，枝綫必勘至重慶，此爲一定辦法。鄂與日本遞信省議聘五閱月，務擇學問優、閱歷深者，往返電商十餘次，方經訂妥，豈能無故辭退。惟川既不願與鄂共聘工師，則鄂所聘者，鄂不妨獨任其費。但川、楚全路必須統勘，將來定綫估費興工，必須與鄂省商定，方可開辦，否則川修鄂路之議，仍待熟籌，不能遽作爲定論。川省如願事事與鄂會商，此次覆奏摺内務須將鄂境宜昌以上一段暫歸川省代修，訂期二十五年，由鄂省照原用工費備價贖回，及川楚路工大綱皆係兩省公同商榷，折衷至當，並非由一省專主各節，切實陳明，庶免鄂紳又有違言。特此預陳，仍祈裁覆。再，川楚全路非僅修至宜昌便爲止境，必由鄂省接續修造，取道荆門、襄陽，至應山縣屬之廣水，與京漢幹路接通，使路軌可直達歐洲，方足竟全功，而興大利，久經屢電陳明。楚境路綫與川境相差不多，則鄂之責任不輕於川。并以附告。歌。

致長沙龐撫台〔一〕 光緒三十二年正月初七日亥刻發

豔、卅、歌三電均悉。來電皆立時鈔發江漢關道，照會英、法領事查照。兹據英總領事面告，租界會審委員謂朓人馬杜利、希臘人巴尔司華兩犯，又在鄉間槍斃華人兩名，實係兇惡至極，請即嚴拏送辦。倘該西人再敢拒捕傷人，即予格殺勿論，領事决不袒護等語。法領事亦無異議。特奉達，祈速飭拏辦可也。虞。

致東京李監督 光緒三十二年正月初八日午刻發

感電悉。勘路技師擬聘用鐵道協會副會長原口充顧問官，月薪千元，整裝川資及添用副手一人，預支一月薪水，均可照准，惟期限擬暫定一年，限滿再酌去留。暑假三箇月太久，既出勘路，不便因夏日中途折回，只可遇炎熱時就地歇息，以三十日爲限。望速商定電覆。齊。

〔一〕録自抄本《張之洞電稿·致各省電》。

致廣州岑宮保光緒三十二年正月十一日寅刻發

語、虞兩電悉。俯允轉圜，感甚佩甚。查此次粵紳譁鬨，以羈管黎國廉爲大辱，是轉圜之法宜先釋放黎紳，方可措手。昨接旅港粵商來電云，黎紳一日不釋，即國民多一日之怨望，惟冀早日公平了結，以安民心等語。雖於官籌股欵各項尚未肯明言遵辦，然既冀望公平了結，似釋放黎紳後或可加以開導，漸就範圍。竊謂公意不過期路欵有著，路工早興，一片苦心，初非欲與粵紳爲難。但使有機可轉，當無不樂與成全。聞黎紳現已患病日久，恐有意外之事，若待他人言之，或爲他人釋之，不如公自加恩，尤見大公無我之懷。至應如何設法措詞便可釋放，或別有良法，或即用患病取保等故事，請向各司道密示風指，令其妥速辦理。鄙見所及，特此密電奉商，是否可行，統聽尊裁。再，尊處指籌各欵，皆言明填給股票，作爲地方公股，是所籌實爲股欵，並非捐欵。若仍沿用鹽捐、船捐、畝捐等名目，轉使紳商藉捐之名詞，指爲加徵，疑爲苛抽，似不如改爲鹽股、行股、船股、田股等名目，以著其實，而免誤會。並祈酌之，即盼示覆。真。

致長沙龐撫台、王益吾祭酒諸公，廣州岑宮保光緒三十二年正月十一日申刻發

三省會議公共條欵第四節幹路未成以前，不得另修枝路兩語，雲帥因粵中支路有經商部批准在前者，慮有窒礙，與敝處再三斟酌，現將原文擬改如下：三省鐵路各籌各欵，各從本境修起，務期全路早日接通，故議定路工三省同時並舉，儘欵先修幹路，幹路欵湘、粵兩省以每省每年至少須各籌足二百五十萬兩爲率，多

籌更善。鄂省以每歲至少籌足八十四萬兩爲率，多籌更善。如幹路欵籌未足數，不得另修枝路，如違章另修者，所修之枝路餘利，仍歸三省公分，此爲豫防分欵先修枝路致誤幹路之弊而設。若不議修枝路，則幹路欵儘力所能及籌辦，不加限定。其在三省會議以前，粵省枝路有先經商部批准立案者，不在此限之內，合併聲明等語。祈雲帥、劬帥速賜覆核，並轉達諸紳知照。立候電覆會奏，切盼。軫。

致香港粵商楊蔚彬等光緒三十二年正月十一日申刻發

庚電悉。粵省官紳爲路事決裂至此，實非意料所及。梁、黎諸君事〔一〕，深代扼腕，黎君尤覺難堪，曷勝懸繫。但來電於岑帥籌議各欵指爲加征苛抽，似多誤會。查粵漢鐵路雖已贖回，然擔負鉅債，刻期待償，此時籌欵不獨當籌造路之欵，尤當兼籌付還贖路之欵。岑帥慮粵紳所籌招股辦法不能確有把握，冀多籌的欵，以供路用。所籌之欵皆由公司填給股票，是欵必全數撥歸公司，可知此爲派股，實非派捐。至派股之數，或重或輕，未嘗不可公商妥酌。至粵紳所擬公益股票，岑帥亦許兼籌，特不欲以七成之銀作十成之股，此亦儘可熟商之事。只因粵中紳商誤認官爲加征苛收，遂致抗議齟齬，激成衅隙。今香港旅商諸君擬請先釋黎紳，以期公平了結，具見梓桑誼篤，關愛黎君暨綏安鄉里之美意，但

〔一〕上年十二月十八日，兩廣總督岑春煊奏參廣東粵漢鐵路代表、內閣侍讀梁慶桂，拘捕候補道黎國廉，尋均革職，粵省紳商大憤，電請撤岑。

亦當體諒岑帥力助紳商籌集路股之本意，於所指籌各欵能否允認，酌商妥法，以爲轉圜之地，方與公平了結之説相符。旅商諸君果爲港粵大局起見，務望將所謂公平了結有無實在辦法，迅速電告鄙人，即不能説定，亦可略示端倪，自當竭力與岑帥商辦，以慰衆望。切盼即日電覆。真。

致長沙龐撫台〔一〕 光緒三十二年正月十三日寅刻發

軫電想已達覽。三省會議公共條欵，本議定幹路未成以前，三省皆不得另修枝路。嗣因雲帥堅欲在粵兼修枝路，將此條再三辯駁，不得已始與限定幹路欵每年至少以籌足二百五十萬兩爲率，幹欵如籌不足數，仍不得另修枝路。其以二百五十萬兩爲斷者，以約計湘紳擬籌各欵每歲當可得三百萬，從少計算，約可得二百五十萬，故舉作比例，使粵不能再推。然恐湘省二百五十萬之數仍不能確有把握，故又聲明若不修枝路，則幹路欵儘力所能及籌辦，不加限定。參此活筆，使不修枝路省分籌欵可酌量情形，自行伸縮，不爲定數所拘。恐尊處未悉原委，或慮諸紳欵難籌足，致費躊躇，特再電聞，望并告諸紳。再，正發電間，元覆電已接到，欣佩。此電係專解鉅欵之疑，仍呈一閱。覃。

致成都錫制台 光緒三十二年正月十三日申刻發

真電悉。鄂現聘勘路工師，止令勘路，與修路毫不相涉，合同内自當訂明，薪費應仍由鄂獨認。鄂派工師既通勘川境全路，自廣水、襄陽抵重慶、成都，將來川派工師亦請通勘鄂境全路，自成都、重慶至襄陽、廣水，庶川、鄂工師皆係全局在胸，所定路綫均能貫通一氣。既有重規疊矩，則所謂擇善而從者，真可愜心貴當。總之，勘路則川、鄂工師統勘全局，薪費則川、鄂各自籌備，將來路綫則兩省會商妥定，最爲簡明穩妥。重慶作幹路無妨，但路綫總宜造至成都爲止，方成完全格局，必如此方有大利益，至要至要。至於孰幹孰枝，隨人命名，孰先孰後，隨川省自酌可也。粵修湘境之路，於三省會議公共條欵内，列有專條，其文曰：湘省路綫較長，今爲全路迅速竣工起見，湘、粵兩省公同議定，粵省修至邊境後，湘省願將宜章以下至郴州屬境永興縣止之路工，讓歸廣東代修，一切權利均歸廣東收管，以路成後二十五年爲限，湘省可按照廣東修路原用工本備價贖回。如果廣東省籌欵或有不足，自當另議，惟須於一年之内先行知照湘省，以便湘省預籌欵項，接續自修等語。已經會湘粵具奏，特奉達。元。

致長沙龐撫台、王益吾祭酒諸公〔二〕 光緒三十二年正月十六日酉刻發

湘紳元電悉。特利股票既經諸君議妥，衆情亦均欣躍，可即照辦。仍候䬠帥會核可也。諫。

致襄陽劉道台、楊守，老河口光化縣黄令、水師張參將 光緒三十二年正月二十五日巳刻發

頃接英美及上海瑞典各領事函文，據稱接老河口各教師電函

〔一〕指龐鴻書。
〔二〕録自抄本《張之洞電稿·致各省電》。

言，該處會匪滋事，黨羽衆多，並稱匪徒所供共有九條，有殺妻子以絶内顧及搶當劫獄、毁關卡、燒教堂、戕官、殺西人等語，情形極爲兇惡。細加查核，當尚是已獲各匪所言，情事與禀賫供摺略有不同。匪衆煽惑既多，此時必仍圖嘯聚竊發，不能遽謂了事，仍應隨時嚴防密拏，並將各教堂妥爲保護。即飭襄陽道、府仍派步隊營勇二哨，並商提台添派練軍二哨，前往河口駐紮，幫同該令、該參將等巡緝，以遏亂萌。均即覆。有。

致長沙龐撫台〔一〕光緒三十二年正月二十七日未刻發

頃接王祭酒諸君電，開辦特利股票，商請會委沈道祖燕經理。沈道何處人，才具如何，公時接見，必得其詳，如可用，望即由湘主稿會委。前歌電並悉。李道頤甫經到省，既非湘紳公舉，似不便充振糶捐會辦。湘差甚多，請由尊處另委一事可也。感。

致西安曹撫台〔二〕光緒三十二年二月初一日寅刻發

迴電悉。從前盧漢鐵路歸比公司承造，所用工師皆洋員，華工師並無一人，蓋中國現在尚無人通曉此等學問也。且此路另有督辦大臣主政，鄙人亦無權過問。至粵漢鐵路，三省僅擬公聘復勘洋工師一人，現尚未定。川漢鐵路，鄂省甫向日本聘用勘路工師一員，人尚未到，月薪重至千元，器具、舟車費在外，安得有數十百人之多，其難可知。尊處需才，實屬無從應命。至將來需用鐵軌，鄂廠自能承辦，但須豫定耳。豔。

致練兵處光緒三十二年二月初一日寅刻發

巧、沁等電均悉。秋操應備各件，需欵甚鉅，現正設法趕辦。屬派會議人員準於二月十五日以前到京，銜名容再咨達。改造軍官兵禮常服、帽、靴、鞋、佩刀等件，當即日派弁赴京請領，特先電覆。再，前准大咨，奏定陸軍營制餉章内軍器制略載明，快槍口徑宜用七密里以下等語。究應定作六密里幾，未准續咨，故鄂廠槍機，未敢率改，應請貴處從速酌定示知，以便飭廠照改，本年秋操，湖北軍隊只可仍用七密里九快槍。合併附陳。豔。

致上海盛大臣光緒三十二年二月初一日寅刻發

咨函均悉，條覆如下：一、鐵廠改歸商辦，盈虧官不過問。歷年商廠出入欵項，並不由敝處考核，此時截數奏咨，敝處未便會銜。二、李郎中維格，尊處畀以事權，廠務自能整頓。若奏賞四、五品京堂，則鄙人斷無此權力。三、各幹枝路均用漢廠鋼軌鐵料，原奏有案可稽，似毋須再奏。此時路鑛事隸商部，假使別有意見，雖奏亦仍無益。至粵漢、川漢等路，鄙處力所能及者，必可照辦。此外，現擬辦鐵路各省，或由敝處録原奏一咨，或再由尊處分咨各省亦可。四、萍潭鐵路現本歸尊處管轄，尚未有人措意，若必奏明，准駁權在商部。至商部出何章程，殊難預料，若不奏亦非長法，望另籌善策。五、鐵路改歸商辦，向未請頒關防，此時奏請，恐有未便，自不如暫用商約大臣關防，隨後再酌。

〔一〕録自抄本《張之洞電稿·致各省電》。
〔二〕指曹鴻勳。録自抄本《張之洞電稿·致各省電》。

六、漢萍冶總局照商律向商部注册一節，鄙人未甚解，應由尊處自行酌辦。七、添籌鉅欵固是題中要義，然近來外務部不准外省借用洋欵，持之甚堅，未知尊意擬如何籌措。若以鐵廠産業地皮作押，商借商還，可以不須奏咨則尤善，無論華、洋借欵，均無不可，但須妥覓借主耳。管見如此，尚祈裁察。豔。

致施南兼護施鶴道施守、恩施縣朱令〔一〕 光緒三十二年二月初一日午刻發

頃據駐漢法領事照稱，上年施南教案趙紹甲、趙紹科等，乃約載應行拏辦要犯，任其法外逍遥，施南地方匪徒見官袒護不究，目今害教之勢日勝一日，如烏鴉垻地方教民何成伯、何成玉、何連頓等三人，本年正月初一被趙紹甲等統帶多人，持械毒毆，均受重傷，范教士往何家，趙紹甲等復向放槍，不知傷否。當控明施南地方官，置之不理，反云教民多事，又云趙紹甲之父官職非小，伊畏拏訊，必須制軍方可訊辦云云。施南地方官既如此畏趙，無怪趙勢益張，横行無懼。務希飛速設法彈壓，因現猶禍小，若不作速拏辦，恐復釀上年殺主教、教士鉅禍等語。查趙紹甲等本係前案指索要犯，據報在逃未獲，迄未了結。今據法領來文，趙紹甲等乃明目張膽，在鄉任意横行，不法已極，何以該地方官置之不問。究係如何情節，該守、該令務飛速查明，據實電覆。如果趙紹甲等滋事屬實，亟應嚴拏懲辦，不得偏徇諱飾。倘該守等偏執己見，復釀重案，試問能當此咎否。電到，務一面電覆，一面選派幹弁妥役，馳往滋事地方，設法彈壓，切要。東。

致東京李監督 光緒三十二年二月初四日巳刻發

敬電悉。勘路工程師草合同内，務載明此次聘用該工師係專辦川漢鐵路勘定路綫之事，將來修路另聘工師，與該工師絲毫無涉，凡關修路之用人、購料等事，該工師皆不得干預。此層必須於合同内切實聲明，至爲緊要。即遵辦，電覆。講。

致天津袁宫保〔二〕 光緒三十二年二月初四日亥刻發

聞尊處設有憲兵，祈將章程飭鈔寄鄂，以資仿辦。豪。

致東京湖北學生監督李道台寶巽〔三〕 光緒三十二年二月初五日午刻發

昨發講電言勘路工師合同事，字句尚有須斟酌處。今改如下：與將來修路，絲毫無涉兩語，應改爲將來修路，另聘工師，與該工師無涉。又，凡關修路之事兩句，應改爲凡關修路之用人、購料等事，該工師皆不得干預。以上增改字句，務即照改本於合同内添入。務即電覆。歌。

致京外務部〔四〕 光緒三十二年二月初七日辰刻發

冬電悉。會匪柯了凡、孫明喜等在老河口潛謀滋事，經光化

〔一〕録自抄本《張之洞電稿·致本省電》。
〔二〕録自抄本《張之洞電稿·致各省電》。
〔三〕録自抄本《張之洞電稿·致外洋電》。
〔四〕録自抄本《張之洞電稿·致北京電》。

縣訪聞，會營於去臘廿八日將柯了凡、孫明喜等首從六名設法拏獲訊明，並搜獲僞示、僞印、飄布、符咒、洋槍等件，已將柯、孫兩犯正法，餘犯分別監禁。敝處接據光化縣、營電稟，復已電飭添派襄防步營步隊二哨、提標練軍二哨，馳往老河口駐紮，協同該地方文武巡防查拏，保護教堂矣。地方現已安静。麻。

致南昌胡撫台[一]、周藩台、余臬台光緒三十二年二月初八日丑刻發

初五日接冬電，即料民情必然憤怒。正在電覆間，旋接江電，已開巨衅，不勝駭愕。然衅由教士激成，民間公憤，不可遏抑，正宜以民情衆怒抵制彼族，萬不宜諉諸痞徒游匪，令外人藉爲口實，致有洋兵登岸拏人之事。未知尊處電奏如何措詞，甚爲懸繫。此時鎮静嚴防，勿令再添枝節。日來情形祈示。麻。

胡撫台、周藩台、余臬台來電光緒三十二年二月初五日子刻到

正月念九，城内法國天主堂神甫王安之緘約南昌縣江令召棠便飯，面商從前舊教案，彼此争執啟衅。王安之逼江令將奏定限年及永遠監犯多人，立時釋放，並將江令拉入密室，肆意恫喝，口稱即派兵船來贛。江令不勝其忿，順取棹上小刀，遽行自刎。據江令扶痛手書，恍惚有人拏一翦刀，加功戮喉兩下，幸僅破食嗓，或尚可救。查王安之異常兇横，每遇民教案件，動生枝節，脅制印官。此次凌逼，江令窘辱難堪，致生此變。現飭保護教堂，並電約九江主教郎守信來省商辦。案情重大，向所罕聞，應如何辦理以定人心而全國體，敬乞卓見指示為感。幹、浩、康。冬。

胡撫台來電光緒三十二年二月初六日戌刻到

江令受傷，民情不服，議論沸騰。初三日巳刻，忽有痞棍游民雜以外來匪類，乘機煽惑，蟻聚蜂屯，堂多兵分，防不勝防，瞬息致毁法教堂三處，傷害法人六名，波及英國教堂一處，被害英人二名，受傷一名，已撥醫調治，餘未查確。現在人已四散，仍將未毁各堂極力保護，拏犯究辦，並將救出各國洋人，派輪委員護送赴潯。現已電請外務部代奏議處，並電南洋及英、法領事。事體重大，敬乞卓見示遵。幹。江。

胡撫台來電光緒三十二年二月初八日申刻到

江令於本日巳刻因傷殞命，現已獲正兇多人，法領派兩兵艦來。廷幹。陽。

致東京楊欽差請譯送日本參謀本部福島少將[二]光緒三十二年二月初九日亥刻發

湖北擬仍訂聘鑄方大佐來鄂，以備軍事顧問，務請惠允，合同悉照栗山大佐辦理。即盼電覆，以便將整裝川資匯寄。本年預備秋操，亟望鑄方大佐早日來鄂，詢商一切，并希轉達。再，承允購馬一事，務請挑選膘壯力健合用之馬，以應大操急需，日内當派員赴貴國商辦，特先電達。湖廣督署張。佳。等語。并請催其電覆爲感。青。

〔一〕指胡廷幹。
〔二〕録自抄本《張之洞電稿·致外洋電》。

致長沙王益吾祭酒諸公[一] 光緒三十二年二月十一日戌刻發

沈道祖燕委辦特利股票，已電飭帥絜衡會委矣。真。

致南昌余臬台光緒三十二年二月十二日巳刻發

佳電悉。閣下主議此案，必能因應咸宜，慰甚。是否由胡鼎帥奏派，抑由外務部奏派，祈示。江故令手書兩紙，是否言明先係自刎，抑言全係被人殺害，文義必甚明晰，並示。昨得梁道敦彥來電，渠亦奉派來贛，會同商辦，十三入都，與法員晤面定行期等語，想已知。此案以法國爲主，法案議妥，英案自可順手。前出使法國孫慕韓京卿寶琦，於前數日過鄂，談及法國政府現於教士頗欲加以裁抑。從前慶藹堂星使駐法時，曾與法外部約定，凡有教案，祇可就案議結，不得於教案外另有要索等語。總之，不許彼於教案外要索他項權利，最爲第一要義。若欲鄱陽湖停兵輪，必宜阻之。孫京卿既於目前法國不甚袒護教士情形知之甚悉，且新從法歸，與法人較易接洽，似可由鼎帥奏請飭派孫京卿赴贛商辦，此案必能有益。孫於昨日甫抵京，宜速電奏請派。至梁道素通英語，於外交固所諳習，然與法磋議，則孫京卿尤爲得力，雖已有梁，添孫更好。因承下問，故聊抒管見，祈商鼎帥裁酌。再，聞有一英教士曾寄一電與人，略云，此事由王安之一人之過，既誘殺江令於前，復自焚教堂於後，各教士之被殺，非中國官保護不力，實因與法教堂毗連波及耳等語，不知確否，望速向電局速查此電以爲證佐。祈電覆。文。

致荆州清將軍[二] 光緒三十二年二月二十日巳刻發

頃接鐵尚書巧電，云前咨荆州挑取旗兵，現委知府容賢前往，定四月十五日挑取。除分電外，特聞。等因。特轉達。效。

致廣州岑宮保、梁小山閣讀、黎季裴觀察暨粤紳諸公光緒三十二年二月二十一日子刻發

敬電悉。此次會議，湘、粤紳本各有兼修枝路之説。鄙意以通省財力止有此數，若貪近利競修枝路，則欵分力薄，幹路必辦不成。苦口危言，再三開導，各紳大悟，始彼此約定幹路未成以前，三省皆不得另修枝路。此一事費盡無數心力，今尊意謂幹路籌有定欵外，如有他商另行籌欵修造枝路，未便阻止等語，此則萬萬不可。蓋粤紳籌欵，除彩票外專以招股爲大宗，若不將枝路一層聲明禁斷，則見小欲速，人之恒情，富户必預留資本，爲修築枝路地步，其入幹路股者必少，粤漢全路永無接通之日。此路争回而辦不成，將貽萬國笑柄，關繫國體甚鉅，務請照議勿改。至湘境郴州一段讓歸粤修，原恐湘省路長欵絀，成功無期，故讓粤代修，冀全路早通，早興大利，使粤路不爲湘阻，所以爲粤計者至周，此層斷不可少。況已聲明，粤如籌欵不足，於一年内知照湘省，湘當籌欵自修，粤更進退綽然，何妨存此一説，以表通力合作之本意。反覆思之，此條詞義毫無妨礙，統望迅賜核准電

[一] 録自抄本《張之洞電稿·致各省電》。
[二] 録自抄本《張之洞電稿·致本省電》。

覆，以便三省會奏。至湘省籌欵之法，鹽、米、茶、木四大宗外，並擬仿粵行彩票股，約可歲籌二百餘萬。鄂路不足三百里，除賑糶捐的欵每年約數十萬外，仍當另行籌湊，如紳民願附股者聽，以足敷路工之用爲度，併以附聞。粵省應攤本息，按期就近兑交香港滙豐甚妥，請即照辦。胥。

致東京李監督 光緒三十二年二月二十一日午刻發

路鑛學堂准改官辦，作爲湖北鐵路學堂，經費全由官出，另派專員經理。即日當將章程札發，此時暫由該道酌予津貼，勿令中輟。至要。箇。

致東京楊欽差〔一〕 光緒三十二年二月二十一日午刻發

寄示拾兩銀票式樣已悉。摹印鄙人照相，殊未得真，茲擬仍用舊版鄙人及端午帥雙像者爲妥。請印拾兩票貳拾萬張，印畢將版内拾字刓去，改嵌五字，刷印肆拾萬張。拾兩者票紙宜略放大，五兩者票紙宜略收小，兩種票顏色須有區別，免致淆混。務祈轉商印刷局妥辦。約需幾時可以印成，愈速愈好，商定望即電覆。感盼。馬。

致東京楊欽差 光緒三十二年二月二十一日午刻發

昨由滙豐電滙鑄方大佐整裝川資日幣壹千貳百元，祈查收轉給，催令速來。箇。

致福州崇制台〔二〕 光緒三十二年二月二十四日午刻發

函電均悉。以無煙藥機易槍，固所甚願，當將鈔寄合同清單發交廠員，飭洋匠考閲。據稟稱，來單未載係何廠，訂購各件亦多不齊，係屬老式，與鄂廠製造不合等語。未能如命留用，祈鑒諒。敬。

致京湖廣會館湖北直年諸公〔三〕 光緒三十二年二月二十五日寅刻發

通志薪脩京平松江銀叁千兩，由百川通滙寄，祈查收電覆。迴。

致北京李伯虞侍郎諸公 光緒三十二年二月二十五日寅刻發

交義善源滙寄旅學欵京平足銀叁千兩，希照收電覆。敬。

致江甯周制台〔四〕 光緒三十二年二月二十六日午刻發

頃敝處致户部電云：正月感電、二月效電均悉。釐定川鹽斤重一事，惟有減價加斤一策，商力方能支持。現調宜昌鹽局總辦來省，與鹽道籌商定議，以後照夔州印票、斤兩務令相符，正、

〔一〕以下二電録自抄本《張之洞電稿·致外洋電》。
〔二〕録自抄本《張之洞電稿·致各省電》。
〔三〕以下二電録自抄本《張之洞電稿·致北京電》。
〔四〕以下七電録自抄本《張之洞電稿·致各省電》。

加新舊各欵一律按原數攤減。蓋各欵皆係要需，必如此方無窒礙。湖北鹽釐正、加課久已抵還英德洋欵，係認定每年解足七十五萬兩，即攤減亦於洋欵無所出入。至恩關，巴鹽均已照大咨禁止矣。餘容咨達等語。特奉達。宥。

致廣東岑制台、長沙龐撫台光緒三十二年二月二十七日子刻發

贖回粵漢鐵路借欵，應付第一期息金計二萬四千七百五十鎊，於中三月十三日到期。查照奏定條欵，七成攤派，粵、湘各認三分，鄂認一分。現在計期不遠，請即由粵、湘核明應攤之數，粵省徑交香港匯豐，湘省由湖南委員徑交漢口匯豐照收，毋庸解鄂轉匯，免致遲誤。除另備公牘咨達外，特先電達，如期籌解，並盼電覆。宥。

致長沙龐撫台光緒三十二年三月初一日亥刻發

頃接岑雲帥電，此次付還贖路借欵第一期息金貳萬肆千柒百伍拾鎊，除撥省佛枝路餘利銀拾伍萬元約合英金壹萬五千鎊外，不敷之數，粵省應攤七分之三，計肆千壹百柒拾捌鎊拾壹先令伍本士，屆期由粵彙交香港匯豐等語。查枝路餘利外，尚短玖千柒百伍拾鎊。湘省攤七成之三，應付英金肆千壹百柒拾捌鎊拾壹先令伍本士。鄂攤七分之一，應付英金壹千叁百玖拾貳鎊拾柒先令貳本士。特再電達，祈即照此攤還鎊數，於三月十三日以前徑行匯交漢口匯豐銀行，并先電知敝處，切禱。東。

致長沙龐撫台光緒三十二年三月初二日辰刻發

賑糶捐局請買房設局一事，敝處批答令請尊處示，昨已電達冰案。此等細事，鄙人本不願多管，乃王益吾祭酒電致鄂省官場，謂此舉爲濫費，萬不可允，竊所未喻。查賑糶捐本係鄂省創辦，嗣因移局岳州，始與湘省合辦，現雖准將捐項分撥兩省路工濟用，然欵係官籌，官應主政，且事爲兩省公共之事，自應另設專局，不便附設湘省鐵路公司。以每年可收數十萬籌金之鉅欵而買一局房，似不得目爲濫費，況主此議者如葉主事、李道，皆湘紳也。同一湘紳，此請批准，彼請批駁，令人何所適從。湘紳於路事既知力求公益，乃每遇一事往往此是彼非，各存意見。似此情形，鄙人於湘省路事，以後更不敢過問矣。祈轉達諸紳從長議之，爲幸。覺。

致廣州岑宮保、梁小山、黎季裴諸公光緒三十二年三月初三日辰刻發

粵省紳商豔電云，粵路認股踴躍云云，全粵感戴等語。查粵省路事，官紳意見未融，鄙人實未便旁贊一詞。至第一期贖路息金究應如何籌還，非局外人所敢知也。江。

致廣州岑宮保光緒三十二年三月初五日子刻發

頃據駐漢英領事函稱，接香港總督覆電，此項借欵無論如何兑交，總要華歷三月十三日在香港收即期現金等因前來，希即查照等語。除鄂欵先期撥付，并電湘省照應攤鎊數電匯漢口匯豐如期轉匯外，枝路餘利及粵省攤欵，祈於兑交後即日電知敝處，并

屬該銀行電知漢口英領事接洽，以便取回第一期付欵憑票，至禱。豪。

致長沙龐撫台 光緒三十二年三月初五日子刻發

頃英領事來函，接香港總督電，此項借欵無論如何兑交，總要華歷三月十三日在香港收即期現金等因前來。但查由漢匯往香港，至遲須於初六日以前即行兑交匯寄，則不致誤期等語。湘省應攤之欵，務望迅速電匯漢口匯豐，俾趕十三日以前匯到香港。蓋電匯漢口匯費較輕，若到漢口稍遲，則須電匯香港，費較重矣。總之，勿誤還期，千萬要緊。務望即賜電覆。紙。

致施南兼護施鶴道施守、恩施縣朱令[一] 光緒三十二年三月初六日午刻發

歌電悉。前發東電，所云趙紹甲、趙紹科等係約載應行拏辦要犯等語，並此次滋事各節，均係摘叙領事來文。其後半所云不得偏徇諱飾等語，乃本部堂申誡之詞。電文語意甚明，然一則曰究係如何情節，再則曰如果滋事屬實，亟應嚴拏懲辦，原飭守、令確查禀覆。如領事所言不實，儘可平心静氣，將實在情形詳細電覆。乃該守、令來電强詞負氣，悻悻不平，一似本部堂勒令該守、令曲徇教士，故縱教民者，實屬謬妄可怪。凡民教詞訟，全在地方官開誠布公，防之於早，杜之於漸，速辦速結，方能弭禍無形。前年施南教案創鉅痛深，近日福建、河南、江西教案接踵而起，該守、令亦知之否，尚不知爲防患未然之計耶。特此嚴加申飭。魚。

致京户部[二] 光緒三十二年三月初八日巳刻發

冬電悉。宜局川鹽照夔州斤兩徵收，較向章折減之數，每包多出口鹽叁拾玖斤零壹兩陸錢，統計正、加各項課釐按照現章收數，每斤應增收錢陸文肆毫壹釐柒絲。兹擬斤兩照夔票，課釐照原數一律攤減，即每斤減收陸文肆毫壹釐柒絲也。至准收三文，聞亦擬一律攤減。總之，增斤兩不增課釐，於實報之數並無出入，既合部章，亦恤商艱。庚。

致開封瑞護院[三] 光緒三十二年三月初九日巳刻發

前日接鐵路駐防營禀報，並准外務部來電，以西平、遂平一帶匪徒滋事，屢派兵馳往保護彈壓，一面派員確查滋事情形等語。已派准補施鶴道桑道寶馳往確查，並派常備軍一營，分次附火車前往滋事地方，相機彈壓解散。昨接該營統帶官電禀，並據漢口英領事來電，均稱郾城一帶亦不安靖。又接見自豫來弁言，匪徒頗熾，頭裹黄巾，旗上有滅洋字樣，該弁目睹。此匪若不速平，爲患不小。兹已續派兩營馳往保護地方，並預備大隊陸續繼進，以資防衛。務望尊處一體迅速派兵，分投扼紮，保護教堂、鐵路，並嚴飭地方官查拏匪首，解散脅從。特此電達，盼即電覆。佳。

[一] 録自抄本《張之洞電稿·致本省電》。
[二] 録自抄本《張之洞電稿·致北京電》。
[三] 指瑞良。

致信陽電局專送鄖城湖北施鶴道桑道台〔一〕光緒三十二年三月十一日辰刻發

該道抵鄖後，所查情形竟無一字電禀，殊堪詫異，不知派該道到彼何事，帶電本何用，令人氣悶。此事瞬息變换，現在匪蹤聚散，何處匪較多，何人爲首，究因何事而起，及豫省擬如何辦法，務即據實飛速電禀。此後每日必須發電一次，間一日必須函禀一次，查探務確，叙述務詳，電送信陽發，函專派一兵坐火車送。蒸。

致襄陽夏提台、劉道台、曹守、署均州陶牧光緒三十二年三月十四日戌刻發

頃江漢關道禀，據那威、瑞典領事函稱，近接均州來信，該處民情大爲蠢動，縣官膜視民教，理宜從速派兵鎮攝，並示諭百姓勿得與教爲難，請轉禀速飭地方官保護教士，約束華民等語。查老河口匪徒甫靖，均州民情何以復有蠢動，近來民教有無相仇之事，所言是否確實，特飭劉道、曹守迅速派員馳往察看情形，如果該處風聲不靖，即速酌派馬步隊，並請提軍門酌撥練軍，馳赴滋事地方彈壓解散。如有會匪，即行查拏，一面實力保護教堂、教士，一面嚴飭該州親出巡歷，剴諭民間各安本分，切勿生事，自貽鉅害。速遵辦電覆。鹽。

致南昌胡撫台、余臬台光緒三十二年三月十五日亥刻發

敝處現奉廷寄，有飭查江西事件。茲特派委梁署臬司前往確查，約明日可到南昌。除咨達外，特先電聞。咸。

致京户部〔二〕光緒三十二年三月十八日子刻發

專使經費，湖北本年春夏二季認籌銀五萬兩。茲在江漢關税項下勉籌銀五萬兩，限十六日解交滬道。洽。

致漯灣河湖北施鶴道桑道台〔三〕光緒三十二年三月十八日辰刻發

疊次電函均悉。苗金聲盤踞嵯岈山，如果聲勢日熾，非旦夕所能剿平，不獨防護鐵路鄂軍不便撤回，即鄂境邊界隨、棗等處，亦須派兵扼紮。務速將確實情形詳探電禀，以憑擇要電奏。嘯。

致長沙龐撫台光緒三十二年三月二十一日巳刻發

頃接湘省有多人函稱，以湘省各學堂風氣囂陵，日甚一日，近以演習兵式體操爲詞，各堂無不請領槍枝。其實柔軟器械各體操尚未畢習，斷不能躐躋兵式。今一律普領槍枝，遺患何堪設想，請電尊處未領者停發，已領者繳回等語。查湖北學堂初練兵式體操時，皆止先發木槍，練熟後亦止酌發舊槍，不發子彈，惟武學堂酌發木彈子，以資練習，至今文武學堂均不發真彈子。湘省似可照辦，所有真槍如可緩急者，似以暫緩給領爲妥。特此飛達，

〔一〕録自抄本《張之洞電稿·致各省電》。
〔二〕録自抄本《張之洞電稿·致北京電》。
〔三〕以下三電録自抄本《張之洞電稿·致各省電》。

祈酌裁電覆。箇。

致漯灣河湖北施鶴道桑道台、湖北標統謝參將光緒三十二年三月二十一日亥刻發

桑道、謝將屢電均悉。豫雖獲勝，苗金聲今又復竄入角子山，可見匪勢尚未解散，諫電所稱恐兵來匪竄，兵去匪來，一時難絶根株等語，此乃實情。鄂軍既經派往防護鐵路，豫匪未平，未便遽撤。茲飭謝參將督率所部暫行留駐，專司保護西、遂、郾城一帶鐵路、車站及附近鐵路教堂，以便騰出豫軍專力剿匪，鄂軍自勿干預剿捕之事，以清界限。如匪衆擾近鐵路，鄂軍得有豫省地方官知會請爲援助，亦可相機迎剿，匪去追逐不得過二十里，總以保護路站爲主。如無地方官知會，或匪距鐵路尚遠，鄂軍斷不必輕動。頃已電知瑞護院矣。桑道仍隨時查探情形電稟。箇。

致開封瑞護院光緒三十二年三月二十一日亥刻發

文、寒兩電悉。豫軍剿匪獲勝，甚慰。惟疊接探電，苗金聲先踞嵖牙山，敗後又竄入角子山，朱道已派兵往剿，恐一時難絶根株等語。敝處前已電飭桑道及統帶鐵路營謝參將暫行留駐，專司保護西、遂、郾城一帶鐵路、車站及附近鐵路之教堂，以便騰出豫軍專力剿匪。總之，鄂軍勿庸干預剿匪之事，如匪衆擾近鐵路，鄂軍得有豫省地方官知會請爲援助，亦可相機助剿。如距鐵路尚遠，無地方官知會，則鄂軍勿庸輕動，以清豫、鄂兩軍界限。特此電聞。馬。

致南昌湖北梁署臬台光緒三十二年三月二十一日亥刻發

接軍機處來電云，奉旨：前有旨諭令張之洞查辦江西事件，著將江召棠在教堂因傷致死情節先行查明，迅即詳晰電奏。欽此。樞。箇。等因。諭旨既[一]指明飭查此事，則中西醫仵及堂内劉、艾、胡三人必應先行設法招致，到案查詢，方有可下手處。此外，有可質證之人，均可傳訊。此旨可恭録行知江西臬司及查案有關涉之衙門。馬。

梁署臬司來電光緒三十二年三月二十二日未刻到

江死實慘，定為自刎，且疑非加功，此人心所以不平也。連日細心考核，謹陳切要數處，仰乞示遵。一、江事在二月廿九夕，三月七日早，因傷殞命，中間尚有七日，雖傷重不能言，而人有知覺，手能寫字，何以各官不往詳問致傷之故。若得生供，中外曉然，安有今日。直至江死，乃據廿九日在教堂時王安之、劉宗堯在旁所書為憑，如何信人。二、南昌府兩首縣據呈仵作驗單云，委係被殺身死。又云，洗冤録載，被人所戕者，並無左右深淺之别，今江傷兩頭平，並無輕重，確係被人所殺，據此斷非自刎無疑。如長官不謂然，必應嚴訊仵作何以自刎誤為被殺身死。嚴詰府縣何以誤呈此錯謬驗單，今皆無之。三、中醫朱炳輝看視云，頸上有刀傷兩下，食嗓已斷，實是被人殺傷。據此與縣仵合，斷非自刎無疑。四、法醫福庶貝驗單云，似此情形可斷為自刎乎，不能也。又云頗似本人自刎之勢，則又不能斷為被殺也。語似騎

〔一〕底本為「即」，據楚學精廬刊本《張文襄公全集校勘記》改。

墻，實已畫供。蓋法醫未有袒助王安之者，使非被殺，即已斷為自刎，而云不能斷者，則非自刎無疑。且法醫所云，未斷為被殺，亦未斷為自刎也，我又何為直斷之為自刎乎。七、江手書第一紙云，王安之百般恫嚇，被用刀翦連戳咽喉三下，我死後以此字呈上憲代伸冤。此為至確至慘，加功鐵據。查律殺人以最後下手傷係致命之人擬抵，江係死於直傷，非死於横傷，是翦刀連戳咽喉之人，即殺江之人，無論為王安之，為劉宗堯，其為教堂中人無疑，此則必應力争者也。八、此間支電外部云，端貴所交江書，竟全是自刎，無人加功者，所言已可怪詫。又云，江、王殞命，無從質證，故擬照業經身故，應毋庸議之例，將廿九日事作一專條，懸而不斷，是江令欲求上憲伸冤之望絶矣。查外部冬覆電云，初三事由廿九日起，必須確切查究，為辦理此案之根據。來電屢云彼此不提，將何以成信讞。勿稍含胡遷就。又歌覆電云，此案總以江令受傷情形為緊要關鍵，斷非彼此不提所能了結，若不確實剖明，何能定案，仍查確情詳覆，勿稍含胡掩飾。同日覆電云，尊處先後來電，語意每多不符。辦理案件必須確查實在情形，方有把握。此事不可稍事含胡，若懸而不斷，外人益有詞可藉，恐非彼此不提所能了結也。以上八條[一]，披覽文卷研對函電已三晝夜，隨員五人復同心商榷，合擬此稿。明知事體重大，未易勘定，惟既有所見，存此備查。日內即擬回鄂。芬禀。馬。

致南昌湖北梁署臬司 光緒三十二年三月二十四日午刻發

此案尚有緊要情節一段，必須確查。傳聞江令傷口貼鷄皮後，尚可不即死。因初三日焚殺大鬧後，胡中丞遣新建縣令告之，勸其速死，乃自抉其傷而死。或云係某大員所遣。此節雖於江令之受害無所出入，然鬼蜮情狀亦不可不知，并望確查見覆。迴。

梁署臬司來電 光緒三十二年三月二十九日辰刻到

天游鷄皮之謡，在鄂已聞，來時細查，不確。其故由於挾嫌恨江者多，以其可以不死，則王安之為無罪也。此傷重極，萬無生理，能活至初七者，或云人參之功。芬謂江之心不死，故能支持數日也。詆江者極多，此其一事。芬禀。儉。

致岳州岳常澧道台、岳州府[二] 並專差速送平江縣羅令葆祺 光緒三十二年三月二十四日亥刻發

據禀，痞徒藉糶爲由，糾衆搶奪錢店，實屬目無法紀。現已由鄂省派兵一隊，乘輪馳往，會同湘省所派之兵，協拏懲辦。刻下情形如何，如果匪徒尚未解散，即行由該道、府電禀，以便添兵前往勦辦。該道、府及該縣均速覆毋遲。敬。

致長沙龐撫台 光緒三十二年三月二十四日亥刻發

據平江羅令葆祺先後來禀，該縣痞徒藉糶穀爲由，糾衆搶奪錢店，後愈集愈多，鑛局、教堂勢甚危急。鄂省已派兵一隊乘輪馳往，協同彈壓，並望尊處迅速先就近派兵往拏首要，務獲嚴懲，以免釀成亂端。盼覆。敬。

[一] 底本無五、六兩條。
[二] 以下二電録自抄本《張之洞電稿·致各省電》。

致外務部、軍機處發後照録致梁署臬台 光緒三十二年三月二十六日巳刻發

奉二十一日電旨：著將江召棠在教堂因傷致死情節先行查明，迅即詳晣電奏。欽此。查江令致死情節，據中國仵作、醫生皆供，據洗冤録，實非自刎。照片印出，道、府、縣目睹，江令自書多紙，大略云王安之逼令自割一刀，後有兩人捉手，用翦刀加戳兩下等情。近日又向江令家屬索出江令手書一紙，文云意是逼我自刎，我怕痛不致死，他有三人，兩拉手腕，一在頸上割有兩下，皆大字。又小字云痛二次，方知加割兩次，欲我死無對證等語，與前手書略同。據美國醫生賈爾思證書云，整齊的横傷在咽喉結之上，又一傷，傷口參差不齊，將喉結前面從中一直分開。又云，整齊的横傷是用利器割的，其餘之傷非用利器。又云，第一傷用力氣輕些，第二傷用力氣重些等語，此爲以刀自刎以後，又受他人以翦戳傷之確據，蓋翦利於刺，不利於割，故傷口參差不齊，自割故力輕，人戳故力重也。一法兵船官醫福庚貝畫押憑單云，傷口係在嗓核之上，開作扁形，均横寬三寸，係用利器所割。又云有一第二傷口係直式，與第一傷口作縱横式，亦係用利器所刺，此口亦可容指等語。此爲刀傷之後又受翦傷之確據也。法官醫又云，至於兩傷是否同時，似雖非同時，亦相距不多時耳等語。此謂直傷亦係在教堂所受之確證也。查江令自書者，中國醫仵所言者，法使固未必肯信，豈美國賈醫所言甚至法國兵船官醫所言亦不足信乎。總之，兩洋醫皆謂係兩傷，一横傷，一直傷，美醫則云直傷重。既係横直兩傷，後傷又重，是江令實死於加功，不僅由於自割，已無疑義。即前有自刎一傷，江令手書亦由王安之所逼，惟當時江令家丁茶房欲入内室，均被教堂人力阻。究竟加功係何人下手，自刎係如何相逼，實無從臆斷。此時欲尋證人，惟有教堂内司事劉宗堯、雇工艾老三、僕人胡恩錫三人，可以查訊。且江令受傷在劉宗堯屋内，其手書内屢云劉先生，是劉宗堯尤爲案内要證。惟當日法參贊端貴帶劉、艾、胡三人到南昌，供詞一味推諉支離，旋由法參贊帶回九江。兹經遵旨詳查，因囑江西撫、臬電九江道商之郎主教，囑令送三人到南昌詳訊，并力認保護，斷不刑訊，并未强提。郎主教言此係二國之案，端贊已回京，非有法欽差來電令交，不敢交出等語。贛省旋接外務部電，法使稱劉宗堯等已經訊明，何以又生枝節，已電水師兵船，極力保護等語。竊思傷憑醫定，案憑證定，洋醫既斷爲兩傷，後傷較重，然則後傷是何人所爲，前傷因何事起衅，不憑證人，何從定讞。查法官醫驗傷憑單，係法參贊臨行時始行交出，當日劉、艾、胡三人到省，不能細問。今因據有法官醫憑單，故擬問法教堂司事人等，何得謂又生枝節。法主教欲保教堂名譽，必須秉公辦理，出以和平，令此案水落石出，解釋羣疑，天下萬國方能翕服無辭。應請貴部將兩洋醫傷單所言，既驗明横直兩傷，不能不查訊證人，並非另生枝節之故，婉切詳告法使，勸其平心熟思。至彼之肯交三人與否，聽其自酌可也。總之，洋醫既有此傷單，我即不能不告知法使，查訊證人，以存國體，以服民心。若法使必不願交覆訊，存此一案，各國自有公論也。如何與法使商辦之處，敬候貴部酌裁，並祈電覆，切盼切禱。因此事恐勞宸廑，故并達樞廷，以備天語垂詢，容稍遲即擇要電奏。宥。

致京練兵處[二] 光緒三十二年三月二十六日亥刻發

皓、徑兩電悉。美武員欲看各節，除礮臺、械局不令觀外，學堂兵操可看，製造槍礮廠、製造火藥廠應可令看大略，不能細看，惟來電所指械局，是否專指存儲軍械之武庫，抑係即指製造槍礮廠而言，如貴處意不欲令觀造槍礮火藥之處，祈電示，當照辦。查外國造械之處可看，惟其緊要奧妙處則不令人看。中國廠現在當無甚秘奥之處，惟每日製造之確數，則不以告人耳。貴處宗旨如何，祈速示。各國洋員來鄂，看製造廠者甚多，不勝其煩，且工作粗淺，實不願人來看，如能設辭推諉，令少看數處，尤感。宥。

致南昌湖北梁署臬台光緒三十二年三月二十七日午刻發

據二月廿六日新聞報云，英領事帶同英醫生達葳赴署再驗，經醫生驗明，實係被人刺傷致死，英領事始行簽允等語。三月初十日申報云，英領抵贛後，驗視江令屍傷，該領亦不信自刎之説等語。三月十九日申報云，胡撫接外務部電，已將英醫生所驗江令屍格共録十三道，照會各國公使，請即以此爲據等語。何以胡咨送此案，各醫生傷單並不提及英醫達葳一字，何也。外務部將英醫屍格照會各國一節，如果有之，亦應告鄂。速將以上英醫暨外部各節，詢問余廉訪，詳查各項原有字據，據實開送，即刻電鄂。此乃最要緊之證據，而贛不咨送，真不可解。胡、余亦曾向閣下言之否，即未留字據，當日達葳之言，大衆共聞，亦應據面談之語，録出存案，況外部之電乎。再，前屢電請尊處設法密詢劉宗堯一節，又遣人赴潯詢商劉優許獎賞一節，又擇江西能員籌商訪查證據一節，能否辦到三兩分，望速示。閣下既欲爲江令伸冤，惟有百計訪求證佐，或別思良策，不然冤何從伸乎。賈醫未到，恐有變，速設法促之。設法者須籌一善策，派一能員，非一咨一札一函所能辦也。盼速覆。感。

致兩江周制台[三] 光緒三十二年三月二十八日申刻發

鄂省前經電飭駐日本東京委員在日本購礮十二尊，礮上零件全套，馬六百匹、鞍八百副及電機、架橋材料各件，約四月初一二間到滬。此係練兵處咨調湖北新兵赴豫秋操急需待用要件，除咨達冰案外，請速飭江海關道查驗放行，盼禱。儉。

致南昌湖北梁署臬台光緒三十二年三月二十九日午刻發

外務部來電云：有電悉。江令事，梁道查訊明確，已無疑義，美、法各醫生驗傷證單，均有自刎字様，并無加功實據。英使所交英醫傷單，測得第一傷口係由左用力猛入，横過至右提起，左高於右，足爲右手自傷之證。傷口下邊有兩小傷口，左長於右，此三傷係一臂作成。其三傷之部位，恰與向來自刎傷之部位相同，足徵三傷均由自己致成等語。且查各傷單均謂江令之傷不致殞命，其死由失調所致，是加功致死之説毫無實在證據。如以空言詰難，

[二] 録自抄本《張之洞電稿·致北京電》。
[三] 録自抄本《張之洞電稿·致各省電》。

徒博虚名，而其中實情反被外人揭破，將來一經宣播，致興大獄，不但此案無結束之日，且於國體有關。執事老成重望，務希詳察細情，以顧大局。外務部。廿八日。等語。豔。

致華盛頓梁欽差〔一〕光緒三十二年三月三十日午刻發

頃接廣東路局委員來電，據三水枝路行車總管連德禀稱，合興公司有打石機一付，今存粵旗昌洋行，當日未據點交，現待用，請電梁星使飭合興速電旗昌點交等語。特奉達，祈速飭合興照辦。電覆。卅。

致荆州孫道台〔二〕光緒三十二年四月初六日子刻發

頃户部來電：三十年分各省抽收土藥税額，皆已覆齊，本部立等覆辦，希將貴省收數迅即電覆。户。冬。等語。湖北三十年分收數，速分別列欵，查明確數，詳晰電覆。歌。

致荆州孫道台光緒三十二年四月初六日子刻發

鄂省土藥過境税，現經財政處議駁，謂三十一年開辦八省統捐，凡經過宜、洪、梧土藥，概收税捐，删除過境名目，經管理統捐大臣柯會同湖廣總督張聯銜出示在案，是過境一項原議章程早已删去，孫道爲宜局總辦，豈不知之。今於贛、閩正耗應解總局之欵，並不呈請管理統捐大臣核定，輒按每百斤徑行劃出十九兩二錢解交湖北，仍作爲過境名目，而以其所餘銀二兩五錢零解交總局，似此紊亂定章，果屬何意，應即轉飭該道明白聲覆等語。查統捐本注重在膏，過境名目雖除，其增收膏捐極鉅，鄂省原有過境税自應照數撥還。兹經議駁，應如何措詞頂覆，該道臨行時，柯大臣有無面示此事作何辦理，速妥議詳籌，即行電覆。歌。

致東京李道台寶巽、喜道台源〔三〕光緒三十二年四月十一日丑刻發

昨由匯豐電匯夏季學費日幣伍萬元，即查收電覆。該道患病，准其回鄂，即派喜道源接辦學生監督事務。再，本部堂兩次捐廉匯去鉅欵爲畿輔學生學費，囑該道曉諭湖北學生周知，以免妄生疑議，乃該道來電總不提及一字，何也。并據實即電覆。

致華盛頓梁欽差光緒三十二年四月十一日亥刻發

聞舊金山地震鉅災，實深惻惻，祈向美外部代致鄙人慰問之忱。聞旅居華民所受傷損頗重，尤極軫念。今日託匯豐匯銀叁萬兩以助賑撫，交尊處轉發，即請酌量散給灾區各華民，加以慰問，至禱。華民被灾情形，并希電示。文。

致荆州孫道台〔四〕光緒三十二年四月十四日辰刻發

元電悉。前准部咨，過境税既議駁，昨晤柯大臣，面述部覆經費亦絲毫不能撥還，且尚有別項提扣。總之，土膏税捐統歸四川總局徵收，聽其語氣，將來提撥扣減爲數甚多。鄂省虧損太鉅，

〔一〕録自抄本《張之洞電稿·致外洋電》。
〔二〕〔四〕録自抄本《張之洞電稿·致本省電》。
〔三〕以下二電録自抄本《張之洞電稿·致外洋電》。

萬難支持，不僅憑單被駁也。該道務即詳盡籌議如何辯論抵制之法電覆，并迅速來省。鹽。

致襄陽劉道台、曹守光緒三十二年四月十六日未刻發

前據宜城孫縣楊令文勳稟，請開引上游南漳縣境内之水，開濬舊渠，以興水利。正批委勘間，復據南漳縣漆令濱稟，稱宜邑建閘引水，横流北行，下游必至截乾，且查嘉慶十三年前督部堂汪批准襄陽道、府注銷王載等開渠有案，是改渠阻水，必致武安堰一鎮頓成衰廢，且勢逆工鉅，亦難成功，萬不宜冒昧從事。該道、府即日飛札禁阻宜城楊令毋庸興工，一面速委明幹之員馳往，會同兩縣令詳細履勘，察其形勢，通籌利害所在孰重孰輕。如果此渠開成，兩縣是否均獲利益，武安堰地方有何策補救，據實電覆，毋延。銑。

致京練兵處[一] 光緒三十二年四月二十一日午刻發

頃接荆州清將軍電開：今秋四省大操，誠爲尚武要圖。荆防振威新軍前叨碩畫，成軍有年，擬遣全營隨同貴部軍隊赴汴會操，藉資歷練。應如何預爲布置之處，乞尊裁示遵等語。查荆防振威新軍全營共五百人，於光緒二十五年開練，係舊日洋操營制，此次能否令其赴汴會操，抑應如何辦法，祈迅賜核示。箇。

致廣州岑宫保、長沙龐撫台[二] 光緒三十二年四月二十二日未刻發

頃接駐美梁使電，稱初八日付路股息欵五萬五千五百五十元等語。查路股即金元小票欵，現付之息係在贖路借欵餘項下支給，特奉聞。祈轉告路局諸紳查照。養。

致迪化吴護院光緒三十二年四月二十二日未刻發

東電悉。大銅帽火，鄂省只存壹千陸百萬顆，如需用，即請派員來領，該價當在協餉内核扣。養。

致泊頭專送湖北委員陳令曾蔭等光緒三十二年四月二十六日午刻發

百川電匯八竿，想早到津。料價等項應在津付者，即至津號收付，工價等項應匯南皮用者，即匯文成收付。該員等接電後，應酌定一人往津分别收付劃匯，妥慎辦理，并速電覆。有。

致京練兵處[三] 光緒三十二年四月二十六日亥刻發

吴鎮元愷所部鄂軍，前承三月皓覆電允准撤回改編，甚感。想尊處早已奏明奉旨，望祈賜示，擬飭該鎮遵照部署，分起回鄂。切盼示覆。宥。

致北通州湖北常備軍統領吴鎮台光緒三十二年四月二十六日亥刻發

三月嘯電悉。該軍既奉練兵處傳見諭准撤回，現已奏明奉旨

[一] 録自抄本《張之洞電稿·致北京電》。
[二] 以下三電録自抄本《張之洞電稿·致各省電》。
[三] 以下三電録自抄本《張之洞電稿·致北京電》。

轉行否，如練兵處已轉行，望速電知。宥。

致北京錫蠟胡同鹿尚書光緒三十二年四月二十七日亥刻發

畿輔小學堂籌欵，已據公函倡捐，并宦鄂道、府、州、縣實缺候補均有，已捐者二十八人，由敝處先墊匯三千金，以贊盛舉，詳單容續寄。欵於廿五日交京號源豐潤，請轉達諸公，到祈查收電覆。再，此次公捐已屬竭力籌措，多方勸諭，始克湊成此數。乃昨又接順直中學堂募捐公啟源源而來，實難遍應，函内列名領銜人弟多不識，亦無致敝處專函，啟内有不分滿漢之語，不知如何限制，且函内並無公及菊人尚書大名，想未預聞。究係如何情形，仍祈查示爲禱。感。

致荆州清將軍、新任宗室載將軍〔一〕光緒三十二年四月二十九日午刻發

前接銑電，當即電請練兵處核覆。兹准練兵處宥電開：箇電悉。新軍操法迥殊舊制，本年會操例，兩軍配齊協、鎮，未便隨時加增。荆軍欲與斯役，具見力求進步，惟軍制所限，殊難通融。即望趕速改練，咨由本處考驗合格，下届會演，再當酌派。請轉達等語。特奉達。豔。

致長沙龐撫台光緒三十二年閏四月初二日亥刻發

感電悉。此次湘省被水，地廣災重，曷勝驚愕憫惻。此時鄂省財政萬分艱窘危險，然不敢不力籌助賑。兹擬撥解銅元拾五萬餘串，按照湘省時價核計，總以合銀十萬兩爲度，日内派員分批運解赴湘，特先電達。至以後此欵如何籌補，茫然無計，但不得不先其所急耳。沃。

致京軍機大臣瞿中堂、户部大堂張尚書〔二〕光緒三十二年閏四月初二日亥刻發

勘電悉。湘省此次水災極重，不勝憂焦懸念，惶悚萬分，正在力籌助賑。惟鄂省財力至今已被搜剔無遺，本省今年待支實用各欵短至二百餘萬，危險已極。第湘災斷不能漠視，現已勉力挪湊撥銀十萬兩，已派員分批運解赴湘矣。至以後此欵如何籌劃歸補，尚茫無著落。先其所急，聊盡寸心耳。沃。

致京户部光緒三十二年閏四月初六日午刻發

三月真電悉。查歷來夔票每包概作一百八十八斤八兩，是以前次核數未能符合。兹來電每包作二百斤，較向收之一百四十九斤零，每包實多出鹽五十斤零，多征正、加各課錢一千五百五十文，每斤約多徵七文七毫五釐。川鹽科則繁重，每斤已售至一百餘文，若再加徵，勢必商本愈重，民食愈艱，恐商販停運，私銷暢行，自仍應於釐定斤重之中，不加課釐於原收之數，方足以維繫大局。至淮局加抽，事同一律，若不按數統減，淮局每年轉較向來多收六七萬串。現商力疲敝，正當設法維持，驟增此數，實

〔一〕録自抄本《張之洞電稿·致本省電》。

〔二〕以下二電録自抄本《張之洞電稿·致北京電》。

難支持，銷數恐因而減色，得寸失尺，彼此俱有妨碍。若不肯聽商人受累，則必將淮局多收之數，概由鄂省課價内折減，以符原數，而恤商情。然鄂省公欵萬分支絀緊迫，儻令獨任其難，損鄂以益江，似未平允。竊仍擬以多出之數，合淮、鄂兩局按數均匀攤減。鄂局正課原收每斤十一文五毫，攤減二文七毫八釐，實徵錢八文六毫三釐。公費每斤原收錢一文五毫，攤減三毫八釐，實徵錢一文一毫二釐。加税每斤原收錢五文，攤減一文二毫五釐，實徵錢三文七毫五釐。江防、籌餉、練兵新餉三項，每斤原收錢各二文，各攤減五毫，實各徵錢一文五毫。要政新加價每斤原收錢四文，攤減一文，實徵錢三文，共較向章每斤減收錢七文，仍每斤實徵錢二十一文，每包共徵錢四千二百文。淮局加釐，每斤原收錢三文，攤減七毫五釐，實徵錢二文二毫五釐，每包共徵錢四百五十文。似此課税，商情方無窒礙。即祈迅賜見覆，以便分別飭遵。至湘省川鹽釐金暨口捐加價，由鄂省於光緒二十六、二十九等年先後包認代徵在案，併以奉覆。魚。

致上海盛大臣〔一〕 光緒三十二年閏四月初七日發

湘、贛同罹水災，萍局購米放賑與尋常購運不同，現已札飭關局，如遇湘省及萍局購運賑米過鄂，即行驗明護照，速予放行，不得留難，以利速賑矣。

致廣州王道台秉恩〔二〕 光緒三十二年閏四月十四日子刻發

據湖北粵漢鐵路總局司道詳稱：鐵路以測繪之細圖、工程之估單值價爲最鉅，此次三省派員公同估計存料等項，應將圖表估單一併估價，按成分攤等語。所議甚是。除咨粵督部堂轉行外，特先電達，希速轉告粵中官紳照辦，并先電覆。委署廉欽，欣賀。聞可補是缺，確否，速示。元。

致上海中外日報館〔三〕 光緒三十二年閏四月十四日亥刻發

湘災奇重，待賑孔殷，雖蒙聖恩發給鉅帑，鄂省亦經由官籌十萬兩，由商籌五萬串，已分批解往協濟，惟災區太廣，散布難周。滬上素多好義善士，敢祈貴館代登廣告，普爲勸募，拯救災黎，至感至禱。鹽。

致京户部〔四〕 光緒三十二年閏四月十六日巳刻發

鄂省原認練兵餉五十三萬兩，係奏明專指銅元餘利籌撥，今餘利無著，艱窘萬分，實苦無從籌解。兹百方搜索，勉湊庫平銀拾萬兩，作爲本年第一批練兵餉，交義善源商號匯京，准於閏四月二十日赴部兑交，祈核收電覆。以後能解若干，實不敢預定，惟有竭力儘量籌措而已。銑。

〔一〕〔三〕録自抄本《張之洞電稿·致上海電》。
〔二〕録自抄本《張之洞電稿·致各省電》。
〔四〕録自抄本《張之洞電稿·致北京電》。

致長沙龐撫台，衡州譚道台、潘守光緒三十二年閏四月十六日亥刻發

湘災奇重，鄂省前已籌銀十萬兩解濟，惟衡、永需米尤急，茲復續籌銀十萬兩，盡數買米，委員分赴下游速購，分批運至衡州，分别振糶，永州即由該道酌撥。銑。

致長沙龐撫台、岳州韓道台光緒三十二年閏四月二十八日巳刻發

韓道禀呈常德關大綱章程、試辦章程、租地章程，皆有挂旗一條，始云挂至岳州，繼云巡達漢口，不勝駭異。查此條萬不可行，大要有三：一、重慶係約開口岸，挂旗辦法，受欺失算，至今爲梗。常德關自開商埠，主權爲重，豈可蹈此覆轍。二、商部奏行商船公會方且於約開口岸用華旗，抵制洋旗，常德關自開商埠，豈可反用洋旗，自投羅網，咨商部後亦必駁斥不准。三、章程内稱常郡出口貨物完清内地釐金方准報税上輪，是湖南税釐均已可靠，至出大江則寶塔洲之釐、漢關之税俱失，入荆河則沙市、宜昌之釐，沙關、宜關之税俱失。專顧湖南，明損湖北，更爲無理。查岳關與常德關事同一律，從前岳關議准章程，光緒二十六年四月十三日咨明俞前部院立案，應飭韓道查照仿辦，另擬妥章呈核，俾岳、常不致歧異，未奉督撫批准，韓道勿稍輕率專擅，遽請咨部，尤不可刊送領事、税司閲看，萬分緊要。又，大綱章程仿照上海會訊章程一條，無論上海會訊主權全失，萬無照行之理，且通商場華人自應歸地方州、縣審辦，何得設立公所與領事會訊。此條岳關所無，常德關亟應一併删改。除分别咨行外，特先電達。總之，常德關乃萬不得已而開，處處當以保持主權爲宗旨。韓道意在取悦外人，自潰藩籬，實屬大謬，千萬急速改正，勿再妄爲，致干未便。望即電覆。沁。

致京户部[一]光緒三十二年閏四月三十日午刻發

接蒸電，當飭宜昌川鹽局妥議。茲據覆稱：前因部飭釐定之川鹽斤重，擬陳增斤不增價辦法，蒙部冬電覆准。惟宜局所收釐票實止載明每包一百八十八斤八兩，故照此數攤算，應減六文有零。嗣奉部真電，應照川省册報每包二百斤之數核計，故請減至七文有零，以符增斤不增價原議。茲奉部蒸電，每包共減六文，不准再減，自應竭力開導川商勉爲遵辦。如商情順適，收數較多，固所甚願，倘日後商情實有爲難，擬將正課、加課按共減六文之數核收，而於本省所收新舊加價等項再行酌減，以紓商力等語。是否允協，即祈電覆。豔。

致財政處、户部，天津袁宫保、江甯周制台、開封張撫台、長沙龐撫台

光緒三十二年五月初二日寅刻發

號、漾、先三電悉。承示以銅元充斥，各省鑄廠過多，擬酌量歸併，調劑盈虚，令統籌電覆等因。查沿江各省銅元過多，錢價日低，物價日貴，利少害多，實非嚴立限制不可。去年冬貴部、處分定各省限制，乃是正辦。鄂省曾奏自行限制，不過欲本省隨

[一] 録自抄本《張之洞電稿·致北京電》。

時體察情形而已，並非以任意多鑄爲然也。然減數而不減局，則工火費用甚不合算，故貴處歸併之説，亦是良策。姑就湖北省言之，最近者南則湘省，北則豫省，尚可歸併，如鄂省部額日鑄百萬，湘、豫部額各鑄三十萬，合計每日共鑄一百六十萬，所得餘利照十六分勻攤，鄂得十分，湘、豫各得三分，似屬公允。湘、豫兩省准其派人至鄂省稽察，以昭核實，惟行銷地界必應劃定，斷不宜任意浸灌。假如鄂、湘、豫併爲一局，則鄂局所鑄不能大批運銷出此三省以外他省。應如何歸併，聽候部、處裁定。凡設局之省，有三數省可以流通，已稍有調劑挹注之益，一年以後錢價當可漸長，物價當可漸平。各局餘利雖斷不能如舊日之豐，尚不至於全失，此爲最穩最實之策。若不限鑄數，則爲害無所底止，尚有何利之可言。不限省界，則以鄰爲壑，必至因一省而累及各省，似乎不可。至欲定銀幣爲本位，而但以銅元爲找零之用。夫找零能用幾何，是幾於廢此鑄成之數千萬串銅元不用矣，於民情既多不便，於庫欵尤受巨傷。且北五省無論大小貿易出入，皆以錢計，湖北省商賈交易亦大半以錢計，一旦廢錢用銀，窒礙太多。又若定銀、銅畫一價一節固善，惟地廣情殊，事須慎重，一時斷難强同，似可待鑄造銅元章程定後再議。但湘、豫兩省願如此辦否，應請詢商湘、豫，鄂省不過抒其統籌挽救之管見而已。可否，均聽部、處與湘、豫裁酌。東。

致開封張撫台[一] 光緒三十二年五月初二日戌刻發

查貴屬商城縣某令整頓紙幣告示內，有牽涉湖北銅元一節。其文曰：湖北銅元在湖北本省已成八折，若於隔省反作十成計算，是以湖北之八百錢換取本邑之一千，奸民販運，紛紛而起，本邑之民隱受他人剥削於無窮等語，殊堪詫異。查鄂省向以十足銅元壹百枚抵作九八制錢一千文行使，商民樂用，到處通行，從未有折算之事。該令既不訪查確實，率以無據之詞大張曉諭，致滋商民疑慮，殊於湖北圜法大有窒礙，希請電飭該令從速更正爲荷。沃。

致長沙龐撫台、王益吾祭酒、余堯衢廉訪，張漁珊、席沅生兩觀察，鐵路局諸公，廣州岑宫保，梁小山、黎季裴諸公，京瞿中堂、張尚書、湘省同鄉諸公 光緒三十二年五月初七日未刻發

前見報紙載王益翁與陳静生往還書，嗣又接郴州紳士公呈，以湘境郴州一帶路工讓歸粤省代修，指粤紳爲攘利，謂讓粤爲可疑，甚至謂郴紳爲省紳所賣，殊堪駭異。益翁復陳静生書內，亦有或云仰體鄙人之語，尤覺大惑不解。初以爲報紙未必可據，郴紳未必曉事，故未置議。昨接益翁函，果切論此事，故不得不陳其大略。查湘路最長，湘欵又艱，三省官紳在鄂會議公共條欵時，湘紳以籌爲難，粤紳並不以籌欵爲難，湘紳深慮郴州路艱鉅，而苦無多籌欵之法。鄙人焦思數日，忽得一策，乃商之粤紳，將郴州以上路工承認代修，限期贖回。粤紳初甚不願，經鄙人婉切勸

[一] 指張人駿。録自抄本《張之洞電稿·致各省電》。

導，以湘股甚難，郴州、樂昌不通，全路中梗之利害動之，始勉强允列此一條，然粵紳猶堅謂必須作活動語。鄙人因加數語云，粵如籌欵不足，儘一年期内知照湘省，仍由湘籌欵自修等語，始允照寫。蓋粵人本無攬辦郴路之請，何從有攘利之心。及以公共條欵電商岑雲帥，雲帥又力請删去此條，謂粵省斷無餘力代修湘省路工，不如聲明各辦各路等語。敝處告以粵如無力，可不代修，原條本已聲明，何妨存此一説，以表通力合作之本意，雲帥始無異議。此代修郴路之舉，鄙人專爲湘省計，自謂深費苦心。謂來鄂議事之粵紳仰體鄙意，勉列此條，則誠有之，謂來鄂議事之湘紳仰體鄙意，則太無影響。鄙人方惴惴焉，惟恐粵人之翻悔推諉，而不謂反招湘人之責言也。不思此路本是合計全工，照本分利，假如粵人以鉅本代造難路，亦不過分其本銀應得之利，而爲湘省騰出鉅本財力早修較平較長之路，以通全局，則三省之路皆受其益。限期既滿，湘省既以路利贖路工，爲湘省計，固是勝算，即爲此路全局計，似亦是良謀矣。乃湘紳竟謂郴州路爲粵漢全路精華，似是戲談。川漢一路，鄂紳固已甘願將宜昌至夔州一段讓歸川省代修，限廿五年贖回矣，豈鄂人皆大愚乎。今湘紳議請自修郴路，其事甚易，只須發一電告粵，無論粵官粵紳，斷不争此，毋庸多慮，此事可請放心。蓋粵省應修枝路甚多，彼有餘力甚願經營枝路，興易辦之工，謀久長之利，即敝處勸阻粵人勿先修枝路一事，固已舌敝脣焦，蓋粵人本不願代修廿五年限期贖回之湘路也。至湘紳持鐵路不能與由衡州至岳州輪船争利之説，則於情事似不甚切。假如數千里之鐵路全綫皆與數千里暢通之航路平行，利自不能兩全。若由衡至岳雖有水路，然有半年淺阻，夏秋大輪不能過長沙以上，冬春大輪不能過岳州以上，焉能與鐵路争利。蓋論粵漢全路大利，眼光所注，必待由廣州修至武昌，與京漢、榆遼鐵路接通，使百貨可直達歐洲，車利乃豐，此爲大效。目前湘省應分南北兩路，同時並修，南路自長沙修起達湘潭，北路自長沙修起，北達岳州，鄂省自武昌修起南達岳州，與湘路會合。如欵項應手，則自開工之日起，三年内必可完工行車。湘潭路成，即可接修至洙州，接通萍醴鐵路以通萍鄉煤鐵、衡屬各鑛。此令一布，衆人知此段路工速，車利早，入股必踴躍，贖路欵可籌還，此爲小效。儻湘境衡州以下恃有時通時塞之水道，置數千里之幹路爲緩圖，則粵、鄂兩省鐵路必俟郴路既成而後有接通之日，不惟全路大利爲中段梗阻，大局可惜，且湘股年久利遲，焉能招集，湘省贖路本息憑何歸還，在湘省實爲眉睫之患。故湘省先修郴州，緩修下游之議，實爲非計。總之，郴路湘省既願自修，甚善，今即照郴紳議歸湘自修，而衡州以下達鄂之路，則萬萬不可緩修。凡修鐵路定法，必先有根，根者近水道，起大鎮之謂也。近水道則物料運費省，起大鎮則得尺得寸皆有利益，如不近水，則從有鐵路之處修起，五洲萬國從無自深遠艱難之陸路山鄉修起者，試看津榆路何以自天津修起，甯滬路何以自上海修起，蘆漢路何以自漢口修起，合興已修之粵漢路何以自廣州修起。郴州紳欲湘粵會商，湘自郴州修起，粵自樂昌修起，恐非粵人所願也。利害所關，不敢不盡忠言，特此電達。公呈即批發，務望益翁與在局諸公詳考熟計，既籌修郴州、宜章一段，兼須籌修岳州、長沙、湘潭一段，務籌兩路兼修之策，以維全局，而徠湘股。示覆爲幸。遇。

致長沙龐撫台、余堯衢廉訪，鐵路局張、席兩觀察及議鐵路事諸公〔一〕光緒三十二年五月初九日巳刻發

前電商京城瞿、張兩公，舊任總理王祭酒、新擬舉總理袁京兆、余前臬司，共已有三人，是否三人均稱總理，抑以兩人稱總理，其一人別立名目。如止兩總理，應屬何人。復覆電云，袁、余均總理，王別立名目。此電曾道見之。現惟有照京電辦理，王益翁擬舉爲總議長或總稽察。袁、余才力精壯任其勞，益翁品望老成定其議，必能早著成功。請速詢益翁，究以何名爲妥。電覆，立待出奏。佳。

致岳州速送湖北勘路委員錢直牧、張丞、曾令光緒三十二年五月十一日亥刻發

蒸未電悉。張丞、曾令均偕同原口乘輪赴長沙照料一切，其歸途履勘與否，聽之可也。惟大村、大越赴宜，恐無人照料，錢直牧即偕同兩技師赴宜一行，送到後再回省。卦。

致長沙探送湖北查勘鐵路委員張丞价藩、曾令廣敷光緒三十二年五月十四日亥刻發

該丞等元電已悉，望特告原口博士，渠願勘湘潭，甚好，可於察看長沙省城情形後，即往湘潭一勘，再行赴宜。該丞、該令務須妥爲照料，并請龐撫院行知地方官紳保護爲要。顧。

致長沙黄覲虞太守、汪太史、孔主政、馮給諫光緒三十二年五月十六日未刻發

真電悉。公道正論，語語皆鄙衷所欲出，佩服之至。現已電商京城，將袁、王、余三人並舉爲總理，語極懇切，猶恐不能動聽，務望諸君即刻發急電致瞿協揆、張大司農，力陳此義，以爲之助，多列數名更佳。惟總理不必多分名目，轉多窒礙，仍以渾淪均稱總理較爲活便，若王益翁爲總理，則紳力設有不及之處，鄙人必竭力扶助之，若他人總理，則不能也。祈速示覆。銑。

致京瞿中堂、張尚書光緒三十二年五月十六日未刻發

前接初五、初九兩電，即電告長沙諸紳，擬舉袁、余爲總理，舉王益吾祭酒爲總議長。昨接黄自元、汪槩、孔憲教、馮錫仁公電稱，王祭酒已充總理兩年，又曾佐争路權，若王改名目，余必力辭，決不敢居王之上，是改王轉以摇余等語。旋經面詢在鄂服官之湘人十餘人，僉稱必須舉王祭酒爲總理，衆論方服，詞意堅決，若袁、余則或然或否。再三勸解調停，若袁、王、余三人並充總理，似尚可勉從。竊思凡舉大事以得衆爲先，以同心爲要，今湘省情形若不以王爲總理，衆情必多向背參差，恐生枝節。益翁已充總理兩年，争索路權之時極爲出力，實有功於此路，此時自以不改名目爲宜，擬即舉袁、王、余三人爲總理，袁第一，王第二，余第三，京外爵秩自應如此，最爲妥協。如慮益翁性情或

〔一〕以下四電録自抄本《張之洞電稿·致各省電》。

有稍近拘泥，見解或有未盡透達之處，有余堯衢在湘，必能隨事左右維持，俾令與袁和衷共濟，且鄙人自揣亦能婉勸益翁協和衆論。若益翁居總理之列，將來紳力儻有不及之處，鄙人當竭力助之。如日久體察益翁或有自覺不便之處，再圖設法變通，較爲易辦。特此飛布，切盼速示，當即日電奏。諫。

致開封張撫台光緒三十二年五月十七日午刻發

魚電悉。敝處歸併湘、豫兩省銅元之議，意在三省均受其益，非專爲鄂計也。三省通力合作，統鑄統銷，不惟局用省，銷路必加暢，盈餘必加多，確然無疑。究竟豫省現在每年盈餘實有若干，尊意擬一年鑄若干，盈餘必須有若干方可敷用，祈確示，以便酌擬辦法奏商，或能爲豫省代籌一策以助高深，亦未可知。緣傳聞豫省行幣，似未盡得法也。部議定則難改，切盼速示覆。篠。

致京瞿中堂、張尚書、鹿尚書光緒三十二年五月十九日丑刻發

止公銑電、潛公篠電、滋公巧電均悉。電奏已上，仍是三人並舉。袁既爲外人所沮，此與王、余同舉，庶免痕跡，如此方妥。兩公既允以王爲總議長，亦與總理相等，若專薦袁而删王、余，袁必不安，在籍諸紳必振振有詞。若此奏但請勘路，總理待隨後詳酌再舉，未免多一周折。名目不定，辦事終不著實，不如一次舉定爲善，且日久變多，故宜速定，務祈鑒諒。皓。

致長沙龐撫台、王祭酒、余廉訪諸公光緒三十二年五月二十二日丑刻發

軍機處來電，奉旨：張之洞電奏湖南籌辦鐵路，舉派總理等語，袁樹勛著准其暫行回湘，查勘路綫。欽此。樞。號。等語。特奉達。電奏係舉三人，此旨專指袁回湘勘路，亦未提總理照派，容再電詢京城。箇。

致京瞿中堂、户部大堂張尚書〔一〕光緒三十二年五月二十二日丑刻發

號電奉旨恭悉。惟電奏係照兩公十八日來電舉三人，此旨只言袁回湘勘路，是否王、余均報罷，抑别有故，祈速示，以便轉告湘省官紳。箇。

致長沙龐撫台、王祭酒、余廉訪及鐵路局辦事議事諸公〔二〕光緒三十二年五月二十三日午刻發

鄂省五月十九日電奏云：粤漢鐵路收回後，三省亟應籌定辦法，集欵興工，以免虚曠歲月，徒耗贖路欵本息及小票月息。此時廣東路已定議歸商辦，湖北路最短，已定議歸官督商辦，湖南情形係官率紳辦。湘路最長，需欵最鉅，諸紳集議年餘，尚無切實辦法，良由議紳衆多，意見紛歧，必須有人總理，方免推諉延

〔一〕録自抄本《張之洞電稿·致北京電》。

〔二〕録自抄本《張之洞電稿·致各省電》。

誤。查有新授順天府尹袁樹勳才具恢閎，識力堅定，能聲素著，衆論交孚。又查有前國子監祭酒王先謙，品學兼優，資望老成，主持正論，不拘流俗。前年初創收回粤漢路之議，湘紳公舉侍郎龍湛霖及王先謙兩人爲總理，經洞與前湘撫照會該祭酒在案。龍尋即病故，即王獨任路事，於争索路權一切，深得贊助之力。又查有前江西臬司余肇康，心精力果，綜核詳明，勇於任事，不避嫌怨。湘省衆紳公議，擬舉袁樹勛、王先謙、余肇康三員均爲總理，俾得倡率鄉黨，各效其長，籌欵興工，早著成績。并擬請飭袁樹勛迅速回湘，查勘路綫險易，酌議籌欵辦法，布置略有端倪，再行到任，實於湘省路事大有裨益，此時回湘固可籌辦，即他日入都，亦可遥領，毫無窒礙。其以次任事各員，容再博采衆議，遴選分派。請代奏。之洞肅。效。等語。同日接瞿協揆、張大司農電云：頃商定三人並舉，即請照公議辦理，惟此間待電奏甚切，希即速發。機、熙同叩。等語。此電到時，敝處電奏已發。内外意見既已相合，何以前日號電旨不提王、余，不解其故，或將有所待耶。漾。

致外務部、天津袁宫保，上海吕大臣、盛大臣、李大臣 光緒三十二年五月二十四日子刻發

部勘、號各電，滬有、文、馬各電，初二函件，津沁、元各電，均悉。加税莫非鴉用葡約，治外法權用英約，國幣用美約，均甚妥。傳教第四節就案議結，不得牽及國際交涉等語，最爲切要。更换教士一層，或改云應由督撫咨明外務部照會駐京公使，即予更换，似可辦到。查咸豐十一年總署咨各省，有教士如干預公私事件，應照諭單駁斥不准，並飛咨總署移送駐京公使懲治云云，此可作爲辯論根據。惟我所索五欵，除傳教稍爲加重外，其餘皆係照例開送。義國並無特别利益給我，則我送欵時必應聲明，免得虚領人情，反使彼族居功向我多事要索，我反不能駁拒也。仍請貴部暨慰帥及各星使酌核。漾。

吕大臣、盛大臣、李大臣來電 并致外務部、袁宫保 光緒三十二年六月初七日到

初六日，義領面遞約稿十一條，並配送義文前來。海等即將歷次電商鈞處之加税、傳教、莫非鴉、國幣、治外法權等五欵照交。查義約前四條係新欵：一、欲絲貨出口興旺，索開紹興、無錫兩處口岸。一、願襄助中國詳細考求養蠶之法，創立養蠶學堂及設立局所，代為經理。一、於未加税以前改訂蘇杭鐵路運貨釐金。一、推廣義商辦繭税單期限。後七條為英美各約所有，均略變其詞。一、内地行輪，一、治外法權，一、華洋合股，一、鑛務，一、國幣，一、優待利益，一、修約期限及以義文為正義。計與我複者，國幣、治外法權二條，現飭承辦税司核校漢洋文是否相符，海等再公同擬議，分别准駁詳晰，專函寄呈鈞核。海、宣、方。虞。

致長沙龐撫台[一] 光緒三十二年五月二十八日亥刻發

鄂聘用日本原口博士充鐵路顧問官，兼籌粤漢幹路湘、鄂境

[一] 録自抄本《張之洞電稿·致各省電》。

内測勘路綫、估計工程等事。且美工程師原擬路綫甚爲疏略，辦法亦未籌計，皆須令原口詳籌，必須有嫻習工學，精熟日語之員傳達一切，方能得用。查湖南知縣沈令緄極合此選，原口此次在湘，該令譯述語言極爲欵洽。擬借用該員來鄂數月，暫充鐵路譯員，俾與原口討論路工要事，於湘甚有裨益，雖在鄂當差，仍與辦湘事無異。務懇鑒允，迅飭沈令來鄂，曷勝感盼。特此電商，祈即示覆。儉。

致上海戴欽差、端欽差，天津袁宮保、盛京趙將軍、廣州岑宮保、江甯周制台、成都錫制台、蘭州升制台、雲南丁制台光緒三十二年六月十三日丑刻發

卦電悉。兩公使節安抵滬上，爲慰。立憲一事，關繫重大，如將來奉旨命各省議奏時，鄙人自當竭其管蠡之知，詳晰上陳，以備采擇，此時實不敢妄參末議。祈鑒諒。錫。

致廣州岑宮保，長沙龐撫台、鐵路局諸紳，京外務部、商部光緒三十二年六月十八日未刻發

雲帥江電悉。此路比國本來極力撑拒，不肯放手，費無數心力，糜無數金錢，始將比國擺脱，屢次電達、咨達湘、粤有案，豈有此時又用比工程師之理。尊電謂用比工師恐有妨礙，是極是極。倡此議者殆爲比國及某國人所愚，務望切實駁阻。此路利害三省，公之如用比工師，湘人、鄂人及在外省之粤人，斷不承認。飛此奉達，務請鑒察。仍祈示覆。嘯。

致長沙龐撫台光緒三十二年六月二十五日丑刻發

常德關開埠一案，前據韓道禀，擬用常郡對岸善卷村洲地。經該郡紳士易道順鼎等禀，以善卷村如築堅實石岸，勢必逼水北趨，郡城萬分危險，陳請另擇相宜之地。當由敝處批飭，就蘇家渡一帶相度地勢，暨咨請尊處轉飭遵辦，並請另委熟悉地形水勢之官紳，前往會同該道再行詳細履勘，虚衷籌議，禀覆核定在案。旋准來咨，據韓道禀稱，蘇家渡與鬧市隔絶，不能合用，擬仍在郡城外劃界通商，請將原圖咨覆督憲查核銷案等語。查閲圖内紅綫，係就皇經閣以上至仁智橋止，作爲商埠。此處乃華商貿易薈萃之區，安有奪華商固有之基業以供外人佔踞之理。韓道迭奉敝處批檄，並不虚衷籌議，禀覆候核，輒朦請尊處咨覆銷案，專擅謬妄，實堪駭怪。正在博訪湘員，討論利害，常郡商民郝開運、謝春皆、李義和、吴桂源暨各行店等，以韓道逼勒朦禀，不顧民瘼等詞，來轅呈訴，情詞迫切，同抱不平。詢據籍隸常德之在鄂官紳，僉稱該地係商業最爲繁盛之地，若竟强奪以畀外人，輿情斷難允服，且逼近郡城，將來延蔓入城，必蹈長沙故轍等語。鄙人酌度情形，仁智橋至皇經閣一帶斷不可讓開商埠，自奪華民生業。各省開闢商場，皆就閒曠之地劃界，從未聞以向來鬧市割以予人者。況常埠我所自開埠地，由我自擇，何以必欲損己利人，韓道居心實不可問。即云該處止有長隄較高，隄北皆屬低田，增高培厚，需費較鉅，不知洋商果願來承租，自不惜貲本填築，何

得奪民地以便外商。如該道敢於不恤民瘼，擅作定局，徑請開關，敝處定加嚴劾。除將批禀咨請查核轉飭外，特先飛速電達，應請派委廉正大員馳往常郡，另勘相宜之地開埠，萬不准用皇經閣一帶地段，免致拂民生事。千萬切禱，並祈先賜電覆。敬。

致京外務部、商部[一] 光緒三十二年六月二十八日亥刻發

敝處前擬鑛章，去年冬間具奏，十二月二十六日奉旨交議。爲時已久，想已早經核改周妥，未知已覆奏否，懸盼之甚。此間華洋各商及各領事紛來探問，僉以現奉鑛務暫行章程較爲簡略，難資遵守，亟待新章頒行，庶可放手舉辦，以興大利，請電詢確示前來。現在兩湖鑛務，華洋膠葛甚多，即以華商華民而論，或聚衆藪盜，或外股影射，或搆訟械鬬，貽患無窮。詳章未行，無憑裁斷，必須有詳確定法，隨處示以範圍，方能去害興利，特此電達。此項鑛章貴部准於何時奏覆頒行，祈迅賜電覆。儉。

致長沙龐撫台 光緒三十二年六月二十九日亥刻發

感電悉。常德商埠尊處擬派賴守承裕前往履勘，另擇善地，甚好。事關百世利害，選擇不厭精詳，惟韓道難保不迴護阻撓，應飭該道勿庸干預，至要。兹由敝處派委湖北知府余守嵩慶馳往常德，會同原派委員劉道秉彝與賴守妥商會勘，務得相宜之地，繪圖貼説，呈候會核酌定，再行會奏。特先電達。豔。

致成都錫制台 光緒三十二年七月初一日酉刻發

卅電悉。藉路運鑛，藉鑛養路，乃各國通例。尊意擬將川漢所經兩旁鑛産，援照京張鐵路成案，歸川、楚鐵路承辦開採，洵足占先著而杜覬覦，佩甚。鑛産在川尤多，應請尊處主稿挈銜會咨外、商兩部，或無論何項鑛産，均一律辦理，或專指煤鐵兩項，均祈酌定。東。

致夔州萬縣湖北勘路委員牛牧棠、張游擊孝紅 夔州萬縣電局探送 光緒三十二年七月初三日午刻發

該員等計程已到萬縣，一路踏勘情形何以並無一字電禀，殊不可解。電到速將大概情形及沿途地方、與洋工師等是否接洽，即刻電覆。講。

致長沙龐撫台[二] 光緒三十二年七月初四日寅刻發

湖北前因美國舊金山地震鉅災，特籌匯銀叁萬兩，以賑該埠華僑。兹接駐美梁欽使來電，云金山華僑前蒙厚賑，感激異常，今賑事完，湘災方亟，公議撥餘欵美金萬元，交匯豐匯，請寄湘助賑等語。此乃金山華僑報鄂施之意，良可感佩。除咨達並飭善後局將來欵妥交商號匯湘助賑外，特此電達，祈轉告諸官紳同悉。沃。

〔一〕 録自抄本《張之洞電稿·致北京電》。

〔二〕 録自抄本《張之洞電稿·致各省電》。

致夔州湖北勘路委員牛牧棠、張游擊孝紅等光緒三十二年七月初五日巳刻發

江電悉。路險費鉅四字殊欠明晰，究竟能修不能修，未據聲敘。又云擬再由萬縣回時，再於峽後濱江一帶查勘等語。是否峽後濱江去時即分兩路踏勘，何人勘峽後，何人勘濱江，亦未據聲敘，殊屬憒憒。查濱江一路萬難施工，設用炸藥，勢必炸裂之石塊填塞江中，江路爲之阻礙，斷無此辦法。計惟有就峽後地方詳細查勘，縱使路稍紆遠，但能避去峽路險工，所省即已不少。務速切商洋工師遵照辦理，並先將此電指飭各節，立即電覆。以後每五日務發電稟一次，無電局處，專差送局，切要。支。

致長沙龐撫台〔一〕光緒三十二年七月初七日丑刻發

聞湘省新米上市，每石價止二串餘文，米多可見。鄂省武、漢等處米價每石六千餘文，缺米可知。上次湘紳電請禁米出口，敝處顧全湘省民食，立即電允照禁。嗣助湘賑，鄂頗盡力，此時湘米有餘，應請從速弛禁，以濟鄂糧之不足。且賑糶米捐，關繫兩省鐵路經費，八月即届籌還第二次贖路欵金鎊之期，需欵甚鉅。米禁弛後，米價漸漲，有益農民，米捐可收，有益公欵，似屬兩利之道。望切商諸紳，速允照辦。若一時未能定議，擬由鄂招商，官給護照，令陸續赴湘採辦米穀，運鄂銷售，仍限制不准運銷外省，所有賑糶捐照章完繳，以應急需，湘、鄂交受其益，卓見當以爲然。祈迅賜電覆，至感至盼。語。

致夔州湖北勘路委員牛牧棠、張游擊孝紅等光緒三十二年七月初七日申刻發

麻電悉。隧道太多，開鑿不易，長至十英里以上，合華里三十餘里，即能通車，空氣過少，大於衛生有礙，工費之鉅尚在其次。務即切商技師，回時另勘峽後之路，但能繞避大山，路綫即紆遠一二百里，亦無不可。如江北路徑險窄，繞避爲難，不妨兼勘江南之路，誠使路較平易，將來跨江建橋，猶較開鑿隧道爲易。技師意見如何，詢明速即電覆。再，該員等由宜赴夔，是否係分兩路前進，抑係同一路踏勘，來電未據聲覆，務一併據實電陳。切速。遇。

致信陽州電局專送駐馬店探投湖北採辦雜糧委員張令錫九、孚令保〔二〕光緒三十二年七月初八日午刻發

昨發麻電，由漯灣河電局探送，已接到否。查西平一帶鐵路有阻，轉運不便，此間糧價已平，運費虧賠太鉅，所有該令等經手已買未運之雜糧，萬萬不必再運，速即就地按照時價出售，收回價銀，迅速回省，并先將遵辦情形即日電覆。庚。

致夔州湖北勘路委員牛牧棠、張游擊孝紅等光緒三十二年七月初九日寅刻發

齊電悉。此電頗詳明，該員等回時查勘峽後之路，務商技師，

〔一〕〔二〕録自抄本《張之洞電稿·致各省電》。

擇取距峽較遠路稍平坦少開隧道之處，以定路綫，雖紆遠無妨，總須勘擬兩路，以資比較，是爲最要。如修橋渡江不甚難，即兼勘南岸之路，自奉節起至長陽止。大甯路斷不能用，不必往勘。庚。

致太原恩撫台〔一〕光緒三十二年七月十二日未刻發

歌電、大咨均悉。小口徑毛瑟步槍、子彈，鄂廠均有存儲，即請備價委員來領，槍、彈價臨時當再酌核減少。惟馬槍及子彈現無存貨，須付價定造，俟欵到，當飭廠儘先趕造，以應尊處要需。晉省司詳馬槍及彈皆有零數，乃就鄂欠晉欵計之。兹擬備馬槍六百枝，彈三十萬粒，皆合成整數，價值不必加。此欵欠還日久，已感晋誼，豈計較此區區乎。文。

致長沙龐撫台 光緒三十二年七月十四日亥刻發

現在新政待舉，交涉日繁，凡新選新補實缺州縣，非先令出洋遊歷考察各項政治，將來到任勢必於學校、警察、監獄、道路、財政、武備及一切農、工、商、漁實業，皆茫然無從措手。故奏明立案，除年歲較老、曾任實缺、閱歷已深之員斟酌免派外，餘均令自備資斧，游歷日本，以在東六箇月爲限。自願赴西洋者尤善，惟程途較遠，以一年或九箇月爲限，回國即飭赴任。其能留學多年畢業回國者，并當照章優獎。此舉初本專就鄂省通飭遵行，繼思湘省州縣其於新政交涉諸端考求亦正難緩，鄂省辦法度尊處必以爲然，因於發摺時改爲兩湖一律辦理。第爲時匆促，不及電商，故僅會列台端後銜。除將摺稿咨送書奏外，特先電達，尚祈鑒諒。鹽。

致廣州岑宮保、長沙龐撫台〔二〕光緒三十二年七月十八日午刻發

頃據駐漢英總領事函稱：准香港總督文開，本年西十月六號，即華八月十九日，應還本利美金如願按照其時市價交匯豐銀元，以免買兑票煩瑣，本政府亦無不可，按照合同第四條詞意，折合現銀等語。查八月十九日第二次還期，應共付本利拾叁萬貳千貳百柒拾伍鎊，照粤三、湘三、鄂一攤算，鄂應認付壹萬捌千捌百玖拾陸鎊有奇，湘、粤各應認付伍萬陸千陸百捌拾玖鎊有零。務請轉飭湘紳、粤商先期籌備，如期照付匯豐銀元，切勿誤期失信。再，粤收省佛枝路餘利計可抵付若干，並望核數分攤，電知湘、鄂扣算。即祈電覆。嘯。

致宜昌孫道台、長沙朱道台 光緒三十二年七月十九日亥刻發

宜昌至長沙旗船一事，據牙釐局詳請核辦前來。查此事萬不可行。外務部以爲洋商已用旗船，則華商自應一律照辦。總税司以爲洋商用旗船，既宜關監督以爲無礙，則似可照准，是華商應否准用旗船，應以有無洋商用旗船爲斷。現查洋商既無用旗船明文，則華商何能首先作俑。事關宜昌、沙市、寶塔洲每年釐餉進欵大宗，何得謂之尚無妨礙。此事誤於前宜關監督尚無妨礙一語，

〔一〕〔二〕録自抄本《張之洞電稿·致各省電》。

孫道咨牙釐局所稱外務部札飭與洋商一律照准，尤爲誤會。以釐餉出入大事，孫道不請示於本部堂而札飭沙、宜兩局委員議覆，又不詳請本部堂核示，即逕行照會牙釐局查照，粗率如此，殊不可解。現在斷定辦法，由渝至宜仍照宜、渝兩口專章，照用旗船，自宜昌以下無論至漢口至長沙，皆不准用旗船。除電達外務部轉飭總税務司遵照暨分行外，特先電飭宜昌、長沙兩關監督，分別照會該税務司等，遵照辦理。該監督等並速電覆。效。

致京外務部[一] 光緒三十二年七月二十日子刻發

湖北牙釐局詳准宜關監督咨准宜關税司照會，接總税司文，奉貴部札，洋商在宜昌雇民船挂旗運貨至長沙，如各該地方官既以爲無礙，可以照准，則招商局所請情事相同，自應一律照准等因。由總税司特飭宜關税司照會監督，咨會牙釐局，詳請核辦前來。查貴部照准之案，詳繹原文義理，係謂由宜昌至長沙，如洋商已用旗船，自應准華商一律辦理，其意原爲保護華商，不使與洋商稍有歧異。惟現查宜昌至長沙並無洋商用旗船明文，則華商自不能首先請領旗照，使洋商效尤，且一用旗船，宜昌、沙市、寶塔洲一切釐餉概歸烏有，則妨礙之處甚大甚多，無論華洋商更不能准用旗船。此事誤於總税務司申説未明，現在應請轉飭總税務司，所有宜昌至長沙旗船一事，萬不可行，分飭宜昌、長沙兩關税司遵照，敝處並分行宜、長兩關監督一併查照。請貴部查核立案，並賜電覆。效。

致福州崇署制台、安慶恩撫台[二] 光緒三十二年七月二十四日子刻發

頃准黑龍江程署將軍庚電開，福建、安徽來咨各籌銀萬兩候提，乞就近取用，核發子彈，交楊雨霖併解。庚。等語。江省需用軍火甚亟，務請尊處將籌撥黑龍江銀各壹萬兩即日交商號電匯來鄂，以便核發子彈解江。欵何日匯，祈行電覆。漾。

致京外務部、商部[三] 光緒三十二年七月二十四日子刻發

六月儉電奉詢鑛章一事，約何時可奏覆頒行，未蒙示覆。近各領事及華洋各商又屢來催問，亟盼新章早日通行，得資遵守。兩湖鑛案膠葛滋多，尤待新章裁斷，以定辦法，務請迅賜核奏頒發，以慰中外鑛商渴望。祈先電覆。漾。

致常德湖北委員劉道台秉彝、余守嵩慶[四] 光緒三十二年七月二十六日丑刻發

敬電悉。該道等奉委會勘商埠要地，事關重大，自應先將勘議情形馳稟候示，劉道何得先行回鄂，所請殊謬，應不准行。電到，速即發稟呈圖，候閲過批示，飭令回鄂方可回。且新有奉廷寄飭查之案，已專札排遞該道等遵辦，更不能遽回。如川資告罄，

〔一〕〔三〕 録自抄本《張之洞電稿·致北京電》。

〔二〕 録自抄本《張之洞電稿·致各省電》。

〔四〕 以下二電録自抄本《張之洞電稿·致各省電》。

速電鄂，當續匯。在常德勿擾武陵縣可也，要緊要緊。速遵照，電覆。有。

致衡州譚道台、常德劉道台秉彝光緒三十二年七月二十六日丑刻發

譚道敬電悉。鄂運衡、永米石，原爲救災起見，本部堂六月元電已准全作賑米，用濟災黎，毋庸作爲平糶，劉道豈未寓目，何復向譚道索取米價，辦理實屬□謬，殊失本部堂用意。應即由譚道示諭各該屬全數作賑，不必再令繳價。有。

致京外務部、袁宫保，上海吕大臣、盛大臣、李大臣光緒三十二年七月二十六日丑刻發

滬養電、津養電均悉。查義約第一欵借絲業爲詞，索開無錫、紹興口岸，萬不可允。第二欵講求蠶學係我内政，果須選用外國蠶業專門教員，亦應由我自擇，毋庸他國襄助，代我經理。第三欵蠶繭出口展限兩年，洋商勢必於他貨單援例相要，漫無限制，斷難照允。第四欵内港行輪一條，必須將懸挂義國旗幟一語删去。第五欵修改律例，應查照英約酌叙，羅馬法律語必應删去。第六欵應照劉注添叙曾經呈控公堂不予准理之案，與是欵無涉一段。第七欵應與興辦鑛業句下，改爲故允俟此約簽押後，由中國採取各國鑛務章程，擇其與中國相宜者自行訂定鑛務章程云云。蓋鑛章早已訂定，但候商部覆奏即可頒行，不必更俟一年也。義國及在屬地數語必須删去。第八欵可照允。第九欵應照日約添叙，能節去通融二字尤善。第十欵應照劉學士及賀、戴注語改訂，能各按本國文字爲正最妥。查義國目光所注，全在特欵，然特欵關繫路鑛大局，窒礙極多，當日並未直許義國攬辦，況浙路已奏歸自辦，鑛務已訂有專條，此欵無論如何要索，斷不可許，至爲切要。祈外務部、袁慰帥暨三星使裁酌。有。

吕大臣、盛大臣、李大臣來電并致外務部、袁宫保光緒三十二年七月二十二日到

昨日與聶領事、威參贊會議商約，當將大部及津、鄂電指駁各節逐欵面告。聶謂紹興、無錫口岸若不允開，實與該國絲商有礙。詰其有何妨礙，渠亦不能實指，但謂英、美、日約均已允開口岸，義請何竟不行，未免意存歧視。嘵辯良久，海等始終堅持，渠見不肯鬆勁，遂請兩處或只開一處，且願寬定限期。告以錫近蘇，紹近甬，生意小，徒糜費。彼請由我另指一處開放亦可，海等均執不允。渠又歷詢以下各欵辦法，遂將應添應删之處備細告知。聶、威因羞成怒，謂義國但有加税損處，所求益處一切無著，又無體面，不如照德國停議。海等尚欲開導，竟不待詞畢，拂衣而去。當據賀、戴兩税司面稱，義商務無多，索開口岸無非欲稍占面子，儻絲毫不與通融，勢必擱起，似宜妥為調停。竊思德約中輟，列國觀望不前，義再罷議，加税必成畫餅。風聞奥、比諸國皆視義為從違，此番開議實為各約樞紐，權其輕重，似未便聽其停止。口岸一層，前經電詢蘇撫，旋據函覆，無錫現為火車起站，又有小輪馬頭，若援照自開商埠天生港成案辦法，作為起下

貨物處所，尚無妨礙。據税務司初議，擬就蘇撫原議辦理。但義定欲照秦王島辦法立公共租界，由我自管。嗣經税務司續商，擬就英約第八欵列開安慶口岸，允其先行開放。海等查安慶本屬必開之口岸，不過在先後之間，在彼稍有虚體面，在我實無所損。若可俯准，則義約可即定，他約可跟議，加税可望成立。蠶絲確宜認真考求，但我應自辦，惟税司謂義於蠶絲最為講究，若只允其中國如須聘用蠶學教員，亦可向義商聘，給一照會，無庸入約，似無妨礙。羅馬法律一語，税司謂原屬空言，因義國源出羅馬，故要此體面。其實羅馬係古律，為各國通行法律之祖，若留此一語，似無關緊要。此外，運單期限已允删除，其餘字句增删磋磨，當易就範。賀税司又稱，義國索加税、傳教、莫非鴉各欵，曾詢明義領，均可照辦，惟傳教欵内略有增改云。海等復核該税司所擬各節，不為無見。公同參酌，若過事拒絶，勢必決裂。是否照此與議，擬請迅予酌核電覆。聶、威來函已定俟至本月廿六日，如無回信，彼定逕電政府罷議。海、宣、方。箇。

致廣州岑宫保、鐵政局蕭太史榮爵、存道台燾，長沙龐撫台光緒三十二年八月初六日亥刻發

雲帥江電悉。争回粤漢鐵路，鄙人竭一年半之力，三省用千餘萬之欵，收回造成之路，只此三水枝路及存粤材料、地産而已。今粤估材、産尚不足百萬元，其餘全在三水枝路，價值之鉅，殆不可思議，此豈可就貨估價者。鄙人早籌及此，故定議此項枝路永遠歸三省公共管理，奏明有案。此時粤商忽欲估價承受，試問贖路欵粤商肯獨擔任乎。凡舉大事必講公益，此説萬不可行。至路既傾側，修理自不可緩，但目前只宜小修，但取能行車爲度，俟將來幹路告成，車利充裕，再議大修不遲。連德語不盡可憑，祈加詳察。語。

致廣州岑宫保、長沙龐撫台光緒三十二年八月初九日酉刻發

昨致蕭太史榮爵、存道燾暨湘紳電，特録請察照。文曰：感、豔兩電悉。查前派王道秉恩、向道萬鑅等點收合興公司在粤移交財産，計黄沙貨廠存料約值銀四十萬元，石圍塘車站、馬頭、機廠約值銀二十餘萬元，黄沙至高塘幹路四十餘里，鐵軌已鋪二十餘里，計費當不下三四十萬元。凡估路工，須將工程師及一切員司薪水局用併計在内。就此三項核算，已值一百萬元。至地基應照現在時價估算，爲數甚鉅，何以來電所稱僅估值銀六十九萬一千元，殊不可解。粤路已購地基，除枝路歸入三省公産外，其幹路地價是否併估在内，未據聲叙，亦屬疏略太甚。贖路費欵極鉅，現存財産關繫三省公欵，務須考核精詳。應由蕭太史、存道迅速將估價實在情形據實電覆，如有不實不盡之處，本部堂當另派工師委員赴粤復估，此時斷不能草率定議。至圖價，粤圖估值十萬元，湘圖估值六萬元，可即照准。還鎊期迫，務速詳查密覆，至要。湖廣督院。庚。洞。佳。

致廣州岑宮保、湘紳蕭太史榮爵，長沙龐撫台、王益吾祭酒諸公〔一〕 光緒三十二年八月十日

湘省應還第二期贖路欵，前由蕭太史與粵商辦鐵路公司議定，將此次估計材料湘省應得之欵，並三水、佛山支路餘利抵押借欵十八萬二千元各節，經鄙人與此間湘紳商酌，一切即照原議辦理，由蕭太史書據畫押，作爲定局。爲期已迫，務請雲帥迅飭該公司知照蕭太史照辦，勿誤還期，至要。嘯。

致上海盛大臣〔二〕 光緒三十二年八月二十一日發

李郎中行止關繫鐵廠安危，祈速絜衙會電慰帥、玉帥兩處，由滬逕發。

致夔州湖北勘路委員牛牧棠、張游擊孝紅、藍令汝濟、吳都司俊生、周令鈞、李令曾麟等 光緒三十二年八月二十二日午刻發

牛牧等號電悉。由夔至萬大路本可施工，此次歸途順勘大路以北之綫，不過爲與沿江大路比較。來電僅言山多尚不險峻，而於此兩路施工難易，並未比較聲叙。又據該員等七月齊電稟稱，由夔行抵雲陽山路沿江偏陂，土石相間，較易施工等語。其由雲陽以抵萬縣所經大路情形，以後來電竟未提及，均屬疎漏，可即分晰電覆。至由夔回宜分三路踏勘，最要緊仍是北岸之路，其峽後距江較遠之一路，現派佐佐木往勘，應俟該技手到夔會齊後，派藍令汝濟、吳都司俊生等一起，偕佐佐木同行踏勘。其峽後距江較近之一路，派牛牧等偕林技師往勘。或遠或近，總須設法覓得一路方好。務須多方鼓舞鄉民，重賞向導，優犒隨行兵勇，不嫌道里紆折，雖繞遠一二百里亦無妨，只求能開車路便好。查由萬至夔，既在大路以北，能尋出不險峻之山路一條，則由夔府至宜昌，似峽後大路以北亦必有不甚險峻之路，惟在該員等努力同心，堅定勇往，勿憚辛勞，以成鉅功，而副委任。其南岸路綫則由周令鈞、李令曾麟等偕大村同行踏勘，於造橋處尤宜留意選擇。各路經費如有不敷，儘可電稟，即匯寄，萬勿因此遷就，切切。各日本工師均代慰問奬勉。此電三路文武委員同閱。養。

致監利縣、沔陽州勘路委員鄧守鶴鳴、丁牧其忱等仙桃鎮、朱河、沙市一帶電局探投 光緒三十二年八月二十三日辰刻發

該員等測勘由蔡甸經仙桃鎮至沙市一帶路綫，原限一箇月完竣，現計逾期已多，除仙桃鎮來一電後，以後並無續來電稟，實深懸盼。刻下勘至何處，所經道路是否一律寬平，有無湖蕩阻隔，速據實詳細電覆，勿稍延緩。此時天氣已涼，想患病者已愈，阻水者已通矣。念甚。漾。

〔一〕録自湖南湘路股欵清理處編《湘路文電輯要》卷上，民國四年八月刊於長沙，現藏湖南省圖書館。所署時間係收電日。

〔二〕録自抄本《張之洞電稿·致上海電》。文中李郎中指李維格。八月二十日盛電有「練兵處保薦，李維格請派往查閩廠，約期一月可回」等語。

致練兵處 光緒三十二年八月二十三日辰刻發

箇電悉。練兵經費，湖北原經部派五十萬兩，自認籌解五十三萬兩，已溢額三萬兩。其覆陳籌畫東三省事宜摺内，認籌之五十萬兩，係專供遼東償費，並非認解練兵處之餉，原奏甚明。此兩項均指明以銅幣盈餘撥解。上年九月各省禁止外省銅元進口，銷路壅滯，錢價低落，鑄數大減，餘利極微。當於上年十月附奏聲明，原派認解之五十三萬兩，今年勉力解足，明年當儘力籌解，未敢認定數目。其另案認解之遼東用款五十萬兩，既與練兵無涉，本係他省所無，其銅幣來源又已斷絶，應請免其籌解，庶使竭力急公之省，不致獨受偏枯之累等語。於光緒三十一年十二月初二日欽奉硃批：練兵處、户部知道。欽此。欽遵在案。查各省認解練兵餉皆從三十一年分起算，並無一省解足，而湖北於三十年、三十一年共籌解過庫平足銀一百萬兩，於派解之數毫無短絀，實較他省爲獨多。其另擬籌解之遼東償費，因銅幣盈餘無著，已奏明免解，業經剴切瀝陳，有案可查。且日本與我所訂約欵，並無償費一層，是此項本已無須。況近聞東三省儲欵甚裕，亦不需此接濟。而鄂省自銅元減鑄後，本省指撥要需，皆苦無從應付，加以膏捐改章，鄂省進項驟失鉅欵，更有何法可以籌抵。本年鄂軍因照練兵處章制改練，已歲增六十萬兩，調汴秋操，需欵約八十餘萬，又係新增鉅費，現皆懸欠挪借，絲毫尚無著落。統計本年入不敷出者二百餘萬，年内正不知如何支持。然本年練兵餉亦尚勉力籌解過十萬兩，在鄂自問可謂不遺餘力矣。貴處總核各省軍政，自必至公至平。所有前項擬籌遼東償費，係鄙人獨力擬籌。旋因銅幣無欵，奏請免解，乃係未定之案，並無承解司道可指。前、去兩年於派解之數，均已解足，今年奏明於户部原派之五十萬兩儘力籌解，並不敢認定數目，似更無所用其籌抵。惟鄂省自認溢解之陋規等項，每年三萬兩，自當飭司局照數補解。此外，實屬無法可籌，務祈鑒諒。漾。

致外務部、天津袁宫保，上海吕大臣、盛大臣、李大臣 光緒三十二年八月二十五日未刻發

滬箇、漾電均悉。第一條另索口岸一處，亦不可行，因義國在中國商務無多，不應將英國作爲比例。如亦允指一處，則此後無論大國小國議約，皆以體面爲詞索口岸一處，將何以應之。第二條蠶學教員只可云亦可兼聘義國人，以資討論，較爲活動。第五條中國律例，查英、美、日各約文法詞意皆係一律，未便於義約獨示歧異。此時彼以體面爲詞，將來即多此一層痕迹。且英、美約皆渾言西國，並未言照英律、照美律也。竊謂羅馬律總不便説出，以免日後窒礙。又查悉中國律例義意及其審斷辦法一句，義意二字太實，應仍用英、美、日各約情形二字方妥。以上各節仍祈外務部、袁慰帥暨三星使裁酌。至特欵一條，未經提及，想已照駁罷論矣。有。

吕大臣、盛大臣、李大臣來電 并致外務部、袁宫保 光緒三十二年八月二十七日到

鄂有電、津宥電均悉。口岸一層，鄂議勿允，津謂萬不獲已，可援日約長沙例照辦。蠶學教員照會，鄂謂用兼聘字樣較為活動，

津謂給照與入約無殊。羅馬二語，鄂謂尚有痕迹，津謂尚屬凌空。海等公同斟酌，安慶口岸當初議時，曾令税司駁斥，嗣義領援日約長沙成例為言，謂義係小國，未免有意欺慢，難再拒絶，是以電請核奪。至教員照會，擬俟酌用活動語再行電呈鈞核，若能辦到不入附件，似亦無甚窒礙。羅馬法律語既凌空，亦似無礙。以上各節海等未敢擅定，應請大部主持，速核電示，俾定方針。再，以義文為正義句，現磋商以英文為主，尚未訂定專條，迭經力駁，並多方勸導，或可就範，再行專達。義領近日催詢回信，似不宜再緩。海、宣、方。宥。

致外務部、商部 光緒三十二年八月二十六日午刻發

六月儉電、七月漾電奉詢鑛章何日核奏，均未蒙電示。惟出奏已久，中外商人皆恃部議未定，枝節横生。現在義國商約又欲我採擇非洲紅海義國屬地之鑛章，議論愈出愈奇。此後每有一國議約，皆有干預鑛務條欵，應付之策將窮，義國更有持欵索鑛一條。權利所關，非早定大局，必多摇撼，務請迅賜電覆，至爲盼禱。宥。

致北京練兵處〔一〕 光緒三十二年九月初二日亥刻發

卅電悉。漢口職商二品頂戴分省補用道員黄訓典，光緒二十八年三月具禀，分三年捐助銀三萬兩，以充軍需之用，並非專捐練兵經費。去年因解還匯豐本息專案洋欵無欵可籌，業已全數提撥湊用，於三十一年正月二十日奏明有案。該商所繳原係期票，先由局借欵墊用，嗣於本年閏四月二十日據該商繳清矣。前兩萬已奬分省道及二品頂戴，末一萬因例無可奬，屬詢該商欲請何奬，該商始終含糊，不肯明言，但云不敢仰邀議叙，是以無從辦理，近兩三日内尚在催詢。冬。

致施南護施鶴道施守〔二〕 光緒三十二年九月初三日子刻發

卅電悉。王營弁澤吾盤獲龍山匪魯順成，並已成槍標六十枝，得力可嘉。可速提魯訊明有匪黨若干，現匿何處，蓄意何在，速拏嚴辦。人心不靖，山僻尤易藏奸，宜密查嚴防。冬。

致長沙龐撫台〔三〕 光緒三十二年九月初三日子刻發

疊據護施鶴道施守電禀，營弁於來鳳之毛坝盤獲龍山匪黨魯順成，並造成槍標六十枝，匪勢已急等語，現飭嚴訊速辦。察此等情形，龍山必有匪巢，望飛速嚴飭龍山縣嚴密查拏，至要至要。冬。

致外務部，上海吕大臣、盛大臣、李大臣，天津袁宫保 光緒三十二年九月初三日寅刻發

滬艷、江電，津冬電，均悉。口岸少開一處好一處，遲一日

〔一〕録自抄本《張之洞電稿·致北京電》。
〔二〕録自抄本《張之洞電稿·致本省電》。
〔三〕録自抄本《張之洞電稿·致各省電》。

好一日。必徇義請以開安慶，鄙見竊以爲不必。凡各國條約皆有，而此一國不能一體均霑，則謂此一國無體面可也，若他國所有，此國亦有，既已一體均霑，而猶必多索一兩條以爲該國體面，無理甚矣。羅馬古律與近世西律不同，添此一句，後來於我定新律必有窒礙。停議一層甚不要緊，儘可聽之。總之，新約若行，於中國並無益處，隱患實多，何必患其停議哉。統聽外務部、袁慰帥、三星使裁酌。講。

吕大臣、盛大臣、李大臣來電并致外務部、袁宫保

光緒三十二年八月三十日到

奉部宥電，令酌照津、鄂電磋議。當因該領已經聲明停議，後由税司轉圜，此時不便遽行俯就。既將各電辦法面授税司機宜，飭往磋商。迭據復稱，口岸一欵，該領援日本長沙之例，堅索安慶，實在無詞拒絶，並欲照日約載明，批准互換後六箇月以内云云。現擬照津電准其照辦，並照日約載明六箇月將此約批准互換後，改為一年内開辦。蠶學教員一層，迭經告以此係内政，實難允准。該領謂此事義國并無干預内政之意，只因義精蠶學，以期彼此有益，故義政府力求照准，語極懇摯。現擬俟此約畫押日，給予照會，不入附件。以上兩欵往返晤商，大致可望就範。羅馬二語，該領謂究於中國有何妨礙。告以此本中國索欵，不能與他約獨示歧異，礙難增添。義領只允將義意二字改照舊約情形二字，其羅馬二語争之甚力，終不肯删。再與磋商，海等查義約欵與英、美、日各約大致相同，惟口岸及教員兩欵係伊另索，今教員照會既可酌妥字義，又不作為附件，似無關係。安慶口岸英約已經准開，又有日約長沙之例，所争不過在遲早之間。今期限較日約為寬，儻加税在此期内實行，尤屬空文。可否即照所擬允准，請即電示，以便將各欵及照會稿電呈鈞核。現聶領已授非洲公使，威使回京代理欽差，早晚均即離滬，趁此機會，可望速成。新領不日到滬，勢必另起爐竈，反多周折，務祈速覆。海、宣、方。豔。

吕大臣、盛大臣、李大臣來電并致外務部、袁宫保

光緒三十二年九月十一日到

津冬電、鄂江電、部陽電均悉。即經遵照部示轉告義領，仍舊堅持。昨接該領函稱，已於初八日電告本國政府，將議約一舉停廢，并聲明所送原本大半收回，現存各節於兩國均有利益，中政府既概不承允，義國不能訂一條約，使其商貨受加税重任，而於本國無絲毫利益以相補償等語。除將來函漢、洋文備文另行抄送外，謹此摘要電覆。海、宣、方。卦。

致外務部、商部光緒三十二年九月初三日巳刻發

准商部卅電，承示鑛章有關交涉各條，由外務部酌核，餘由商部核定辦法，極佩。查敝處鑛章奏明采譯各國章程，參酌中國情形，並聲明各國通例皆不准他國人承辦本國鑛務，或公司間有附股事權，仍是本國人爲主股分，仍是本國人爲多。日本律法尤嚴，開鑛公司直不准外人附股，中國因商約允願招致華洋資本，明准外人在内地開鑛，故今日訂章，比較各國已屬處處從寬各等語。誠以各國權利兼重，人我界限極嚴。中國因先有洋商來華開鑛，故權其輕重，略予通融，然必以輕利重權爲主，若並權而輕之，失一鑛即失一地，疆土日蹙，後患實不忍言。故所擬合股計利各章程不妨從寬，而於法紀治理絲毫不肯遷就。在商約本有於

中國主權無礙，於中國利權有益二語，故權字上立法雖嚴，彼尚無可置詞。蓋商約雖云比較諸國現行章程，不致於鑛商有虧，而亦聲明能遵守中國所定鑛務章程，始准在中國開采鑛產也。至華洋商鑛産糾葛，股本虛實，往往於地方之道路、水利、商民之生計産業，多有含糊隱略，希圖到部矇混邀准。鄙意商部設立專司，各省設立總局，一切由局詳督撫咨部層層考察，庶免弊端。總之，華洋商人皆准同享樂利，惟華商之於地方民生，洋商之於中國主權，均須從嚴。現雖兩部分核，仍應請分核後會總比較，因厚人薄己，則華股多附洋商，厚己薄人，則各國又不公認。又，此時洋商各條雖歸外部核改，將來議奏頒行仍歸商部專辦。鄙見總以照中國商務章程辦理，不照交涉辦理，爲最要之義。故第六十二欵控至商部爲止，以鑛律爲斷，領事公使不得干預等語，期於華人一律遵章辦理，庶洋商無從過事要求，華商不必別圖依附也。事關久大利害，憂慮良深，務祈俯賜詳察酌核，大局幸甚。覺。

致長沙龐撫台、朱道台〔一〕　光緒三十二年九月初三日午刻發

朱道冬電悉。鄂、蘇兩省赴湘運米，皆接濟本省民食，並未出口，轉販圖利，且有限制數目，與漕米、軍米無異，不得視爲開禁，洋商何得援請運米出口，應即照覆該領事轉告洋商，照約緩辦可也。講。

致常德岑撫台〔二〕　光緒三十二年九月初四日午刻發

卅電悉。安抵湘境，慰甚。常德開埠一事，因韓道先擬用南岸善卷村，逼水害城，嗣又擬用北岸東門外皇經閣以上繁盛市廛，勸民媚洋，紳民大譁。旨交敝處會同龐帥覆勘查辦，因會委劉道秉彝、余守嵩慶、賴守承裕等馳往會勘。據該員等會同現署岳常道周守儒臣履勘繪圖禀覆，據稱，靠城北岸，自皇經閣以下，均係一綫長隄，隄面窄狹，沿河並無沙灘坦坡，隄内多係水坑叢塚，僅皇木關一段略有淤積，而隄身亦甚短促，德山街居民亦甚不願，均不合宜。止勘得德山街尾建字藏處有平蕪一區，可從楊泗宫墻外水溝劃斷，前抵大河，後靠五村，障隄縱横約三四畝，形如弧角。從河邊至隄脚，中綫寬約七八十丈，上横約四五十丈，下横約二三十丈，可以圈作商場，建造洋關公所。下至社木鋪，計七里許，河沿寬均二三十丈，可備異日擴充，距城十二里有奇，亦不爲甚遠，但地勢稍低，尚須填築，平地至隄面高約丈許，隄面至障田低約一丈五六尺等情。詳察所稱地段形勢，與商民毫無不便，自是最妥最善之區，此外實無可用之地。惟必須沿河修砌礀岸，且必須酌量填築加高，修成大幹馬路數條，方能開埠。其修造行棧地方，儘可留俟認領之洋商自填。大略估計，連他項工程統計，約需錢二十七八萬串至三十萬串。水道現據測量，此處目前水深將及二丈餘，秋後水落尚有水約一丈，是於停泊輪船尚屬相宜。兩岸各幫木簰皆在此段隄灘以上，兩不相妨。總之，此段地方比較他處窒礙較少，自是最爲相宜，惟填造礀岸馬路之費稍鉅，似可分五六年辦理。此我自開埠，外人不能催迫，止看河水深淺，常年停輪是否相宜，須一詢稅務司，望台端面晤一詢最

〔一〕録自抄本《張之洞電稿·致各省電》。
〔二〕指新任湖南巡撫岑春蓂。

爲切要。此外各情，皆由我自酌，税司不能干預。台旌過常乃極好難得機會，石道廷棟現已到省，已商劬帥，飭速赴任，即請閣下在常多住兩三日，督率石道及周署道暨公正紳商詳加履勘測量，并估計工費，究竟何處相宜，妥酌定局，詳晰電示，至爲感禱。豪。

致長沙龐撫台〔一〕 光緒三十二年九月初五日未刻發

據護施鶴道施守紀雲江電稟，有南匪七八十在鶴峰廳屬走馬坪搶劫，擊斃團勇數名，該廳等親往，拏有飄布、匪徒，訊出起事等供，已由道陸續添派防勇，堵龍山入鶴要道卯峒一帶等語。南匪匪勢甚熾，且有起事供詞，亟應嚴拏，刻不可緩。祈再飛飭龍山縣多派勇役，速拏撲滅，萬勿稍延，至禱。歌。

致漢口江漢關道台、荊州宜昌關道台〔二〕 光緒三十二年九月十三日巳刻發

頃四川督部堂錫真電開：川購礮械九百七十箱，玆連同機器一百七十八件，因水涸由漢轉載大阪商輪，分次運宜，祈轉飭各關隨時從速驗放等因。特據電飭知，如川購各件到漢到宜，即飭各關速驗放行。元。

致廣州岑宮保、長沙龐撫台 光緒三十二年九月十三日巳刻發

雲帥歌電悉。據公司稟，粤漢鐵路擬聘美工師一節，事多窒礙，斷難應允。敝處正在駁覆間，駐漢英領事亦有所聞，來函阻止，極言從前美國人承造鐵路，如何失中國利權，後來英國人借欵贖路，如何爲中國出力。原議工程兼用英、日人，今粤首先開端用比國、美國人，將應用英工師一節決不道及。粤人既享英人力助贖回之益，豈有不遵貴宮保與湘、粤大憲成約之理。贖路借欵事係貴宮保經營而成，貴宮保有權主持，儘可責問勸諭，不然均有關礙等語。查英領函稱各節，甚爲有理，粤漢鐵路一事，中國自不再與美國人共事，英人以借欵居功，前約聘其國之工程師本已有案。粤商不遵照奏案，忽思仍用美國人，英人聞之，如何可行。此事應速電美京作罷，請雲帥轉飭粤商等遵照，並請劬帥轉飭湘路一體查照，至爲切禱。元。

致荊門慶直牧、勘路委員覃令兆鶡、馮令臺異、測繪委員劉委員葆清，宜城楊令、襄陽皮令 光緒三十二年九月十四日巳刻發

兩侵電悉。查勘路綫雖循驛道，然驛路不過大略，實在丈尺總以取直取近，又便於施工爲主，豈能墨守驛路。仍應以樁記爲準，如無樁記，何從復勘。所過地方，該委員等務即一律照辦。該牧、令等均有地方之責，即日出示剴切曉諭，並派人彈壓，告以興辦鐵路爲有益地方農工商實業及食力貧民之事，並不强占民地。河南自通鐵路後，立形富庶，乃千年難遇之機會，他縣商民

〔一〕録自抄本《張之洞電稿·致各省電》。
〔二〕録自抄本《張之洞電稿·致本省電》。

所求之而不得者。如訂記樁，不得拔動，兼責成各處紳董保護，如有拔去等事，惟該紳董等是問。地方官保護不力，定惟慶牧，楊、皮兩令是問。儻遇有墳墓之處，設法繞越，或必不能越，則宜前後設法虛記，毋庸在近墳處訂樁，至要。即電覆。鹽。

致荆州斌守、安陸張守、江陵李令、監利徐令、潛江畢令〔一〕光緒三十二年九月十五日巳刻發

潛江永豐垸、荷葉潭、趙家垴、西灣，江陵棉條灣等處隄段，前經彭守暨各縣、委等會勘估計，已由本部堂籌撥錢十萬串，札委大員帶同隨員刻日前往興修。惟念灾區太廣，現又另撥錢二萬串一同帶往，分别賑撫江、潛、監三縣極貧灾民。該守等即日督同江陵、監利、潛江等縣速將極貧之户查出，一俟委員到日，即可散放，以免久稽。務令惠及貧黎，毋稍冒濫，爲要。咸。

致荆州繆道台、斌守、李令光緒三十二年九月二十日酉刻發

霰電悉。荆屬被灾前後發賑三萬串，來電擬分縣撥欵，爲數無多，賑糶兼辦，殊爲非計。賑係立時散給，糶係平抑市價，購運需時，兩事緩急不同。昨來電云傳集紳商墊本購米，今何又舍商籌之欵而動賑欵乎，萬萬不可。仍照諫電勸商墊本，給照速購，爲要。號。

致長沙龐撫台、岑撫台〔二〕光緒三十二年九月二十三日巳刻發

據監利縣徐之棨電稟稱，該縣連年被淹，本年灾區更廣，湘米阻禁，饑民待哺，賑撫無計，現值秋收，每石已售價六串有零，冬令無米可買，灾象實屬可慮，懇發每千石一張護照三十張，由該縣酌發各鄉鎮，分赴鄰境華容、巴陵兩縣採辦，用濟民食等語。查鄂運湘米，前經商允給照採辦，原擬壹百萬石。嗣因湘省商務局以長沙米價驟漲，請予減運，故續定分月採運之法，暫以已發護照五十萬六千石爲限，免致湘米踊貴，電咨在案。湘省所以恐鄰境多運者，恐長沙省城米貴也。兹監利縣灾重米缺，請在鄰境華容、巴陵兩縣分採三萬石，既經限制在華、巴兩縣採辦，與長沙省城米價不致牽掣，尤爲毫無妨礙，且爲數無多，務懇照允，飭知岳關驗照放行，實紉公誼，無任感禱。立候電覆。養。

致荆州繆道台〔三〕光緒三十二年九月二十七日午刻發

准四川省督院錫巧電：據川運局沈道電稟，有官用例准免税鋼鐵料數批到宜，請電咨放行等情。敬祈俯賜轉飭荆宜道，照給免單放行爲禱，件數已飭沈道逕報荆宜道查驗等因。查川省轉運鋼鐵料，如該項鋼鐵係原質，與機器毫不干涉者，該道即照件查驗，給單放行可也。宥。

〔一〕以下二電録自抄本《張之洞電稿·致本省電》。
〔二〕録自抄本《張之洞電稿·致各省電》。
〔三〕録自抄本《張之洞電稿·致本省電》。

致成都錫制台〔一〕 光緒三十二年九月二十七日午刻發

巧電悉。已電飭荆宜道查明該項鋼鐵料如係原質，與機器毫不干涉者，即給單放行，以副台屬。宥。

致長沙岑撫台 光緒三十二年十月初一日子刻發

英商在湘請照運米事，敝處前致龐中丞講電，以鄂、蘇運米接濟災區，不得視爲開禁。茲准外務部漾電，出示再行禁止，以符約章等因。查中英新約十四欵，再行出示禁止一節，係指開禁後而言。湘省既不認爲開禁，則米穀應否出境，全視年歲之豐歉及接濟災區自行限制。究竟駐湘英領現在尚饒舌否，有無洋商請照，以及秋收情形，統希電示。豔。

致荆州載將軍〔二〕 光緒三十二年十月初三日酉刻發

冬電悉。應解冬季米折銀兩，已飭官錢局酌加二十文，每庫平銀一兩作銅元一串六百七十照發矣。講。

致外務部、長沙岑撫台 光緒三十二年十月初五日丑刻發

外務部漾、東電悉。本年湘、鄂水災，鄂省不分畛域，不惜巨欵，先行購米運湘賑濟，而鄂省辦理平糶，因舍己從人，反致賑濟不及。幸湘省秋收尚好，省城米價四千內外，外縣外鄉三千內外，是以酌定數目，發給運單，赴湘運米接濟，專爲平糶而設，此本鄂、湘兩省救災恤鄰，互相維持之義。現在鄂省米價仍然昂貴，民食艱難，各處正在設法平糶。鄂省固不能戛然中止，自遏民食，湘省亦豈能忍於閉糶，忘我先施。況鄂省運來湘米，專在武、漢市面銷售，並未運出鄂境，斷非洋商專爲販賣圖利者所能藉口。條約洋商運米係通商，今鄂省運米係賑濟，兩省本年水災情形，外人盡知，則兩省互相接濟米穀，外人亦當深明此理。現不認開禁一層，京外已同心堅持，鄂省俟將平糶米趕緊辦完，亦即行停運。如湘省隨後出示開禁，再由華洋商人照章購運販賣，以符約章。此事關繫民命，中國水旱偏災，事所時有，此時若自行箝制，嗣後各省遇災如何能互相接濟。頃接湘撫電，武、漢缺米，民食攸關，擬由局派員督採押運，庶與商運有別，以免洋商藉口等語，所籌甚妥，已電覆照辦。務請外務部、岑中丞察酌辦理。歌。

致宜昌籌餉局黄守邦俊〔三〕 光緒三十二年十月初六日寅刻發

冬電悉。照向章計斤八折，每一百二十五斤作一百斤完稅，減半徵收，如有加重斤兩，仍照章計斤補稅。八折而又減半，可謂寬而又寬矣，不能漫無限制。歌。

致大枝坪送建始縣歐陽令柄榮 光緒三十二年十月初八日辰刻發

九月删電、十月東電悉。已飭洋務局在所收磺價項下，撥發

〔一〕以下二電録自抄本《張之洞電稿·致各省電》。
〔二〕録自抄本《張之洞電稿·致本省電》。
〔三〕以下三電録自抄本《張之洞電稿·致本省電》。

錢壹萬串給領。查礦本每百斤合錢四串，壹萬串合礦二十五萬斤，此次發錢壹萬串，該令務須解礦到漢，交足二十五萬斤，始准再行請欵。以後均照此辦理，以歸劃一。現正出礦甚旺，務須督飭妥速辦理，源源解漢爲要。虞。

致大枝坪送建始縣歐陽令柄榮 光緒三十二年十月十五日未刻發

虞電發該令錢一萬串，恐尚不敷。玆飭局續發六千串，以資周轉。該令須解礦四十萬斤後，再行請欵。除札行外，即遵辦電覆。咸。

致東京三井洋行轉交湖北官錢局高道台松如〔一〕 光緒三十二年十月十六日子刻發

老河口分局黎令培質來省，據稱，銅元消行甚暢，前領十萬不敷周轉，請再加領二十萬作爲借支，一俟銅元官票市價相平，即將此欵歸還等語。是否可准，抑酌量少給，即速酌電覆。咸。

致長沙岑撫台 光緒三十二年十月十七日丑刻發

咸電悉。湖水冬令淤淺，應設標樁，派理船廳測量覆奪，經費由關籌墊，尊議辦法極是，請即照此函覆日領。此係中國通商口岸自辦之事，理船廳足以了之，不必外國兵輪幫助測量也。前數日日本領事來函，欲干預此事，用意甚深，已駁覆之矣。諫。

致齊齊哈爾程署將軍〔二〕 光緒三十二年十月十九日未刻發

銑電悉。尊處需用槍五千枝，各帶子彈千粒，廠存有現貨，價可照前咨明之數減貳成。祈示覆，以便豫備。效。

致長沙岑撫台 光緒三十二年十月二十日巳刻發

昨接外務部蒸電開：昨英使又來函，仍以商約十四欵爲言，堅請發英商運照。事關兩省民食，我祇抱定賑荒，決不認弛禁，以爲堅持地步，而彼仍據約詰難，未易轉圜。若由尊處就近與駐漢英領婉商和平辦法，庶易結束。即希統籌電覆等因。又接英領函稱：奉駐京大臣札示照會外務部文意，深以專禁英商辦法顯違新約，并以此約現被湖廣總督阻碍，將來難免釀成重大交涉。并據長沙瞿領函稱：接見岑撫部院，談及彼甚願弛禁，無如湘省紳士阻止等語。誠然如此，則楚南地方係屬何人管轄，豈不成紳士管轄之地方乎。今因顧念睦誼，即希查照，速令弛禁，以免釀重大之交涉，而敦純篤之睦誼等情。查米爲湘省出產大宗，即爲貿易上歲入鉅欵。現湘收成既然甚歉日久，堅遏亦頗恐傷農，且湘禁米出口，鄂捐無收，於鄂何利。而英使、英領一再謂爲敝處阻遏，深爲可異。現外部亦知其事未易轉圜，囑敝處與英領就近婉商。然彼既據約力争，又有何和平辦法。既無辦法，豈易結束。

〔一〕録自抄本《張之洞電稿·致外洋電》。
〔二〕指署理黑龍江將軍程德全。以下二電録自抄本《張之洞電稿·致各省電》。

昨詢黄道、李道，據言執事亦不以久禁爲然。公平明達，深可佩慰。窃謂此時若在省城以外，若岳州府屬及南州廳等處購買，於省城毫無妨礙。事關兩省，又關交涉，應請台端通籌全局，主持裁斷。至湘紳是否衆論僉同，籌有何辦理善法，希速詳商電覆，以便轉覆英領，切盼切禱。再，頃又接外務部巧電，云英商運米事，英使來函催覆，速電覆等語，并聞。哿。

致荆州繆道台、荆州府斌守、辦賑委員李守沛恩、吕守曾、江陵縣李令天柱〔一〕光緒三十二年十月二十日午刻發

票由藩司委員解赴荆州交李守、吕守照收，由該道、府等督率委員確查灾情輕重，分别核實散放，務令實惠均霑，毋稍冒濫。監利灾民應否酌撥賑欵，并查明妥辦，是要。號。

致京那中堂〔二〕光緒三十二年十月二十二日戌刻發

步軍統領衙門經費，鄂省當每年籌解銀七千兩，遵示作正開銷，謹覆。養。

致上海盛大臣、長沙岑撫台、南昌吴撫台、萍鄉鑛局林道台志熙光緒三十二年十月二十四日辰刻發

各路來電均悉。萍鄉會匪勾結瀏、醴等匪滋事，誠爲可慮，敝處已派第八鎮協統參將王得勝、標統李襄鄰等，率步隊三營，礮隊一隊，即日起行。惟上水遲緩，湘水又涸，大輪不能行，現設法覓小輪拖至靖港，舟行抵株州，乘鐵路車逕到萍鄉，會合贛、湘各軍，相機剿辦矣。敬。

致江甯端制台〔三〕光緒三十二年十月二十六日午刻發

徑電悉。已飭銅幣局預備銅元五十萬串，候尊處來購運。惟此時江北是否僅止賑撫需用，抑兩淮鹽商亦需用。金陵鑄數甚多，何以尚不敷用，如以後江北情形尚需銅元，望此時早示知，以便籌計，至禱。再，瀏、萍匪盛，鄂已派步隊一標、礮隊兩隊往會剿，并派一營赴岳州填紮，騰出湘軍赴萍、醴矣。宥。

致長沙岑撫台光緒三十二年十月二十八日未刻發

頃據萍鄉鑛局林道、醴陵汪令先後來電稱，匪衆現均竄入瀏陽，勢甚猖獗。現又由敝處添派步隊一標三營，礮隊一隊，即日速行往剿。惟到長沙後，或由省逕赴瀏陽，或由醴陵再行赴瀏進剿，道路情勢以走何處爲便，長沙赴瀏有水路否，匪蹤應先取道何處爲宜，并望詳示，以便電飭該營相機辦理，至感。儉。

致南京端制台、上海瑞道台〔四〕光緒三十二年十月二十八日亥刻發

現據兵工廠禀稱，由漢三井洋行在日本購銅五千餘擔，刻日

〔一〕録自抄本《張之洞電稿·致本省電》。
〔二〕録自抄本《張之洞電稿·致北京電》。
〔三〕指兩江總督端方。録自抄本《張之洞電稿·致各省電》。
〔四〕録自抄本《張之洞電稿·致各省電》。

到滬，恐不能進口，請電達等情。查此項銅斤五千餘擔，係兵工廠所用，如三井已運到滬，請飭早日查驗放行。儉

致長沙岑撫台 光緒三十二年十月三十日寅刻發

萍鑛關繫萬分緊要，詔旨嚴切，設有擾毀，無從補救，不比他處一戰之利鈍也。王協統得勝所部步三營，礮兩隊，必須趕緊星夜馳赴萍鄉，保鑛局，剿萍匪，萬勿截留。鄂軍一到醴陵鐵路，瀏匪必奪氣，湘軍必鼓勇獲勝，前敵匪破，省城何憂。如必欲護省，以後尚有續到隊伍，再商辦，切懇切懇。再，用余、張辦團極好，有團自可保省安民。卅亥。

致長沙湖北新軍王協統得勝、萍鄉林道台志熙[一] 光緒三十二年十一月初一日寅刻發

卅電悉。該軍已到長沙，爲慰。該協統所帶步隊三營、礮隊兩營，隨到隨行，由易家灣登岸，迅速星馳徑赴萍鄉，不准片刻逗留，亦不准沿途截留。萬勿違延，切切。卅。

致岳州府知府、巴陵縣令 光緒三十二年十一月初四日寅刻發

由岳州府城到平江若干里，由臨湘到平江若干里，何路平坦繁盛，何路險阻荒僻，速即刻查明電覆，覆電務寫姓名。亥。

致新隄專差飛速探投湖北新軍白標統壽銘[二] 光緒三十二年十一月初四日寅刻發

該軍步、礮各營是否全數已過新隄，約何日可到岳州，即刻覆。江。

致醴陵縣汪令[三] 光緒三十二年十一月初四日亥刻發

聞瀏陽永和市匪竄祖師岩，可達平江東南鄉。該匪究係大股竄往，抑係分股潰竄，瀏陽東南鄉一帶是否有大股屯聚，速查明，詳電覆。支。

致長沙府縣、岳州府縣專人速探送湖北新軍白標統壽銘、第一營管帶米文友、二營黃鸞鳴、三營李汝魁 光緒三十二年十一月初四日亥刻發

聞永和市匪竄祖師岩，可達平江東南鄉。該標各營并礮隊已到湘陰者，速赴平江，未到者即由岳州徑往平江，相機迎剿，但全標須擇地會齊，以便聲勢聯絡，勿延。支。

致長沙岑撫台 光緒三十二年十一月初四日亥刻發

瀏陽永和市匪竄祖師岩，可達平江東南鄉，已電飭白標統壽

[一] 以下二電録自抄本《張之洞電稿·致各省電》。
[二] 録自抄本《張之洞電稿·致本省電》。
[三] 以下五電録自抄本《張之洞電稿·致各省電》。

銘率全標步隊三營、礮隊一隊已到湘陰者速赴平江，未到者即由岳州徑往平江瀏陽交界，相機迎剿。前派駐岳州之戴壽山步隊一營，亦已電飭即日星夜開赴平江防剿。特奉達。豪。

致岳州湖北新軍戴管帶壽山 光緒三十二年十一月初四日亥刻發

該營左右兩隊赴平江仍嫌單薄，仰將留岳前後兩隊即日全行開往。支。

致長沙岑撫台 光緒三十二年十一月初五日未刻發

武昌下新河，亨達利修岸建廠，在奏明商場之上，於地方治理之權極有妨礙，關繫甚大，頻年屢議收回，皆無成説。推原其故，實由亨達利前在湘鑛局訂購銻砂，獲利甚巨，嗣又改訂黑鉛，亦獲重利。其合同滿後，因開煤鑛折本，遂將該廠頂與禮和。聞禮和于本年三月在湘鑛局訂購白鉛三萬噸，已交一萬餘噸，不知確數。請飭湘鑛局查明亨達利或禮和所訂鑛砂，是否僅有此數。如只剩白鉛二萬噸内外，則請飭局迅速交清，以後無論何項鑛砂，不再賣與洋商。凡係毛砂之未煉者，不得出口。如湘省不能全煉其未煉之鑛，鄂省現有肇興公司商人願意承辦，所有銻砂、黑白鉛，均照官收市價加一成訂購，仍照章完税。似此辦法，方可杜亨達利廠之利源。如該廠無利，再議收回，或可望成。此事於兩省均有裨益，執事舊治關懷，必願此事辦成。惟湘鑛每年各項各出若干，湘局自煉各鑛若干，湘局力不能全煉之各鑛尚剩若干，其未煉之鑛必須賣與商人販運出省者，各鑛每年約需價若干，祈飭局迅即查明電覆，至盼至禱。歌。

致荆州繆道、斌守、江陵李令[一] 光緒三十二年十一月初五日亥刻發

禡、支電均悉。監利准在續發賑款五萬兩内，撥三成交徐令散放。旗丁生計同艱，准在江陵欵内撥三千串賑济。歌。

致岳州府縣專差飛速探送湘陰、平江一帶鄂軍白標統壽銘[二] 光緒三十二年十一月初五日亥刻發

支電計已接閲。頃接南撫院來電，云近日匪情變幻無定，平、瀏不通電，恐多稽延。該標統應即就近聽候南撫院查看前敵情形，相機調遣可也。歌。

致長沙岑撫台[三] 光緒三十二年十一月初五日亥刻發

支電悉。匪踪日來在瀏陽何處，祈飛速示知。白標統壽銘已飭聽候尊處調遣，惟該統一軍昨日敝處已電令由湘陰、岳州赴平江界上迎剿瀏陽竄匪，請即飭知該標統遵照。尾。

[一] 録自抄本《張之洞電稿·致本省電》。
[二] 録自抄本《張之洞電稿·致各省電》。
[三] 以下五電録自抄本《張之洞電稿·致各省電》。

致萍鄉湖北新軍王協統得勝光緒三十二年十一月初七日子刻發

瀏匪已向北敗竄，距平江界甚近，約三千人。止此一股，該協統留一營，保護萍鑛，帶兩營速赴瀏陽，探明該匪大股所在，迅速跟踪追剿，礮隊察道路形勢酌帶。麻。

致萍鄉鄂軍王協統得勝、李標統襄鄰光緒三十二年十一月初八日子刻發

麻電想已接到。昨飭分軍赴瀏，想已啟行，何以未接電稟。現在匪衆全在瀏陽東北鄉大光峒一帶，湘軍進攻得手。現奉諭旨，責令一鼓盪平。該軍迅速馳赴瀏境，探明大股所在，相機會剿。若三日内該軍尚無接仗電稟，定干嚴譴。即電覆。陽。

致長沙岑撫台光緒三十二年十一月初八日丑刻發

諭旨嚴飭各軍合力防剿盪平。查匪衆全在瀏陽北鄉，請飛速分飭白標統壽銘、李標統襄鄰兩軍，均徑赴瀏陽，探明大股所在，迅速迎剿，礮隊相地勢酌帶。白統不必赴平江，轉致居於無匪之地。若三日内該兩軍無接仗稟報，定干嚴譴。瀏匪滅，平江自無事。切懇，并盼覆。遇。

致岳州魯鎮台、豫守、何令光緒三十二年十一月初八日卯刻發

電悉。已另派一營赴岳填防矣。前該守、令强留戴壽山兩隊，致遲遲未到平江，殊爲無識。止去兩隊，焉能濟事，平江戰勝，岳郡何憂，應行嚴加申飭。庚。

致長沙岑撫台光緒三十二年十一月初八日辰刻發

飭鄂軍諸將電，請譯出飛送。其文曰：七日内疊奉電旨，嚴飭各軍扼剿。本日電旨，因平江王勝各節，聖意尤爲焦急。兹遵旨分飭鄂軍王得勝、李襄鄰、白壽銘、礮隊卓占標、步隊戴壽山，迅速探明賊匪大股所在，無論或瀏或平，並不限定何縣，總須迎頭奮勇攻剿，不准遷延推諉，避居於無匪之地。至由岳州至平江，聞道路平坦，可令白統所帶之礮隊，由此路進。此外，或由省城，或由湘陰，或由醴陵，直趨瀏陽，其中以何路較平，能用礮隊，請馥帥查明後，飭卓占標即帶所部礮隊由能行之路前進，各軍如三日内無接仗電報，定干嚴譴。各軍皆於每十里設一步撥，遞要電要稟。王協統得勝除留一步營保護萍鑛外，該協統應督李、卓各營，赴瀏會剿。岳州已另派營填防。王、李、白、卓、戴五將均各自電稟覆。如有情形變幻之處，并請馥帥相機酌度，指示機宜，各該員務須遵行。督院。庚。等語。請速分飭至感。湘軍各營，現分抵何處，并望速示。齊寅。

致萍鄉安源鄂軍王協統得勝等醴陵縣飛送光緒三十二年十一月初十日巳刻發

各營兵數甚多，數日内倉猝難於全行，該統、該管帶等速即公同商酌，挑選精鋭一兩隊，改變輕裝，帶足子彈，探明由萍赴瀏陽捷徑，即日起程，星馳赴瀏境東北鄉，探明匪蹤所在，相機截剿，勿稍遲誤干咎。此兩隊行後，餘營可從容開拔矣。湘軍在

瀏陽、在平江屢報勝仗，江西亦屢奏剿匪有功，該軍若始終安坐，不見一匪，豈不愧見湘軍、贛軍耶。懍遵即覆。卦。

致宜昌宜昌府存守[一] 光緒三十二年十一月十二日卯刻發

川省現有銅一萬三千擔存在宜昌，漢陽兵工廠因需銅甚亟，由江漢關桑道向川省委員陳道玉麟議定購買此項銅斤，已在漢立合同簽字，付定銀一萬，昨陳道已電宜昌川漢鐵路局沈道、費道知照矣。事機緊要，該守速向該局先將川銅提單取出爲要，本部堂已另派知縣黄仁炎、巡檢葉思孝即日乘輪赴宜，過鎊接收。該守速遵辦，切勿遲誤，并即電覆。文。

致江甯端制台[二] 光緒三十二年十一月十二日卯刻發

鄂省兵工廠，前購定四川銅斤，本不敷用。荆州、監利、潛江等處，今年夏秋水災，至今積水未消，不能補種，房屋盡塌，饑民數十萬，無居無食。現在一面放賑，一面修築隄垸，工費甚鉅，需銅元尤多。省城外九十里隄閘，因大水衝刷危險，現在同時趕修，皆需銅元。頃閱桑道呈尊處蒸電，江北賑務需用銅元，誼難膜視，躊躕竟日，萬分爲難。勉遵來電，以六千擔讓歸尊處，請即派員至宜提運。惟綜計此項銅斤盈餘之數約六七萬金，鄂省從井救人，已得復失。鄂省災困工賑情形，公亦必有所聞，此乃勉從尊命，似與鄂助江北賑欵無異，將來如可照數酌奬數員，益紉雅誼，祈示覆。至鄂省現在修隄閘、辦工賑之欵數十萬，皆係向洋行用七釐息借來者也，不知信否。軫。

致上海吕大臣、盛大臣[三] 光緒三十二年十一月十二日卯刻發

庚、蒸兩電悉。江南北災情，甚爲繫念。義紳來漢購銅元，自當竭力應付，惟鄂省銅元皆交商號行銷，俱照市價，官不能抑勒。尊意擬每銀一兩易銅元一百七十枚，與武、漢市價懸殊太多，官局商號皆不肯認此鉅虧，似仍以照市價兑换爲妥。本年荆州、江陵、監利、潛江等處水灾甚重，灾民數十萬，無居無食。現正一面放賑，一面趕修隄垸，以工代賑，需銀數十萬，需銅元亦甚急，束手無策，焦急欲死。强健壯夫方能從井救人，若自己係餓莩尪怯之人，入井未半而已斃矣，安能救人哉。賠價售銅元一節，勢難遵辦，尚祈鑒諒。然讓已買賤價之銅六千擔與江南端午帥，鄂已坐虧六七萬金，此即因尊處兩電賑欵銅元起見，故勉强曲從，似亦與賤售銅元無異也，想蒙明察。湖北修隄工賑之欵數十萬，皆係用七釐息借來者也，不知肯信否。軫。

致萍鄉林道台 光緒三十二年十一月十二日申刻發

青、蒸兩電均悉。前因贛撫電堅云無匪，秦臬電亦堅云無匪可剿。既云無匪，則鄂軍駐防萍境爲多事，自不必以有用之兵久居無事之地，故速調王協統回湘。兹據電稱各節，情詞迫切，與贛撫、秦臬來電迥乎不同，既云匪黨衆多，鑛廠危急，大局所關，

〔一〕録自抄本《張之洞電稿·致本省電》。
〔二〕録自抄本《張之洞電稿·致各省電》。
〔三〕録自抄本《張之洞電稿·致上海電》。

豈有不允。鄙人性情，向來專作獨任其難之事，尤專作費力不討好之事。已電飭王協統暫留萍地，另飭選帶精鋭一隊馳往湘境，搜捕餘匪。仍希將鑛廠如何喫緊危急，匪勢如何衆盛，日前湘撫來電合股長驅一切情形，單銜詳細電稟兩江督院、贛撫院、湘撫院、盛宫保，俾知鄂軍並非避居無匪之地，亦非越俎多事也。文。

致萍鄉王協統得勝、長沙岑撫台光緒三十二年十一月十四日戌刻發

岑帥元電悉。湘潭爲湘省精華，若稍有擾動，前功盡棄，斷斷不可輕視。飭王協統再撥精鋭兩隊，乘火車由洙洲赴湘潭彈壓，萬緊勿延。如安源情形不便多撥，即連前日飭撥赴瀏之一隊，共成兩隊，併赴湘潭，亦可由該協統酌辦。即覆。寒。

致軍機處、釐定官制大臣光緒三十二年十一月十八日子刻發

效電悉。恭繹諭旨，以定官制爲立憲豫備，則此次官制之應如何改定，自以有關於立憲之利害爲主。其無關憲法者，似可不必多所更張，轉致財力竭蹶，政事叢脞，人心惶擾。考各國立憲本指，不外乎達民情、采公論兩義。此二事乃中國聖賢經傳立政之本原，唐虞三代神聖帝王馭世之正軌，心同理同，中外豈有殊異。聖諭剴切深厚，自應切實籌議推行。謹分條奉覆如左：一、設四鄉讞局議事員、董事員。詳讀尊電各條，惟設鄉官，設議事會、董事會兩法，有關立憲本意。竊惟中國風尚，鄉紳自愛者以不管公事爲有品，或遇有關利害安危大端，偶一任之，或必須地方官敦請，始來與議。其平日自願管地方事者，及好管地方瑣細事者，多非端廉之士，若概名爲官，必不免徇私作威，包攬利權，嚇詐鄉愚，抗撓政令諸弊。故四鄉分理細故詞訟之鄉紳，不宜名之爲官，只可名爲鄉長，若當日團長、團總之例，亦不宜襲。日本分區之制，名爲區官。查咸豐同治年間，髮捻爲亂，皖、豫、山東及直隸南數府，處處辦團，流弊滋多。除黑團通賊謀逆，如苗沛霖之類不計外，即不爲匪之團，亦多有抗糧抗案，擅殺尋讎諸弊。幸官軍剿平髮捻，諸團或懲或散，始漸敉平，今豈可導之使亂。至議事、董事兩會，未嘗不可設立，但一須正其名義，二須定其權限。名義者，只可名局，不可名會。查各省府、縣多有紳局，或主捕盗清匪，如廣東之安良局、沙田局之類，或主籌費濟公，如四川之三費局、夫馬局，陝西、河南之車馬局之類。此外隄工、善舉各局，所在多有。名沿其舊，則不僭不驕。屏去會名，則不致爲江湖會、聯莊會、三合會、哥老會各種作亂之會匪所影射，此名義也。權限者，議事之員，但許有議事之職，不予以決斷之權。其議決之可否，悉由官定，以審度其可行與否。至董事之員，只可供地方官員之委任調度，不宜直加以輔助地方官辦事之名。若權限逾分，必至官爲董制，事事掣肘，雖有地方官監督之説，徒成虚文而已，其爲害殆不可思議。故議事之員能議而不能決，董事之員宜聽官令而不宜聽紳令，此權限也。尊電因擬裁知府，故未言及府城之議事、董事各員。兹鄙意擬請仍留知府，則府城亦應照州、縣辦法，層遞設立議事局、董事員，其權限亦與州縣之紳董同，以總達各縣之民情，供知府之委任。惟分理各鄉讞局之鄉長及議事、董事之員，須由本縣人公同推舉，其推舉此各項紳董者，必須家有中人産業而又素行端謹者，方許列

名爲推舉人，由官選定派充稟報。如官派不公，准其赴省控告，民舉不公，准本縣官停議另舉。如此則民情可上達，公論可上聞，而綱紀等級尚未廢棄破除，紳謀官斷，互相補救，似與朝廷勤求民瘼之意相合。俟行之十年以後，學校日增，士民智識日開，道德日進，設有囂張惡習狂悖言行，隨時訓導儆戒，俾其道德之效，不致爲犯上作亂之行，其智識之效，能諳習一鄉之情形，明曉全國之大勢，並能通知中外交涉之大端，國家政事兵食之梗概。總之，必其智識不離於道德，尚武不越乎法律範圍，方爲合格。屆時體察果能臻如此之程度，再議立憲之大舉，自然有利無弊。若十年以後，人民道德未能盡純，智識未能盡充，則尚須從緩。僅照以上所言，各府、縣分設鄉長，分設議事、董事各員，官紳互相維持策勉，亦足以破壅蔽，杜偏徇，察窮檐之疾苦，采巖穴之良謀，尚不至大有流弊也。一、議改州、縣之制。考本朝沿明制，州、縣分三等，曰繁、曰中、曰簡，本有等差，與漢唐縣官之制大同小異。今欲重其品秩，而又分爲三等，則大縣稱州，中縣稱廳，小縣稱縣可也。蓋外間同知稱廳，理民通判、理苗分防、州同、州判，民間亦稱廳，似體制較州爲稍遜。至廢去知府而令大縣稱府，則似有未妥。各省幅員遼闊，輪電罕通，每一府所轄少則四五縣，多者至十縣，各縣距省遥遠，極遠者至二三千里，賴有知府，猶可分寄耳目，民冤可申理，災荒可覆勘，盜匪可覺察飭緝。若盡歸省城考察，豈能遍及。待該縣稟報至省，禍亂已及，控告到院司，民命已斃矣。故裁去知府一説，萬分窒礙，勢有難行。稱府而無屬縣，名義亦難解，似不必蹈襲日本之故套，以東京、西京、大阪三處專名府也。既有屬縣，則事繁體尊，附郭之首縣不宜裁矣。至每州、縣各設佐治官，分掌財賦、巡警、教育、監獄、農、工、商及庶務，甚爲有益。惟員少不足濟用，禄少不足養廉，員多俸厚，經費太鉅。今日州、縣之俸，大率因處分被罰，其養廉亦多被司、庫因公欵扣抵，不能全領，安有餘力鉅欵爲新設之州、縣佐治官籌俸廉哉。似宜聽州、縣量力延訪委用，較爲可行。一、議改省城院、司各官之制。第一層辦法，院、司合爲一署，同畫一稿，定時入署一節，晷刻有限，必致草率敷衍，一也。京城每一部皆一類之事，然且每司各自有印，各自有稿，若一省督撫及各司道，則兼有各部之事，若併爲一署，無此廣大廨舍能容許多官吏，能存許多案牘，二也。近因患責任不專，故督、撫只留其一，今設兩丞，豈不又添兩巡撫乎，徒多牽掣推諉，三也。院、司、局各有等級，各有責成，各有印信，能自行文牘，其間准駁異同，亦可收匡助之益，即有謬誤，責有攸歸。若併爲一稿，必仍是一人作主。若督、撫驕矜，則兩司徒畫黑稿。若兩司跋扈，則督、撫祇如贅瘤。六部堂官雖多，仍是一人主稿先行，東三省事務較簡，豈能以例内地外省。銜參之期，司道公見，不過略談大指，並不能立時籌定辦法。大率有重要事，必須與司局著重之一二員或二三員便坐燕見，或至日晡，或至夜分，縱談深慮，反復籌思，乃能籌定一議。即京部堂、司商榷要政，亦多是司官赴宅内詳陳密談，乾隆以前名臣皆是如此。若到署片刻，不查案，不思索，恐未能遽籌得至當不易之辦法，四也。至於府、縣文牘直達於省，由省徑行州、縣一節，查照例，公牘無論上行下行，乃是層層遞轉。若緊要事體，州、縣一面徑稟督、撫，一面分稟司、道、局、府，謂之通稟通詳，督、撫亦徑批札州、縣。軍興以來，此類甚多，至今猶然，不患不能直達也。至每省設高等審判廳，行政、司法各有專職一節，尤所未喻。一省之中，臬司即是高等審判廳矣，另設一廳何爲。若謂臬司係行政之員，須另有司法之官，則臬司問案擬罪，仍須督撫核批，達部者須督、撫核轉，總須俟部覆乃定，然則臬司及督、撫即是司法之行政，刑部即是司法矣，何必剿襲東語，多此紛歧哉。傳聞獻議者并有擬由高等審判廳以直達法部，督、撫但司檢察，不司裁判之説，不勝駭異，想貴大臣未必允行。假使萬一采用其言，則以後州、縣不親獄訟，疆臣不問刑名，昔孔聖知本，專論聽訟，魯莊勝齊，惟恃斷獄，若州、縣不審判，則愛民治民之實政無所施，以此求治，未見其可。且外州、縣距省或數百里，以至二三千里，若裁去知府，則冤獄偏斷，何處申理，小民尋常訟案，亦必將賣産爲資，赴省上控。即使省控，而督撫、臬司亦不能審判，仍須取決於法部理院，夫老弱窮嫠，安能奔馳數千里而京控乎，京師部院能日訊全國數千萬起之訟案乎。假如文武官吏有犯，而督、撫不能審判，何以號令屬官乎。第二層辦法，似尤多窒礙之處。民政以警察爲大端，乃臬司分内事，今乃不屬臬司，而屬藩司。理財乃藩司分内事，今乃不屬藩司，而又別立財政司。且通省財政關繫極重，運司轉較學、臬爲小。即如現在藩、學、臬、運、糧、鹽、關、河，權限本自分明，不相淆混，乃亦議改變，則尤可不必矣。若知府一官，鄙見必須留之，不宜裁撤，因其去民較近，轄屬較少，可爲院司分任考察。既留知府，則巡道似可裁撤。惟各省設巡道之本意，大率以兵備爲主，前三十年軍務，近二十年教案等事，則道員之責較重，取其官階較崇，調遣武營較易。故地理學家之要訣，須先將一省各道之疆域分清，則一省之形勢脈絡瞭然於胸，此可知前人建設巡道之有深意，有關繫矣。至知府職司，如所屬州、縣錢糧奏銷，災荒蠲緩，秋讞審轉，州、縣倉庫交代盤查，出結代賠之類，皆知府考成。州、縣出缺，由知府委員代理，均不由巡道轉詳。議者或慮司之下、府之上添一道員，徒多層折重複，此未知外官例章職守，道、府各有取義也。至如湖北之襄陽道，則有關三省邊防教案，湖北新設之施鶴道，亦專爲教案邊防，均甚有關繫，似不應在裁撤之列。此外，即如湖南鎮筸，江南徐州，河南南、汝、光，四川建昌，安徽廬、鳳、潁，此數處皆非糧、鹽、關、河，然豈可無道員鎮守。然則各省道員似以不裁爲尤妥。在省之官，除藩、學、臬三司仍舊不改，三司之外，尊電擬留糧、鹽、關、河四項道員。惟既不分巡，則道字之名義不協，此四項擬改名爲參政，秩從三品。此外，緊要各局，所視該省必需者留之，不必各省一律。該局總辦擬名爲參議，秩正四品，以裁缺道員及候補道充之。蓋前明官制，外省本有參政、參議、副使、僉事之屬，正是兩司副貳。今設此以爲知府升轉三司之階，庶免過於躐等。若不裁巡道，則一切名目可仍其舊矣。抑更有進者，既設議事、董事之紳，又增佐治之官，則州縣應議應辦之事日多，各種治理皆賴財用，學校、警察、農、商、工業、河隄、水利，凡一切厚民生捍民患之事，非財不濟。各國制度皆分國家税、地方税兩端，斷宜劃分酌留，不致竭澤而漁，庶教養諸政可以實行。此方是立憲要義，愛民真際，應請貴大臣於此項一併議及，是所感幸。總之，今日預備立憲，只須合立憲之用意，不必求合於海外立憲國之官制。大抵中國疆域廣大數倍於東西各國，而輪船、火車、電綫通者什一，不通者什九，且立國之本源，歷代政體相沿之成局，國民性情之利病，目前國家之實力，中外各自不同，豈能事事强合。況君主立憲之國，惟日本與德爲然，故論者謂中國立憲宜仿此兩國。然德與日本官制曷嘗相同哉，請檢考之可悉也。竊惟今日國事多艱，宵旰焦勞，貴大臣公忠體國，故求治之心不自覺其過急，特是度德量力，善俗以漸，經典明訓，用法宜得法外意，史册良規。方今天災迭乘，民窮財匱，亂匪四起，士氣浮囂，省外之學堂無不思干預公事，攘取利權，海外之學生尤爲狂妄，動輒上書政府，干預朝政，淩辱監督，横索錢財。電致本省督、撫詆斥地方官，及加查核，十無一真，其悖謬情形罄牘難書。而待舉之新政甚多，州、縣外受督責，内憂賠累，疲於奔命，無米爲炊。督、撫支左絀右，救過不遑，但能撫綏鎮遏，平静無事，已自不易。若改變太驟，全翻成局，需費太多，課虚責有，不惟官吏耳目眩惑，無從措手，權力改變，呼應不靈，竊恐民心惶惑，以爲今日即是官民平權，刁民地棍，藉端鼓衆，抗糧不完，釐税不納，緝盜匪則抗匿不服，籌賠欵則抗欠不交，傳訊不到，斷案不遵，一切紀綱法度，立致散亂踰越，國紀一失而難收，民氣一縱而難靖，恐眉睫之禍將有不忍言者矣。昔唐賢有云，天下本無事，乃庸人自擾之耳，洞竊以爲不然。無事自擾尚無大害，若方今四海有事之日，再加之以擾，則不可支矣。且庸人安能擾天下，惟才敏氣盛急於立功立名之人，察理不真，審勢不明，貿然大舉，乃能擾天下耳。宋王安石豈庸人哉。洞近年以來，於各種新學新政，提倡甚力，創辦頗多，豈不願中華政治焕然一新，立刻轉弱爲强，懾服萬國。第揆之民情，衡之物力，實不宜多有紛更。官制各條，以洞愚見論之，似不盡與立憲關涉。竊謂宜就現有各衙門認真考核，從容整理，舊制暫勿多改。目前先從設四鄉讞局、選議紳董事入手，以爲將來立憲之始基。如能實力奉行，此尚是達民情、采公論之實際，亦可稍慰環海望治之心。至目前民生困窮，動輒思亂，欲求養民生、感民心之術，則以少取於民爲先，多興實業次之。練兵雖要，尚不如安民得民之尤急。憲法精義，總不外好惡同民耳。總之，立憲本意在於補救專制之偏，日本立憲之要語曰萬事決於公論，果能事事虚衷諮訪，好惡同民，雖官制仍舊，無害其爲立憲政體。如不能集思廣聽，事事皆爲國民公益計，則雖盡改照日、德官制名目，仍無解於上下之暌隔、民情之困苦怨咨也。貴大臣所議，似宜慎重圖維，博采周諮，然後奏請施行，方於立憲體裁有合。洞衰病迂庸，愧無奇謀速化聳動四方之策。承問奉覆，曷勝惶悚，幸惟裁察。如有管見，容當續陳。洽。

釐定官制大臣來電 光緒三十二年九月二十一日申刻到

現遵諭旨，釐定官制，為立憲預備。各省官制，自應參仿京部官制，妥為釐定。親民之職，古今中外，皆所最重。我朝承明制，管官官多，管民官少。州、縣以上，府、道、司、院，層層鈐制，而以州、縣一人，萃地方百務於其身，又無分曹為佐，遂致假手幕賓，寄權書役，壞吏治，釀禍亂，皆由於此。今擬仿漢唐縣分數級之制，分地方為三等，甲等曰府，乙等曰州，丙等曰縣。令現設知府解所屬州、縣，專治附郭縣事，仍稱知府，從四品，其原設首縣，即行裁撤。直隸州知州、直隸廳撫民同知，均不管屬縣與散州。知州統稱知州，正五品。直隸廳撫民通判及州、縣，統稱知縣，從五品。每府、州、縣各設六品至九品官，分掌財賦、巡警、教育、監獄、農、工、商及庶務，同集一署辦公。别設地方審判廳，置審判官，受理訴訟。并畫府、州、縣各分數區，每區設讞局一所，置審判官，受理細故訴訟，不服者方准上控於地方審判廳。每府、州、縣各設議事會，由人民選舉會員，公議本府、州、縣應辦之事。並設董事會，由人民選舉會員，輔助地方官辦理議事會所議決之事，俟府、州、縣議事會及董事會成立後，再推廣設城、鎮、鄉各議事會、各董事會及城、鎮、鄉長等自治機關。以上均受地方官監督。仍留各巡道，監督各府、州、縣，宜體察情形，並按地方廣狹，屬縣多寡，酌量增減，并分置曹佐。以上辦法由各省督撫酌量推行。至各省城院、司各官，現擬有兩層辦法。歐洲各國本土鮮如中國之廣，英之屬地如加拿大、澳洲，及美國各省，均設總督，略如中國行省，其民政、財政等官，皆為總督附屬，與唐初益州、襄州諸道尚書行臺分設子部，元行省設平章丞參，明布政司設左右布政、參政、參議者相同。大要匯公牘於一署，則少承轉之繁多，省批詳之重疊，公牘會商即決，最有益於治理。擬仿我朝各邊省將軍衙署分設户、禮、兵、刑、工，各司糧餉，各處辦法，合院、司所掌於一署，名之曰行省衙門。督撫總理本衙門政務，略如各部尚書，藩、臬兩司略如部丞，其下參酌京部官制，合併藩、臬以外司、道、局、所，分設各司，酌設官略如參議者領之。以下分設各曹，置五品至九品官分掌之。每日督撫率同屬官，定時入署。事關急速者，即可決議施行，疑難者，亦可悉心商榷，一稿同畫，不必彼此移送申詳。各府、州、縣公牘，直達於省，由省逕行府、州、縣。每省各設高等審判廳，置審判官，受理上控案件。行政、司法各有專職，文牘簡一，機關靈通，與立憲國官制最為相近。此為第一層辦法。其次則以督撫逕管外務、軍政，兼監督一切行政、司法，以布政司專管民政，兼管農、工、商，以按察司專管司法上之行政，監督高等審判廳。另設財政司專管財政，兼管交通事務，秩視運使，均酌設屬官佐理一切。此外，學、鹽、關、河各司道，仍舊制。以上司道，均按主管事務稟承督撫辦理，並監督各該局所，率係按照現行官制，量為變通，以專責成，而清權限。此為第二層辦法。執事久蒞封疆外臺，利病皆所稔悉，此次釐定官制，關係頗重。究竟此時程度以何為宜，務請迅賜電覆，無任企禱。釐定官制大臣。效。

致荊州宜昌關監督繆道台[二] 光緒三十二年十一月十九日午刻發

頃雲南丁制台來電云：接鄭守陽電，滇購底夾一百七十二箱，已於初六日押運宜昌，祈即電飭關道驗放，并轉飭沿途地方官妥爲照料，俾利遄行，至爲感叩。鐸。銑。等語。底夾何至用如許之多，何以并無槍彈，可怪。可即速查驗明確放行，並轉飭照料。效。

致江甯端制台[三] 光緒三十二年十一月十九日申刻發

巧電悉。此次又續購二十萬，連前第一次五十萬、第二次十萬，是共八十萬串矣。是否如此計算，有無錯誤，祈電示。灾賑需錢既急，何以初次之五十萬串，昨查已運出口者止二十萬串，殊不可解，祈查其實情爲要。再，甯局發賑欵，每銀一兩作價一千七百文，前接盛電已悉。江固不圖利，鄂爲救灾，甘讓賤價銅斤，失數萬金之利，土壤細流之助，亦不敢不陳明鄙衷耳。前電

[二] 録自抄本《張之洞電稿·致本省電》。
[三] 録自抄本《張之洞電稿·致各省電》。

云請獎者，謂情理當可比照勸賑之例請獎耳，非將此數作爲捐數也。此無關緊要之語，可行與否，悉聽尊裁可也。效。

致羊樓峒委員張丞价藩、孫令家鈞、蒲圻縣程令光緒三十二年十一月二十六日申刻發

徑電悉，該商等稟亦接閲。鄂岳鐵路，自以經由羊樓峒爲宜，雖云遷幹就支，實則路商兩益，應即照准，改由中七里穿過羊樓峒，以轉達羊樓司。該縣委等即告知日本技師，並曉諭該處商民知之。宥。

致神户中國領事署轉交湖北委員李道台〔一〕光緒三十二年十二月初四日丑刻發

有、宥電均悉。試船靈捷，甚慰。該保險費即照每百元費壹元貳角伍分定議，以期完妥。魚雷艇體小而輕，不宜冒險，准展緩至明年春夏，不拘何月，擇天氣晴明海面平穩之日，放洋内渡。該道即轉致川崎船廠遵照辦理。江。

致荆州送隄工委員吕守曾〔二〕光緒三十二年十二月初五日丑刻發

宥電悉。前據該守具稟，已批飭藩司籌撥錢三萬串，發交具領，已委員解赴沙市轉解矣。支。

致浩子口隄工委員李守沛恩光緒三十二年十二月初五日丑刻發

勘電悉。荷葉潭水洪合龍，欣慰殊甚。天氣晴明，應即趕緊修築，所需工費錢五萬串，已飭藩司如數籌撥，即日委員解赴沙市轉交矣。支。

致荆州繆道台、川鹽局左道、斌守，江陵李令、隄工委員李守沛恩、吕守曾，沙市釐金局卞令斌孫、官錢分局英牧勳光緒三十二年十二月初五日丑刻發

李守勘電、吕守宥電請欵，已飭藩司籌撥伍萬串與李守，撥叁萬串與吕守，均委員解赴沙市轉交。恐緩不濟急，即在沙市釐金局、川鹽局、官錢局三處先行撥用，候委員解欵到沙，再行歸還，以期迅速。此後隄工事來電，電首可寫本部堂衙門暨藩司，以免鈔寫分送，切記。豪。

致天津袁宫保〔三〕光緒三十二年十二月初六日丑刻發

前准大函并抄摺，内開革命匪黨名目，湖北全省會首爲劉家運。昨據拏獲匪黨朱子龍等供稱，武昌運動革命機關，僅有劉貞

〔一〕録自抄本《張之洞電稿·致外洋電》。
〔二〕以下三電録自抄本《張之洞電稿·致本省電》。
〔三〕以下四電録自抄本《張之洞電稿·致各省電》。

一即劉敬庵，並無劉家運其人。當將劉貞一拏獲，得有悖逆證佐極多。迭訊，僅據供認名貞一，號敬庵，在武昌省高家巷聖公會充當教習，曾經辦日知會，聚衆演説多次，夏間並有法國人到會演説等情，似與來函有法人分投來武昌運動之説相符，惟該匪堅不承認爲劉家運。查洋員報告姓名，當係拼音譯出，請將原報尊處洋文抄寄，或請轉詢原報洋員，所報何自得來，所稱湖北全省總會首劉家運，與敝處現拿之劉貞一即劉敬庵是否一人。請速電覆，切盼。歌。

致長沙岑撫台，岳州岳常澧道唐道台、岳州府豫守、臨湘縣姚令光緒三十二年十二月初八日辰刻發

據駐漢法領事照：據岳州主教函稱，臨湘聶家市有許多土匪冒稱聖公會教，與天主堂爲難，沙灘地方亦有土匪頭目糾多冒聖公會教，欲劫教堂害教士。又紳士拏土匪兩名送縣，不但不辦，及賣放陳瑞玉，賣放後即爲匪首。臨湘匪與瀏陽匪通氣，頭目方旺伢，庚子年定死罪，至今不辦。現在教堂教民日加危險，屢請府、縣，皆不辦。乞設法杜禍，照請電飭該府、縣嚴拏究辦等情前來。查該主教所稱與天主堂爲難，是土匪抑冒教，抑實係聖公會教民，何以與該堂爲難，欲圖劫害。陳瑞玉是否賣放，何人賣放，方旺伢庚子年何案死罪，至今未辦是否屬實，以及是否有土匪與瀏陽匪通氣，該府、縣均應迅速查覆。現又有人密稟，黎文伯、程幼林、方伯勳、方錫卿、方直卿等假聖公會爲名，聚衆斂錢，殘害地方，請密拏除患等語。黎文伯等如果實係冒教匪徒，無論是否與天主堂爲難，該府、縣總應查明實在情形，拏案懲辦，免釀事端。除咨札外，特電達，祈岑中丞迅速轉飭該道、府、縣遵照稟覆。虞。

致長沙岑撫台光緒三十二年十二月初九日未刻發

據馮丞啟鈞稟稱：據赴湘緝捕委員典史蔣芑元等電稟，在湘潭拏獲永興縣出洋學生黃楚甲一名，搜獲綾旗一枝，上書總督湖廣漢軍兼理糧餉字樣，姓已嚙損，名志廣。另一起獲彭得勝一名，均已解湘潭縣等情。又據湘潭任令支電稱，黃楚甲供係永興附生，本年三月赴東，十月回湘，冬月初會晤嶽麓高等學堂監督曾熙，曾約伊明年充南路師範務長〔一〕，廿八由衡州起程，初四抵潭，忽被拏案，所搜令旗，伊並無此物，係被人所誣，放入伊箱内等語。查革命黨内文人學生甚多，是否狡避，殊難遽信。雖據供稱監督曾熙與之熟識，然與其進不與其退，恐黃楚甲即有爲匪秘謀，亦未必遍告知交。且令旗豈能一味推賴，何以將姓字嚙損，仍應切實研訊，以免枉縱。除電湘潭縣速將黃楚甲解赴湘省外，祈即飭臬司虛衷研訊確情爲禱。佳。

致湘潭湘潭縣任令光緒三十二年十二月初九日未刻發

支電悉。黃楚甲既堅供並非匪黨，有監督曾熙可質，自應解省確切質訊，俾成信讞。即將黃楚甲及起獲之令旗、文憑、皮箱等件，妥慎解赴南臬司審訊。昨據湖北緝捕委員馮丞啟鈞稟稱，另一起獲彭得勝一名，亦解交該縣審訊，此次來電未提及彭犯，

〔一〕底本原文如此，似有脱漏。

供詞如何，即電覆。該令初次通電，應將姓名全書，方能知爲何人，不可省兩字。庚。

致長沙岑撫台 光緒三十二年十一月十一日戌刻發

湘境匪亂已平，地方漸安，歲事將闌，江南軍現已撤回，鄂軍似無須留駐許多。鄙意除仍留步隊一營、礮隊兩隊駐安源外，并令即於此步隊一營中，每日派一隊往來洙州、醴陵、萍鄉一帶游巡，以資鎮懾，留管帶戴壽山一營，分駐岳州、平江，各駐步隊兩隊足矣，餘均調回。因陸軍部有派員檢查各省軍隊之言，是第八鎮之營隊不能不先期籌備也。尊意如何，即望電覆。真。

致北京陸軍部〔一〕 光緒三十二年十二月十一日亥刻發

佳電悉。江漢關應解本年第二批練兵處經費銀二千兩，已交大德恒票號匯解，准於年内交納。真。

致宜昌存守、東湖董令、川鹽局王道台、釐金局黄令〔二〕 光緒三十二年十二月十二日子刻發

支電悉。借撥錢兩萬串，購糧發東湖、長樂兩縣平糶，明春事畢繳還，可准行。飭宜昌鹽局、釐局即照撥。真。

致漢口江漢關桑道台 光緒三十二年十二月十二日子刻發

速問漢口米商，長沙米價若干，南洲廳一帶米價若干，岳州一帶米價若干，分晰問明電覆。真。

致長沙岑撫台〔三〕 光緒三十二年十二月十五日未刻發

元電悉。王祭酒舉充學務議長，謹擬考語，曰學術純正，博通古今，衛道憂時，士林宗仰。既承台端虚衷謙下，即請列鄙人前銜，繕就寄鄂會印可也。咸。

致神户中國領事署轉李道台孺〔四〕 光緒三十二年十二月十九日午刻發

元電悉。艦艇保險費，即照來電數目定議，共計壹萬貳千柒百拾元，已飭官錢局照數撥交正金銀行，即日電匯，即照收。該道等駐東日久，旅費自應加給，約計尚須駐若干日，需加若干，速擬數電知。饒千總應酌給津貼銀若干，并由該道酌擬。嘯。

致京郵傳部張冶秋尚書〔五〕 光緒三十二年十二月二十日亥刻發

聞蓋躬抱恙，懸念萬分。現在延何醫，服藥有效否，眠食如何。祈電示，以慰馳繫。哿。

〔一〕〔五〕 録自抄本《張之洞電稿·致北京電》。
〔二〕 以下二電録自抄本《張之洞電稿·致本省電》。
〔三〕 録自抄本《張之洞電稿·致各省電》。
〔四〕 録自抄本《張之洞電稿·致外洋電》。

致襄陽劉道台、傅道台，沙市川鹽局左道台〔一〕光緒三十二年十二月二十一日未刻發

襄陽道津貼，定爲每年銀五千兩，在老河口官運局盈餘項下開支，如盈餘不敷，即在鹽捐項下借撥，收到盈餘歸還。劉道應支之數，自在省啟程赴任之日算起，至交卸之日止，傅道自本年十一月初一日算起，左道即分別支給具報。馬。

致京荆宜道陳觀察〔二〕光緒三十二年十二月二十二日申刻發

哿電問裁判官是否獨立，直接法部，務望即刻速覆，切盼。養。

致京吴道台宗濂光緒三十二年十二月二十二日申刻發

覃電悉。部定學費，各省必須一律遵照，鄂萬不能獨優。務即轉示各生，勿徒嘵瀆請，無益。王鴻猷事，宜自向地方官衙門控訴，并轉諭王生。養。

致日本東京楊欽差〔三〕光緒三十二年十二月二十二日申刻發

洽電悉。路鑛學額六十名，不能加增。前考學生如有文理不優，甄別不及格者，可汰除數名，遺額即將頭班學生照額考補。六十名額之外，千萬勿多取一人，無欵支付也。務請諒察，爲禱。養。

致京化石橋法部張華甫、張厚璋〔四〕光緒三十二年十二月二十二日戌刻發

頃交百川通電匯六太太年節費用百金，又正、二兩箇月月費二百金，又八姪年節費三十金，又正、二兩月月費一百金，共四百卅金。收到速覆。禡。

致京錫蠟胡同鹿默生光緒三十二年十二月二十二日戌刻發

頃交百川通電匯吾甥年費百金，查收電覆。禡

致京景月汀將軍光緒三十二年十二月二十二日戌刻發

聞尊恙漸痊，爲慰。頃交百川通電匯師母太夫人年敬百金，祈查收轉交爲荷。禡。

致京炒豆胡同前倉場劉博泉侍郎光緒三十二年十二月二十二日戌刻發

頃交百川通電匯年敬百金，祈查收。禡。

〔一〕録自抄本《張之洞電稿·致本省電》。
〔二〕以下二電録自抄本《張之洞電稿·致北京電》。
〔三〕録自抄本《張之洞電稿·致外洋電》。
〔四〕以下七電録自抄本《張之洞電稿·致北京電》。

致京欽天監張銘紳、張銘組、張銘綬 光緒三十二年十二月二十二日戌刻發

頃交百川通電匯昆仲三位年費各五十金，共一百五十金，即望查收。禡。

致京貴州會館探詢唐堅、唐瑞銅 光緒三十二年十二月二十二日戌刻發

頃交百川通電匯賢竹、林年費各五十金，共百金，即望查收。禡。

致京魏正澍 光緒三十二年十二月二十二日戌刻發

頃交百川通電匯賢竹、林年費各五十金，共百金，即望查收。禡。

致岳州勘路委員張丞价藩、孫倅家鈞等，漢川探交勘路委員鄧守鶴鳴、丁直牧其忱等〔一〕 光緒三十二年十二月二十三日子刻發

現委覃令兆鵾、馮令臺異等，偕同技師林強一郎測勘沙宜路綫，所有武岳技手吉宏則道、漢沙技手佐佐木謙吉、助手水元清，均改派隨同林技師前往測勘，並於武岳調工生七名、漢沙調工生三名，一併迅速飭令回省聚齊，接洽一切，會同前往，即遵照。梗。

致沔陽州天門縣探交勘路委員鄧守鶴鳴、丁直牧其忱等，宜昌探交勘路委員牛牧棠、張游擊孝紅等，宜昌探交勘路委員藍令汝濟、周令鈞等，岳州勘路委員張丞价藩、孫倅家鈞等〔二〕 光緒三十二年十二月二十三日午刻發

現值歲闌，准勘路委員及技師人等，自除夕前一日起，一律停勘，休息五日。漾。

致蘇州陳撫台、長沙岑撫台〔三〕 光緒三十二年十二月二十三日午刻發

貴省認解練兵處經費每年若干，是否專於銅幣盈餘項下動支，三十年、三十一年曾否解清，三十二年已解若干，未解若干，統祈查明電示，禱切。漾。

致江甯新廊實業學堂監督王漢輔觀察〔四〕 光緒三十二年十二月二十三日亥刻發

甯省認解練兵經費每年九十萬，是否於銅幣盈餘項下動支。

〔一〕〔三〕録自抄本《張之洞電稿·致各省電》。
〔二〕録自抄本《張之洞電稿·致本省電》。
〔四〕録自苑書義等主編《張之洞全集》第十一册，第九五七六頁，河北人民出版社一九九八年版。

閩甯省銅幣并無餘利，係改由何處籌解。三十年、三十一年解若干，三十二年已解若干，欠解若干。又甯省近年新練陸軍一鎮，聞端午帥現又添練，需餉甚巨，從何籌撥。均即詳細探明電覆。壺。漾。

致軍機處、釐定官制大臣，天津袁宮保光緒三十二年十二月二十四日丑刻發

聞官制局現議設高等審判、地方審判兩項人員，係司法獨立，一切案件直接法部、大理院，不由臬司、督撫核轉，凡行政官均不受理訴訟等語，不勝駭異。此乃出自東洋學生二三人偏見，襲取日本成式，不問中國情形，故堅持司法獨立之議。果如此説，大局危矣。貴大臣亦知司法獨立之害乎。蓋外國立憲之制，其最要一語曰三權鼎立。三權者，立法權、司法權、行政權也。立法之權在議院，司法之權在司法省及裁判官，行政之權在内外文武各官，故裁判官所斷之案，内外大臣不能參議，朝廷不能駁改。外國習裁判者終身爲此官，只有自行告退，朝廷不得而罷黜之。外國裁判官告退後，多改爲律師，以其慣技在舞文賣法，上下其手，故獲利最厚，上海諸律師可證也。大抵外國司法官所以必須獨立者，專爲力伸民權故也。外國前數十百年暴君虐政，民不堪命，故國民公論特重司法之權，以求免殘酷之禍。而外國人民智識多開，程度較勝，皆具有愛國之心，但争强於外國，不爲害於本國，且適承虐政之後，故民權雖似乎偏重，而其實適得其中。然而外國賊君刺相之事，時有所聞。美國政體可謂和平，其總統仍不免被戕。何也，以外洋國事犯罕置重典，裁判官所定之罪無人駁改故也。中國民智未盡開通，愛國者固多，而持破壞主義，志在亂國者亦復不少。方今革命黨各處蠢動，沿江沿海伏莽繁多，凡内地獲一亂黨，必有海外學生聯名干預，甚至外人出頭保護。各省學生辱官逐師，兵民毆本管官，紛紛不絶，狂燄日張，禮法浸廢。假如裁判官果有獨立之權，州縣、臬司、督撫概不與聞，現議雖有督撫監督字樣，然既不核轉，止屬空文。裁判各員中難保無學術不純，心思不端者，每遇拏獲逆黨，必將强引西律，曲貸故縱，一匪亦不能辦，不過數年，亂黨布滿天下，羽翼已成，大局傾危，無從補救，中國糜爛，利歸漁人，是本意欲創立憲之善政，反以暗助革命之逆謀，不惟貴大臣必悔之，即創此議之各學生亦將悔之，恐海内外盼望立憲之數千萬人，亦將悔之矣。即使無此巨患，然謂外省自疆臣至牧令，盡是害民枉法之人，獨此一項裁判官，皆屬明允篤誠之選，亦恐必無此理，徒致此輩舞文鬻獄，州、縣法令不行，即警察、學校、錢糧、緝捕、賠款諸事，亦無從措手而已。或謂司法獨立，即可收回治外法權，尤爲事理所無。近閲直隸刊本試辦審判章程，叛逆、人命等重案，仍照舊例歸臬司審理，雖未言州、縣，自是仍由州縣審擬詳辦。繹其章程文義，當是無論民事、刑事仍歸督撫核轉，似乎稍有限制。此時如必欲試行西法之裁判，萬不得已，或者采取直隸章程，先行試辦數年，並須增入准府、州、縣監督地方裁判、臬司統轄高等裁判一條，俟十年以後推行全國，果係有利無弊，再改爲獨立章程，較爲妥善。如慮行政之官執法不公，府、縣誤斷，例准上控，此後可加重其處分。臬司、督撫誤駁，准其直揭部院，上達聖聰，似已可杜偏斷之弊。如慮立憲之宗旨不能顯露，則與其過重裁判之權力，莫

如稍擴議院之規模，地方要政准其入告，時政闕失准其陳言，京外大臣有不職者准其舉發上聞，上下議院互相補益，官吏紳民互相匡救。蓋議院雖重，仍是專屬立法一門，不能兼攬司法之權，流弊尚少。竊惟立憲，良法也，美名也。諭旨預備立憲，固海内臣民之所欣願，洞略曉時局，尤望其早見實行者也。譬如欲治多年之痼疾，必非一藥所能愈，要須量其氣體，相其病情，如專用殺蟲之劑，麻肺之湯，藥性與平日臟腑迥不相習，必致吐瀉昏眩，五臟翻覆，立時困頓不支，一劑之後，斷不敢再進二劑，則從此痼疾無就愈之望矣。洞所以前電力陳更張太多之弊，此電尤於裁判司法獨立一節不憚苦口力争，非阻立憲也，蓋深盼立憲之局之必成者，莫洞若也。不然洞爲外吏三十年，豈不知州、縣之難得良吏哉，又豈不知劣員弊政之足以害民，即不爲各省計，獨不爲鄉里計、親族計哉。披瀝再陳，幸惟明察。漾。

致江甯端制台〔一〕 光緒三十二年十二月二十五日子刻發

江甯認解練兵處經費每年若干，是否專指銅幣盈餘，三十年、三十一年、三十二年每年各已解若干，祈查明電示，至禱。敬。

致漢口日本水野領事 光緒三十二年十二月二十六日子刻發

電悉。躉船件，不准各國設置躉船一語，不准二字大不妥，應改爲中國斷不令各國設置躉船較妥。另函詳租約事，已議定，惟桑觀察病尚未痊，簽押事如何辦法，望速覆。湖廣督院張。有。

致漢口桑道台〔二〕 光緒三十二年十二月二十六日子刻發

火柴廠事，水野送來擬覆尊處函稿，内稱准貴道十二月某日來函，以燮昌火柴廠湖北專利年限，自可縮短五年等語。此語何來，甚爲詫異。望將該信稿速檢送來轅查閲，萬勿稍遲，并即電覆。宥。

致長沙岑撫台〔三〕 光緒三十二年十二月二十六日未刻發

箇電悉。黄楚甲准其暫行取保，惟據緝員原禀，情節甚重，尚須訪求證據。飯館地下忽拾一白旗，似不近情理。擬請責成保人，勿令遠颺，一年之内，務須隨傳隨到。切禱。宥。

致荆州載將軍〔四〕 光緒三十二年十二月二十七日丑刻發

頃禮部來電云：本日奏准八旗駐防保送舉貢，由該處將軍等查明舉貢長於算學、地理等科，酌量額數，備文分送。在京各旗，由值年旗如額選取送部，一體考試，應電知查照辦理。文續到。禮部。迴。等語。特奉聞。宥。

致漢口日本水野領事 光緒三十二年十二月二十七日卯刻發

躉船照會稿内，有或適當地界爲定一句，不甚明晰。查躉船

〔一〕〔三〕録自抄本《張之洞電稿·致各省電》。
〔二〕〔四〕録自抄本《張之洞電稿·致本省電》。

移至日本租界，乃是正理，傳聞日商在他國租界買有馬頭地方，如果屬實，只可改爲或另商有妥善遷移無礙條約地界辦法等語。望將或適當地界爲定一句删去，并望照改爲要。又，火柴廠信稿自可縮短五年六箇字，據桑觀察函稱，據吴委員禀稱，係貴書記懸揣之詞，已將原擬稿塗抹等語。查此六箇字如何可以懸揣，大屬不妥，務須删去，勿入信内。以上兩節望速酌妥電覆，除函詳外。湖廣督院張。宥。

致上海盛大臣〔一〕光緒三十二年十二月二十七日午刻發

函悉。尊體尚未大健，念甚。令郎實缺久假，實非所宜。現已捐過道班，甚好。望速遣人來鄂具禀，由藩司詳請開缺，並提班註册，俾可據詳咨部。感。

致京錫蠟胡同鹿默生〔二〕光緒三十二年十二月二十七日午刻發

昨有漾電争官制局草案司法獨立一條，望鈔一分送吴菊農閲看，切禱。沁。

致京繩匠胡同吴菊農太史光緒三十二年十二月二十七日午刻發

昨有漾電，争官制局新議草案，有司法官獨立，外省裁判官直接法部，不歸督撫、臬司核轉，州縣全不與聞一條，望速探詢諸公議論若何，電覆。鹿滋翁處有此電全文，望索取一閲。感。

致漢口江漢關桑道台、夏口廳馮丞質光緒三十二年十二月二十七日未刻發

日本在漢展拓租界暨大阪公司遷移躉船、燮昌公司專利年限兩事，已由本部堂與日本水野領事一切商酌妥洽，准本日在關道署畫押。惟桑道病體尚未全好，兹添派該署丞及本衙門洋務文案委員許同莘，同赴關署，將華文、東文照會稿及函件均照本部堂迭次函電駁改字句，詳細校對清楚，不可一字更改，如有一字不符，桑道即不能畫押。畫押後即電覆。沁。

致漢口日本水野領事〔三〕光緒三十二年十二月二十七日未刻發

昨電、今函俱悉。條約望照稿謄清。照會並信函，望照敝處改準之字句照繕，切勿錯誤。各件繕好，請即至關署與桑觀察彼此核明，會同即日畫押，並派本衙門洋務文案委員許同莘、夏口廳馮丞質隨同校對。台旌榮旋，並頌行祉。感。

致浩子口隄工委員李守沛恩，荆州繆道台、斌守、李令光緒三十二年十二月三十日寅刻發

沁電悉。涂洲、汪家剅兩處隄工既與荷葉潭隄關繫，應准一

〔一〕録自抄本《張之洞電稿·致上海電》。
〔二〕以下二電録自抄本《張之洞電稿·致北京電》。
〔三〕以下二電録自抄本《張之洞電稿·致本省電》。

併修理，併入大工，撙節妥辦。所費如有不敷，再行續發。現據江、監生員聯名禀控該守濫費誤時，深居簡出，揹扣工價等事，雖虛實尚待確查，恐亦不盡無因。該守務宜振刷精神，剔除積弊，節省浮文，時時到工。要緊要緊，勉之懔之。儉。

致長沙岑撫台〔一〕光緒三十二年十二月三十日申刻發

銑、豔電并兩咨均悉。外務部致尊處卅、皓電，謂切實駁辨，内外堅持。查外務部前次照會英使，已言明本無限制洋商不准在城内開行之意矣，不知所謂内外堅持者何事。正在焦急之際，忽檢得湘省洋務局、長沙關前鈔寄英使覆外務部文，有云上海、天津兩處洋商較願城外作寓者，乃因與其貿易實多簡便，長沙地方如有同情，或洋商亦須較願作寓城外，亦未可定等語。照薩使所言，是長沙與津、滬若有同情，洋商便肯願居城外。究竟如何謂之同情，望速執此語轉詢英領，問明此語如何解，再籌辦法。切盼切盼。除夕。

光緒三十三年

致蕪湖升任甘肅臬台馮廉訪〔二〕光緒三十三年正月初十日未刻發

昨接恩撫台覆電云：江奉沃電，敬悉。馮升道部文早到，稽閣已久，即因其清況遲遲現好，時已過，於元日檄委楊道奎綬往署，業經分别咨行。鈞電到遲二日，不克收回，致辜雅屬，歉疚之至。謹以奉覆。銘。支。等語。佳。

致長沙王祭酒、余參議、張道台、席道台光緒三十三年正月二十二日午刻發

武昌省至長沙省之路，武昌至岳州爲北段，前已商擬歸鄂省修，在鄂已多修將及百里，不得已也。長沙至岳州爲南段，應歸湘省自修。然此兩段必須同時開工，兩端並舉，在岳州接連，則此路接成時方有用，即遲早相差數月，亦不宜太久。貴省諸君大意擬如何籌辦，祈速示。禡。

致京鹿尚書光緒三十三年正月二十四日亥刻發

官制已議有眉目否。見滬報紙，各省督撫衙門擬設幕僚，名

〔一〕〔二〕録自抄本《張之洞電稿·致各省電》。

曰參事官，其首領名曰秘書長。設幕僚極是好事，惟查秘書乃晋、隋、唐、宋以來天子宫禁之官，國初内三院大學士其一曰秘書院，乃宰相之職，此名萬不可用。至參事官，乃日本故套，可厭已極。古來幕僚參佐，佳名甚多，何必剿襲日本，不惟窘陋，太損國體，似以酌改爲妥。至司法獨立之害，敝處去臘漾電已詳，此事必宜慎重，不知止老主見若何，祈轉詢示覆，感盼。敬。

致廣州周制台[一] 光緒三十三年正月二十六日丑刻發

據駐漢英總領事函稱：粵漢鐵路利權，由本國借欵，方獲贖回。查借欵贖路，本國政府暨港督因與貴國交誼最厚，又因貴宫保奉有特旨，是以竭力幫助。工師一節，其時合興限期急迫，非本國借助，路權永無贖回。如此大情，可無酬報。且粵路佔七分之三，雖歸商辦，而贖回爲何人之力，諒承辦之商知悉。請商周制軍諭飭開導該公司辦理等語。英領兩次來函，語意大略相同。敝處覆以元電，云美人不宜再共事，并述英領函稱贖路有功，須查粵境工程師，雲帥上年九月歌電，擬於美、英、日三國遴選，用英工師等語。雲帥咸電，覆以美工師已作罷，惟改用何國人，未言及。現在粵境幹路接續興工，該公司既未聘美人，未識於英、日兩國擬用何國人。英有借欵交情，特此據情轉達，敢請酌裁，轉飭該公司妥議辦理。究竟已聘定何國人，英人能酌用否，粵公司想已籌商，必有定見，無妨明告。祈詳晰電覆，以便轉致。有。

致長沙岑撫台、王祭酒、余參議，張、席兩道台[二] 光緒三十三年正月二十七日

袁京兆二十四來電云：養電敬悉。湘省路事，勞公盡籌，全省感戴。勳因銅元機事及公堂案均未結束，贖路欵亦未籌定，刻難旋湘。余參議在家，當先籌辦。舊屬勳等語。特轉達。工急期迫，祈堯衢會商王、張、席三君速籌辦法，勿再遜讓遷延，爲禱。

致京鹿尚書、徐尚書、劉前倉帥、嚴侍郎 光緒三十三年正月二十八日午刻發

津鎮鐵路草約稿並滋翁函、嗣香侍講函均悉，焦急萬分。唐所改約，不過不照續約耳，並無好處。此路當京畿門户，關繫根本安危。前者草約已謬，續約尤謬，今遽欲收回，誠非易事，然斷不能不謀挽救之方。鄙意欲辦此事，有兩要義，一趕速籌欵自修津濟一段，一仍請袁慰帥出爲主持。兩義尤以第二義爲最要。慰帥地方主權所在，才略威望又皆足以任之，此事甚難，非慰帥出爲主持，斷無辦法。宜邀直隸、山東兩省京官，迅速聯名呈請都察院代奏。直、東紳民自修，仍堅請慰帥督辦，此事方有轉機。至自修地段，只能説明先修津濟，道里不長，一面借欵，一面招股。若慰帥肯主持，則通融之法甚多，必可辦成。鄙意若德人不阻撓，即由德州修至天津，若德人攪擾，則路綫稍爲移改，亦可

〔一〕指周馥。録自抄本《張之洞電稿·致各省電》。

〔二〕録自湖南湘路股欵清理處編《湘路文電輯要》卷上，民國四年八月刊於長沙，現藏湖南省圖書館。所署時間係收電日。

達津。我既有欵自修，并非背約，或路綫稍有變通，當不至別生枝節。請密速轉至同鄉諸君公議如何，望速電覆。勘。

致上海盛大臣[一] 光緒三十三年正月二十八日發

有人薦英國人羅士充湖北鐵路工程師，據云曾充淞滬總工師十八月，又曾於鐵路公司充工師顧問官，又充滬甯工程師，辦理甯鎮一路等語。羅士鐵路技藝如何，工夫是否上乘，人品如何，從前薪水每月若干。尊處雇用既久，知之有素，祈迅賜查明電示，切盼。

致長沙岑撫台[二] 光緒三十三年二月初一日辰刻發

有電悉。岳州爲運米大宗正路，與長沙省城有關繫，故聽湘省暫行停運。惟前鹽電奉商，以湖北之藕池口、太平口等處與産米較多之南洲接壤，請湘省不必示禁，仍聽鄂省商民前往販運。民船甚小，載米無多，止留此小口不禁，於長沙一帶米價並無妨礙，令米穀來源不致涓滴皆絶，聊免市面驚惶耳。來電未言及，豈并此亦不行耶。特再奉詢，望與諸紳及司道商酌，速明示。豔。

致安慶恩撫台 光緒三十三年二月初七日子刻發

頃接軍機處來電，奉旨：張之洞電奏請免採運鄂省稻米等語，著照所請。欽此。樞。魚。等因。特此轉達。麻。

致荊州繆道台、宜昌存守 光緒三十三年二月十四日亥刻發

正月廿六日漢口公論新報，載有宜昌南門城内關帝樓側，有某鋪懸挂順昌、益利洋行招牌等語。查城内並非租界，何能開設洋行，應迅速認真確查。如係華商假冒，應飭速撤，如違定干重咎。如係真正洋商設立，應照會駐宜該管領事，轉飭收歇，如不遵即行封閉，並聲明以後不得再有違背條約開設行棧之事。除札行外，特先電飭該道、府，即迅速查明妥辦，各自電覆，勿延。願。

致華盛頓梁欽差[三] 光緒三十三年二月十五日巳刻發

小兒假期屆滿，本應即日回差，因家有病人，料理醫藥，以致遲遲，兹令其准於三月初七日搭蒙古船回美。逾期多日，深爲抱歉，尚祈鑒諒，是所感禱。鹽。

致郵傳部 光緒三十三年二月十八日午刻發

去臘准貴部來函，並譯録英商濮蘭德暨賈斯靄原函一件，承詢該商願借欵承修湖北等處鐵路一事，其中究屬如何情形，囑即詳晰見覆等因。查濮蘭德前由漢口英領事介紹來見，欲借欵與我修路，當經答之云，前奉有不准外省借用洋欵之諭旨，此時斷不能再奏，如經外務部及郵傳部奏准借欵，鄂省自願借欵及早興修等語。兹閲原函，所述語氣大略尚屬相符。查川路自籌有欵，湘路亦不便越俎代謀，只能在鄂言鄂。鄂省境内應修之路，粵漢一

[一] 録自抄本《張之洞電稿·致上海電》。
[二] 以下二電録自抄本《張之洞電稿·致各省電》。
[三] 録自抄本《張之洞電稿·致外洋電》。

路則由江夏至岳州三百六十里，川漢一路則由漢陽至荆州、沙市約四百五十里，工大欵鉅，一時難以並興。附股商民仍多觀望，然非鄂境之路從中接通，則京漢與粵漢、川漢兩路兩端不能聯合，於京漢幹路終無大益。今濮商既願我借欵，如目前能借得一千萬兩之欵，則鄂境之粵漢、川漢兩路即可同時並舉，工興利見，入股自必踴躍，再行一面招股，一面陸續分期還清，似尚是權宜濟用之一法。鄂路既通，則湘、蜀兩路招股亦易，不日即可全路告成。粵漢、京漢中國之大幹路聯絡一氣，全局俱振。惟借欵既奉有明旨，鄂省斷不敢自行陳奏。蒿目鉅工，徒深焦急。貴部總攬路政，籌贖京漢全路之議，宏規遠慮，欽佩實深。京漢而外，自以粵漢、川漢爲最長最要之幹綫。竊擬一變通之策，貴部借英欵以還比國路債，既已奉旨准行，擬請貴部即於籌贖京漢路借欵總額内，代爲多借千萬或一千五百萬，表面仍作爲貴部所借，内容實爲鄂省境内粵漢、川漢兩路借撥之用，鄂省祇作借撥部欵，認息分還，一切照外欵辦法，五年還利，五年之後本利并還，二十年還清。不過五年，即可騰出行車餘利接修荆沙，分接宜昌、襄陽兩路。照此辦法，路工即可速成，路權又不致屬於外人，而與前旨不相違背。如貴部以爲可行，應請就近與濮商妥商一切，但萬勿明言鄂借。密速示知，鄂省當將借部欵情形及分期分還本息辦法，奏明辦理。洞爲南北幹路大局起見，故籌擬此策，詳細思之，實屬有益無損。如謂窒礙難行，或別有善策可以入奏邀准，亦請籌示，至感。儻必無通融借欵之法，濮商所陳一節即作罷論。統祈裁酌電覆。嘯。

致京鹿尚書光緒三十三年二月二十一日巳刻發

昨接三省京官公電，祗悉。津鎮路事已於十六日奉旨派袁慰帥與鄙人妥商辦理，但此事總懇慰帥主持，鄙人必竭力協助。奉諭已數日，敝處尚未接樞電，想是廷寄耶。先本直、東兩省倡議專爲津濟，何以公呈又添入蘇省。津濟路短，或尚可設法，津鎮欵鉅，且竟是廢約，甚不易辦矣。蘇省同鄉何人出頭，有無籌欵善策，祈并電示。箇。

致成都趙護制台〔一〕光緒三十三年二月二十一日巳刻發

武、漢商民數十萬，食米缺乏，湘、贛、皖禁運出口，來源遽絶，米價騰踴，每石至錢七千以外，人心惶懼。現設法招勸漢商赴重慶、川東一帶采辦米穀，指運漢口，以濟民食，請電飭川東道給與護照，並沿途各府、州、縣關卡一體妥爲保護，免釐放行，曷勝感禱。切叩切叩，祈電覆。馬。

致迪化長將軍〔二〕光緒三十三年二月二十四日午刻發

電悉。代募四隊一事，疊經督飭籌商。惟萬里長征，以選將弁爲第一義，非有恩誼耐勞苦者，決難勝任，而願往者多不合格，合格者又不便相强。嗣辦秋操，得力將弁冀效寸長，彌難責以遠役。秋操甫竣，萍匪遽興，越剿籌防，軍書旁午，迄未開招。頃

〔一〕指護理四川總督趙爾豐。録自抄本《張之洞電稿·致各省電》。

〔二〕指伊犁將軍長庚。

荷催詢，殊深歉仄。兹將現辦情形並應商事宜，條列請酌：一、遠役須體下情。去冬諭令各營官長、目兵自行報名，復選得三十餘人，俟另咨備案，擬併童軍均派差使。一、派定後即令赴湘開招。曩年湘軍多入新籍，客主無虞，且招募之人即係管理之人，於兵卒習慣最宜。一、教練步隊，三月可有規模，惟礮、工皆非倉猝可效。而貴處懸盼方殷，又未便久待，須酌量加寬期限，或六箇月，請酌。一、馬匹、器械、裝服爲費不貲，現擬一面招募，一面置辦。淮、贛撥欵尚未到，并聞。以上各節盼速覆。敬。

致長沙岑撫台 光緒三十三年二月二十四日申刻發

元電悉。清鄉辦竣，地方安静，慰甚。岳州、平江一營，尊意既欲暫留，當勉照尊電暫留鎮懾。安源營隊，盛杏翁迭次切電苦留，云俟贛軍到萍再撤，現飭留步隊一營，礮隊一隊在萍。其餘分駐湘、贛各軍，已飭調拔回鄂矣。敬。

致上海岑宫保[一] 光緒三十三年二月二十七日子刻發

漾電悉。八旗奉直會館，專備台駕及寶眷住，洋務局備隨從員弁住，兩處均已飭令妥備。宥。

岑制台來電 光緒三十三年二月二十五日申刻到

煊孱體未愈，兩奉電旨催促，不得不力疾就道。現擬下月初二由滬赴漢。鄂、蜀接壤，一切求教之事甚多，意欲小作勾留，藉以將息病體。惟敝眷人多，擬借住八旗會館，地較寬敞，家具亦備。可否暫假，尚乞示覆。並祈諭知王道元常轉告府、縣，勿勞招待，至禱。煊叩。漾。

致荆州繆道台[二] 光緒三十三年二月二十八日子刻發

漾電悉。川商運米到宜，麻袋一切均由商人自備，毋庸代製，只須飭宜關委員照料上輪，由商轉運到漢。前電所謂接收者，因江南有委員接收江南所購之米，鄂省亦不得不分別辦理。總之，由輪運者由關員照料，由民船運者由釐局委員照料，仍均由商人自運到省。即各電知，爲要。感。

致京鹿尚書 光緒三十三年三月初二日子刻發

軍機交片、諭旨，昨奉到。公呈云欵已有著，此語是否確實，如尚無著，籌有集欵善法否。此事總須先墊欵開辦後，再集股籌還，步驟乃緊，否則必致多生枝節。此時雖係三省聯名，然仍宜先與直、東兩省商辦，方有實際，葛藤較少。且尚有抵拒外人之法，兩省宜速公舉領袖四五人，以後有事好與籌商，此人已公推得否。原呈之意，似令袁與鄙人但辦與外人交涉之事，不知無籌辦全體路事之權，外人如何能與我商辦此事。且招股、勘路、購地、修工各事，如不令地方大吏主持與聞，則提倡、保護、維持，將賴何人，各事必致無從下手。凡各省紳商自握路政，不令本省督撫籌辦者，多無成效，不可不引以爲鑒。只在章程定得好，利益全歸股東，有官經理更好。以上各條實情如何，公議如何，望速詳覆。此電並希鈔送嗣香閱覆。沃。

[一] 以下二電録自抄本《張之洞電稿·致上海電》。

[二] 録自抄本《張之洞電稿·致本省電》。

鹿尚書來電〔一〕光緒三十三年三月初八日子刻到

奉沃電，即抄示嗣香。寄籍一節，只密告之。初六，先哲祠公祭，嗣香將尊電傳觀，公議許久。旋交來覆電如下：承問公議如何，現欵已確實有著，能辦全路，即有人肯墊欵，所難者惟在交涉。原呈請公與袁帥先辦交涉，因為入手第一義，將來籌辦全路諸事，皆待公主持也。粵漢已成之約，公且争回，此路草約未定，能將全路争回，餘事方好着手。同人之論如此，請公酌定。來電云抵制外人之法，并請見示。以上公議之覆電。鄙人久持避開津鎮，先自另修保濟或唐濟一路，與尊意正合，亦將此意由菊人通知袁督，而同人皆不謂然，僉謂只修唐濟，彼知暗奪其路利，亦必不允，仍以争全路為宜，但可不明言廢約耳。所謂肯墊巨欵者，係京銀行云上海曾少卿，曾許若修津鎮路，伊能集外洋華商股欵千萬，銀行亦允集股。至領袖尚未議舉何人。聞馮陝藩云，公令其向袁督切商此事，袁已允任與公籌度矣。菘。陽。

致上海盛宮保 光緒三十三年三月初三日未刻發

接湘省路紳來電稱，近與萍鄉欵局商借銀二百萬兩，專作洙長經費，似可望成，擬與長岳同時併舉等語。不審此事係如何辦法，已商有成議否，希速示覆。講。

盛大臣來電 光緒三十三年三月初六日子刻到

講電悉。先是海觀來，亦稱湘省有萍鄉借欵助成湘路之說，告以語出無因。昨薛道鴻年電詢，如借二百萬，月息幾釐，未言何人所託。萍鑛債纍纍，自顧不遑，安有餘力，盡在鈞鑒之中。但此路如能早日接通，實大局之幸。宣。未。

致襄陽夏提台、傅道台、劉管帶水金

光緒三十三年三月初六日子刻發

卅電悉。棗陽兩教失和，痞匪藉此生事，已派劉管帶水金馳往查辦解散。該處痞匪尚多，既派襄防兩隊前往，駐紮鎮攝，應令速往，嚴飭弁勇認真彈壓，不可疎忽。該處兩教長不睦，經夏軍門會同該道妥商，天主堂洋教主畢世修允將馮司鐸調開，樊教長革退，辦理甚爲得法。其福音堂之石教長亦宜速商齊牧師，早令離開，若能照此辦到最好。襄、樊防營勇丁分出兩隊，本地實形太少，老河口駐防之襄防營勇二哨練兵，二哨可全數調回，酌量填紮，無須輪留。老河口須另設法。魚。

致成都趙護制台、江甯端制台〔二〕光緒三十三年三月初八日卯刻發

川敬電悉。承允鄂、淮各運米五萬石，甚感。惟鄂省民稠米踊，實屬不敷。接湘電，湘省採辦川米十萬石，已蒙台端允許。查湘、鄂同屬鄰封，且湘米價平，鄂米價貴，鄂省擬請亦准運十萬。至江南需米亦急，仰懇三省一律每省各運十萬石，以昭平允，一視同仁，實深感禱。祈速賜電覆。遇。

〔一〕録自苑書義等主編《張之洞全集》第十一册，第九五九三至九五九四頁，河北人民出版社一九九八年版。

〔二〕録自抄本《張之洞電稿·致各省電》。

趙護制台來電〔一〕 光緒三十三年三月初九日未刻到

遇電敬悉。救災恤鄰，於義應為，矧重以憲台鈞命，敢不竭力維持，豈肯設詞推諉。所慮者，川中連年歉收，去歲頗稱豐稔，僅供鄂省採購十萬石，原不為多。無如甯、湘紛至沓來，商人趨利，於各省未經議買之先，已紛紛運米出境。明知鈞省災歉，不便禁止，今復有官購之説，遂致人心惶惶，米價陡漲數錢。川省積習，米價愈昂，則糧户囤積，愈不肯售。舊屬深恐因此鄰省吃虧，而川省亦不獲益，非敢有所吝惜也。湘省十萬石，係指湘石而言，若甯、鄂皆按本省斤石，則統購十萬石，亦殊足昭公允。愚意以川石五萬為限，若價賤則不妨多購，價昂則立時停辦。民間知有五萬石之官數，或不致過於居奇。憲台以為然否。舊屬爾豐叩。庚。

致江甯端制台、蘇州陳撫台〔二〕 光緒三十三年三月初八日卯刻發

前接甯有電、甯蘇沁電，旋准軍機處有電，奉旨：端方、陳夔龍電奏采運川米，請飭四川、湖北等處免釐等語，著照所請。等因。欽此。自應欽遵，通飭鄂境均免税釐。惟查江運川米，川境應由川發護照，鄂境關局、州縣，應由鄂發護照，查驗放行，不必再由江省發給護照，以免商人影射夾帶，致滋流弊。查前因皖省來鄂采買平糶米糧，於二月支電奏明只允采買雜糧，不能聽其采運鄂米，初六日奉旨允准在案。現又以鄂省米貴，人心惶懼，內地無從購買，招商赴南洋運米來鄂平糶，均經先後電奏。茲准軍機處初五日覆電，奉旨：張之洞電奏該省糧貴，請飭江督勿庸發給護照來鄂運米等語，並另電奏采運洋米三十萬石來鄂平糶，請飭沿海沿江各省免徵税釐等語，均著照所請。度支部知道。欽此。樞。歌。等因。即請尊處欽遵查照。現援湘省例，電商趙護院，江、鄂懇准每省加運五萬石，不知允否。再，尊處何不亦買雜糧耶。陽。

致荊州宜昌關繆道台，宜昌傅鎮台、存守〔三〕 光緒三十三年三月初十日丑刻發

接軍機處來電，奉旨：張之洞電奏該省糧貴，請飭江督毋庸發給護照，來鄂運米等語，並另電奏採運洋米三十萬石來鄂平糶，請飭沿海沿江各省免徵税釐等語，均著照所請。度支部知道。欽此。歌。等語。合亟電飭該鎮、道、府遵照，所有川米入鄂境，均即免税釐，惟川省允濟江南之米，須有川東護照，即爲照料運行，若江南委員僅持江南護照，不能據以爲憑。儻委員、奸商藉江南護照影射，將川省濟鄂之米暨鄂省本省之米夾帶運出，不能查出禁阻，定惟該鎮、道、府是問。米缺民困，關係匪輕，現由官認賠折鉅欵，采運洋米。合並飭知。佳。

〔一〕録自苑書義等主編《張之洞全集》第十一册，第九五九五至九五九六頁，河北人民出版社一九九八年版。
〔二〕録自抄本《張之洞電稿·致各省電》。
〔三〕以下三電録自抄本《張之洞電稿·致本省電》。

致荆州繆道台、江陵縣李令光緒三十三年三月初十日丑刻發

陽電悉。川商運米赴荆沙一帶，准照裝輪運漢章程，一律免納釐税，即由該道出示曉諭。佳。

致荆州繆道台，宜昌傅鎮台、存守光緒三十三年三月初十日丑刻發

前日致江甯端制台、蘇州陳撫台電云：前接甯有電、甯蘇沁電，旋准軍機處有電，奉旨：端方、陳夔龍電奏采運川米，請飭四川、湖北等處免釐等語。着照所請。等因。欽此。自應欽遵，通飭鄂境均免税釐。惟查江運川米，川境應由川發護照，鄂境關局、州縣應由鄂發護照，查驗放行，不必再由江省發給護照，以免商人影射夾帶，致滋流弊。查前因皖省來鄂采買平糶米糧，於二月支電奏明只允采買雜糧，不能聽其采運鄂米，初六日奉旨允准在案。現又以鄂省米貴，人心惶懼，内地無從購買，招商赴南洋運米來鄂平糶，均經先後電奏。兹准軍機處初五日覆電，奉旨：張之洞電奏該省糧貴，請飭江督勿庸發給護照來鄂運米等語，并另電奏采運洋米三十萬石來鄂平糶，請飭沿海沿江各省免徵税釐等語，均著照所請。度支部知道。欽此。樞。歌。等因。即請尊處欽遵查照等語。除電甯蘇外，特録電飭知。青。

致成都鐵路公司胡太史雨嵐光緒三十三年三月初十日亥刻發

感電悉。胡工師棟朝廿四日由渝開測，現測至何處，何時可抵成都。所云通籌全局，先修何處，再行細勘，是否指成都至宜昌一路而言。胡工師至省後是否即接續實測，由成返宜。陸工師耀廷現在何處，是否俟胡工師實測時再議會合之處，貴公司諒必有一定辦法，應請詳覆至盼。再，近日報紙頗傳川漢路綫擬改由川北經陝達汴之説，已與法人議定借款包修等語。竊思借款之害，人人皆知，我川人豈肯蹈其覆轍，決爲虚誣無疑。至改綫一節，查鐵路以交通貨物爲主，四川商務以重慶爲薈萃樞紐，宜、夔之間灘河艱險，鐵路如成，化險爲夷，獲利自厚。若改行陝、汴，雖係舍難就易，然棧閣、秦嶺一帶，施工恐亦不易。且於全川形勢偏重一隅，路即告成，亦無大利，似與從前籌議川漢本意不合。貴公司運籌決策，必有成竹，改綫之説，亦恐不確。究竟所傳改行陝、汴之説何自而起，並望詳細電覆。燕。

致外務部、農工商部光緒三十三年三月十一日巳刻發

敝處奏呈欵章，上年准外務部八月勘電、商部八月卅電，均以正在核議見示。現又歷時半年，湖北及外省商民禀請開欵者紛紛不絶，敝處無從批示。此時欵章未定，商民有未奉批不敢開欵者，亦多有恃欵章未定私自挖運，致多中外轇轕者，或洋商冒稱華商，或華商假託洋商，辦理甚形棘手。新章若不速定，欵務交涉必致愈久愈難辦理。此事到貴部已經一年有餘，務祈早日議奏，各省商民同感，且免交涉多生枝節。大局幸甚，并望先賜電覆。真。

致荆州繆道台，宜昌傅鎮台、存守〔一〕

光緒三十三年三月十二日子刻發

頃接江甯督院來電，江南採買川米，現由商號起運六批共一萬八千石有奇，已陸續由重慶抵宜昌，請飭宜關會同江南謝委員驗明米數，填給護照放行等因。可速飭宜關遵照。以後如遇甯運川米到關，查明有川東道護照，數目相符者，迅速發給護照，免稅放行，一面隨時電稟本部堂查考。真。

致江甯端制台〔二〕

光緒三十三年三月十二日子刻發

佳、青兩電均悉。江省所購川米，現已起運六批共一萬八千石有奇，已遵照來電，電飭宜關隨到隨給護照放行。賑米自以迅速爲貴，斷無由省發照之理，請紓軫念。前電雜糧之説，以皖購豫省雜糧，由火車運漢，甚爲便捷，似可仿辦。灾民斷不必盡食稻米，且江北於雜糧甚相宜。鄂運洋米三十萬石，進口自應由江省給照，承示將護照預交滬道隨時填發，感謝。真。

致江甯端制台

光緒三十三年三月十二日巳刻發

豔電悉。詳學部删電之意，欲通籌經費，酌定章程，由部奏派監督，統管中國各省留歐學生，似與日本總監督一律辦法，則情形殊有不同。東西通例，一國止有一代表，無二代表，日本以駐使兼總監督，故理勢均順。俄、德、法、比四國四駐使，以一監督統管四國之中國留學生，又由學部奏請特派，分際疑於相逼，與從前監督歸駐使統屬者不同。往年汪伯棠奉命充日本留學生總監督，遇事欲見彼國外、文二部，以無直接之例，拒不納，欲商我國駐使，以非應管之事，置不理。冷窘無聊，進退維谷，卒謀內渡，已事可鑒。此舉愈想愈多窒礙，似以慎重爲是。或可婉詞電覆學部，但言通計四國留學監督，用費頗鉅，各省籌欵維艱，江、楚、蜀三省力難獨任，請暫從緩辦。拙見如此，乞熟籌示覆。履卿留在中國作督撫是好手，如必願出洋，其學識實遠出各星使之上，似可由尊處與敝處密保使才，或會銜，或各自單銜均可。并望酌示。錫。

致江甯端制台、蘇州陳撫台〔三〕

光緒三十三年三月十三日亥刻發

前致尊處麻電，內有已於魚電奉達一語。本擬有魚電，恭録諭旨分致甯、蘇，旋接度支部電傳諭旨之魚電，故鄂之魚電未發。兹接蘇署電詢，復查部電未致蘇州，故不接洽。元。

致荆州宜昌關監督繆道台，宜昌傅鎮台、存守〔四〕

光緒三十三年三月十五日午刻發

兩江端制台來電云，重慶初九日滙川永、聚利源、雷義生、同興祥、瑞發恒等號共運七批米四千三百餘石，又十二日益泰恒、同昌榮等號共運八批米二千九百石等語。該關速即查明，填給護照放行。咸。

〔一〕録自抄本《張之洞電稿·致本省電》。

〔二〕〔三〕録自抄本《張之洞電稿·致各省電》。

〔四〕指陳夔龍。以下二電録自抄本《張之洞電稿·致本省電》。

致荆州宜昌繆道台、傅鎮台、存守光緒三十三年三月十八日未刻發

端制台來電云，頃接重慶銑電，聚利源、瑞發恒等號運九批米三千六百餘石，十六開行等語，祈飭宜昌關道填給護照放行。洽。等語。該關於此項米到時，立即查驗，給照放行，勿延。嘯。

致京鹿尚書光緒三十三年三月十八日未刻發

北洋寄到總署原訂合同奏案，并曹州教案條約。詳閱一過，乃知津鎮借英、德兩國之欵，全爲挽救早已奏定之曹約(一)。蓋曹約本准德人由濟南分造南北兩路，直達山東邊界，並與中國幹路接連，且鐵路附近相距三十里内，准其開挖煤鑛，并准其築造引鑛取石運灰之近小支路。如此則德路所到之處，土地權利全非我有。且有與中國幹路相接一語，是直隸境内之路亦必侵占，達於天津。故光緒二十五年許竹筠侍郎另議改爲中國借鑛修路，並許英、德兩國同辦，亦經將草約具奏，但未議定詳約，所惜者五十年還路期限太遠耳。近三年袁慰帥與英、德磋議，擬改爲三十年還路，若中國有欵，十二年半亦可贖回。借欵共銀五千萬兩，五釐息，九五扣，六年修成，除費用及官息外，餘利作爲十分，以一分與洋工師酬勞，九分歸中國，外人尚未允。此津鎮路之首尾大略也。籌欵自修，本是上策，鄙人最所深願。今詳考此路原委，乃知鑄錯已成，令人歎息痛恨。此時所患不在津鎮合同(二)之不能廢，假如真能廢英、德兩國借欵之約，恐德國一國必將徑行獨修山東境内之路，執定曹州條約，悍然不顧，硬自興工，則直、蘇兩省爭回之路甚短，而山東全省路權淪陷外人之手，兩相比較，輕重懸殊，是名廢津鎮草約，而實逼成曹約，正中德人之計。不惟山東紳民不肯甘心，即直、蘇紳民，朝廷政策，亦必不肯。若欲連曹約追改，揆以情勢，豈能辦到，此時必須籌畫萬全，方好下手。近日公呈遞後，英人已屢來探聽，而德人於三省公呈之舉，寂然若毫無聞知者，此中顯有狡謀定計，灼然易見。三省同鄉於此案原委曾否詳考德執曹約一層，曾否慮及有何統籌全局、挽回補救之法，希速即詢商示覆，以便籌酌，至盼。此電並速送嗣香學士一閱，電覆。嘯。

致天津袁宫保光緒三十三年三月十九日午刻發

尊函并曹約暨津鎮奏案收到。詳閱一過，乃知津鎮借欵全爲補救曹約。所改詳細合同，挽回不少。碩畫精心，無任佩仰。目前三省公呈自修之議起，外須防曹約强硬之行爲，内須慰京城求全之議論。公於此事籌之至熟，必有良策，可期兩全。務祈先示指南，以便抒其管見奉商，至感。效。

袁宫保來電光緒三十三年三月二十二日子刻到

效電悉。津鎮借欵全為補救曹約，一語破的，傾佩莫名。此時欲廢津鎮合同，而曹約尚在，無論如何，德人斷不允廢。設廢

(一) 指光緒二十四年二月十四日（一八九八年三月六日）因山東曹州教案與德國簽訂的《膠澳租借條約》，内中允准德國修建由青島至濟南并至山東邊界的兩條鐵路。

(二) 指光緒二十五年四月十五日（一八九九年五月二十四日）與德國德華銀行、英國匯豐銀行簽訂的《津鎮鐵路借欵草合同》。

津鎮而專行曹約，於山東中段所損尤大。欲求兩全，實無善策。凱前奉旨商訂詳細合同，原擬痛改草約，俾權利盡操自我，如彼能允，自於地方無損，若彼不允，正可藉此延宕，故五年來未能定議也。且三省建議自築，而籌款尚無實際，縱使能與德、英妥商就緒，而空言自辦，何以善後。愚見擬乞公挈名會奏請旨，飭下都察院會同度支部、郵傳部，先與三省官紳確實考核，能否籌集四五千萬之鉅款，指定何項有無把握。俟公同議覆，實有的款，方可與德試商，否則費盡心力，亦屬空談。是否有當，祈卓裁。凱。箇。

致荊州繆道台、斌守，太平口釐局張令、公安濟令 光緒三十三年三月二十三日子刻發〔一〕

張令等來電悉。鄂境各處缺米，所有米穀釐金及賑糶捐款均准免抽，至六月底爲止，以濟民食。該道、府即速出示曉諭，勿延。養。

致荊州繆道台〔二〕 光緒三十三年三月二十三日子刻發

箇電悉。本日接吕尚書、盛大臣電稱，義賑局購辦川米，札派夏令敬業赴宜，會同招商局接運。現據該局董徐椿電稟，重慶賑米已到數千石，餘亦陸續運到，應請電飭宜關放行，以咨明川督給照貳萬石爲限制等語。該道務即督關員驗明此項賑米，按批給照放行，惟袋數殊未明晰，務照石數合算，以運至貳萬石爲度。仍隨時電稟備核。養。

致荊州繆道台、宜昌傅鎮台、存守 光緒三十三年三月二十三日辰刻發

兩江督院來電云，頃接重慶來電，集義生、慶昌怡等號運十批米四千六百餘石，二十開行，祈飭宜昌關填給護照放行等語。該關速查明，給照驗放。漾。

致江甯端制台〔三〕 光緒三十三年三月二十五日巳刻發

鄂購洋米，係勸諭日本三井商人及香港華商包運來鄂，並未另派委員領運。洋米到滬，即由該商報明領照。現據各商來電，三井已運六萬擔，香港華商已運三萬擔，共九萬擔，約四月初三、初五等日到滬等語。祈飭滬關給照驗放。再，原奏係購卅萬石，嗣據洋行稱，南洋米係論擔不論石，每擔一百斤，若論石則每石一百四十斤，應請飭滬道折合驗放，不逾三十萬石之數即可。合併聲明。有。

致江甯端制台，上海吕大臣、盛大臣 光緒三十三年三月二十七日子刻發

甯有電、滬徑電均悉。午帥慮川米不能速運，恐致堆積霉變，鏡翁、杏翁謂義賑米五萬僅敷煮粥之用，萬分焦急。然則滬上義賑但患米少，不患米多，請三公商酌設法多派商輪兵輪，將此甯

〔一〕此養電底本系於二十七日，今據抄本《張之洞電稿》改。
〔二〕以下二電録自抄本《張之洞電稿·致本省電》。
〔三〕以下二電録自抄本《張之洞電稿·致各省電》。

購之甯斛八萬石，滬購之漕斛五萬石，概引運至鎮江一帶，正可以甯之緩，濟滬之急。至甯米讓歸鄂省一節，深感午帥厚誼，惟鄂米係商運，米色不知何如，商人與江南委員恐多膠葛，似可不必。至敝處昨覆滬電内，有川督給照二萬石爲限之語，係因鏡翁、杏翁來電前係五萬石，後係二萬石。正疑前後參差，今接滬徑電，始知後碼二萬，二字係五字之誤，自當飭宜關，滬米照五萬石之數驗放，並非防商販影射，不願多放也。再，甯米如在宜堆積難運，何不就地賣之，既免霉變可惜，亦免專輪費重。管見備采。寢。

致天津袁宫保 光緒三十三年三月二十七日子刻發

箇電悉。尊意專在考核三省造路實欵，此節似可稍緩。此時三省官紳其氣甚盛，前三日接公所一電，詞甚峻厲，若並未與德議而專問三省之欵，三省人必曰若能廢約，三省必能籌欵，恐不能折服之也。昨接外務部有電，云津鎮路事，三省京官呈請自辦，奉旨交尊處與直督妥商辦理。德、英兩使迭次來部詢問辦法，並索覆音。現在此事如何商辦，希速電覆。外。有。等語。德、英向外部如何説法，尊處必知，祈速示。至尊意究竟擬如何争論，如何抵制，如何歸結，尤望密示，俾開茅塞。切盼。沁。

致上海盛大臣 光緒三十三年三月二十七日子刻發

粤漢全路難期速成，惟有先將武昌至洙州一段修成，則萍鄉可直達漢口，中間經過長沙、湘潭、岳州、武昌等巨鎮，亦成一小小局面，以後股便易招。鄙意擬分三段修造，則路短費省，成早利速。現擬武昌至岳州五百一十里，歸湖北修，岳州至長沙三百五十里，歸湖南修，長沙至洙州一百一十里，旁接枝路通湘潭六十里，共一百七十里，擬請台端代修。聞林道言，工已估過，費甚不多，尊處似可借欵籌辦，將來此路修成以後，暫歸萍鑛局管理，湘省何時將路欵還清，即隨時交還湘省，萍局只圖暢通轉運之利，不圖管路行車之利。照此辦法，多用工程師，每段之中又分爲四五小段，同時並舉，一年半可成。自謂此舉實是良策，今日與林道志熙言及，渠甚以爲然。特此電商，望速裁酌示覆，以便商之湘省，切盼。感。

盛大臣來電 光緒三十三年四月初四日卯刻到

感電悉。自己籌欵造路，分段分年，本是良法，粤路惜不計及此。公擬以洙洲至長沙一段責成敝處借欵代修，暫歸萍鑛管理，湘省何時將路欵還清，即隨時交還湘省。為萍鑛計，即為大局計，敢不承命。惟萍鑛資本五百數十萬，只有股分一百五十萬，餘皆借貸，以禮和、大倉兩鑛為最鉅，恐難指鑛續借。現因鐵廠、煤鑛相依為命，若仍前分作兩公司，難免畛域，擬商併作一大公司，添集鉅股，步步擴充。萍煤運道實非早通鐵道不可，公意分作三路，尅期年半成功，不勝狂喜。姪無論如何，必當設法圖成，以副鈞命。宣。江。

致荆州繆道台[一] 光緒三十三年三月二十七日子刻發

頃接吕、盛兩大臣徑電，購川米辦義賑，川督發照係五萬石，

〔一〕以下二電録自抄本《張之洞電稿·致本省電》。

電碼誤五爲二，本部堂昨致該道養電，以二萬石爲度，二字應更正。此項義賑米頭批已到宜昌，該道速飭關員按漕斛五萬石驗收，勿稍遲延。宥。

致荆州繆道台，宜昌傅鎮台、存守、釐局 光緒三十三年三月二十七日巳刻發

速詢洋關暨宜昌釐局委員，鄂省所招川商所運川米，或由輪船，或由民船，共過若干。該關、該鎮、該府從未電稟一次，殊屬大謬。可速查明自該委員前奉電飭照料之日起，至本日止，已運若干石下漢，又江南所運川米已由輪運去者若干石，存棧未運者若干石，米色價值如何，有無蒸變。又宜昌米價如何，來源暢否，各屬麥苗旺否，雨水調勻否。迅即一併查明，分晰電覆。以後如有鄂省所招川商所運川米下漢，隨時專電飛稟，至要。不得與江南米合爲一電，切切。感。

致江甯端制台[一] 光緒三十三年三月二十七日申刻發

宥電悉。江南向貴州購運米穀，無論或數千石或萬石，均免釐税，已飭各關局遵照。但係憑何處護照驗放，請速示。感。

致荆州繆道台[二] 光緒三十三年三月二十九日申刻發

兩江督院來電，云集義生、裕興永運十一批米三千三百石，廿四開行，又聚利源、周泰記等號運十二批米三千四百石，廿七開行，祈飭宜昌關道填給護照放行等語。該關道速查明此米，給照驗放。豔。

致京高碑胡同學部高宅高澤畬、天津賀家樓太史第高澤畬[三] 光緒三十三年三月二十九日亥刻發

知閣下諸事繁急，特委知縣王世芸、縣丞王崇燾馳赴京津，供繕寫繙報之用，今日已行。公所係何人主持，有出洋學生否。再，以後來電，津鎮路事須專爲一電，其他要事須另爲一電，切囑。豔。

致天津袁宫保 光緒三十三年四月初二日辰刻發

豔電悉。敝處豔電計達。外務部電催詢津、鄂意見，尊處想亦接到。此事不難於籌欵，而難於廢約。鄙見必須先與英、德切實磋商，能辦到廢約固屬最好，即不能廢，或者外人稍爲退讓，藉此挽回幾分利權，於國勢民情亦甚有益，且使三省京官知交涉之艱難，並非不爲盡力。公前撫東省，今鎮畿疆，威信素著，且係此路原議大臣，於此事利害籌之至稔，三省仰望，實在於公。此路與粤漢路迥然不同，粤漢乃合興公司自違成約，授我以柄。鄙人從前既未與議，一切情形均不詳知。若隔膜之談，徒招外人譏笑。此時德人在東省之情形，膠濟鐵路之利病宜忌，惟公方能深悉，且唐侍郎磋議屢年，尊處就近詢商最便。務望先將目前發

[一] 録自抄本《張之洞電稿·致各省電》。
[二] 録自抄本《張之洞電稿·致本省電》。
[三] 録自抄本《張之洞電稿·致北京電》。

端如何辯論，如何抵制之處，迅賜電示，以便速覆外務部。至將來如何結束，拙見已令高道淩霄上謁面陳。盼即覆。沃。

袁宫保來電 光緒三十三年四月初四日未刻到

沃電悉。凱前年在京議約，遇韓税司英人柏卓安被日撤回，得聞日人奪據韓外交權，曾叩以各國意見如何。柏答韓人平日不知尊重條約，任意失信各國，視日人代執其柄，藉以約束，頗謂公允，聞之極為悚悖。適次日入對，據以上陳，並力言我之條約必須尊重，不可輕違，尤不可輕言廢免，蹈韓人覆轍，儻令凱發端廢約，前後矛盾，殊屬不敬。且近日各國人心涌動，謡疑紛起，德人已有增兵之議，將來大害姑不必計，儻因發端廢約，啓人用强硬手段，致生意外交涉，我輩皆受國厚恩，重負人望，不但無以對朝廷，抑且無以對三省。凱承議此約已歷數年，德、英並無違犯，無柄可持，突言廢約，從何啟齒。況此案牽連曹約，而曹約勢不能廢，輕發此端，徒失國信，貽人口實，通盤籌畫，甚不合算。前議先籌的欵一節，鄙意先不必與德、英商。今由郵部故設難題，舉德、英斷不允者與之磋商，藉以延宕。我以所籌的欵另擇一綫，或由天津至清江，或由大沽至清江，名為沽淮鐵路，迅速開造，尅日告成。我已先立其基，足以對抗，德、英無利可圖，可望不廢自廢，並非藉籌欵為推諉也。但此謀宜密不可宣示，防人破壞。今尊意擬先與德、英商及廢約，凱實不敢承命，如必不得已，現惟有隱藏廢約字面，仍抱定改訂合同，另設難題數條，請外部與之試商。一、由津至山東界一段歸中國自造。二、東、蘇兩省路股中外各半。三、無論何時，中國有欵即可按值贖回。四、此路用人辦事，均由中國人主持。看德、英如何對答，再相機挽回幾分利權，以慰三省士庶之望。四條内尚有未盡，祈尊擬增入。總之，方今强國交涉，亦不敢輕言廢約，我處積弱，不得不慎。是否有當，統祈卓裁。凱。江。

致京高澤畬觀察譯出轉送沈太史曾桐〔一〕 光緒三十三年四月初三日亥刻發

頃聞一麾出守，敬賀。惟閣下館中資望甚深，未得道缺，殊爲悶悶。鄂省諸事，正需賢才，我兄到晋後，如能捐過道班，改指來鄂，以慰仰望，實爲至幸。望示覆。覺。

致長沙余堯衢參議，張、席兩觀察〔二〕

光緒三十三年四月初七日

鐵路收回將及兩年，未興一畚一鍤之功，湘境尤屬艱難，焦急萬狀。鄙意擬先將武昌至岳州、由岳州至長沙、由長沙至洙州，分作三段，分任籌修，以期速成，易於招股。前於三月杪致盛杏翁感電，云粤漢全路難期速成，惟有先將武昌至洙州一段修成，則萍鄉可直達漢口，中間經過長沙、湘潭、岳州、武昌等巨鎮，修成一小小局面，以後股易招集。鄙意擬分三段修造，則路短費省，成早利速。現擬武昌至岳州五百一十里歸湖北修，岳州至長沙三百五十里歸湖南修，長沙至洙州一百一十里，旁接支路通湘

〔一〕録自抄本《張之洞電稿·致北京電》。

〔二〕以下二電録自湖南湘路股欵清理處編《湘路文電輯要》卷上，民國四年八月刊於長沙。現藏湖南省圖書館。所署時間前一件係收電日，後一件係發電日。

潭六十里，共一百七十里，擬請台端代修。聞林道志熙言，工已估過，費甚不多，尊處似可借欵籌辦。將來此路修成以後，暫歸萍鑛内管理，湘省何時將路欵還清，即隨時交還湘省，萍局只圖暢通轉運之利，不圖管路行車之利。照此多用工程師之中，又分爲四五小段，同時並舉，一年半可成，自謂此舉實是良策。今日與林道志熙言及，渠甚以爲然。特此電商，望速裁酌示覆，以便商之湘省等語。旋接盛杏翁江電云，感電悉。自己籌欵造路，分段分年，本是良法，粤路惜不計及此。公擬以洙州至長沙一段，責成敝處代修，暫歸萍鑛管理，湘省何時將路欵還清，即隨時交還湘省。爲萍鑛計，及爲大局計，敢不承命。惟萍鑛資本五百數十萬，祇有股分一百五十萬，餘皆借貸，以禮和、大倉兩鑛爲最巨，恐難指鑛續借。現因鐵廠煤鑛相依爲命，若仍前分作兩公司，難免畛域，擬商並作一大公司，添集鉅股，步步擴充，萍煤運道，實非早通鐵道不可。公意分作三路，尅期年半成功，不勝狂喜，姪無論如何，必當設法圖成，以副鈞命。除電飭薛道鴻年督同總鑛司賴倫［將］洙州至易家灣一段先行復勘呈核外，尊處商湘省如何核辦，乞速詳示，以便酌定。等語。以上皆鄙人苦心竭力扶助湘路之策。今幸沙洙一路，盛意已允，難得之至，請閣下速商貴省公司諸君，是否願意，迅賜電示，以便覆盛。頃見蕭太史，已與詳談。至鄂省修至岳州一節，鄙人雖有此妄想，但多修湘界内之路一百一十里，所費太鉅，必須籌欵充足，始能代修，若不能多籌，仍難代修也。合再聲明。陽。

王先謙等來電光緒三十三年四月十三日

陽電敬悉。路工日久不開，誠為非計。鈞意擬分三段同時並舉，以期速成，藎籌周至，欽佩莫名。前萍鑛薛道鴻年因莊臬司來商，請將湘路先修洙長一段，自願代借洋欵。當經答以洋欵屢經京外鄉人阻駁，未便復議及此。如萍鑛願與湘路借欵，我只認為萍鑛之項，合同不提洋欵一字，或尚可行，亦不必概交現銀，即將鐵廠鋼軌分成抵借，日後公司還欵，亦不必概還現銀，即將運煤車費抵償，均無不可。薛道當已轉達盛宫保，尚無成議。鈞電連日集議，公司同人均謂宜仍照上項所陳各節辦理，公司只認借自萍鑛，萍鑛借自何處，不與公司相干，尤不能指路作抵，均須於合同上一一聲明。借定興工，萍鑛即同一大股東，公司一同研究。至明云暫歸管理四字，湘路甫開，首段工程即由他省管理，不免滋人誚讓。總之，萍鑛肯相助為理，彼此均有裨益，似不在管理與否也。同人公議如此，謹此電覆，仍候鈞酌。近已將遠近招股事宜一一布置，粗有眉目，敬併附陳。先謙、肇康、祖同、匯湘等叩。文。

致天津袁宫保光緒三十三年四月初九日子刻發

江電悉。此路經總署二十五年奏訂草約，已奉旨依議，但奏内聲明續訂詳細章程耳。中國今日國勢，與兩强國訂立之約如何能廢，鄙人固深知之，且此借欵之約全爲補救曹約，津鎮廢則曹約行。然則此約如何可廢，所以敝處沃電云此事不難於籌欵，而難於廢約也，不過欲借三省紳民爲抵制，庶彼族肯將章程多改，多收幾分利權耳。所以敝處沃電又云如何發端辯論，如何抵制，如何結束。辯論、抵制者，措詞之空中波瀾也。結束者，辦到之實事也。鄙意中所擬結束之法，已告高道凌霨面陳。適該道京事未畢，故尚未到津。既云如何結束，則必非指廢約可知矣。尊電全未喻鄙意，不勝焦悶。茲將拙擬結束之法，臚布於下：一曰贖路期宜近。草約係五十年還路，三十年始可商酌先還，尊意改爲三十年還路，十二年半有欵亦可先還。此條最要，已勝於許奏遠甚，但英、德尚未允。昨由漢口英領事交來英朱使〔一〕由京寄伊最近議稿一本，則已允十五年有欵即可贖路，三十年若全還借欵，即不須補交兩鎊半之息，是此條已與尊議相差不遠，將近合龍矣。鄙意擬改爲十年以後即可全還借欵，將路贖回。緣前日中英公司濮蘭德自京來談及他處借欵修路章程，鄙人云須十年後即將全路贖回，渠即允諾，毫無難色。竊思英商既可允，德商亦必相同。贖期近則變故少，一也。二曰成路期宜速。許奏及津議俱云六年修成，今英朱使寄來最近議稿，則云四年修成。此條甚好，宜與訂明，如六箇月内不動工，此節即作罷論。路成早則車利多，二也。三曰華官管事之權宜重。津議除督辦大臣外，管事之華官二，洋員三，分管工程、行車、帳目，是此緊要之三項，仍是洋員持權，務宜争論酌改。再，英使最近議稿有云，年終帳目由銀行選派不干連鐵路并長於考核之人考核簽書等語。此項年終查帳人，必須添派華官一員，三也。四曰存欵之權宜操。路未成之先，銀行借欵，路成之後，鐵路利益進欵，固必須存銀行，然須華官與洋員公同存放，布告大衆周知，存欵要據須存督辦大臣處，四也。五曰路工限制宜定。除自天津經山東抵浦口止此一幹路外，不得稍有擴充，如有開煤運料等事應修支路，無論遠近，皆由中國籌欵自修，勿庸英、德兩銀行代修。五也。六曰息扣酬勞宜輕。津議十二年半後贖路，每百鎊須補兩鎊半之利息，三十年後則不補。昨濮蘭德論他處鐵路云，過十五年後即不補此兩鎊半，索價已減。今津鎮路擬與訂明十年即可贖路，亦勿庸補此兩鎊半之息，萬不得已，至十五年後斷不補矣。又扣頭一層，津議係九扣，他路亦多如此。昨濮蘭德談他處扣頭，鄙人答以止能九三五扣，至多九三扣，濮已允九三扣，並云或可減爲九三五扣。今津鎮路似可與之訂明九三扣。至行車有餘利時，許議提二分作銀行人等酬勞，以餘利每年四百萬兩約計，酬勞每年需八十萬，太多，可駁。津議止提一分作銀行人等酬勞，實不爲少。昨濮蘭德論他路則謂銀行止有一定薪水，此外並無其他項名目，未敢遽信。然濮既有此説，特此飛告，務望與之切實駁減。又，英朱使前旬餘與英領事電，以津鎮路事令探敝處之意，大意是詳細章程儘可商改，但借欵之約作罷則不能等語。并以密布，俾知英使意尚鬆活，六也。七曰此路改官辦爲三省商民自辦。此時將借欵詳細章程酌改妥善，明告三省商民，此十年中仍暫由官經理，三省商民分攤里數，籌儲欵項，十年贖路，届期即由三省將欵備齊，由官督同紳民交付銀行收清，即將此路收回，歸三省商民自辦，所有自第五年開車起至第十一年贖路日止，所積餘利約二千萬兩内外，應全數積存，作爲贖路之欵，無論何事何人不得動用。除此項外，所不敷之三千萬兩内外，歸三省商民自行公同商議，酌量認股，應按各該省境内鐵路里數均平攤認，外省人不得攙入，七也。此乃管見結束之法。尊意以爲何如，是否有益，是否能行，統請卓裁。至於目前應如何與之設法辯論，方能就我範圍，似須派有專員與英、德面議，以便從中傳達。竊思新簡美使梁升道敦彦，去年本係承議

〔一〕指英國駐中國公使朱爾典。

此約之員，此時出京尚早，擬請公與敝處會銜電奏，即派梁升道赴外務部，與兩國專議此路章程，隨時禀商尊處，酌授機宜，必能得力。至尊處江電另擇沽淮一綫迅速造成一節，恐三省物力人才斷不能速於外人，然沽淮之説及設難四條，皆可作文章波瀾，所謂取法乎上，僅得乎中，統請台端指示梁升道爲荷。再，三省京官來電，不甚知此中甘苦，或不知草約係批准，或欲向歐洲興訟，或謂此與曹約無干。京曹從容諷議，大率如此，已婉切覆之矣。抑管見更有進者，此約難廢固不待言，然鄙意謂與其造路，不如贖路。蓋此路若歸紳商自辦，十年亦難成功，一無欵，二乏人，三各有争心，不能畫一，四糜費必多，何若聽英、德代修，指刻期告成之路，招本穩利豐之股，分年集之，一舉贖之，豈不至易至簡至穩至實哉。衆論所以憤急者，因從前之約年限太遠，漫無範圍，慮外人奪我路内之權利也，且慮其侵我路外之權利也。今若將章程改好，則造路不如贖路矣。統候卓裁示覆。佳。

致天津袁宫保 光緒三十三年四月初九日子刻發

濮蘭德係中英公司總辦，專以勸各省借欵造鐵路爲事。昨英朱使令其來鄂，初七日來見，力勸借英欵造鄂路。問其係何章程，濮答云五釐息，九三扣或九三五扣，三十年爲期，十年即可贖路，但須補兩鎊半之息，若待十五年方贖，即不補矣。鄙人并詢以行車餘利、銀行人等有無酬勞，濮云銀行人有一定薪水，并無他項名目等語。鄙人又云，工程師除應作工程外，不能干預枝路、鑛務等事，濮亦慨允。以上各節，濮應答輕快，毫不勉强，尚無甚貪求奢望，窺其意不過苦勸我借欵修路耳。借欵一層，今日斷不敢瀆奏，已以詳詢妥酌等語覆之。所以奉告者，因濮乃英商，在坐并有匯豐總辦瞀者熙某。濮於鄂路所求如此，然則於津鎮路希望者可知。以鄂路例津鎮路，以英商例德商，此次佳電所擬各條，或者彼兩國皆能允許亦未可知，是惟有藉公之威望與梁升道之辯才矣。附此詳陳。青。

袁宫保來電 光緒三十三年四月十三日申刻到

佳、青、陌電均悉，具徵籌畫周密，識慮閎通，傾佩無似。所擬七條，悉中肯要。前六條與英、德商議，在我亦平實近情。六月動工，四年修成，十年贖回，至為簡捷，而管路、查帳、存欵權操自我，借欵減扣，酬勞少提，鎊息不補，支路自修，尤為利不旁溢，十年以内不損我權利，十年以外可收回權路，洵屬獨操勝算。後一條歸三省自辦，以籌儲之欵為贖回之資，寬以十年之期，加以積存之餘，利在三省，紳民籌欵不致過迫，為數又可較省，而得收全路，無異自造，既紓民力，仍保路權，所謂造路不如贖路者。偉策精思，甚善甚善。至重華官事權一節，前議自督辦大臣外，設兩總辦部，每總辦部派三員，管工程、行車等事，華總辦二，銀行代理人一，則總辦部之事權，華員倍於洋員。其車務總管及總工程師兩職，現中國絶少專門，不能不用洋人，然皆由督辦派委，並有鐵路上緊要之員，如有熟習工程車務堪用之華人亦可派用之語。且統由督辦主持，全權多在華官。原議此條係迭經争辯，德人終未允從，儻能再行改善，則更妙矣。目前設法辯論，自應派有專員，方可傳達機宜。梁升道現為出使大臣，自應請旨簡派會議此路，詳細合同隨時電商尊處暨敝處、外務部、郵部，公同核奪，即請由公主稿。挈名電奏，俟派定後再以尊擬及鄙人所擬各條交梁星使，酌量情形，向英、德兩國先設難題，繼再協商，當可挽回權利不少。俟前六條商定後，第七條可另奏立案。仍祈裁核。凱。文。

致荆州繆道台[一] 光緒三十三年四月初九日辰刻發

兩江督院來電云，頃接重慶電，集義生、裕興永等號運十三批米三千餘石開行，祈飭宜昌關道填給護照放行等語。該關即查明此米，給照速放。陽。

致京李嗣香學士、三省同鄉諸君 光緒三十三年四月十二日卯刻發

質電悉。查津鎮鐵路，經總署於二十五年奏訂草約，奉旨依議。欽此。是不能謂爲無關國際。且此路中段原係曹約允德人自修者，因津鎮路借欵，始能争回。若此時津鎮廢約，曹約必行，於我損害尤大。至於已經奉旨批准之案，西律如何能翻，在歐訟歐，萬無得直之理，徒耗訟費而已。鄙人旬月以來，通籌熟計，如條約果能改好，贖路實勝於造路，已於初九日佳電詳致北洋，因電文太長，並電請慰帥鈔送三省公所諸君公閲矣，閲後即請示覆。文。

致外務部 光緒三十三年四月十三日子刻發

勘、真兩電悉。粤漢路一案，先造路後贖路，中國皆係與美立約，與比國無涉。前年贖路草約内聲明將上開各項合同之特權利權注銷，正約又云，經合興股東多數及董事等照准實行。今比使忽來插入要求，中國斷不承認。去年比使過鄂，面言及此，當即駁之，告以有話可自向美國説，渠默然。此事比國萬分無理，請貴部力拒之爲幸。要指不過如此，至其詳細情節，電文太長，容由郵呈。元。

致天津袁宫保 光緒三十三年四月十三日寅刻發

文電悉。遵命擬電奏稿請派梁星使敦彦會議，至尊電有云隨時商外務、郵傳兩部公同核奪一節，尚可從緩。一國三公，必致誤事，況七八公耶。公擅長交涉，當已照澈無遺，尊意自爲虚衷周到起見。惟鄙見此事須分作兩層，先由我兩人將主義告梁星使，與德、英兩使往返磋商，仍須高一層落筆，方易就範。俟略有眉目，再詳告外、郵兩部，請其核定，或可或否，或增或減，仍聽命於部，如此或無窒礙耳。謹擬電奏，文曰：津鎮鐵路事，世凱、之洞奉旨妥商辦理。此事三省紳商氣盛志堅，力陳此約不廢之害，於國家主權固有妨礙，於三省商民生計損失尤多，萬難坐受朘削，自蹙生機等語。情形迫切，甚覺洶洶。竊思邦交固宜慎重，民情亦不能强拂。凱、洞擬一面勸諭三省商民，令其勿太激烈，一面婉商德、英兩使，勸其善爲轉圜，凱、洞當從中調停，以期妥爲定議。惟與外人辯論，須有專員。查新簡出使美國大臣梁敦彦，前在津海關道任，曾隨同籌議津鎮鐵路詳細章程，擬請旨即派梁敦彦會同凱、洞籌議津鎮鐵路事宜，隨時與津、鄂電商，由津、鄂詳告辦法，相機與英、德商論，俟稍有眉目，再當詳達外務部、

[一] 録自抄本《張之洞電稿·致本省電》。

郵傳部，請兩部詳核裁定。謹合詞電陳。請代奏。世凱、之洞同肅。等語。即請認真改定拍發至感。電奏内只可言派梁議津鎮鐵路事宜，似不宜言章程，若言議詳章，則是已説定不廢約矣，似宜稍緩，祈鑒察。洞。覃。樹枏謹案：奏稿寄直，經袁删改繕發，故電奏門不復列入。

袁宫保來電 光緒三十三年四月十七日申刻到

覃電悉。尊電奏文備極周妥，惟此事原係中國國家向德、英商人借欵，歷由兩銀行派員來議，與國際交涉略有不同，我不必專商兩使。且兩使在京現專向外部催詢，而部中本不願擔承，意在向外推託。若奏明俟議有眉目再行詳達外、郵兩部核定，恐於未有眉目以前，部中藉以推諉，更不肯過問，遇有必須借重外部之處，轉致為難，似以不説明此層為較活動，故將電文前後删易數字，免太著實。遵已會名譯發。文曰：津鎮鐵路事，世凱、之洞奉旨妥商辦理。此事三省紳商氣盛志堅，力陳此約不廢之害，於國家主權固有妨礙，於三省商民生計損失尤多，萬難坐受朘削，至蹙生機等語。情形迫切，甚覺汹汹。竊思邦交固宜慎重，民情亦不能强拂。應一面勸諭三省人，令其勿太激烈，一面婉商德、英使，勸其善為轉圜，凱、洞當從中調停，以期妥為定議。惟與外人辯論，須有專員。查新簡出使美國大臣梁敦彦，前在津海關道任，曾隨同籌議津鎮鐵路詳細章程，擬請旨即派梁敦彦會同凱、洞籌議津鎮鐵路事宜，隨時與津、鄂電商辦法，先相機與德、英商論。謹合詞電陳。請代奏。世凱、之洞同肅云。仍祈卓裁。銑。

軍機處來電 光緒三十三年四月十八日子刻到

奉旨：袁世凱、張之洞電奏請派梁敦彦會籌議津鎮鐵路事宜等語，著照所請。外務部知道。欽此。樞。篠。

致京李嗣香學士、三省公所諸君 光緒三十三年四月十三日申刻發

近日屢晤英領事，述英朱使意，謂章程儘可商改，惟廢約則不能等語。昨接澤畬真電，謂德使向孫京卿亦同此説。兩國意皆鬆活，此約必能痛改，欣喜之至。若廢約即萬辦不到，且實不如改約。英、德代造，四年必成，十年贖路，届期已積有餘利二千萬兩内外，三省僅須合籌三千萬，即可將全路收回。若由我自辦，則必須籌足五千萬，路尚未造，集股斷不踴躍，十年斷不能造成。粤漢鐵路争回兩年，並未多修尺寸之路，可爲前鑒。諸君務須詳籌熟計，切勿徒詢廢約虚名，反無實益也。元。

致京税務處[一] 光緒三十三年四月十四日卯刻發

頃准軍機處來電，奉旨：張之洞電奏，請將由川運漢之米免收税釐等語，著照所請。該衙門知道。欽此。樞、元。等語。特奉聞。覃。

致荆州陳道台[二] 光緒三十三年四月十四日卯刻發

兩江來電云，接重慶電，裕興永等號運十四批米一千七百石，祈飭關給照放行等語。該關即查明驗放。元。

[一] 録自抄本《張之洞電稿·致北京電》。

[二] 以下二電録自抄本《張之洞電稿·致本省電》。

致漢口、宜昌關道，宜昌、沙市、新隄、漢口各釐局光緒三十三年四月十五日亥刻發

本部堂采運川米漢斛十五萬石，業經電奏請免釐税，奉旨允准。所有此項川米經過該關卡，即行迅速驗放，毋稍留難。咸。

致上海盛大臣〔一〕光緒三十三年四月二十一日發

昨湘紳覆電云：陽電敬悉。路工日久不開，誠爲非計。鈞意擬分三段，同時並舉，以期速成。蓋籌周至，欽佩莫名。前萍鑛薛道鴻年因莊臬司來商，請將湘路先修洙長一段，自願代借洋欵。當經答以洋欵屢經京外鄉人駁阻，未便復議及此。如萍鑛願與湘路借欵，我只認爲萍鑛之項，合同不提洋欵一字，或尚可行。亦不必概交現銀，即將鐵廠鋼軌分成抵借，日後公司還欵亦不必概還現銀，即將運煤車費抵償，均無不可。薛道當已轉達盛宫保，尚無成議。鈞電連日集議，公司同人均謂宜仍照上項所陳辦理，公司只認借自萍鑛，萍鑛借自何處，不與公司相干，尤不能指路作抵，均願於合同上一一聲明，借定興工。萍鑛即同一大股東，公司事宜按照商律本有決議之權，盡可隨時派人來公司一同研究。至明云暫歸管理四字，湘路甫開，首段工程即歸他省管理，不免滋人誚議。總之，萍鑛肯相助爲理，彼此均有裨益，似不在管理與否也。同人公議如此，謹此電覆，仍候鈞酌。近已將遠近招股事宜一一布置，粗有眉目，並敬附陳。先謙、肇康、祖同、匯湘等叩。等語。湘紳囑轉達，尊意如何，請酌覆。

致荆州陳道台，沙市、宜昌釐局〔二〕光緒三十三年四月二十三日丑刻發

湘運川來之平糶米穀，准免税釐。禡。

致天津袁宫保、出使美國大臣梁崧生星使光緒三十三年四月二十八日酉刻發

慰帥感電悉。此時若即向邸樞請示辦法，樞意必仍主改約，更無第二語。我未向德、英提及廢約一字，遽請樞示，三省京官必羣謂我兩人胸有成見，專承樞意，斷不甘服，一味岔争鬨鬧，更難就範。鄙見似宜先囑梁崧使向德、英兩銀行試商廢約，如應商兩使，即向兩使言之，統請尊酌。落筆雖宜稍高，措詞須稍委婉，但言三省紳民鼓譟太甚，無可如何。兩國必以許多强横之詞相答，且以許多要挾之事相抵。聞德使言，如津鎮約不定，則商約不議，可見一斑。彼時再將此問答情形、爲難情形詳晰宣布，詢問三省意見，有何結束之法。惟京城所設三省公所實只數人，發議不足爲據，聞已多有覺悟轉圜者。擬一面由津、鄂各派明白幹練之員一二人赴京，向各京官剴切勸導，山東京官尤要，一面刊布知單，查明三省京官共有若干人，遍行通告。先言梁使已經與議，德、英決不肯廢約，問三省京官意見若何，或堅持廢約，有何必廢之法，或願改約贖路，各注單内。將來知單寫畢，查看單内人數，如明悟者居多數，即可照外國議院章程，向德、英另

〔一〕録自抄本《張之洞電稿·致上海電》。

〔二〕録自抄本《張之洞電稿·致本省電》。

議改約章程，少數者自不能阻撓。如果知單内固執廢約者多，不受調停，然後請樞、外兩部示，斟酌妥辦，不能曲徇浮議矣，似此較有步驟。尊意以爲何如，請速裁奪，告知梁崧使妥辦爲禱，并盼即覆。勘。

致天津袁宫保、梁崧生星使光緒三十三年四月三十日未刻發

勘電計達。竊謂總宜先向德、英兩國試商三省紳民欲廢約一層，兩國不允，再與三省商他策。前四日京城直、東兩省大會，欲舉兩三人來鄂與鄙人辯論，有人云總懇請袁、張兩公力争，争到那裏是那裏等語。爲此説者不只一人，似其中稍有醒悟者漸圖結束，不過礙於衆人鼓譟耳。我等若向德、英一言，得其必不允之回報，則衆人庶可就此轉圜。儻與德、英全不提廢約字樣，則徒爲好生事者藉口矣。竊思更有一策。此次崧使往晤時，彼必痛駁廢約，可即與商借欵自造之法，仍向德華、匯豐兩銀行借銀四千萬，合同内不明言修路，但言三省興辦工商實業，不能以路作抵押，而以三省各指一有著之欵作保，由督辦大臣擔認，到期必還，五釐息，九四扣，爲期三十年，前十年還利，後二十年還本，至第十一年有錢，即可先還或全還，或陸續先還均可，至十二年半後，即不補兩鎊半之息銀。其修路之工程師，仍分用德、英兩國人，但由我自行雇用，不能由兩銀行主持，工師只管造路，不能干預他事。路歸我自修，則先造單軌即可，大約可省一千萬，故借四千萬足矣。照此辦法，但有還債之擔任，無慮路權之損失，三省或可轉圜。至外國則必有可商，緣近數月來，爲湖北境内粤漢鐵路事，英領事及匯豐力勸我借欵，敝處切告以曾經奉旨不准借欵修路，萬萬不能再奏。彼因改爲借欵不提明修路之辦法，另用湖北牙釐局作保，不以路作抵押，期限息扣十年可還，不補鎊息，仍用英工師，均如此電上文所言。假如津鎮路亦照此與商，彼見紳民志氣堅決，或肯允許，亦未可知。此説若行，似於路權稍有裨益。總之，此事有三義，與外人言三省必欲廢約爲第一義，與商借欵四千萬自造爲第二義，痛改草約，必將前擬之七條辦到爲第三義。第一義萬辦不到，而萬不可不向外人一言。第二義如能辦到極好。第三義必能辦到，似亦不能謂之不好。鄙意所謂先與兩國一談後，再請樞示，與來電宗旨本無甚區别。如兩公之意以爲宜先告邸樞，亦無不可，望即將以上所擬三義辦法層次，如何發端，如何結束，云係我二人公商辦法，詳陳邸樞，請其裁定。蓋外人將廢約二字駁回後，自不能不告樞廷也，但不宜空言請樞示耳。統候裁奪酌辦，並示覆。卅。

致外務部光緒三十三年五月初一日子刻發

前接馬電，昨已詳晰咨覆矣。美使所擬辦法，均難照辦。劉貞一謀爲不軌，證據確鑿，與教堂并不相涉。現在長江一帶伏莽甚多，革命黨潛運軍火，謡言尤衆，此案訊辦情形，爲遠近所注目，大局所繫，非盡法懲治，不足以遏亂萌。懇請查敝處咨文各節，極力與美使辯駁。惟敝處與臬司讞局酌核此案辦法，劉貞一本只擬定以永遠監禁之罪，並非欲治以死罪，並請告知美使爲要。若美使以無干教堂之事而强行干涉，并欲免其監禁之罪，則斷斷不能照辦也。特此先行電陳。東。

致天津袁宫保、京梁崧生星使光緒三十三年

五月初三日午刻發

津冬電、崧使卅電悉。昨接高道電，述崧使晤談各節，以讓利争權四字爲宗旨，佩甚。崧使所擬，仿照關内外辦法〔一〕，加重華官權，工程歸彼管，修成一段交我一段，交我之後，行車用人，均歸我主持，彼不得干預。惟兩鎊半之鎊虧、二成之紅獎稍爲退讓，十二年半始將借欵全還各節，似較借欵自造爲尤善。蓋自造斷不如洋人代造之合法迅速，且須於五釐息之外再有加增，爲數亦鉅也。既是修成一段即交我一段，則路權毫無損失矣。惟借欵須另指三省的欵作抵，不能以鐵路作抵，曹約許修之路，須與議定不能再修，是爲至要，鄙見如此。此法究竟是否妥協，及此外有何應補要義，統請慰帥詳加裁酌，或可或否，覈定後告崧使妥爲商辦。至廢約一節，既已向兩銀行談過，此時自可一面將銀行停議之説告三省，一面即商修改辦法，惟廢約二字總須隨時留作談助耳。覺。

致上海盛宫保光緒三十三年五月初十日丑刻發

頃湘紳覆電，云前奉憲台發交盛宫保來電一紙備悉。漢陽鐵廠願以鐵軌助修洙昭鐵路，全數記帳，不索現貲，同人讀悉，至深銘感。惟湘公司本議先辦長、潭，今忽改洙昭，將長、潭兩繁盛埠頭拋却，商情不便，股東亦未必樂從。查昭山至長沙航路，險灘尚多，如不接修至長，於鑛局轉輸仍難期速效。鐵廠既願任此義務，請將洙長全路鐵軌概行記帳，不索現貲，公司亦將由洙至昭一段趕先修築，以資轉運，彼此兩益，最爲公允。至預存軌價帶扣二成一節，公司未悉此案原委，似應仍由鐵廠自行料理，以省周折等語。特照轉，祈酌核見覆。蒸。

致天津袁宫保、京梁崧生星使光緒三十三年

五月初十日巳刻發

津歌電、崧使歌電均悉。借欵自辦，分欵、路爲兩事，自是今日切題良策。崧使所擬以他項的欵爲抵押，此節爲最要，惟三省應指何的欵，應請慰帥籌酌，與崧使商定示知。蓋直省財政固聽指揮，山東舊治，江北路短，楊蓮帥及新簡江北王提帥〔二〕兩處，如慰帥以爲妥當，易商辦。此外，若借欵加扣以抵换二成餘利，另給現銀以抵换購料五分行用，均是讓利争權宗旨，其扣頭須加至幾扣，另給現銀若干，望示知。惟路是否改爲單軌，借欵能減至四五千萬否，借欵現議若干年還清，至速過若干年後即可先還路歸我自管，工師我自選派，想均議及。繹柯達士語意，似是以允照辦。以上各節均望切實示覆，其中是否周密，有何應增減酌改之處，統請慰帥裁奪，與崧使商辦。津電防弊各節，照崧使此電，則無慮矣。陽。

致京梁崧生星使光緒三十三年五月十四日寅刻發

頃覆外務部電云：真電悉。查前年由英領介紹借英鉅欵，贖

〔一〕指光緒二十四年八月二十五日（一八九八年十月十日）與英國匯豐銀行簽訂的《關内外鐵路借欵合同》。

〔二〕即山東巡撫楊士驤、署理江北提督王士珍。

回粵漢鐵路，經英領事與我議定，當經照會英領事，內云將來粵漢鐵路修造之欵，除中國自行籌集外，如須向外洋借欵，當先儘英國銀行承辦。此外，湖北、湖南境内另有修造須借洋欵之事，照粵漢鐵路一律辦理等語。光緒三十一年十二月曾經奏明，并於三十二年二月鈔録照會，咨呈貴部有案。近日英領事因鄂境修造粵漢、川漢兩路，需欵甚殷，疊次由滙豐及中英公司屢來勸我借欵，敝處初則峻拒，彼頗肯遷就，其中情節曲折紛繁，非電所能悉達。現在尚未允許，即使籌借，亦當與英人商訂。英人願聯合法國東方銀行合借，已以原約所無駁之。日本銀行亦願借，爲英所阻，議明合同不列日本銀行。至德華銀行雖亦欲插入，託人來說，敝處未與之議。蓋鄂省修路不借欵則已，若借則必須滙豐，因從前曾與英領有約，此時礙難更改也。德使所請，尚祈婉却，是禱。等語。請崧使酌度回覆柯達士是荷。寒。

致京鹿尚書光緒三十三年五月十五日申刻發

元電悉，承賀敬謝[一]。津鎮路事，總署所訂草約於二十五年四月總署具奏，奉旨依議。欽此。此時忽議廢約，萬辦不到。現在擬定議借欵自辦，衆京官均以爲可，德、英兩銀行似亦允許。大旨在讓利争權，實屬毫無流弊，且較廢約自辦者成功尤速，較有實際，不在乎徒争廢約之虚名也。昨日梁崧使進謁，想已詳陳，請即裁定，催梁速與兩銀行議。若大綱宗旨彼已允定，則細目儘可徐商，免致延宕日久，或有壞人挑播，德、英兩國政府忽又翻悔，至要至要。凡交涉事，遇有好機會，即以速議速定爲妙。即盼示覆。删。

致上海東亞同文書院根津光緒三十三年五月二十日子刻發

東亞同文書院畢業祝詞：光緒三十三年五月二十日，爲東亞同文書院畢業之期，其校長根津君乞言於余，甚盛意也。貴書院敦崇睦誼，培養人才，以通中東之情愫，以考中學之典籍，以備兩國之任使，善鄰之義與信古之誠，兼而有之。此時俊彦蒸蒸，成就日衆，實賴校長根津主持，及同校諸君贊助之力。佩服之餘，曷勝盼頌。竊有鄙見，敬爲校中諸賢陳之。嘗考中國文字之源流正變，本乎倉聖所造六書。六書雖區爲六門，大率每一門之中皆有形、聲、義三事，以經緯其間，互相檢制，以故引伸極廣，而時歷千年，地隔萬里，不致濛混淆訛。乃近來新學輸入，轉譯較難，而淺學者每謂中國文字不足於用，創爲廢文字，立字母，用拼音之法，以求語言文字合而爲一。推其流極，將見文字既隨方音而變，而方音又隨字母而變，勢必咫尺之地，文字不通，豈非大亂之道哉。所願畢業諸子，從此研究中國六書形、聲、義三事並重之精理，以爲轉譯歐美群籍之津梁，則吾兩國之文化，將因此而日見其昌明也。敢告群彦，敬致祝忱，統希鑒之。大清國太子少保協辦大學士湖廣總督張之洞拜祝。

致天津袁宫保、京梁崧生星使光緒三十三年五月二十一日子刻發

津銑電悉。既議借欵自辦，不以鐵路作抵，應用三省何項的

[一] 本年五月十一日，詔授張之洞為協辦大學士。

欵抵押，此一節爲最要關鍵，請慰帥即速籌示。公函敝處亦接到，俟由津鈔寄之公函到後，再奉覆。崧使霰電擬令諸紳與英、德兩公司直接開議，萬不能行，兩銀行斷不能與諸紳議。今日見柯達士，渠言之甚決，請崧使萬勿推辭，將來自有公論也。箇。

致京高碑胡同學部高宅高澤畬〔一〕光緒三十三年五月二十三日丑刻發

旅費千金，交百川寄，查收。速移新居，并告知住址，至要。養。

致天津袁宮保、京梁崧生星使光緒三十三年五月二十六日丑刻發

津鎮鐵路事，五月二十二日在鄂與德華銀行總辦柯達士面議借欵自辦章程，大略十五條：一、借五百萬鎊。一、先修單軌路。一、全路限三年造成。一、灤口黄河橋工亦在三年限内造成。一、九四扣，五釐息。一、前十年還利。第十一年起還本，如有欵即可於十一年全還，或陸續多還。一、十一年還本不補兩鎊半之息銀。一、借欵不能以路作抵押，另指三省之欵作抵押，應由袁宮保酌定。一、北端用德工程師，南端用英工程師，均由中國總辦此路之大員自行選用，此工程師應聽中國總辦、提調節制調度。一、英、德兩工程師只管造路工程之事，不得干預他事。一、行車餘利前議銀行工師分餘利二成一節，應勿庸議，以免還欵多延時日，應由梁星使另行籌商津貼之法。一、銀行買料用錢，應大加核減，或另籌辦法，應由梁星使妥商。一、北端天津，南端浦口，中段濟南，應同時開工，濟南路造至分達南北處，應一向北造，一向南造，以期迅速。一、山東境内德國勿庸再造他路，以免與此路有妨。一、路工將竣時，如欵尚不敷，可仍向德華、匯豐續借等語。查柯達士於五月廿一日來見，自言來商津鎮路事，力言兩銀行斷不能與紳商議，有紳往皆不見。廿二日與之詳商十五條如右，大略均本崧使近日所商辦法，其銀行不要餘利二成一節，渠甚送情，自云此乃出自德銀行之意，甘心退讓，以結好於中國。當即答之云，崧使來電已言及，并贊美稱謝以堅之。其買料用錢，應請崧使酌商，并告以此事一切由慰帥主持，細目由崧使詳議，我不過從中調停等語。特詳達，請慰帥、崧使詳酌核示爲禱。有。并請崧使鈔送高道一閱。

致安徽藩台馮、學台沈、署臬台毓、署安廬道台〔二〕光緒三十三年五月二十七日午刻發

本日巳刻接宥電，具悉。恩新帥〔三〕因考巡警學堂被會辦槍傷甚重，不勝駭異。會辦徐錫麟係何官、何省人，想係學堂出身，是否革命黨，因何起衅，何以持槍專擊新帥一人，該堂學生共有若干人，軍械所已否被搶，圍軍械所者有無别學堂學生在内，如此大事，省城新軍及練兵豈竟無一人圍捕。以上各節，來電均未詳叙，務望即刻發急電詳覆，切禱。敝處已派文武大員統率新軍

〔一〕録自抄本《張之洞電稿·致北京電》。

〔二〕以下四電録自抄本《張之洞電稿·致各省電》。

〔三〕指安徽巡撫恩銘，字新甫。本年五月二十六日，被徐錫麟槍擊重傷致死。

兩營及礮隊一隊，共一千三百餘名，并兵輪兩艘，今晚啟行矣。再，來電係廿六日未刻發，何以今日巳刻始到，祈飭電局，務須密速爲要。感。

致江甯端制台光緒三十三年五月二十七日亥刻發

宥電悉。本日巳刻接安徽司道公電，言新帥受槍傷重，徐錫麟帶學生圍軍械所，合城驚惶，望酌派得力隊伍，帶槍械子彈，附輪速來等語。皖省出此鉅變，難保匪黨不四起擾亂。當即飭派張鎮彪、李道孺率新軍兩營、礮隊一隊，並兵輪兩艘，即刻乘輪馳往皖省，會同相機辦理。兹得尊電，新帥竟因傷出缺，深堪慘痛。各省多有匪黨，已飭隨時嚴防。感。

致西安馮藩台光緒三十三年五月二十八日辰刻發

履新大喜，敬賀。鄙人蒙恩惶悚，承賀愧謝。雲門晤談否，行止若何，是否仍居陝，或歸鄂，抑或遠遊，祈示。儉。

致西安前藩台樊雲門方伯光緒三十三年五月二十八日辰刻發

承賀愧謝。足下行止若何，祈示慰。沁。

致安慶馮藩台、沈學台、毓署臬台、安廬道台光緒三十三年五月二十八日辰刻發

昨接諸公沁電，時已曛黑，軍隊已乘兵輪啟行，不能追回。新帥出缺，人心震動，沿江伏莽極多，難保不乘此擾亂。皖鄂鄰境，安危相關，即使諸公不來請兵，敝處亦必派兵出境沿江一巡，查看情形，以資鎮懾，而遏亂萌。總之，鄂軍到皖，皆紮營住帳，不住民房，用費一切自備，斷不擾皖省一草一木也。勘卯。

致安慶鄂軍張統制、李道台光緒三十三年五月二十九日寅刻發

儉電悉。該軍務須嚴整肅静，均住帳棚，不可入民家，飲食柴草一切自備，街市買物務須和平，不准稍有强買争鬧等事，違者必應嚴辦。總之，萬不准擾皖省一草一木，以全名譽。切切。豔。

李道、張統制來電光緒三十三年六月初一日子刻到

鄂軍艦本日均安抵皖垣，隨即入城晤馮藩司，詢悉徐錫麟，山陰人，曾三至日本游歷，去年以道員到省充巡警學堂會辦。本月二十六日學生畢業大考，共二百人，官生民生各半，民生係用以站崗者，皆以發給槍藥。是日新帥暨司道均到，徐始欲在餐房用炸彈轟擊同坐各官，嗣因不果，遂於行禮時先抛炸彈未然，隨用手槍二枝亂擊，文巡捕陸允頤登時斃命，武巡捕車德文亦受重傷。是時各官皆驚惶無措，輿夫負新帥出，徐由後追擊，彈由轂道穿肩而出，計受八傷，此傷最重。時收支委員顧松在側，護送新帥，徐喝住顧，飭令關閉大門，顧不允，徐大怒，反誣顧為刺客，顧惟跪乞哀，徐復至房取刀砍顧，不死，徐黨馬子可槍擊顧，斃命。方徐與顧争持之際，司道得乘間逸出，羣集撫署，商議調隊捕徐。此間防營僅兩營，新軍僅兩標，新軍又值舊械已繳，新械未領之時，兵力單弱。旋軍械所委員奔告，徐帶學生入所搜掠

軍械，先開三庫，皆土槍及軍衣等件，擬開他庫，軍隊已至。徐黨由内發槍拒捕，軍隊受傷多人，有斃者，軍隊還擊，斃其黨陳伯平一人。迨徐黨槍彈已盡，徐越墻而走，適勞牧文琦在外瞥見，狙擊未中，悉竄入民舍，軍隊闖進搜獲，並獲其同黨馬子可及隨往本堂學生二十餘名，當即解送撫署。時方未刻，新帥即於是時出缺。司道等訊取徐親筆供詞，公議將徐正法。當時人心惶惶，街市閉户，徐正法後，人心始定，此二十六日自午至未之情形也。次日又在輪船馬頭搭客房遺行李内搜獲火藥一包。現在城門晝掩，盤詰頗嚴，南琛、江元及步隊兩營亦同日均到。餘詳另稟。孺、彪叩。儉。

致安慶張統制、李道台光緒三十三年六月初一日丑刻發

該鎮等到皖已三日，此時皖省人心已定，江南艦隊已到，足資鎮懾。鄂軍可即拔隊開輪回省，酌留文武委員數人考查情形，隨時密電密稟。東。

致安慶馮撫台[一] 光緒三十三年六月初二日丑刻發

大喜欣賀。江南兵輪軍隊已到，足資鎮懾。已電飭鄂軍拔隊即回。東。

致江甯端制台光緒三十三年六月初二日寅刻發

皖事皖省致敝處電甚簡略，與敝處聞知查知者不甚同。皖致尊處電想必詳盡，台端電奏已詳叙否，似須據實奏聞。或云道、府受傷，確否，祈示。先。

致安慶馮撫台，藩、臬、道台諸公光緒三十三年六月初三日子刻發

兩電悉。聞江南軍隊已到七百人，長江程提台率兵亦到。聞皖省有新兵兩標，巡防隊數百，此時重在查緝，若爲彈壓計，已有餘矣。鄂軍步隊已調回，已飭楚有、楚材兩輪駛往大通一巡，如安静即回鄂，如楚材先回，即令楚有一輪往，設有要事，再派往，不能久在外。覺。

致安慶鄂軍張統制、李道台[二] 光緒三十三年六月初三日丑刻發

冬電悉。軍隊冒雨，甚念。可即傳諭撫慰，回鄂必當獎賞。昨晚發東電，想早到，該鎮、道即遵照前電，速率軍隊及兩艦回省，萬勿遲延，酌留將弁隨時發稟。何日起程，速電覆。沃。

致京前倉場侍郎劉博翁、總税司赫宮保、學部喬左丞[三] 光緒三十三年六月初三日丑刻發

衰朽無能，蒙恩惶悚，承賀愧謝。豔。

[一] 五月二十八日，新授馮煦為安徽巡撫。以下二電録自抄本《張之洞電稿·致各省電》。
[二] 録自抄本《張之洞電稿·致各省電》。
[三] 録自抄本《張之洞電稿·致北京電》。

致伊犁長將軍、西安曹撫台、太原恩撫台，天津造幣廠瑞閣學、張京堂，長沙王祭酒暨鐵路公司諸公〔一〕光緒三十三年六月初三日丑刻發

衰朽無能，蒙恩惶悚，承賀愧謝。豔。

致安慶張統制、李道台光緒三十三年六月初四日子刻發

步隊已行，甚妥。可飭楚有、楚材同駛往大通一巡，駐一日，如地方安静，即回鄂。如楚材已回，即楚有一艘往可也。盼覆。江。

致江甯端制台光緒三十三年六月初四日寅刻發

蒯道來鄂，屢經晤談，商定辦法如左：一、宗旨。此次會派歐洲監督，以考查學生學行，詳實報告爲主。凡官派留學生及自費生，或在外預備，或在某學堂若干年，曾否轉學轉科，所入之學堂係官立抑私立，程度若何，學風若何，學生每學期告假若干日，有無犯規，分數若何，何科爲優爲劣，一一詳確登記，按期報告學部及各省督撫，刊册宣布，使官民咸知。其所習課本講義及參考書，一并查送，目前可備中國考核約束，將來可爲本生學業憑據。一、權限。考查須親到學堂，方能詳確。應由駐各國欽使，預向彼國外部告以此次監督奉派考查之意，請其轉致文部，令該監督得隨時親至各學堂閲看，並可向校長及各教員詢問一切。其餘各處有與學生所習之學科相關者，亦可由欽使介紹，前往考察。至關於學生行檢之事，在本學堂犯規，應照本堂章程辦理，遇有特别事故，或在外有不遵規則損傷名譽之事，應由監督告知欽使，或電請本省督撫酌示遵辦，有須與彼國他衙門交涉者，應由欽使酌辦。以上各節必須奏明，或電請學部轉奏，務令欽使切實照料，最爲要義。一、用人。英、法、德、比四國地遠校多，語言各異，該監督所屬，宜特設視學員相助爲理，方有實際，或名爲視學委員，並宜華洋兼用，擇其通曉學務者各用一人，或稍多用，須俟該監督抵歐後，察看情形，視經費之盈絀，酌量電稟核定。其餘繙譯、書記各員，由該監督自行酌用。一、經費。現在江、鄂擬各任籌一萬金，俟川次帥、粤雲帥到任後，由尊處電商，各任五千金。並請電商慰帥，北洋留歐學生可否並歸管理，酌任經費。監督薪水，擬定每月若干兩，餘作公費，照此五省所出之數，撙節開支，當可足用。如實有不敷，由江、鄂分任貼補，將來遵照學部來電，漸成畫一辦法，則各省官費生、自費生必應統歸該監督一律管理，按照各省學生名數，爲出費之多少，江、鄂兩省自無須獨任鉅款。以上四條，統希卓裁示覆。支。

致江甯端制台光緒三十三年六月初十日丑刻發

五月諫電悉。江西鐵路擬以岡崎平三郎爲正工程師，託轉詢原口等語。原口現已回國，無從詢問。東洋人最喜攬分外之事，今江西工師亦取決於渠，以後必漸思干預江西路事，鄙人實不敢多此事也。祈轉告伯嚴，逕在日本另行探詢爲妥。卦。

〔一〕以下二電録自抄本《張之洞電稿·致各省電》。

致京鹿尚書、高澤畬光緒三十三年六月初十日寅刻發

澤畬虞電悉。外部肯擔任主持，指三省釐金作抵，此事可望有成。惟柯達士之草合同稿二十餘欵，與在鄂所議十五條必有出入，兹將鄂議有電録請察覽。查鄂議各條，柯達士皆無甚異説，其語氣似已允許，此後必須抱定鄂議與之磋商，萬不可稍有退讓，至要。路雖係自辦，工仍須包與洋工師，方能合法迅速。若由中國官紳自出心裁，恐必致耽延遲緩，望再細酌。商辦一層，鄙人係直隸人，豈有不願，特借約既係官訂押欵，又由官籌，責任全係官擔，何以能歸商辦。慰帥已允商辦否，并望電覆。卦。

致天津袁宮保、江甯端制台、盛京徐制台〔一〕光緒三十三年六月初十日巳刻發

津宥、東兩電悉。慰帥崇論閎議，佩服萬分，鬱悶經旬，讀之霍然病已。中國國幣豈有用墨銀重量七銀二分之理，敝處光緒三十年八月奏内已詳。乃度支忽創此議，真愚蒙所不解。慰帥來電所言損失國體、貨幣兩歧、折合病民、引銷墨元四害，透澈無遺。至度支部咨文所言陳尚書璧在鄂詢知鄂鑄一兩銀幣不能行，已收回銷燬一節，殊非事實。鄂鑄一兩銀幣，本省通行，已發出七十餘萬，不惟藩庫、商民，即江漢關税亦按庫平足紋一律收用，此爲行銷明徵。嗣因部文改鑄一兩零六分者，不得不將舊鑄者陸續收回，然至今尚有十餘萬散在民間，此乃迫於部章，並非鄂省自願銷燬。當日陳尚書在鄂與鄙人並未言及，僅隨帶司員向局員談及，局員告以部章既另定新式，現已遵照將舊鑄收回，聽候頒發新模，並無一兩之幣不能行銷之語，可質天日，不知隨員何以誤會。菊帥電鄂鑄一兩不能通行之語，務請酌量更正。惟津電成色用九八一節，似乎尚未完備。此次創定國幣，自須毫髮無憾，無往不宜，無施不可，方爲盡善。若色止九八，本國商民流通自屬可行，上下出納已稍有不便。至於買鎊還債，洋人必仍以九八計算，斷不認爲足銀。中國今日以銀爲本位，則所鑄國幣必宜使中外同認，毫無貼補，則以後凡一切有關幣制本位等事，方能推行盡利。竊謂銀色必以十足爲宜。考日本鑄造金元表，凡值銀十元者，其金元重二錢二分二釐，其中足金實有二錢，蓋將其銅料雜質剔除不計，仍作足金二錢計算，故能通行無滯。聞英國官商言，英國金鎊亦是只算足金之數，並云他國皆然。各國金幣辦法既皆如此，我斷不能不一律照辦。近日詳加化驗試造，若每一枚用足銀一兩，加入雜質三分，共重庫平一兩零三分，銀質並不嫌輭，聲音亦甚清亮。至於工火虧耗一節，計每銀幣一萬兩，須折耗二百兩零。外省銀幣局因生銀漸少，銀條漸貴，每一局每日僅能鑄銀二萬兩，通年不過鑄銀六百萬兩。統計中國造幣分局不過五六處，虧耗約共七十二萬兩，儘可參鑄各種小元，以爲補助。惟小元須定爲足銀九成，限定鑄數，不得過大元十分之一，方能通行，價值照大元，一律不准壓價。小元一萬兩，可有盈餘四五百兩，約可抵補十之二三。即使再有折耗，一省所攤無幾，爲數甚微，保國權，利民用，自有無形大利，豈如市儈專計盈餘哉。且銀幣信則紙幣行，其大利豈争此區區哉。慰帥擬聯銜疏争，此

〔一〕指東三省總督徐世昌。本年三月八日，改盛京將軍為東三省總督，并於奉天、吉林、黑龍江三省設巡撫。

萬不可少之舉，洞願附驥，但成色必宜慎重。鄙説有無可采，統請裁酌速示。管見總以足色爲完全闊大，無懈可擊，且與各國一律，中外誠信相孚，其利大矣。鵠候示覆。蒸。

袁制台來電并致江甯端制台、盛京徐制台　光緒三十三年五月二十八日申刻到

部奏試鑄通用銀幣一摺，諒已咨達冰案。茲事關繫各省財政甚鉅，不審尊見以為如何。鄙意行用七錢二分銀幣，弊害滋多，試縷述之。各國貨幣自有制度，如英之先零，俄之盧布，德之馬克，法之佛郎，美之託臘，日之金銀元，皆各適其宜，不相沿襲。中國向用生銀，本無幣制，今欲釐正圜法，制定國幣，乃務為苟簡，沿用外人之程式，坐昧經國之遠圖，如政體何，如國計何，害一。中國用銀向以兩計，今制為七錢二分之銀幣，將廢兩不用耶，其勢萬辦不到。將用元而仍存兩耶，是圜法終不劃一，徒滋人疑，莫定民志，而將來實行商約，仍難免於更張，害二。既名國幣，各庫自應收放，如仍按兩折合，則畸輕畸重，弊混叢生，勢難一律，而胥吏驅儈益得因緣為奸，是謂病民。如逕按元收納，則丁糧、鹽課、貨釐、關税及一切官項，公家喫虧甚鉅，是謂病國，害三。中國惟無幣制，故墨元得以侵入。今鑄造銀幣，而分量輕重悉準墨元，非惟無以示抵制，且不啻招其浸灌而助之推行也，害四。綜而言之，圜法者一國之内政，不必强同。權量者百代之大法，不容輕易。若以七錢二分定為幣制，則是破壞律度，放棄主權，外增漏卮，内滋紛擾。全局通籌，未見其可。而部議方謂規仿墨幣，主於疏通而便民。殊不知墨元所以能行者，以我國初無銀幣，自易輸入，並非因輕重之適宜也。即如俄之盧布，行於東三省，印度之羅批行於西藏，其分量又各不同，是其明證。况墨元僅行於通商口岸，並不遍行於腹省内地，恐不抵生銀千分之一，又烏得執一隅以概全局哉，民烏乎便，法烏乎通。若部議所謂大小輕重易於携帶之説，則自兩以下有五錢、二錢、一錢，其重量皆較七錢二分輕便。竊以為中國不劃定幣制則已，如劃定幣制，則重量宜以一兩為準，成色應以九八為宜。蓋先以銀為本位，不可不抬高其質，若以九成銀為之鼓鑄之，初雖贏厚利，而將來收納，暗虧必多，慮其虧而另外加色，即又不足示信。且銀元初行，生銀驟難盡廢，若銀元成色太低，勢必不抵，銷必不暢，又未可强用壓力使人甘受其虧。惟按九八成鑄造，則與現在通行寶銀約足相埒，又無挑剔平色之弊，民自樂從，而國家收欵不至暗中受虧，即將來更革鎔燬，都可無慮。不過按以鑄造，工本稍大，難免稍有折耗，然鑄造宗旨原為上正圜法，下適民用，内以杜絶中飽，外以抵遏洋元，無形之中大利自普，固非斤斤然權子母逐什一也。况折耗斷不至太鉅，并可參鑄各種小元以補助之。凱不諳計學，竊謂規定幣制，道不外此，若如部議，特未嘗統籌而熟計耳。三帥公忠體國，考求有素，如不以鄙言為謬，擬會台銜合詞疏爭。其或言之不當，亦祈糾而正之，幸甚。凱。宥。

致江甯端制台、太平長江程提台〔一〕　光緒三十三年六月十七日申刻發

昨奉真電，正籌核間，復接十五日電示奏稿。長江地方緊要，

〔一〕指長江水師提督程文炳。

巡緝不容疏懈。鄂省設立沿江緝捕營，密遣綫勇分駐各省繁盛口岸，查緝匪黨，已歷八年，辦法與探訪隊名異實同。現奉旨，飭會同妥議長江巡緝章程，敝處自應將從前已辦情形，此後加密辦法，詳核會奏，庶與來稿統顧兼籌之語相合。至程軍門巡查重任，鄙人深願竭力幫助，至需用輪船巡緝，敝處亦可酌撥一號供其調遣。惟艦隊須編練始能成立，鄂省淺水兵輪購到不久，兵弁機手尚待學習，又因餉需過鉅，此時有船無人，無從編隊。且匪蹤隱密飄忽，要在偵查，兵輪梭巡，耗費鮮效，亦與敝意未合。此係查緝亂黨，並非轟擊捻匪，既奉諭旨妥議，自應力求實際，不敢率行覆奏。湖口爲兩江所轄，似未便責之湖北，容再妥籌另電詳達，敬請兩公大教。此事關繫至鉅，鄂力所能及，斷不稍事推諉。惟巡緝章程既須各就各省情形擬議，則奏稿似須與各省熟商詳籌，衆議僉同，方可入告。若未經商定之稿，務望暫勿遽發，以免日後參差辯論，至禱。并盼示覆。霰。

致天津袁宫保、江甯端制台、盛京徐制台光緒三十三年六月十九日子刻發

津文電讀悉，具見藎畫調停之深意。惟從前部員所慮中國寶銀本無足色，衹在九八九之間，苟鑄十足，恐洋商以寶銀抵换盤剥，鎔化牟利一節，似未盡確查。中國寶銀向有庫寶、市寶之分。庫寶即上藩庫解京餉之寶，均係庫平足色，各省皆同，雖中國化驗未精，大致無甚歧異。市寶即各埠行用之寶，成色不一，無論何省，如遇兑交庫款，均係按照各省市寶向來行用成色補足庫寶成色，然後作算。即以湖北估寶而論，武、漢通用作爲九九二成色，如解藩庫，以之折合庫寶，每百兩仍須加補成色銀八錢，解部庫，則須聽部庫官吏飭補，絲毫不能含糊，此京外各省現行事例之明證也。今者擬鑄庫平庫色一兩銀幣，即現在之庫平庫色一兩足銀，除官鑄庫寶始准與新鑄一兩十足銀幣平均兑换外，如各埠市面行用寶銀，以及生銀錠塊，均須按照成色申補，即外洋來之銀條，華商亦不能即作爲十足，每一千兩亦須分别酌補數錢數分。是新鑄一兩銀幣與各省市面行用寶銀判然兩途，各不相混，既不能抵换盤剥，更不能鎔化牟利，此理不辨自明。部員於庫寶、市寶成色未加辨明，是以稍存過慮。今承慰帥主持，挈銜剴切電達，當必豁然。蓋中國市面寶銀本無足色，然其交庫本不能作足色計算，市面亦並未照足色行使。至中國庫寶向係十足成色，今擬鑄之一兩新幣，其成色即向來之十足庫寶，名異實同，無所謂受虧太鉅也。果使國幣暢行，則其間工火雜質稍有些微虧耗之處，以紙幣、匯票之大利補之，此區區之數不足計矣。至慰帥前電雖有九八之説，乃係未定初稿，並非定議。如果足色之説可采，似無妨折衷歸於一途。查前年鄂省原奏仍係九成紋銀，亦未議及足色。此次奏内似可聲叙鄂省前年所奏色係九成，此次直省初稿擬用九八，今經公同商酌，反覆研究，考諸商論，揆之洋情，仍以足色爲最善，是以擇善而從，均不敢拘泥前説，目前有便商民行紙幣之利，將來即爲銀幣定本位之基云云。蓋集議雖采三省，裁斷仍係慰帥也，或奏尾稍參活筆，暫請試辦一年，抑或另行設法措詞，稍作斡旋之處，統請慰帥卓裁核定。惟出奏時應請慰帥領銜，至要，不惟各省憲綱次序應然，且此議實慰帥發之也，萬勿客氣，至禱，至感。即候電示。效。

袁制台來電并致端制台、徐制台 光緒三十三年六月十二日酉刻到

鄂號、箇兩電悉。探本立論，至理名言，令人五體投地。五年前凱亦嘗以先立銀本位，宜鑄十足一兩銀元為説，而部員謂中國寶銀本無足色，祇在九八九之間，苟鑄十足，受虧太鉅，且恐洋商收我十足而以寶銀抵换盤剥，或鎔化牟利，迄不能奪，乃降為九八之議，而部員仍不愜意。前年定為九六五，因其雖非十足，相去無多，不復與争。中堂主持十足，自是大處落墨，亦為不易之理。擬於疏内切實發揮，請鑄十足，而摺帶一筆，云至少亦不可出九八以下，以略符凱九八之議。是否有當，統祈卓裁示覆遵辦。凱。文。

致長沙鐵路公司王祭酒，張、席兩觀察等〔一〕 光緒三十三年六月十九日

堯衢參議來電，力辭湘路總理，鄙人已覆電敦勸速出，在京湘紳亦屢有緘電，請留堯衢，衆情所向，何慮呼應不靈，况已准奏在前，仍便遵旨辦事。堯衢倘仍懷疑阻，望諸公即速具呈敝處，鄙人再加批慰留，宣示報紙，布告海内，自不慮招股之觀望矣。惟路務關係重要，贖欵又届還期，海觀京兆處屢次發電催歸，藉故久延，殊無來意，雨珊觀察久病不痊，堯衢請於各議紳中酌定一人，暫代總理，其説甚是，而略須變通方可，暫代雨珊觀察一席，作爲暫代協理。望公司即具公呈或公電來鄂，以便照辦。效。

致長沙余前參議 光緒三十三年六月十九日

真電備悉。閣下解組歸田，不過稍羈雲程，於辦理路政初無窒礙。鄙人屢接京、湘兩處來電，皆勸閣下速出任事，衆情所向，又何慮呼應不靈。如得公司具呈，尚擬申明前旨，將慰留閣下之意宣示報章，布告海宇，更無慮股東觀望。至報章所載各節，自應隨時辯明，以免淆亂觀聽，望即詳裁寄鄂爲要。閣下繫懷桑梓，定當勉爲一出，力任此事，當不肯曲詢俗情，固執小節，有違衆望。並切盼。效。

余參議來電 光緒三十三年六月十一日

湘路關要，康自春間到公司後，與同人將招股事宜竭力經營，分投董勸，滿冀漸圖裒集，不料生此變端。竊維路政首在招股，股招不動，即百端莫舉。湘公司近來輒有嫉忌之人，日以破壞為事，蜚騰誣謗，登之報章，以致遠近觀望。加以罷官歸來，炎凉世態，必致呼應不靈，非敢有意鳴高深慮。虱於其間，不惟無益，轉滋貽誤，豈不更負中堂盛心。仰蒙中堂再三諭留，訓詞謙切，康何人斯，何致自甘廢棄若此。連日再四思維，實有萬分為難之苦，惟有仍求中堂准予開去總理，電催袁京兆速回主持。現值贖欵期限又迫，急待張羅，並可否一面在各總議紳中酌定一人暫代總理，以免諸事廢擱。康既息影鄉園，本有當盡義務，管見所及，雖在局外，仍當隨時旁參末議，一貢其愚。區區之私，伏求涵鑒。

〔一〕 以下三電録自湖南湘路股欵清理處編《湘路文電輯要》卷上。民國四年八月刊於長沙，現藏湖南省圖書館。所署時間前二件係收電日，後一件係發電日。

除抄呈撫院並切懇辭外，謹此電覆。康叩。真。

致江甯端制台光緒三十三年六月二十二日午刻發

岑馥莊[一]中丞篠電想已達，讀之不勝駭異。今日廉明剛正大員爲誰，洞實不知其人，馥莊殆意有所指耶。諭旨是令各省協助長江提督，非令撤换長江提督，此似是題外文章矣。尊處如何答覆，祈速示。養。

致安陸府張守、鍾祥劉令、潛江畢令、京山汪令光緒三十三年六月二十二日申刻發

據法國杜領事照稱，據安陸府屬郭家嘴教堂沈司鐸稟稱：十七日午時，田廣禄之妻暨陸真鼎、向運彪、賀家裕、賀家宴等帶領土匪約五十人，持順清滅洋紅旗，四面從田家集至王家場，搶劫教民羅光禄家。匪等謡言欲往燒鄭家場教堂，現在田家集聚匪數百餘人。十七日，又有教民田文珍報稱，伊家危險之至，懇速設辦懲儆等語。查郭家嘴地屬潛江，前據該府電稟，已飭畢令認真保護，何以又有土匪搶劫之事。如果有滅洋旗幟，實屬不法已極，亟應嚴拏。陸真鼎前據稟在拏未獲，尤應趕緊拏辦。田家集是否聚匪數百人，王家場、鄭家場各教堂均應認真彈壓保護。頃間並接外務部來電，亦查詢此事，速將一切情形暨何縣地界確查電稟，勿稍隱飾。漾。

致江甯端制台、太平長江程提台、蘇州陳撫台、南昌瑞撫台、安慶馮撫台、長沙岑撫台光緒三十三年六月二十二日申刻發

管見五條，請諸公賜教。一曰密訪匪蹤。擬各省皆設探訪隊，而易其名。查探訪隊係仿北洋探訪局之意，其益甚大，而其名宜改。以此標名，是專與黨匪樹敵，稍覺狹小，且易驚避。似不如名曰巡緝隊，則查緝各種盜匪、會匪、梟匪，俱括其中。鄂省自光緒二十六年即設有緝捕專營，多養綫勇，派駐各處，通信協緝，實即探訪隊也。故近年南北巨匪，多有捕獲。今欲防革命黨匪，惟有沿江各省皆設巡緝專營，互通信息，不分畛域，此即所以協助長江水師也。再，此次奏内若聲叙江省設隊等事，則鄂省早已設巡輯隊，及聞皖變後，即派步隊、兵輪馳往彈壓，亦望叙及。竊謂無論江、鄂，前事均不宜多叙也。二曰派輪應用。查密緝匪黨，與攻擊大敵不同，艦隊似無大用。惟乘坐赴機，裝載兵勇，拖帶兵船，則必需中號輪船。江南既派兵輪一艘供程軍門用，湖北亦派兵輪一艘供程軍門用，如實不敷，臨時騰挪租雇應用。至鄂省新製兵艦，因餉力過絀，且水師學堂未設，尚未能招配弁勇，故無艦隊可編。三曰師船换礮。長江水師長龍、舢板，前於四年前業經洞在兩江署任時全行發給後膛槍，今擬將各船礮位一律换用後膛礮，由江、鄂兩省各按本轄船隻設法凑足應用。四曰五省協助。程軍門巡查全江，無論至何省境内，如有需用師船、運船、

[一] 即湖南巡撫岑春蓂。

步隊，一切器械經費，皆由該省籌備應付，極力協助，斷不諉延。惟各省責成，應以轄境爲限。湖北下游管至武穴爲止，上游至岳州爲止。五日酌籌綫費。程軍門所部皆係水師，若無眼綫，則匪黨無從覺察。應酌籌養綫探訪經費，每月約銀一千兩，或酌加，即由江南、湖北兩省分籌，各認其半，數目請午帥酌定。以上五條請午帥、程軍門、筱帥、鼎帥、夢帥、馥帥酌核示覆。如有可采，即請午帥叙入奏稿。至長江本標及五鎮之兵，應由程軍門會同各該省督撫切實隨事整頓，將來商定後，請午帥主稿，由電録示，商妥再發。奏内聲明係午帥主稿，爲禱。禡。

端制台來電并致長沙岑撫台、南昌瑞撫台、安慶馮撫台、蘇州陳撫台、太平程提台、清江浦廕提台 光緒三十三年六月三十日子刻到

前擬電奏未發，接各處覆電，敬聆一是。頃得南皮相國禡電，訏謨偉畫，體大思精，尤為佩仰。既承南皮相國屬令擬稿，謹重加參酌，擬致軍機處代奏。其文曰：六月初八日奉電旨，沿江一帶匪徒充斥，亟應嚴密查緝。著會商妥議，詳細具奏，並著程文炳常川梭巡，勿得拘守分閱上下游常例。等因，欽此。遵即電商籌議間，六月二十日准鈞處字寄六月十一日奉上諭：現在人心不靖，隱患宜防，應如何布置以期有備無患之處，著沿江、沿海各督撫體察情形，妥籌辦理。等因。欽此。仰見朝廷綢繆未雨、綏靖疆圻之至意，莫名欽感。伏查江蘇居江海要衝，鄂、湘、皖、贛均為長江流域，江面自吴淞以至岳州，綿亘五省，包絡湖浸，輪舶絡繹，伏莽素多。近來革命黨匪到處煽惑，復有孫文為之黨魁，時自外洋接濟軍火費用。江蘇海岸東北界山東日照，東南至金山場，為途四達，港汊紛歧，太湖一帶兼通海口，時聞有逆黨句結梟匪起事之説。巡緝稍疏，即虞滋事，均應妥籌布置，以期防患未然。欽奉前因，公同往返電商，悉心籌酌，略分三項辦法：一曰嚴密探訪。向來各匪大都椎魯無賴之徒，兹則黠士莠儒昌言革命，人類復雜，行蹤詭密，尤須重懸賞格，廣設偵探。鄂省自庚子年經之洞設立沿江緝捕營，南北巨匪時多捕獲，兩江則自上年端方到任時，即經設立探訪隊，分駐各處，復將原有兵輪抽撥數艘，編立巡緝艦隊，派員統帶梭巡，命意均與北洋探訪局略同。然以此標名轉恐匪黨注意，易致驚避，擬易名曰巡緝隊，舉各種會匪、梟匪、盗匪俱括其中。江、鄂即就原設營隊認真整頓，多養綫勇，分投偵探，將該匪秘密舉動隨時偵報，相機因應。湘、贛、皖三省均即仿辦，總期互通消息，不分畛域，以協助長江水師所不及。至購綫、犒賞、川資等費，應請核實報銷，俾得放手辦事。一曰整頓水師。長江水師為文炳專責，應將本標及各鎮師船切實整理，仍遵旨不時梭巡上下游，督飭查緝。惟舊有船隻形式笨重，阻風滯水，未能迅赴事機，由江、鄂各撥兵輪一艘，權交文炳應用，如有不敷，臨時再行酌撥。所部皆係水師，若無眼綫，無從覺察。應酌籌探訪經費每月銀一千兩，由江、鄂分認籌撥，擬請作正開銷。師船槍礮最關重要，四年前之洞在兩江署任內，已全行發給後膛槍，惟礮位一仍舊式，今擬換給後膛快礮，每營以五尊為率，由江、鄂各按本轄船隻湊撥應用。此外無論在何省境内，如有需用運船、步隊，一切器械、經費，均由該省酌撥應付。一曰預備精兵。黨匪散布各省，勢頗蔓延，若使節節設防，勢分費多，且難得力。現擬簡練精兵，授以利械，並備運船，靜以待動。兩江即就現設艦隊實力擴充，鄂省新製兵艦尚未招配

弁勇，此外各省或無艦隊可編，應各選步隊礮兵扼要屯紮，添製輪船一二艘，停泊左近，一有警報，立即開駛捕拏。該匪初起人必不多，心必不一，有此勁旅，當可隨時撲滅。該匪私運軍火多係夾帶貨物，現已切飭江海各關道，會同税司，加意盤查，嚴防接濟。惟是沿江沿海地面延長，防緝事宜固應以各省轄境為斷，藉專責成，尤須聯絡一氣，互為策應。長江水師所轄，下至歙山鎮內洋水師通海營汛而止，其上海吴淞濱海一帶，應責成提督薩鎮冰專任巡緝。應如何預為布置，現已由端方咨商該提督妥議籌辦法。至蘇省鹽捕、飛划等營，一併嚴飭該管將弁整理巡防，庶可收統籌兼顧之效，而免鞭長莫及之虞。抑之洞等更有請者，巡緝全資將弁，賞罰首貴嚴明，嗣後在事員弁，如有疏防玩公及兵勇通匪情事，即行嚴參，其有心縱匪者，明正典型，用昭炯戒。倘能拏獲匪徒及著名要目，應請擇尤保奬，以示鼓勵。除詳細章程由各省妥籌分別具奏外，所有籌辦大概情形，謹請代奏。再，此電係端方主稿，合併聲明。張之洞、端方、陳夔龍、瑞良、馮煦、岑春蓂、廕昌、程文炳同叩。等語。敬祈鑒核，如有應行增删之處，並請俯賜更定電覆，以便譯發。方。儉。

致江甯端制台、長沙岑撫台 光緒三十三年六月二十二日酉刻發

湘篠電悉。陳義甚高，規模宏遠，曷勝欽佩。惟此次諭旨，係飭沿江查緝匪黨，並非大有更張。若五省會奏另簡大員，明是彭剛直巡閲長江局面，豈一提督所能盡其才，且當世廉明剛正之大員，實亦罕覯。近十年來，若李鑑堂[一]者，固一時所稱爲廉明剛正之大員也，乃一膺巡閲長江之任，到江南後適逢海上多事，往來江陰、揚州，獨出己見，號令諸將，張皇戰守，劉忠誠救過不遑，幸而奉詔北行，不然幾誤江南大局。前車不遠，思之可爲寒心。今日長江幸無大事，似只可相題行文，不宜作謝朓驚人之句。鄙人真所謂老生常談，不自知其庸陋也，尚祈哂而教之。頃發禡電，內陳管見五條，想已達覽，仍懇裁示。養。

致京舊刑部街法部齊宅齊照巖[二] 光緒三十三年六月二十四日未刻發

效電悉。外務部詢三省抵欵電，何以多日尚未發，是外務部主意變動，不肯深管，抑未發係未覆二字之誤，務將詳情詢明崧使電覆。崧使處務常往，并催其速將此事相機設法，早爲定議，以免日久生變。一慮外務部主意變，二慮交涉時局變，三恐京官主意變也。昨接陸軍部來電言，聞兵工廠近以經費未充，致所出械數較前稍遜。刻下該廠實有經費若干，每日所出槍礮彈藥各若干，若酌添工匠，機力用足，每日能製成槍礮彈藥各若干數，需增經費若干，統祈轉飭詳細查明，電覆本部，以便核明，電商貴省設法辦理等語。不知陸軍部此電究係何意，是否欲將該廠攬歸部中辦理，抑因前提鄂省之欵太多，慮該廠停廢可惜，真有扶持之意。務速設法探確電覆。聞朱右丞壽彭與華弼臣熟識，亦可託華一詢。在京因公多任，需費繁多，特交百川通匯寄旅費一千兩，

[一] 即李秉衡。

[二] 録自抄本《張之洞電稿·致北京電》。

即往兑收，電覆。漾。

齊道來電[一] 光緒三十三年六月二十日未刻到

今日見崧使，言柯達士尚未回，外部詢三省作抵之釐金、土膏等款一電尚未發。適接袁宫保轉三省公所電，意在減少借款，争一概權利，請袁鼎力堅持，有何議即電示云云。崧使頗不以此電為然，並言三省公所係何人主持，何以不出名。職道請其照前此柯已允許之外，再力磋争，公所電勿庸介意。崧使詢高道幾時回京。大約候三省電覆外部抵款定，事可速成矣。謹以稟聞。職道耀珊叩。效。

致天津袁宫保、京梁崧生星使 光緒三十三年六月二十四日未刻發

津鎮鐵路借款數目，原約係七百餘萬鎊。柯達士來鄂，鄙人與之切議，減爲五百萬鎊，柯尚不甚願允，以添入不敷續借一條，柯始勉允。論全路費用，本需此數，尚恐不敷，若再少，德、英必不允。但近日三省京官來信與致袁宫保信全同，仍執止借三百萬鎊之議。另接京城老成諸公之函，亦如此説。聞衆意甚爲堅決，雖屬偏見，然執拗太甚，衆議紛騰，若不思調停之法，終必決裂。焦悶經旬，因思得一權宜變通之策，可冀兩全，特此奉商。查鄂境粤漢鐵路修造尚無的款，前與英人商借款項，已有眉目，嗣以恐多牽礙，外務部不允借款，迄未成議。然此路關繫中國全局，萬萬不能緩修，而一時猝難籌集鉅款。現若以德、英必欲借，而三省京官堅不肯借之二百萬鎊，由津鎮轉借與鄂，鄂亦以鄂省釐金分認抵款，合同内仍祇言津鎮，不説明轉借之事，則於津鎮路及粤漢路兩有裨益。如恐三百萬鎊不敷津鎮之用，則前議條款内有仍可續借一條，届時自可續商，只在三省肯借耳。似此通融辦法，於京官意議既合，自無可藉口阻撓，津鎮即可定議，粤漢亦得興工，於大局裨益非淺，務請崧使向外務部婉切言之。設外務部及德、英銀行或不以爲然，惟懇崧使將實在爲難，外人不允少借，京官不欲多借各情形，痛切力言。此乃爲津鎮解圍，並非粤漢路更變不借款之前議，當可允許。洞爲調停京官，又急欲造成粤漢幹路起見，慰帥及崧使兩公卓見以爲如何，翹盼賜教。至抵款一節，外務部已允，最爲難得。且直隸已指有抵款，山東前次覆電亦似有允許之意，江北一隅似不必過於拘泥過慮，仍望慰帥婉勸午帥及江北軍門。此事功虧一簣，路利厚，押款少，不過取信耳，豈真以釐税與人哉，全賴慰帥大力贊成矣。均請詳速賜覆，盼禱。敬。

袁宫保來電并致梁星使 光緒三十三年六月二十七日未刻到

鄂敬電悉。津鎮借五百萬鎊，自難再少，且鄂議已有成説。現京官堅執三百萬鎊之數，香相擬於議借之五百萬鎊内撥二百萬由津鎮借與粤漢，合同内只言津鎮，不説明轉借之事，自屬調停妙策。似恐三省京官愈不肯允，請崧使姑先與外部商之。至抵款一節，直省擬指煙、酒、土税及釐金作抵，已詳達外部，東省當亦可照允，惟蘇省尚無確覆，頃已電勸午帥矣。凱。宥。

[一] 録自苑書義等主編《張之洞全集》第十一册，第九六五三頁，河北人民出版社一九九八年版。

致京梁崧生星使 光緒三十三年六月二十四日未刻發

高道回，備述路事。台端於此事籌慮詳密，深爲感謝。惟此事既已有頭緒，總宜設法及早定議。事變難料，設忽有交涉事，則全局俱變矣。昨接齊道電，言柯達士尚未回，急甚。柯譯合同稿，日已不少，此時早應譯成，能否催柯速回，迅將此事議妥。齊道電又言外務部詢三省抵欵之電尚未發，此語尤深懸系。此電何以日久尚未發，是否又有變故，抑未發係未覆二字之誤。設抵欵事有變，則全局渙散矣。近日外部主見詳情，務希速示。至京官原議本在商辦，鄙人之意，則謂此時暫歸官辦，將來無論何時，紳商籌有的欵，准將此路贖回，即交歸商辦，曾將此意電達慰帥與尊處。蓋將來不歸商辦，則衆人觖望，必多阻撓。此時不暫歸官辦，則一鬨之市，各存己見，無權無法，難望成功，即使成功亦必不能妥速。且京官意在用詹天佑爲總工程師，若不歸慰帥督辦，如何能派委詹天佑耶。閣下晤慰帥時，慰帥於此議必有成算。究係主見如何，或另有卓見，或願照鄙議辦理，亦希明晰示覆，至盼。敬。

致杭州張撫台[一] 光緒三十三年六月二十四日申刻發

疊蒙殊恩，承賀愧謝。感電悉。姜思治乃專講應酬、精於仕宦之人，前在武備學堂功課平平，如何能任以兵事。且前數年在鄂兵工廠，值票匪作亂之時，交遊亦甚不擇，浙省風氣，斷不宜用。良將本難，此間實無上駟，求一已艱，安得有餘。查有儘先守備焦坤山，直隸東鹿人，曾入廣東學堂，係自粵隨來者，帶礮隊多年，壯樸厚重，現充礮隊獨立營官。又儘先守備李明章，湖北江夏人，在鄂軍親兵營十數年，新自通州回鄂，精細勤能，現充步隊營官。兩員皆可勝標統之任，望酌之。既不能得鎮統、協統，則用兩標統各練一標，互相比較，甚有益處。目前徵兵，有害無利，江南已成鉅患，萬不可用，若分府招募，則寓徵兵之意矣。感歎時局，不覺饒舌。敬。

致上海盛宫保 光緒三十三年六月二十四日酉刻發

禡、漾電悉。前接五月效電，當飭曾道廣鎔轉湘，得六月蒸電覆云：承示盛宫保效電，敬悉。四月間承盛公電，云擬墊洙昭一段鋼軌等件，甚感厚意。前請兼墊至長沙鋼軌，如慮爲數過多，墊欵即照盛公效電四十八萬元之數爲限，逾則交現。公司宗旨，願歸自辦，湘人持此義尤堅，未便由萍鑛局估修。屢次電文業經陳明，祈回明閣帥電致前途爲叩。謙等。蒸。等語。敝處旋飭曾道，覆以嘯電，略云路由鑛局代修，路鑛兩有裨益，湘省有欵儘可隨時贖還。此電去後，迄今無覆。此事湘省固執己見，實難説話。鄙人今竭力思索，想得一變通轉圜之法，或竟將洙昭一路歸鄂代修，尊處所籌之欵五十萬兩，可即以之購鄂省粵漢鐵路股票，鄂省即以此欵修洙昭一段，其購地督工之員，全歸鄂派。購地員用湘人，與湘紳商。督工員用萍鑛人，與閣下商。此路即作爲鄂修之路，將來管路之員，由鄂派鄂、湘兩省之官，湘省路欵還清，即撥歸湘管。照此辦法與湘紳商，或肯通融，亦未可知。如湘紳許可，則萍鑛鐵廠之大幸，然不敢必也。總之，湘事難辦，天下

[一] 指張曾敭。

所無。鄙人爲萍鑛漢鐵不遺餘力，台端如以拙擬辦法爲然，望速電覆，當再電商湘省。敬。

盛宫保來電[一] 光緒三十三年六月二十二日到

今有一萬緊萬急事稟商，萬祈詳察速覆。前承電商湘路，仰見鈞座未忘廠鑛之難也。覆電請認洙昭一段，實為急救廠鑛起見。查萍煤專為煉鐵而辦，已楚[二]成本五百餘萬兩，石格已通，今年可出煤四十五萬噸，充其量可出九十萬噸。來年漢廠新化鐵爐成，每年出鐵十五萬噸，約須自用一半，大冶必再添兩爐，符公原奏，提還官本亦非空談。所惜煤焦能多出不能多運，目下輪駁不惜重費，至多運二十萬噸，病在岳州以上河淺也。從而預算粵漢路通，不憂難運，故敢借禮和及大倉洋債，放手大舉。今則洙洲至岳州鐵路竟無通期，若再遲擱，煤難多運，鐵難多煉，煤鑛必倒，鐵廠亦難支，總辦、總鑛師急不可耐，來滬籌商。岳州至昭山尚可定造二三尺淺水拖輪暫濟眉急，惟昭山一名易家灣至洙洲十二英里，曲折灘多，輪駁難駛，現雇小民船，裝甚少，弊甚多，非速接造鐵路，難濟涸轍。湘中有欵，亦必先造長岳，决不就洙昭起點，廠鑛雖竭力，為救全局，只得勉籌五十萬趕緊自辦。查粵漢勘路圖，洙洲、昭山、湘潭為三角形，中有灣河九十里，即萍煤阻運處，幹路正綫避灣就直，係由洙洲通昭山，以達長沙。當時，因湘潭著名富庶，故圖中另作標記，備造枝路。路政先幹後枝，原圖移交鈞署，可請覆按。此時，廠鑛代造洙昭，將來湘路由長沙接昭山究可少一段，并可隨時歸并，實於公理有益無損，然非中堂一力主持，游移推諉，必難克期。前年以廠鑛事切懇，蒙面允不費錢事，必能力助。宣懷承公委任，十年堅苦，至此浮圖合尖，仍賴鼎力設法玉成。轉瞬秋收，即須開辦，明年必須與新化鐵爐同時告竣，否則殆矣。此所謂不費錢功德也。鑛師等在滬守候，無論如何，務祈撥冗速覆，以便擬咨核辦，悚感千萬。再，此電縷陳廠鑛關係，請弗全文轉湘。禡。

盛宫保來電 光緒三十三年六月二十三日到

湘路綫自長達粵，應在洙洲之上地名淥口歸入干路。淥口起至萍鄉，幹路毋庸經過。現已造淥口至洙洲及已勘未造洙洲至昭山，皆幹路所必經，洙昭實無區別。昭山已過易家灣五里，該處造馬頭、棧房較合用。金牧帶呈粵漢總圖，分別紅直綫為幹路，紅點綫為枝路，乞一覽便詳。漾。

致京化石橋法部張華甫、張厚璋[三] 光緒三十三年六月二十五日午刻發

頃交百滙通電匯六太太六、七、八三箇月京寓月費三百兩，八侄月費一百五十兩，又屢次塾賞五十兩，計八侄共二百兩。兩份總共五百兩，收到電覆。至六太太之月費，可由厚璋侄孫轉交六侄婦收清，勿誤。有。

[一] 以下二電録自苑書義等主編《張之洞全集》第十一册，第九六五七至九六五八頁，河北人民出版社一九九八年版。

[二] 「楚」字恐誤。

[三] 録自抄本《張之洞電稿·致北京電》。

致天津袁宫保、京梁崧生星使光緒三十三年六月二十六日申刻發

津宥電悉，感甚。十九日，鄂接三省公所來電，云路事聞兩銀行擬欵數條，多不可從，請公堅持。總工程司必用華人，借欵鎊數必須減少，扣頭及購回餘利回用等欵務祈竭力磋商，萬勿喫虧。其餘如有損失權利之處，概請堅拒。此事專恃鼎力維持，三省紳士萬分感叩。所有尊處磋商情形，乞隨時電示，以慰焦盼。三省公所同叩。嘯。等語。特此轉達。敝處敬電所擬鄂省轉借津鎮路欵二百萬鎊一節，高道在京時，聞李嗣香學士曾發此議，故姑一商之，崧使已向外部商之否。此不惟爲津鎮路解圍，乃暗中廢去曹約鉅害也，此節務望崧使與外部及三省京官剴切言之。樞紐全在外部，外部允則京官允矣。曹約不廢，亦慰帥關心之事也。掃除膠案積累，保完直、東大局，惟賴慰帥神力矣。宥。

致北京舊刑部街法部齊寓齊觀察耀珊〔一〕光緒三十三年六月二十七日申刻發

速往見政治館湖北孝廉傅嶽棻，其人現在寶瑞臣侍郎家處館，切託其覓鈔北洋條陳十事，鈔到先行摘要，急電飛達。摺内融化滿漢、組織内閣兩條爲最要，須詳叙，聞有訾議瞿、鐵語，亦宜詳。沁。

致天津袁宫保〔二〕光緒三十三年六月三十日巳刻發

豔電悉。午帥允以甯屬鹺金作抵，曷勝欣幸。三省同心，微公之力不及此。鄂省鹺金每年約二百餘萬兩，可抵借欵二百萬鎊。此係與英領事商允者，并以附陳。擬懇台端向外部加數言贊成，則全局即日可定，津鎮、粵漢，皆受公之賜矣。拜禱。卅。

齊道來電〔三〕光緒三十三年六月二十七日子刻到

外務部致三省電，於前四日發。袁宫保已電覆，允以鹺金及煙酒税作抵。崧使明日見柯達士，俟議定，即詳細電稟。粵漢借欵併入此項借欵一節，崧使言同外務部議覆，再電覆。職道耀珊稟。宥。

致外務部光緒三十三年七月初一日申刻發

電函並鈔史奏兩件，暨日、法協約均祗悉。强鄰日横，焦憤萬分。此舉乃法創其端，日因其利。蓋自日本勝俄奪遼以後，法人甚懼，見日本已將東方海面各洲島漸次攻奪，且慮日本以法屬馬斯加借俄停船爲責言，行將禍及越南，故與日立約，大意專爲保越，且爲窺伺瓊、廉地步。日亦樂得與法立約，專爲防遏膠州、青島。因法、德素嫌，冀以脅德，故德人聞有此約甚爲動心，其故可想。此約大端要指不過如此，似乎不必深求。若約中包括雲、貴、閩、廣、長江南北，不過恃强得意，逞筆妄談，無足深求。前庚子年秋間，德人有照會與敝處，言英人於長江勢力範圍所到之處，亦爲德人勢力範圍所到。當時付之不答，迄今英、德皆無他故。又聞英、俄有約，俄經營長城以北，英不干預，英經營長

〔一〕録自抄本《張之洞電稿·致北京電》。
〔二〕録自抄本《張之洞電稿·致各省電》。
〔三〕録自苑書義等主編《張之洞全集》第十一册，第九六六〇頁，河北人民出版社一九九八年版。

城以南，俄不干預。此約傳播已久，仍屬空談。前四年俄設遼東總督，外務部不認，旋被日本攻逐，徒貽笑柄。竊謂此約包羅太廣，當以約守之，後患甚遠，當以近防之。日本此時全力注於東三省，其意不在南洋，故防法急於防日。防法有二事：目前惟有將瓊州府所屬之崖州、榆林港開爲通商口岸，以免法艦圖佔爲軍港，一也。聞出使法國大臣電告，法願讓還廣州灣，但須以商務事爲酬報。應請貴部令我使臣與之切商，如能議成，於疆土邊防甚有裨益，二也。至於東三省與日爲鄰，朝廷新簡重臣，委任甚專，必當審勢殫精，妥籌辦理。特以上所籌專論外交，然必以整理内政爲根本。貴部函電所言，洵爲探源之論，欽佩莫名。至照會駁覆不認，亦是應有之義。前兩日敝處有豔電奏請樞府代呈，計已上達宸覽。洞迂庸之見，欲禦外侮，先靖内亂，靖亂之道，和衆第一，定静次之。近日時局憂危惕厲，奮發果決，自是誼所當然，特和静兩義亦不可少，若過於張皇紛擾，實非所宜。遵示詳籌備采，敬候鈞裁。以後如有所見，再當續陳。東。

致軍機處光緒三十三年七月初四日發

初二夕奉電旨：著迅速來京陛見，有面詢事件等因。欽此。竊念洞由京回鄂，業已三年有餘，翹望闕廷，時殷瞻望。且以時局多艱，實有亟思面陳事件。兹奉詔入覲，得遂愚忱，莫名欣幸。本應即速，惟洞近年多病，精力漸衰，心血虚耗，夜則怔忡不寐，日則舌乾氣促，步履艱滯。醫者謂宜服藥静養，方能見功。前月二十九日已附片奏，請賞假二十日，日内當可上達宸覽。現在上緊醫調，並清理經手要政，約計本月二十日當可起程。如能早行，即當力疾北上，不敢拘定假期。謹此飛速電達。如聖上詢及，祈代陳下悃，不勝感叩。文。

致蘇州陳撫台、安慶馮撫台、南昌瑞撫台、長沙岑撫台、清江廕提台、太平程提台光緒三十三年七月初八日子刻發

前接午帥儉電會奏稿，内經敝處酌改數語，其文如下：均爲長江流域，流域二字改所經二字。人類複雜，複字改紛字。應請核實報銷，應請下添准其二字。鄂省新製兵艦下，添因餉需無出五字。尚未招配弁勇下，添遇有派撥兵隊之時，即用尋常差輪運載步隊馳往二十字。或無艦隊可編，或字改均字。此稿改定後，已於昨日專差送甯，請午帥譯發矣。特奉聞。庚。

致外務部光緒三十三年七月初十日未刻發

六月嘯電及廿二日電均悉。棗陽縣係天主、福音兩教滋事，並非匪徒，當經電飭襄陽道府、棗陽縣查辦，並加派馬隊彈壓保護。疊據稟覆稱，棗陽向無福音教，因民人積忿於天主堂，特請福音教設堂以圖抵制，由是争端屢起。義使所稱各節，皆天主教民一面之詞。福音教被侮較甚，而未聞有煩言者，因福音教牧師人素安静，未出干預。天主教司鐸安得華求保滋事教民劉高林未遂，因赴襄以匪亂重情，聳令主教電達京使，先發制人。現在兩教平靖，司鐸並無危險等情。安陸府教案當飭安陸府鍾祥、京山、潛江等縣查辦，並派步兵一隊馳往彈壓。疊據府縣覆稱，臼口地方因被天主教民欺凌，擬請聖公會設堂，以期抵制，並無拆毁教

堂之事。賀楊家集教堂被焚，已將天主教涂教士所指之田廣禄等六人拏獲研訊，堅不承認。訪之紳民，公論火由内起，實係教民藉此訛詐，與涂教士所稱不符。因與磋商，允以和平了結。現在各教堂有兵鎮懾，民教相安等語。查襄、安兩府，兩教積忿，此事如出一轍。湖北通省近年天主、福音兩教争鬧之案甚多，日久必成巨衅。祈轉商義、法兩使，嚴飭洋教士勿受教民朦蔽，顛倒是非，勿任教民以强凌弱，激成公忿。至棗陽司鐸安得華，民怨日深，尤非所宜，望切商義使，能於他省對調一人，實爲地方之幸。至禱。卦。

致北京南横街法部袁紀雲部郎〔一〕 光緒三十三年七月十一日申刻發

蒸電悉。鄉祠東院承趕修，感甚。耳房四間已動工否，何日可竣工，祈示。鄂省酷暑爲十數年所未有，疾疫繁多，百事俱廢，鄙人病軀未愈，擬廿日後啟程。真。

致京梁星使 光緒三十三年七月十三日巳刻發

青電悉。承示代覓京寓，銘感之至。惟鄙人到京，擬住畿輔先哲祠，已與同鄉約定，惟有心領拜謝。如能在頤和園左近代借公所一處，能租賃尤善，稍爲寬敞潔净者，其感泐尤甚於城内寓所矣。此以備初到時及以後赴園時用，屋有二十間即可，寬亦無妨。約廿五後啟程。祈速詢電覆。願。

致江甯繆筱珊太史 光緒三十三年七月十三日午刻發

武昌存古學堂即日開辦，於本月二十日以前開學。堂中請總教四人，協教四人，分教六人，皆須通儒宿學，方稱師資之任。擬請閣下爲總教之一，如願惠然，請即於日内命駕來鄂。詳細章程辦法，到後面商酌定，至盼。即候電覆。元。

致上海督辦電政楊彜卿觀察〔二〕 光緒三十三年七月十五日申刻發

鄙人抵都後，來往電報必多，若皆須送局，道路太遠，深恐延誤。請飭京電局在下斜街先哲祠、皇城後門外白米斜街招賢館内、湖上法部公所内，皆鄙人寓處，爲安置電機三分。所有桿綫各費，均請示知照付。刻已電令駐京齊道耀珊往京電局商議安設，請速電知京局照辦，至託至感。咸。

楊道來電〔三〕 光緒三十三年七月二十日未刻到

頃接京局孫道皓電，已與齊道商定，先設工部公所、先哲祠兩處，報房即日開工，每處請派值報生兩人，已電飭滬堂派三班老手四人前往。齊道云天氣漸寒，招賢館恐不能駐節，此處報房俟相節抵京再商辦等語。是否暫緩，乞示遵。惟前奉電諭係法部公所，兹電稱工部公所，或齊道商改，亦未可知。駿刻抵鎮，約

〔一〕以下二電録自抄本《張之洞電稿·致北京電》。
〔二〕録自抄本《張之洞電稿·致上海電》。
〔三〕録自苑書義等主編《張之洞全集》第十一册，第九六六八頁，河北人民出版社一九九八年版。

二十二抵漢。文駿謹叩。效。

致京法部戴尚書〔一〕光緒三十三年七月十五日申刻發

湖上舊有工部公所，前四年鄙人到京，曾借住數月。聞現改爲貴法部公所，可否暫許借住，實深銘感。木器一切，當自備。速電示。翰。

致上海盛宫保 光緒三十三年七月十六日巳刻發

歌電悉。廠鑛難籌現銀躉購股票，尊意軌件由廠供應，再以售鐵銀欵分期陸續解由鄂省轉付工欵。洙昭爲廠鑛命脈，關係既大，豈敢膜視，惟來電膠葛太多。兹就尊意參合敝處敬電購買股票辦法，再予通融。一、漢廠所售洙昭軌件及代購洙昭車輛、橋梁、枕木等件，鄂省核明單據銀數，填發鐵路股票，以抵付欵。二、購地欵、土石欵、一切工程薪費欵，漢廠每次撥交鄂省銀兩若干，鄂省收銀後照數填發鐵路股票，即將來銀代付各項欵目。以上辦法，軌料既非現銀，工欵亦非躉付，處處與尊意符合。至於預支軌價一案，是漢廠經手之事，鄂省實不能代漢廠奏銷，鄂湘路亦不願牽扯部欵在内。此事總要清楚，曲折太多，反生窒礙。且洙昭告成，鑛獲路通之益，廠獲路股之利，購股辦法亦廠鑛生計，部鑛又何必挪扯。惟此法尚是鄂、滬自家商量，湘意如何，尚須電詢。至另電申報云云，湘人多議少成，往往如此，敝處並未據呈，無從批核。乘機嚴飭一層，施之湘路毫無益處，前已電致再三，不可理喻，若再往返電牘，徒誤洙昭大事，甚無味也，望速酌定電覆。銑。

致京化石橋法部張仁榮〔二〕光緒三十三年七月十六日酉刻發

聞六太太現住大廳，若將大廳讓出，六太太移居何處。素知東院卓宅房屋甚多，可與商酌，無論前後，如能暫租暫借兩院，最佳，租金不論多少，儘可從優。如卓宅無閑院，尚有何暫行騰挪之法，速電覆。來電稱修理房屋，擬如何修法，一併電覆，再酌量匯欵。銑。

致度支部 光緒三十三年七月十八日未刻發

元電悉。鄂省前借欵購回比商在漢所買租界一段，因該處前濱大江，後跨鐵路，北端緊接鐵路車棧、馬頭，爲將來振興商業最相宜之地，正擬修通馬路，建造市廛。已與漢口各商議定，三數年後，該地約可值銀數百萬兩，即可以措還。鄂省現在借欠各項債欵，故彼時向法商及中國商號借銀九十萬兩，費盡無數操縱之力，始將此地購回，現此項借欵尚未付還。查各國開辦大宗工廠，多在距鎮市稍遠之地，若以此極繁盛極昂貴之地開設紙廠，未免可惜，且實不相宜。況鄂省既有九十萬購回之借欵，將來又指望措還華洋數百萬之欠債，尤難相讓。請轉飭該廠在漢另選相宜之地，爲感。如鄂省有能相助之處，必當竭力幫助也。務祈鑒察。嘯。

〔一〕指戴鴻慈。録自抄本《張之洞電稿·致北京電》。
〔二〕録自抄本《張之洞電稿·致北京電》。

致太平程提台〔一〕 光緒三十三年七月十九日子刻發

文電悉。承示台旆欲來鄂相送，感甚。惟病體未愈，加以部署行計，忙迫萬分，即旌節惠臨，亦恐難圖暢叙。用特專肅電馳謝，千萬不必遠勞。如有要事，請由函電互商可也。巧。

致瑞安孫仲容主政 光緒三十三年七月二十日巳刻發

聞禮部奏派足下充禮學館總纂，計必赴召。鄙人因世衰道微，正學將晦，特於鄂省奏設存古學堂，延聘海内名儒以爲師表。足下經術淹貫，著書滿家，實爲當代通儒之冠，竊欲奉聘來鄂，爲此堂總教，以惠士林。惟京師現在虚席相待，可否請半年留京，半年住鄂。如禮學館總輯事繁，或携至鄂辦理，或即以三箇月住鄂固亦甚好。堂中尚有協教、分教各員，分任教課，勞劇之事，不以相煩，但望到堂時開導門徑，宣示大義，爲益已多。此爲存絶學息邪説起見，務希鑒允，天下士林皆受其賜矣。詳情另由黄仲韜學使函達。先祈示覆，感盼。號。

致東京同文會鍋島侯爵〔二〕 光緒三十三年七月二十三日未刻發

小孫厚琬入幼年校肄業，深賴大力，感謝。并請轉達幼年校長校員，統此致謝。漾。

致軍機處 光緒三十三年七月二十三日發

本擬二十日外即行，因鄂省酷熱過甚，洞本病軀，又受暑熱，致患腹疾，兼以眩暈，至今未愈，焦急萬分。現在趕緊調治，又兼清理經手要政，昕夕不遑。昨日來炎暑稍減，無論如何，本月内必當力疾起程。已備火車以待，萬不敢稍有耽延。謹此馳陳。漾。

鹿中堂來電 光緒三十三年七月二十二日酉刻到

公定何日啟行，望電示。邸相屢問，似詫異，應將行期電奏，或電樞。袁昨奏廿二入覲，明日請安。急盼電覆。養。

致京袁宫保、江甯端制台 光緒三十三年七月二十七日未刻發

漾電悉。菊帥之論甚醒透。一錢二錢小幣，亦宜足色，及止鑄百分之一兩節，最爲老到。蓋小元用足色，雖非外國通例，然中國習氣較深，法律較疏，留一分之孔隙，即必生三四分之流弊。若准減成色，必致額外多鑄圖利，斷非定章所能限也。總之，大利在紙幣，不在小元。鄙人向來論理財以先賠錢爲主義，特不敢昌言，恐招當代會計家之呵駡。菊帥既亦如此説，請慰帥即照改定議，或即繕發，或俟鄙人到京面商，均無不可，統聽慰帥裁酌。沁。

致東京楊欽差、湖北委員王守孝繩〔三〕 光緒三十三年八月初二日丑刻發

感電悉。學生未經請示，擅自回國，違背學章，亟應整飭。

〔一〕 録自抄本《張之洞電稿·致各省電》。
〔二〕〔三〕 録自抄本《張之洞電稿·致外洋電》。

除劉萬選、吴樹烈兩名，據王守儉電稱業已趕到，姑准與選外，其餘九名，如此電到日該生等尚未到東，即開革官費，不令與選。惟成績素優者，准其自備川資來鄂投考鐵路學堂，以示從寬，但不得隨同各生資遣肄業，俾有區別。並請轉飭王守遵辦。卅。

致武昌梁署藩台、黄學台光緒三十三年八月二十日亥刻發

到京十餘日，喘息甫定。時局日艱，積習如故，毫無補救，惟有俟冬春間乞骸骨耳。兩君意中如有素知賢才，祈舉十數人見示，以待機會。以多爲貴，官階内外大小不拘。感禱。號。

光緒三十四年

致武昌高學台光緒三十四年正月二十七日子刻發

鄙人去年在鄂選有親故九家詩文稿，現均存紀悔庵處，半年毫無消息。奉託即爲查出，交局刊刻，一切統望費神經理，愈速愈妙，若日久散佚，實無以對師友矣。校對之事，即託悔庵辦理。千叩萬叩。感。

致武昌趙制台[一]光緒三十四年正月二十九日子刻發

存古學堂係奏明辦理，關繫緊要，區區最所關心，萬不可令其廢墜，必需主持得人，若留節庵監督此席，極爲妥善。辭官而爲師，於義未嘗不可。每月致送薪水三百金，尊意如以爲可，祈速與節庵商訂爲盼。望示覆。豔。

致武昌趙制台、喬左丞、李藩台、鄒道台、王道台光緒三十四年二月二十七日寅刻發

川漢路綫前經勘定，自宜昌轉入當陽、荆門、仙桃、蔡甸，接至漢陽，力避自宜至沙江邊綫路，係爲川省全路利益起見，關係甚

〔一〕指繼任湖廣總督趙爾巽。上年七月二十八日，詔授張之洞為軍機大臣。三十日，調趙爾巽為湖廣總督。

大。嗣聞以（山）［當］陽山多工鉅，仍議改道宜沙，循江而下，所見殊失要旨。新正曾囑王守孝繩將鄙意轉達次帥，目下曾否議及此路。開闢蠶叢，利源正未可量。繞行內地，直達漢陽，以川濟楚，以楚濟川，獨擅完全之利，孰能與争。設一涉臨江，則輪船、火車兩路平行千餘里，車船互相妨礙，勢不至跌價争攬不止，勢必至細貨由車，粗貨由船，僅得半利，各國皆無此辦法。今日下游之公司輪船，因滬甯鐵路而失利，則他日上游之川漢鐵路，因公司輪船而跌價，固在意中。況各國舟車相濟，利在本國。長江四公司〔一〕，招商最弱，日清日本近併大阪郵船四會社爲一，名曰日清公司，專駛長江。更注全力於此。他國路綫只論山川之勢，中國火車兼争主客之權，其心甚苦，其理匪深，縱不能收之於漢，何可再失之於川乎。至謂當陽大山，工費須增二百萬元，試計漢、沙、宜抵川境，工費約須千萬，荆襄抵應山幹路，工費亦須千萬。統籌二千萬鉅欵，獨省此十分之一，計近利而忘遠害，實爲非計。此舉地雖在楚，利實在川，鄙人固不僅爲楚計也。喬茂翁及方伯諸君皆爲川人，爲川之心當倍切，次帥兼綜川楚，新舊兩治，自必一體關懷，務希與川紳鄂官詳加考求，以期盡善無弊，是爲至要。切盼電覆。感。

致香港鐵路總理梁震東京堂 光緒三十四年七月初十日寅刻發

粵漢鐵路粵地一段，係歸商辦，久已周知。此次特派督辦大臣〔二〕，專爲通籌全局，督催工程，所主持者乃路務大端，諭旨甚明。至於用人、理財各節，責成仍在各總理，本不至稍有掣肘。然鐵路乃國家大政，此事三省利害相關，必須聯絡貫通，其間如有各存意見，不顧公益，阻礙全局之處，國家豈能全不過問。昨接豔、東兩電，粵人於朝廷簡派督辦大臣之命意，全未明悉，遂生疑懼。務望將此宗旨即日宣布，以安衆心。尊意擬如何辦法，請即籌示。蒸。

致武昌陳制台〔三〕 光緒三十四年七月十六日申刻發

粵漢路事，刻正通籌全局，此時湘省洙昭一段，尚未定議，岳長一段，更無影響，鄂省武岳一段，萬不可遽行開工。此路必須由武昌通至長沙，始能稍有客貨運載生意，若僅至岳州，則終年可通大輪之地，斷無客貨搭載火車，如此則養路費全須賠貼，股息更無從支付，官錢局欵數百萬何從歸墊，豈能負此鉅累乎。千萬熟籌緩辦，切禱。盼覆。諫。

致長沙鐵路公司諸君〔四〕 光緒三十四年七月三十日

文電悉。金元小票固以贖回爲善，惟粵漢全路概未興工，賣票行車僅此枝路，既係三省合力贖回，豈有專歸粵省壟斷之理。

〔一〕指英商太古、怡和兩輪船公司，日商日清輪船公司及中國輪船招商局。

〔二〕本年六月二十日，以粵漢鐵路迄無成效，命張之洞兼充督辦大臣。

〔三〕指湖廣總督陳夔龍。

〔四〕録自湖南湘路股欵清理處編《湘路文電輯要》卷上，民國四年八月刊於長沙。現藏湖南省圖書館，所署時間係收電日。

去年湘因欵絀，讓歸粵省一段，已爲大錯，若再估值全讓，受虧太甚，斷斷無此辦法，湘、鄂豈可甘爲粵所欺愚。現在並非急待交欵，儘可從容籌措。務望仍於本省勉力設法，萬勿輕用粵策，拜禱拜禱。盼覆。嘯。

致武昌陳制台、李藩台、高學台、楊臬台，鐵路總局各道台、吴星陔侍御、費小魯觀察、劉聘之、楊惺吾、劉驤逵 光緒三十四年八月二十三日丑刻發

鄂境内之川漢鐵路一段，爲鄂省絶大利源，必須趕緊由外自行興修，其義有二：鄂省練兵興學各要政，動需鉅欵，現在已極困苦，將來更難支持。鄂人在鄂時創議借欵修鄂境内之川漢路，聘募洋工師技手數十人，委員數十人，勘路三次，用費甚多。種種苦心勞力，無非爲鄂省籌計此路成後所收餘利，不過十年，必然大旺，既可彌從前之虧，且可爲後來擴充之計。此爲公家關餉源，一也。江、浙、粵等省鐵路，紳民皆争商辦，氣習囂張，極爲無理。鄙人在鄂籌辦路事，從未令紳民干預，所以一事權而免紛擾。鄂紳鄂民皆能循禮奉法，然豈有因其馴順，遂令獨受偏枯之理。各省商辦鐵路，聞郵部意，將來皆須由官收回，其年限若干，給價若干，尚不可知。若川漢鄂境一段，以鄙人辦法，此時官商之欵無論孰多孰少，路成二十五年或三十年後，亦擬比照津浦一路，定爲官商股分永遠各半之局。此爲商民謀公利，二也。惟此路郵傳部意欲提歸部辦，鄙意竊以爲不可，正在辯論。蓋一歸部辦，則餘利全爲部中所有，於鄂省財政絲毫無補，且部借部還，實於鄂省商民無益，鄙人謂不宜歸部辦者，實爲此兩大端，然非謂必須歸鄙人督辦也，乃謂必須歸鄂省自辦也。假使部中能允歸鄂省外辦，亦須請筱帥辦理，鄙人斷不能兼辦也。乃鄂省蜀藉各官竟欲請鄙人兼辦川省境内之川漢路，可謂大誤矣。鄙人前在鄂任時，鄂境川漢路久擬借欵興修，與英領已有成議，已達外務部，徒以格於部議，暫時擱置。聞郵傳部云，接筱帥覆電，願歸部辦，自係因無欵之故，不得不然，斷非推之於部也。現經鄙人與外部商妥，可以借欵，自以仍歸鄂省籌辦爲不易之理。查鄂省江北應修鐵路，自漢陽發軔，經沙市以達荆門，再由荆門分兩枝，一自荆門西行，達宜昌，以接川漢，一自荆門北行，經襄陽至廣水，以接京漢，兩路約共長一千六百里，每里建造費以二萬兩牽算，約需銀三千二百萬兩。前在鄂時與英商議，借二百萬鎊，以現時鎊價計算，共銀一千六百萬兩，不敷之數，擬仿照湘省現經議定租捐辦法，每年必可收銀一百萬兩，五年共收銀五百萬兩。此項加抽之欵，一律填給股票，作爲商股，其不敷之數，以招股足之，若再有不敷，仍可以本路進欵作押，向英商續借，亦極易辦。竊謂若照此議籌辦，儲欵既足，竣工必速，路成之後，鄂省公家受其益，商民蒙其惠，而筱帥成其功，實爲最善之策。鄙人奉有通籌三省全局之旨，鄂事實籌之已熟，非此不足以福鄂民而蘇鄂困。用特詳細奉告，即祈筱帥與司局各員暨鄂紳諸君子詳細討論，由筱帥酌定，迅賜電覆，至爲盼禱。若此路竟歸郵部辦理，則鄂省承修者一賠錢之武岳路，鄂省失固有之利，鄂民無發達之機，於理太不公允，實非鄙衷所願。至湘、粵兩省之路，難題極多，部中委之於鄙人，實非區區才力所能勝任，將來恐終須奏請辭差而已。其粵漢路之武岳一段，此時只可先辦購地一端，備料

等事似宜緩辦。由武昌至岳州，大輪終年暢行，湘路未通，武岳一路決無客貨可運，必至徒賠借欵、股欵本息及養路費，如何能堪。不若先儘全力籌辦江北，俟漢宜、長岳兩路工程均有眉目之時，再行籌辦武岳一段，南北兩岸一氣接通，方爲妥善。管見如此，飛速奉商，統望詳籌，速覆。漾。

致武昌陳制台、李藩台、高學台、楊臬台，鐵路總局各道台，吴星陔侍御、費小魯觀察、劉聘之、楊惺吾、劉驤逵光緒三十四年八月二十四日戌刻發

昨晚漾電想已達覽。查鄂境之川漢路歸鄂省外辦，前經鄙人屢次奏准有案。借欵修路一節，去年亦曾電達外務部，即郵傳部此次行催，亦不過嚴定期限，令外省趕緊籌辦，逾限不成，然後改歸部辦，豈有正在籌辦，硬翻前案，奪歸部修之理。筱帥到任未久，從前各案或未盡悉，故未知鄙人命意所在，且慮鉅欵難籌耳。此層前電漏未言及，特再詳達。敬。

致武昌陳制台光緒三十四年八月二十六日戌刻發

敬電悉。來示云路事爲鄂省固有之利，應由鄂自行籌辦，實爲確論，佩甚佩甚。至借欵是否紳民所願，似可無慮。路長費鉅，鄂尤貧困，非借欵不能興工，徒失本省大利，明白紳民當曉此義。蓋由官借欵，而豫定分其半准商民買股，大略如津浦辦法，可謂至便宜之事，豈有轉不願之理。即如湘紳素來虚驕大言，不借外欵，近日議論亦變，皆知湘股斷不能成功，擬請官借欵，與湘股合力興辦。湘人尚且覺悟，鄂可知矣。日來籌議若何，望先示大略。宥。一。

致武昌陳制台光緒三十四年八月二十六日戌刻發

粵漢路事，郵部與湘紳意見相歧太甚，彼此固執，乞未融合，鄙人從中調停解釋，久久未能合拍。湘紳意、郵部意、鄙人意，均不相同，故湘紳代表僅予一見，曾道亦止兩見，并未遽與詳談。尊處及岑中丞并湘紳自長沙來電，均未作覆。一月以來，兩面多方勸解，成見始覺稍化，此後或可漸次就緒，然鄙意與部意合否，尚無把握，故無從作覆也。久勞廑注，先此奉達。宥。二。

致漢口英國法總領事光緒三十四年九月初九日戌刻發

本大臣去年在鄂時，曾向貴總領事商借二百萬鎊爲修造湖北鐵路之用，大略辦法已議有眉目。現在湖南鐵路亦擬借欵修造，擬借一百五十萬鎊，另以湖南省進欵一百二十萬兩作抵。湘路現歸本大臣督辦，其借欵由本大臣主持定議，本大臣深願統向貴國借用，無論中英公司或滙豐銀行均可。但此項借欵，中國只認借之英國銀行，不認他國銀行，設有他國出而干預，亦須貴總領事與之辯駁，中國概不承認。似此辦法，貴總領事若願承借，即迅速派一明白妥實之人來京，或就近在京派一人與本大臣面議詳細章程可也。即盼電覆。督辦粵漢鐵路大臣張。佳。

致漢口英國法總領事光緒三十四年九月十六日亥刻發

阮、問兩電均悉。粵漢鐵路借欵事，貴總領事擬派中英公司代表來京面議，所派係何人，何時可以到京。此路必須於四年之内接通廣東邊境。湖南通粵路綫自洙州起，經衡州、郴州、宜章等處，至廣東之樂昌止，亟應趕緊勘明，應分幾段同時興工，以期迅速，并須趕緊籌定。穆三格乃自來水工師，斷難勝任，羅士亦恐不相宜。擬向倫敦聘用學問甚好，閱歷甚多之工師一員，充當總工程司，即請貴總領事速爲推薦，以便與之訂立合同，早日籌辦各事，至盼。督辦粵漢鐵路大臣張。諫。

致武昌陳制台光緒三十四年九月十六日亥刻發

諫電悉。黄鵠山上新建之樓，宜名奥略樓，取晋劉宏傳恢宏奥略，鎮綏南海語意。此樓關繫全省形勢，不可一人專之。務宜改换匾額，鄙人即當書寄。務請飭高學司轉告各學堂師生。諫。

致武昌李藩台、鄒元辦觀察光緒三十四年十月初六日戌刻發

朱梅君中書憲成所著詩稿，早有刊本，鄙人擬重爲選刻。去年在鄂訪求未得，望兩君速覓購一部寄京，至盼。麻。

致長沙岑撫台并轉湘省公司光緒三十四年十月十六日亥刻發

馥帥有電悉。湘境幹綫，湘省擬先由長洙開工，其洙昭一綫前已商允讓與郵傳部修築，事屬並軌分築，自應會勘地址界限，方不至顧此失彼。頃准部中咨稱，洙昭一案，本部奏准定綫在前，湘人由弧改直之議在後，然爲維持大局起見，但使能容兩軌，則何處無非坦途。前據賴、李兩工程司勘查，均稱可容並軌。現本部遵照前奏，决定止築至易家灣下水，從前所説展至暮雲司一節，讓與粵漢幹路，則九曲黄河之寛窄，無庸議及。惟白鶴仙一帶地形稍窄，應即飭萍路洋工程司會同粵漢洋工程司，定期前赴該處履勘，平分基地，繪圖爲據，庶幾兩無妨礙。擬請貴大臣加派幹員，飭令前往該地，三面會勘，賫取詳圖，商定辦法，再行開工，以免彼此誤會等因。本閣大臣查洙昭路綫既已允讓與粵漢幹路綫並軌，斷無不會勘平分之理。郵部遵照奏案築至易家灣，不再展至暮雲司，九曲黄河一段，可全歸幹綫。惟白鶴仙最窄，必須預爲勘分。湘紳與部員疊次勘列圖説，均只約計大勢，並未將該路實測丈尺比例詳圖及山形寛窄、軌道距離，一一載明。聚米畫地，總覺隔膜。亟應遴派幹員眼同實測，方有切實把握。除電委湖北試用道李寶淦即日束裝來湘，會同兩處工程司前往詳細測勘外，特此電聞，即希派定員紳偕同工程司預備會勘。務俟詳圖測定，兩無妨礙，再行開工，至要。盼速電覆。諫。

致武昌高學台并轉紀悔庵光緒三十四年十月十七日亥刻發

咸電悉。鄙人所選親友各家詩稿，係韓果靖公、劉仙石觀察書年、劉伯洵明經肇均、崔士龍明經、張颷民布衣祖繼、陸眉生給事秉樞、嚴緇生部郎辰、李芋仙大令士棻、謝麐伯編修維藩，

共九家，原稿現存何處，是否完全。劉伯洵詩原名櫻甯齋，按甯字應避，可改爲香草閣，板心可剜補。茲先交百川通電匯百金，望交書局。板價工資共需若干，澤畬兄詢明電覆，即照匯。此事即奉託澤畬經理，悔庵專任校對，至感。洽。

致長沙岑撫台、湖北補用道李寶淦、湘省鐵路公司諸君[一] 光緒三十四年十月二十九日

株昭路綫，何日開測。務須將此路雙軌全綫，詳細測勘，官路商路，並繪一圖，由株洲並軌處，直抵易家灣分岔處爲止，不僅測繪白鶴仙一段。切勿誤會，至要。並請馥帥轉告湘路公司諸紳及委員知照。盼切電覆。艷。

致奉天徐制台、江甯端制台，武昌陳制台、高學台，成都趙制台、廣州張制台、蘇州陳撫台、濟南袁撫台、太原寶撫台、安慶朱撫台、南昌馮撫台、杭州增撫台、貴州龐撫台，迪化聯撫台、王藩台，長沙陸臬台、桂林王臬台[二] 光緒三十四年十一月初一日發

前以天津、河間、永平三府迭遭水旱，援手無方，起呼將伯。各省財源皆非充裕，乃承諸公於拮据之中，力籌賑助，慨匯巨欵，具紉厚誼。敢代三府灾民同聲百叩以謝。張之洞、鹿傳霖、嚴修、劉若曾、李焜瀛、劉彭年及同鄉值年京官等公覆。卅。

致武昌陳制台 光緒三十四年十一月初四日亥刻發

日來京師大局已定，粤漢鐵路亟須議辦。鄙人去年在鄂即與英領事議妥，擬向中英公司借欵二百萬鎊，爲修造湖北全省鐵路之用，以湖北牙釐局進欵作抵。現止修粤漢鐵路一段，借一百萬鎊即可，尤爲輕省。其釐局欵乃是虛抵，路權絶不干預，如有不敷，仍可續借。經英領派該公司代表濮蘭德來京，爲日已久，擬派曾道廣鎔、高道松如與之開議，已與濮蘭德議定。適高道因鄂省錢價跌落，市面震動，經尊處催其回鄂。如現在市面業已平靖，祈即飭其速來。大綱俱有津浦成式，不過數日即可議妥，仍飭速即回鄂，快車往返不過十日。如此時高道萬不能來，即改派高學司前來亦可，緣高學司前經派議津浦路，頗知其中窾要曲折，往返亦不過十餘日，必可定局。祈裁酌，迅即示覆。至禱。支。

致武昌陳制台 光緒三十四年十一月初九日子刻發

皖省叛兵已竄入內地，江岸防衛，安慶城守皆非所急。鄂軍越境剿賊，自應合馬步隊全力追蹤痛擊，方能一鼓盪平，此股剿滅，他股匪徒自不能起。若鄂省老師費財，專代皖省彈壓省城，殊爲不值。鄙意亟宜迅飭王得勝統率全軍并馬隊趕赴桐、舒一帶，

〔一〕録自湖南湘路股欵清理處編《湘路文電輯要》卷上，民國四年八月刊於長沙。現藏湖南省圖書館，所署時間係收電日。

〔二〕此件藏河北省博物館。

奮勇追剿。此時匪勢尚熾，須速派數營助之，彈藥一切源源接濟，尤爲緊要。此事乃鄂軍名譽所關，於中原大局安危尤有關繫。聞叛兵在安慶劫得庫存槍兩千枝，彈四萬顆，沿途裹脅，若不速滅，必致燎原。機不可失，盼我公成此全功。務祈裁酌速辦，并發張統制閱看，至禱至禱。近日情形請電示。佳。

致長沙岑撫台、鐵路公司王閣學 光緒三十四年十一月初十日戌刻發

粵漢鐵路收回業已三年，籌款集股毫無頭緒。疊經奉旨催辦，而路長費鉅，若不借款興修，終無觀成之日。前曾與代表湘紳商妥，嗣經電商漢口英領事，議借二百萬鎊。英領已派濮蘭德來京議辦借款，議章程者係派高學司凌霨、曾道廣鎔。查湘省鹽金每年進款約一百三十餘萬兩，可指抵一百萬鎊，鹽斤加價暨配銷約七十萬兩，米糶捐約四十萬兩，共一百餘萬兩，可抵一百萬鎊，如有不敷，再議續借。以上均係實指虛押，與地方財政、鐵路主權毫無妨礙。疊商在京湘紳，均願借用。惟外國公司借款只能認官，決不能認紳商。現在一切由官主持，官借官還，仍准商民隨時附股。總之，官民股本各半，永不收回。此時則決不能劃商於官之外，不能指爲商界借款也。濮蘭德來京已久，亟須開議，特此詳細電達。至借款如何撥用，詳細辦法酌定後再詳達，當併與譚編修、朱京卿商酌也。盼速覆。卦。

致長沙岑撫台、鐵路公司諸君、司道 光緒三十四年十一月十一日子刻發

卦電計達。借款還款雖由官主持，辦事則仍係官紳參用。昨電未詳，合再奉達。真。

致武昌陳制台，鐵路總局司道、提調、委員 光緒三十四年十一月十七日亥刻發

筱帥元電悉。前准大咨，據湖北粵漢鐵路總局呈核武岳購地章程，大致尚無不妥，司道續呈興工以前預辦八事説貼，亦係應辦之事。惟鉅工要政，自以籌款用人爲第一要義。鄂局所集股款，僅有此數，官錢局擬指之款，本難輕撥，目下武、漢市面情形更不可稍有牽動。鄂人七月諫電切囑緩辦，正爲全款無著之故。至購地備料，固需預籌，然非經理得人，最易叢弊。武昌城外往日地價甚廉，近已奇漲，購時自應按照定章，分等給價。惟近多刺探軌棧要地，蒐購罔利及輕價重税各弊，原地主多爲所愚，發價時必須併查買賣兩户，所發官價新舊主照數平分，以昭公允。並諭飭江夏縣，除鐵路近地照章停税外，所有兩年内已税之紅契，均屬可疑，購時一併查杜前弊。江夏縣王令熟悉情形，應責成該令妥辦，目前萬勿移調他處爲要。其購料包工，均係利藪，萬萬不可遽許舉辦。湖南雖據報開工，不過止在長沙城外破土，其實毫無頭緒，鄂省斷不致落後。現在款少工鉅，一經動支，不惟立形支絀，且該總局並未通盤籌畫，又不候鄂人核定指示，急急枝節爲之，該總局必係受人朦蔽慫慂所致。局員中有曾經經辦他路坐壟厚利之慣手，尤不可不防。該路關係至重，籌款用人、興利除弊各事宜，前奉上諭，悉責成本閣大臣主持定斷，詔旨甚明。諭旨又云，在事官紳、商董倘有營私舞弊，煽惑把持，以致妨害路政各情事，即著張之洞據實參辦等因，不敢不欽遵辦理。日内

借欵一事，業經奏准，當一面議定借欵，一面另派專員來鄂考察情形稟覆，再行核定，次第籌辦。鄙人急盼此路之成，更切於尊處也。祈即轉飭鐵路總局遵照。洽。

致武昌陳制台[一] 光緒三十四年十一月十七日

湘鄂境内粤漢路，經敝處奏派湖北提學使高凌霨、施鶴道曾廣鎔議辦借欵，於本月十六日具奏。准軍機處片交大學士張、外務部、吏部、度支部、郵傳部，本日大學士張之洞奏，湖北、湖南路工緊要，請調員來京議定借欵一摺，奉旨依議。欽此。相應傳知貴大學士、貴衙門欽遵可也。准此。除咨行外，特此電達。即祈筱帥迅即飭知該學司來京爲要。高來京往返不過二十日，可勿須派員代理也。諫。

致武昌陳制台，藩、學、臬三司，鹽、關兩道，鐵路總局總、會辦 光緒三十四年十一月二十日丑刻發

鄙人前在湖廣總督任内，以鄂境大江南北雙承京漢鐵路之衝，自贖回粤漢三省全綫，後創議籌辦粤漢、川漢兩路，在鄂境發端之處同時並舉。彼時開辦伊始，規模未具，僅在督轅内設立路政處一所，委派道府丞令委員八員隨同討論，各員均一律不支薪水。嗣經招集股欵，聘雇洋員，分别初勘復勘、預測實測各辦法，續委文武員弁，分起分途次第履勘，頭緒紛繁，乃於武昌省城甲棧設立粤漢、川漢鐵路總局，以爲路政總匯之所，加委總辦、會辦、參議、庶務、文案、收支各員等名目，暫合兩局爲一局。所有司道大員及兼差各員，均仍不支薪水，以節糜費。其駐局數員，均由他項開支薪水，藉資辦公。兩年以來，局事日形繁重，辦法亦互有更變，惟兩路俱尚未開工，進出欵目亦未大批動支，亟宜及早分爲兩局，以免混淆。責成重大，自應另設專員，以昭慎重。除在北京設立督辦粤漢鐵路公所，派委提調各員隨辦路政外，現擬在武昌城内丁棧設立督辦粤漢鐵路駐鄂分局，遴派專員總辦其事。凡關鄂境粤漢鐵路事件，悉責成該局稟承督辦大臣辦理。其在甲棧之湖北鐵路總局，務即速將粤漢二字删除，應飭該局總辦督飭經管各員，迅速將前向合興公司贖回在美在粤在滬之金元小票、息票，各種圖表、估單、地契、領狀、儀器、木器等件，及該局現存之鄂境粤漢鐵路全案卷宗、圖册、洋員銜名、遞年收支報銷欵目、官錢局存儲股欵總數，一一查明，趕造各項清册，一俟敝處專員到鄂，全行移送新局接收具報。總之，鄂境路政應將粤漢路、川漢路劃分兩事，各設一局，截然不紊。粤路由敝處主持，川路由尊處主持，其現充湖北鐵路總局總辦以下各員，一律將粤漢字樣即行銷去，專管鄂境川漢路，專用川漢路關防，其粤漢路駐鄂分局，由敝處另刊關防發給，以一事權，而清界限。希並前洽電轉飭該總局遵照辦理，并祈電覆，司道及該局總、會辦務即另電稟覆。號。

〔一〕録自湖南路股欵清理處編《湘路文電輯要》卷上，民國四年八月刊於長沙，現藏湖南省圖書館。所署時間係收電日。

致武昌陳制台 光緒三十四年十一月二十三日子刻發

馬電悉。粵漢路局業議改設，亟應派員陸續接收，以專責成。茲派署武昌府黄以霖兼充督辦粵漢鐵路駐鄂分局參議，候補知府陳樹屏充駐局提調，署江夏縣知州王士衛兼充幫提調，務飭即日赴丁棧勘定局所，其鑛務學堂務即移設他處。其地本不宜於鑛學堂，趁敝處所派專員未到以前，先至甲棧總局，與該局總、會辦妥速議定移收辦法，電稟敝處核示辦理。希即轉飭該守、該牧等及粵漢路局總會辦、鑛務學堂遵照。漾一。

致武昌陳制台、高學司 光緒三十四年十一月二十三日子刻發

現已在京設立督辦粵漢鐵路公所，派委提調、委員各員駐局辦事。茲加派高學司凌霨、曾道廣鎔兼充督辦處諮議官。除分咨并札委外，合先電聞，希就近轉飭高學司遵照。漾二。

致武昌高學台 光緒三十四年十一月二十四日寅刻發

鄂境川漢路，聞鄂人近忽變計，擬懇當道奏請鄙人爲督辦，萬萬不可。此路工程，鄙人斷斷不管，仍讓鄂省督撫自辦，主意已定，切勿誤會。惟當初鄙人所以力主川漢路歸鄂省官民自辦者，意在使民股永占一半，爲鄂民籌百世之利。湖北官股亦占一半，爲鄂省司局歲籌百十萬之鉅餉，以辦各項新政，即可爲百姓免派累，是公家百世之利，亦即爲鄂民百世之利。借欵從無押路之説，租捐乃沿襲川、湘舊名，租捐即是租股，此不過使鄂民預占多股之苦衷耳。蓋鄙人深知鄂力薄弱，路欵宏鉅，故不憚苦口力勸。乃鄂人不能度德量力，一味痛詆反對。明珠按劍，從古罕聞。其以德爲怨，不足較論，而其自生荆棘，坐失鉅利，則深可憫耳。近郵傳部有電致鄂，謂外間所謂集股，本部並不問其認股之多少，祇實按其繳股之若干，如有來繳股者，希代爲宣布等語，是明知鄂商無許多現欵，故意相難耳。郵部反謂按照鄙人前奏辦法，尤屬可怪。至姚紳來電，欲鄙人堅持前議，向部力争一節，此事如鄙人與聞，必當設法力争，若不與聞，則無從爲力矣。究竟現在吴、黄、劉諸紳作何議論，速即電知。此電望送姚彦長一閲。敬。

致武昌陳制台 光緒三十四年十二月初四日未刻發

東電悉。鄂省公呈昨由京紳交閲。鄂人懇將鄂路歸鄂省官民自辦，以保本省利源，自是常情公理，惟其中請鄙人督辦一節，殊嫌蛇足。只分部辦與鄂辦耳，何論何人督辦哉。若有此一層，鄙人轉不便力争。昨已與邸座言明，即有旨派鄙人督辦，鄙人亦必堅辭，斷不敢承此。摺如未發，望速删去再發，如已發，望即刻飛電郵傳部，將鄙意斷不肯當督辦一節切實聲明，至禱至感。盼即刻示覆。支。

致武昌陳制台 光緒三十四年十二月初九日亥刻發

庚電悉。鄂境川漢路事，鄙人力主鄂辦，專爲鄂省庫欵民生，籌久遠之利益起見。今奉旨責成督辦，先向慶邸固辭，及召對時仍固辭，均未允。惟粵漢路關涉三省，已極繁重，此路同時並舉，必須會商台端辦理。來電謂已飭該局司道將該路文件、欵目等項清釐，專候移送接收，此層殊可不必。所有該路借欵、取綫、訂

定章程、考核官紳、剔除弊端、力任勞怨諸大端，鄙人必力爲主持，爲公分勞，至各項應辦事宜，仍須會商，仰賴尊處協助也。希並飭路局司道知照爲荷。佳。

宣統元年

致貴陽龐撫台〔一〕宣統元年正月初九日子刻發

接興義府紳士函電，以先大夫治郡多年，遺愛在民，闔郡感念德惠，自行捐貲建立遺愛祠。現復禀府詳請入奏，改作專祠等語。郡人厚意，深爲銘感。惟部例子孫現官九卿以上者，不得請入祀鄉賢名宦祠，況鄙人備位閣臣乎。德政祠與名宦祠何異，此時入告，萬萬不可，徒遭部駁，無益有損。公如不忍拂該郡紳民之意，務請將此件暫存，俟一二年後，鄙人必將引退歸田，届時再行據情陳請，並不爲遲，自然毫無窒礙，此時則萬勿入奏，千萬叩禱。如摺已發，務請發電將此摺追回，至感。敬候立賜電覆。佳。

致廣州張制台、前廣東高廉欽道王道秉恩宣統元年正月二十四日子刻發

粵漢路事，鄙人奉旨督辦，通籌全局，三省均須設局，派員經理其事，以專責成。查有前廣東高廉欽道王道秉恩，前曾隨辦接收贖路事宜，情形熟悉，堪以派充督辦粵漢鐵路駐粵分局總辦，遇事會商該省總、協理，禀承敝處核示辦理。除札委外，祈尊處

〔一〕指貴州巡撫龐鴻書。

轉飭王道暨粵省鐵路公司遵照爲荷。敬。

致漢口英國法總領事 宣統元年正月二十四日子刻發

前次本大臣贖回粵漢鐵路，承貴總領事介紹，得借公道借欵，深荷睦誼，因有以後粵漢路如須借欵，先儘英國詢商開價之照會，嗣於去年九月初間覆電致貴總領事，迅派明白妥實之人來京面議借欵辦法，經貴總領事舉薦中英公司代表濮蘭德。本大臣延候將及兩月，濮始來京，始得開議，本大臣可謂誠心欲與貴國商議，藉副貴總領事交好之盛誼矣。但此次商議，自應查照前次照會辦法辦理，彼此不得違異。查照會内訂明，如向外洋借欵，先向貴國詢商開價，仍與他國所開息扣比較。又工程師但管分内應辦之事，餘事皆不得干預。又凡鐵路一切用人、擇地、管路、行車等事，均由中國自主各等語，文義本極分明。乃濮蘭德自開議至今，已過月餘，晤催多次，總以先訂合同條欵爲詞，不肯開價，已與先開價之意不符。又始則欲包修全路工程，繼復力争工程師於購料用欵必須簽字，又與工程師不得干預他事，凡鐵路公司一切等事均由中國自主之意不符。商議再三，始終堅執。昨濮蘭德復諄言，如不允工程師簽字，借欵事千萬不辦，如有他國欲辦，可先請他國辦，且云不僅粵漢路不辦，他路亦不能辦云云，詞意堅決。是濮蘭德不顧前次照會，必欲干涉中國路權，本大臣實萬萬不能照允。濮蘭德既決言不辦，并令先向他國商辦，查此事自去年九月至今已躭延五月，路事緊要，不能久延。本大臣前因比較開價，曾經與他國詢問價值，此時只可改與他國商訂。因與貴總領事交好多年，且荷厚誼，特此電達，并聲明如此辦法，乃係濮蘭德之意，非本大臣不盡睦誼，亦非不按照會辦事，實由濮蘭德此次情形既有負本大臣願與貴國交睦之盛心，且恐亦非貴總領事從前商辦之本意也。特此詳達，希鑒察之。督辦粵漢鐵路大臣張。敬。

致廣州張制台[一] 宣統元年二月初六日子刻發

粵省路事，前雖據鐵路公司梁總理陸續呈報有案，尚未全數詳悉。現在王道既委充督辦大臣駐粵分局總辦，即與公司總理同有責成，應令王道會商梁京卿接洽辦理各節列後：一、公司内所存自接收贖路後各項卷宗册籍，一律繕寫全分。一、接收後已成之路，續修已成、未成之路，已測未修之路，定綫未測之路，各若干里，地段、車站、圖籍、全路人員表册。一、第一第二兩期已收未收之股欵實數、股東名籍、路工提用、公司歲支及現存總帳、分儲商號生息細帳。一、管路後，行車賣票、運貨搭客所獲運價開支存餘細帳。以上各節應飭王道務即覓定辦公局所，尅日舉辦，將指飭各件速賫來京備核。鄙人奉命督辦，責任甚重，諭旨森嚴，以興利除弊爲主，自應事事核實，爲股商維持血本，以免虛糜，而昭大信。應令王道并將此意轉告公司總、協理宣示股東爲要。至設局經費，即預計開單稟候敝處核示辦理。此電請轉飭王道遵辦，并傳示鐵路公司查照。魚。

致廣州王道秉恩 宣統元年二月初六日子刻發

粵漢爲諸董把持，流弊滋多，即粵省京官言之，亦甚痛切。

[一] 指兩廣總督張人駿。

該道現既有明文委辦，亟應將各項情弊密速查明究竟。確已實收股欵若干，已動支股欵若干，實造成路若干里，造成之路以里數分配用欵，每里應攤價若干。其選舉董事，投票不符，曾被郵部駁詰。分支紅利有局董另提多數，股東轉分少數之説，股欵付息照章應給六釐，聞股東僅得二釐，其經手者白得四釐。又聞所用黑錢甚鉅，實於三省全路將來計算成本大有關繫。此事早應澈查，以未得其人，不欲輕發。該道在粵既久，情形熟習，務即慎密考查，不動聲色，迅速電稟。魚。

致廣州張制台、鐵路總理梁震東京堂

宣統元年二月二十七日午刻發

安帥元電悉。粵省善堂、行商藉詞股商，堅持商辦，至有撤銷督辦分局之請，謬妄無理，實堪駭異。查此路貫通南北，關繫三省利害，必須籌定統一辦法，朝廷特派督辦大臣督率其事。恭照上年六月上諭有云：前經張之洞收回自辦，極費經營，乃數年來官紳商董意見參差，迄無成效，自應簡派大員統一事權，督飭在事官紳商董認真籌辦。所有路務大端，由該大臣通籌三省全局，體察情形，隨時主持裁定。務令各泯意見，聯絡一氣。等因。欽此。又恭照是年十月上諭有云：該路籌欵用人，興利除弊各事宜，悉責成張之洞通籌全局，力任勞怨，嚴定期限，各就三省情形分別妥訂章程，因時制宜，主持定斷。所有三省原派之總理、協理，均聽節制。在事官紳商董倘有營私舞弊，煽惑把持，以致防害路政各情事，即著張之洞據實參辦。等因。欽此。各在案諭旨，何等嚴明，恭繹因時制宜，主持定斷之旨，實因商辦公司漫無考核，始責成督辦大臣力任勞怨，尤以剔除弊端爲主。鄙人責任重大，自應欽遵辦理，斷不敢聽其因循貽誤。上年七月，以粵省股商受人煽惑，未喻宗旨，鄙人特發蒸電宣示，專爲通籌督催，於用人、理財不稍掣肘，以釋羣疑。蓋以粵人認股尚知踴躍，正思保持利導，取信商民，雅不欲干涉該省財權，致生阻力。然亦經切實聲明，如有各存意見，不顧公益，阻礙全局之處，豈能全不過問。查該商等謂准歸商辦，達部奏有案。當經咨調商、郵兩部舊案，三十二年閏四月前粵督咨部善堂行商稟呈簡要章程，第一條有云九十九年爲期，期滿後仍由商辦，永以爲例等語。第二條有云請舉大臣維持路事一節，應毋庸議等語。是年十月又咨送公司詳細章程，第十三節有云毋庸官派督辦監督等語。措詞純任己意，種種越分妄言，商部深悉此情，未允其請，咨覆文內有云第一條永歸商辦，第二條永免派員督辦，前准貴督咨稱，各國無此辦法，是以新甯路章删除永遠歸商字樣，粵路應俟嗣後酌度情形，再立年限等語。該商等來電不叙部覆，輒將咨送自擬辦法擅稱爲奏咨鐵案，實屬蒙混膽妄。且既知尊重朝廷，附會奏案，豈兩次煌煌諭旨如不聞耶。至謂收股票時聲明商辦不成，收回先交股銀一節，檢查兩部案卷，並無此項奏准批准案據，不過愚弄股東，挾制官長之劣技耳，豈能任煽惑把持者肆口妄言，遂至不敢過問。試思三省全路綿長二千五百餘里，需欵五六千萬兩，鄂、湘路占一千七百餘里，粵省僅得十分之三，粵商已交已用之欵不過數百萬元，如不認交，部中何難全數退還，此路即收歸郵傳部矣，粵商果願之耶。況前粵督咨商部簡要章程第三條載明，每股五元，先收挂號一元，三十二年秋季再收一元半，三十三年秋季再收二元半。如照粵省咨部之案，逾期已將兩年，似此粵商並未按限交股，是衆股東已知董事之不可信，且因工程購地復不切實，以致衆股東觀望。若再不早爲整頓，剔除弊端，恐三期交欵更不易集矣。至三省地方遼闊，事務紛繁，非分設局所，派員總辦，督辦大臣從何稽察。股東散處四方，僅任少數董事糾結壟斷，多一分局代股商監視其側，並不干涉財權，衆情正喜有所仰賴，豈有反生疑懼之理。是必確有弊竇，久事欺朦，忽有分局近在咫尺，勢難掩飾，實於經手董事有大不便者，是疑懼不在股商，而在董事數人耳。惶急請撤，欲蓋彌彰。當知鐵路爲國家要政，非一人一家之私産，未得交通之利，先失領土之權，天下萬國無此愚懦政策。以上各節，不過就來電指駁，揭出來電所稱奏案，並非奏明奉旨允准之案，乃係朦混欺人之語，以愚商民。至鄙人三省設局之宗旨，特再爲粵省真正股東剴切曉諭焉。

一曰通籌全局。路名粵漢，經由三省，地勢使然，必須聯絡一氣，方能大利暢通。以關涉三省之故，特簡督辦，自應並設三分局，以期貫通。否則各存省界之見，遇事必多窒礙。

一曰分算股本。粵省辦路以來，糜費甚多，議論紛騰，聞股欵已支出五六百萬，造路僅成一百餘里。假使每里竟合五萬元，他日鄂、湘造路每里或止需二萬元上下，粵省糜費，湘、鄂兩省豈肯承認。將來計里定價，勢必不能照本分利，粵路必致本多利少，無可挽回，實不能不及早告全粵股東知之。

一曰統核餘利。合辦之路與一省獨辦之路情形迥異，他日路成，行車、搭客、運貨，無分省換車購票之理，自當南北統算，計里均分。萬一粵省七百餘里竟用至四千萬，而鄂、湘千七百餘里亦僅用此數，將來獲一分餘利，兩省可得十成，粵省獨減至五釐，尤不能不爲衆股東慮也。

一曰考核工程。督辦大臣有督催之責，該省接收續造之路，是否堅實，料件是否美好，以及工作之虛實，成績之遲速，皆須考驗，俾股東欵不虛糜。況國家運道所關，三省公共之利，經辦者稍明事理，亦應自請督辦考核，以昭信實，而明心跡，何乃妄行煽惑，深閉固拒，其中情節顯然可知矣。

一曰稽察帳目。粵省股欵零股爲多，商董代表股東司出納之權，全賴月結年結帳目，宣示大衆，乃公司章程。第八十一節謂地畝、材料、工程支銷，開車後運脚利息，登諸報章。而董事某兼任商會報主筆，登載簡略，從何鉤稽。第八十三節竟謂係歸商辦，出入帳目無庸造册報銷，尤爲可怪。查商集之欵，原不必按照官欵報部辦法格式苛細，但衆共之事，最貴徵信，出入帳目總須刊刻表册，宣示於衆，毫無隱漏，方能令三省官紳商民曉然無疑。今粵路獨事秘密，在粵省股商固不甘心，至鄂、湘官紳商民豈能信服，斷斷無此辦法。

總之，督辦大臣之任，既不經手欵項，提用分文，又非包攬工程，股商何所用其疑懼。獨惜一元兩元、積銖累寸而來者，竟任專横冒濫、並無真股之董事，分布選票，牢握利權，仍藉詞衆商以爲抵抗之計。股東勢既渙散，莫測實情，一經煽惑，惟懼已交之股不能保全，只得隨聲附和，情殊可憫。敢請安帥將鄙人此電轉交公司總、協理，廣登各埠報章，以安衆心，是爲至禱。鄙人疊奉嚴旨，授以事權，豈能坐視二三刁劣之輩，愚弄良善商民。苟有不知悔悟，仍前煽惑把持，營私舞弊，罔利害衆者，惟有秉公遵旨，指名奏參懲辦，以盡責任。現在北京業設督辦總公所，粵省股商或僅占微股，或遠在外洋，如有未達之隱，願輸之情，可轉告同鄉京官代達，或郵遞公所，逕致敝處。其素行公正，向不苟同之董事，如有所見，亦可自行函達，藉資采擇，用示官民一體之意，鄙人實有厚望焉。祈並轉梁震東京卿爲荷。感。

致武昌陸軍特别小學堂劉道宣統元年閏二月初三日申刻發

陸軍特别小學堂前年創辦，訂立章程，建造學舍，湊集學兵，費盡苦心。幸賴閣下教法精詳，不辭勞怨，始克辦成。現已成效大著，實爲中國二十二省之所無，若俟現有學生畢業後即行停辦，實覺萬分可惜。筱帥前奏請比照陸軍速成學堂從優給獎一案，聞陸軍部以人數太多，有不肯全准給獎之議。特此事尚未定議，仍可設法與爭。惟部中既不肯盡力幫忙，又聞執事亦以學堂有種種爲難情形，不欲久辦，勢必至於半途停辦，偉略未伸，前功盡棄，深爲閣下惜之，且深爲湖北全省士氣、兵氣惜之，爲中國全局惜之。請執事詳加籌酌，務須籌一維持此堂永久不停之策。且部本有兩利俱存，得人益廣之語，務速妥籌善法，或將現在辦法量爲變通，令其經久可行，以期爲全國軍界廣造人才。執事如必不肯常任此事，意中有何人將來可以接辦，務望籌示。江。

致江甯樊雲門方伯宣統元年三月初五日亥刻發

東撫袁[一]有電邀各省聯銜入奏，請停優、拔貢，萬分可駭。方今中國文教日微，孔教將絶，若併此科亦停，習國文者更無生路，此後無人再讀儒書，將來小學、中學、師範、高等各學堂，更無可爲中國經史、國文教習之人矣，不及十年，天下人將並無一識字者矣。聞各省多不附和，陶齋先生意見如何，望速轉詢電覆。歌。

致武昌陳制台、長沙岑撫台宣統元年四月初一日亥刻發

粤漢路暨鄂境川漢路，此兩路借欵日内定局，簽押草約。計共借五百五十萬鎊，内係鄂路湘、鄂共借二百五十萬鎊，湘二百萬鎊，鄂五十萬鎊，川路二百五十萬鎊，又收回比國金元小票五十萬鎊。據各國銀行云，必須先將比國小票收回，比人不能干預，方好賣票。其作保之欵乃係實指虚抵，銀行不得干預。抵欵需銀五百二十萬兩，現與商訂所指者，係鄂省百貨釐金二百萬兩，川淮鹽江防經費四十萬兩，去年新加二文捐三十萬兩，湘省百貨釐金二百萬兩，兩湖賑糶捐五十萬兩。鄂省鹽釐新舊加價，郵傳部本已指押六十萬兩，然統計所入，約共百五六十萬兩。前既未指定細目，此則指明上開兩項，尚不至牽混。此次借欵之數，湘路所差甚多，川路亦尚不敷，以後議明尚可續借，特此電達。日内定議，即須簽押，統希酌核，迅速示覆，至禱至盼。董。

致武昌陳制台、長沙岑撫台宣統元年四月初一日亥刻發

董電所言借欵實指虚抵，各項銀欵如兩省釐金、鄂省江防加價、新中二文捐，實在收數皆無如所抵之多，特以本係虚抵，故略多開。銀行亦經允許，特再電達。東。

[一] 指山東巡撫袁樹勳。

致長沙岑撫台宣統元年四月初六日亥刻發

敝處董電所云湘省百貨釐金二百萬兩，兩湖賑糶捐五十萬兩，原以不指湖南民欵爲主義，專指官欵作抵。惟查上年十一月湘紳元電，有賑糶捐係地方公積備荒之項，皆全湘紳民自行籌妥，應劃入民股等語。以此欵作民股，殊屬牽强。但此時倉卒之際，無暇與湘紳辯論，擬止指鄂省之賑糶捐二十五萬兩，另指湖南鹽道庫正釐二十五萬兩作抵，以省筆舌。此欵可由官主持，毋庸轉商湘紳。借欵草約立待簽押，務須即日電覆，至盼。再，道庫舊有鹽釐，每年約收若干，湘省通稱名目向作何字樣，開列并示。魚。

致上海盛宫保宣統元年四月初七日子刻發

東電悉。敝處籌借外欵，於儘先購用本國材料一節，極力維持，自不待言。疊接尊處上年十一月有電，本年正月鹽電，有漢廠可關門之語，不勝駭異。惟漢廠究竟每日實能鍊鋼若干，成軌若干，鋼質軌式是否精良與外國無異。將來就近交貨較外洋既省運費，核計成本其價值自當比外洋現在時價較廉。現在與外人磋商，列入借欵草約，漢廠貨色價值果能與外洋抗衡，方有把握。萬一他日被工程司挑剔，貨色不如洋廠，價值貴於洋廠，彼時外人據理以爭，則無法可想矣。務祈即日電飭該廠總辦，從速切實具覆，允認擔保貨美價廉四字，敝處方敢放手訂立合同，勉副尊囑。近因津浦路工訂購漢廠軌料，濮蘭德向敝處言係以次貨充數，嘖有煩言，是一前鑒。來電謂降至如津浦亦必不止一半云云，文義不甚可解，仍盼詳晰電覆。如價必不能廉於洋廠，亦望切實飛速密覆，以便設法保持漢廠利益，免致盡爲洋廠所奪。至禱。陽。

盛宫保來電〔一〕光緒三十四年十一月二十五日到

鄂湘鐵路籌借外欵，聞以各省財政擔保，可一洗從前指路作抵致損路權之病。現值金昂，借鎊正好機會。交通與立憲亦有關係，不可再遲。高道抵京，濮必開送條欵。漢廠為中堂督鄂第一實業，十餘年艱苦增拓，譽溢歐美，指望各路盡用漢軌，以彰駿烈。惜津浦合同於購料用欵各條鈎勒欠緊，致吕尚書屢争用漢而不得。該廠第三爐明年告成，第四爐賡續接造，無米之炊，多攬一路鋼軌，即可預支一節軌價，謀定后戰，情逾望歲。務求中堂路廠兼顧，密飭高道訂約時於軌板克定漢造，於財政嚴收主權，簽印畢事，首檄局員與廠訂立購料合同，酌量預支料價，以資擴充，免如津浦為英德所持。感荷無既，仍求訓示。有。

盛宫保來電宣統元年正月十四日到

漢廠添造化鐵大爐及馬丁大鋼爐四座，下半年每日可出鋼鐵六百噸之多。李維格因津浦、粤漢、川漢三幹路同時併舉，漢冶萍奏准鐵路材料悉歸漢廠自造，遵旨擴充，不遺余力。不料津浦借欵合同雖不以路保，未能如京漢等路合同先盡中國材料自用，竟為英德所持，吕尚書屢争無濟。聞粤漢、川漢借欵已定，請檢查比國京漢合同第二十五欵、美國粤漢合同第九欵、津浦合同第十八欵，務求留意自保利權。漢廠雖屬商力，外人虎視眈眈，實於國際大有關係，不特鐵捐提還公欵已也。中國制造不興，鐵廠二千餘萬兩資本，僅賴鐵路一項為大宗生意。中堂創兹鴻業，本

〔一〕以下三電録自苑書義等主編《張之洞全集》，第十一册，第九六九八至九六九九頁，河北人民出版社一九九八年版。

為路政兵工起見，若將此數幹路軌料甘讓外人，則此廠永難起色矣。再三之瀆，伏祈垂諒。鹽。

盛宫保來電宣統元年四月初一日到

近日報載粵漢、川漢分借英、法、德款已定，深為大局忭幸。聞洋公司争購洋欵甚力，中堂從前原奏鐵廠之設，原為鐵政塞漏卮，現籌鉅欵二千數百萬兩，化鐵爐、煉鋼爐均備，每日一千噸之數，此兩千路獨屏除中國之料而不用，中堂諒不出此。津浦南路開標皆漢廠所得，因吾運費可省也。川漢、粵漢倘不能如京漢得盡先字樣，降至如津浦中外一起開標，漢廠不得亦必不止一半。廠為中堂創成之廠，成敗利鈍，關係非小，諒無俟乎乞恩也。二十七日漢冶萍股東大會收股已逾千萬，遵照商律，選舉董事九人、查帳二人，一切報告另再附陳。東。

致武昌粵漢駐鄂分局宣統元年四月初八日丑刻發

黄守等支電悉。武岳實測早已畢工，路綫詳圖必均齊備，日本技師等十餘人無所事事，合同期滿，應毋庸續訂，惟工程圖册及學堂教習經手各件，須留熟手數人，較易接洽。該守等務即詳慎考察，擇其工學品行較優者酌開五六人，迅速電稟候核。路堂教員責成監督徐守另稟辦理，其餘概行辭退。英人穆山格，據借欵銀行謂，非路工專家，合同亦係五月期滿，與日人曲尾薪水均屬過優，應候商定另電飭遵。局中所存由武昌至岳州實測全圖，即派汪直牧錫璜、張令鼎立按件點齊，專人賫送來京呈閲，萬勿遺漏。齊。

致長沙岑撫台、湘省鐵路公司宣統元年四月十五日午刻發

馥帥江電，湘紳致公所江電，又王紳等蒸電，湯紳等真電，均悉。粵漢路鄂湘兩省借欵開議十閲月，專爲保全權利之故，費盡心思筆舌，屢次將致決裂，多方操縱，磋商至百數十次，頃甫就範。高學司、曾道以實缺司道羈留京寓，或將一年，或大半年，可謂苦境。若爲專送中國權利與外人，數日可了，何必費許多時日哉。當初鄙人不必拚命争回，豈不甚爲輕妙省事，何必多此一事，自尋煩惱哉。敢請諸君勿爲報紙所惑。此次合同大致略仿津浦路，而優於津浦路者四事：一曰扣頭少，係九五扣，爲向來各項鐵路借欵所無，所多得較津浦將近百萬。二曰還期短。以二十五年還清。三曰重自料，購料多用華産華製。四曰删餘利，津浦銀行二成餘利，勿須以二十萬鎊抵補。此四事均較津浦爲優。至用人之權，絲毫未失，中國之利，絲毫未損。草約出奏後，尚待度支部核議，始能作准，彼時自可宣示兩省官民。此時草約雖定，尚未奉旨畫押，本不敢告知外省。此乃萬不得已，密告湘中要緊官紳數人放心，萬勿遽行廣爲傳播，令上海謬妄生事之徒設計造謡，破壞成局，則感幸多矣。感。

致廣州督辦粵漢駐粵分局總辦王道台宣統元年六月十六日午刻發

前由粵省戴、梁兩尚書及同鄉京官諸君公擬鐵路公司選舉辦事章程，嗣據擬定大綱四章，函送前來，内計股東會章程三十八節，選舉總、協理章程二十四節，選舉董事、查帳員、司帳人章

程三十九節，各處司帳人辦事章程八節，附載各種表式。本閣大臣核閲所擬辦法，大致尚屬周密。該道務交梁員外用弧帶去之稿，詳加披閲，暨呈胡藩院、李軍門核閲，並邀集公司總、協理及各大股東互相討論，如有應行商改之處，不妨簽註理由，彙寄來京，聽候本閣大臣復核。外埠各商股亦可印訂草本，廣爲諮詢，總期衆論僉同，毫無流弊，當爲奏明立案，飭令永遠遵守。該道務即會商總、協理及股東、查帳員，先行趕緊議訂此項章程，將本届選舉之期暫爲展緩三箇月，免使舊章未善，新章未定，臨時選舉無所適從。會商後衆議如何，隨時擇要電稟爲盼。此電并抄送胡護院、李軍門同閲。諫。

致武昌高學台、存古學堂紀監督宣統元年

六月二十四日戌刻發

九家詩刻本已閲，惟崔次農集不見有重九詩、懷人詩及弔劉仙石觀察詩。此外似亦有遺詩。又有鄙人手選陸眉生奏稿、詞稿，亦均遺漏未刻，尤不勝詫異焦急。以上各種原稿想尚存。又楊叔嶠詩稿已選出，亦交存紀處。務請悔庵侍讀速將各家已刻未刻所有之詩文稿，無論各種草本、清本，均請從速一律撿齊，即候派妥人往取。百叩至禱，盼先電覆。敬。